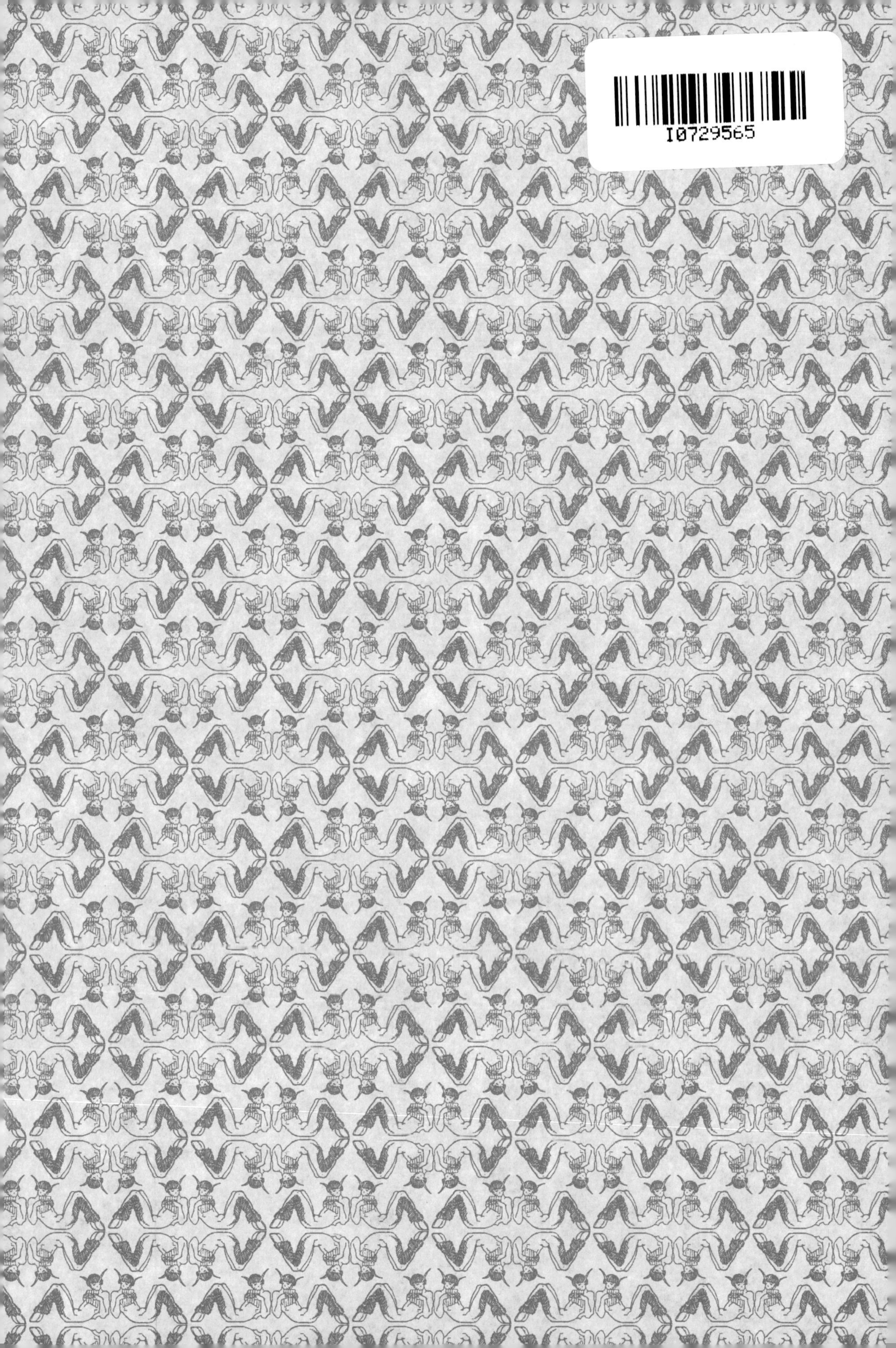
I0729565

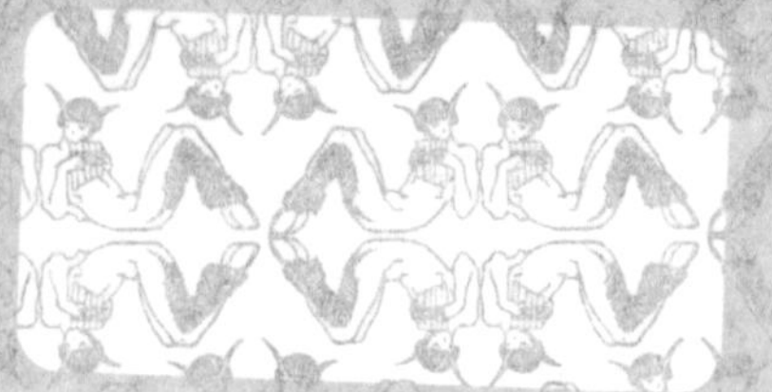

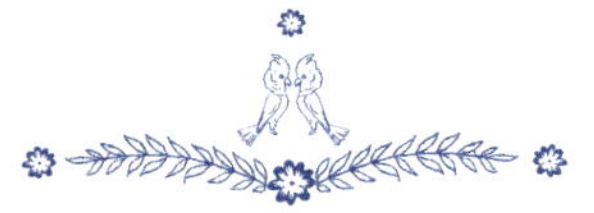

優美と幻想のイラストレーター

ジョルジュ・バルビエ

Fashion, Illustration
and
Graphic Design

George Barbier
Master of Art Deco

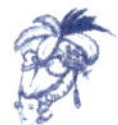

解説 ✿ 監修

海野 弘

PIE

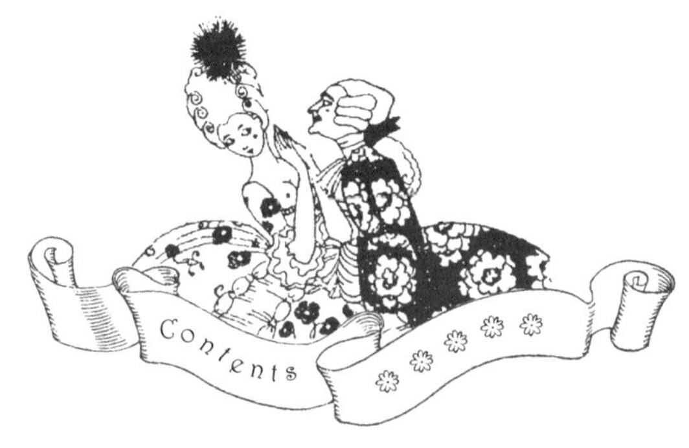
Contents

ジョルジュ・バルビエ
花咲く乙女たちの幻影

海野　弘

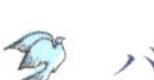 

バルビエふたたび

　長い間、ジョルジュ・バルビエは忘れられた画家であった。いや、忘れられた、というのは正確ではないだろう。彼の絵は、限られた、しかし熱烈なファンの間で、ひそかに守り続けられてきたのである。

　バルビエが再発見されるのは、アール・ヌーヴォーに続いて、アール・デコが注目されるようになってからである。

　2008年になってやっと、ヴェネチアのフォルトゥニー美術館で、バルビエについての初めての本格的展覧会が開かれ、書籍『ジョルジュ・バルビエ──アール・デコの誕生　George Barbier: The Birth of Art Deco』がまとめられた。そこで著者のバルバラ・マルトレリは、没後75年たつまで最初の研究書が出されたなかったのはなぜかを問うている。

　1つには彼のスタイルが同時代のキュビズムなどのモダン・アートの主流から少し離れていて、ネオクラシックともいえるものであったので、美術史で扱われなかったからである。アール・デコが評価され始める1960年代以降、バルビエが再発見されたのである。

　また彼の作品が、様々な領域に広がっていたので、彼が没するとすぐに、ばらばらに散逸してしまった。そのために全貌がわからなくなった。限定本の挿絵、ファッション画、バレエ・リュス[1]のコスチューム・デザインなどがそれぞれの分野のコレクターの手に渡り、互いに孤立してしまった。しかし、そのような多面的な活動こそが、バルビエの魅力なのだ。

　そして最後に、バルビエ自身の問題がある。彼は社交界の紳士として生きた。アーティストとしては、小さくて親しい、そして芸術的、趣味的なエリートたちの秘密のサロンで活動していたようである。

　そのために、これまでのところ、彼の伝記的な部分はあまりよくわかっていない。秘密の、謎めいた生涯なのである。彼については語られていないことがまだあまりにも多いが、それだけに興味をそそる。

　私もほんの少ししかわからないが、ちらりとのぞくバルビエの謎について、いくつかの想像を語ってみたい。その一つはマルセル・プルースト[2]との関係である。バルビエは、『失われた時を求めて』の作者を知っていたという。一つの想像の窓が開く。プルーストとバルビエは同時代なのだ。もしかしたら、プルーストの見ていた＜時＞をバルビエも見ていたのかもしれない。バルビエの絵の中に、プルーストの物語を幻視することができるかもしれない。

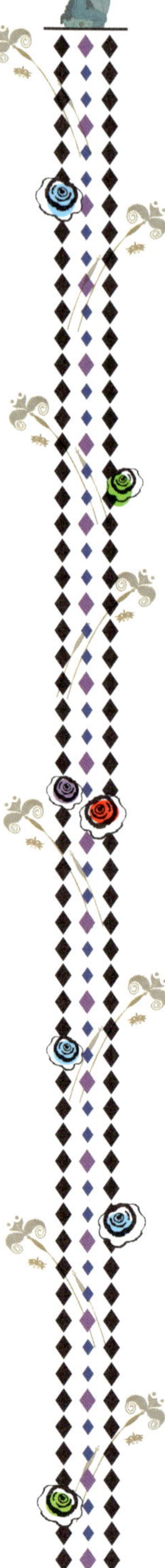

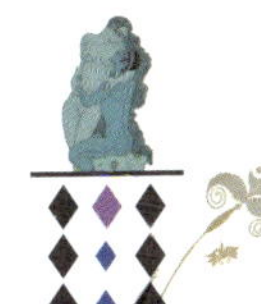

バルビエの生涯

　バルビエは1882年、ブルターニュの港町ナントで生まれた。父は商人で、経済的にはかなり恵まれていた。1902年にはナントの美術学校に入り、優秀な成績であったらしい。ナントで電力会社をやっていて、美術のパトロンであったアルフォンス・ロッツ=ブリソノーは彼に注目した。

　版画のコレクターであったロッツ=ブリソノーはすでにジャン=エミール・ラブルール（fig.1）を見出し、1896年、ナント出身の版画家オーギュスト・ルペールを彼に紹介し、版画を学ばせている。ラブルールはやがてアール・デコの代表的な版画家となった。私はラブルールが好きで、1989年の「ジャン=エミール・ラブルール展」（ギャラリー・アバンギャルド）のカタログを書いている。

　その時は気がつかなかったが、ロッツ=ブリソノーは、次にバルビエに注目し、パリの美術界、文学界に紹介したらしい。彼は、アール・デコの二人のすばらしいイラストレーターをパリに送ったわけである。バルビエはラブルールより5歳下であった。二人のスタイルは対照的で、ラブルールは白黒の版画が得意で、キュビズム風であるが、バルビエは色彩を得意とし、クラシックな表現である。

　バルビエはジャン・アントワーヌ・ワトー[3]やジャン・オーギュスト・ドミニク・アングル[4]などの古典的な名画を模写するのがうまかったという。年譜によると1908年にパリのジャン=ポール・ローランスのアカデミー・ジュリアンに入門している。1905年から1908年までが空白である。

　おそらくその間、イギリスに行っていたのではないかと推定されている。当時のイギリスにはエドマンド・デュラック（fig.2）がいた。ちなみにデュラックはバルビエと同年であり、トゥルーズの出身である。バルビエより5年早く、1903年、アカデミー・ジュリアンに入り、ジャン=ポール・ローランスに学んだ。しかし学校にうんざりして1904年、イギリスに渡り、挿絵を描き出した。

　この時代のフランスの若者は英国趣味（アングロフィル）にあこがれていた。オーブリー・ビアズリー（fig.3）が彼らのヒーローであった。バルビエもそうだったろう。ウォルター・クレイン（fig.4）やビアズリーなどの挿絵に魅せられていた。おそらく彼はデュラックとも知りあいであったに違いない。

　帰国したバルビエは1908年から1910年までパリのジャン=ポール・ローランスのアカデミー・ジュリアンで学んだ。同じ時にカイ・ニールセン（fig.5）もここにいたから、当然、知っていたはずである。

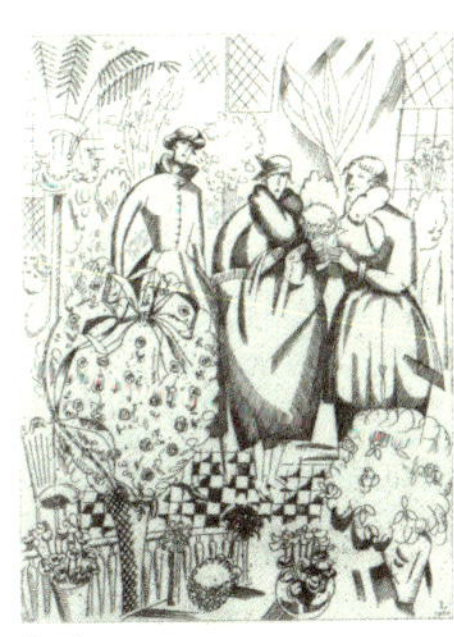

fig.1
ジャン=エミール・ラブルール画
「花屋で」
（1920年）

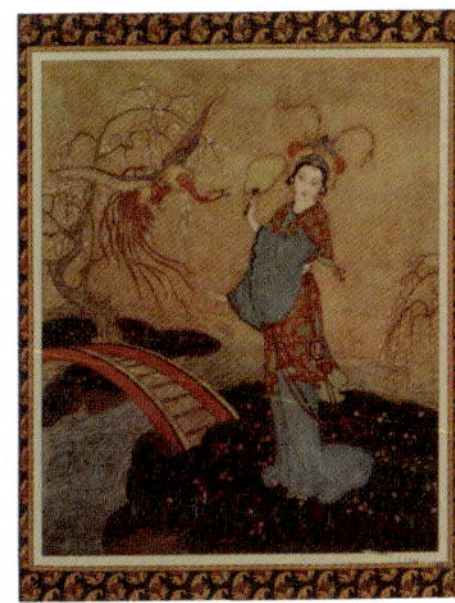

fig.2
エドマンド・デュラック画
『バドゥーラ姫』より
（ローレンス・ハウスマン著　1913年）

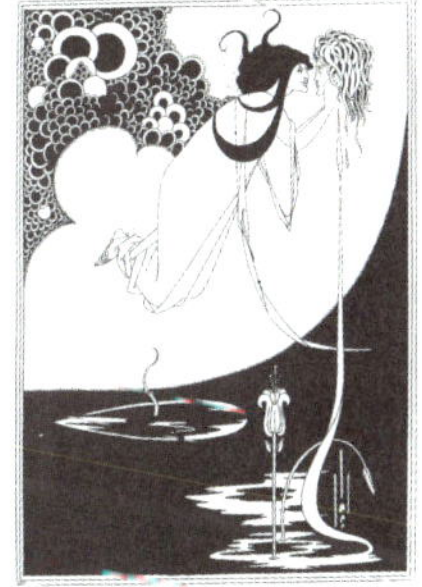

fig.3
オーブリー・ビアズリー画
『サロメ』より
（オスカー・ワイルド著　1894年）

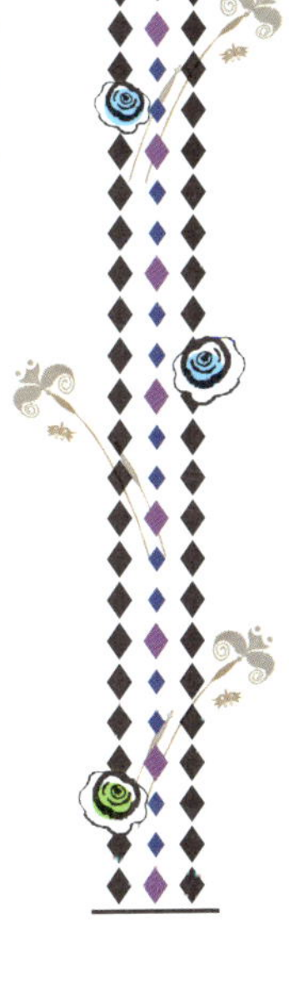

アカデミーは退屈だったようで、バルビエはイタリア古代エトルスク文明[5]の墓の壁画などに惹かれていた。「世紀末にはやったネオ・クラシックの、パルナシアン（高踏派）の文学スタイル」（バルバラ・マルトレリ「ジョルジュ・バルビエ」展カタログ）の影響を受けていたのである。＜ギリシア＞へのあこがれが彼の芸術の源泉となった。さらに世紀末の象徴主義のナビ派（モーリス・ドニ）[6]に大きな影響を受けた。

英国とフランスの世紀末のデカダンスを吸収しながら、1911年、バルビエはパリで個展を開いた。トロンシュ街のギャラリー・ブーテ・ド・モンヴェルにおいてであった。そのカタログにピエール・ルイスが書いていることで話題になった。

ピエール・ルイス（1870-1925）は、ベルギー生まれの詩人で、ギリシア古典学にくわしく、アンドレ・ジッド[7]、ポール・ヴァレリー[8]と親しかった。象徴派の雑誌『ラ・コンテ』『ルヴュ・ブランシュ（白色評論）』などに関わった。ギリシアの古代詩の訳と称して出された『ビリチスの歌』（1895）は彼の創作であった。その官能的、耽美（たんび）的な表現でスキャンダルとなった。小説『アフロディット』（1896）もあり、両方ともやがて、バルビエの挿絵がつけられることになる。

文壇の名士ピエール・ルイスの愛弟子として、バルビエは一気に注目された。彼をパリの文学サロンに紹介したのはロッツ＝ブリソノーであった。

バルビエはピエール・ルイスの古代ギリシアへの愛、美、裸体、エロティシズムを受け継いだ。すでに触れたように、バルビエはデュラック、ニールセンと同時代で、互いにパリやロンドンで近いところにいた。だからともに＜挿絵の黄金時代＞を担っているのであるが、バルビエはそこで語られてはこなかった。それは、彼が子どもの本の挿絵画家ではないからである。

ここで、バルビエの絵を理解するために、どうしても触れておかなければならないことがある。これまでのバルビエ論ではそれに触れるのを避けてきた。そのために、人間としてのバルビエは見えなくなり、それだけでなく、彼の絵も、きれいでおしゃれなファッション画として見られるだけだったのである。

私が触れておきたいのは彼の人間関係についてである。これほど多くの作品を残し、パリで名を知られながら、なぜ彼の生涯には空白の部分が多く、その私生活がまったくわからないのだろ

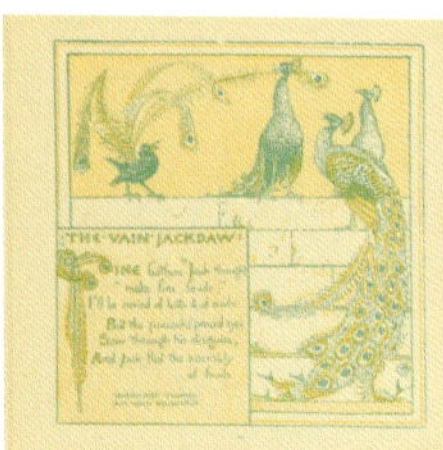

fig.4
ウォルター・クレイン画
『幼な子のイソップ物語』より
（ルーシー・クレイン著　1880年）

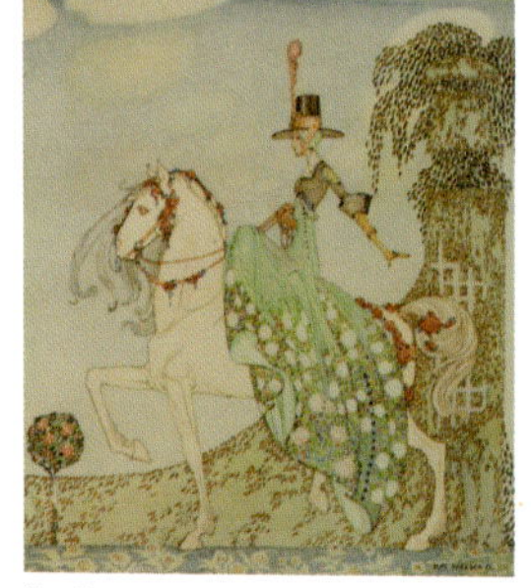

fig.5
カイ・ニールセン画
『おしろいとスカート』より
（アーサー・キラークーチー著　1913年）

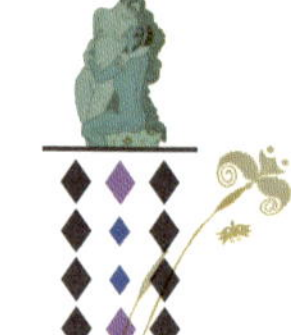
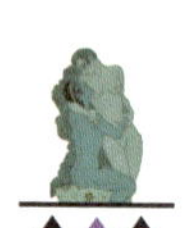
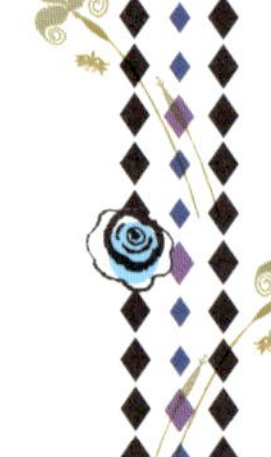
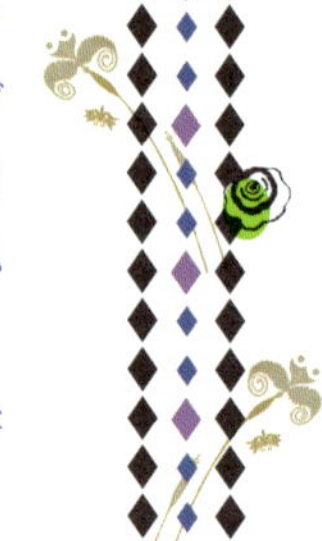
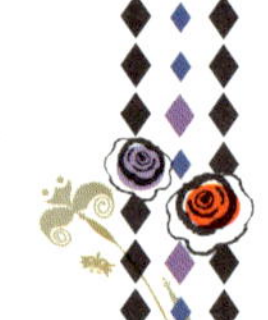
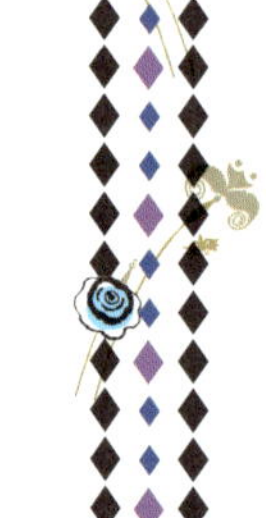

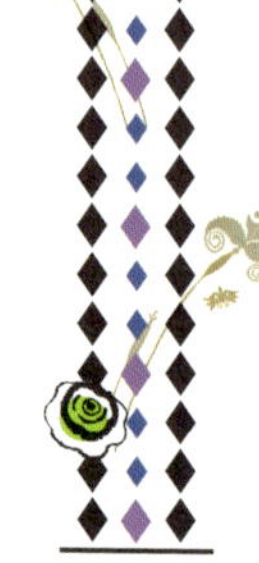

うか。おそらく、意図的に隠されているからだ。彼自身によって、また、まわりの人によって。

　こだわりなくいえば、バルビエはホモセクシャルの世界を生きていた。彼の絵は、抑圧された現代から自由なユートピア＜ギリシア＞への愛なのである。

　ピエール・ルイスの＜ギリシア愛＞とは同性愛のことである。『ビリチスの歌』は女同士の愛を語った。ルイス、ジッド、ヴァレリーなどのグループにはホモセクシャルな雰囲気が漂っていた。そして詩人のロベール・ド・モンテスキュー[9]、マルセル・プルーストなどにつながっていった。バルビエはモンテスキューによってプルーストに紹介されたという。ルイスをめぐるホモセクシャルのネットワークは、イギリス世紀末のオスカー・ワイルド[10]、ビアズリーなどにものびていたのである。

　そして、ファッション界、バレエ界においてもそのネットワークをたどっていける。ディアギレフ[11]、ニジンスキー[12]、ジャン・コクトー[13]、ココ・シャネル[14]などが浮かんでくる。

　そのような人間関係、様々な愛を背景にバルビエの絵をあらためて見るなら、そこに繰り広げられている愛の夢のつかの間のきらめきに、私たちは魅せられつつ、それが過ぎ去ることを惜しむだろう。＜ギリシア愛＞は現代では禁じられ、失われてしまったものだ。だが、なぜか、もう一度、それを見たいと思うのである。

　ピエール・ルイスとそのサロンのホモセクシャルなネットワークによって、バルビエは1911年の個展の後、すぐにファッション界に紹介される。1912年に『ジュルナール・デ・ダーム・エ・デ・モード』『ガゼット・デュ・ボン・トン』などのファッション誌が発行され、バルビエもファッション・プレート（ファッション画、モード画）を描くようになる。

　1909年にパリに現れてセンセーションを巻き起こしたディアギレフのバレエ・リュスもバルビエの想像力をかきたてた。

　1914年、ついに『ビリチスの歌』の挿絵に着手したが、第一次世界大戦が始まり、挿絵本ブームは大きな打撃を受けた。戦争が終わり、1922年、『ビリチスの歌』の限定本が出た。

　デュラックやニールセンは、第一次世界大戦後、絵本ブームが去って、つらい時代を迎えた。それに対して、バルビエは戦後も華やかに活動したようである。デュラックたちがあまりにロンドンに依存していたのに対し、バルビエはパリを拠点とし、文学界、ファッション界、バレエ界に広いコネクションを持っていたからだろうか。

　彼は1920年代というモダン都市の時代のファッションを巧みにとらえることに成功した。モダン・ガールは大胆に肌を出し、手や脚を露出したが、バルビエが描いたギリシアの女たちはまるでそれを予告していたかのように見えたのである。

　キュビズムのような新しい描き方はせず、あくまでクラシックに人間を描くにもかかわらず、なぜバルビエの絵はモダンなのだろう。

　おそらく人間のまとっているファッション、アクセサリー、そして背景に描きこまれている装飾などの細部が、モダンな感性を伝えているのだろう。バルビエの目と手は、それらの装飾の細部をいとおしむようにさまよい、そこに踊っている至福の時をなつかしんでいるのだ。それはかつて私たちがいたのかもしれない理想郷アルカディア[15]の幻影なのだ。

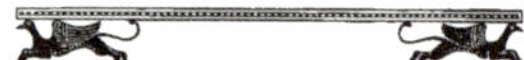

 アール・デコの時代

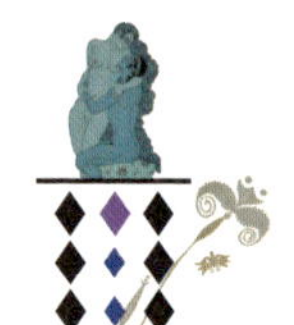

　バルビエはビアズリーなどの世紀末アール・ヌーヴォーの強い影響の下に育ったが、20世紀に入ると、時代は古い時代から脱し、新しいスタイルを求めつつあった。1910年代に入るとその動きは決定的なものとなり、次のアール・デコ・スタイルが姿を見せ始める。その特徴の1つは文化の大衆化であった。そのためにはアートを個人的、少数のものではなく、大量に複製化していかなければならない。複製技術が開発される。

　もう1つの特徴は、女性が社会に出て、文化に参加してきたことである。＜複製＞と＜女性＞が新しい時代のキー・ワードとなる。2つが結びついて生まれたのが＜ファッション＞である。かつてはオート・クチュールとして注文で一品製作されていたドレスが、ファッション・プレートとしてイメージ化されて伝えられ、それをもとに複製化される。写真や型紙により、物から形が分離され、形だけが流通する。それによって、パリ・ファッションは同時的に世界中に伝わり、複製される。

　『ガゼット・デュ・ボン・トン』などのファッション雑誌が創刊されるのもその表れである。バルビエはその新しい分野に招かれる。ポショワールという新しい型紙を使った方法で色彩豊かな印刷が可能となっていた。もし、ファッション画という大量に複製される分野に携われなかったら、バルビエは限定本の、少数の愛好家のための画家にとどまったかもしれない。

　バルビエはモンマルトルに代わって新しいアート・センターとなってきたモンパルナスにスタジオを持った。カンパーニュ・プルミエ街31番で、写真家のマン・レイもここにいた。

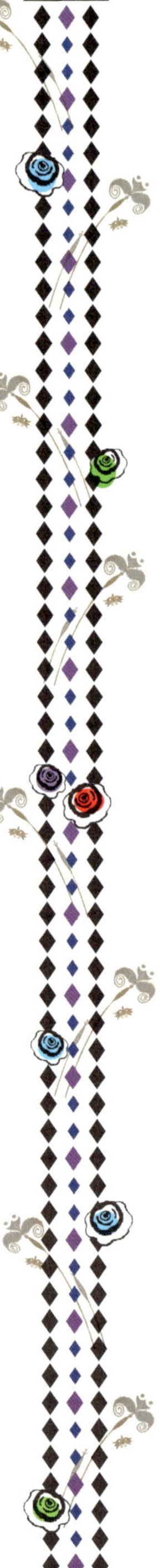

　彼はキュビズムなどのアヴァンギャルドには手を出さなかったが、世界中のエキゾティックな趣味には敏感だった。日本の浮世絵や漆器、中国の陶磁器、エジプトの幾何学模様、18世紀のヴェネチアの意匠、古代ギリシアの壺絵などを、まるで自分の部屋を好きなもので飾りつけるように、絵の中にちりばめた。

　1914年、雑誌に発表した12枚のファッション・プレートをまとめた『モード・エ・マニエール・ドージュルデュイ』が出された。1枚ずつにアンリ・ド・レニエの詩がつけられていた。レニエもピエール・ルイスとともにバルビエを後援した作家である。『夢のごとく』（1892）、『水の都』（1902）などの詩集がある。『水の都』はヴェネチア風物詩で、バルビエはレニエからヴェネチア趣味を教えられていたろう。レニエには『燃え上がる青春』（1909）などの現代風俗小説がある。おそらく、ファッションの世界にバルビエを導いたのは彼だったと思われる。

　バルビエはピエール・ルイスによってアンリ・ド・レニエに紹介された。レニエの本の多くの挿絵を描いている。またレニエの妻マリーはファッション界と親しく、バルビエのファッション・プレート集は、彼女との協同でつくられた。

　1909年以来、ディアギレフのバレエ・リュスはヨーロッパ文化に衝撃を与え続けていた。「アラビアン・ナイト」の世界など、東方のエキゾティックな風俗が流行を生み出した。半裸の踊り子たち。ターバンやパンタロン。そして、それまでは女性のダンサーの引立て役にすぎなかった男性のダンサーがたくましく、またしなやかな肉体を露出して、主役に躍り出たのだ。ニジンスキーの肢体は人々をうっとりさせた。古代ギリシアにおいても、男たちは裸であった。ギリシアの壺

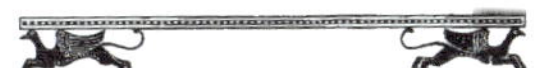

絵に出てくる裸の男たちが、バレエ・リュスの舞台で甦ってきた。

　バレエ・リュスに対応してファッション革命を開幕させたのはクチュリエのポール・ポワレ（fig.6）であった。ポワレは女性をコルセットから解放した。手足をむき出しにし、軽やかに動き回るモダン・ガールが登場した。

　1910年代からジョルジュ・ルパープ（fig.7）、アンドレ・マルティ（fig.8）など多くのファッション・イラストレーターが出た。それぞれに味があるが、バルビエの女性が一番ほっそりしてスマートである。1920年代には、19世紀のふっくらした女性に代わって、少女のような若々しくほっそりした女性がはやった。バルビエの描く女性はその流行にぴったりであった。

　少女のようにと書いたが、少年のように、ともいえる。ココ・シャネルは男物のスーツやシャツによるボーイッシュなファッションをはやらせた。1920年代は若々しく、まだ大人にならない、男と女の区別がまだはっきりしない、少年のような少女、両性具有なアンドロギュッスを求めたのだ。

　そのような両性具有的な世界こそがバルビエの夢であった。彼の絵の中ではしばしば性的な区別があいまいになってしまう。絵の中の人たちは永遠の若さを生きている。

　1920年代のバルビエは、絵だけではなく、舞台デザイン、インテリア・デザイン、扇などのアクセサリー・デザイン、そしてジュエリー・デザインなどあらゆるジャンルを試みた。カルティエのためのジュエリー・デザインもその1つである。ルイ・カルティエと1910年頃から知り合い、エジプト、インド、中国、日本、イスラム圏などのエキゾティックな装飾を取り入れたデザインをつくった。宝飾デザイナーのルネ・ラリック（fig.9）とも協力したという。

　1911年、バルビエはカルティエでの最初の仕事となるディアデムをデザインした。ディアデムは王冠または頭飾りであるが、ポール・ポワレはクラシックな冠に代わって、エグレット（羽根飾り）やバンドー（ヘア・バンド）のような軽快な形にした。ウォルトやランヴァンのナイトガウンと"ア・ラ・ギャルソンヌ（ギャルソンヌ風）"のヘアスタイルには、羽根飾りのディアデムが決まりであった。エジプトかアラビアの女王のようなエキゾティックなファッションがはやったのである。バルビエの東洋趣味のディアデムは人気を集めた。

　バルビエによるカルティエのデザインで最もよく知られているのは、パンサー（豹）のデザインで

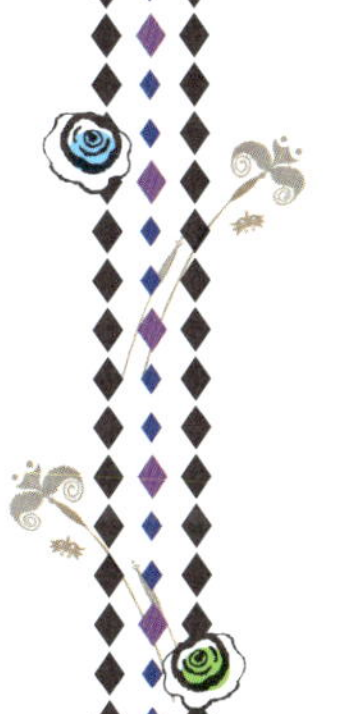

fig.6
ジョルジュ・バルビエ画
「ポワレ邸にて」
（1912年）

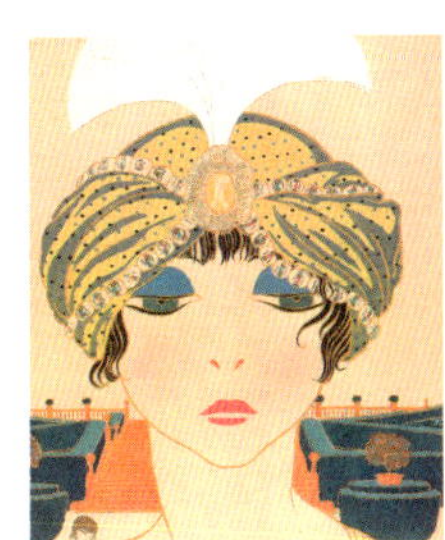

fig.7
ジョルジュ・ルパープ画
『ジョルジュ・ルパープの見たポール・ポワレの作品』より
（1911年）

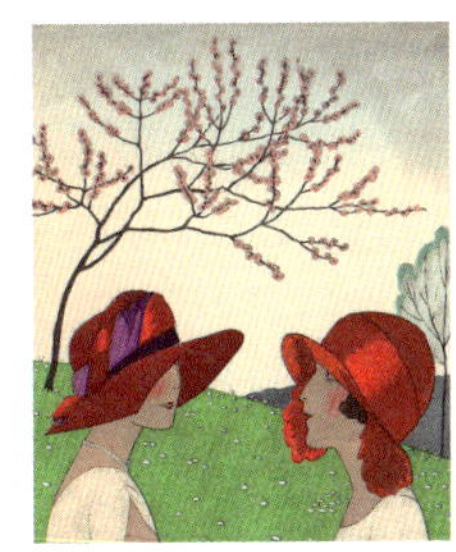

fig.8
アンドレ・マルティ画
『ガゼット・デュ・ボン・トン』誌1924より
（1924年）

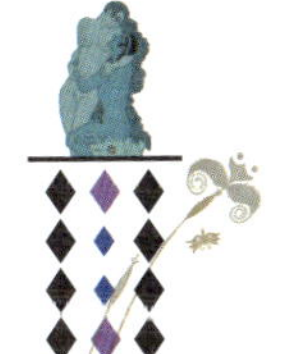

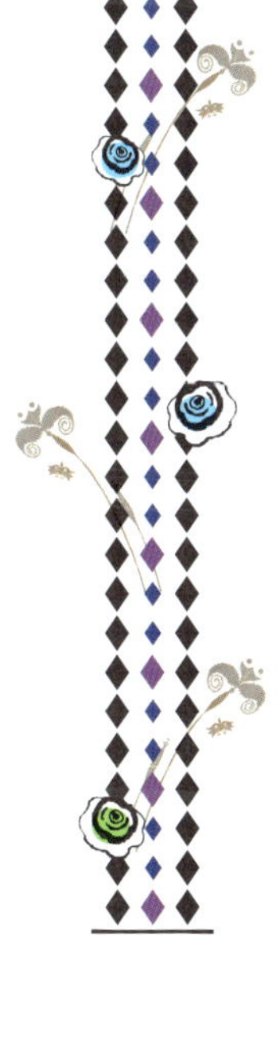

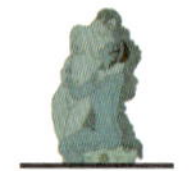

ある。1917年以来、ブラック・パンサーは、カルティエのトレードマークのように使われることになった。

1920年代には、女性の風俗が社会にあふれた時代であった。パリに世界中の流行が集まり、パリからあらためて世界へと伝えられた。女性のファッションがこれほど社会的関心を集めたことはなかった。華やかなファッション雑誌がパリで出されただけではなく、アメリカで、パリ・ファッションを伝えるために、『ヴォーグ』などが発刊されるほどであった。

しかし、1920年代は、ファッション、ジャーナリズムの過渡期であった。1910年代、20年代までファッションはイラストレーションによって伝えられてきたのだが、20年代後半から写真によって伝えられるようになる。30年代になると、雑誌の表紙は写真になってゆく。ファッション・イラストレーターに代わり、セシル・ビートン（fig.10）のようなファッション写真家が登場してくる。

1920年代のファッション・イラストレーションは、20世紀初頭の＜挿絵の黄金時代＞の最後のきらめきであった。バルビエはそのラストを飾ったのである。

これまであまり知られなかったが、バルビエは『ガゼット・デュ・ボン・トン』などに、イラストレーションだけでなく、かなりの文章を書いている。芸術批評家、風俗評論家としてもなかなかのものらしい。

すでに述べたように、バルビエは、ピエール・ルイス、アンリ・ド・レニエなどの作家グループによってファッション界と知り合った。そのことは、パリのファッション界が、文学界と密接な関係にあったことを語っている。ココ・シャネルがバレエ・リュスのディアギレフからジャン・コクトーに至る広い交友関係を持っていたように、ファッション界は社交界だけでなく、文学界、芸術界と接していたのである。

したがってファッション雑誌は作家によって企画され、多くの作家がそこに寄稿している。ジャン・コクトーなども書いているのである。バルビエも作家との交友の中で、文学的関心を持ち続けていた。1920年代後半になると、かなり文学の比重が大きくなっていくようだ。

1932年、バルビエは没した。文学界からファッション界まで、あれほど広く交友があったにもかかわらず、親族によってひっそりと、ほとんど秘密に葬られたため、死のいきさつはわかっていない。

1930年頃から病に悩んでいたといわれる。そして長年かけて集めた蔵書や資料の一部は国立図書館やナント美術館に寄贈された。バルバラ・マルトレリは暗示的にいっているが、大部分の資料、特にプライヴェートな写真などは処分された。おそらくポルノグラフィックなものであったろ

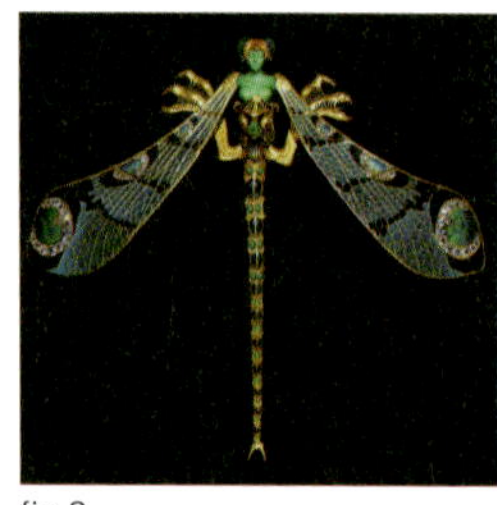

fig.9
ルネ・ラリック作
「蜻蛉の精」
（1897-98年頃）

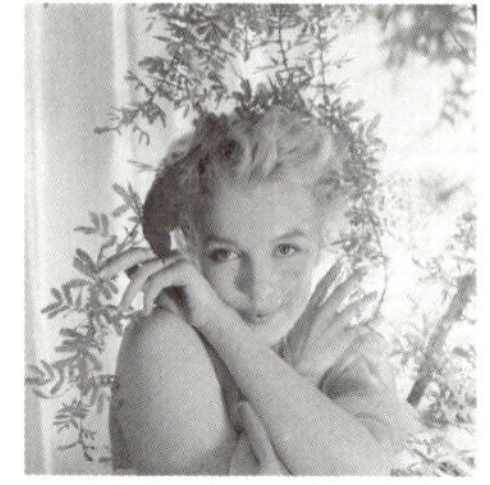

fig.10
セシル・ビートン撮影
（モデル：マリリン・モンロー）

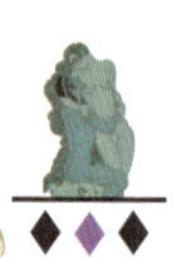

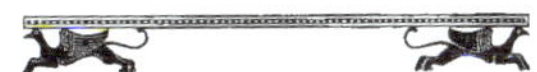

う。彼のまわりのだれかが、バルビエの私生活をすっかり隠してしまったらしい。

　バルビエはカンパーニュ・プルミエのスタジオからマラケー河岸の自宅に引きこもり、ひっそりと亡くなった。

　そして数カ月後、バルビエの蔵書であった貴重本が売り立てに出され、散り散りになり、彼の痕跡は見えなくなった。だれがバルビエの生涯を隠したのだろうか。なぜ隠したのだろうか。かなり調査したバルバラ・マルトレリも、わからない、といっている。本当にわからないのか、わかっているが、今は語れないのか。

　こうしてジョルジュ・バルビエは夢幻的な魅惑的な作品を残し、その陰に姿を消したのであった。

 バルビエの3つの世界 

　バルビエは、シンデレラのために魔女（フェアリー）が魔法の杖の一振りで、すべてを変身させたように、自分の生きる時代のすべてを変身させようとした。魔法の絵筆で。その全体に触れることはできないが、主な3つの領域をまとめておこう。

　1つは本の挿絵の世界である。なんといっても、バルビエが最も親しんだ、そして私たちにも魅力的な世界だ。2つ目はファッションの世界である。バルビエの感性がモダン都市のリズムを見事にとらえている。そして3つ目はバレエなど舞台芸術の世界だ。バレエ・リュスがヨーロッパを驚かせた時代、この世は、バレエや仮装舞踏会のように踊っていた。

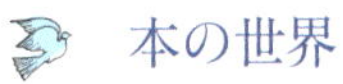 本の世界

　『ジョルジュ・バルビエ──アール・デコの誕生』（2008）では、バルビエの挿絵本として、1911年から1954年までの間に42冊ほどの本を挙げている。ファッション・プレートのアルバムと文学書が主である。文学書としては、ピエール・ルイス、アンリ・ド・レニエの作品が目立っている。その他では、フランシス・ド・ミオマンドル、エドモン・ロスタン、コレット、マルセル・シュウォブなどの本がある。

　本の傾向としては、耽美的、趣味的で、擬古的なスタイルで書く作家の本が多い。ルイスやレニエは今では読まれないから、わかりにくいかもしれないが、戦前の日本ではかなり愛読されていた。永井荷風や堀口大学などによって紹介されている。

　バルビエは、ルイスやレニエなどの文学サークルに気に入られていた。彼もまた、ちょっと古びた古典的スタイルで描くモダニストだったからである。

　ポショワールというカラー印刷にこだわったことも、バルビエの表現の特徴を示している。ポショワールはステンシルともいい、型紙を使って着色する方法である。すでに、写真製版による最新のカラー印刷が始まっており、ポショワールは古くからあった方法なのだが、あえて20世紀の初めに使われ、一時的人気を博した。写真製版のぼんやりしたハーフトーンより、色がくっきり対比されるポショワールが好まれたのである。

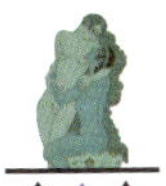
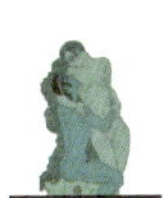

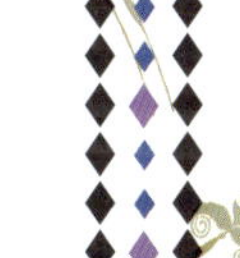

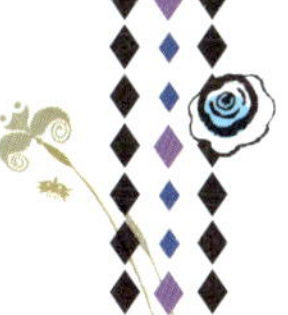
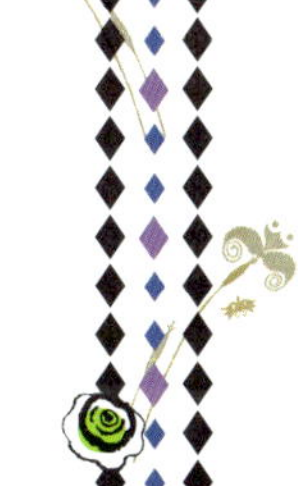

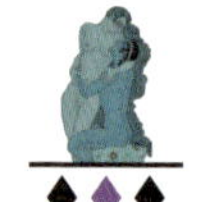
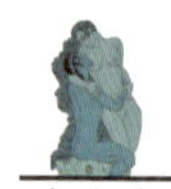

しかしポショワールの人気は1920年代前半までで、しだいに写真にとって代わられてしまう。バルビエはポショワールそして木版によるカラー表現にこだわり続けた。古めかしさを装ったモダニズムという彼の美学にこだわり続けたのであった。

ファッションの世界

20世紀の初め、パリ・ファッションのシステムが確立される。パリで発表されたファッションがその年の流行として世界中で複製されることになる。そのために、物から形を分離する＜デザイン＞化が必要であった。まずファッション・プレートがつくられる。初めは手で彩色していたが、ポショワールによって大量に複製される。さらにファッション雑誌が創刊される。そしてウォルト、パキャン、ランヴァン、シャネルなどデザイナーの名が知られるようになる。

そのような時代にバルビエが出会った。彼は文学というエリートの小さな世界からファッションの大衆的世界に紹介された。ファッションは社交界と密接な関係にあったが、社交界のサロンには、文人の趣味、美的センスが欠かせないものであり、パリ・ファッションの初期には彼らの役割が大きかったからだ。20世紀の初頭には、文学とファッションの様々な交流があり、バルビエの舞台はそこにあったのだ。

ファッション画は、彼にとって、ことばと絵の出会いの場であり、またその空間を彩る装飾の遊びを繰り広げる場であった。バルビエは装飾を追う戯れにあきることはなかった。なぜならそれは、ギリシア、ヴェネチア、ペルシア、インド、中国、日本など世界をめぐる旅だったからだ。

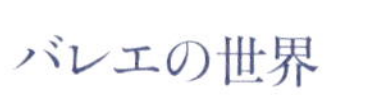

バレエの世界

20世紀初め、若者の多くは、何よりも演劇にあこがれたように思える。演劇、オペラ、バレエ、ダンスなど、芝居、歌、踊りに人々は魅せられた。ディアギレフのバレエ・リュスが1909年、パリに登場した時、社交界、芸術界、ファッション界が熱狂した。ジャン・コクトーもココ・シャネ

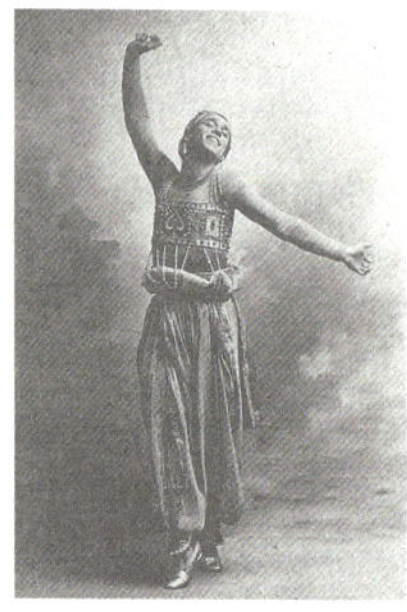

fig.11
バレエ「シェエラザード」より
≪金の奴隷≫を踊る
ニジンスキー

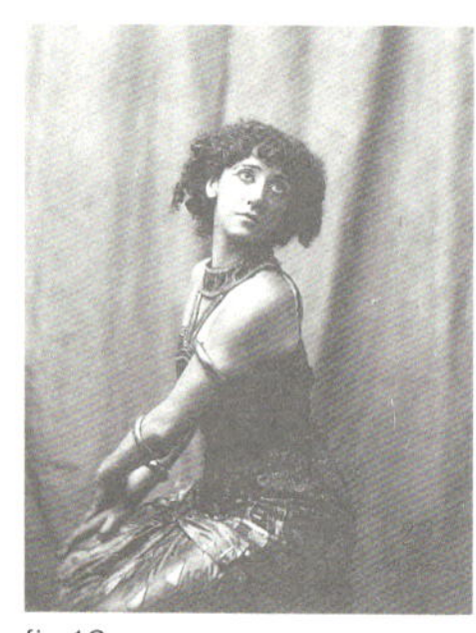

fig.12
バレエ「クレオパトラ」より
≪クレオパトラ≫の奴隷を踊る
カルサーヴィナ

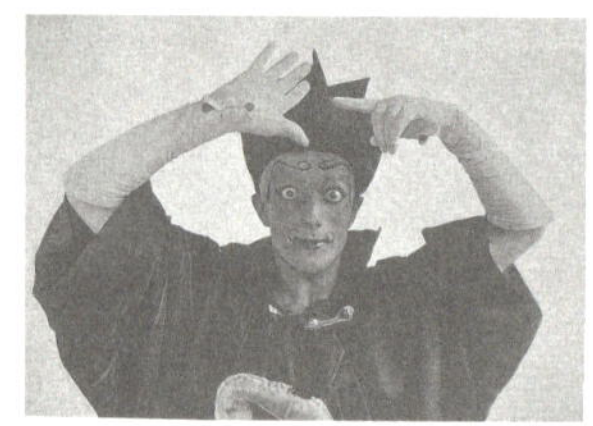

fig.13
バレエ「パラード」より
≪中国人の奇術師≫を踊るマーシン

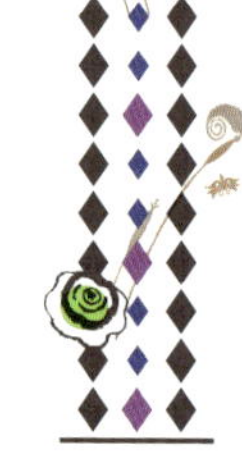

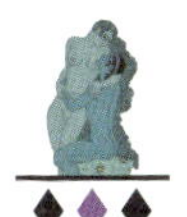
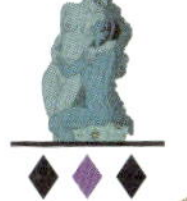
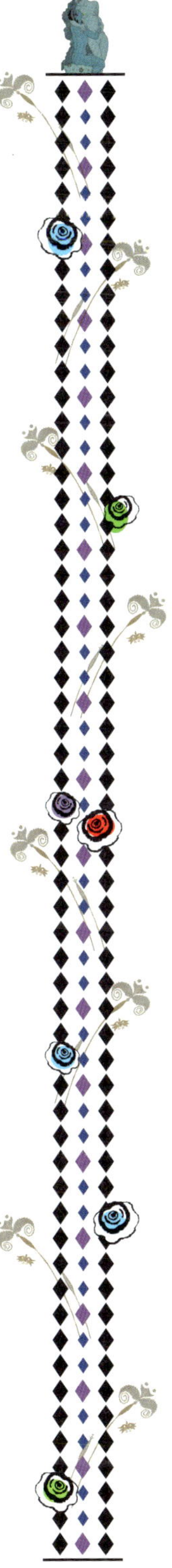

ルもその魅力のとりこになった。バルビエもバレエ・リュス・マニアのサークルの中にいた。

　バルビエの想像力を特に刺激したのはコスチューム・デザインであった。バレエ・リュスの「シェエラザード」（fig.11）、「クレオパトラ」（fig.12）などのエキゾティックなコスチュームに彼は魅せられた。背景はシンプルで、コスチュームに細密な装飾をほどこすというのがバルビエの舞台絵の特徴である。

　バルビエはジャン＝ルイ・ヴォドワイエに連れられてバレエ・リュスを見たという。ヴォドワイエはロベール・ド・モンテスキューやプルーストの周辺にいた人であった。バルビエはニジンスキーやカルサーヴィナを描き、1914年、『カルサーヴィナ』をヴォドワイエのテキストで出した。

　バルビエが好んだのは、初期の、ニジンスキーがいた頃のバレエ・リュスであった。「パラード」（fig.13）など、モダン・アートに近づいたバレエは取り上げなかった。彼は実際の舞台のコスチューム・デザインも手がけているが、彼のイメージの中の舞台と上演された舞台はかなり違っていて、満足できなかったようだ。おそらくバルビエにとっては、イラストレーションの中こそが理想の舞台だったのではないだろうか。

 失われた世界をもう一度 

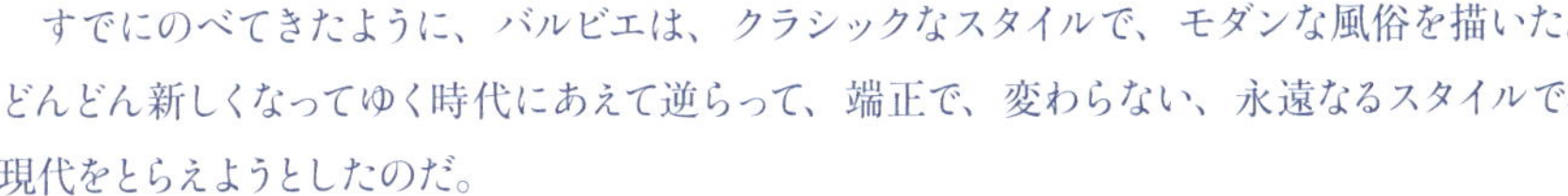

　すでにのべてきたように、バルビエは、クラシックなスタイルで、モダンな風俗を描いた。どんどん新しくなってゆく時代にあえて逆らって、端正で、変わらない、永遠なるスタイルで、現代をとらえようとしたのだ。

　それは、過ぎていってしまう時を限りなく惜しみ、とどめたいという切なる願いだったのではないだろうか。彼の絵の中で、古代ギリシアや18世紀ヴェネチアが現代の街角や自動車旅行や海水浴の風景と同じように描かれているのを見ることができる。古代ギリシアは現代なのだ。今の時もまた古代ギリシアのように永遠に若々しくあってほしいという願いが彼の絵にこめられているのだ。

　私はかつて、古代ギリシアの理想郷アルカディアにいたのであり、またそこで生きたい、とバルビエの絵は語っているのだ。1910年代に、彼は一瞬、その＜アルカディア＞を見たのではないだろうか。そして1920年代にその見た世界について、繰り返し描いた。しかし現実にはその世界は急激に失われていったのである。時代遅れとされながら、彼はそれを描き続けた。

　私はふと、もしバルビエがマルセル・プルーストの『失われた時を求めて』の挿絵を描いていたら、と想像してみたくなる。2人は知り合いだったし、ロベール・ド・モンテスキューなどを中心とするパリの社交界、芸術界をともに生きていた。プルーストは彼が過ごした＜世紀末＞＜失われた時＞を甦らせようとした。バルビエも同じ時を見ていたのである。

　プルーストが書いた＜花咲く乙女たち＞がバルビエの絵の中に映っているように私には思えるのだ。そして古い時をとどめようとしたプルーストの小説が今も新鮮な魅力を失っていないように、ちょっとクラシックなスタイルで描いた絵も、かえって古びない、私たちの中にいつも生きている想像力に呼びかけてくる。バルビエの絵はいつまでも若々しい。

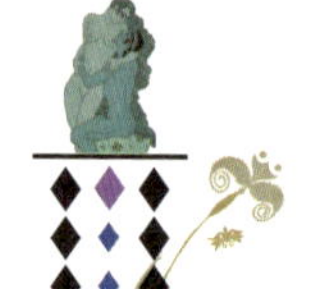
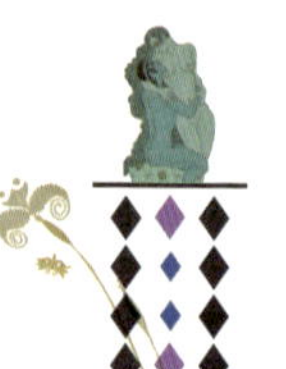

［ 註 ］

註1　バレエ・リュス（ロシア・バレエ団）…ロシア出身の芸術プロデューサー、セルゲイ・ディアギレフが主宰したバレエ団。1909年から29年までの20年間、パリとアメリカで60本以上の新作バレエを上演し、バレエを最先端の総合芸術へと押し上げた。

註2　マルセル・プルースト（1871-1922）…フランスの小説家。ジョイス、カフカとともに20世紀を代表する作家とされる。30代から亡くなる直前まで書き続けた大作『失われた時を求めて』では、人間存在と外界の相関、意識や記憶の本質を追求した。

註3　ジャン・アントワーヌ・ワトー（1684-1721）…フランスの画家。ロココ様式の雅宴画を創始し、優雅な筆致と色彩で、貴顕淑女の社交風景を描いた。

註4　ジャン・オーギュスト・ドミニク・アングル（1780-1867）…フランスの画家。新古典主義の代表。的確なデッサンと典雅な形式美を特色とする歴史画・裸体画を描く。

註5　エトルスク文明…紀元前9世紀までイタリアで形成されたエトルリア民族によるもので、ギリシア文化を吸収しつつ独自の文化を発展させた。

註6　ナビ派…19世紀末のパリで活動した、前衛的な美術家の集団。

註7　アンドレ・ジッド（1869-1951）…フランスの小説家・批評家。人間性の解放を追求する個人主義的立場から、既成道徳・社会制度を批判。ノーベル文学賞受賞。

註8　ポール・ヴァレリー（1871-1945）…フランスの詩人・批評家。マラルメに師事し、純粋詩の理論を確立。

註9　ロベール・ド・モンテスキュー（1855-1921）…耽美主義とアール・ヌーヴォーの推進者。"美の教授""世紀末芸術のパトロン"と称され、『失われた時を求めて』の男色家シャルリュス男爵のモデルと言われる。

註10　オスカー・ワイルド（1854-1900）…英国の詩人・劇作家・小説家。世紀末唯美主義文学の代表的作家で、著書に小説『ドリアン＝グレイの肖像』、戯曲『サロメ』がある。

註11　ディアギレフ（1872-1929）…バレエ・リュス（ロシア・バレエ団）の主宰者。作曲家・振付師・舞踏家・美術家と提携して革新的な近代バレエの道を切り開いた。

註12　ニジンスキー（1890-1950）…ポーランド系ロシア人の舞踊家。バレエ・リュスで活躍した。

註13　ジャン・コクトー（1889-1963）…フランスの作家。詩・小説・演劇・映画・絵画など、多様な分野で活躍。前衛的作風により、独自の美を追求した。

註14　ココ・シャネル（1883-1971）…フランスの女性ファッション・デザイナー。ブランド「シャネル」の創業者。

註15　アルカディア…ギリシア南部、ペロポネソス半島の中央部の高原地帯。高い山や峡谷により他から孤立し、古代ギリシアでは理想郷とされ、絵画や文芸などに影響を与えた。

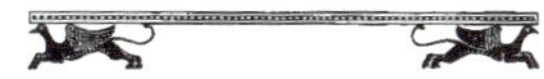

George Barbier:
Visions of Young Girls in Flower

 Barbier Revisited 

George Barbier (1882–1932) was a leading Art Deco artist who made significant contributions in at least three fields, book illustration, fashion illustration, and theatrical design. He was, however, largely forgotten after his death except by a few passionate collectors until renewed interest in Art Deco led to his rediscovery. 2008 saw the first Barbier exhibition since his death, at the Museo Fortuny in Venice. Its catalogue, *George Barbier: The Birth of Art Deco*, poses a provocative question: why was no other scholarly work about Barbier published in the 75 years since his death.

One answer is that he was excluded from the dominant narrative in art history. His work, described as "Neoclassical," diverged from major trends in modern art, e.g., Cubism. His rediscovery had to wait for the 1960s reassessment of Art Deco. Moreover, his work was scattered after his death, its broad range hindered a coherent understanding of it. Illustrations for limited-edition books, fashion illustrations, costume designs for the Ballets Russes: each ended up in the hands of specialized collectors and was treated independently. It was, however, his multifaceted œuvre that makes Barbier so fascinating.

Barbier's character contributed to his obscurity. As a gentleman artist, he participated in salons for artistically inclined members of the elite. His lite was, however, a private, rather enigmatic life, of the little we know excites interest. Barbier knew Marcel Proust, the author of *Remembrance of Things Past*. Were the times recalled by Proust Barbier's own times? His paintings seem to evoke Proust's narrative.

 Life of Barbier 

Barbier was born to a prosperous merchant family in Nantes. In 1902, he entered the Ecole régionale du Dessin et des Beaux-Arts, where his work was highly regarded. Alphonse Lotz-Brissonneau, a Nantes industrialist and patron of the arts, took notice of him.

A print collector, Lotz-Brissonneau had already discovered Jean-Émile Laboureur. In 1896, he introduced Laboureur to the print maker Auguste Lepère. Laboureur became the quintessential Art Deco print artist. Lotz-Brissonneau next focused on Barbier and introduced him, as well as Laboureur, to artistic and literary circles in Paris.

Barbier was five years younger than Laboureur. The two are a clear contrast: while Laboureur created black-and-white prints in a Cubist style, Barbier excelled in the use of color and a classic style. As a student, he had been a skillful copier of paintings by Watteau and Ingres.

We know that he enrolled in Jean-Paul Laurens' studio at the Académie Julien in Paris in 1908. What we do not know is what happened between 1905 and 1908. He may have been in Britain, like the illustrator Edmund Dulac, with whom he was probably acquainted. Dulac, the same age as Barbier, had entered the Académie Julien five years before Barbier, in 1903. He, too, studied with Jean-Paul Laurens. But, bored with

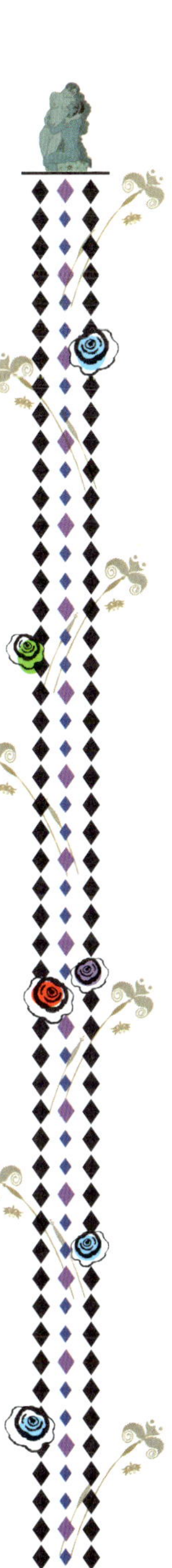

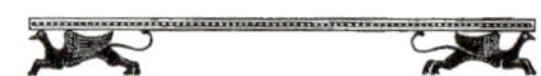

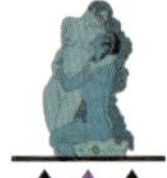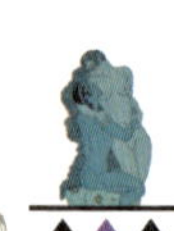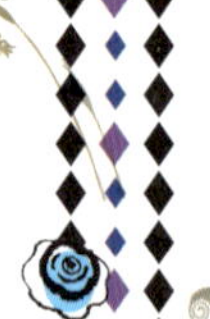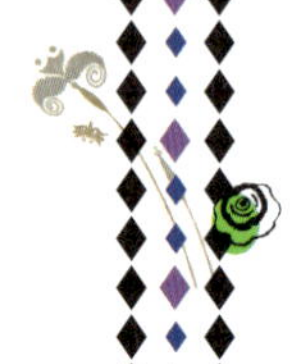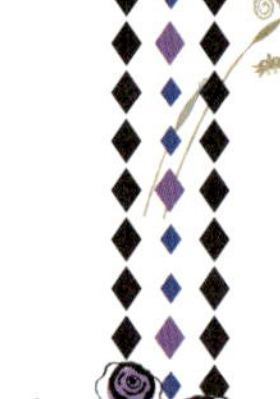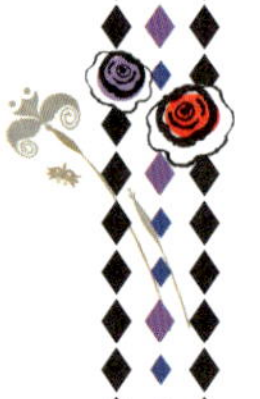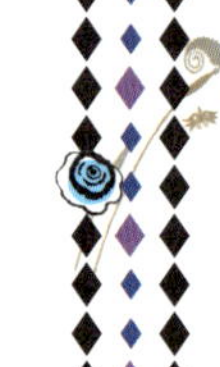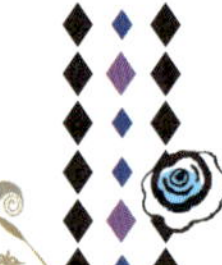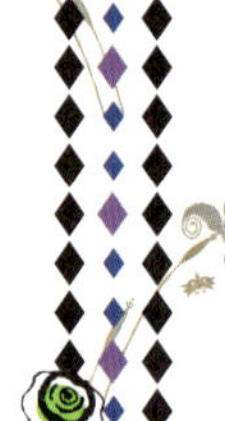

school, he left for Britain in 1904.

Many young French artists were Anglophiles, their hero Aubrey Beardsley. We do know that Barbier was fascinated by illustrations by Beardsley and Walter Crane. His time at the Académie Julien also overlapped with that of another superb illustrator, Kay Nielsen.

Barbier, with Dulac and Nielson, was among the artists responsible for the Golden Age of book illustration. Since, however, he did not illustrate children's books, he is rarely mentioned in that context.

Apparently finding his art school studies tedious, Barbier was drawn to other influences, including ancient Etruscan tomb paintings and "the neo-classical Parnassian literary style in vogue at the end of the century," observes Barbara Martorelli, author of the *George Barbier* catalogue. Classical, and particularly Hellenic, art was the wellspring of Barbier's art. He was also greatly influenced by the Nabis, a group of Symbolist artists (including Maurice Denis) active in the 1890s.

Barbier had a solo exhibition in Paris in 1911. The catalogue was written by the famous poet and novelist Pierre Louÿs (1870-1925). Louÿs was well-versed in the Greek classics, a close friend of André Gide and Paul Valéry, and involved in the Symbolist literary reviews La Conque and La Revue Blanche. His *Chansons de Bilitis* (1895), which he said were translations from the ancient Greek, were his own compositions. The sensual, aesthetic style of those poems about lesbian love became a scandal. Louÿs's work also included the novel *Aphrodite* (1896). Barbier later illustrated both *Chansons de Bilitis* and *Aphrodite*.

As a favored disciple of literary lion Pierre Louÿs, Barbier attracted great attention in the Parisian literary salons to which Lotz-Brissonneau had introduced him. His work continued Louÿs's love of ancient Greece, beauty, nudity, and eroticism.

Barbier's relationship to Louÿs sheds light on the deeper meaning of his work, too often dismissed as merely pretty, chic, and fashionable. The many blanks in his biography, despite his large body of work and his fame during his lifetime, suggest that his personal life was deliberately concealed. Barbier was, one assumes, homosexual. His paintings express desire for a utopia, the world of ancient Greece, where the homoerotic "Greek love" Louÿs celebrated was not suppressed. Barbier became part of a group that included Louÿs, Gide, and Valéry, Robert de Montesquiou, Marcel Proust, Oscar Wilde and Aubrey Beardsley and extended into the worlds of fashion and ballet. The names Sergei Diaghilev, Nijinsky, Jean Cocteau, and Coco Chanel spring to mind. Barbier's work reveals glimpses of the world of "Greek love," forbidden in his day, its beauty lost.

Through these connections, Barbier was introduced to the world of fashion soon after his 1911 solo exhibition. In 1912, when the fashion magazines *Journal des Dames et des Modes* and *Gazette du Bon Ton* were launched, they featured illustrations by Barbier. Diaghilev's Ballets Russes, a huge sensation when it appeared in Paris in 1909, also stirred Barbier's imagination.

Barbier had begun work on the illustrations for the *Chansons de Bilitis* in 1914 when the outbreak of World War I halted the production of illustrated books. A limited edition, with Barbier's illustrations, was, however, published after the war, in 1922. By then the passion for illustrated books had passed; Dulac and Nielsen faced hard times. But Barbier remained vibrantly active, thanks to his extensive connections in the worlds of literature, fashion and ballet.

As a fashion illustrator, Barbier brilliantly rendered the fashions of the 1920s. The modern girl, boldly exposing her skin, baring arms and legs, seemed almost foreshadowed by the Greek

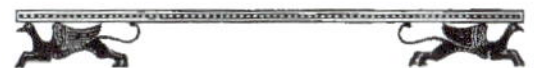

women Barbier had reveled in depicting. While Barbier eschewed Cubism and other new trends, persistently adhering to a Classical style when depicting the human figure, the fashionable clothing and accessories and the decorative details in the background conveyed a modern sensibility. Obsessed with sensuous detail, Barbier's is a vision of Arcadia.

 The Age of Art Deco 

Barbier grew up under the powerful influence of Art Nouveau. Around 1910, however, artists' search for a new style crystallized in its successor, Art Deco. Art Deco acknowledged the emergence of mass culture, mass production, and art that could be reproduced.

Put the reproduction of creative work together with women's greater participation in society; the result is fashion. Haute couture dresses had been unique, custom-made items. Now haute couture appeared in illustrated magazines; its designs became reproducible. Photographs and a new stencil technique, pochoir, separated design from the garment itself. Parisian designs were swiftly spread—and reproduced—through the world.

The founding of *Gazette du Bon Ton* and other fashion magazines was a key part of this new development, to which Barbier was drawn. Pochoir made it possible to print illustrations in brilliant colors. Barbier's illustrations, reproduced in large numbers, brought his work to a wider public. Without fashion illustration, Barbier would probably have remained known only to the aficionados of limited-edition illustrated books.

Barbier's studio was in the new heart of the Parisian art world, Montparnasse, at 31 rue Compagne Première, in the same building as the studio of artist-photographer Man Ray. While Barbier did not involve himself in Cubism and other avant-garde movements, he was acutely sensitive to the exotic. *Ukiyo-e* and lacquerware from Japan, ceramics from China, geometric motifs from Egypt, eighteenth-century Venetian designs, and ancient Greek vase paintings are scattered affectionately throughout his paintings.

Barbier was the illustrator for the 1914 edition of *Modes et Maniéres d'Aujourd'Hui* (Today's modes and manners), a collection of twelve pochoir fashion plates. Each illustration was paired with a verse by Symbolist poet and novelist Henri de Régnier, who, like Pierre Louÿs, promoted and encouraged Barbier. Régnier's verse included *Tel qu'en songe* (1892) and *La cité des eaux* (1902); he also wrote novels of manners, including *La Flambée* (1909). Louÿs had introduced Barbier to Régnier, who may have provided Barbier's entree into the world of fashion. Barbier created the illustrations for many of Régnier's books.

The world of fashion was itself undergoing a revolution, inspired in part by Sergei Diaghilev's Ballets Russes. From its first Parisian performances in 1909, the Ballets Russes was a trendsetter. The world of the *Arabian Nights* created new fashions: the dancers, half naked, the turbans and pantaloons. The male dancers—who until then had only served as foils for the ballerinas—bared their powerful, muscular bodies and appeared in leading roles. The nude male figures from Greek vase paintings had come to life on the Ballets Russes stage.

In response, the couturier Paul Poiret launched a revolution in fashion. He freed women from the corset. The modern girl, who moved lithely, her arms and legs exposed, had arrived.

While many fashion illustrators took up these new styles, Barbier's women, in his fashion illustrations, were the most slender and chic, a perfect fit for the 1920s, in contrast to the amply endowed women preferred in the nineteenth century. Not girlish: those female figures were,

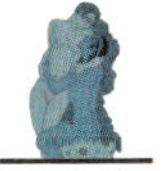
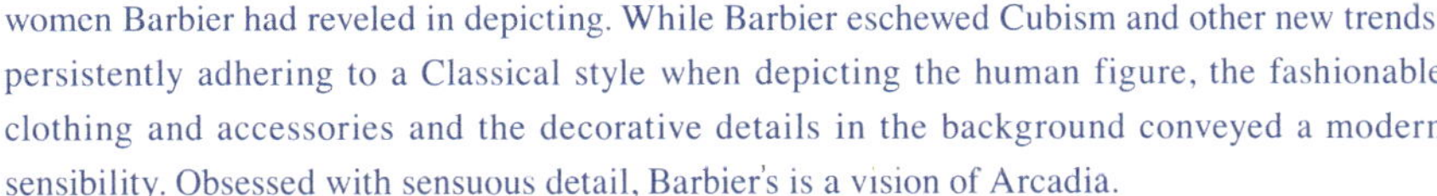

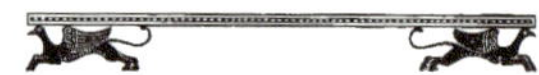

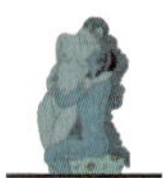

properly speaking, boyish. Chanel set the style for boyish fashions in her suits and shirts. In the 1920s, the goal was an androgynous figure, a boyish girl, not yet adult. That androgynous world was Barbier's dream. The gender distinctions of his figures are at times ambiguous, and the subjects of his illustrations remain forever young.

Barbier experimented with set design, interior design, even jewelry designs for Louis Cartier in the 1920s. The best known of Barbier's designs for Cartier is the black panther used since 1917 as the de facto Cartier trademark.

In the 1920s, Paris was the fashion capital of the world. Never before had women's fashions attracted so much interest. In America, *Vogue* magazine was launched to publicize the latest Parisian fashions. But the 1920s were also a transitional period in fashion and in journalism. From 1910 through the 1920s, illustrations were frequently used to communicate what was in fashion. Starting in the late 1920s, photography took over. By the 1930s, even magazine covers featured photographs. Fashion photographers such as Cecil Beaton replaced fashion illustrators.

Fashion illustration in the 1920s was thus the last glimmer of the early twentieth century Golden Age of illustration, when Barbier's work flourished.

In addition to providing illustrations for *Gazette du Bon Ton* and other magazines, Barbier also wrote a good deal, winning considerable repute as an art critic and commentator on manners. He had, of course, entered the world of fashion at a time when there were close ties between the literary and fashion worlds in Paris. Writers like Jean Cocteau were involved in planning fashion magazines and in writing for them. His friendships with them led Barbier to try his hand at writing, an increasingly important part of his work in the late 1920s.

In 1932, Barbier died, and, despite his prominence in literary and fashion circles, his family quietly, almost secretly, laid him to rest. The circumstances of his death are unknown. It is said that he had been ill from around 1930, when he donated part of his collection of books and other materials to the Bibliothèque Nationale de France and the Musée des Beaux-Arts di Nantes. After his death, a large part of his collection, particularly private photographs, was disposed of; someone was carefully concealing traces of his private life. Thus it was that, when his last books were disposed of, George Barbier vanished.

 A Lost World Regained 

Barbier, in illustrated books, fashion illustration, and theatrical design and paintings, presented the contemporary world in a noble, unchanging, eternal manner. In his paintings and drawings we see ancient Greece and eighteenth-century Venice depicted in the same way as the street scenes, automobile trips, and seaside bathing spots of his own day. His work is suffused with the desire that today could, like ancient Greece, be eternally young. Barbier's paintings show us that he envisioned ancient Greece as a utopian Arcadia. Between 1910 and 1920, he experienced another Arcadia, but one that was rapidly disappearing.

I wonder how Barbier would have illustrated Proust's *Remembrance of Things Past*. Proust and Barbier were part of the same fashionable and artistic Parisian circles that centered on Robert de Montesquiou. Both, moreover, were focused on recalling the past they themselves had experienced.

The "Young girls in flower" of which Proust wrote live on in Barbier's paintings, where time seems to stop and imagination lives forever. Barbier's paintings are forever young.

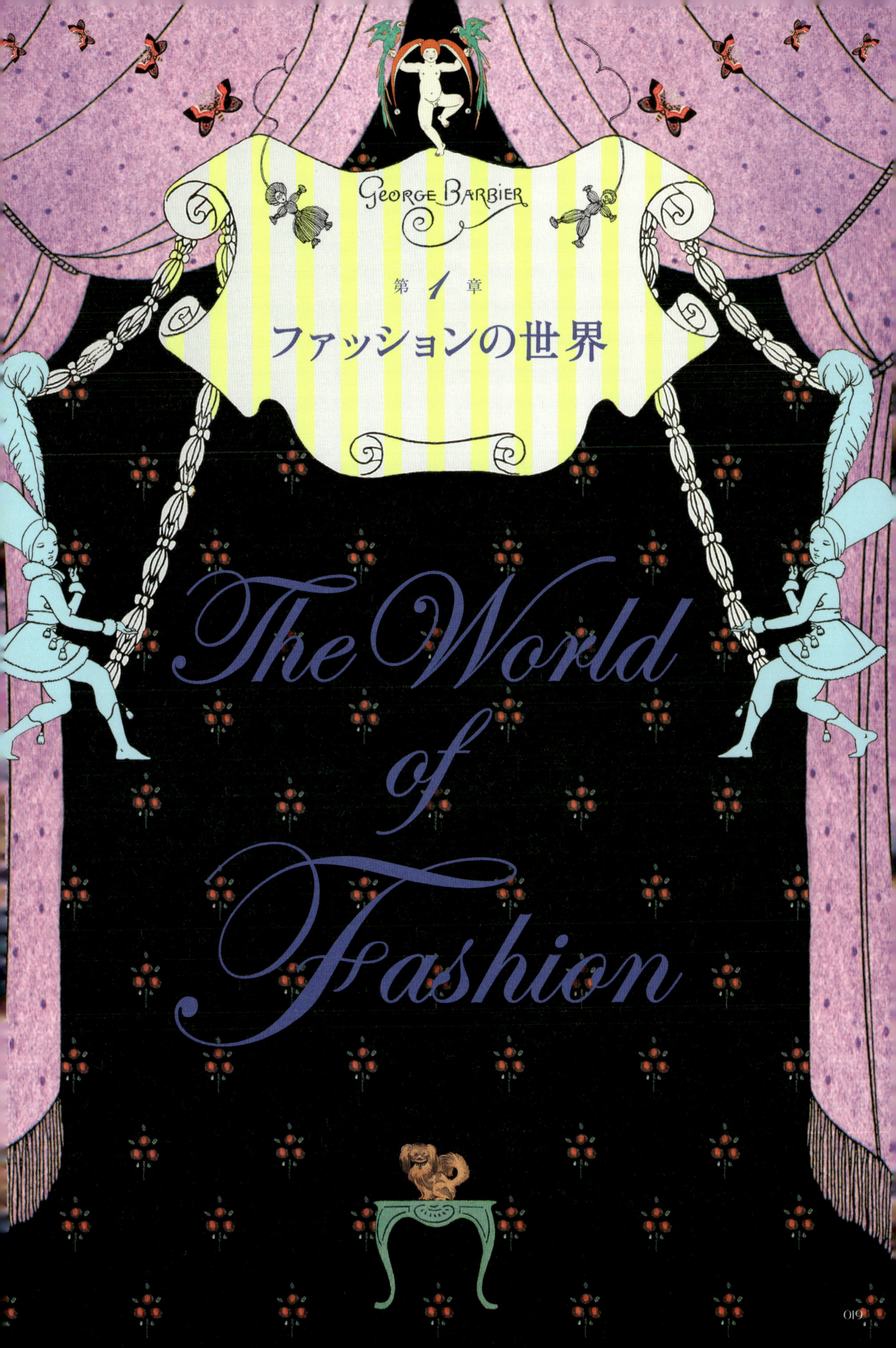

GEORGE BARBIER
第 1 章
ファッションの世界
The World
of
Fashion

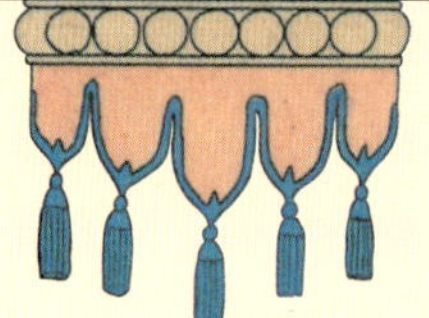

ファッション雑誌の黄金時代

バルビエのファッション界との関わりは1911年に始まるといわれる。マケ社から『パキャンの扇と毛皮』というアルバムが出され、扇のイラストはポール・イリブとバルビエ、毛皮のイラストはロゼットが描いた。

1911年は、バルビエが画家としてデビューした年である。トロンシュ街のブーテ・ド・モンヴェル画廊で初の個展を開いた。ところでブーテ・ド・モンヴェルもまた画家であり、ファッション・イラストレーターであった。バルビエは同じ年の生まれであり、パリの若い画家の仲間だったようだ。モンヴェルはデザイナーのジャン・パトゥの親友で、パトゥの広告を任されていた。その画廊で最初の個展を開いたことは、バルビエを美術界だけでなく、ファッション界にも紹介することとなった。

1911年はパリ・ファッションにとっても大きな曲がり角の年であった。ポール・ポワレによるファッション革命が華やかに咲き出したのである。ポワレは1896年、ジャック・ドゥーセのメゾンに入り、サラ・ベルナールの舞台衣裳などを手がけた。1900年にはウォルトのメゾンに入った。1904年、独立した。1906年、女性をコルセットから解放し、下着を簡略化して、楽に着られる動きやすい服をつくった。

ポワレは新しい服を、顧客だけでなく一般に知らせるために、印刷メディアで宣伝することにし、ポール・イリブのイラストで『ポール・ポワレの衣裳』(fig.1)というアルバムを出した。そして、1911年に、『ジョルジュ・ルパープによるポール・ポワレ作品集』(fig.2)を出した。

これらのアルバムは、新しい服を発表するだけではなく、ファッションが限られたお客の注文服の閉じられた世界から一般的な、社会・文化現象となってきたことを示していた。

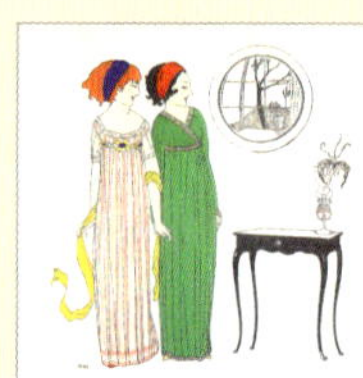

fig.1
ポール・イリブ画
『ポール・ポワレの衣裳』
(1908年)

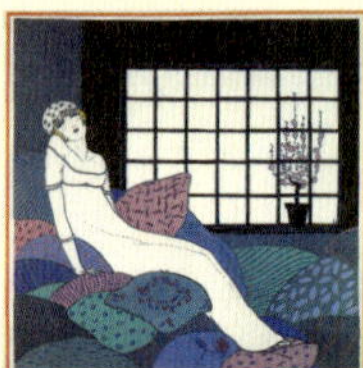

fig.2
ジョルジュ・ルパープ画
『ジョルジュ・ルパープによる
ポール・ポワレ作品集』
(1911年)

ポワレの2つのアルバムはアール・デコ・ファッションの起源とされている。2つがそろった1911年、新しいファッション雑誌の準備が始まった。リュシアン・ヴォージェル編集の『ガゼット・デュ・ボン・トン』である。

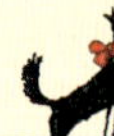

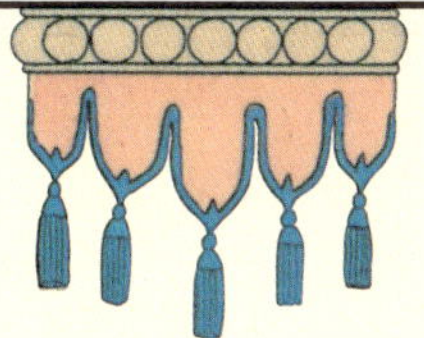

　ヴォージェルは1886年、パリ生まれで、美術学校を出て、1909年から『フェミナ』『アール・エ・デコラシオン』などを編集した。1911年に彼は妻のコゼットとともに、ピエール・ブリソー、ベルナール・ブーテ・ド・モンヴェルなどのファッション画を見て、新しいファッション誌の創刊を思い立つ。そして、モンヴェルの美術学校時代の仲間を集める。アンドレ・マルティ、シャルル・マルタン、ジョルジュ・ルパープ、そしてバルビエなどが集まってきた。彼らはいずれも若く、おしゃれで、18世紀のダンディ、ジョージ・ブライアン・ブランメルの通称“ボー・ブランメル（しゃれ者ブランメル）”にちなんで、“ボー・ブランメルズ”または“ブレスレット騎士団”と称していたという。

　バルビエはこのようなファッション志向の強い若い画家のグループに属していたのである。

　1912年『ガゼット・デュ・ボン・トン』が創刊された。その目的は、クチュリエ（ファッション・デザイナー）とアーティストを結ぶことにあった。シェルイ、ドゥーイエ、ドゥーセ、パキャン、ポワレ、レッドファーン、ウォルトの7つのクチュリエが後援していた。これらの7クチュリエの服のイラストだけでなく、アーティストのオリジナル・デザインのイラストを入れるのもこの雑誌の特徴であった。「ファッションはアートになった」というのがキャッチフレーズであった。アーティストは初めて、自分の好きなようにファッションを描き、自らオリジナルなファッションを描くことを許された。

　続いて1912年、『ジュルナール・デ・ダーム・エ・デ・モード（J・D・M）』『モード・エ・マニエール・ドージュルデュイ』が創刊された。

　『J・D・M』はジャック・ド・ヌーヴィオンの編集であった。ヌーヴィオンはパリに亡命していたイタリアの耽美派の作家ガブリエレ・ダヌンチオを編集顧問に迎え、アナトール・フランス[1]からジャン・コクトーに至る作家に書かせた。

　ファッション誌が、美術界や文学界から人材を起用して、総合文化誌ともいえる役割を果たしたことが、この時代の大きな特徴である。

　『ボン・トン』や『J・D・M』の黄金時代は、1912年から14年までの短いものであった。第一次世界大戦がそれを中断させた。戦後になっても、かつての華やかさは戻ってこなかった。

　ファッション誌の黄金時代は、ポショワール（ステンシル）という職人芸によって支えられていた。ファッション・アルバム

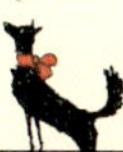

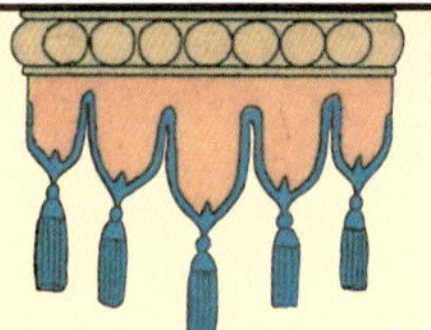

は150から350部ぐらい、『J・D・M』で1250部、『ボン・トン』で2000部という限定本の世界であった。バルビエたちはそこで美しい花を咲かせていたのだが、1920年代に入ると、アメリカのジャーナリズムによる『ヴォーグ』などの大部数のファッション誌にのみこまれ、イラストは写真に替わっていったのであった。

バルビエはそんな短い、例外的な時代に描いていたのであった。

リュシアン・ヴォージェルは『ガゼット・デュ・ボン・トン』の編集方針として、2つのアイデアを取り入れた。1つは画家のオリジナル・デザインを認めたことである。画家はポワレやパキャンのドレスを描くだけでなく、自分で空想したドレスを描くことができた。そのことは画家にやる気を起こさせた。だれかのドレスを写し、クチュリエのカタログをつくるだけでなく、自分の創造したドレスを描くことができるのだ。そのことは、ファッション界の外にいたアーティストを刺激し、ファッション・イラストレーションを手がけさせるきっかけとなった。

もう1つのアイデアは、単にドレスのパターンを見せるのではなく、物語を想像させるような絵を描かせたことである。モデルはただドレスを着て立っているのでは

なく、まるで芝居を演じているかのように、あるジェスチャーをし、何かセリフをつぶやいている。

たとえば、バルビエが『ボン・トン』に描いた「煙──ビーのイブニング・ドレス」（1921／P48掲載）では、イブニング・ドレスの女性が、蝋燭の火で手紙を燃やしている。秘密の恋文であろうか。いろんな物語を想像したくなる。ビーというメゾンのドレスであるというネームに、「煙」という題がつけられ、さらに物語性を強調している。

このように、ストーリーのある絵が意図され、文学的な題がつけられたことで、『ボン・トン』のファッション・イラストは人気を得たのである。

このような物語、文学的なファッション・イラストは、1920年代半ばぐらいまでしか続かなかった。やがて写真がイラストに代わっただけでなく、芝居がかった思わせぶりなポーズも時代遅れになった。その変化は映画のサイレントからトーキーへの変化に並行している。サイレント映画では目や顔、身体でのオーヴァーな演技が必要であり、字幕が必要だが、トーキーでは自然な、日常的な演技でないとおかしい。

芝居や文学が好きであったバルビエに

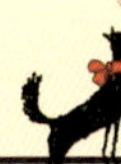

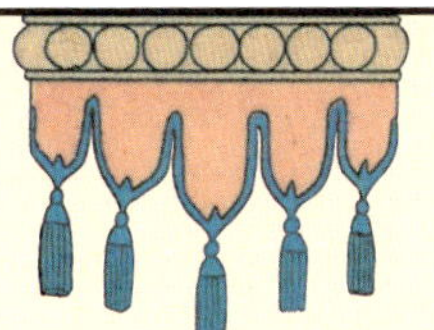

とって、『ボン・トン』などの新しいファッション誌が求めるストーリーのある絵は、ぴったりであった。人々は彼の絵を見て、ドレスの美しさに見とれるだけでなく、ある物語を想像した。モデルはその物語の主人公なのであった。そして、そのモデルに人々は自分を重ね、その物語の中へ入っていくのであった。

リュシアン・ヴォージェルがポショワールというカラー印刷法を採用したことも、この時代のファッション誌を特別なものにした。

ポショワールは最新の印刷法ではない。すでに写真製版によるカラー印刷が可能になっていたにもかかわらず、あえて、職人的な手技が求められるポショワールを使ったことは、『ボン・トン』などの当時のファッション誌が、ぜいたくな限定版であり、特別の、アートやファッションのエリートに向けられたものであったことを示している。

それだけに、第一次世界大戦後は、豪華なファッション誌は苦しくなり、『ボン・トン』も1925年に終刊となった。ジャン・ソデという版画家の職人技に支えられていたポショワールの時代も失われてゆく。

20世紀初頭のファッション画は、19世紀のカリカチュア（諷刺画、戯画、漫画）などから分かれたものであることも注意しておこう。時代の風俗を描写しながら、ちょっとからかったり、批判したりするカリカチュアは、ドーミエ[2]などによって確立された。世紀末のロートレックなども、優れた風俗画家であった。20世紀の初め、ファッション画はそこから自立したのであるが、諷刺やユーモアの精神を受け継いでいた。

バルビエのファッション画でも、諷刺やユーモアが夢のような美しい世界に、軽やかな笑いとくつろぎをもたらしているのを見ることができるだろう。そこに描かれているのは、夢幻の世界なのであり、はかなく煙のように消え去ってしまうかもしれないが、それだけにそこに一瞬だけきらめく幻がかけがえなく思えるのだ。

ファッションとは過ぎ行く世界だ。ファッション画はそのはかない時をとらえようとする。だがそれは次の瞬間、意地悪に飛び去ってゆく。笑いと哀しみが交錯する花のような世界に、バルビエは戯れ続けたのであった。

註1　アナトール・フランス…20世紀前半のフランスの小説家。ノーベル文学賞受賞。日本では芥川龍之介が多大な影響を受けている。

註2　ドーミエ…19世紀フランスの画家・諷刺版画家。

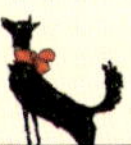

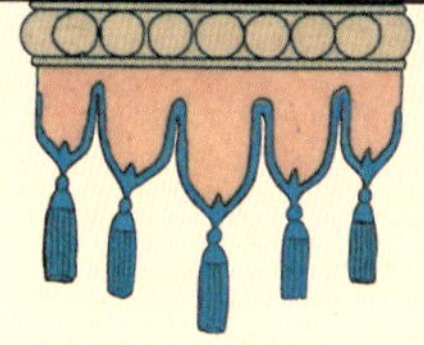

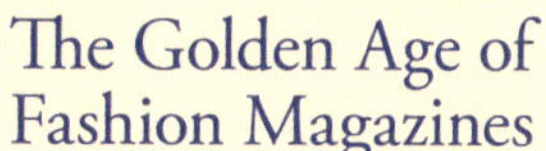

The Golden Age of Fashion Magazines

Barbier debuted in the world of fashion in 1911, with illustrations of fans in *L'Eventail et la fourrure chez Paquin* (Fans and furs at Paquin), an album of fashion designs published by Maquet. That was also the year of his debut as a painter in a solo exhibition at the Galerie Bouter de Monvel, whose owner, himself both a painter and a fashion illustrator, was a friend of designer Jean Patou, for whom he produced advertising.

The year 1911 also saw a revolution in Paris fashion launched by Paul Poiret. Hired by Jacques Doucet in 1896, Poiret designed costumes for Sarah Bernhardt before moving to the house of Worth in 1900. He established his own boutique in 1904. In 1906, Poiret freed women from the corset, introducing simple undergarments and clothes designed for easy movement.

Poiret advertised his new style in magazines and published an albums of his designs illustrated by Paul Iribe. In 1911, he took a further step, publishing his entire collection, illustrated by Georges Lepape. That album not only announced new designs. It opened the closed world of haute couture, a world of custom-made clothing for a privileged few, to the public gaze.

Those two albums of Poiret's designs did more than publicize his work: they were the fountainhead of Art Deco fashion. In 1911, Lucien Vogel initiated a further significant step: he began preparations for a new fashion magazine, *Gazette de bon ton*. Vogel (b. Paris, 1886) had, since 1909, edited other journals, including *Femina* and *Art et décoration*. His new venture was inspired by seeing, with his wife Cosette de Brunhoff, fashion illustrations by Pierre Brissaud, Bernard Boutet de Monvel, and other artists associated with the Galerie Bouter de Monvel. Friends from Monvel's art school days, including Andre Marty, Charles Martin, Georges Lepape, and George Barbier rallied to his cause. They were young, chic, the Beau Brummels of their age.

In 1912, the first issue of *Gazette de Bon Ton* appeared, its goal to bring together couture and art. Seven top couture houses, Cheruit, Doeuillet, Doucet, Paquin, Poiret, Redfern, and Worth, backed the magazine. Besides illustrations of their clothes, it also published artists' original design illustrations. "Fashion is art" was its slogan. It gave artists permission to envision their own new fashions.

1912 also saw the launch of the *Journal des Dames et des Modes* (*JDM*) and *Modes et Manières d'Aujourd'hui*. *JDM* was edited by Jacques de Nouvion, its advisor the Italian aesthete Gabriele D'Annunzio, and its authors included Anatole France and Jean Cocteau. For a brief moment, these magazines were arbiters of culture. But the golden age of *Bon Ton* and *JDM* lasted only from 1912 to 1914, when World War I broke out.

That brief golden age, while it did bring the names of designers and illustrations of their work to a somewhat wider public, was still a time of small, luxurious editions for an elite audience. The fashion albums were published in editions of 150 to 350 copies, *JDM* in editions of 1250 copies, and *Bon Ton* in editions of 2000 copies. All were filled with illustrations created by means of *pochoir*, stencils of unrivaled brilliance, the genre in which the genius of Barbier and his colleagues blossomed. After the war, in the 1920s, mass circulation fashion magazines such as *Vogue*, appeared in America. Illustration gave way to photography.

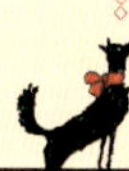

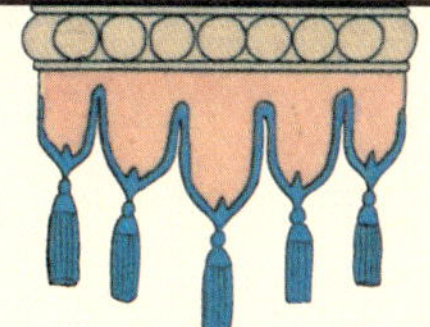

Pictures That Tell Stories

In *Bon Ton*, Lucient Vogel embraced two ideas: The first was acceptance of artists' original designs, not renderings of dresses by Poiret or Paquin but garments imagined by the artists themselves. Artists engaged in fashion illustration loved being freed from depicting designers' work for couturier catalogues, and artists outside the fashion world were excited and turned to fashion illustration.

His second innovative idea was to use illustrations that would make readers imagine a story, not just show them a dress pattern. The models' gestures and settings were to suggest the plot. In *Smoke*, *evening gown* (1921 / P48), for example, the woman wearing the evening dress appears to be using a candle to burn a letter. Was it a love letter? The use of "Smoke" to name the dress added to the story.

The literary connections of many interested in fashion in that period, and the striking qualities of the *pochoir*, made these illustrations, each offering a brief glimpse of a story, especially effective. The use of narrative or literary fashion illustrations only lasted, however, until the mid-1920s. When photographs replaced illustrations, theatrical poses seemed old-fashioned. A similar transformation occurred in the transition from silent film to talkies: in silent films, exaggerated gestures and grimaces were essential; with sound added, the acting became more natural.

Bon Ton's use of stories with pictures was a perfect fit for Barbier, a lover of both theater and literature. In his illustrations we see not only the beauty of the garments. We imagine the stories in which the models are the actors. We see ourselves in the models. The story becomes our own.

The use of *pochoir* was another distinctive feature of fashion magazines from this era. Use of this stenciling technique, which requires skilled craftsmanship and achieves spectacular results, with fine shadings and bright contrasts, indicated a deliberate choice to focus on artistic quality rather than quantity and reach an exclusive audience. Prints produced by the photomechanical process, which easily produced large print runs but also produced rather fuzzy half tones, paled by comparison. The use of *pochoir* reached its pinnacle in luxurious limited edition albums and magazines. That exclusive appeal proved a weakness after World War I. *Bon Ton* ceased publication in 1925. The era of *pochoir*, dependent on the skills of artists like Jean Saudé, the "maître enlumineur" who had perfected the *pochoir* process, was over.

We should also note that fashion illustration at the start of the twentieth century branched off, in a sense, from nineteenth century caricature. Caricature was a critique of its times, and the century's end saw the appearance of brilliant exponents like Toulouse Lautrec. Fashion illustration continued the wit and humor of these predecessors, even as it became independent.

In Barbier's fashion illustrations, we can also see, therefore, a wit and humor that permeates their world of dreamlike beauty. He depicts for us a world of dream and illusion, destined, like smoke, to disappear. It is there for only a moment. Then the illusion is broken.

Fashion is a world in flux, a world of constant change. Fashion illustration tries to grasp that evanescent moment. Then, in the very next moment, whatever teased our fancy is gone. What George Barbier brought to life for us was a world of both laughter and sadness. In his work, a golden but fleeting age lives on.

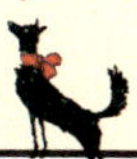

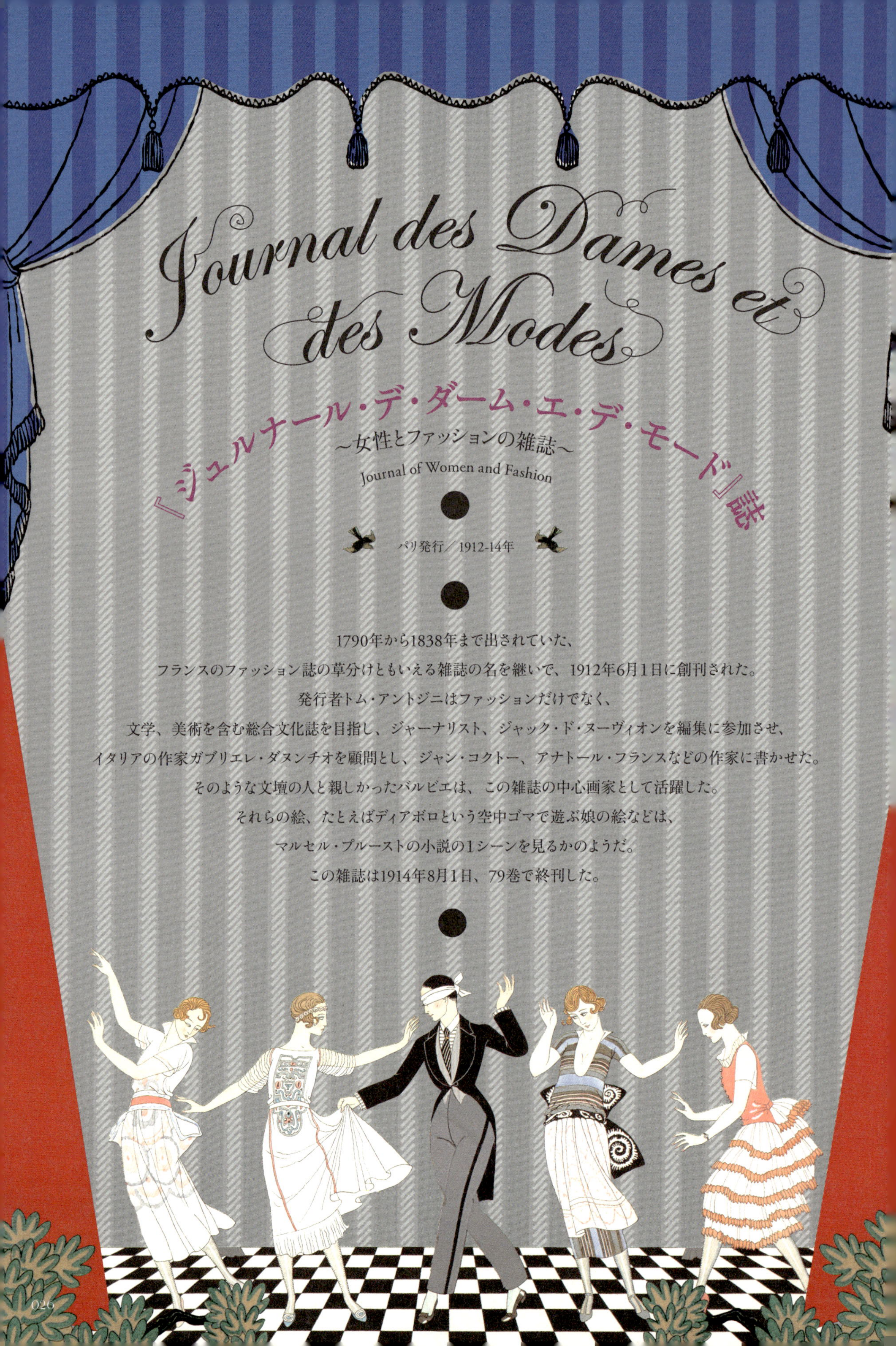

Journal des Dames et des Modes

『ジュルナール・デ・ダーム・エ・デ・モード』誌

〜女性とファッションの雑誌〜

Journal of Women and Fashion

パリ発行／1912-14年

1790年から1838年まで出されていた、
フランスのファッション誌の草分けともいえる雑誌の名を継いで、1912年6月1日に創刊された。
発行者トム・アントジニはファッションだけでなく、
文学、美術を含む総合文化誌を目指し、ジャーナリスト、ジャック・ド・ヌーヴィオンを編集に参加させ、
イタリアの作家ガブリエレ・ダヌンチオを顧問とし、ジャン・コクトー、アナトール・フランスなどの作家に書かせた。
そのような文壇の人と親しかったバルビエは、この雑誌の中心画家として活躍した。
それらの絵、たとえばディアボロという空中ゴマで遊ぶ娘の絵などは、
マルセル・プルーストの小説の1シーンを見るかのようだ。
この雑誌は1914年8月1日、79巻で終刊した。

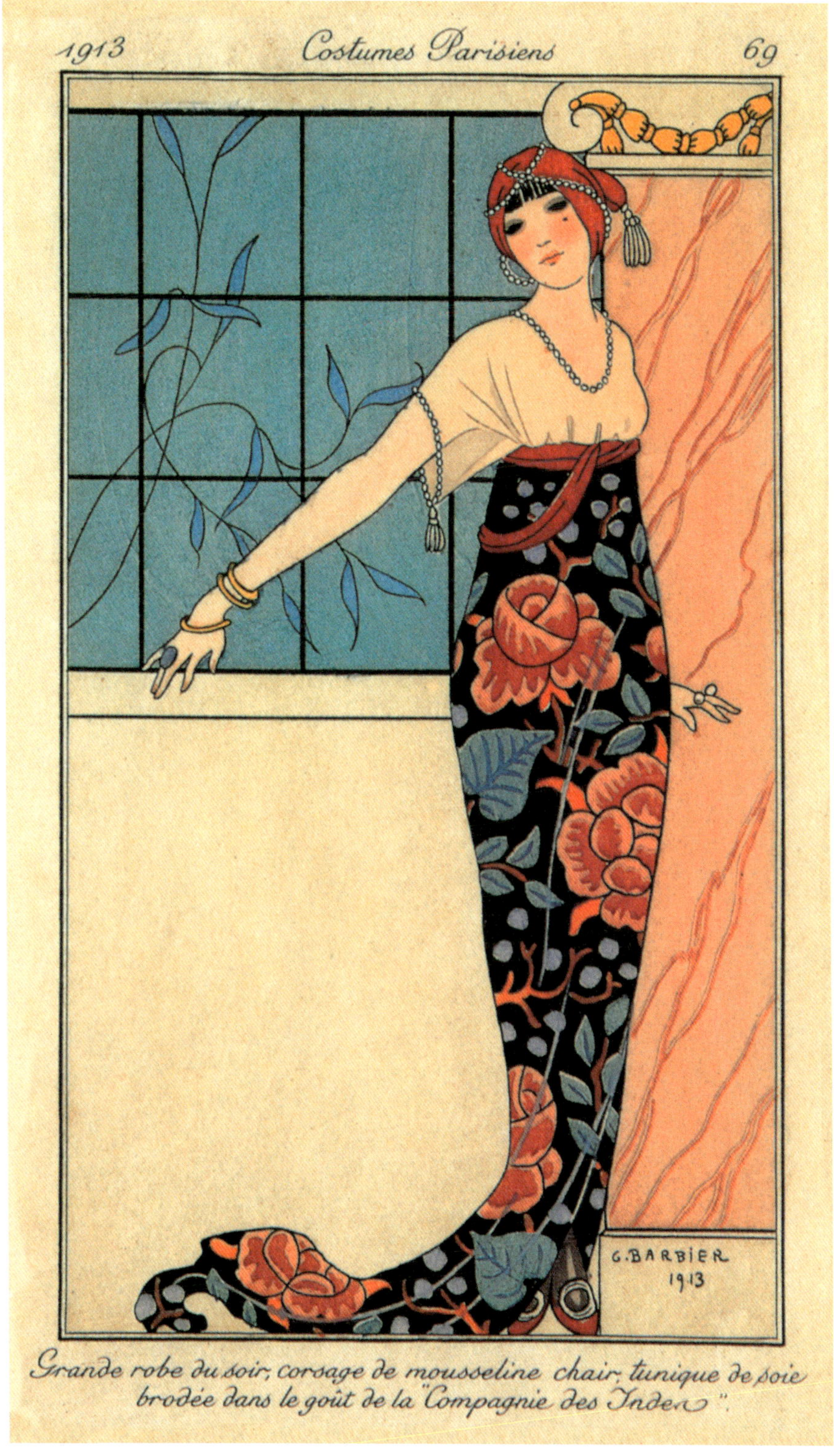

Grande robe du soir, corsage de mousseline chair, tunique de soie
brodée dans le goût de la "Compagnie des Indes".

夜会用盛装。ヌードカラーのメリンス（薄く柔らかい毛織物）のブラウスに、
"東インド会社"趣味の刺繍をしたシルクのチュニック。

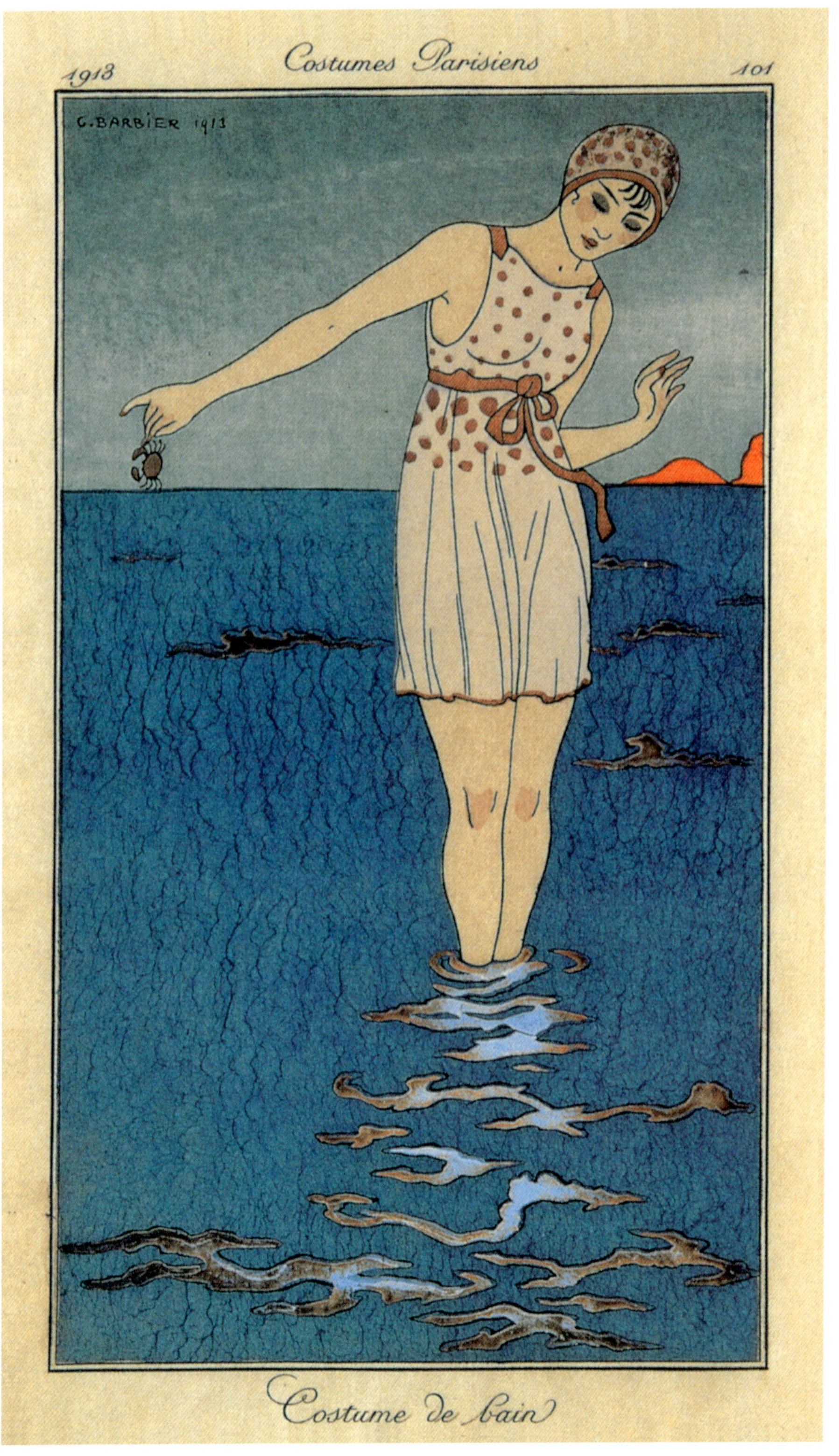

Costume de bain

海水浴用ウェア。

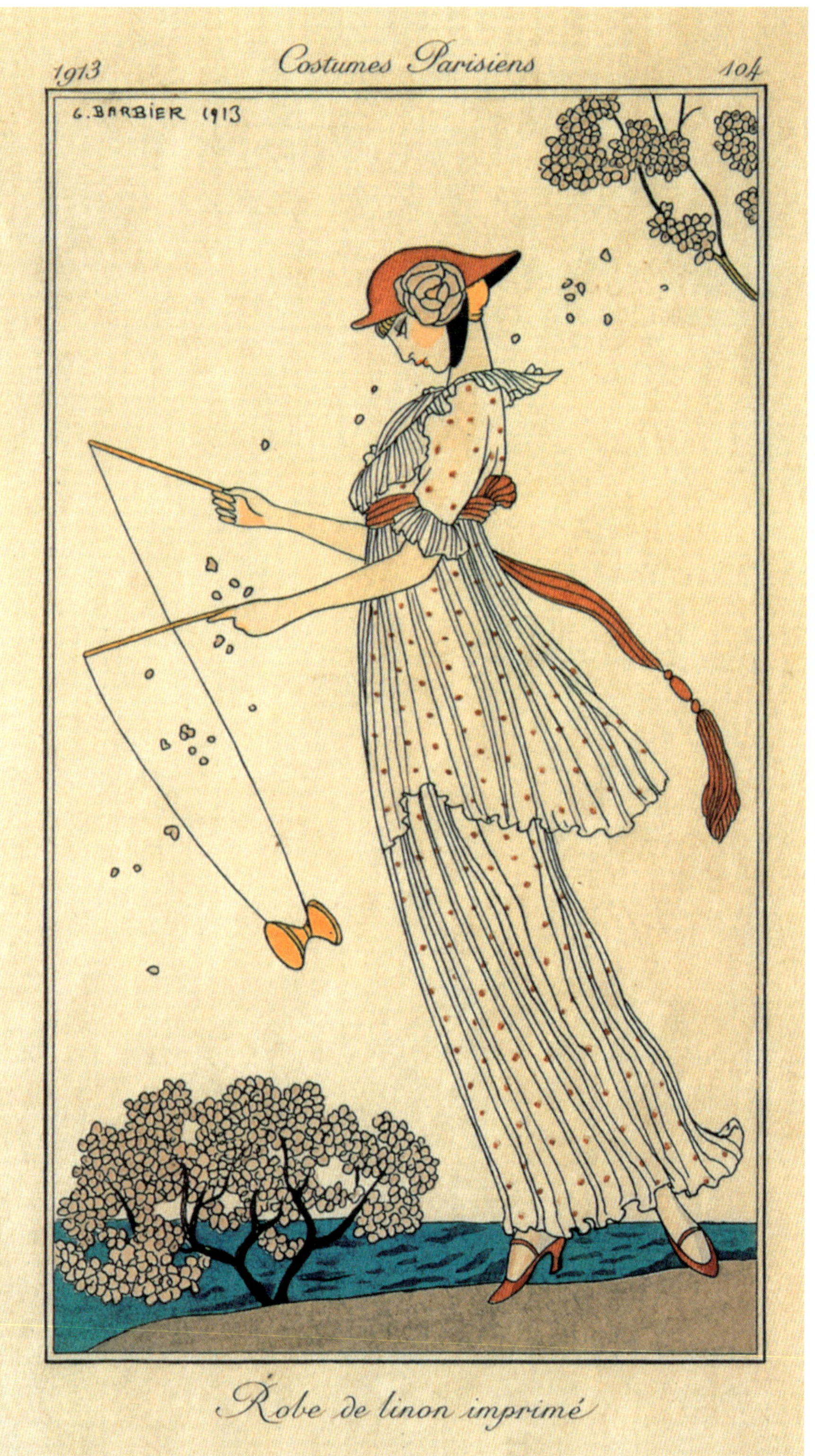

Robe de linon imprimé

プリントした寒冷紗（織り目の粗い薄地綿布）のローブ。

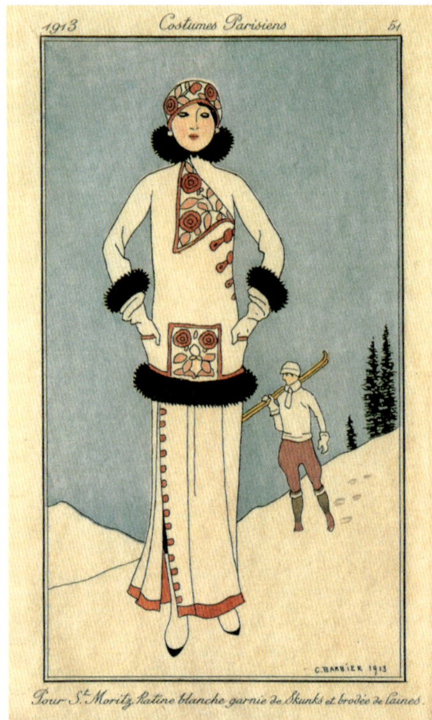

Pour St. Moritz. Ratine blanche garnie de Skunks et brodée de laines.

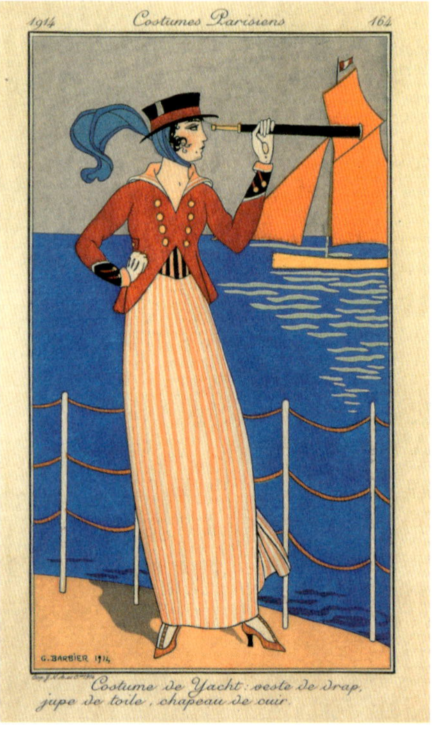

Costume de Yacht : veste de drap,
jupe de toile, chapeau de cuir.

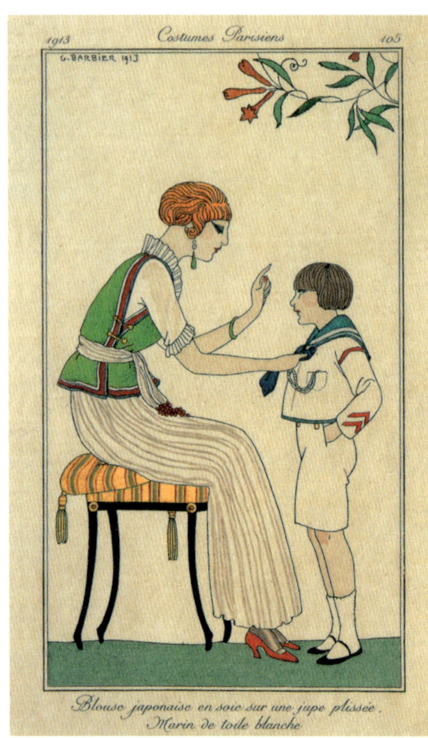

Blouse japonaise en soie sur une jupe plissée.
Marin de toile blanche.

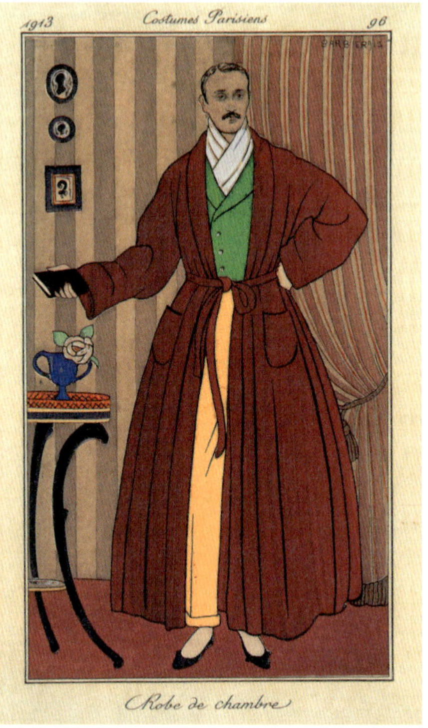

Robe de chambre

上左：サン゠モリッツのための服。スカンクの毛皮を飾りウールで刺繍した、白いラチーヌ織り（つぶつぶのある飾り糸の織物）。
上右：ヨットの服装。ラシャ（紡毛で起毛させた厚地の毛織物）のベストに、トワル（粗布）のスカート。革の帽子。
下左：婦人は、プリーツスカートと日本のシルクブラウス。子供は、白いトワル（粗布）のセーラー服。　下右：紳士用寝室のローブ。

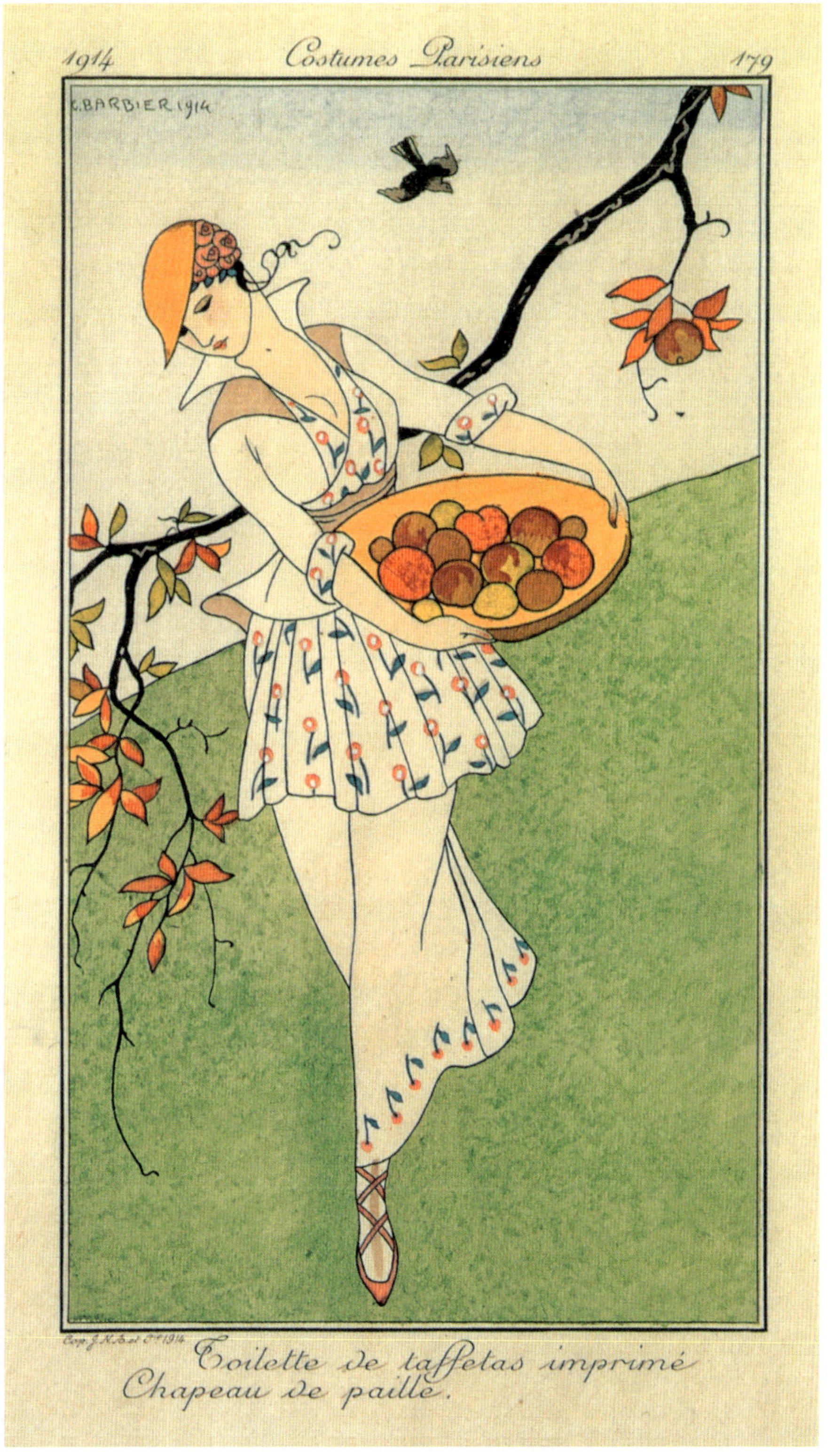

プリントしたタフタ（光沢と張りのある薄地のシルク織物）の装いと麦わら帽子。

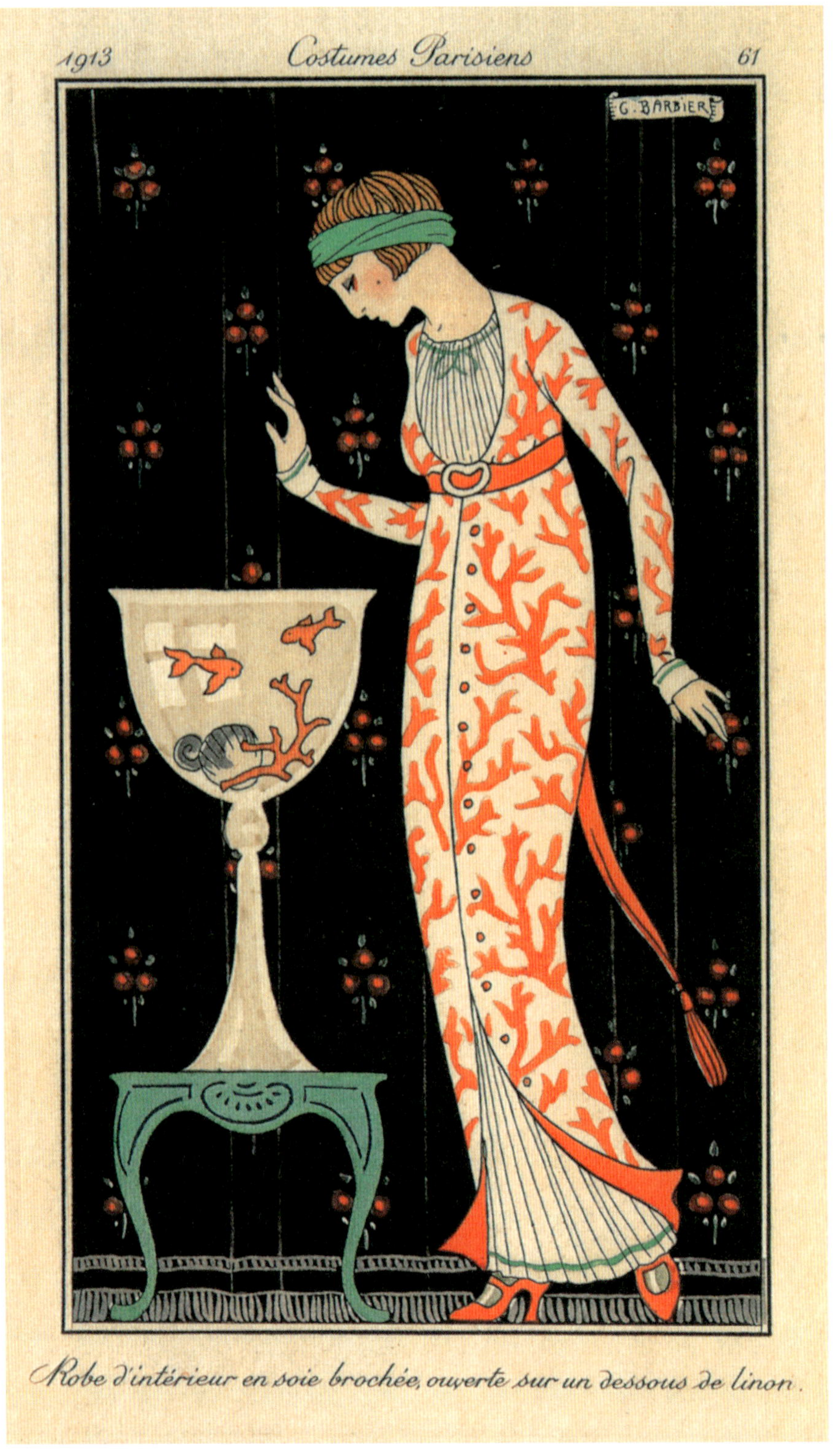

Robe d'intérieur en soie brochée, ouverte sur un dessous de linon.

前が大きく開いたシルク・ブロケード（色糸や金・銀糸を多彩に使った紋織物）の部屋着に、
寒冷紗（織り目の粗い薄地綿布）のインナー。

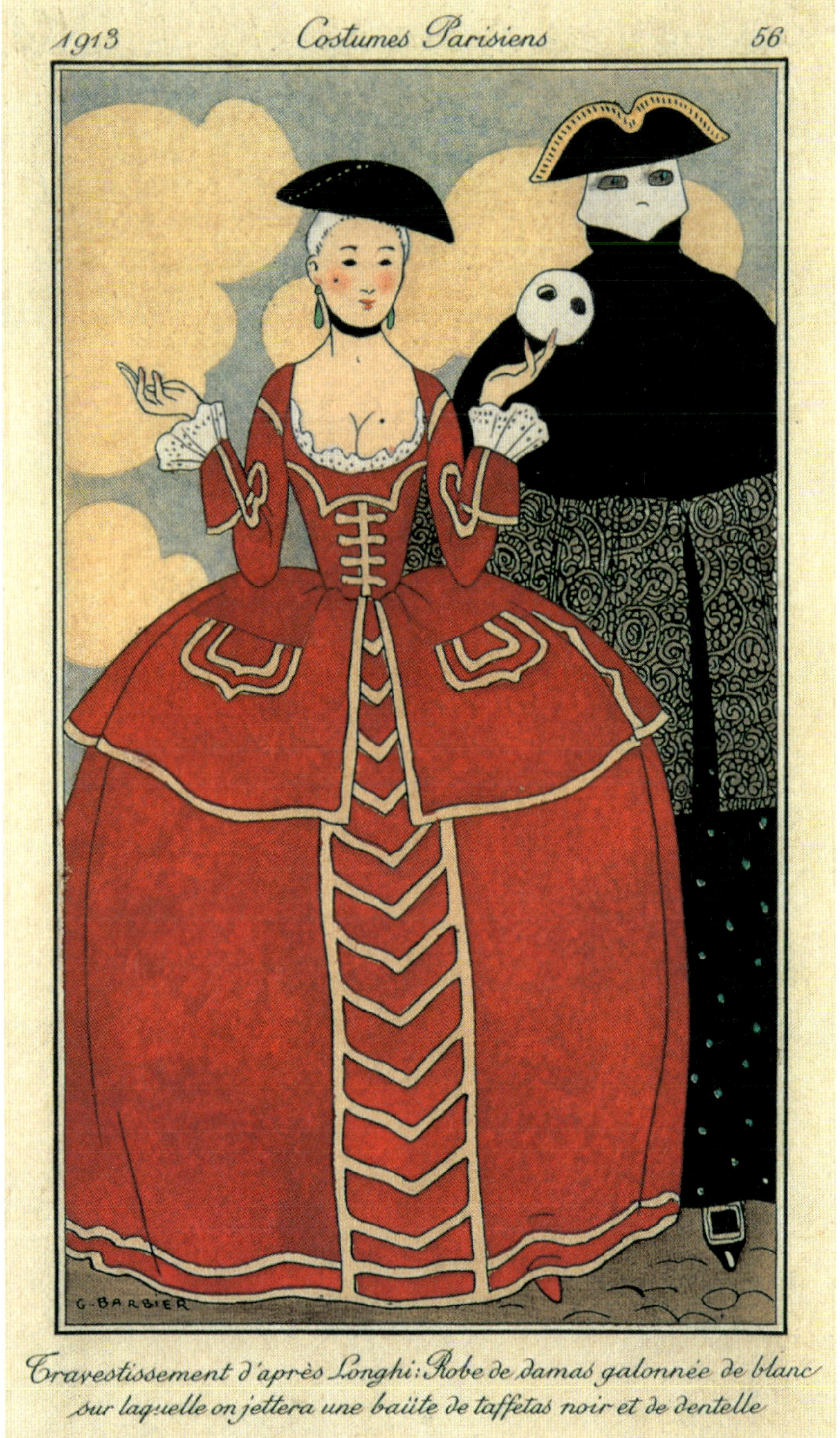

ロンギの仮装舞踏会衣裳。白い飾り紐のついた夫人のドレスと、黒のタフタ（光沢と張りのある薄地のシルク織物）
レースのバウッタ（ヴェネチアの貴族の伝統衣裳）。

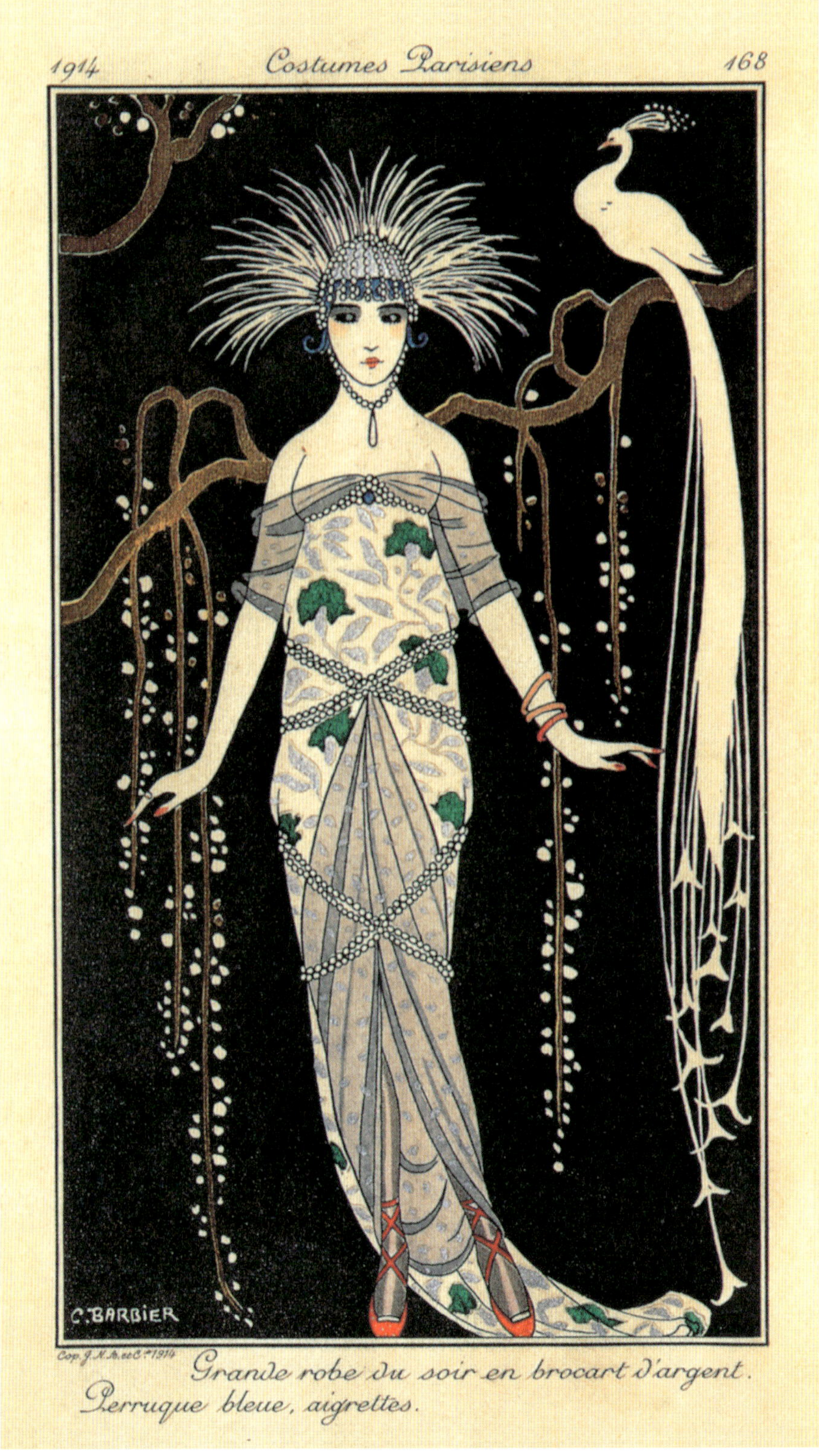

銀のブロケード（サテン地に浮き模様を織った絹織物）入りの夜会用盛装。ブルーの髪飾りと羽飾り。

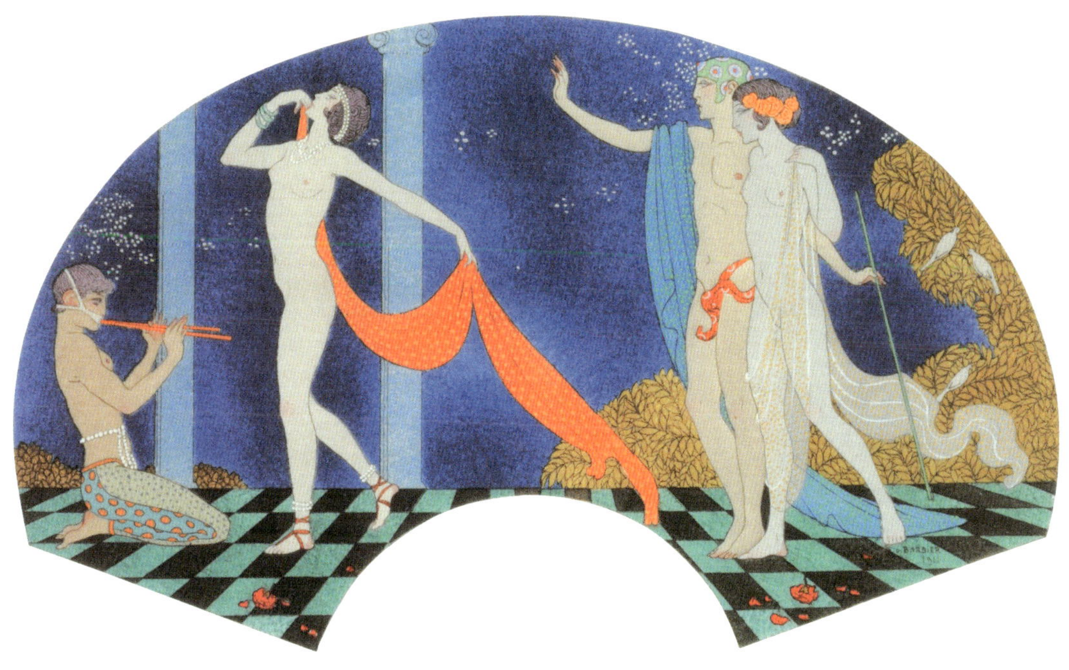

バルビエによるパキャンの扇。

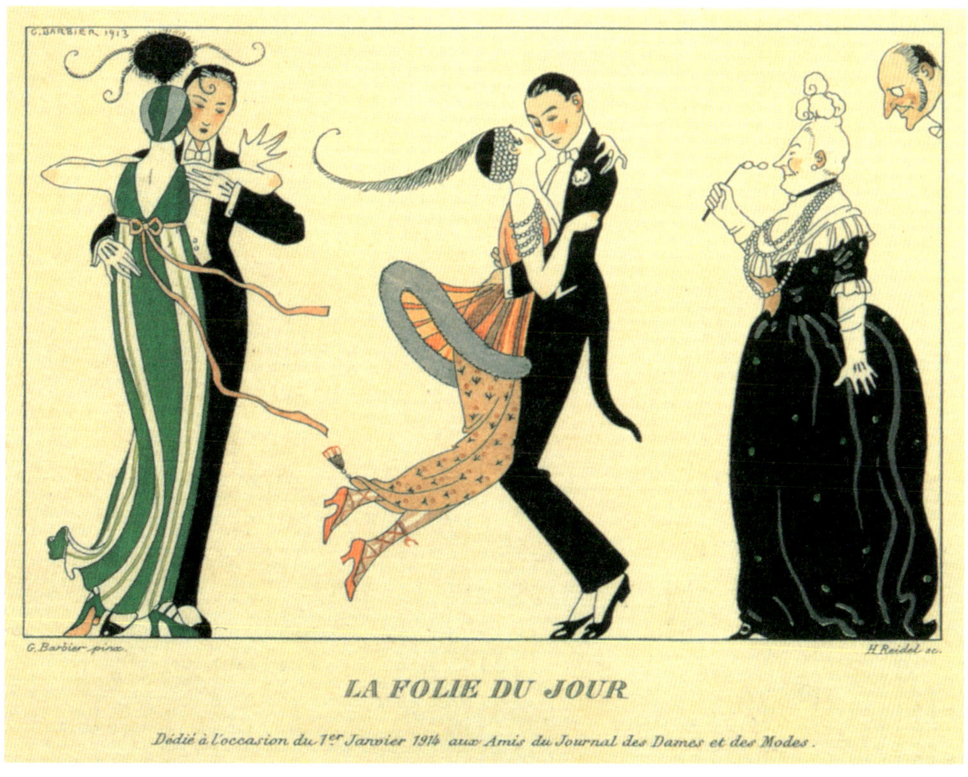

「真昼の狂気」 1914年1月1日『ジュルナール・デ・ダーム・エ・デ・モード』の愛しき友へ。

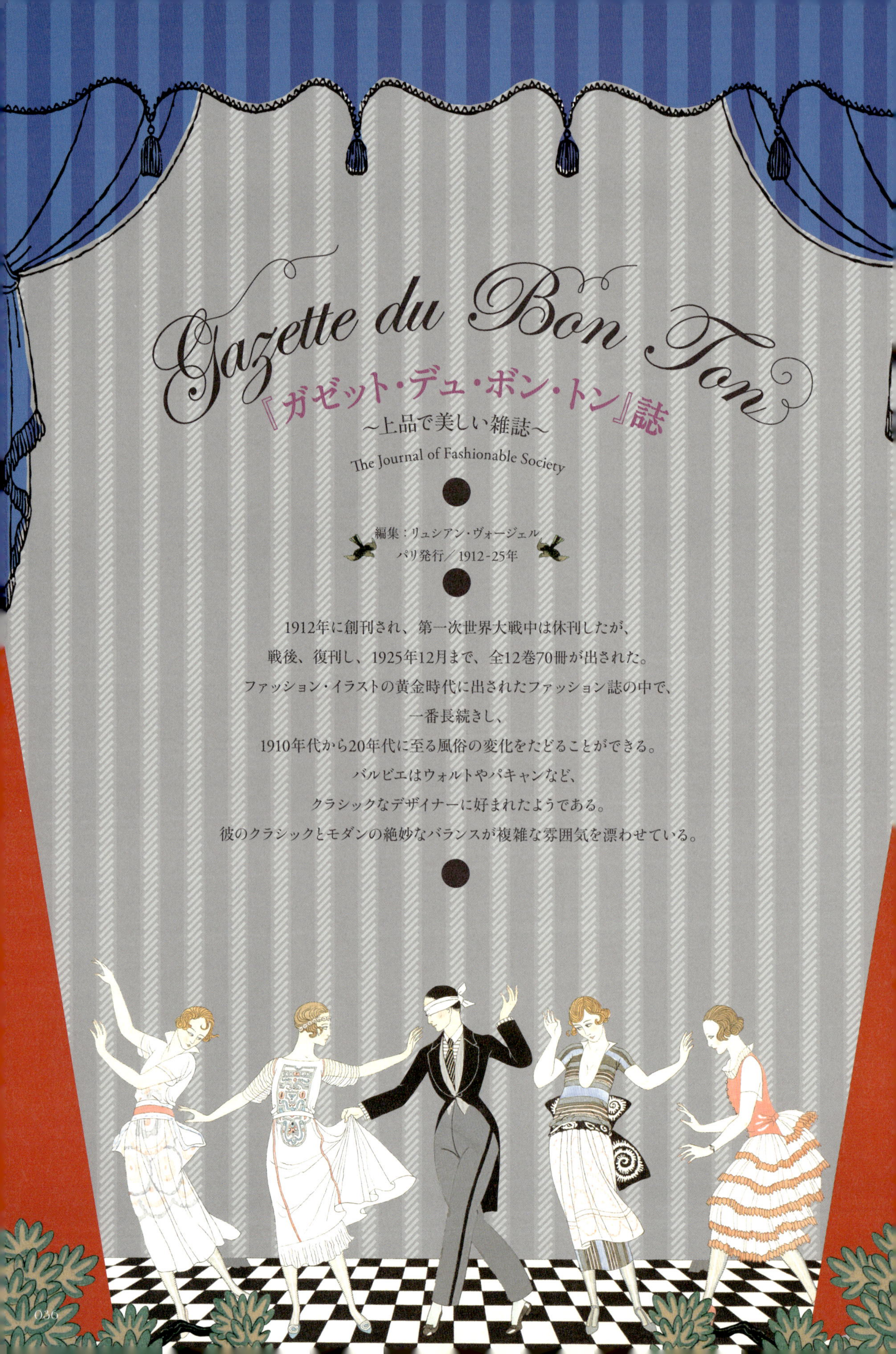

Gazette du Bon Ton

『ガゼット・デュ・ボン・トン』誌

〜上品で美しい雑誌〜

The Journal of Fashionable Society

編集：リュシアン・ヴォージェル

パリ発行／1912−25年

1912年に創刊され、第一次世界大戦中は休刊したが、
戦後、復刊し、1925年12月まで、全12巻70冊が出された。
ファッション・イラストの黄金時代に出されたファッション誌の中で、
一番長続きし、
1910年代から20年代に至る風俗の変化をたどることができる。
バルビエはウォルトやパキャンなど、
クラシックなデザイナーに好まれたようである。
彼のクラシックとモダンの絶妙なバランスが複雑な雰囲気を漂わせている。

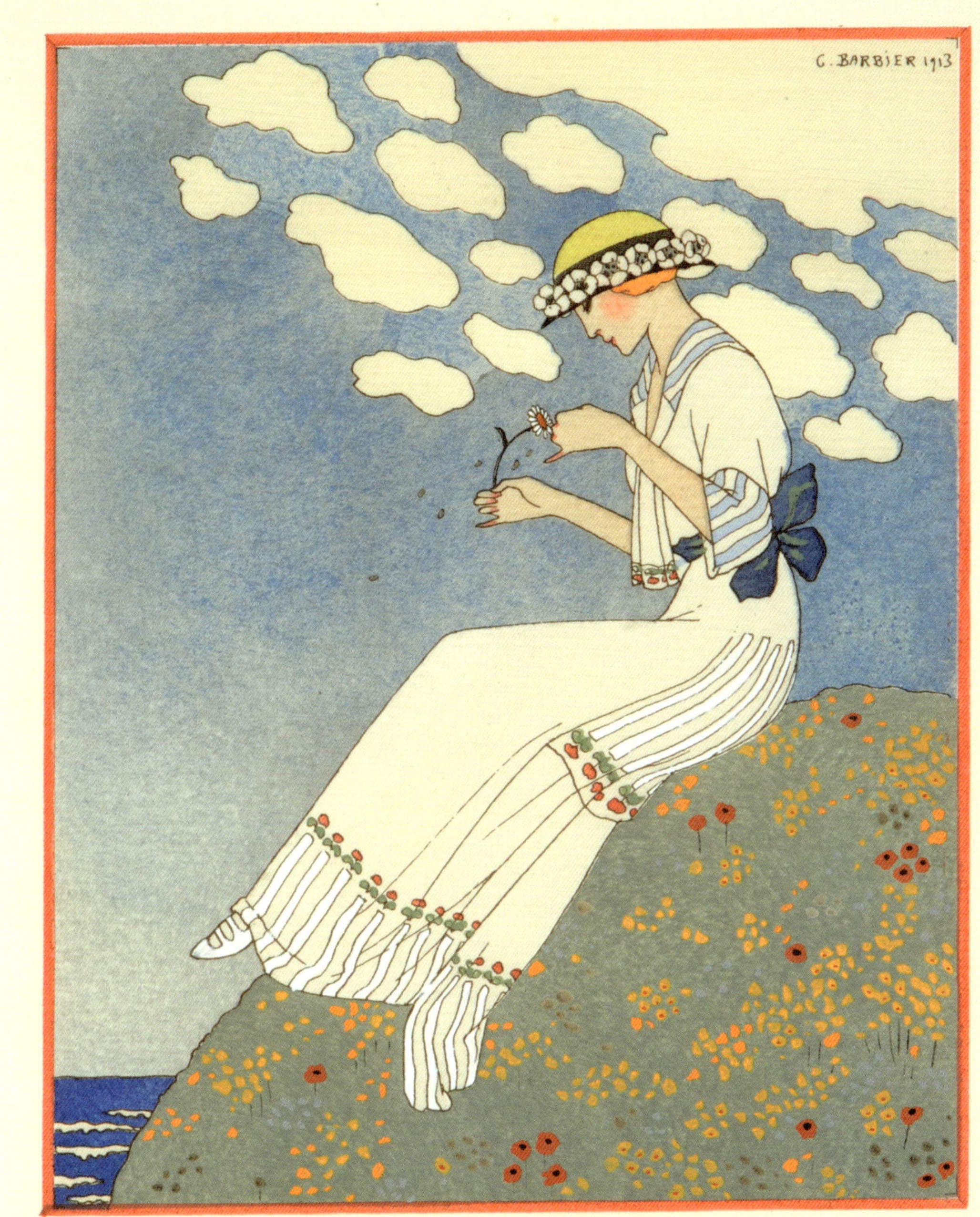

UN PEU...

Petite robe de campagne de Paquin

「あんまりだわ」
初期のファッション・プレートの面白さは常なるパターンブックではなく、まるで物語や芝居の1シーンのようなロマンをかきたてるところにある。
そして思わせぶりな題がついている。「アン・プー (UN PEU)」は、「つまんない」とか「あんまりだわ」などと訳せる。
花びらをむしって。「好き、嫌い、好き…」と言っているのかもしれない。

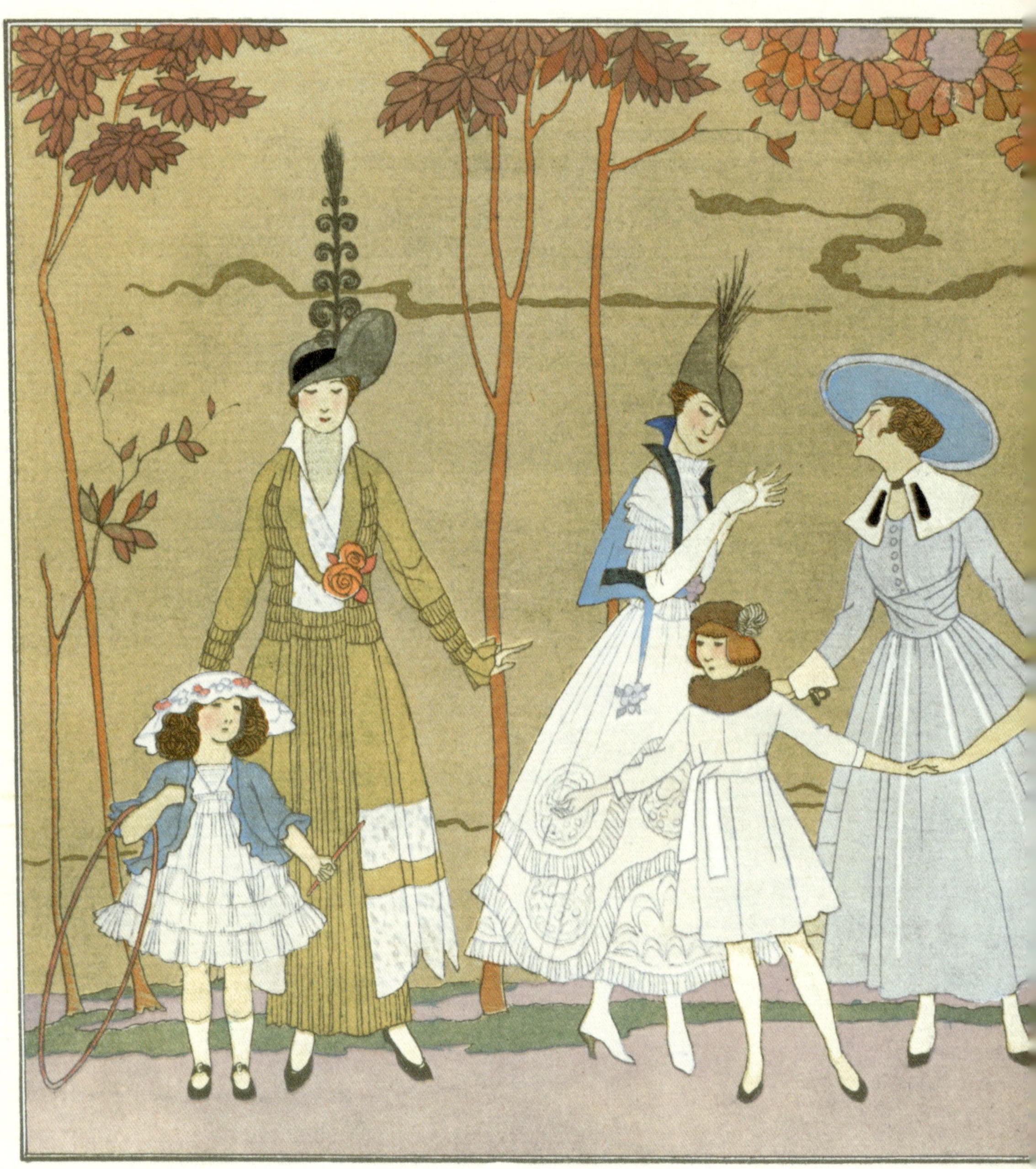

VI

Soyez t

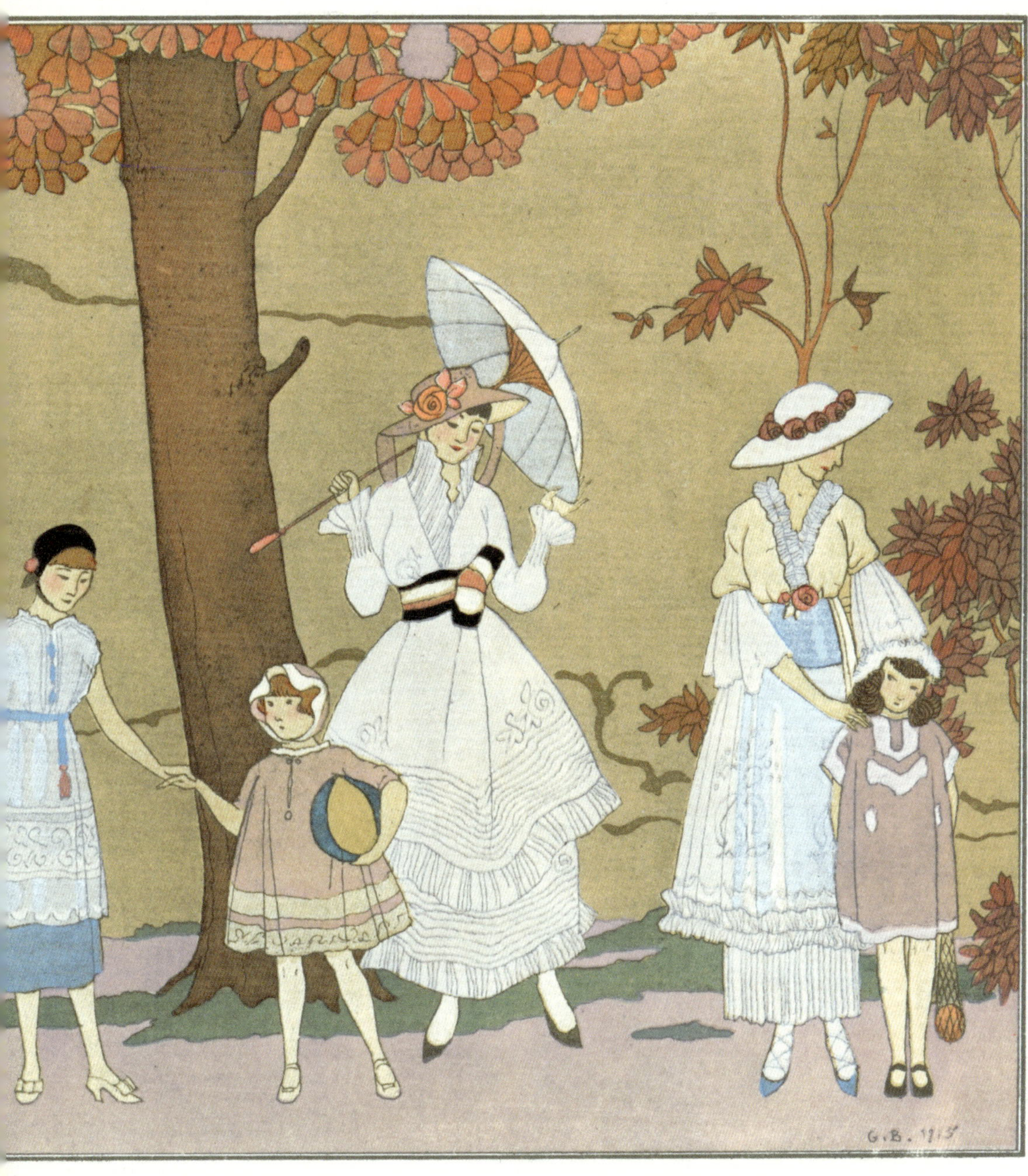

Y (1)

bien sages

「ヴィシー」
ヴィシーという温泉地のファッションである。リゾート地は、オフ・シーズンの社交の場となり、
第二のファッション・シーンともなった。一流デザイナーが子供服もデザインしていることがわかる。

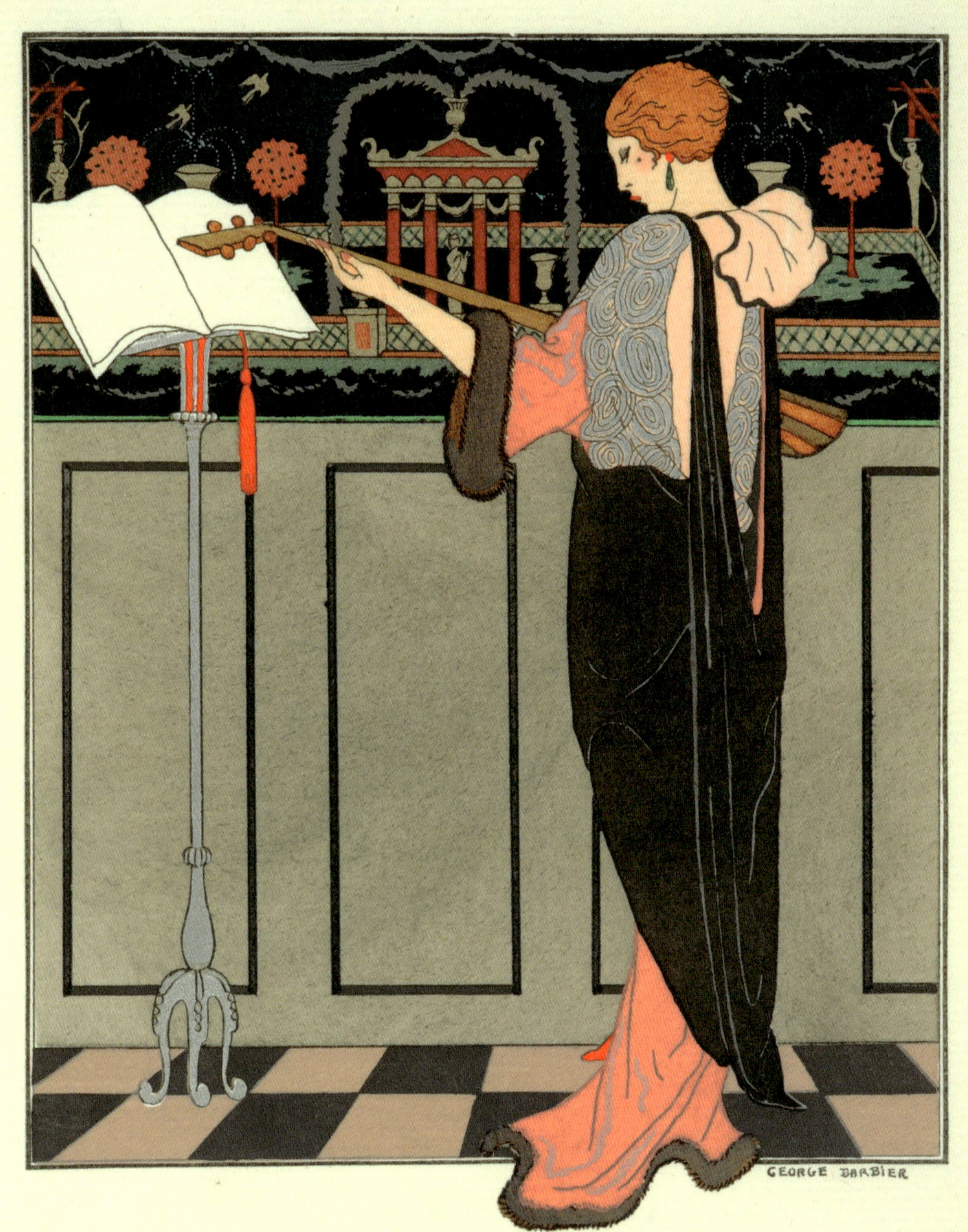

LA JOUEUSE DE THÉORBE

Manteau du soir de Paquin

「テオルブ竪琴の奏者」
「テオルブ竪琴の奏者」とある。ミュージシャンのための舞台衣裳だろうか。
上部の、アンピール様式で描かれた古代庭園の黒漆と彼女のドレスの黒がひびき合っている。
テオルブという古い楽器にクラシックなドレスが雰囲気を出している。

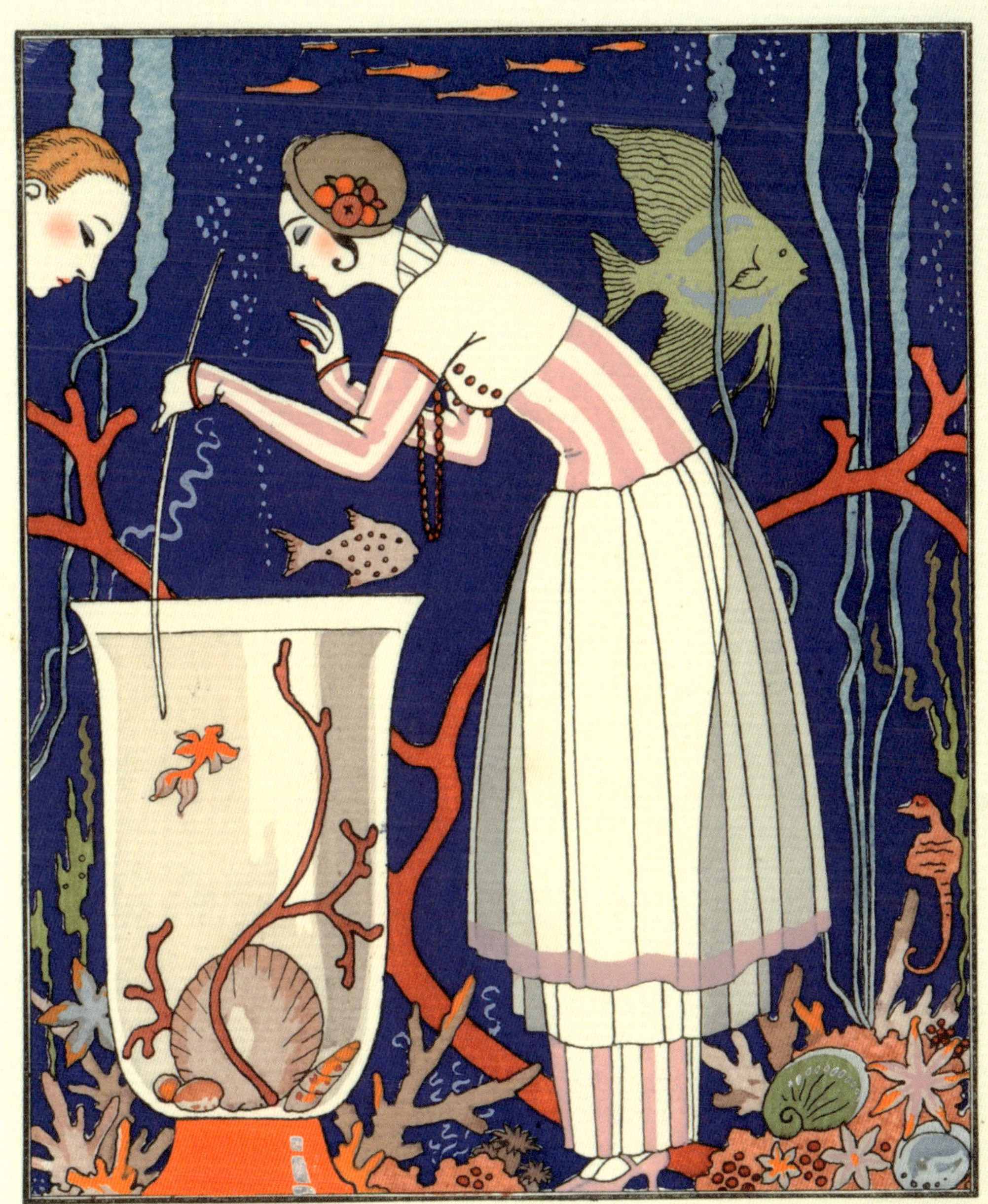

L'ÉTOURDISSANT PETIT POISSON...

Robe d'été

「なんて小さな魚…」
女性が棒で金魚をつついている。背後も水中のシーンである。
水族館のガラスの水槽の前にでもいるのだろうか。まるで彼女も水中にいるかのようだ。
夏のローブであるが、1910年代のファッションでは、手や足はむき出しになっていない。

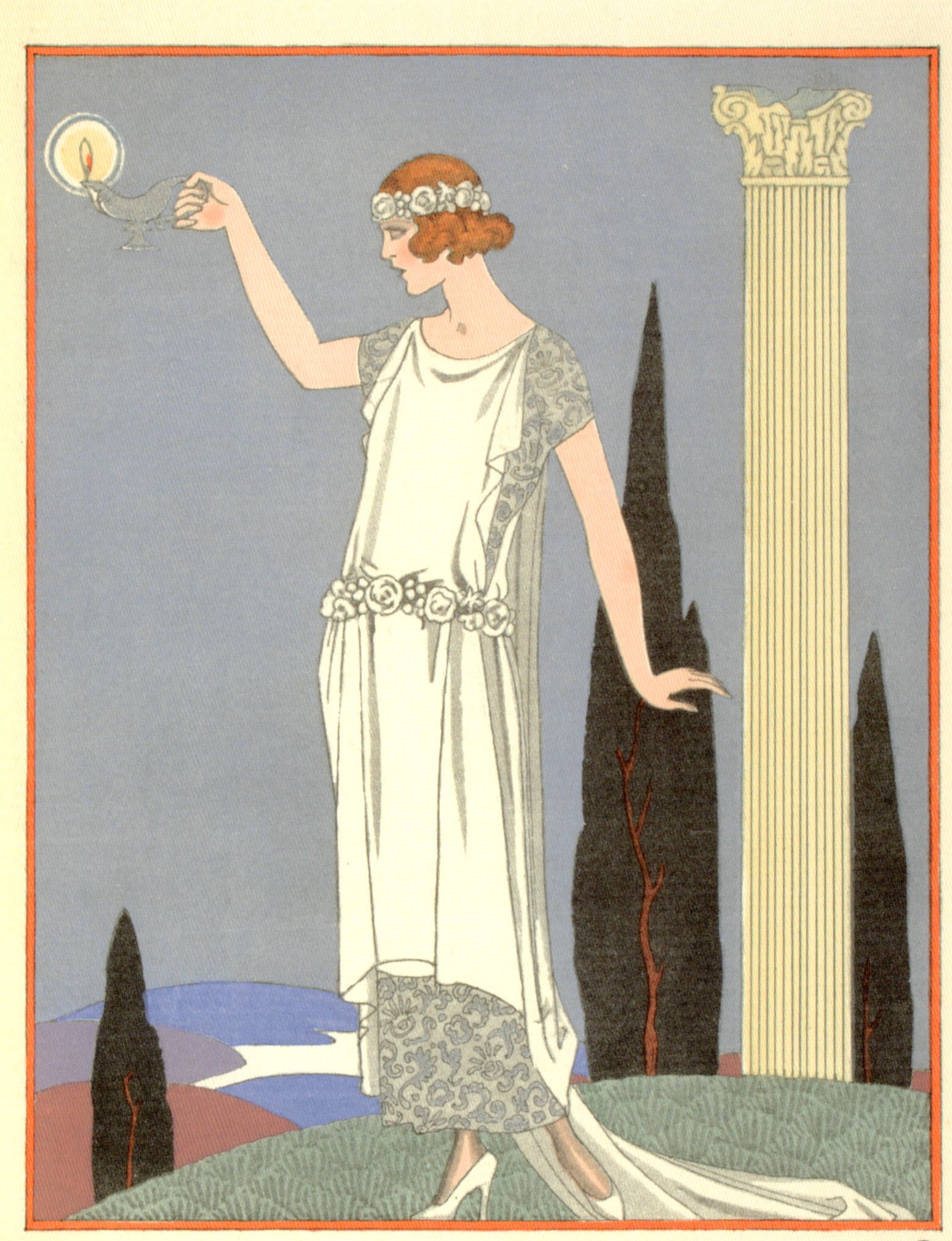

PSYCHÉ

ROBE DU SOIR, DE WORTH

「プシシェ」
20世紀初頭、ギリシア風がはやった。
プシシェ（プシケ）は、エロスとの恋物語で知られるギリシア・ローマ神話の美女である。
彼女は見てはいけないといわれたエロスの寝姿を見てしまう。

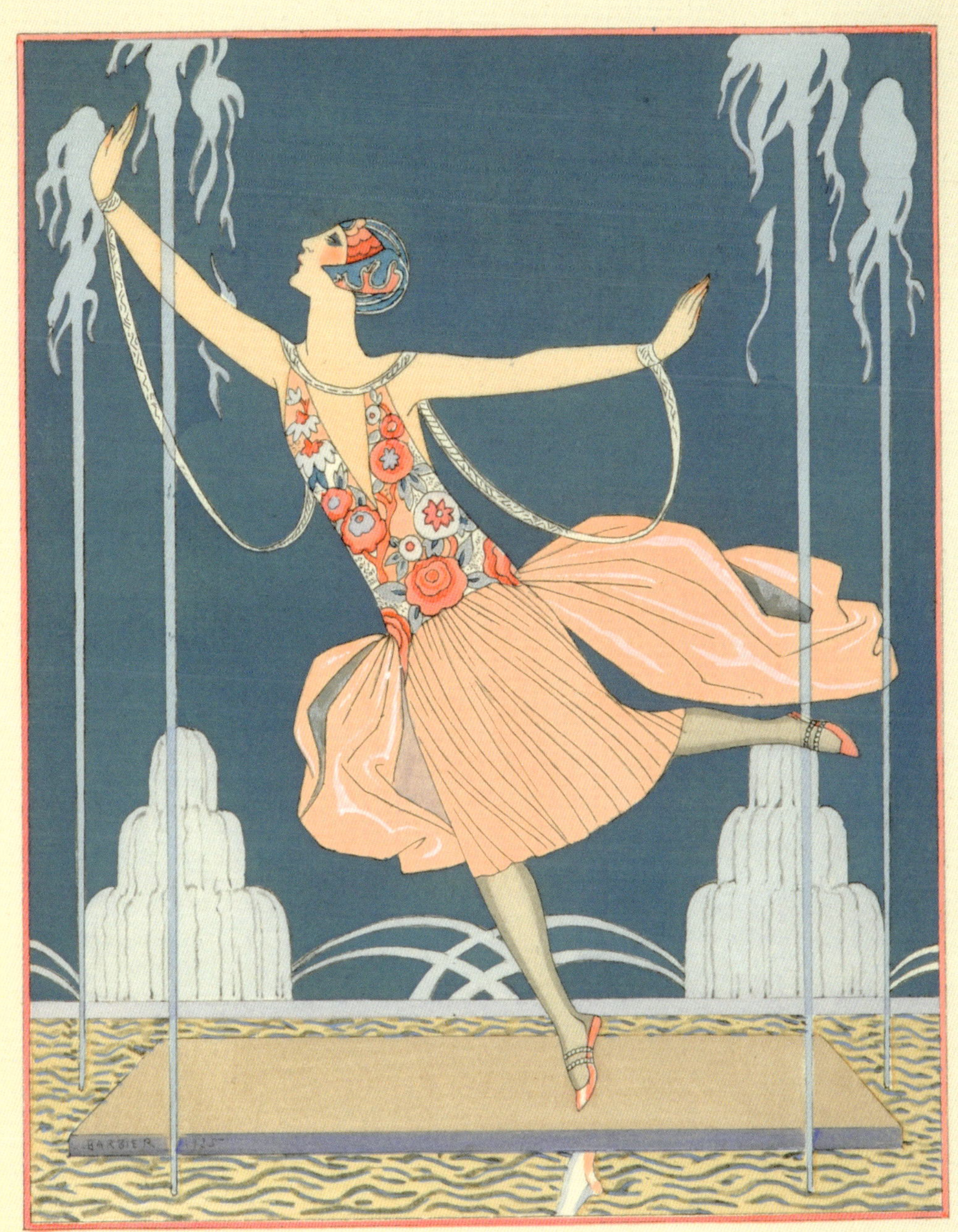

LA DANSEUSE AUX JETS D'EAU

ROBE DE DANSE, DE WORTH

「噴水の踊り子」
噴水の前の水上舞台で踊るモダン・ガール。1925年のパリ装飾博（アール・デコ博）が意識されている。
1920年代のモダン・ファッションである。ストレートなライン、ショート・カットのヘア・スタイル。
花柄などがアール・デコを語っている。

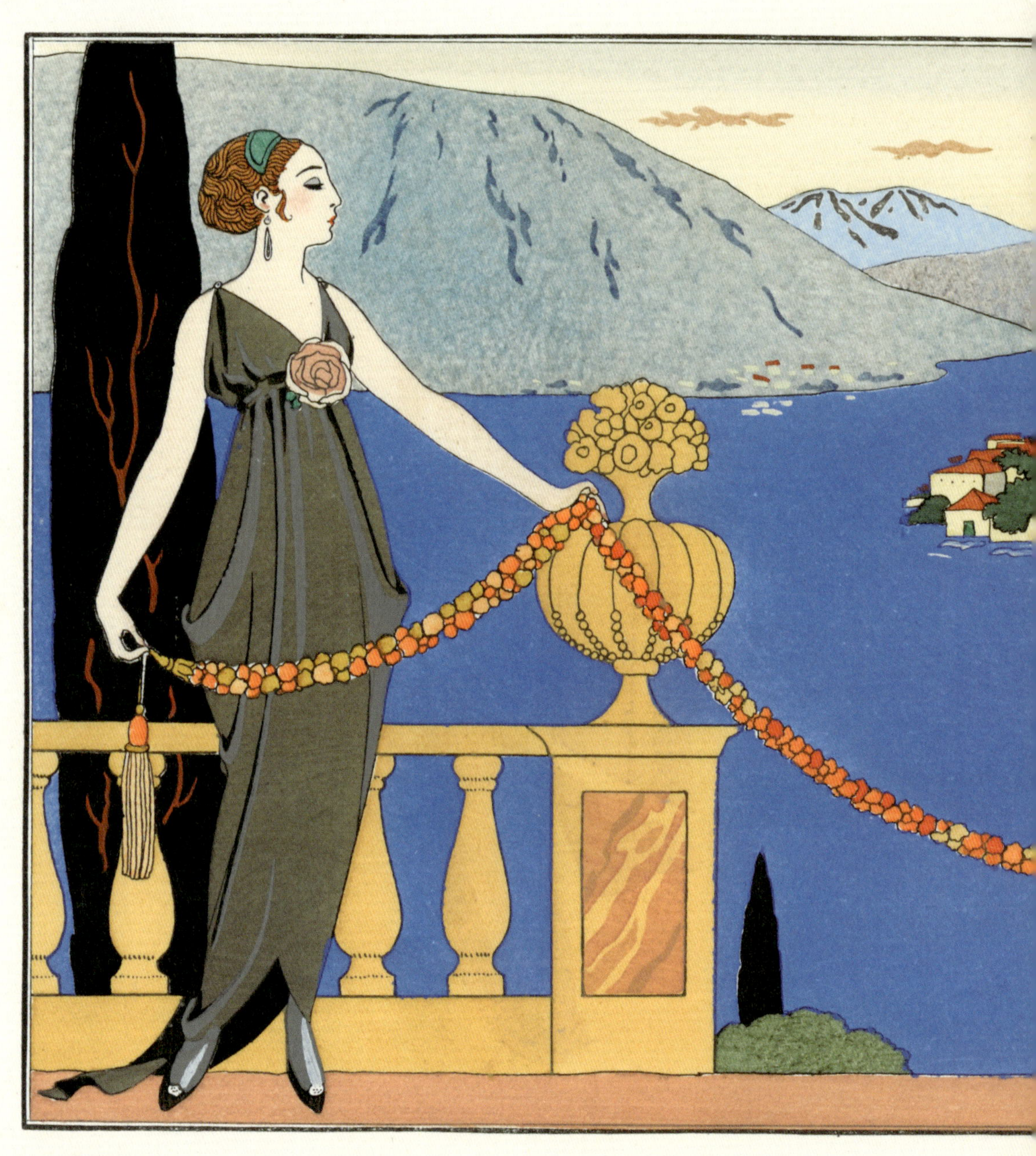

"ISOLA
Robes du s

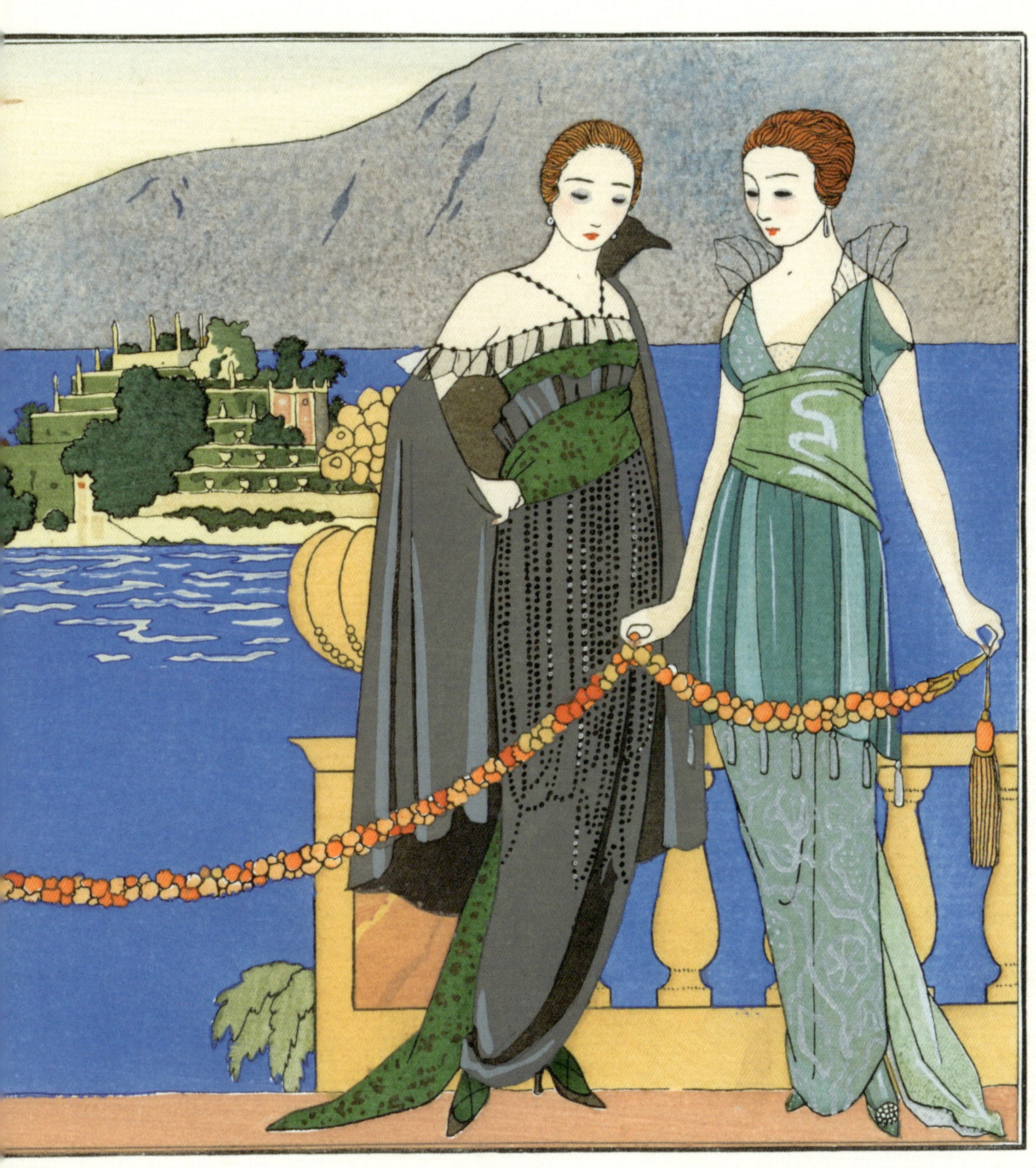

ELLA"

de Redfern

「イゾーラ・ベラ」

イゾーラ・ベラ（美しき島）は、イタリアのアルプスのマジョーレ湖にある島の1つで、美しい風景で知られる。
そのリゾート・ファッションである。17世紀のボロメオ伯爵の宮殿があり、ドレスもネオ・クラシックだ。

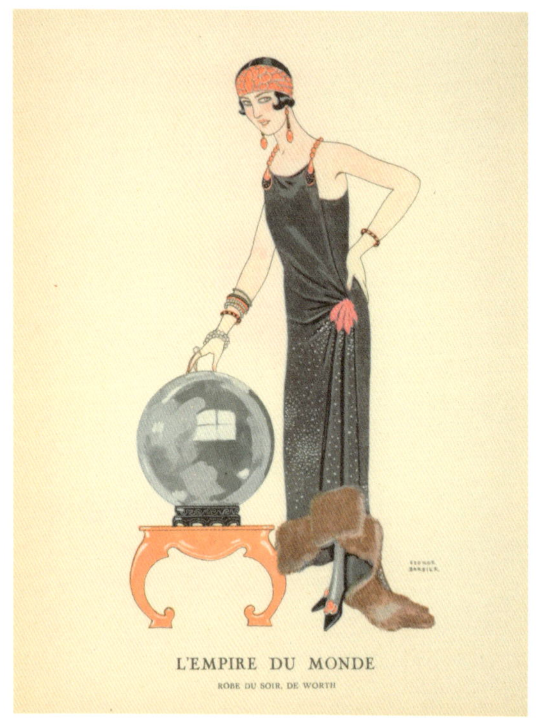

L'EMPIRE DU MONDE

ROBE DU SOIR, DE WORTH

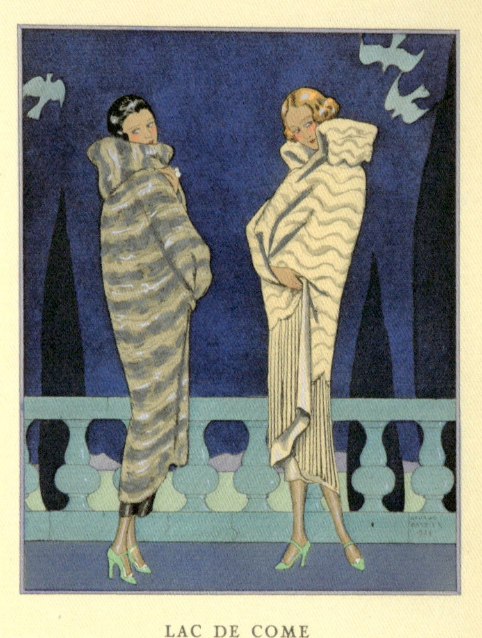

LAC DE COME

MANTEAUX DE FOURRURE, DE MAX-A. LEROY

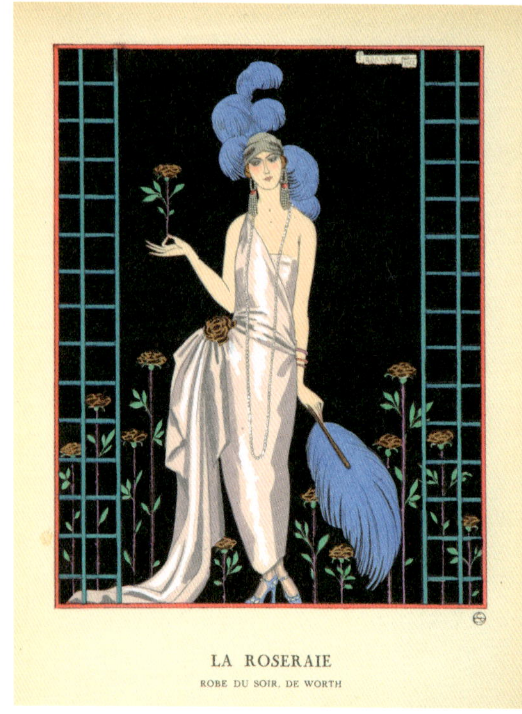

LA ROSERAIE

ROBE DU SOIR, DE WORTH

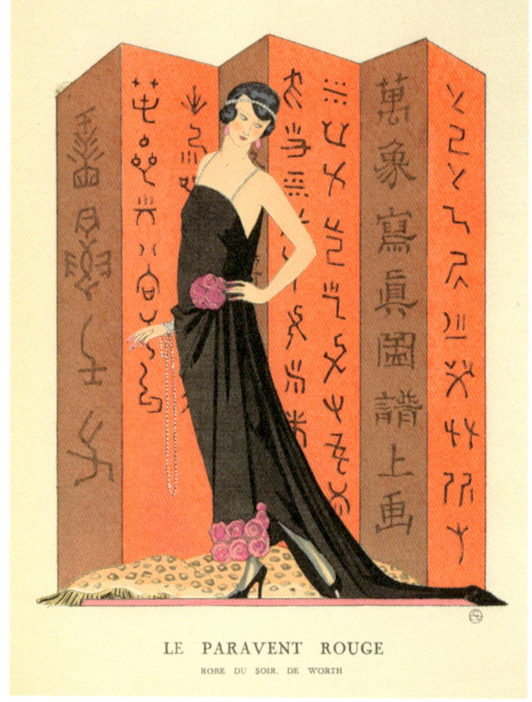

LE PARAVENT ROUGE

ROBE DU SOIR, DE WORTH

P46上左：「世界の帝国」　上右：「コモ湖」　下左：「バラ園」　下右：「赤屏風」
P47：「貝殻の噴水」　貝殻の形をした噴水盤の前に立つ美女。ヌードの女性が抱いた壺から注がれる水を、
小さな貝殻の容器に受けている。バルビエの深いブルーに赤い髪飾りが対比されている。

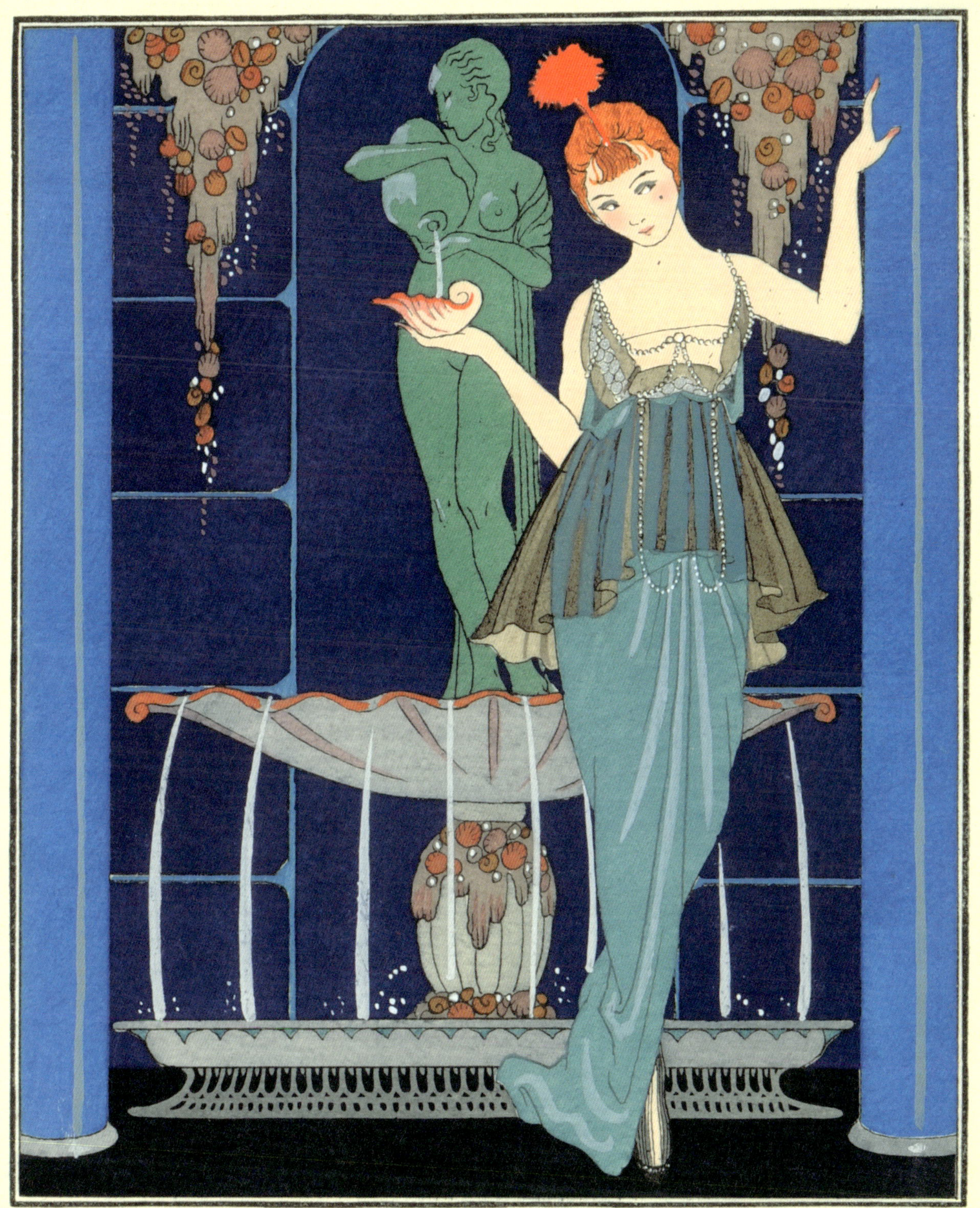

LA FONTAINE DE COQUILLAGES

Robe du soir de Paquin

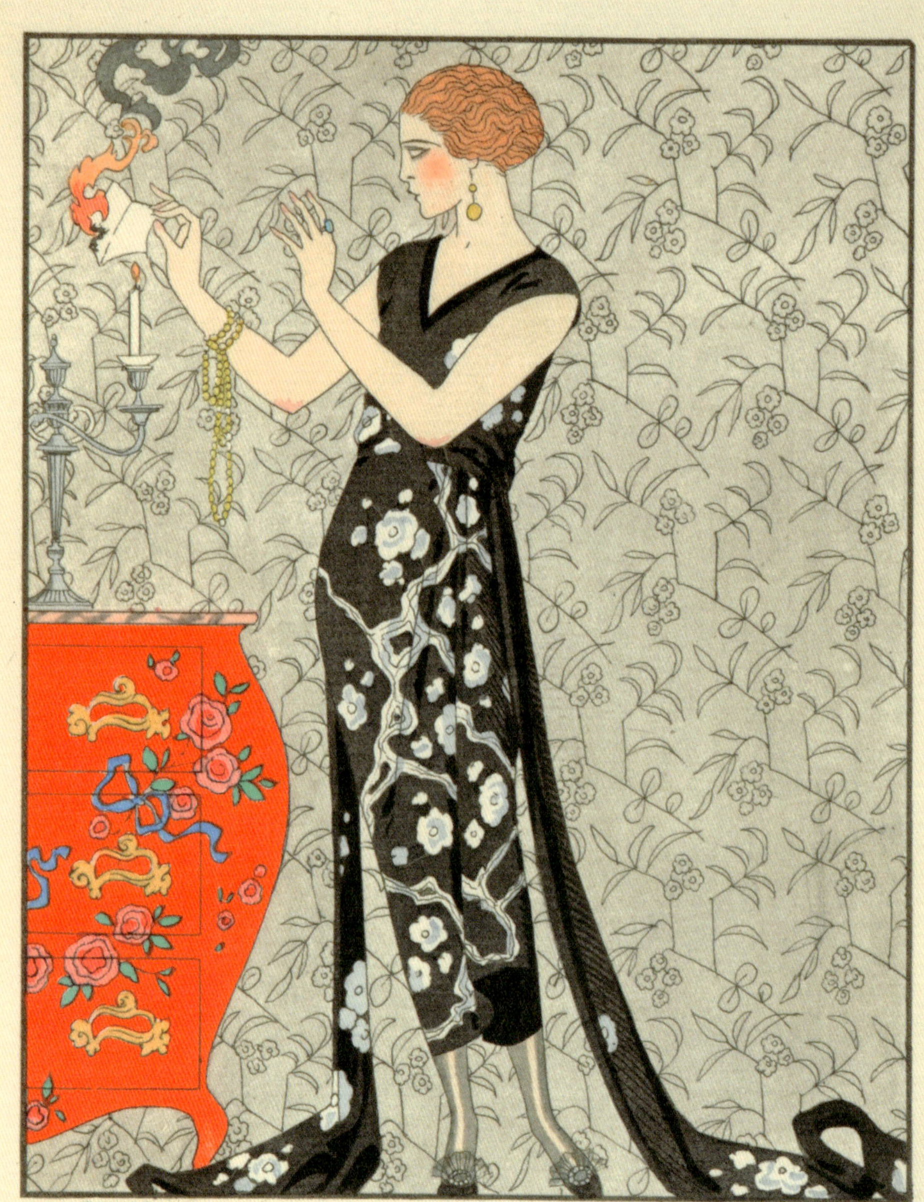

FUMÉE

ROBE DU SOIR, DE BEER

「煙」
手紙を焼く女。いろいろな状況が想像できる。
壷のようにふくらんだ形のタンスはアール・デコ家具としてはやった。
背景の壁紙のデザインは、女性のシルエットを引き立てている。

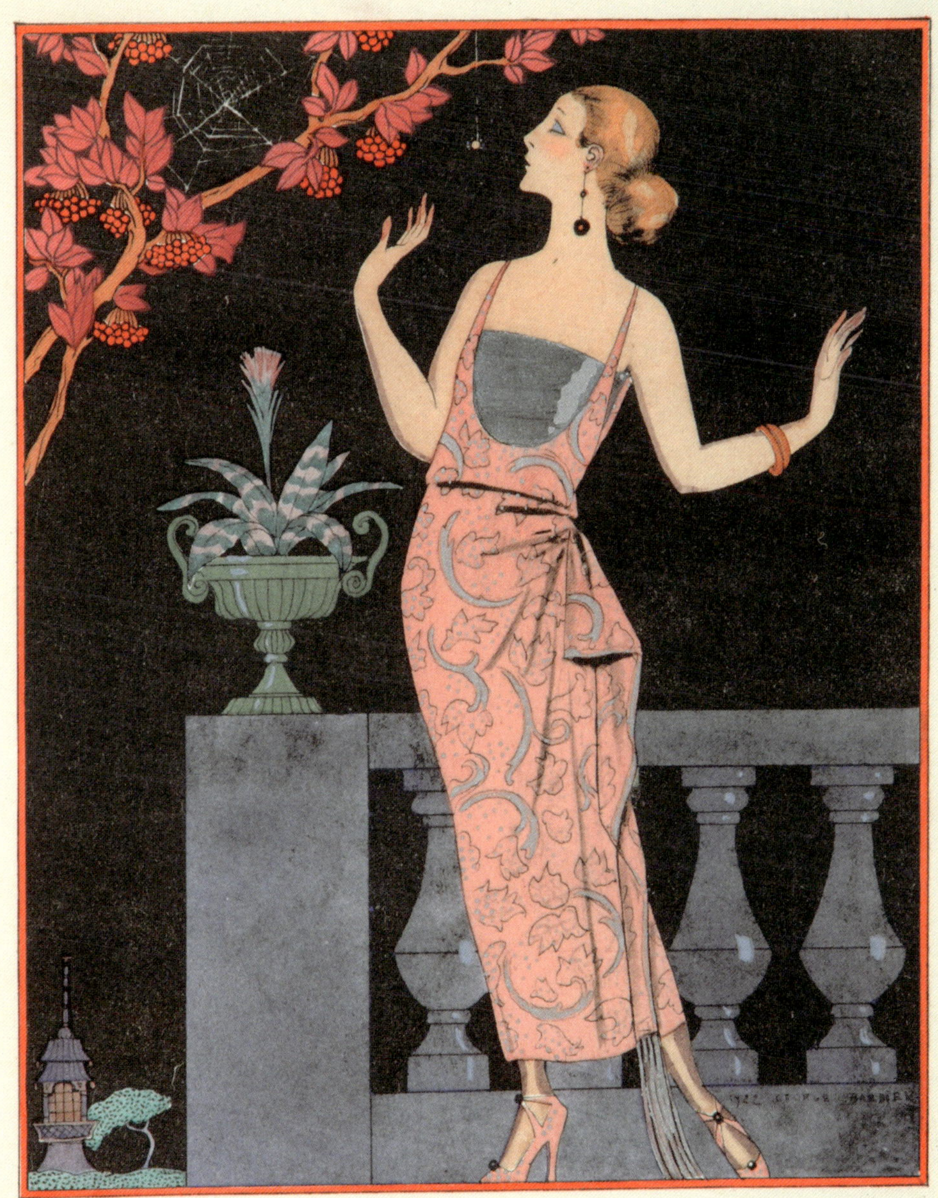

ARAIGNÉE DU SOIR... ESPOIR

ROBE DU SOIR, DE WORTH

「夜の蜘蛛—希望」
夜の蜘蛛を見て、女性が「きゃっ」といっている。
しかし夜の蜘蛛は希望の予告でもあるらしい。愛する人をうまくキャッチできるだろうか。
手すりの上に置かれた花鉢の葉の部分は蜘蛛のような形をしている。左下の小さな塔にも注目。

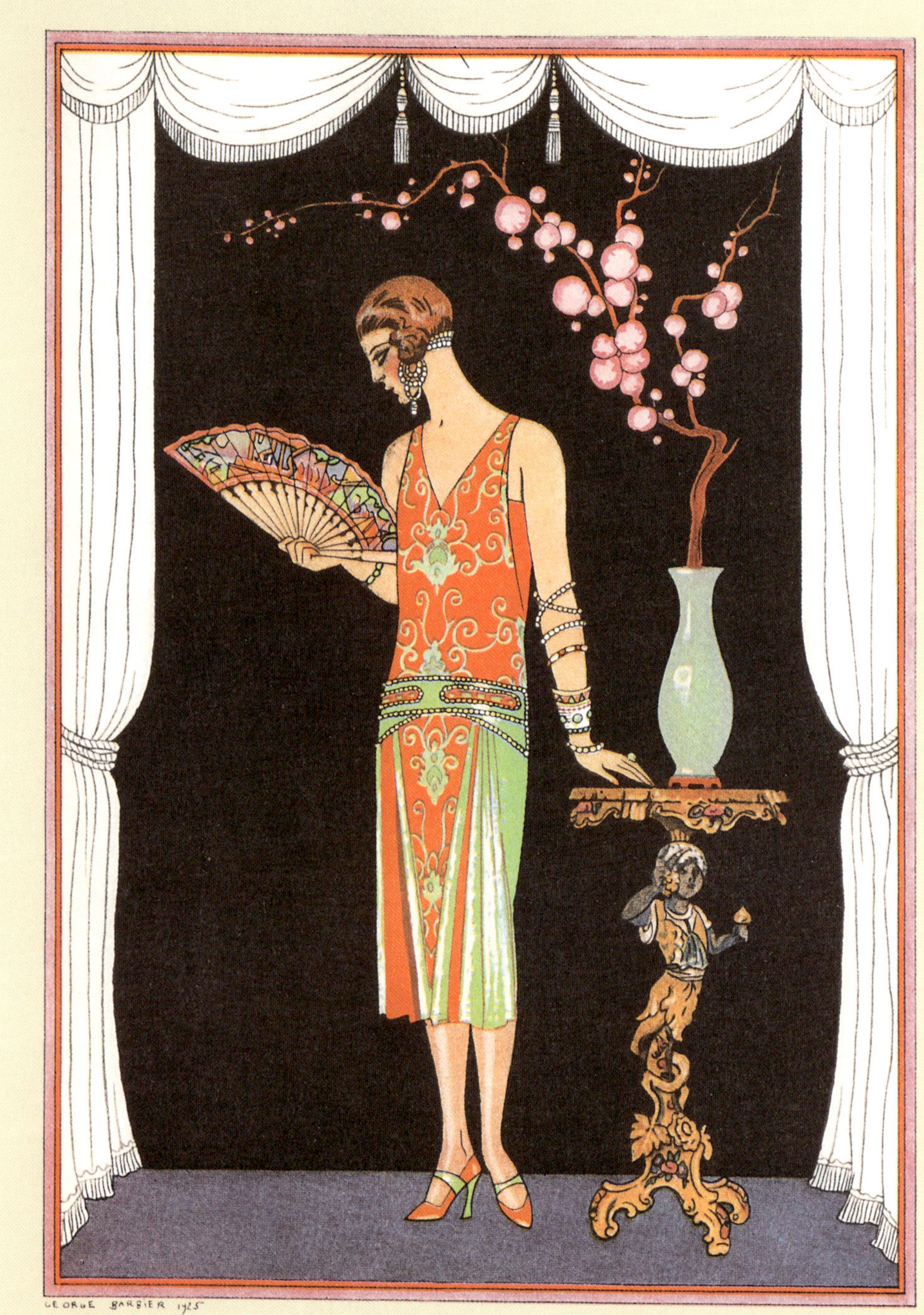

LA BELLE PERSONNE

ROBE DU SOIR, DE WORTH

「美しい人」
ストレート・ライン、ボブ・ヘアなどのアール・デコ・ファッションがピークに達している。
体は正面向きで、顔は横顔というのもバルビエの好きなポーズである。
右手のバロック風の小テーブル、梅の花などの装飾的セットが魅力的だ。

イブニング・ドレスである。夜の庭の葡萄棚を背景に浮かぶポーズがすばらしい。
すでにモダンなシルエットに入っていて、新しい女ののびやかな肢体が見られる。
手足をむき出しにするので、ブレスレットなどのアクセサリーが目立つようになる。

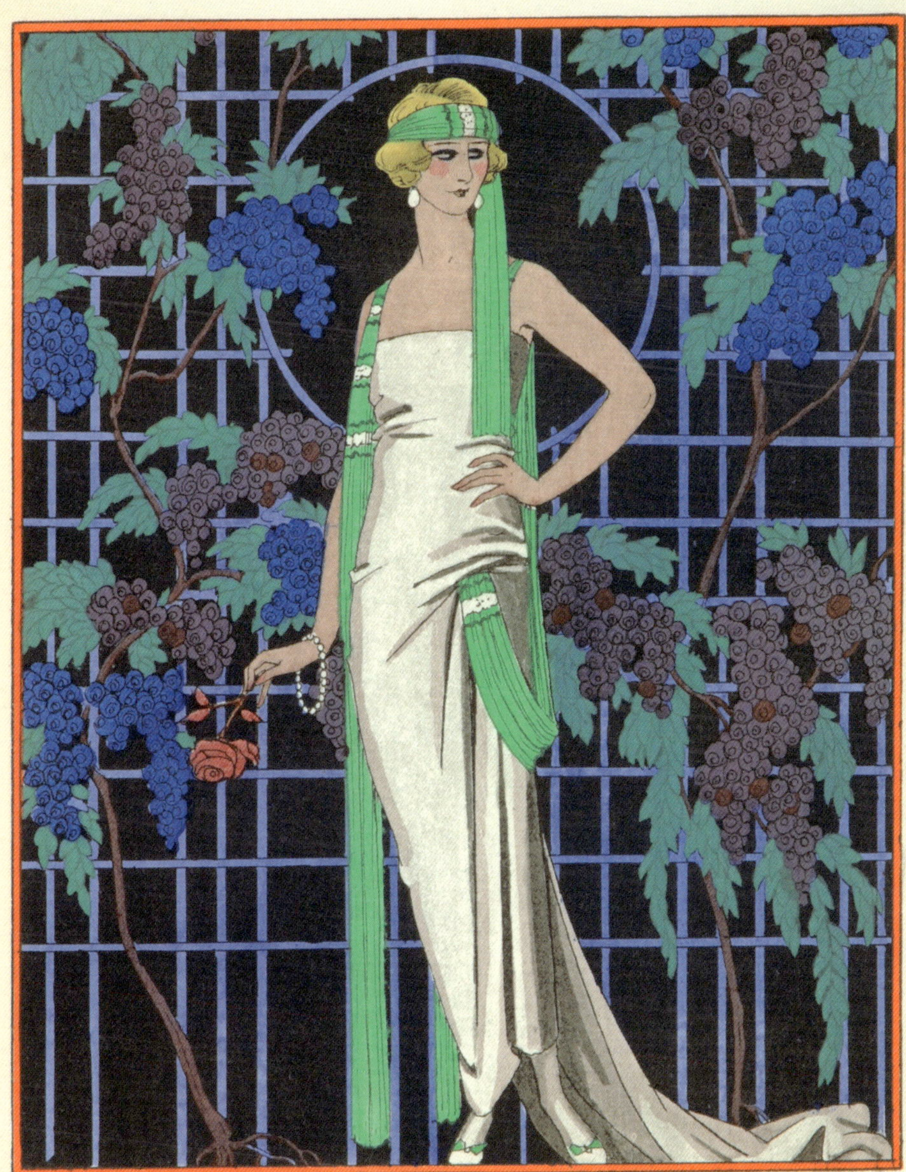

DES ROSES DANS LA NUIT

ROBE DU SOIR, DE WORTH

「夜のバラ」
イブニング・ドレスである。夜の庭の葡萄棚を背景に浮かぶポーズがすばらしい。
すでにモダンなシルエットに入っていて、新しい女ののびやかな肢体が見られる。
手足をむき出しにするので、ブレスレットなどのアクセサリーが目立つようになる。

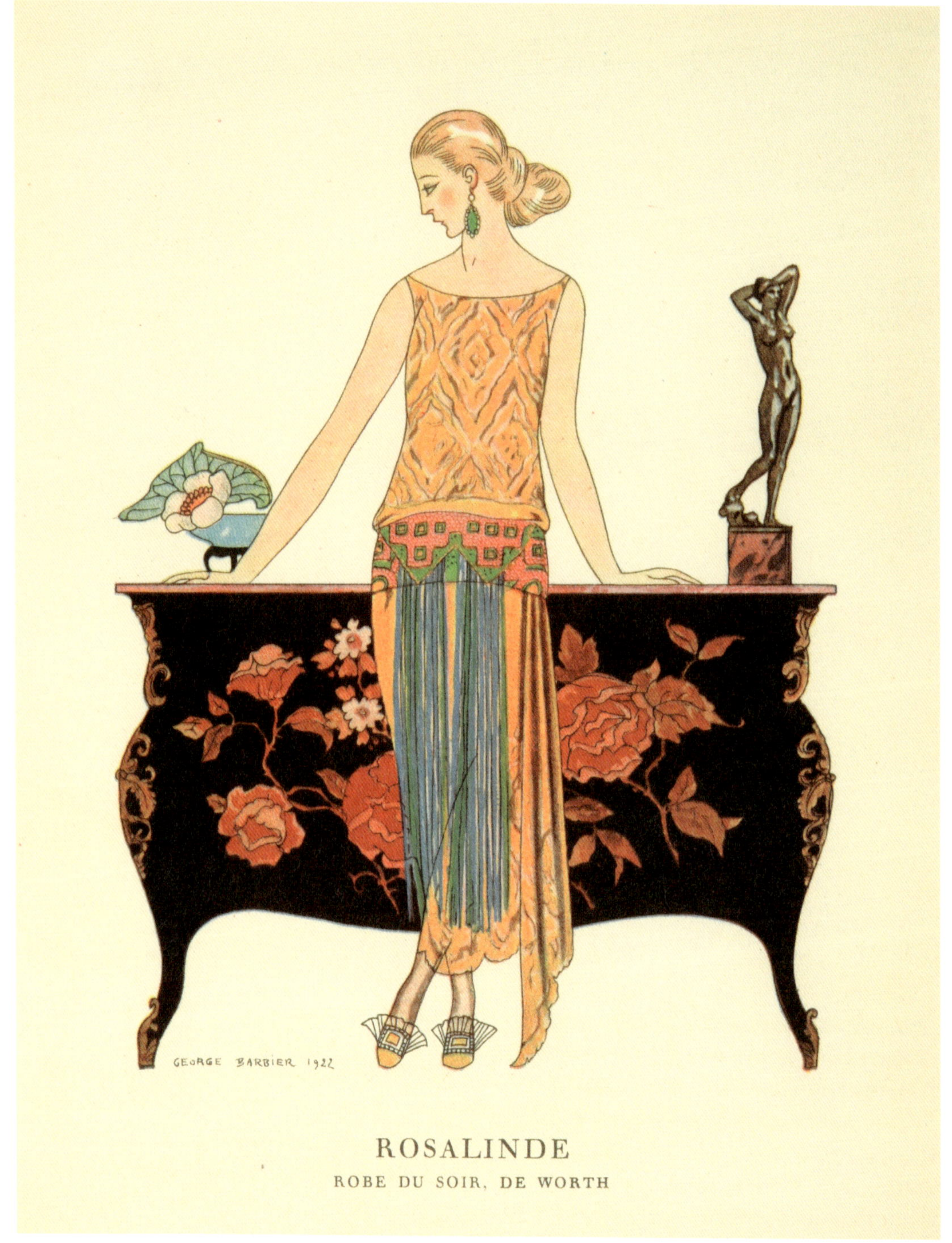

ROSALINDE
ROBE DU SOIR, DE WORTH

P52：「ロザリンデ」
アール・デコの脚つきのタンス、その上のヌードのブロンズ像、生け花など小道具が時代を感じさせて楽しい。
正面を向いた身体と左を向いた顔というバルビエのポーズも決まっている。
P53：「魔術」
化粧というモダンな魔術がくりひろげられた時代であった。孔雀から火の鳥、鳳凰などの華麗な鳥たちのイメージを背景に、
モダン・ガールはアイシャドウ、おしろい、口紅などを操って変身してゆく。

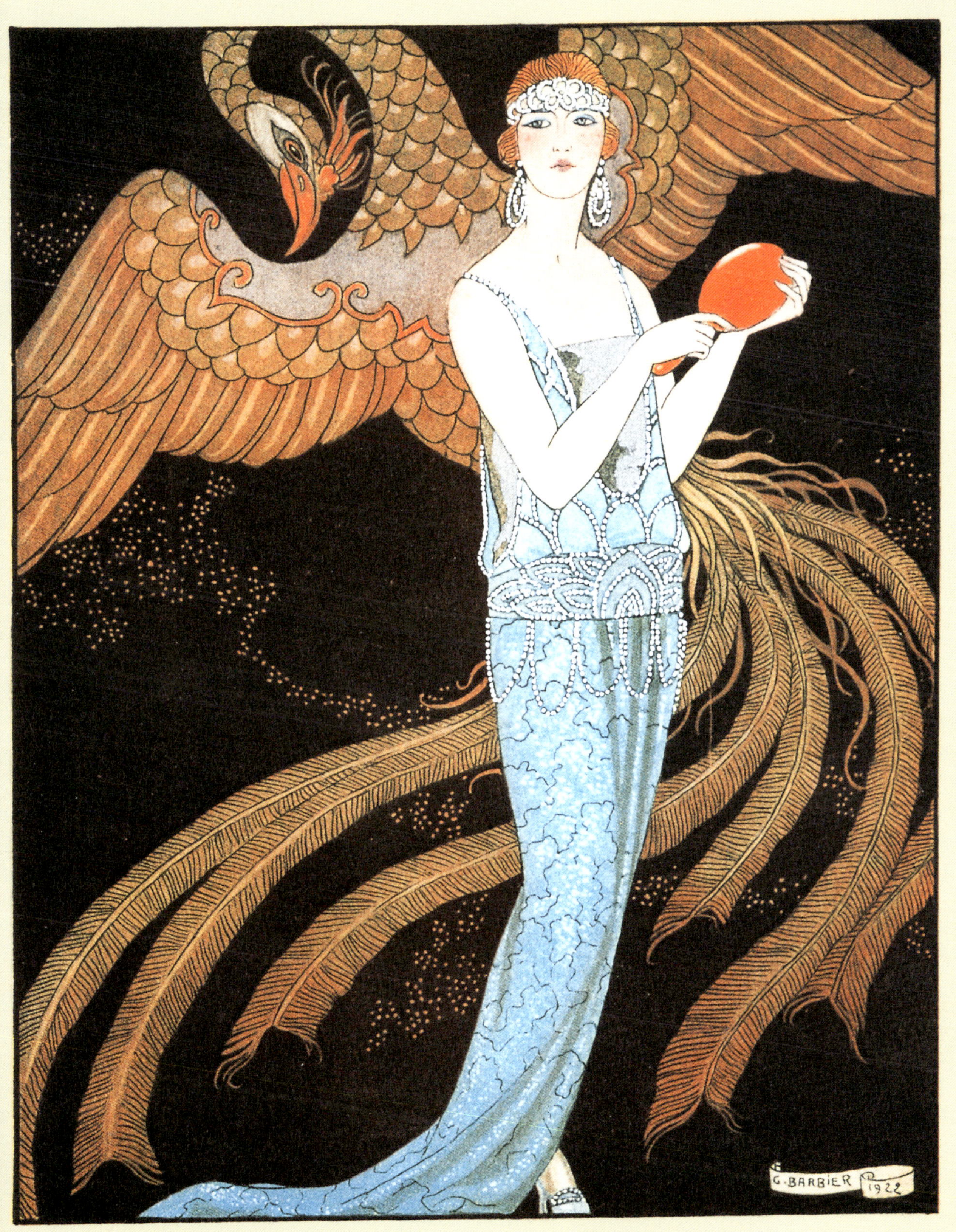

SORTILÈGES

ROBE DU SOIR, DE BEER

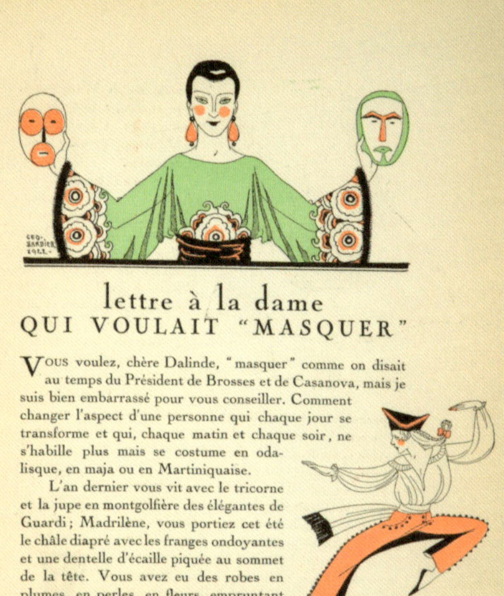

lettre à la dame
QUI VOULAIT "MASQUER"

Vous voulez, chère Dalinde, "masquer" comme on disait au temps du Président de Brosses et de Casanova, mais je suis bien embarrassé pour vous conseiller. Comment changer l'aspect d'une personne qui chaque jour se transforme et qui, chaque matin et chaque soir, ne s'habille plus mais se costume en odalisque, en maja ou en Martiniquaise.

L'an dernier vous vit avec le tricorne et la jupe en montgolfière des élégantes de Guardi ; Madrilène, vous portiez cet été le châle diapré avec les franges ondoyantes et une dentelle d'écaille piquée au sommet de la tête. Vous avez eu des robes en plumes, en perles, en fleurs, empruntant tour à tour l'aspect d'un Papageno adolescent ou d'une nymphe descendue des

57

porcelaines de Wedgwood. Hier encore, à Longchamp, vous étiez Chinoise ou Tchèque par le jeu des laines et des soies.

En quelle contrée, "où, n'en quel pays" vous mènerai-je ? Quel album ignoré ouvrirai-je, pour la dame coiffée de cheveux bleus et chaussée de babouches en plumes de colibri, pour la dame aux cent colliers et aux mille ajustements assortis à la couleur de ses caprices.

Je veux d'abord proposer à vos rêveries les trois robes de Peau-d'Ane : la première couleur du temps, la seconde couleur de lune et la tierce couleur du soleil... "Sa chambre était si petite, écrit le conteur, que la queue de cette belle robe n'y pouvait rentrer."

Dans ses Mémoires, apocryphes d'ailleurs, la marquise de Créqui nous décrit deux toilettes assez singulières : l'une garnie de papillons en porcelaine de Saxe, l'autre d'une haute broderie représentant tout un orchestre de singes musiciens, dans le goût folâtre d'un siècle épris des babouins et des magots. La marquise semble trouver ces ajustements fort surannés, mais peut-être,

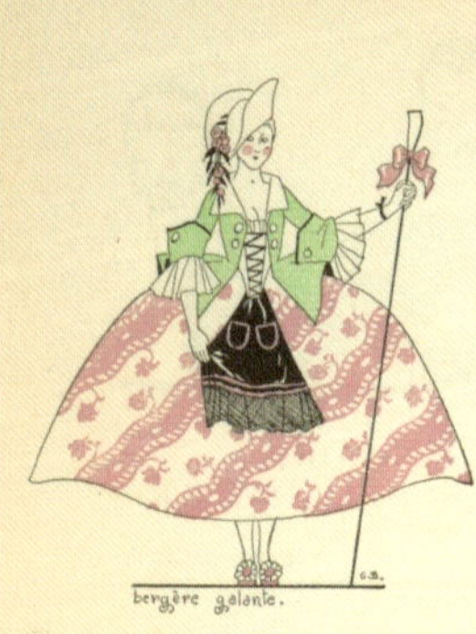

bergère galante.

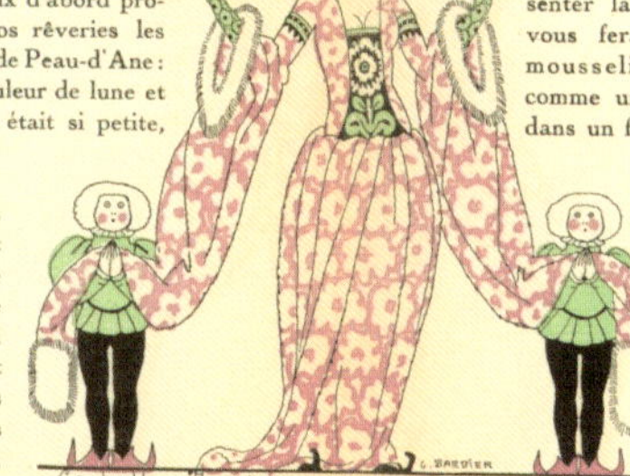

La belle Impéria.

58

moins sévère, aimerez-vous leur fantaisie.

Ou bien, sous les plus lourds damas, serez-vous la belle Impéria, mêlant aux pourpres et aux violets, l'argent et l'écarlate, toute une opulente symphonie cardinalice, agrémentée de manches fourrées de vair et si lourdes que deux angelots devront les soutenir, et accompagner votre marche accablée par la splendeur.

Préférez-vous représenter la Périchole ? Je vous ferai une robe de mousseline, voltigeant comme un pavot blanc autour de votre torse nu serré dans un fichu de chantilly noir, et semée de bouquets en plumes de perroquet ; à moins que vous ne préfériez les pompons de Piquillo et jeter sur votre épaule une couverture bigarrée.

Que sais-je ? Inspirez-vous de la bergère du Trianon de porcelaine : "frêle, parmi les nœuds énormes des rubans" portant la houlette fleurie et la cage d'où l'oiseau s'est envolé. Cherchons encore dans les vitrines, et soyez la Camargo avec une perruque de soie mauve pareille à une grappe de glycine géante et des paniers de gaze tout fanfreluchés.

Camargo.

59

Aimez-vous mieux être une dame chinoise ? Vous avez si longuement regardé les panneaux de laque et rêvé de vous y promener accompagnée d'une gazelle, au bord des eaux fleuries... Que votre costume soit vert et bleu avec des éclairs d'argent, de pourpre et d'orange ; vos ongles dorés et votre bouche pareille à un fruit vénéneux, gonflée, luisante et sombre.

Maintenant, choisissez. Que le caprice vous guide ; et puisse, ce soir de fièvre et d'intrigues, l'amour être blotti, tout armé, dans vos falbalas, comme l'abeille au cœur d'une rose à cent feuilles.

George BARBIER.

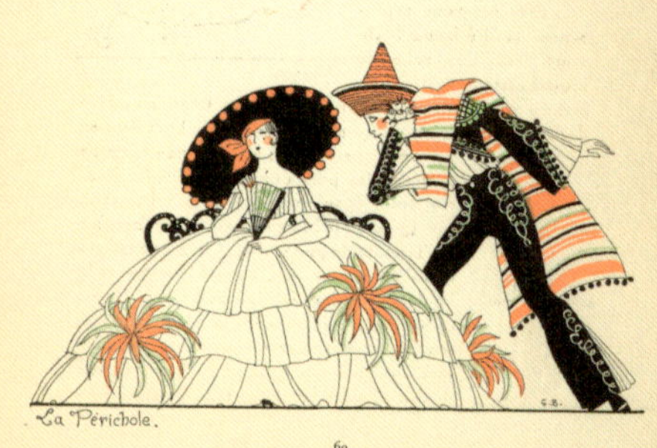

La Périchole.

60

バルビエによる文章と挿絵

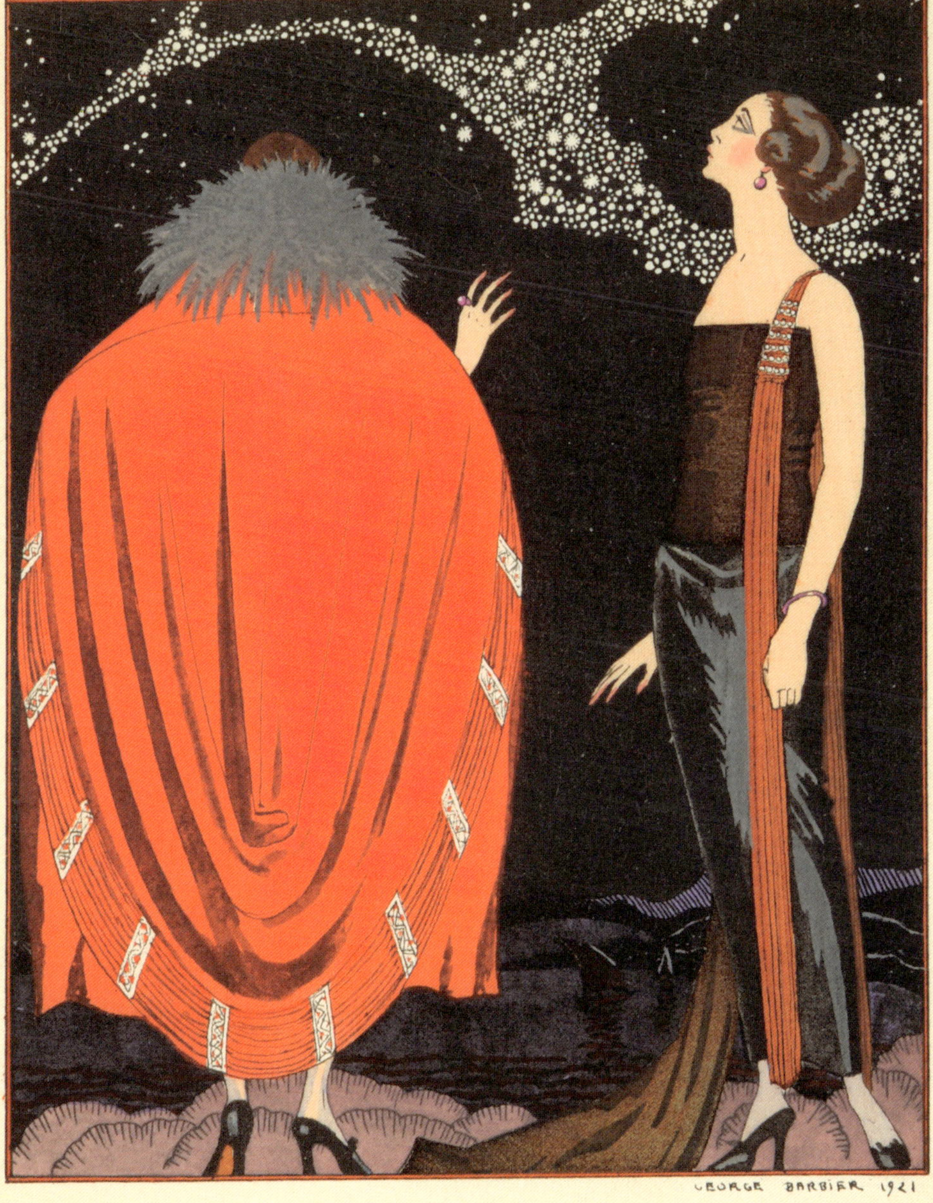

LA VOIE LACTÉE

ROBE ET MANTEAU POUR LE SOIR, DE WORTH

「銀河」
銀河(ラ・ヴォワ・ラクテー)を見る女たち。
右は1920年代のストレート・ラインのドレスの若い女性。左は丸くふくらんだマントを着ている。
後姿であるが、やや大人の女性であろうか。銀河が幻想的だ。

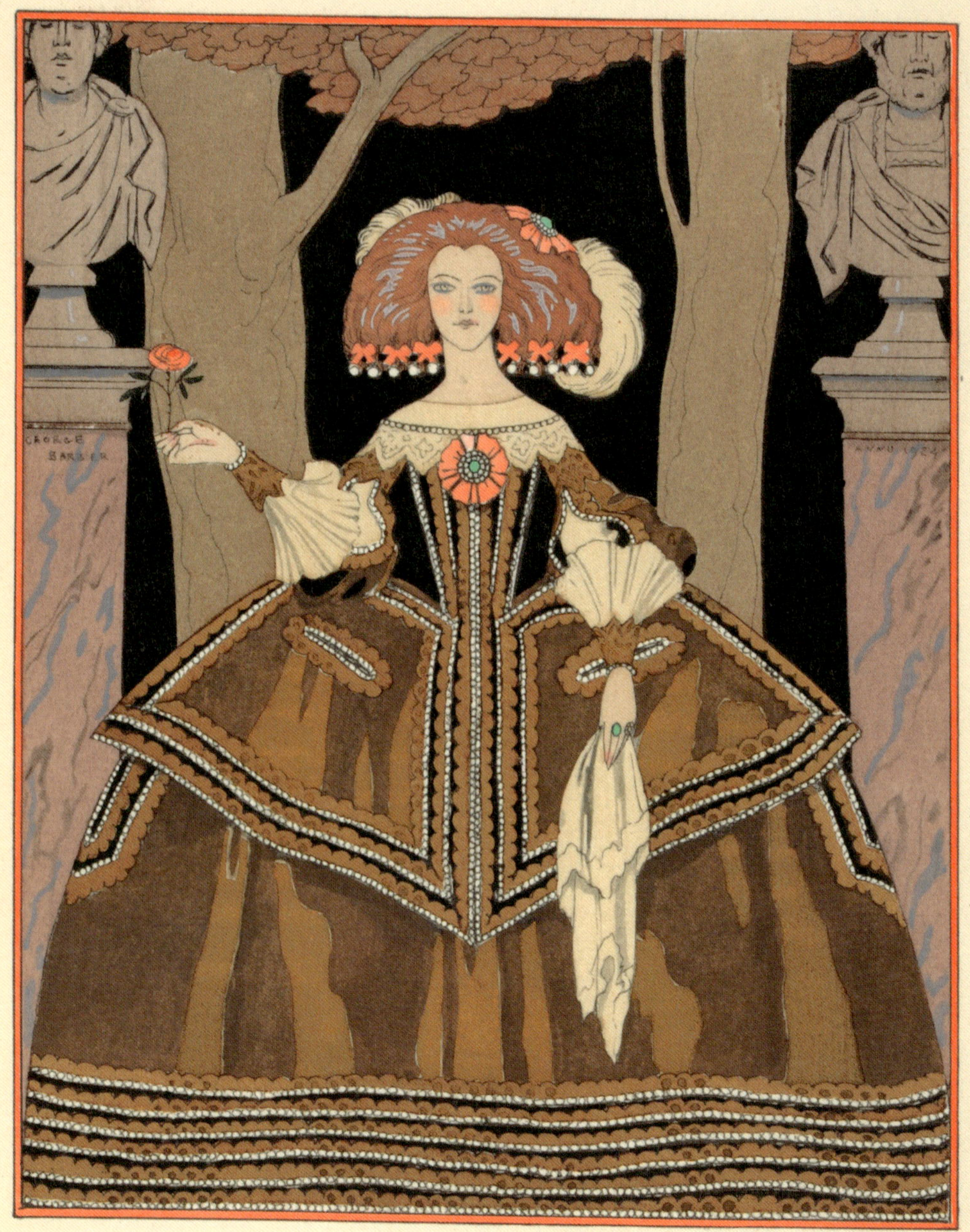

LA ROSE DE L'INFANTE

COSTUME, DE WORTH

「王女のバラ」
ヴェラスケスの小さなスペイン女王の絵を下敷きにしている。
ウォルトのデザインであるが、スペインのバロック・ロココをモチーフにしている。
その時代の舞台劇を見ているかのようだ。

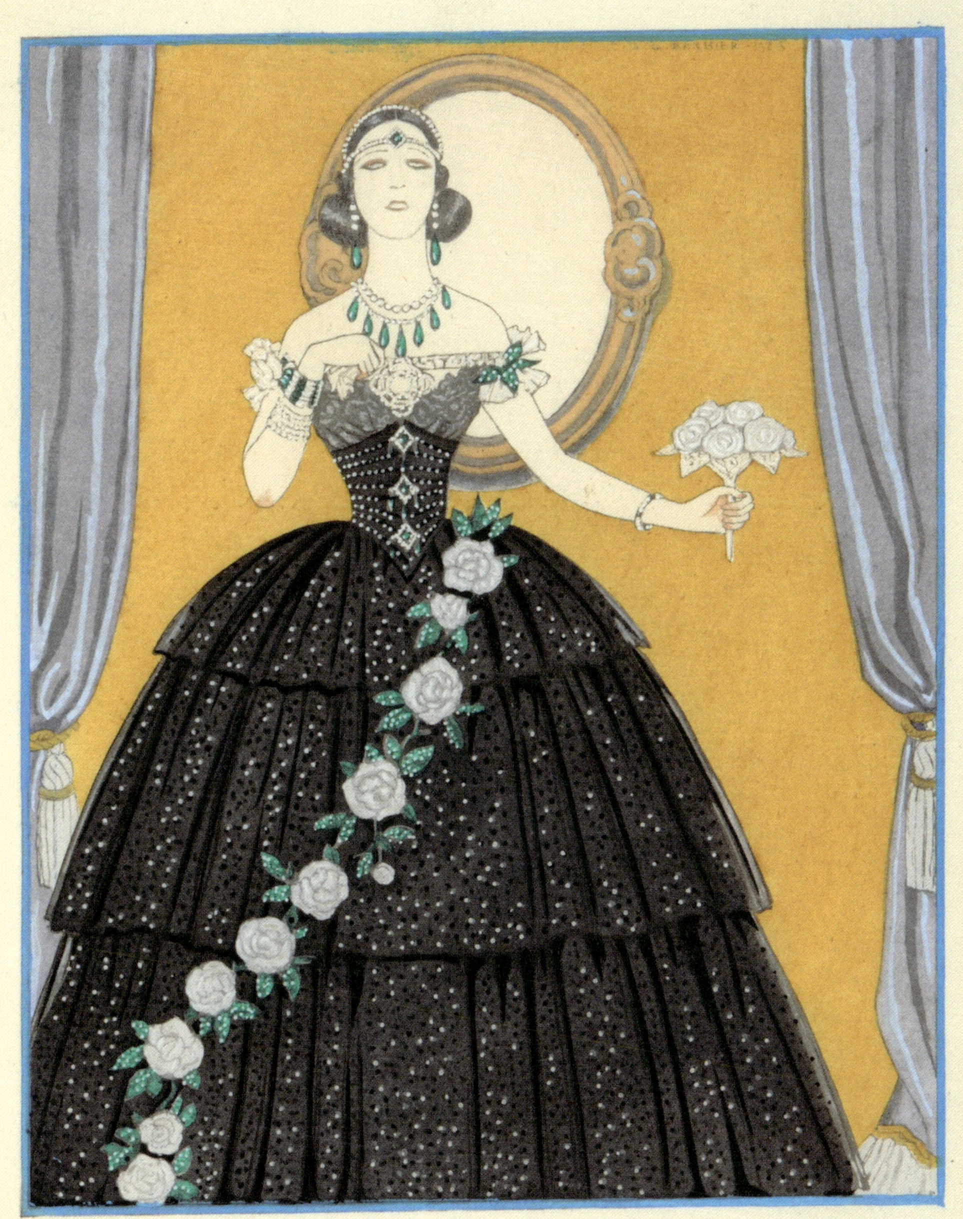

MME IDA RUBINSTEIN
DANS LA DAME AUX CAMÉLIAS
ROBE, DE WORTH

「≪椿姫≫を演じるマダム・イダ・ルービンシュテイン」
イタリアの女優イダ・ルビンシュテインはバルビエのあこがれだった。
1923年、イダは≪椿姫≫をサラ・ベルナール劇場で演じた。残念なことに、コスチューム・デザインはレオン・バクストであった。
バルビエは『ガゼット・デュ・ボン・トン』に独自の舞台デザインを描いた。

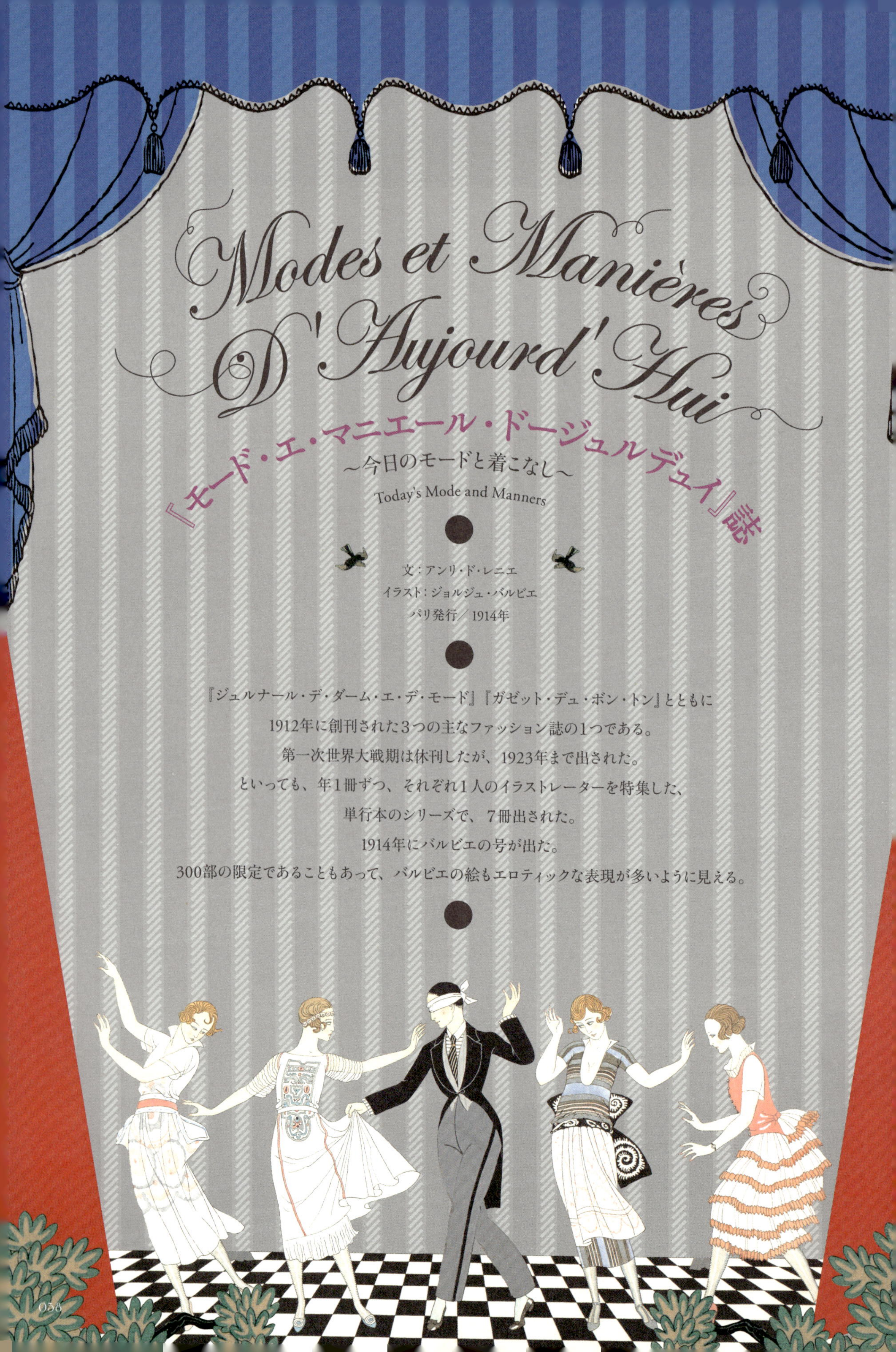

Modes et Manières
D'Aujourd'Hui

『モード・エ・マニエール・ドージュルデュイ』誌

〜今日のモードと着こなし〜

Today's Mode and Manners

文：アンリ・ド・レニエ
イラスト：ジョルジュ・バルビエ
パリ発行／1914年

『ジュルナール・デ・ダーム・エ・デ・モード』『ガゼット・デュ・ボン・トン』とともに
1912年に創刊された3つの主なファッション誌の1つである。
第一次世界大戦期は休刊したが、1923年まで出された。
といっても、年1冊ずつ、それぞれ1人のイラストレーターを特集した、
単行本のシリーズで、7冊出された。
1914年にバルビエの号が出た。
300部の限定であることもあって、バルビエの絵もエロティックな表現が多いように見える。

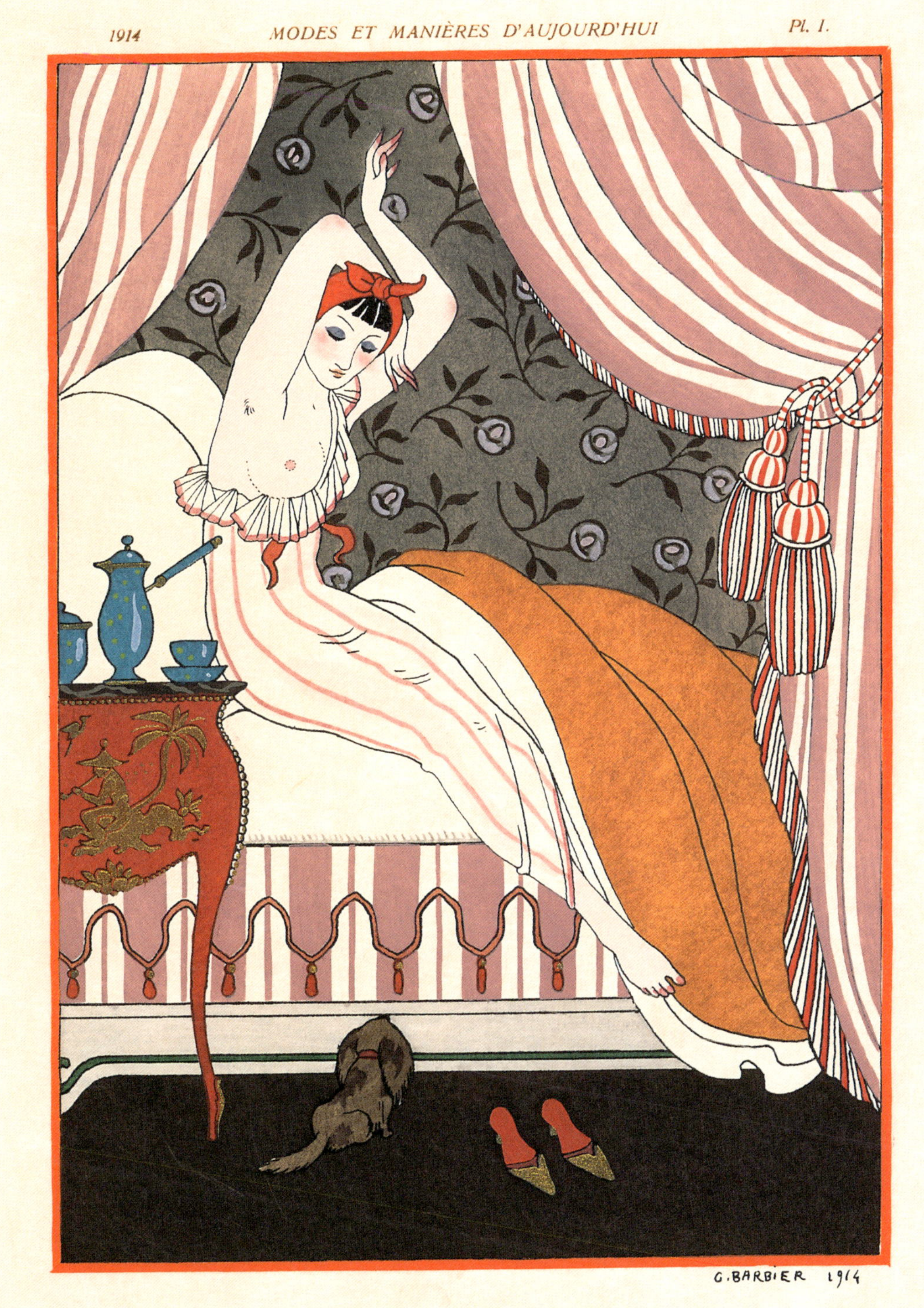

La Belle Matineuse

「美しき早起き娘」
君を知ったあの朝、ああ美しき早起き娘よ！
忘れないでおくれ…。

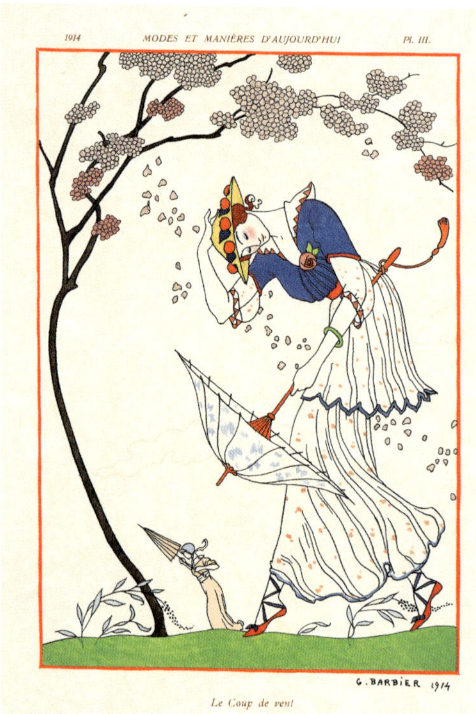

Le Coup de vent

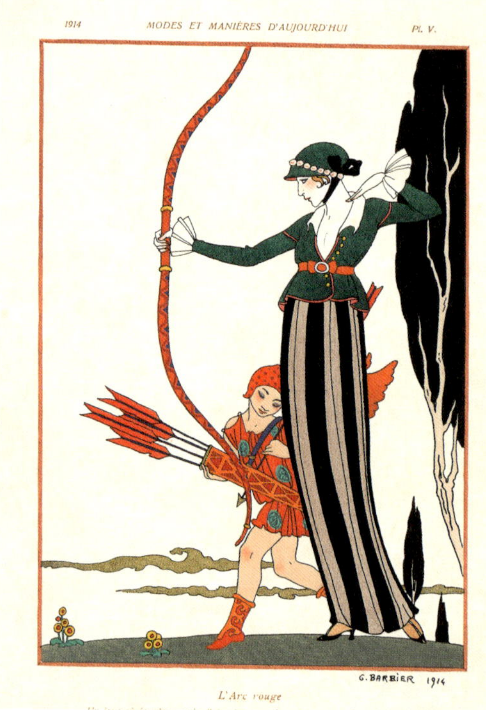

L'Arc rouge

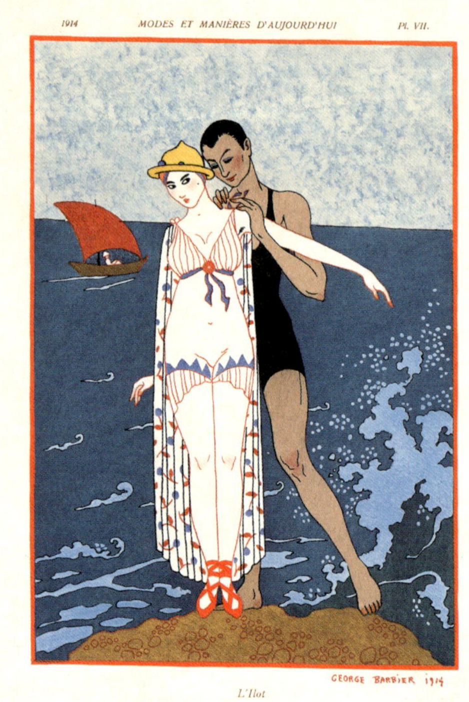

L'Îlot

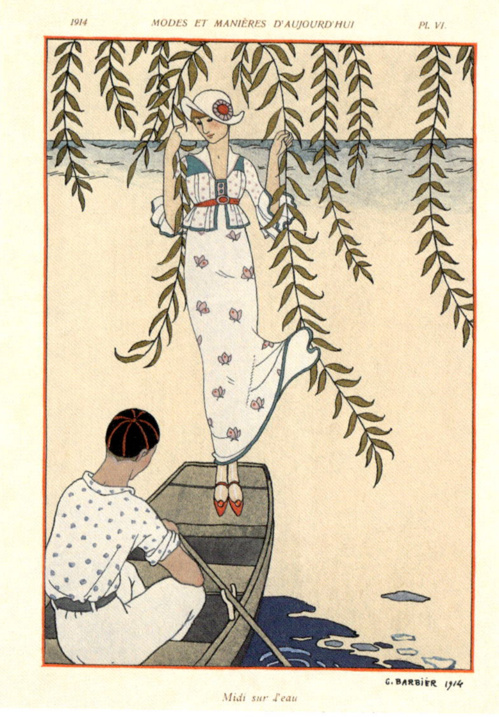

Midi sur l'eau

P60上左：「一陣の風」　世界に比類なきほどよい日和、春空を照らす太陽のなんという輝き…。
　　上右：「赤い弓」　退屈なある日、私は愉しむため、大きな赤い弓を持ち出した…。
　　下左：「小島」　青い大海原の真ん中で、この珊瑚礁の島のなんと小さいこと…！
　　下右：「正午の水辺」　君が小舟の端にまっすぐ立ってみせたあの夏の日を、君よ、思い出しておくれ…。
　　P61：「移り気な鳥」　私は青いオウムを飼っていて、夢中だった…。

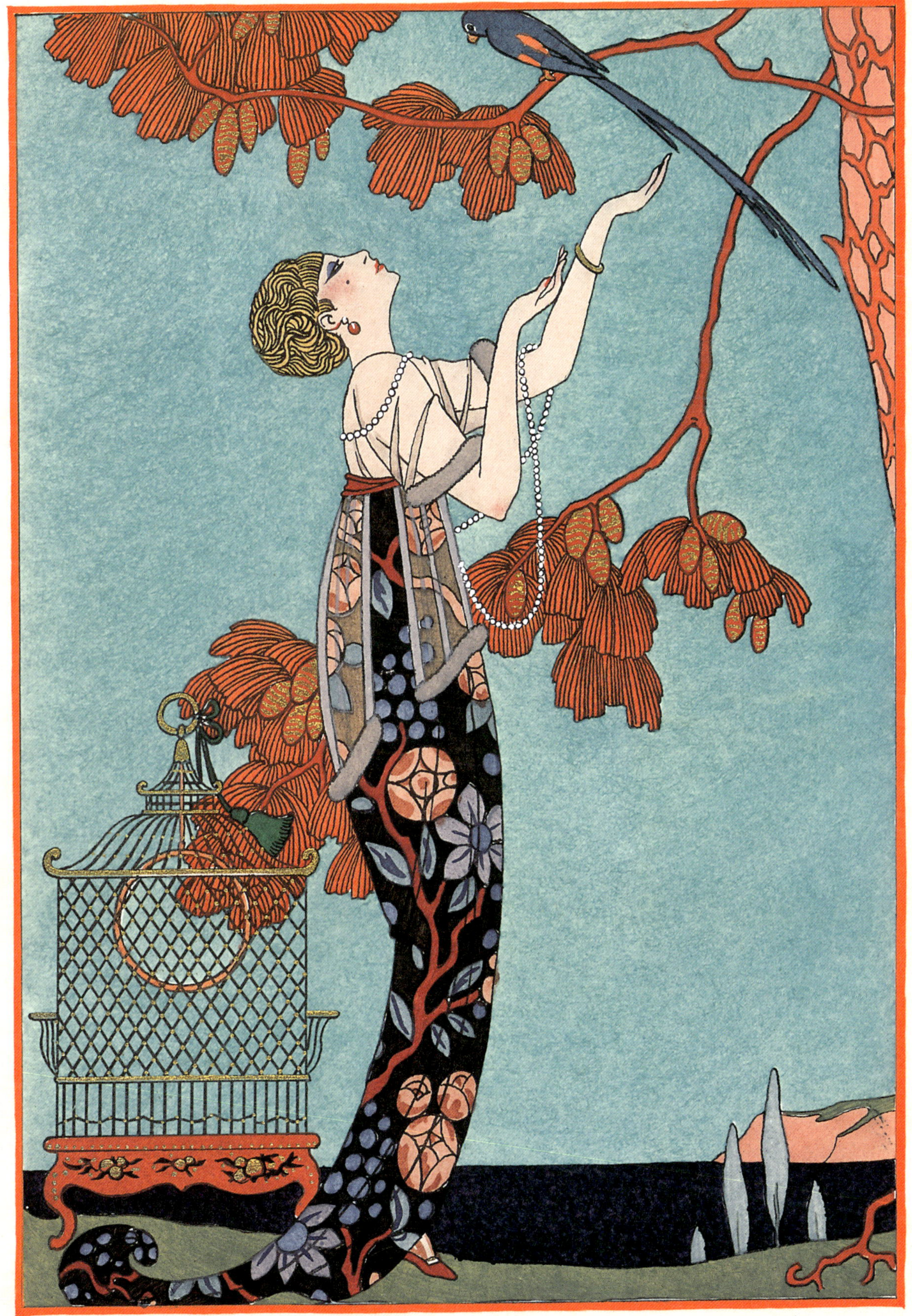

L'Oiseau volage

J'avais un perroquet bleu dont j'étais folle.....

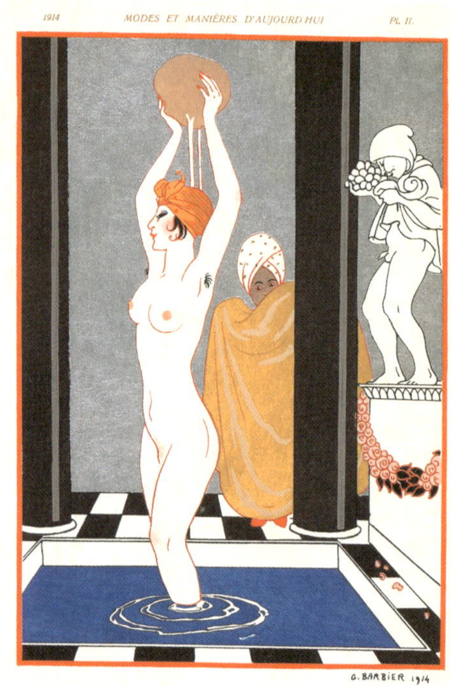

La Vasque

Elle est nue, debout au milieu de la vasque qui s'encastre dans le pavage

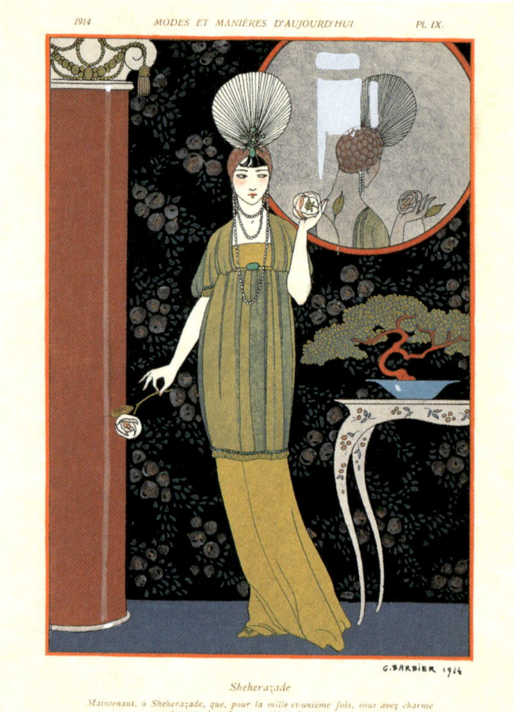

Sheherazade

*Maintenant, ô Sheherazade, que, pour la mille-et-unième fois, vous avez charmé
la nuit du sultan attentif et fantasque.....*

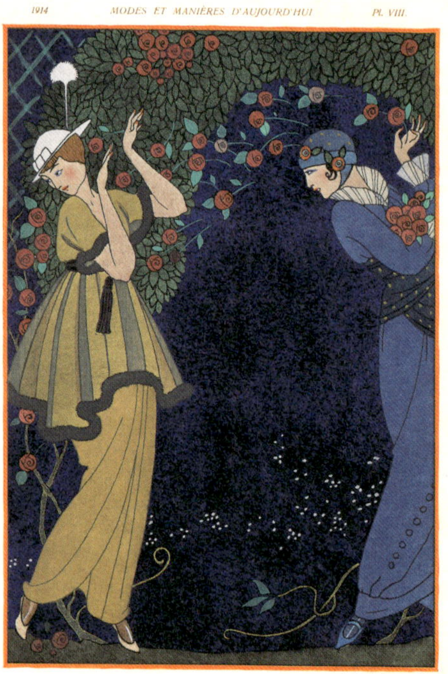

Roses dans la nuit

Je ne sais pourquoi j'ai songé, ce soir, à un bouquet d'autrefois.....

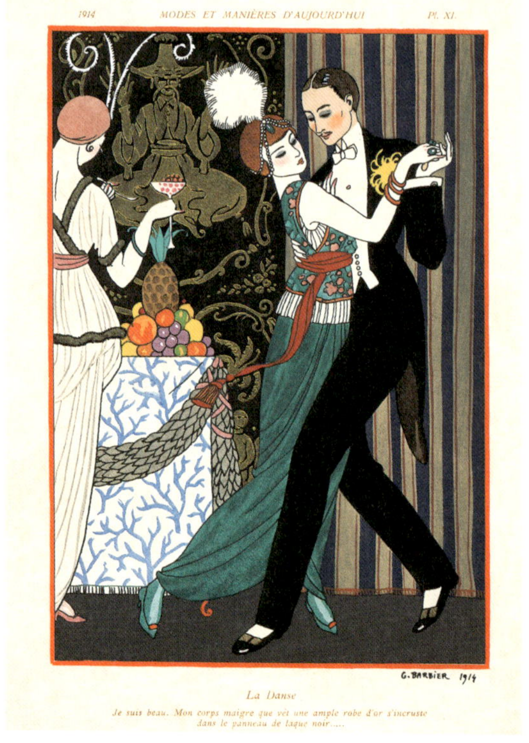

La Danse

*Je suis beau. Mon corps maigre que vêt une ample robe d'or s'incruste
dans le panneau de laque noir.....*

上左：「水浴び場」　白黒市松模様の大理石の床に嵌められた水浴び場に裸で立つ彼女。
上右：「シェエラザード」　ああ、シェエラザード。熱心で気まぐれなスルタン王をあなたが魅了した夜は、今宵、千一夜目を数えた…。
下左：「夜のバラ」　何故だかわからないけど、今夜、かつての花束を私は思い出した…。
下右：「ダンス」　私は美しい。黒漆の羽目板に象嵌された、ゆったりとした黄金の礼服を着たやせた私の体…。

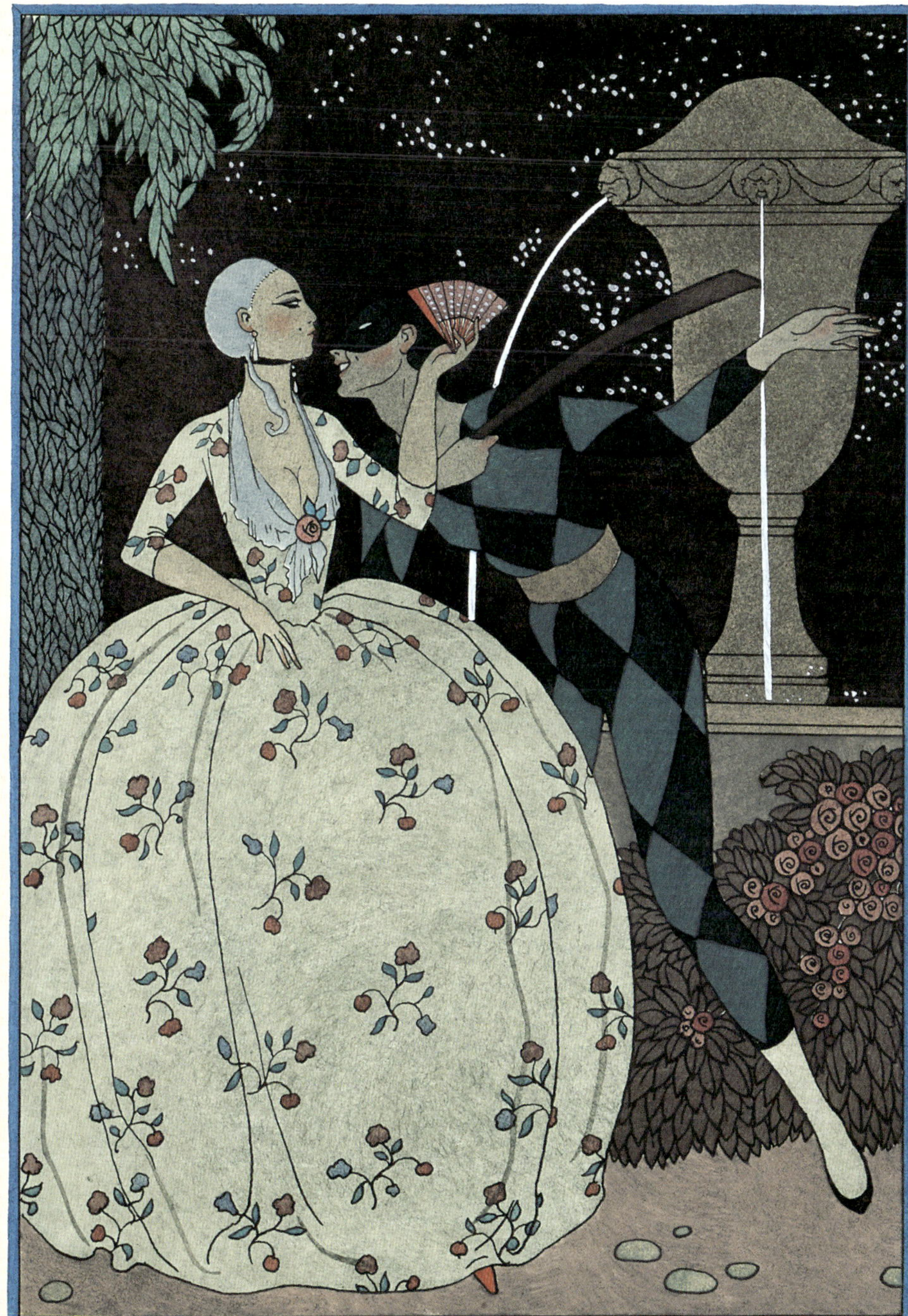

Arlequin

「アルルカン（道化）」
あなたが言ったことはわかります。私たちみながそうであるように彼は「欲望」で、
私たちも「欲望」なのだから…。

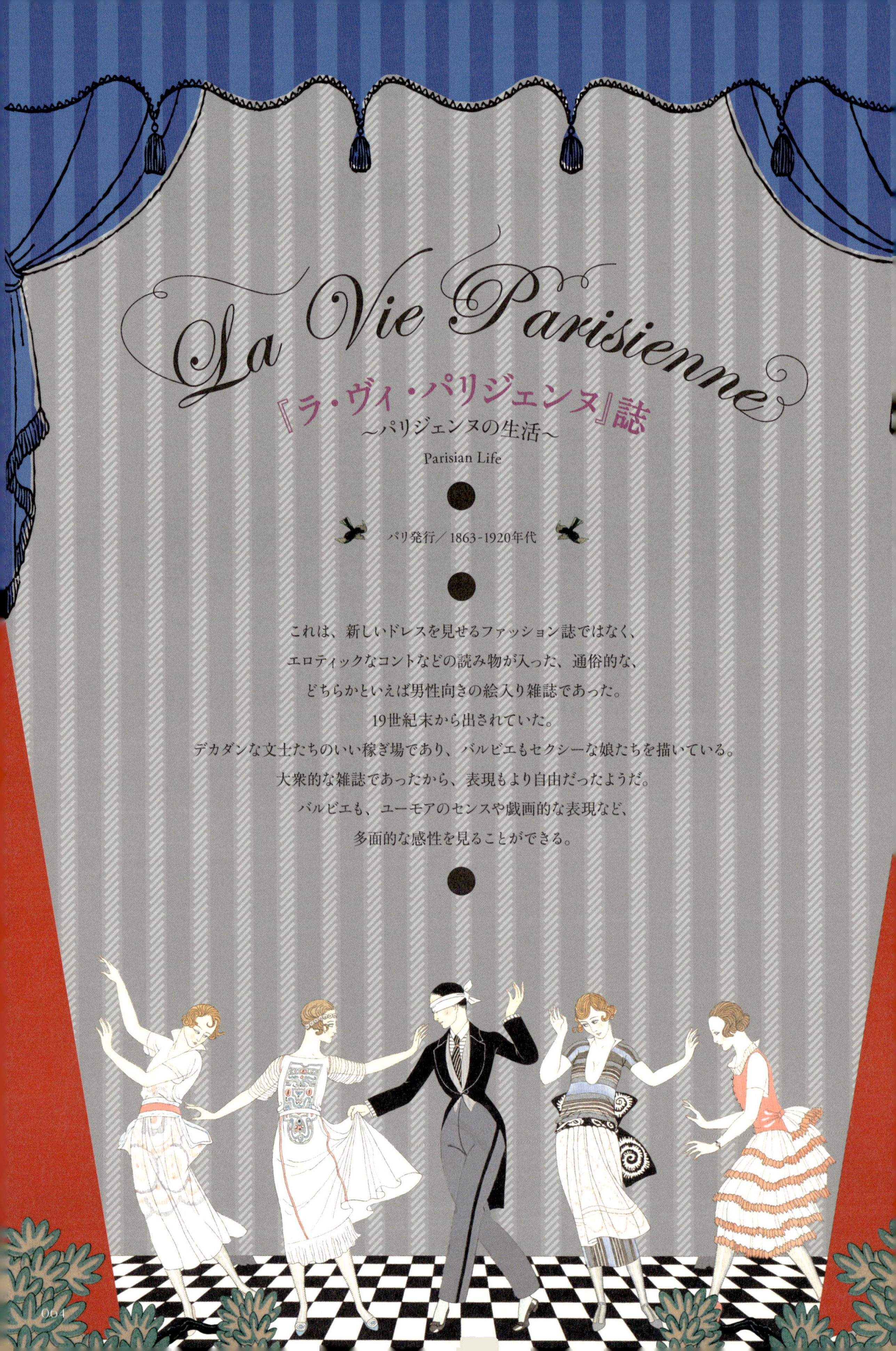

La Vie Parisienne
『ラ・ヴィ・パリジェンヌ』誌
〜パリジェンヌの生活〜
Parisian Life

パリ発行／1863-1920年代

これは、新しいドレスを見せるファッション誌ではなく、
エロティックなコントなどの読み物が入った、通俗的な、
どちらかといえば男性向きの絵入り雑誌であった。
19世紀末から出されていた。
デカダンな文士たちのいい稼ぎ場であり、バルビエもセクシーな娘たちを描いている。
大衆的な雑誌であったから、表現もより自由だったようだ。
バルビエも、ユーモアのセンスや戯画的な表現など、
多面的な感性を見ることができる。

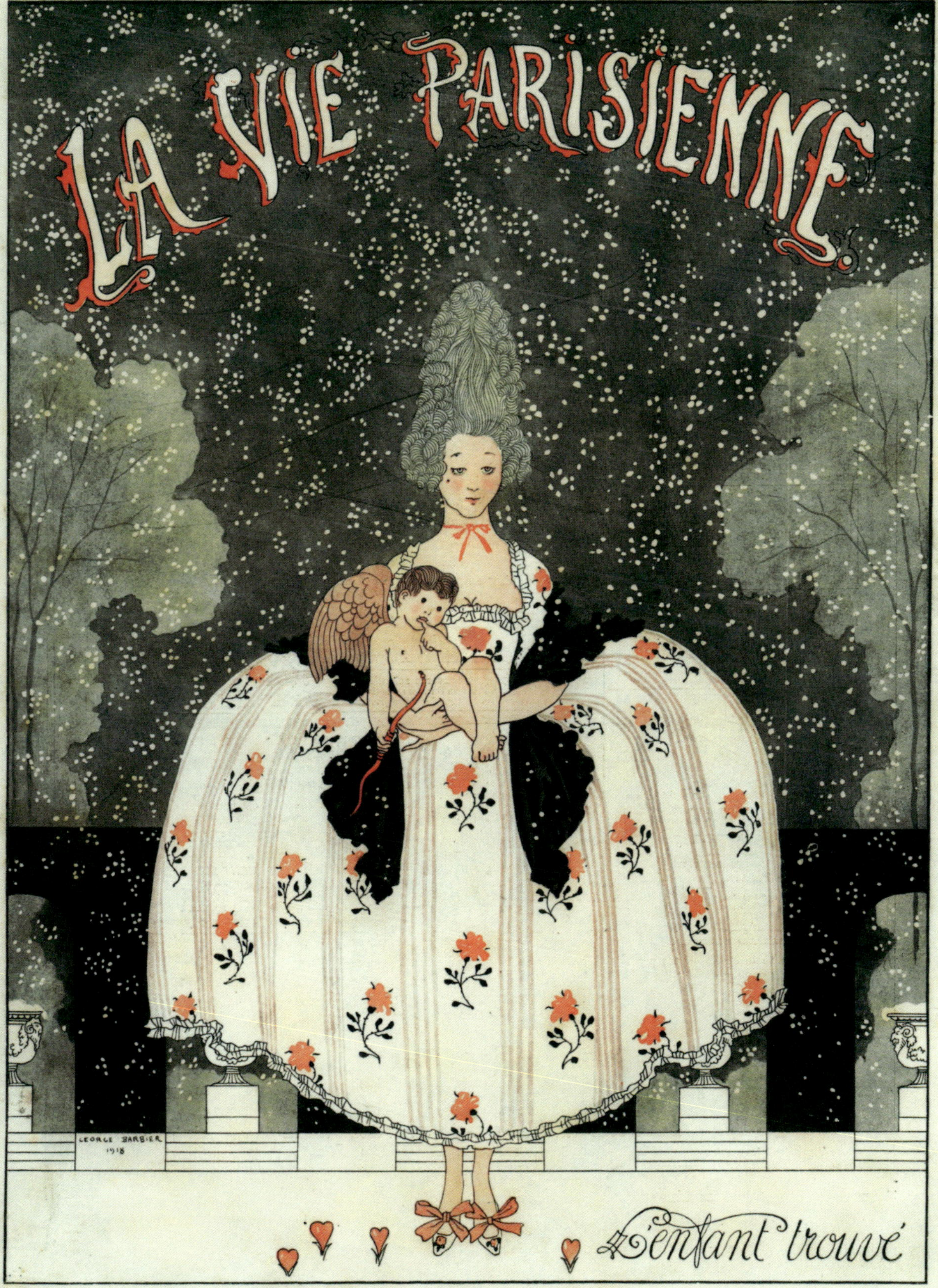

Rédaction, Administration et Publicité : 29, rue Tronchet, Paris.

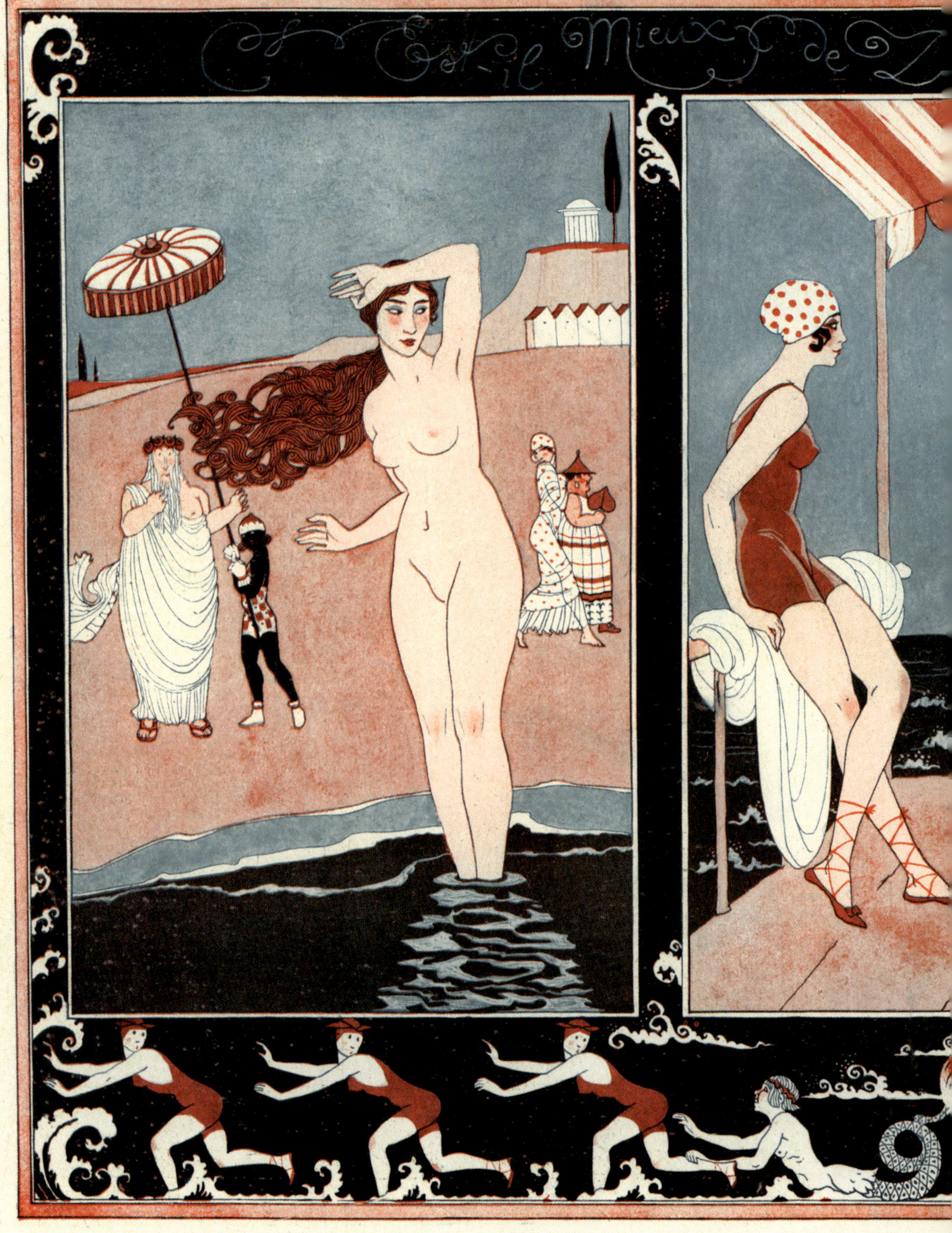
LA VIE PARISIENNE
PEINTURES A L'EAU DOUCE ET A L'EAU DE

Dessins de George Barbier.

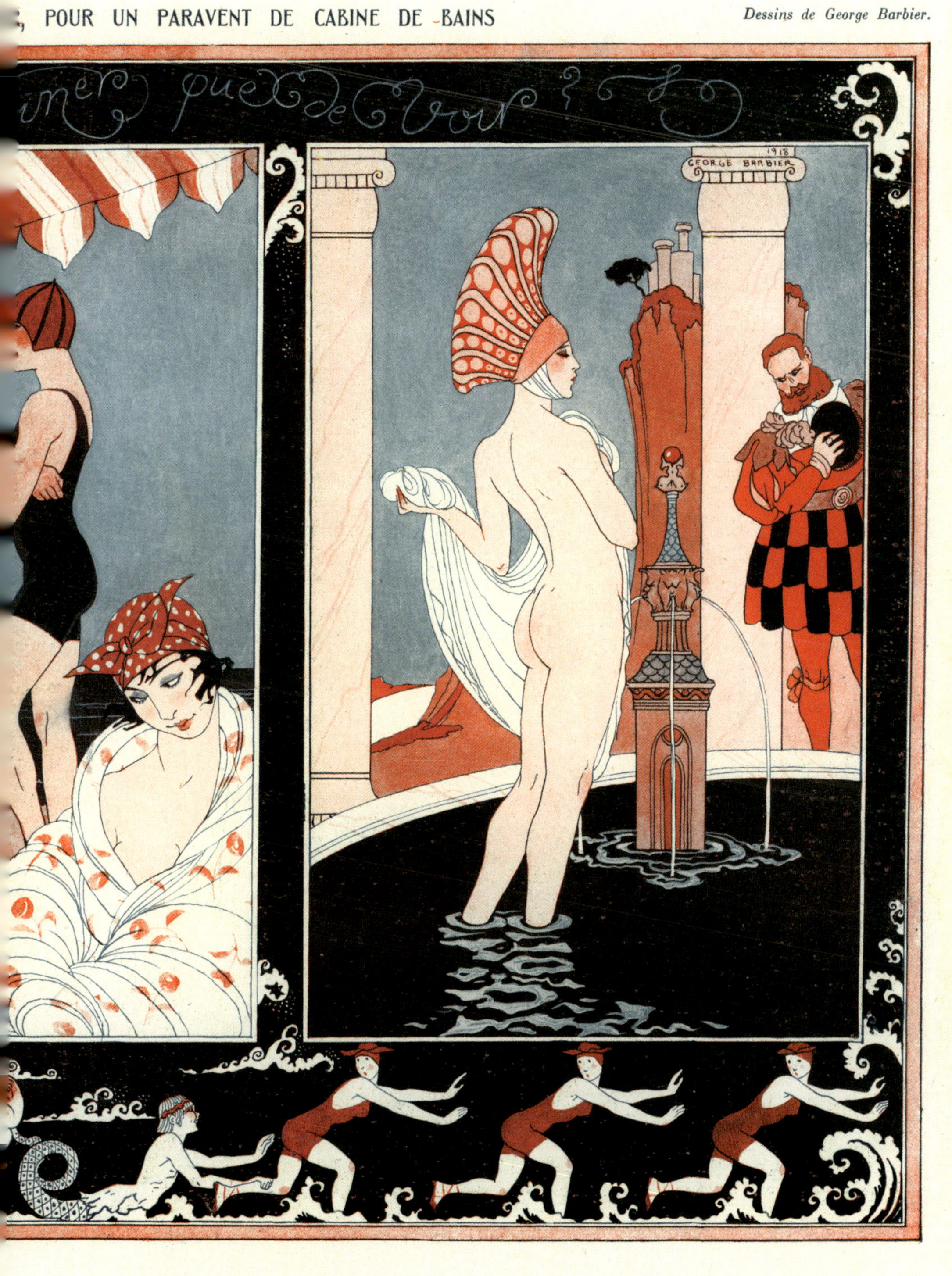

P65 :「見つかった子供」
P66-67 :「ある浴室の屏風に描かれた海水浴の絵　見るよりも想像してみる方がすごい」

53ᵉ Année, Nᵒ 6 — Le Numéro: 60 centimes — Samedi 6 Février 1915

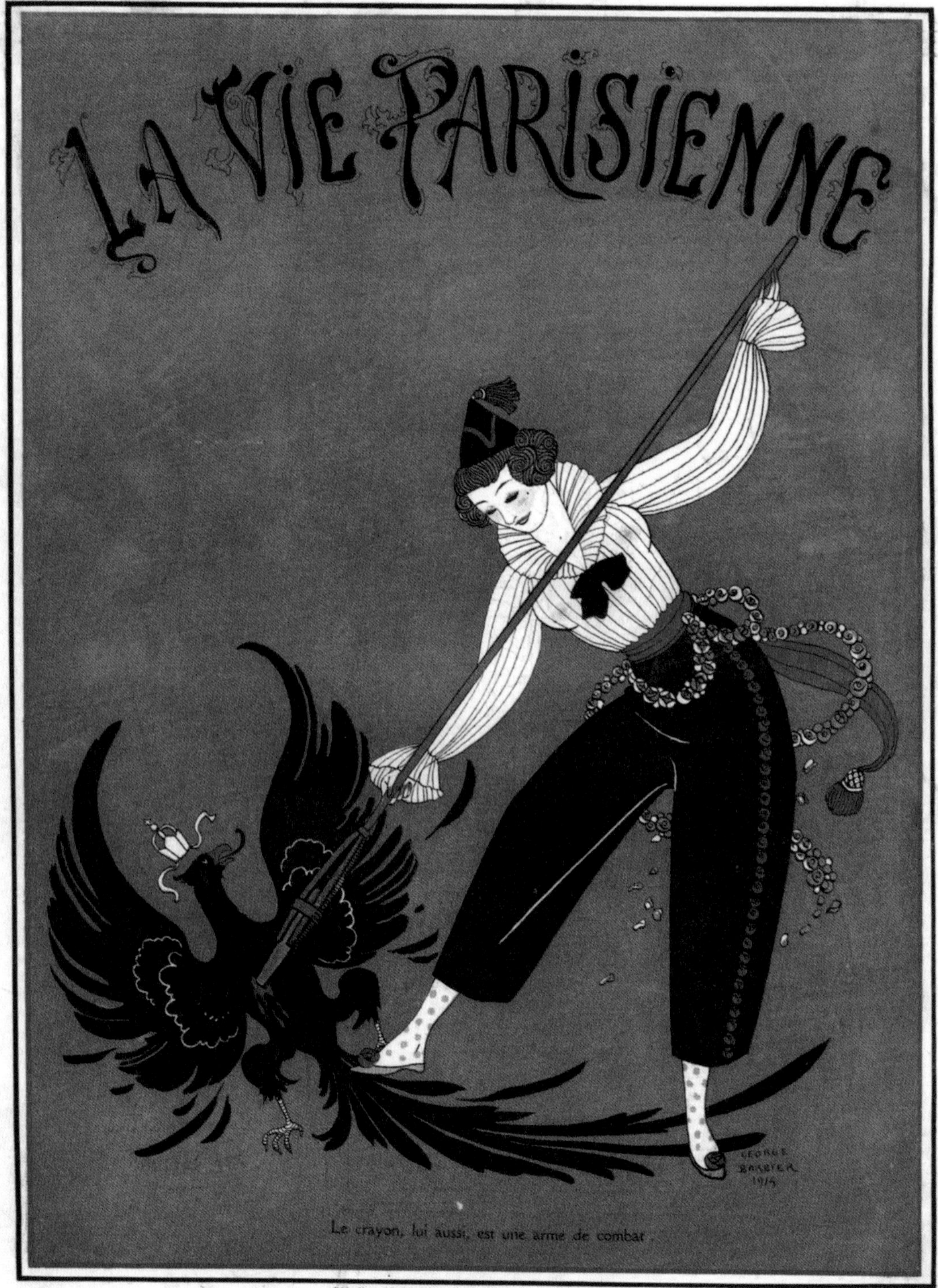

Le crayon, lui aussi, est une arme de combat.

Rédaction, Administration et Publicité : 25, rue Tronchet, Paris

「鉛筆も闘うための武器である」

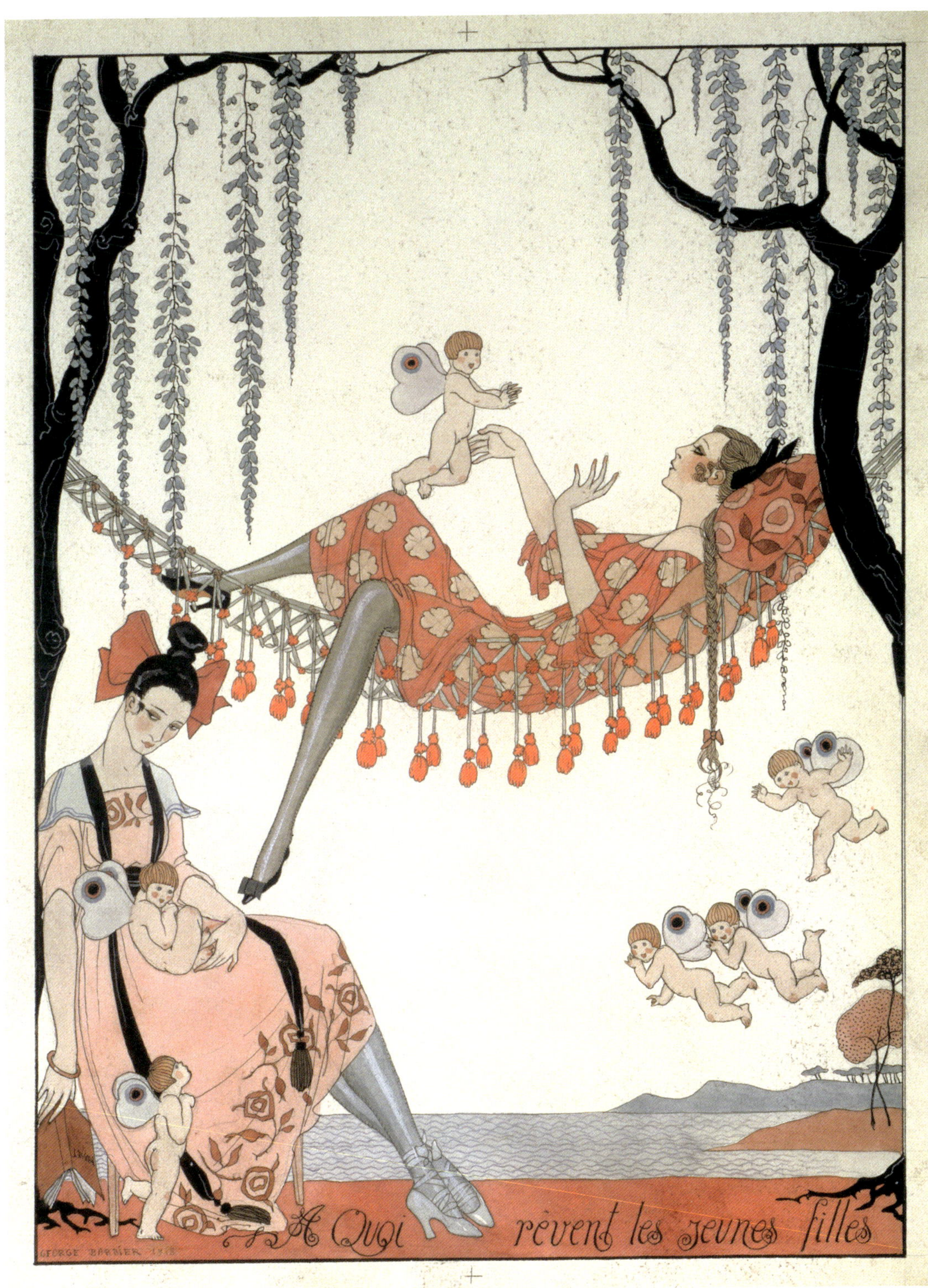

「灰色とバラ色の空想　若い娘たちは何を夢見ている?」

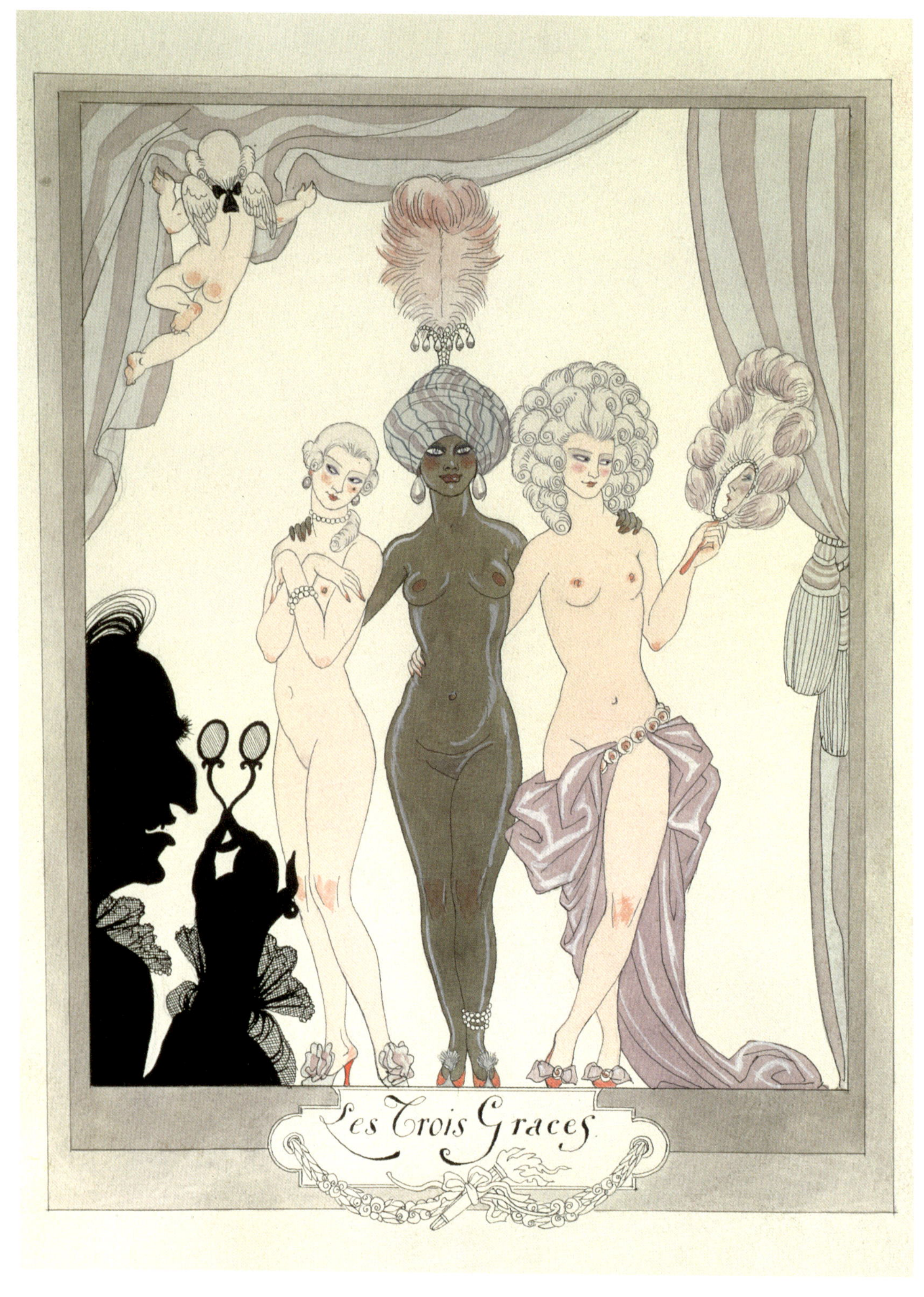

P70：「ギャント神話、閨房の装飾のための絵　三美神」　P71：タイトル不明

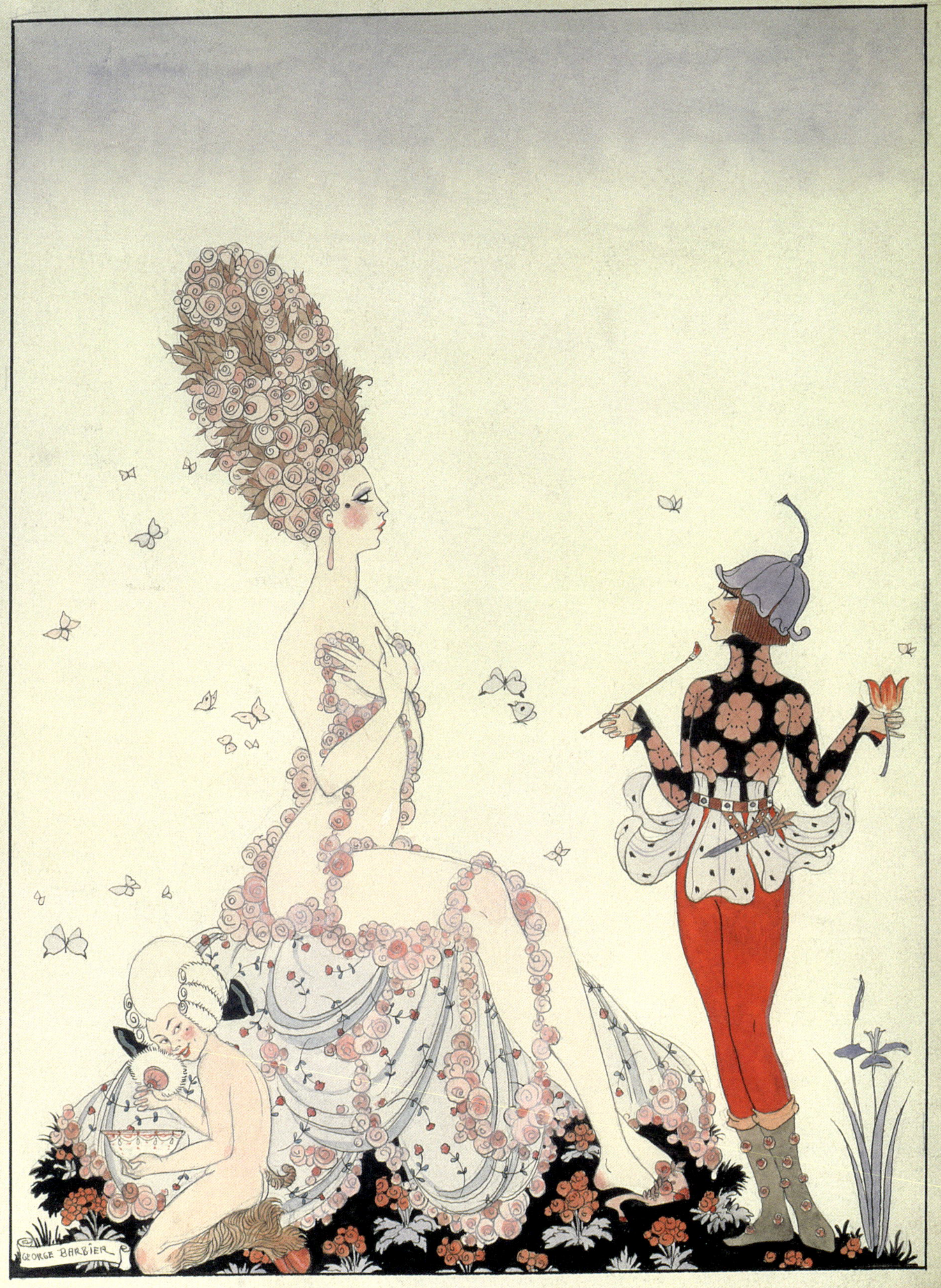
GEORGE BARBIER

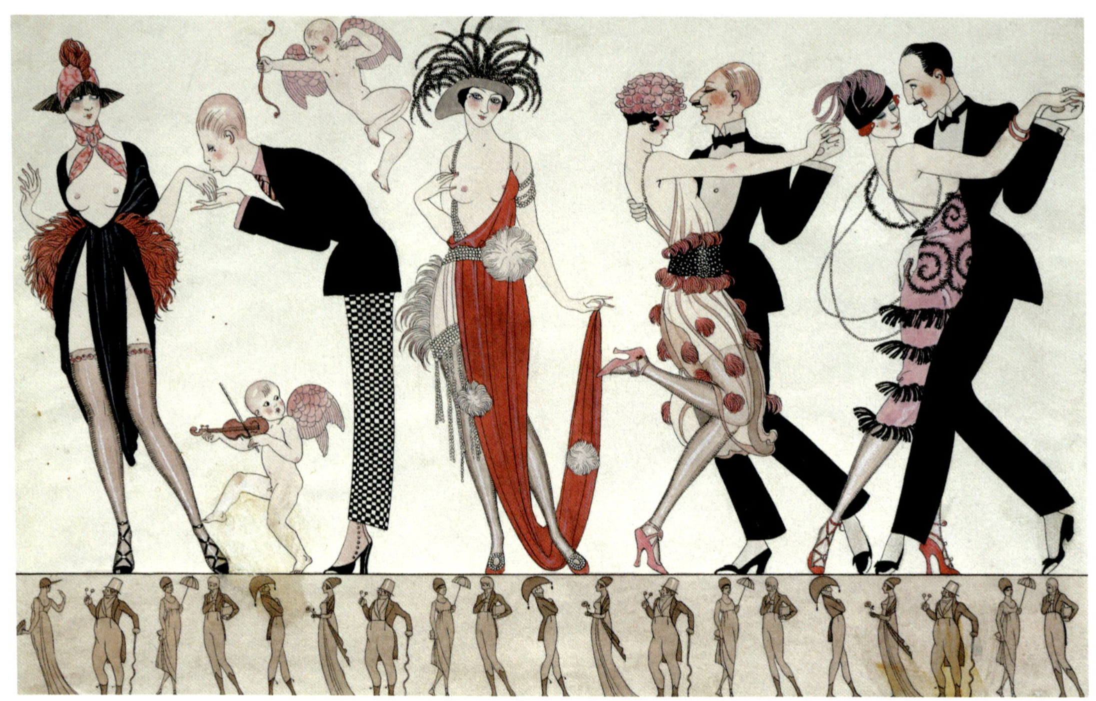

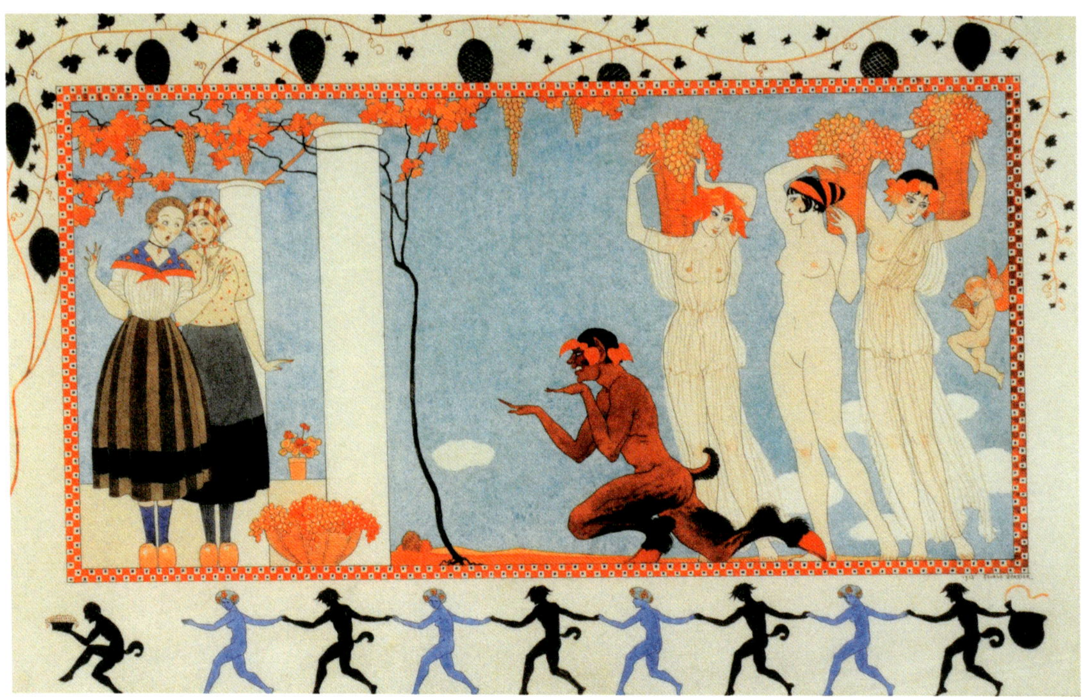

P72上：タイトル不明　下：「秋の幻想」　P73：「キノコたち」

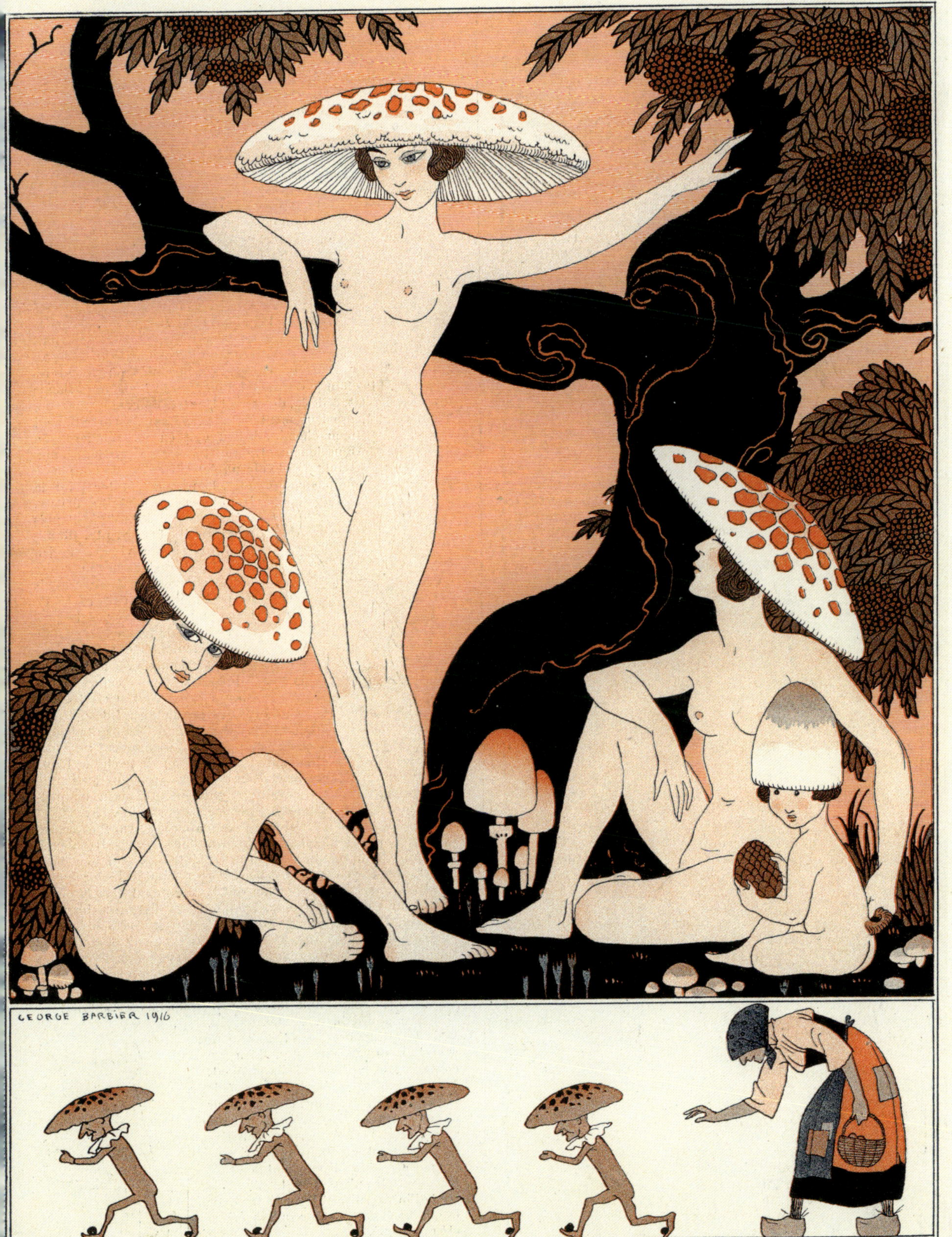

LES CHAMPIGNONS

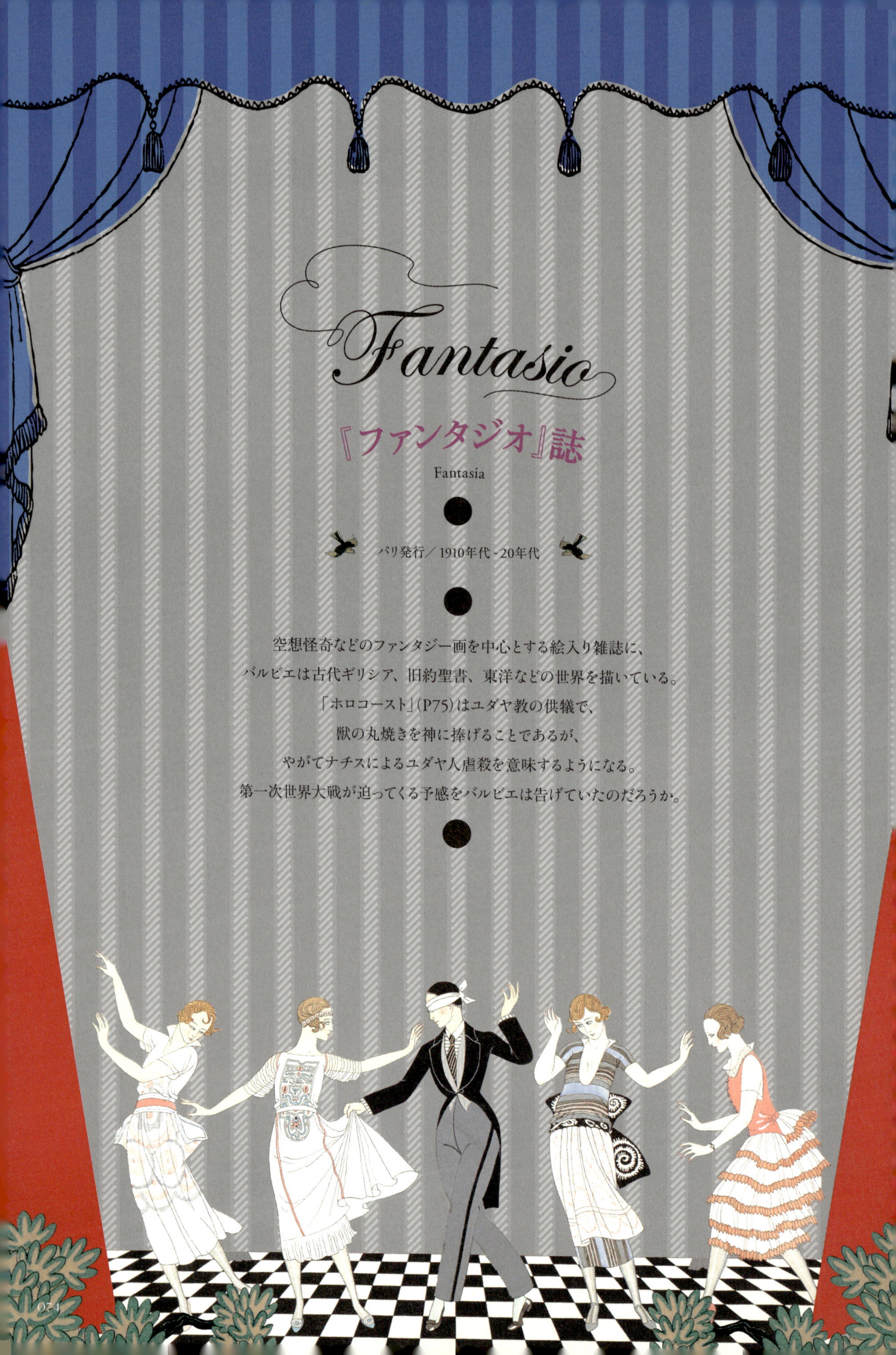

Fantasio

『ファンタジオ』誌

Fantasia

●

パリ発行／1910年代 - 20年代

●

空想怪奇などのファンタジー画を中心とする絵入り雑誌に、
バルビエは古代ギリシア、旧約聖書、東洋などの世界を描いている。
「ホロコースト」(P75)はユダヤ教の供犠で、
獣の丸焼きを神に捧げることであるが、
やがてナチスによるユダヤ人虐殺を意味するようになる。
第一次世界大戦が迫ってくる予感をバルビエは告げていたのだろうか。

●

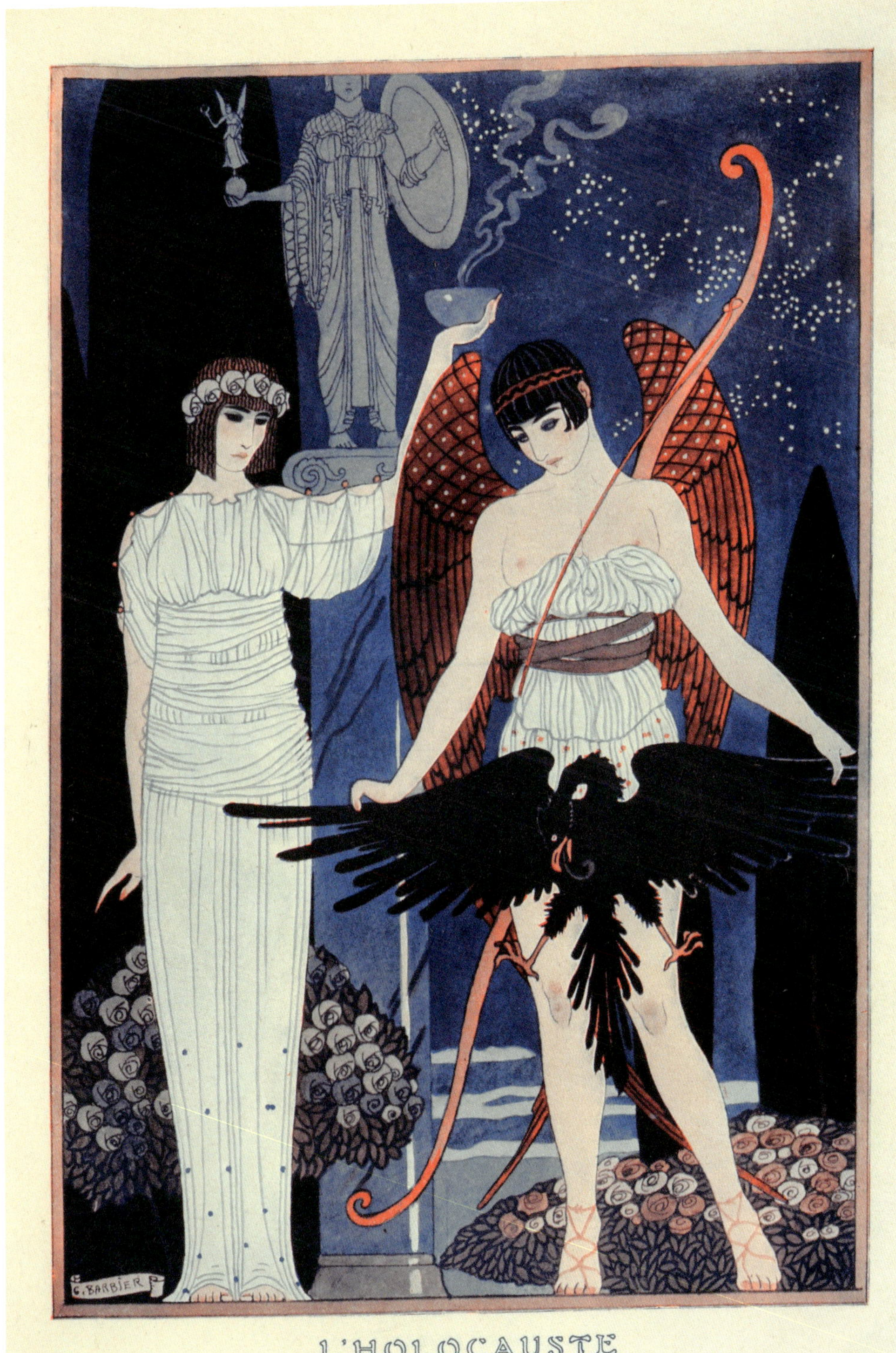

L'HOLOCAUSTE

Composition de G. BARBIER

「ホロコースト」

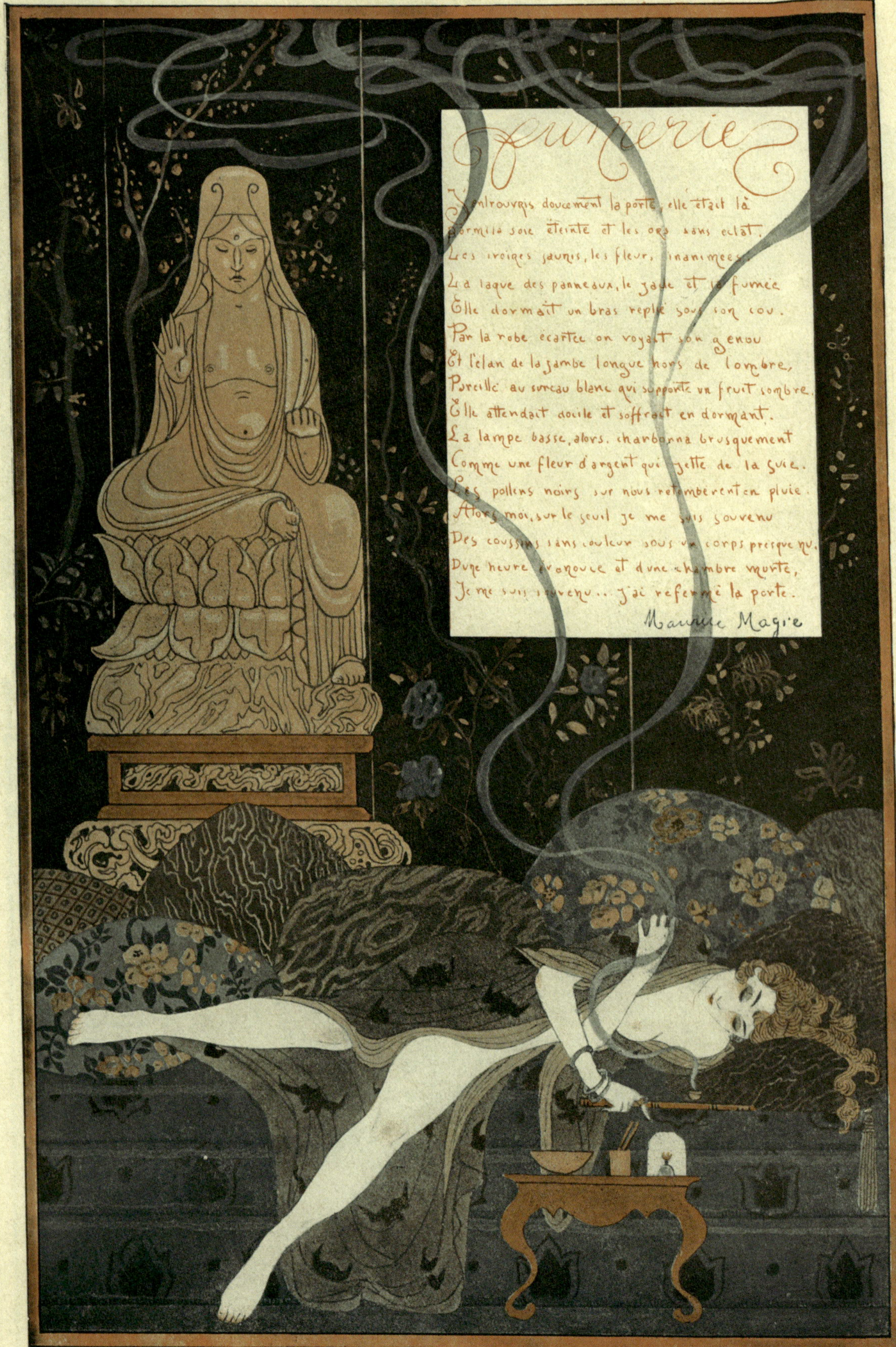
Fumerie

J'entrouvris doucement la porte, elle était là
Dormi la soie éteinte et les ors sans éclat.
Les ivoires jaunis, les fleurs, inanimées
La laque des panneaux, le jade et la fumée
Elle dormait un bras replié sous son cou.
Par la robe écartée on voyait son genou
Et l'élan de la jambe longue hors de l'ombre,
Pareille au sureau blanc qui supporte un fruit sombre.
Elle attendait docile et s'offrait en dormant.
La lampe basse, alors, charbonna brusquement
Comme une fleur d'argent qui jette de la suie.
Les pollens noirs sur nous retombèrent en pluie.
Alors moi, sur le seuil je me suis souvenu
Des coussins sans couleur sous un corps presque nu.
D'une heure évanouie et d'une chambre morte,
Je me suis souvenu... J'ai refermé la porte.

Maurice Magre

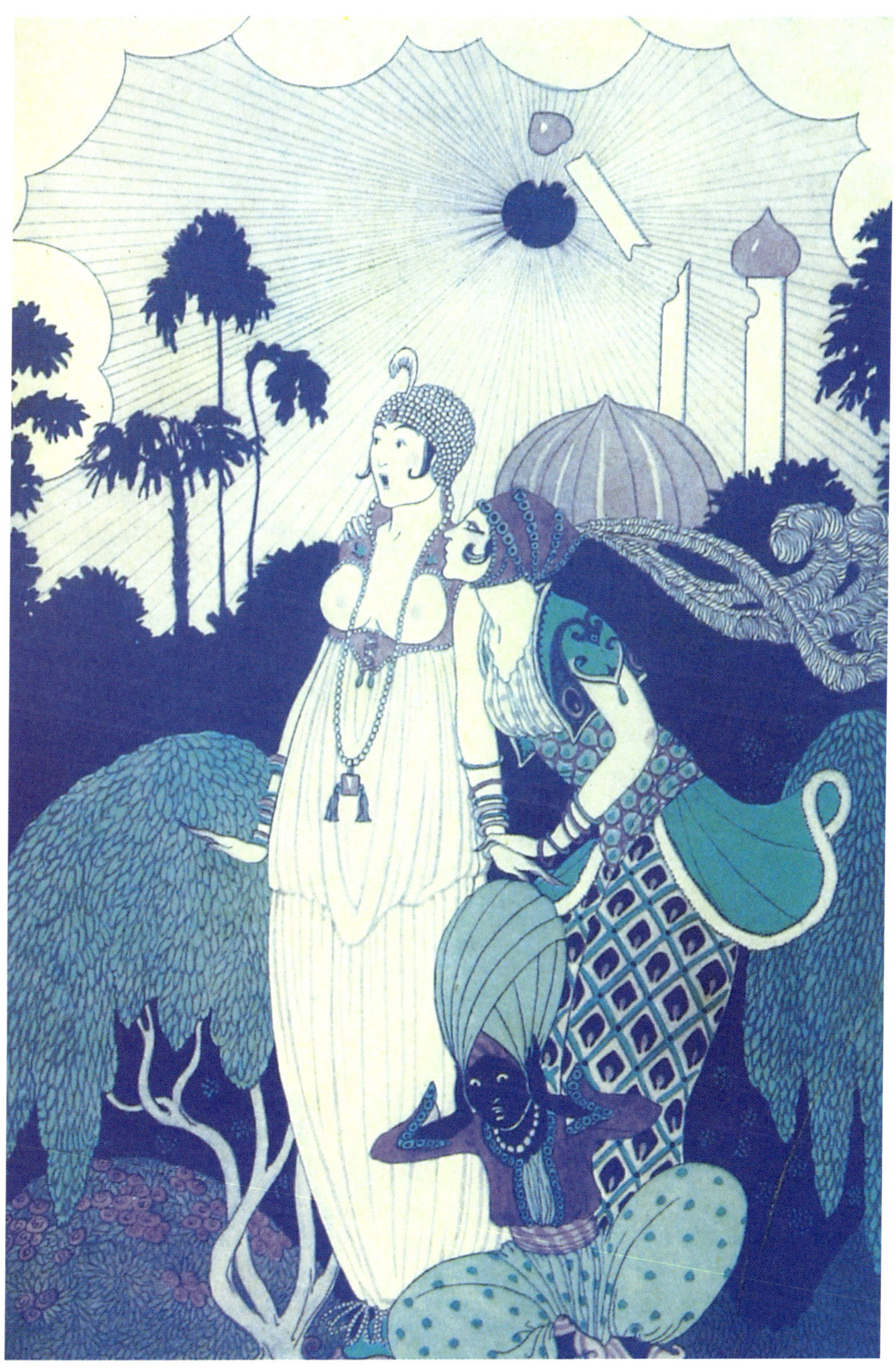

P76 :「阿片窟」　P77 :「東洋風庭園にて」

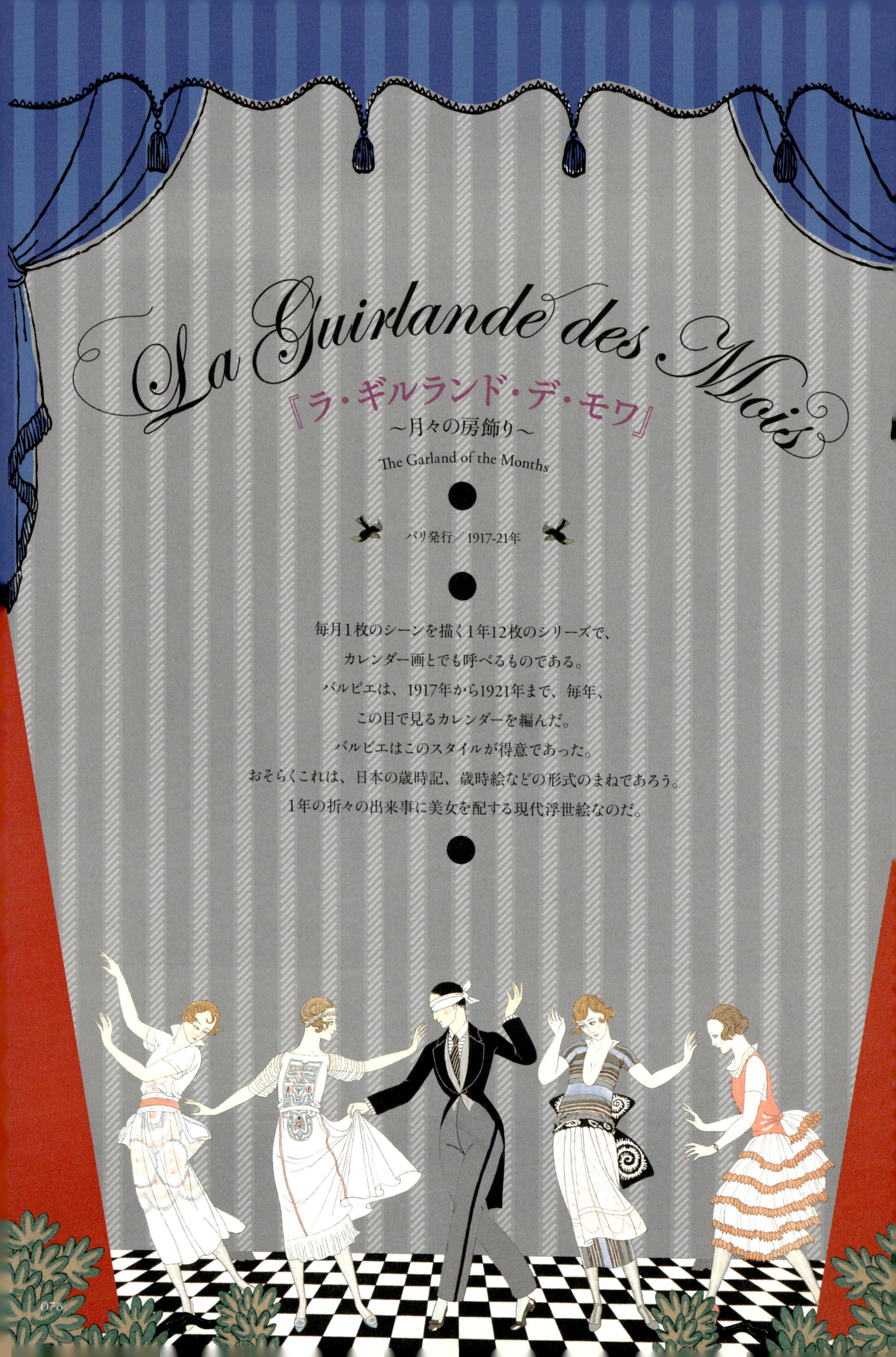

La Guirlande des Mois

『ラ・ギルランド・デ・モワ』

〜月々の房飾り〜

The Garland of the Months

パリ発行／1917-21年

毎月1枚のシーンを描く1年12枚のシリーズで、
カレンダー画とでも呼べるものである。
バルビエは、1917年から1921年まで、毎年、
この目で見るカレンダーを編んだ。
バルビエはこのスタイルが得意であった。
おそらくこれは、日本の歳時記、歳時絵などの形式のまねであろう。
1年の折々の出来事に美女を配する現代浮世絵なのだ。

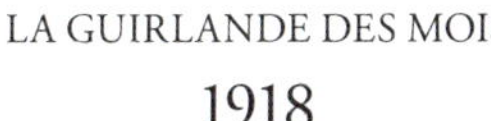

LA GUIRLANDE DES MOIS
1917

LA GUIRLANDE DES MOIS
1918

LA GUIRLANDE DES MOIS
1919

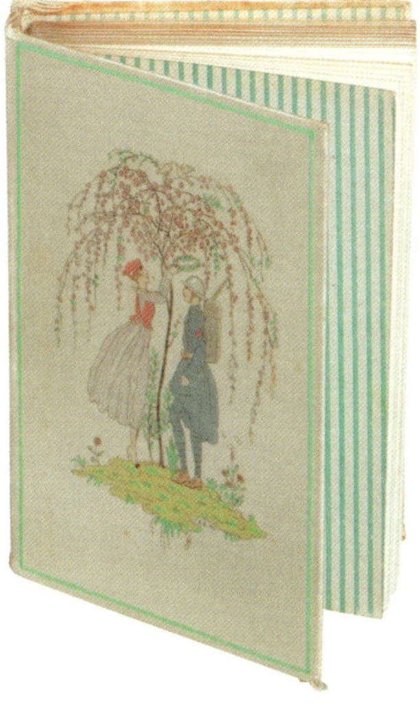
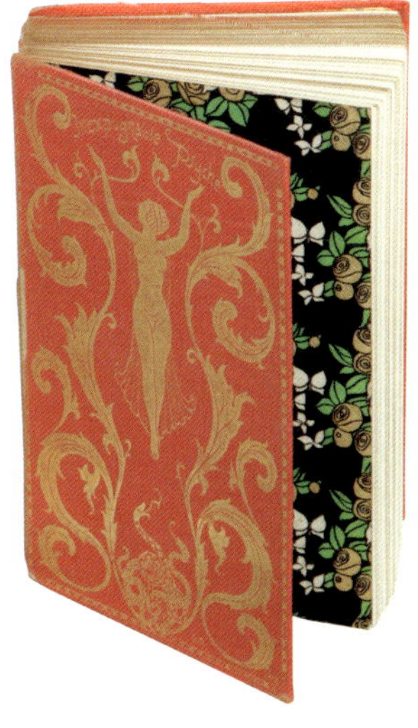
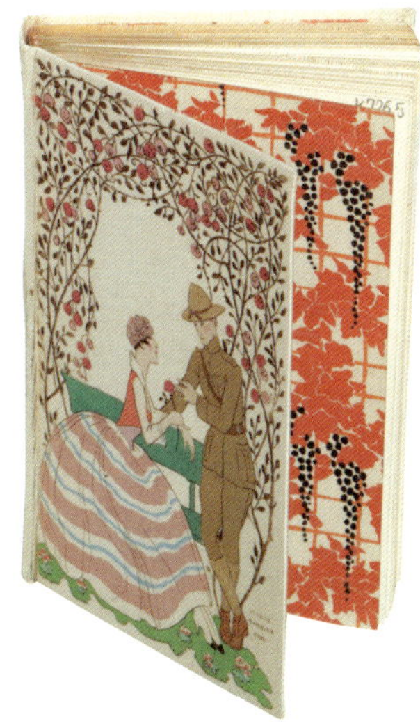

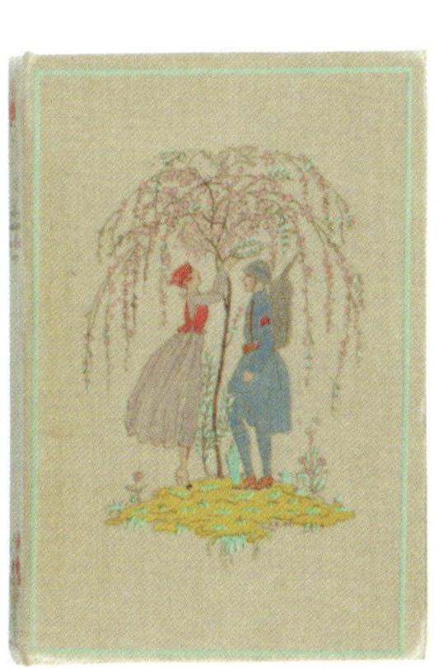

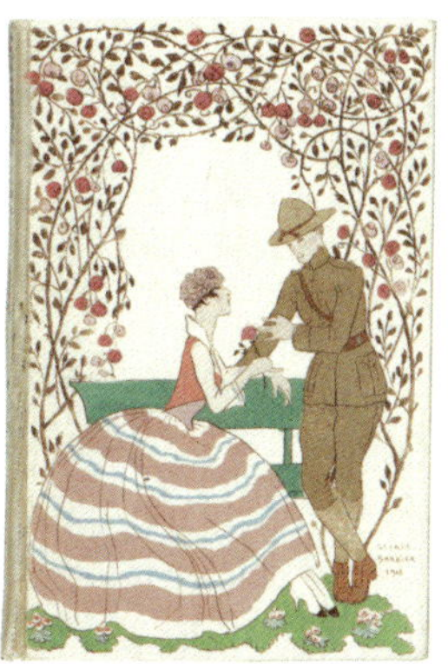

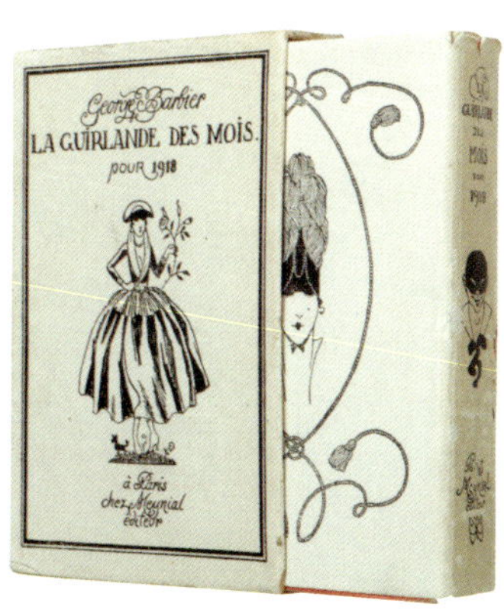
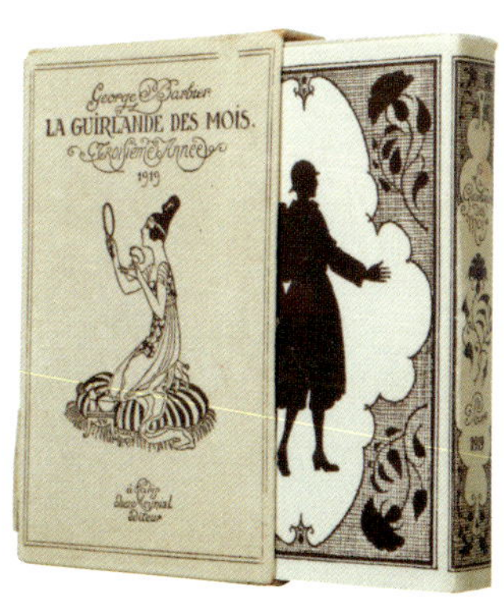

『ラ・ギルランド・デ・モワ』1917-1919年　上段：本体　中段：表紙　下段：ケースとカバー

LA GUIRLANDE DES MOIS
1920

LA GUIRLANDE DES MOIS
1921

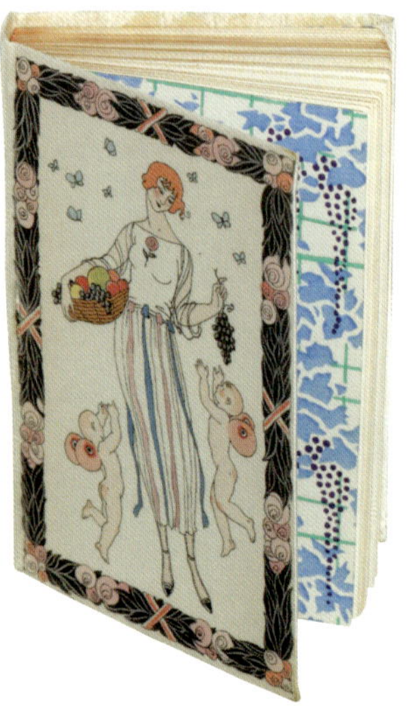
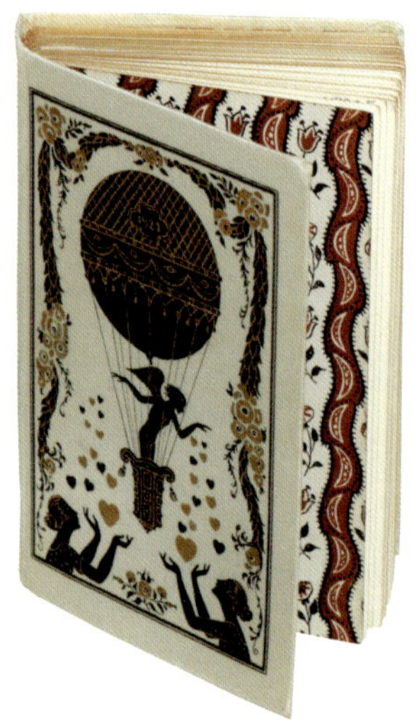
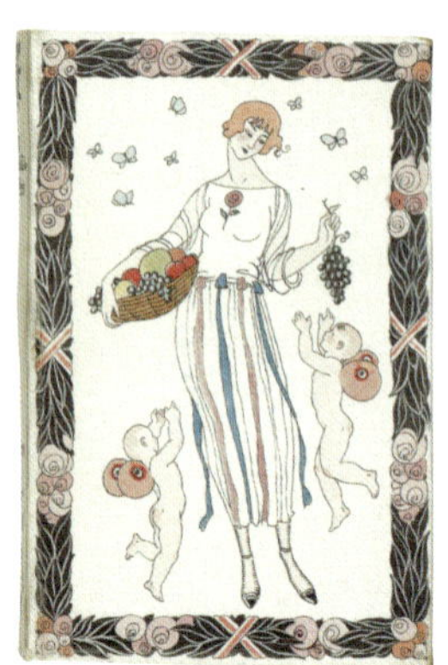
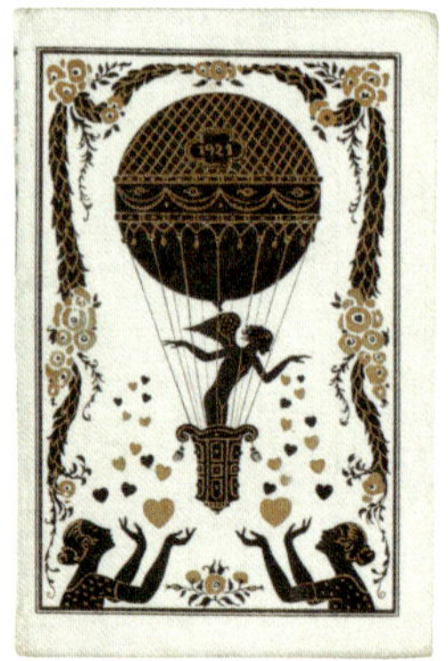
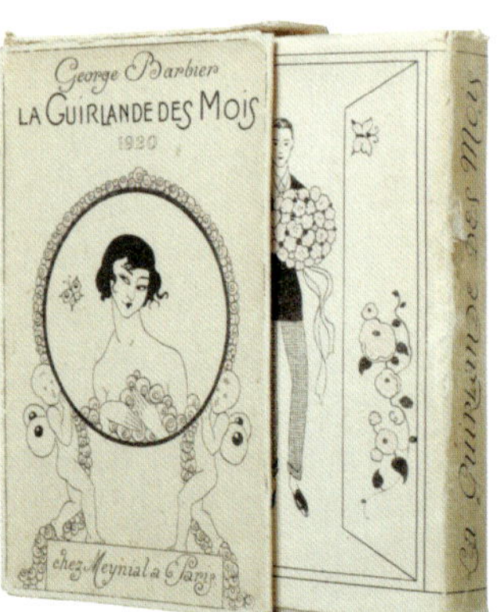
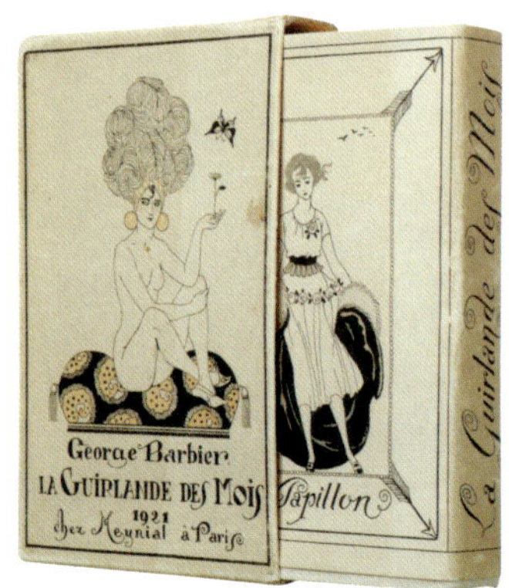

『ラ・ギルランド・デ・モワ』1920-1921年　上段：本体　中段：表紙　下段：ケースとカバー

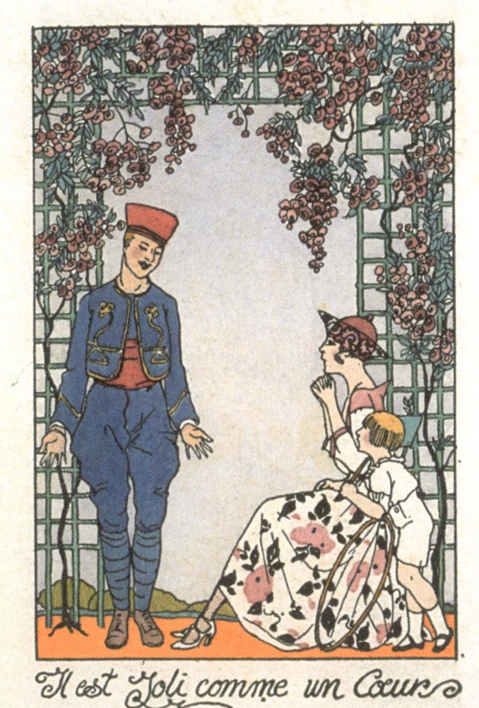

Il est Joli comme un Cœur

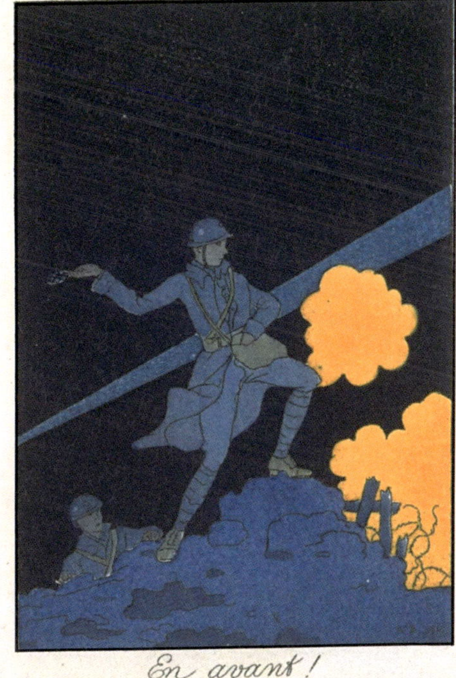

En avant !

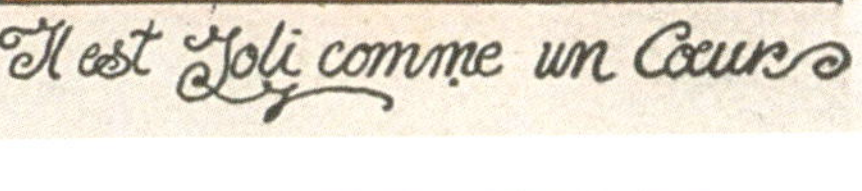

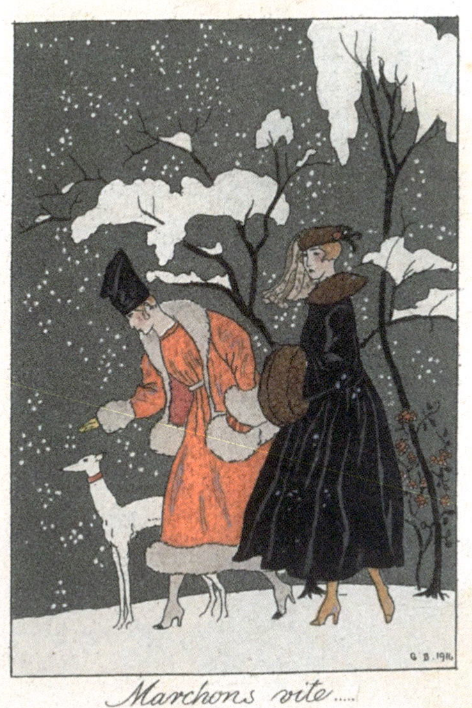

Marchons vite.....

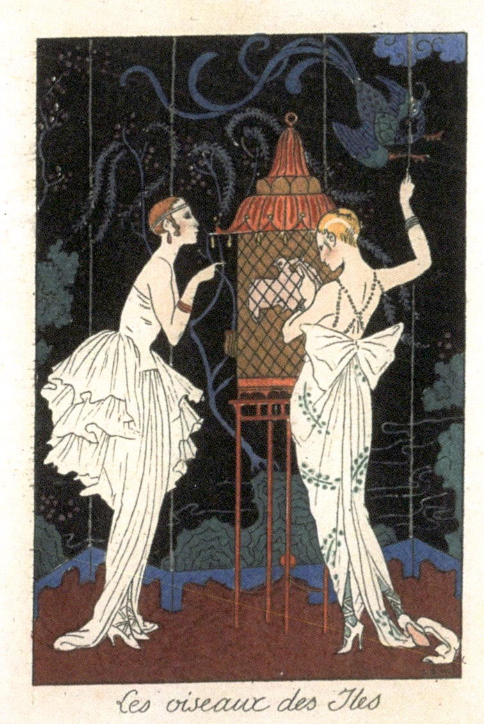

Les oiseaux des Iles

上左：「とても美しい」　上右：「進め！」　下左：「早く歩きましょう…」　下右：「島の鳥たち」

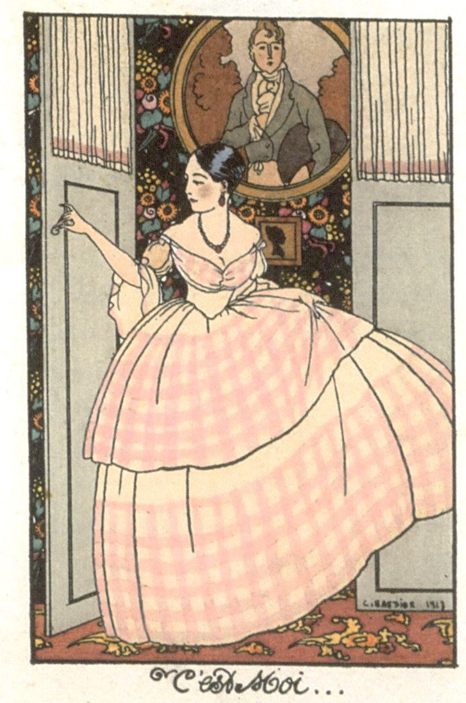

C'est Moi...

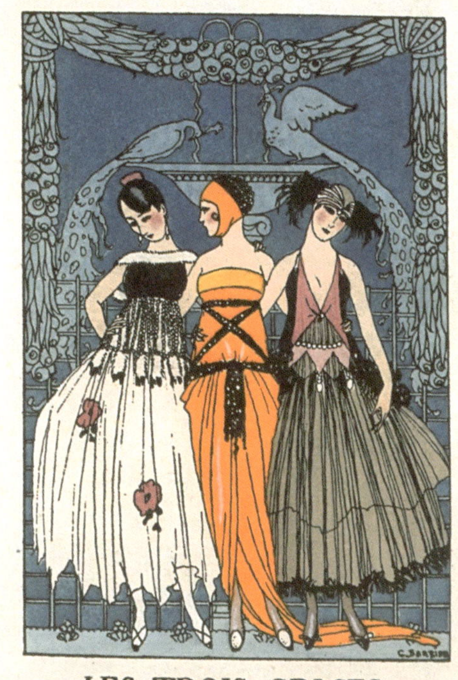

LES TROIS GRACES.

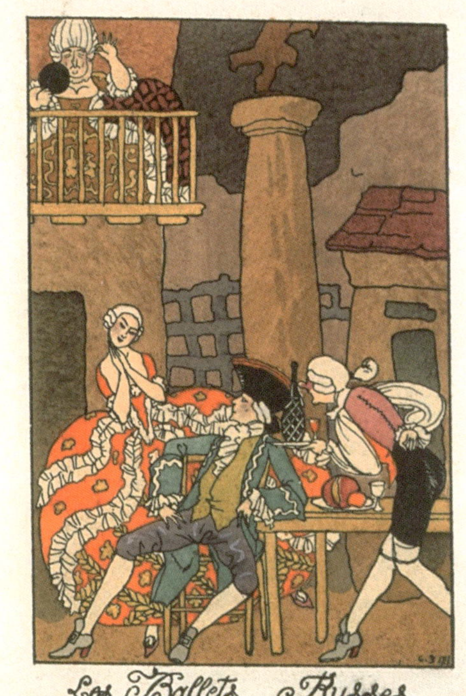

Les Ballets Russes.

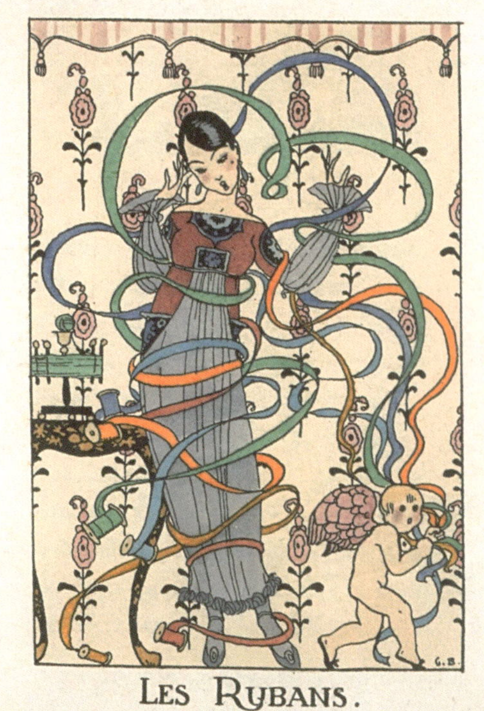

LES RUBANS.

上左：「私よ…」　上右：「三美神」　下左：「バレエ・リュス」　下右：「リボン」

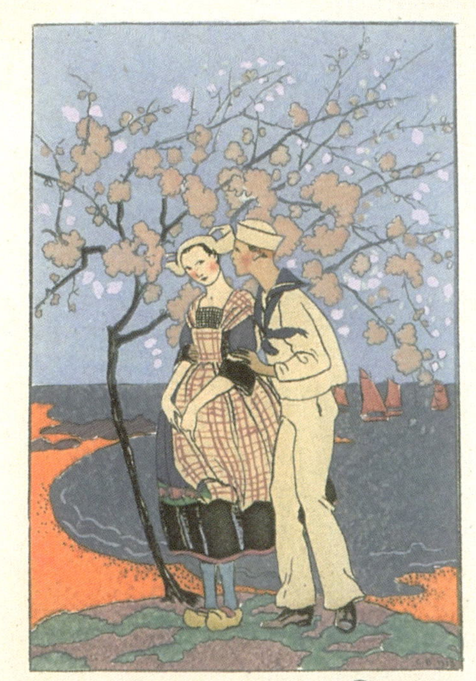

(idylle bretonne).

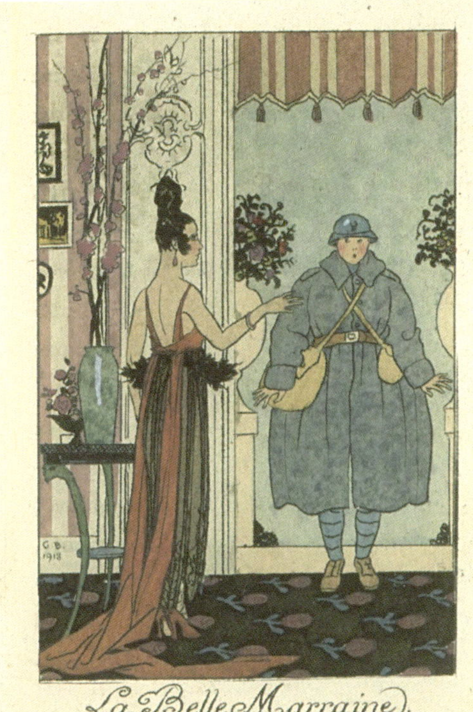

La Belle Marraine.

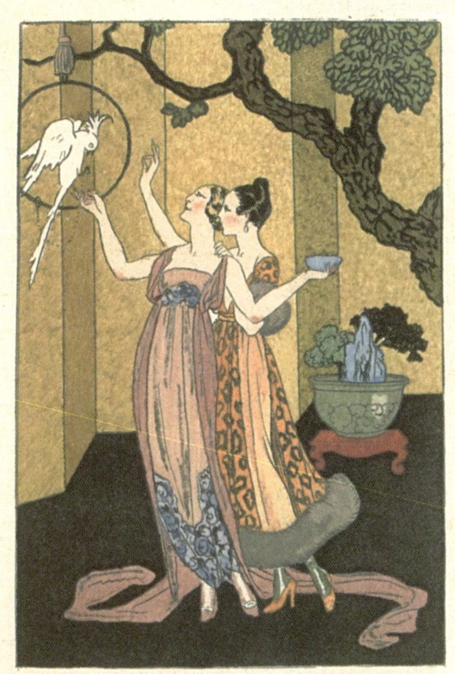

As tu bien déjeuné Jacquot?

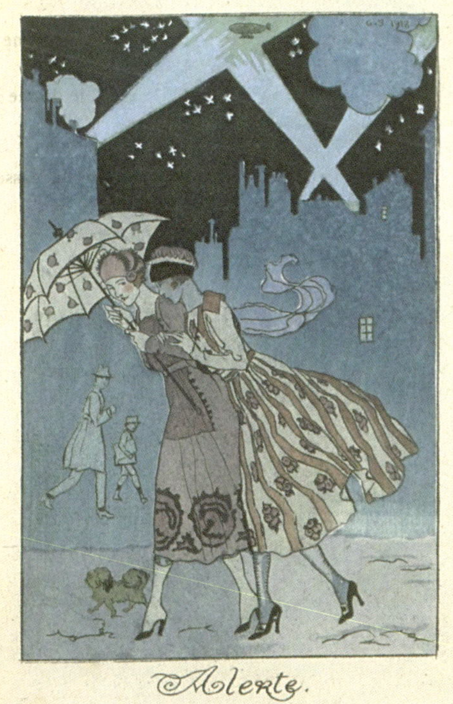

Alerte.

上左：「ブルターニュの清い恋」　上右：「美しき代母（兵士を仮の養子にして文通したり慰問袋を贈る女性のこと）」
下左：「インコや、おまえ、ちゃんと食べたのかい？」　下右：「空襲」

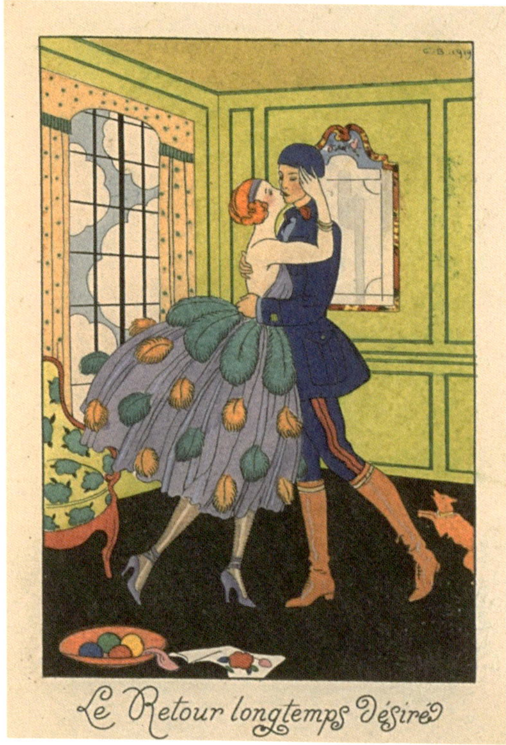

Le Retour longtemps désiré

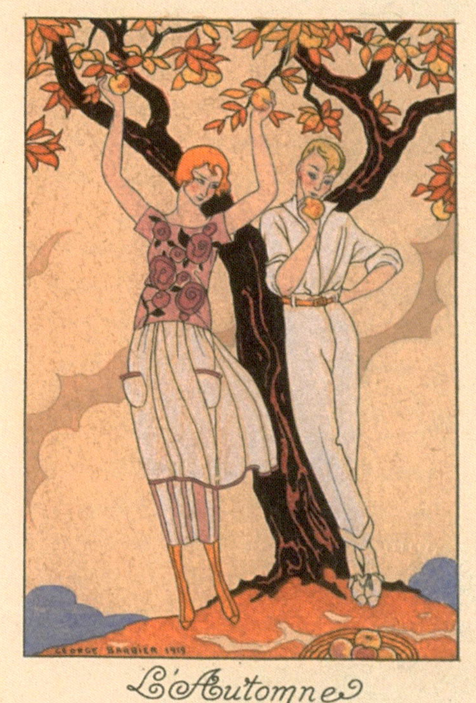

L'Automne

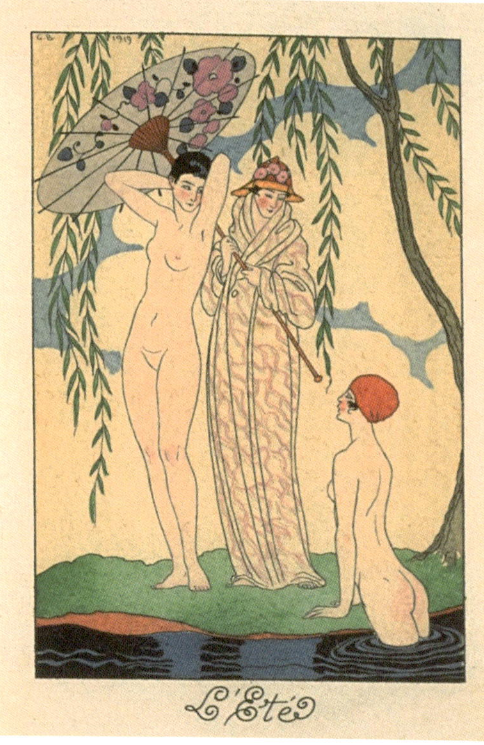

L'Été

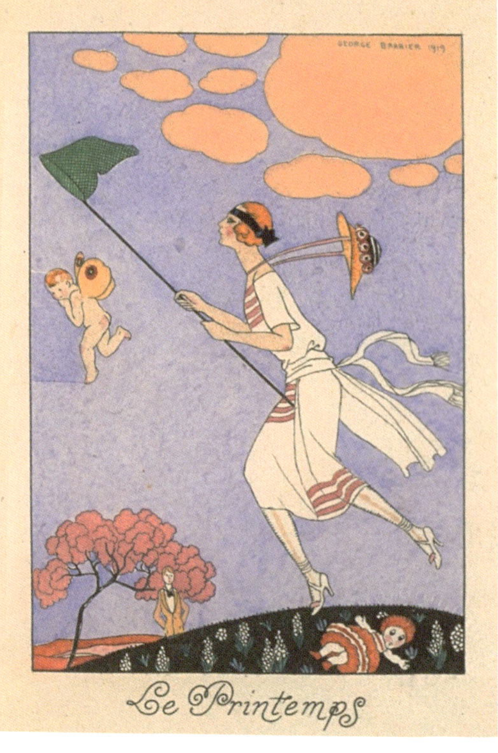

Le Printemps

上左：「長らく待ちわびた帰還」　上右：「秋」　下左：「夏」　下右：「春」

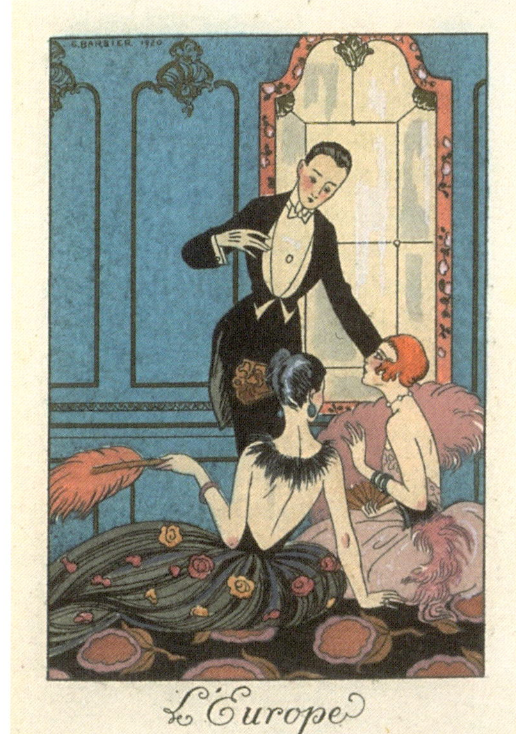

L'Europe

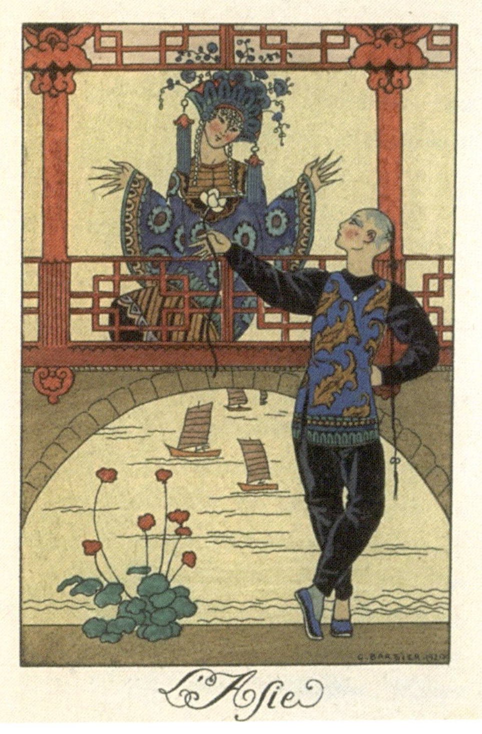

L'Asie

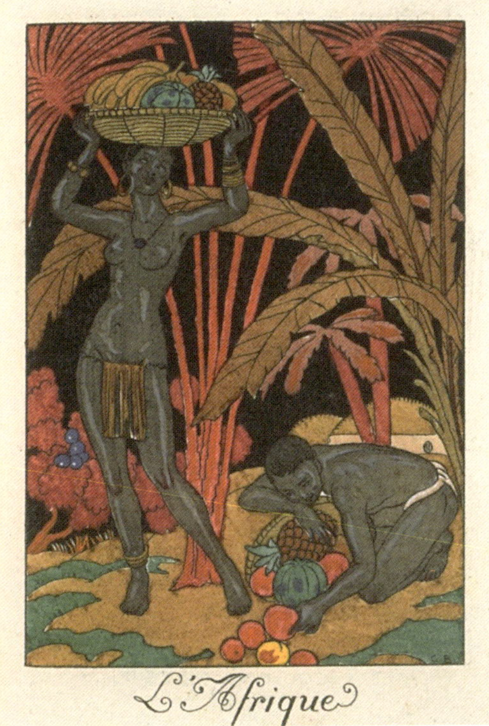

L'Afrique

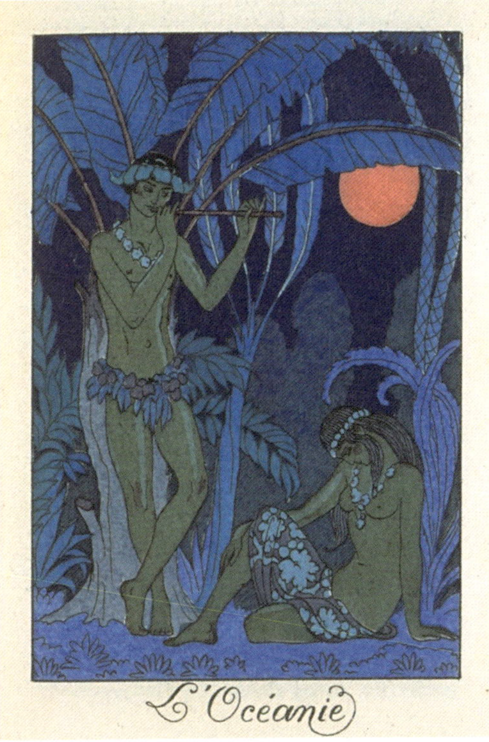

L'Océanie

上左：「ヨーロッパ」　上右：「アジア」　下左：「アフリカ」　下右：「オセアニア」

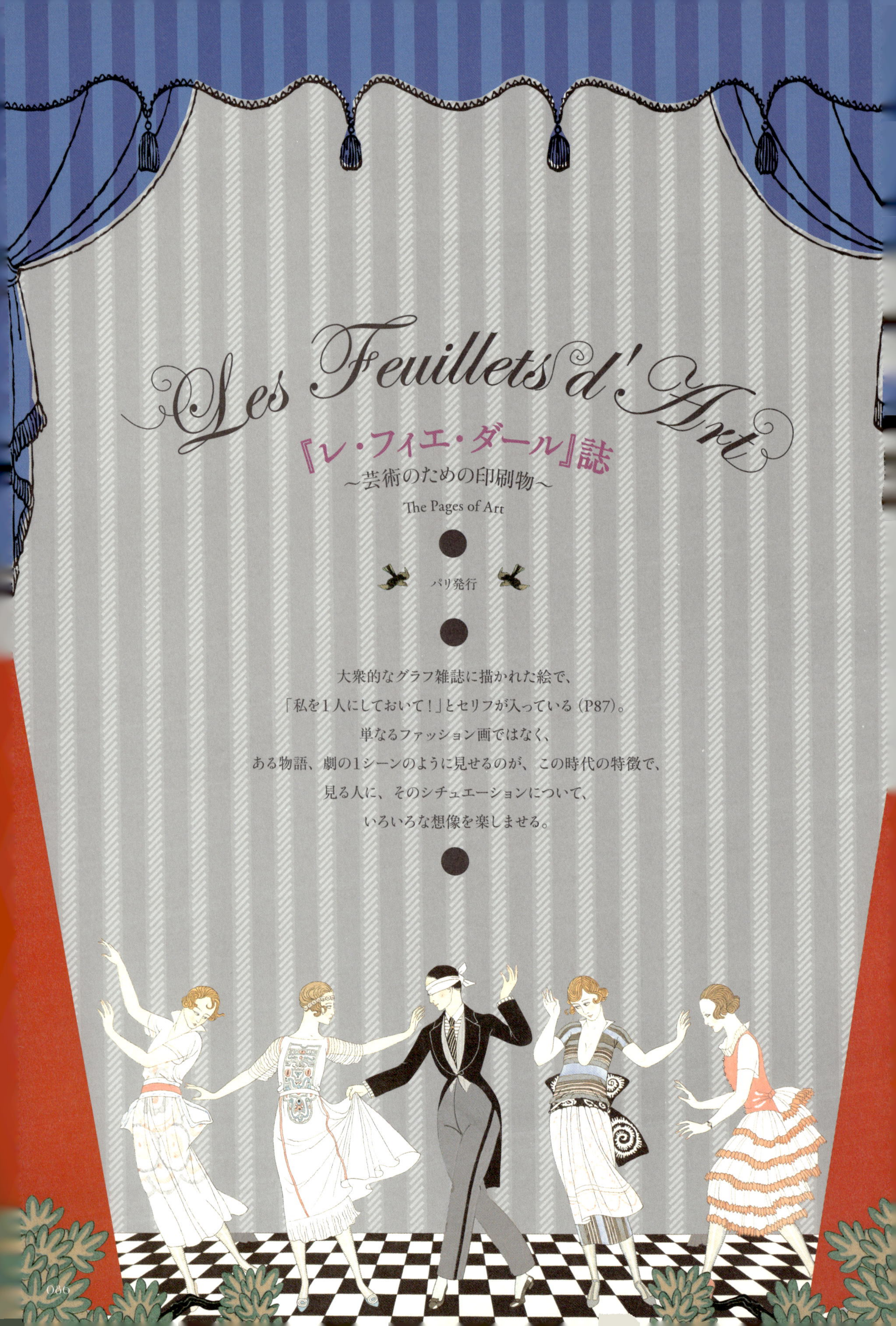

Les Feuillets d'Art

『レ・フイエ・ダール』誌

〜芸術のための印刷物〜

The Pages of Art

パリ発行

大衆的なグラフ雑誌に描かれた絵で、
「私を1人にしておいて！」とセリフが入っている（P87）。
単なるファッション画ではなく、
ある物語、劇の1シーンのように見せるのが、この時代の特徴で、
見る人に、そのシチュエーションについて、
いろいろな想像を楽しませる。

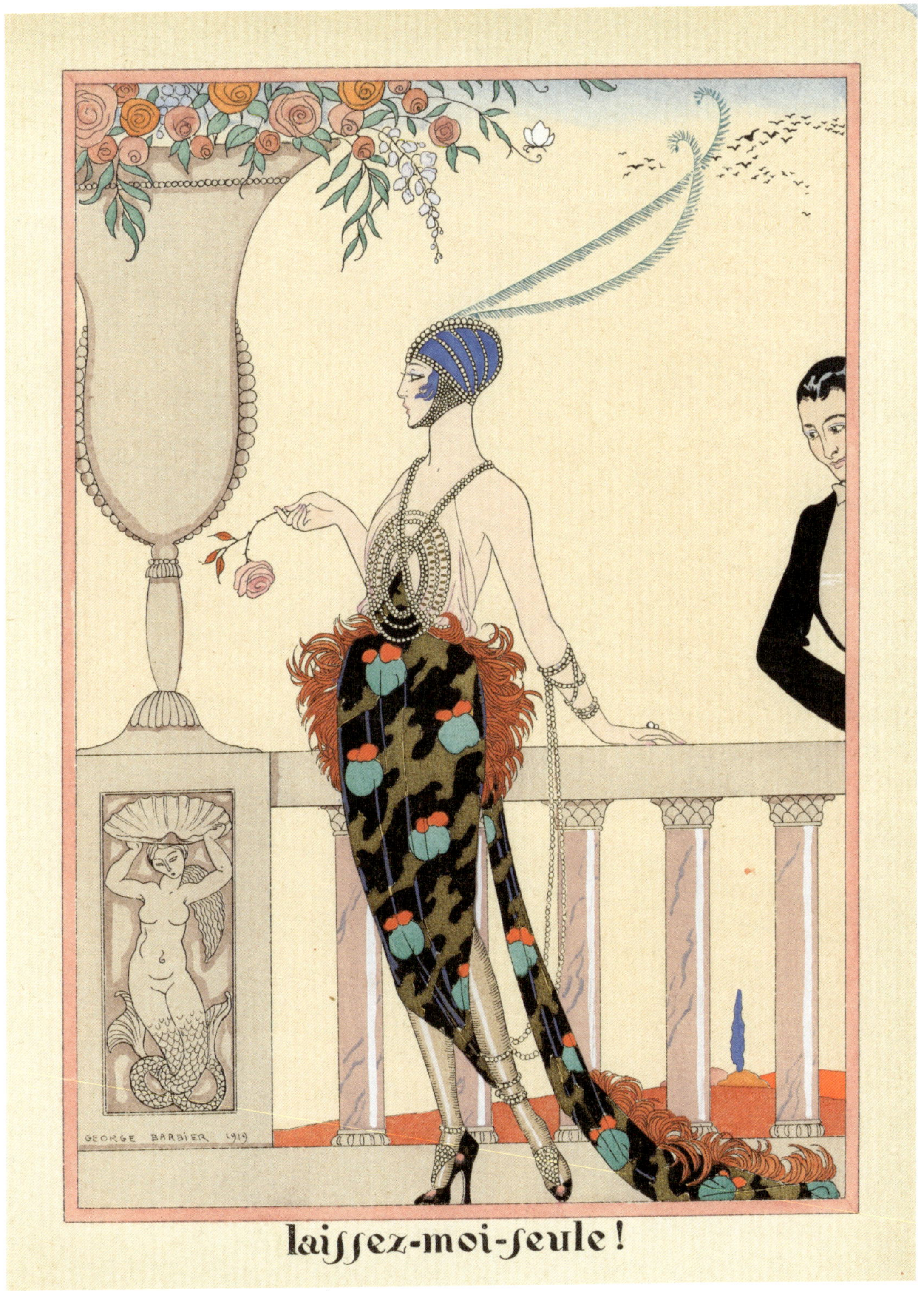

laissez-moi-seule !

「私を1人にしておいて！」

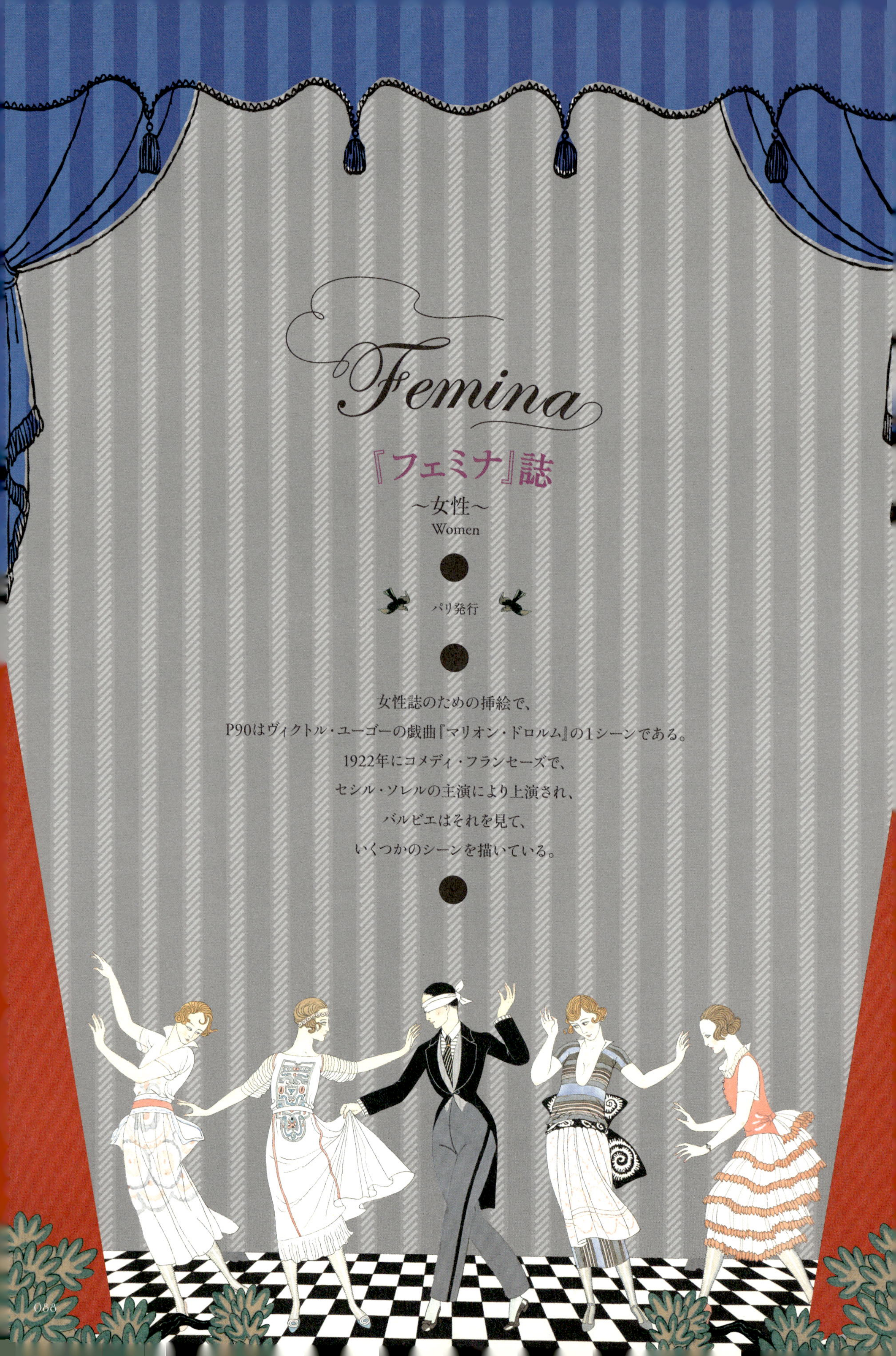
Femina
『フェミナ』誌
〜女性〜
Women
パリ発行
女性誌のための挿絵で、
P90はヴィクトル・ユーゴーの戯曲『マリオン・ドロルム』の1シーンである。
1922年にコメディ・フランセーズで、
セシル・ソレルの主演により上演され、
バルビエはそれを見て、
いくつかのシーンを描いている。

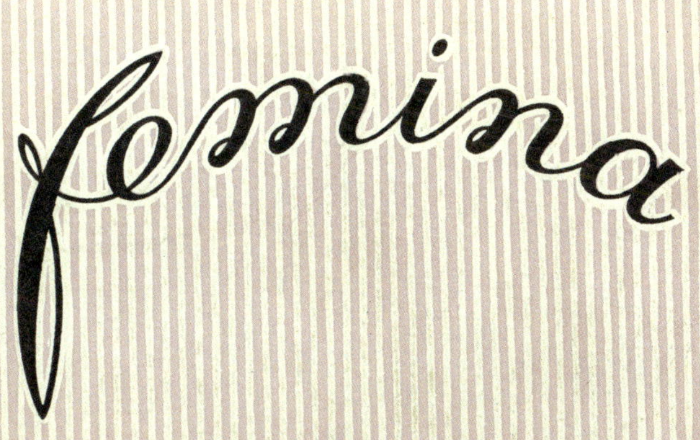

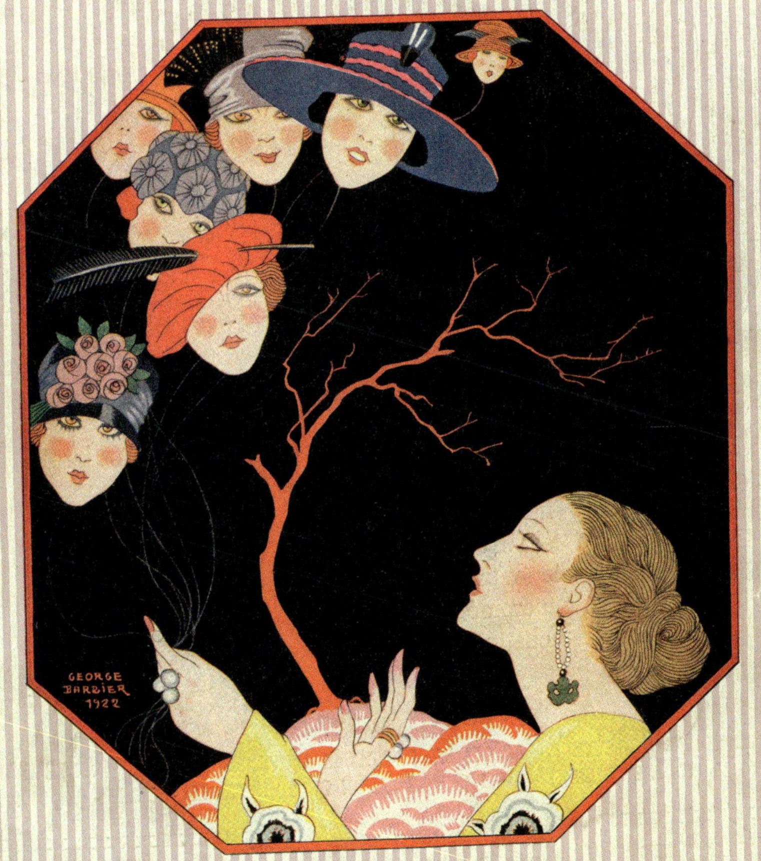

『フェミナ』誌 1922年5月号表紙

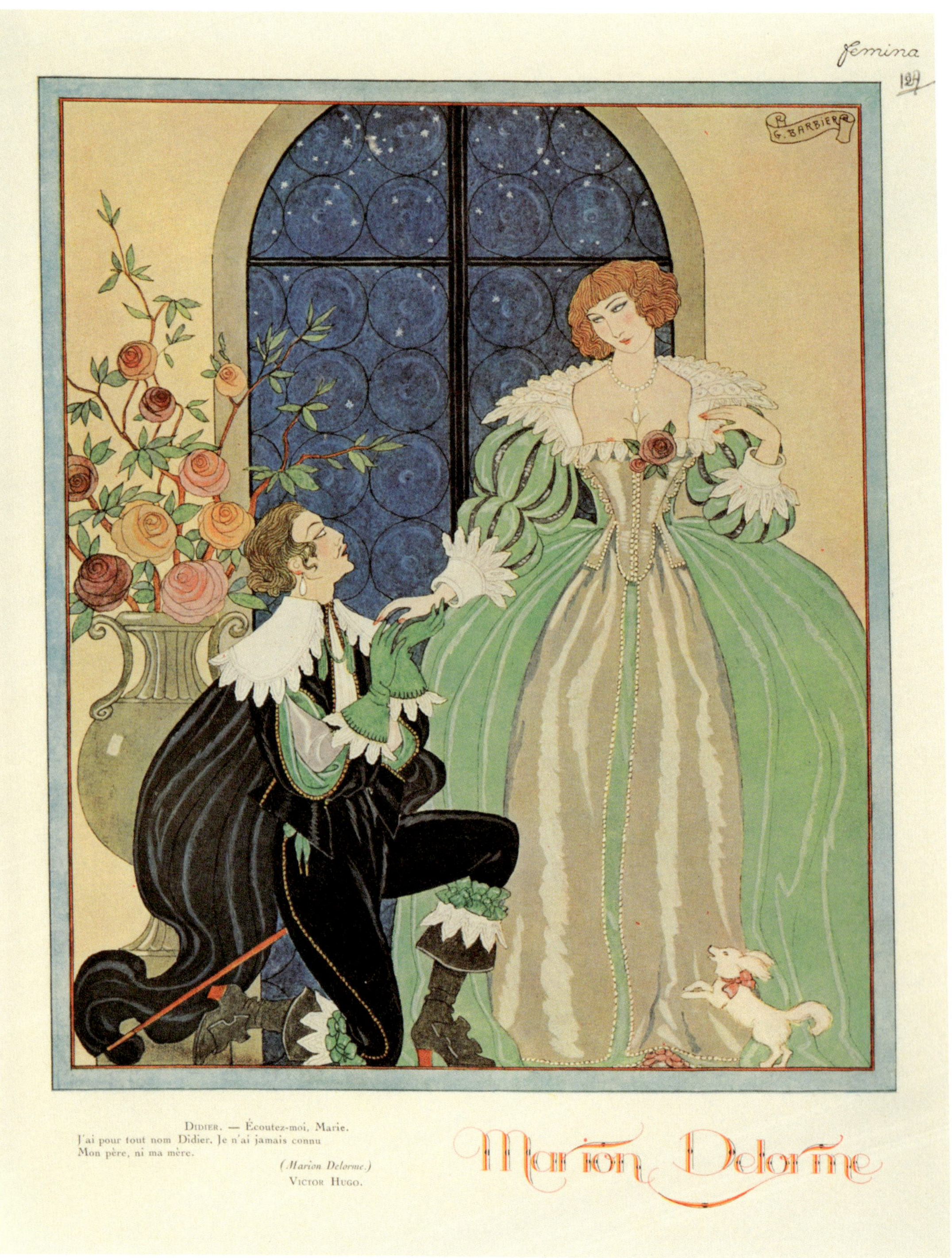

P90：「マリオン・ドロルム」　P91：『フェミナ』誌1922年11月号表紙

femina

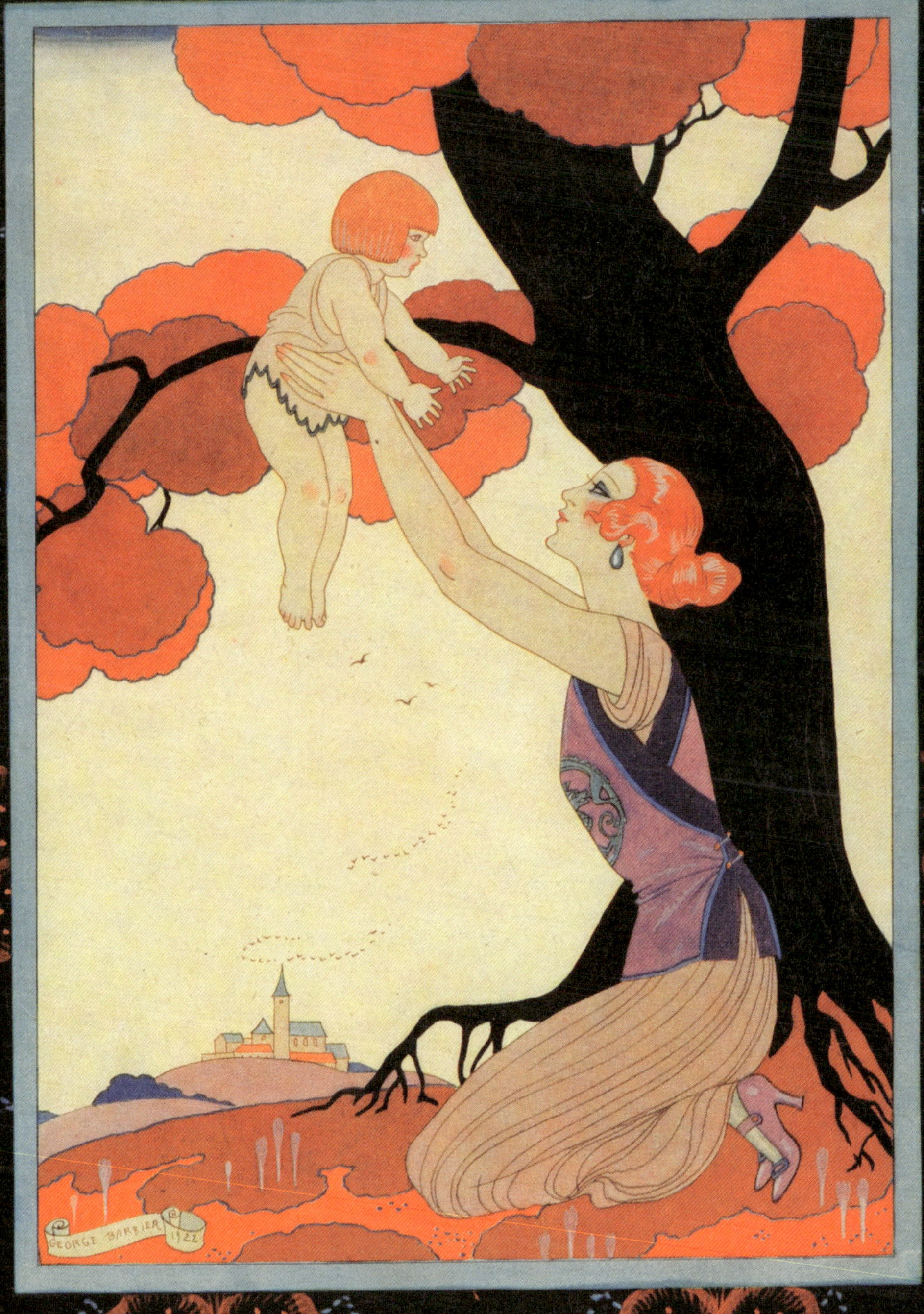

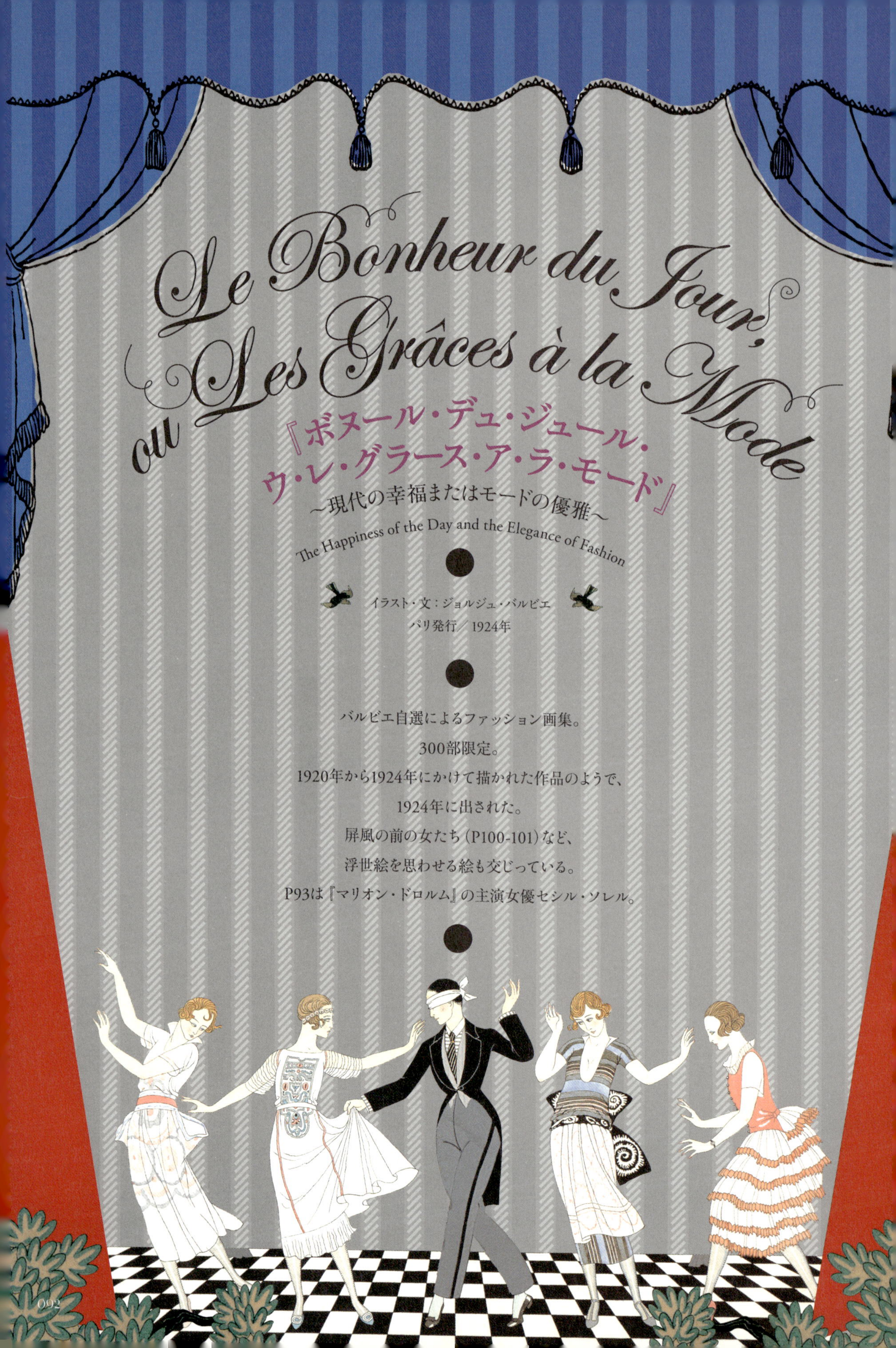

『ボヌール・デュ・ジュール・ウ・レ・グラース・ア・ラ・モード』

～現代の幸福またはモードの優雅～

The Happiness of the Day and the Elegance of Fashion

イラスト・文：ジョルジュ・バルビエ

パリ発行／1924年

バルビエ自選によるファッション画集。
300部限定。
1920年から1924年にかけて描かれた作品のようで、
1924年に出された。
屏風の前の女たち（P100-101）など、
浮世絵を思わせる絵も交じっている。
P93は『マリオン・ドロルム』の主演女優セシル・ソレル。

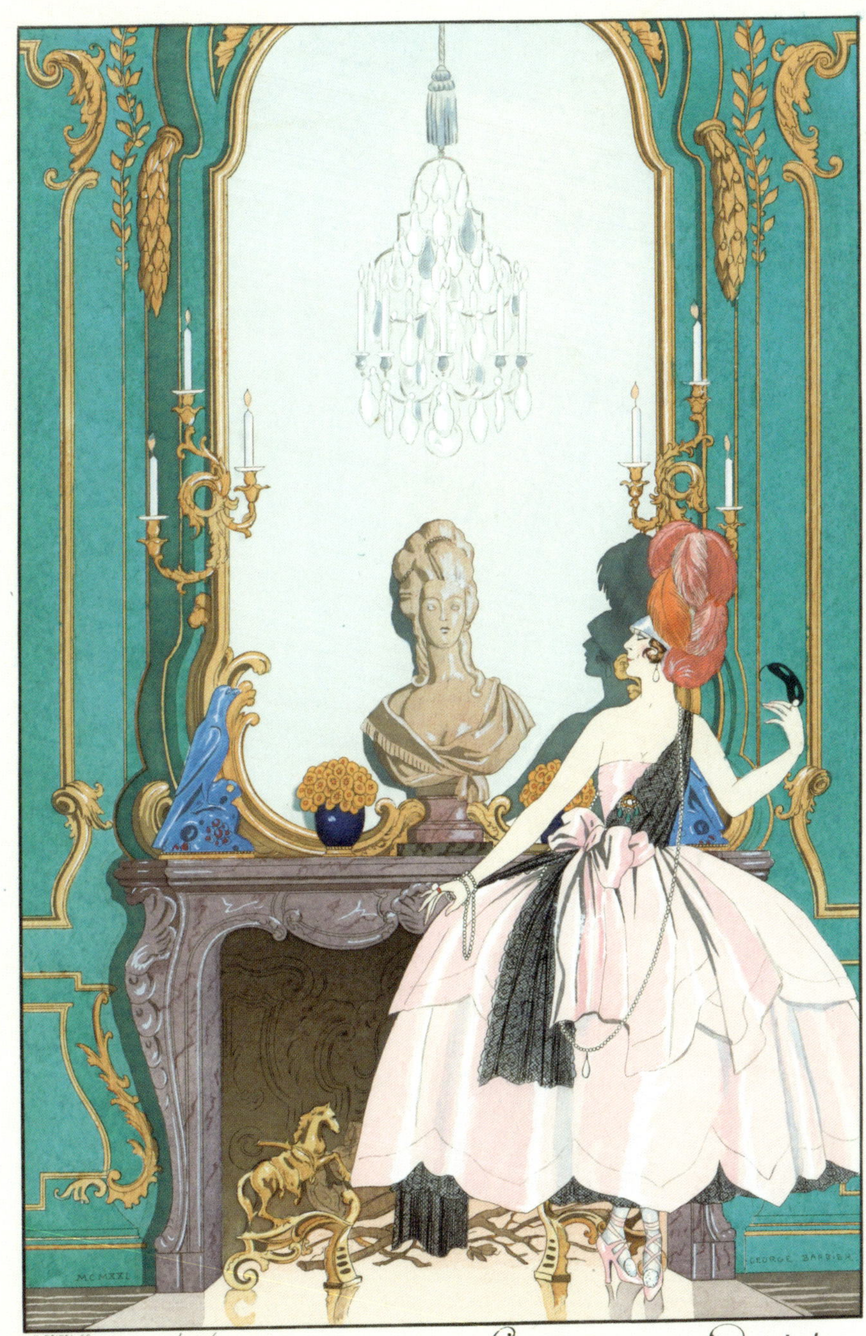

Mademoiselle Sorel en grand habit.

「盛装した女優セシル・ソレル嬢」

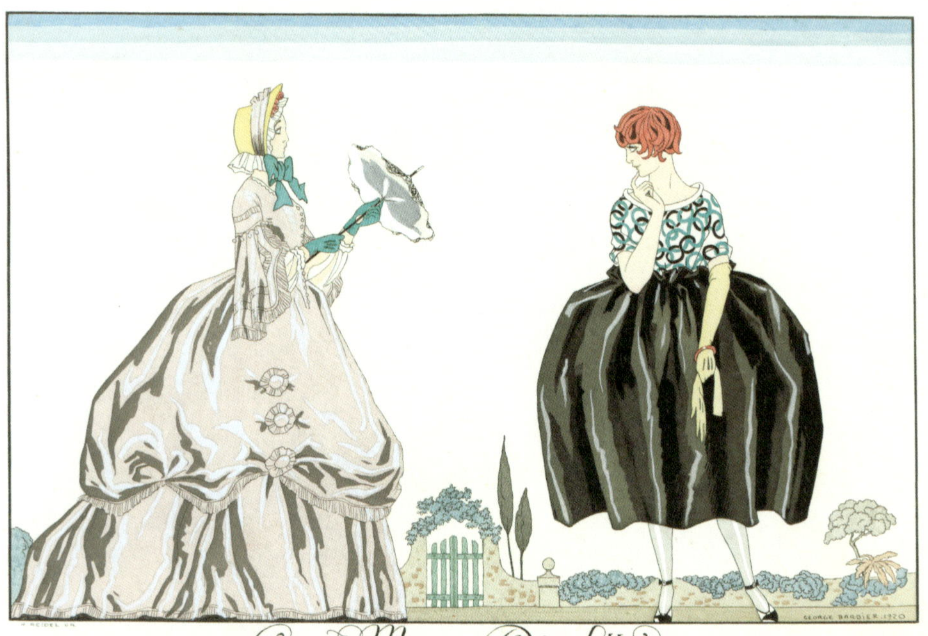

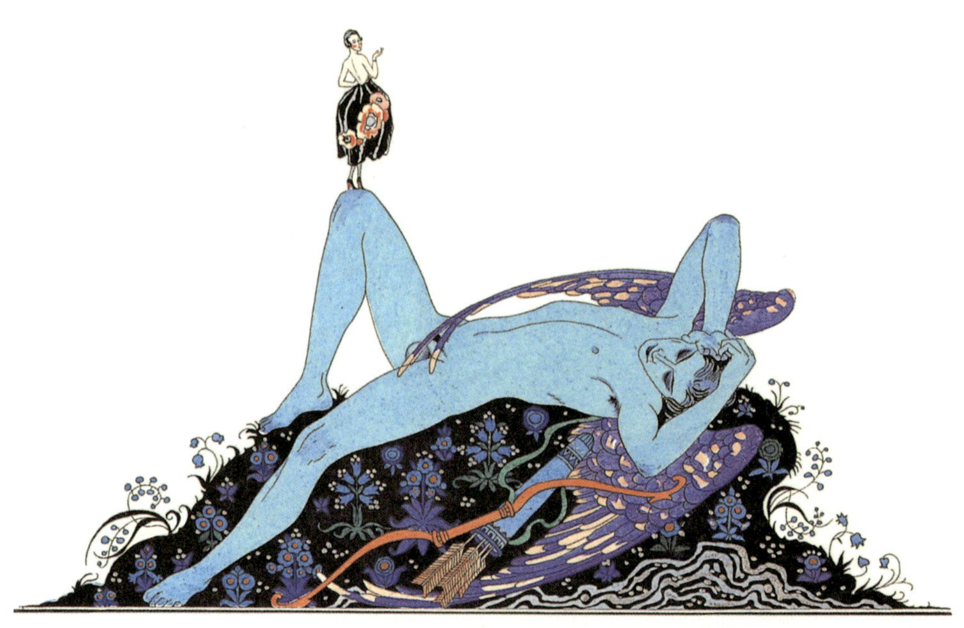

上：「おばあちゃんと孫娘」　下：序文の挿絵

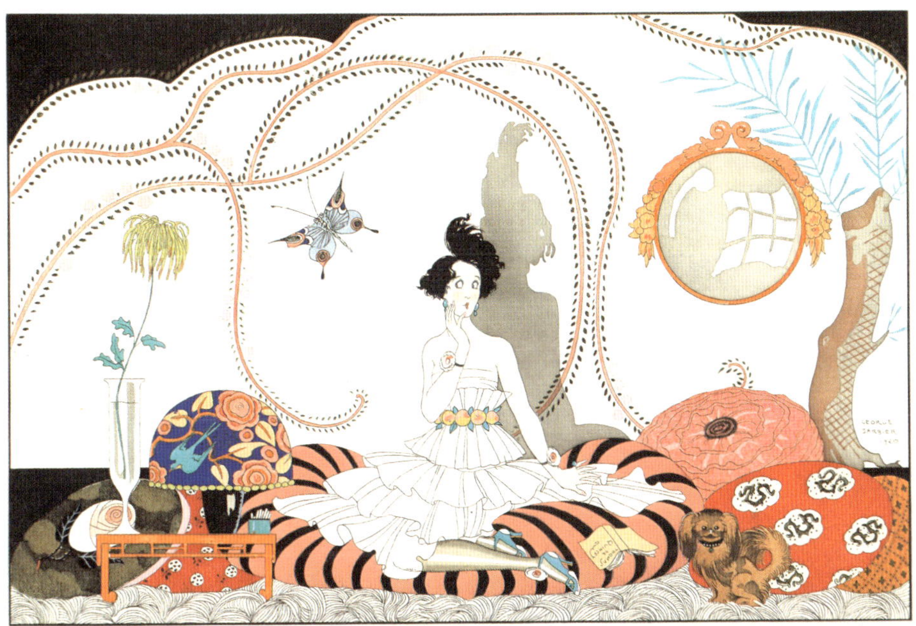

Minuit!...ou l'appartement à la mode.

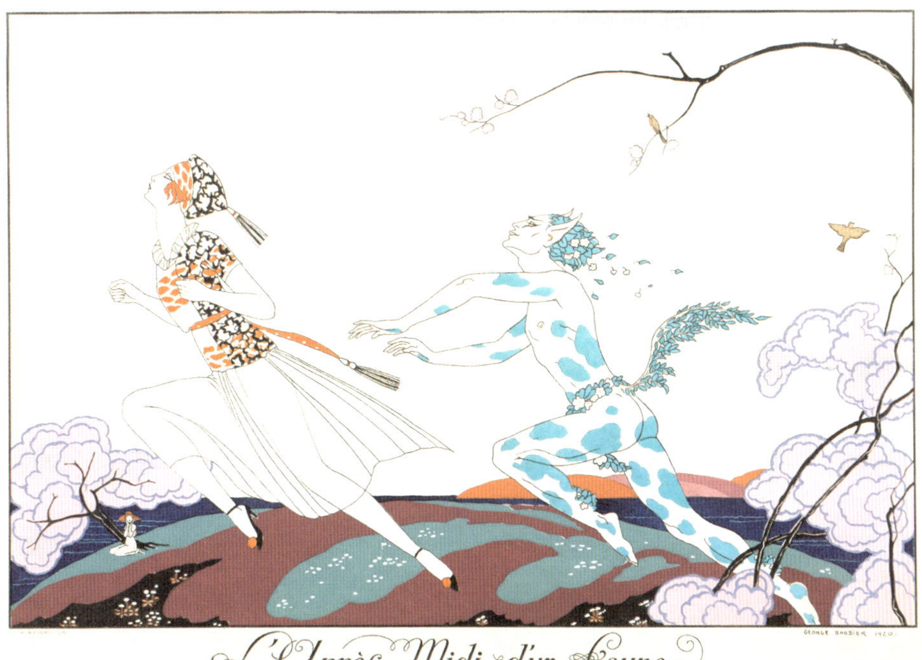

L'Après-Midi d'un Faune.

上 :「真夜中、あるいは流行りのアパルトマン」　下 :「牧羊神の午後」

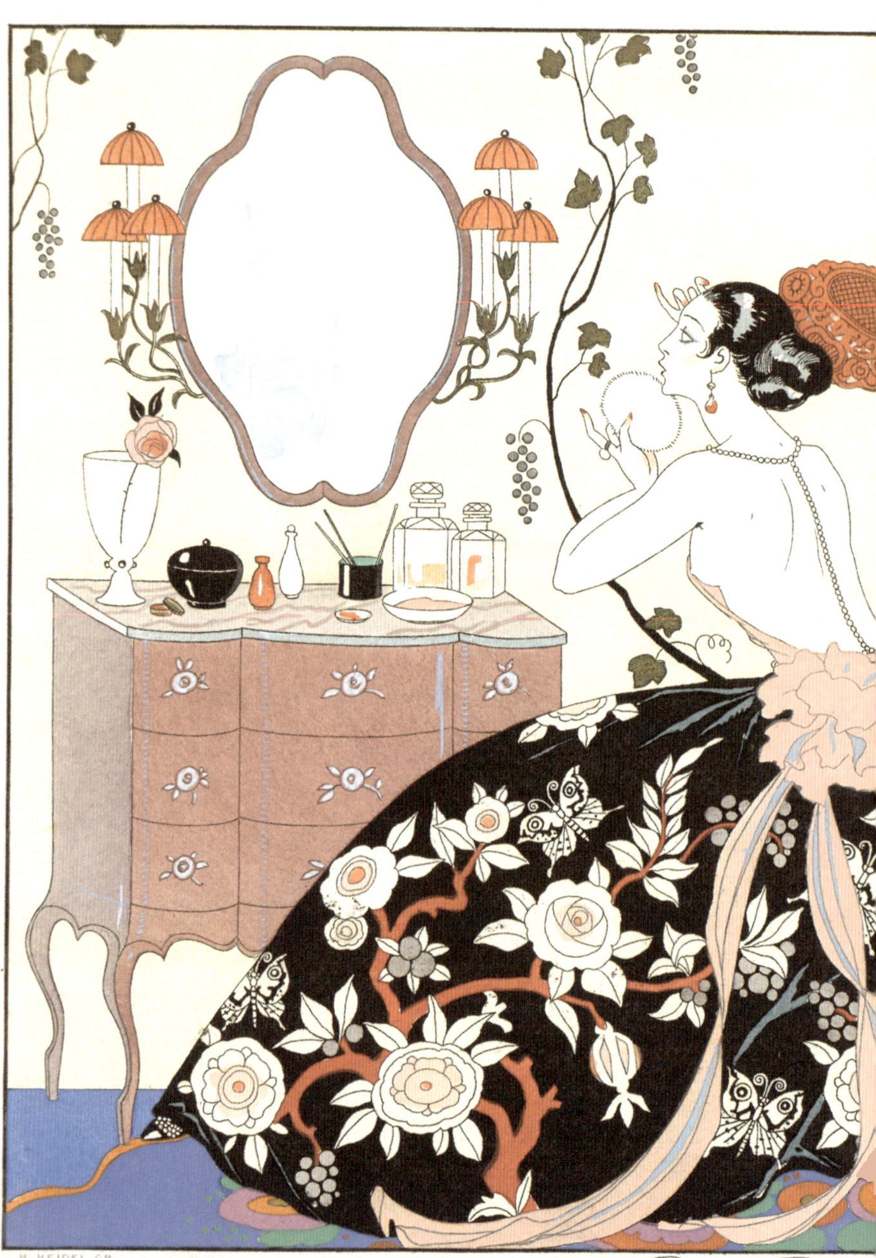

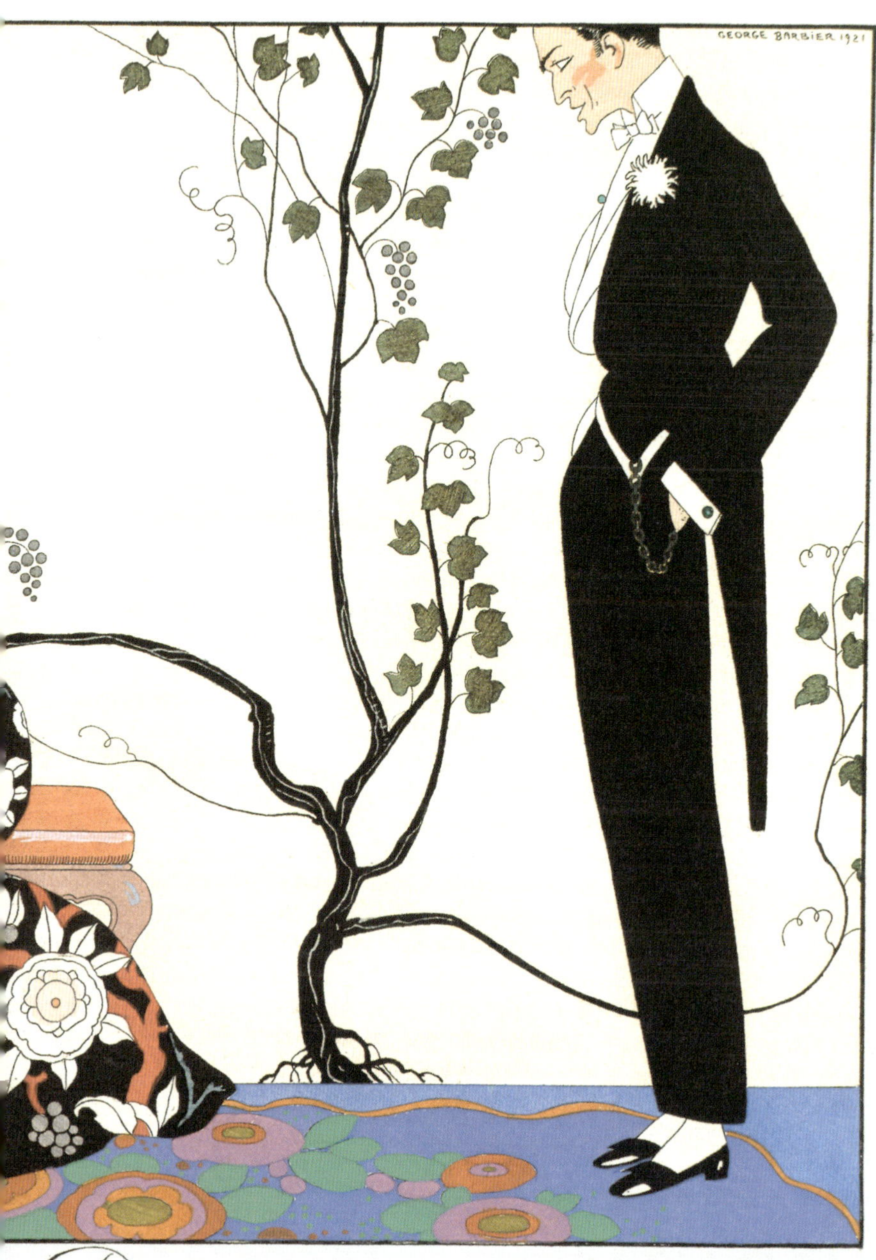

Décolletage.

「背中を大きく露出して」

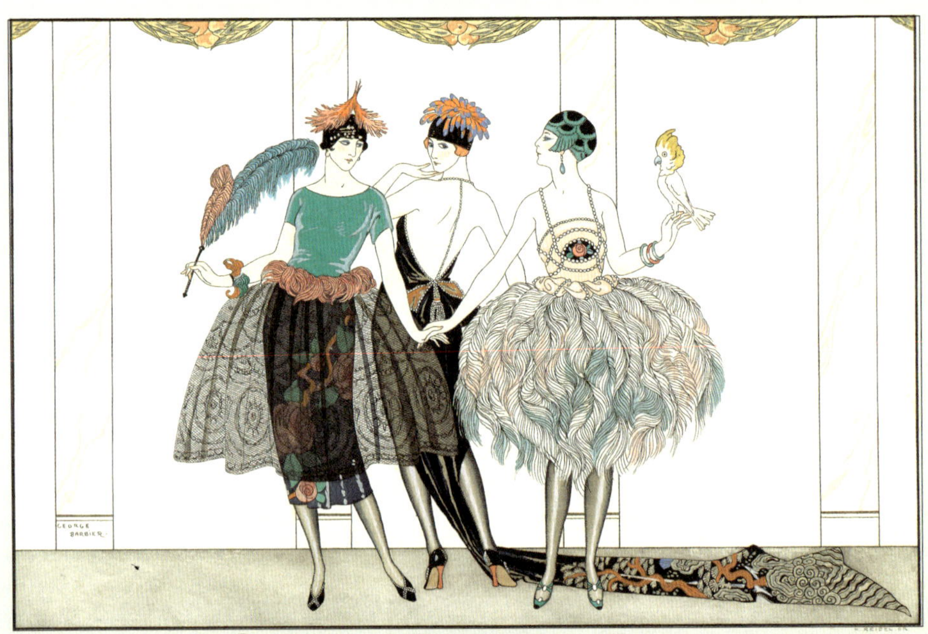

Les Belles Sauvagesses de 1920

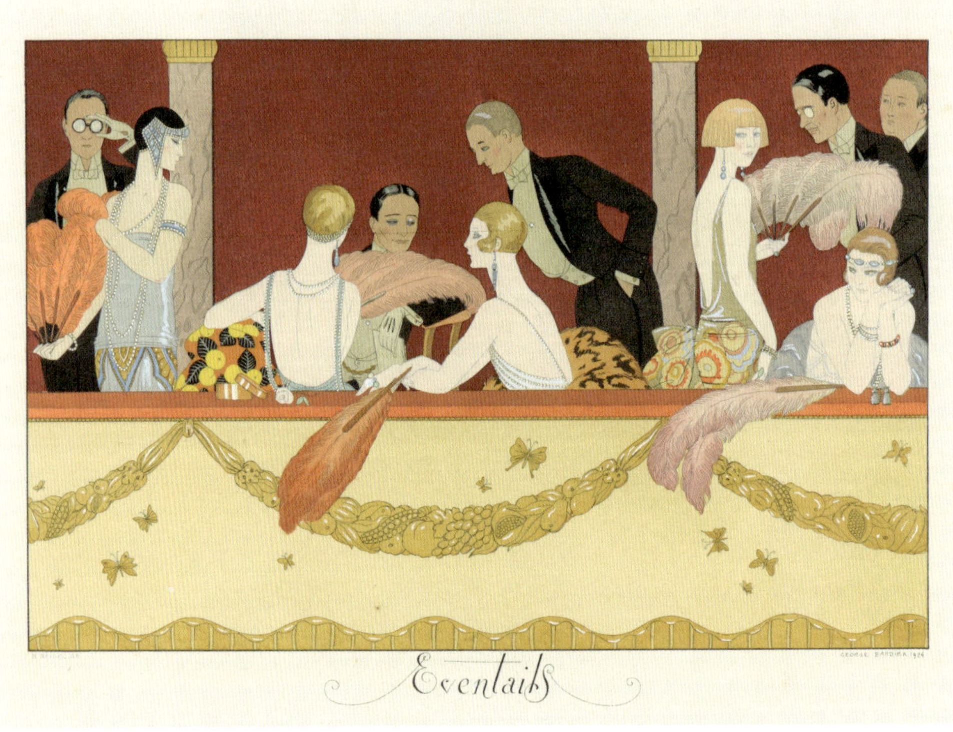

Éventails

上 :「1920年の美しき未開女たち」　下 :「扇」

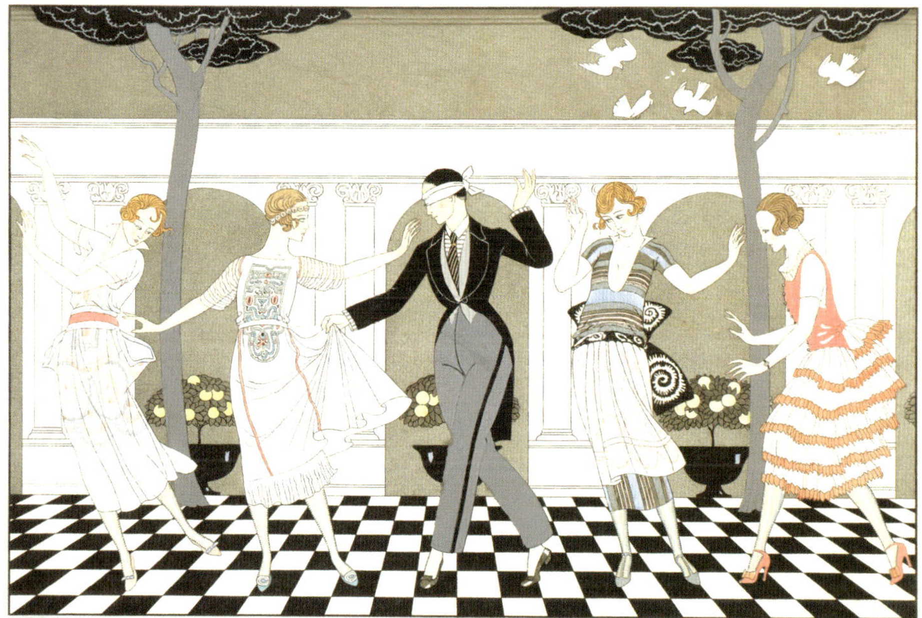

L'Amour est aveugle

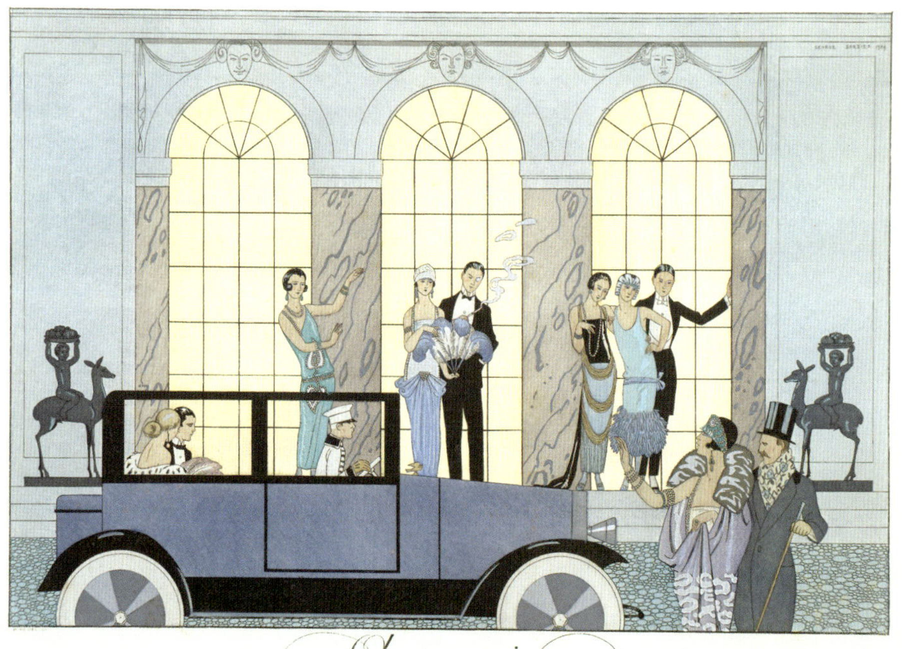

Au revoir...

上：「恋は盲目」　下：「さようなら…」

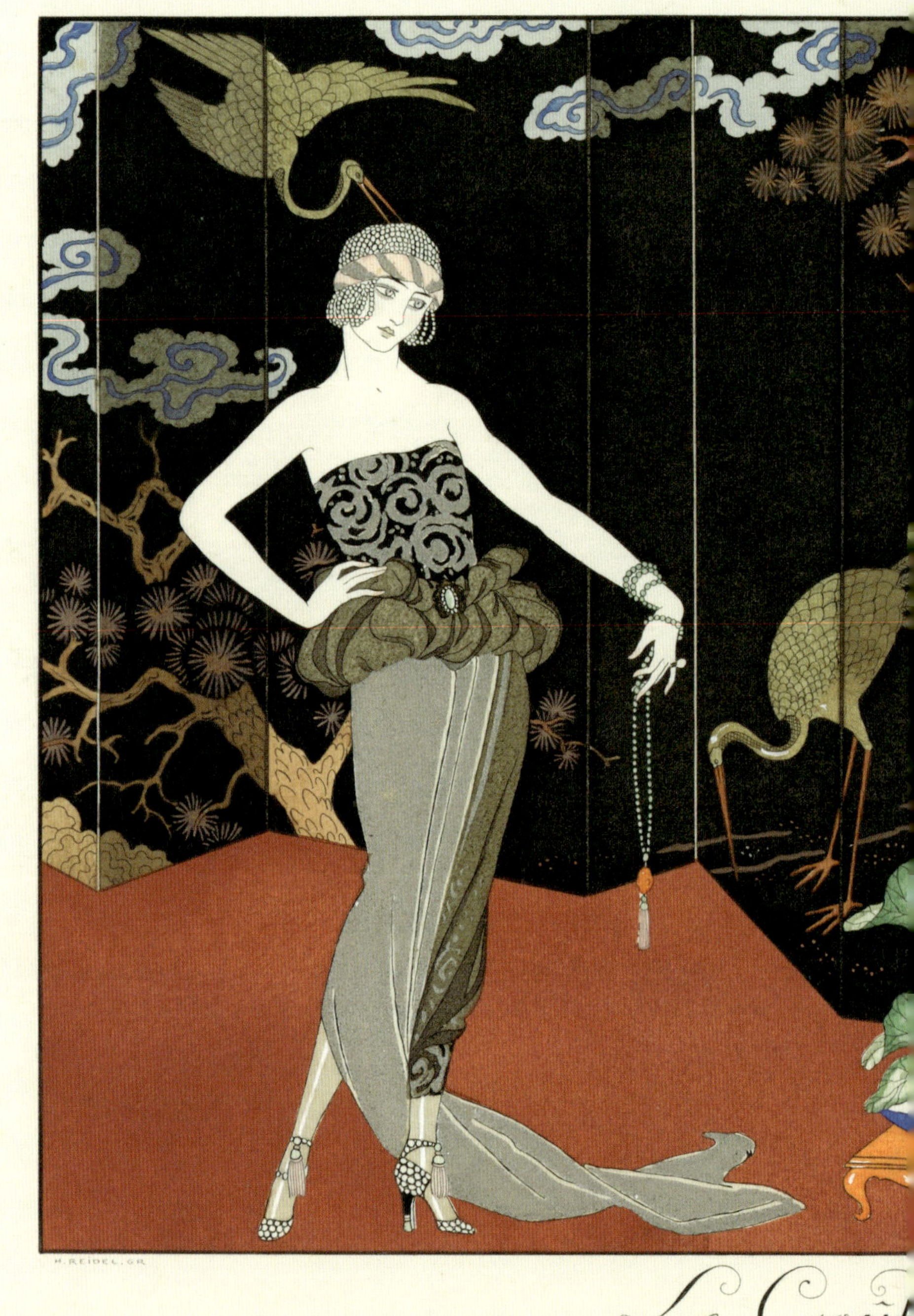

「漆趣味」

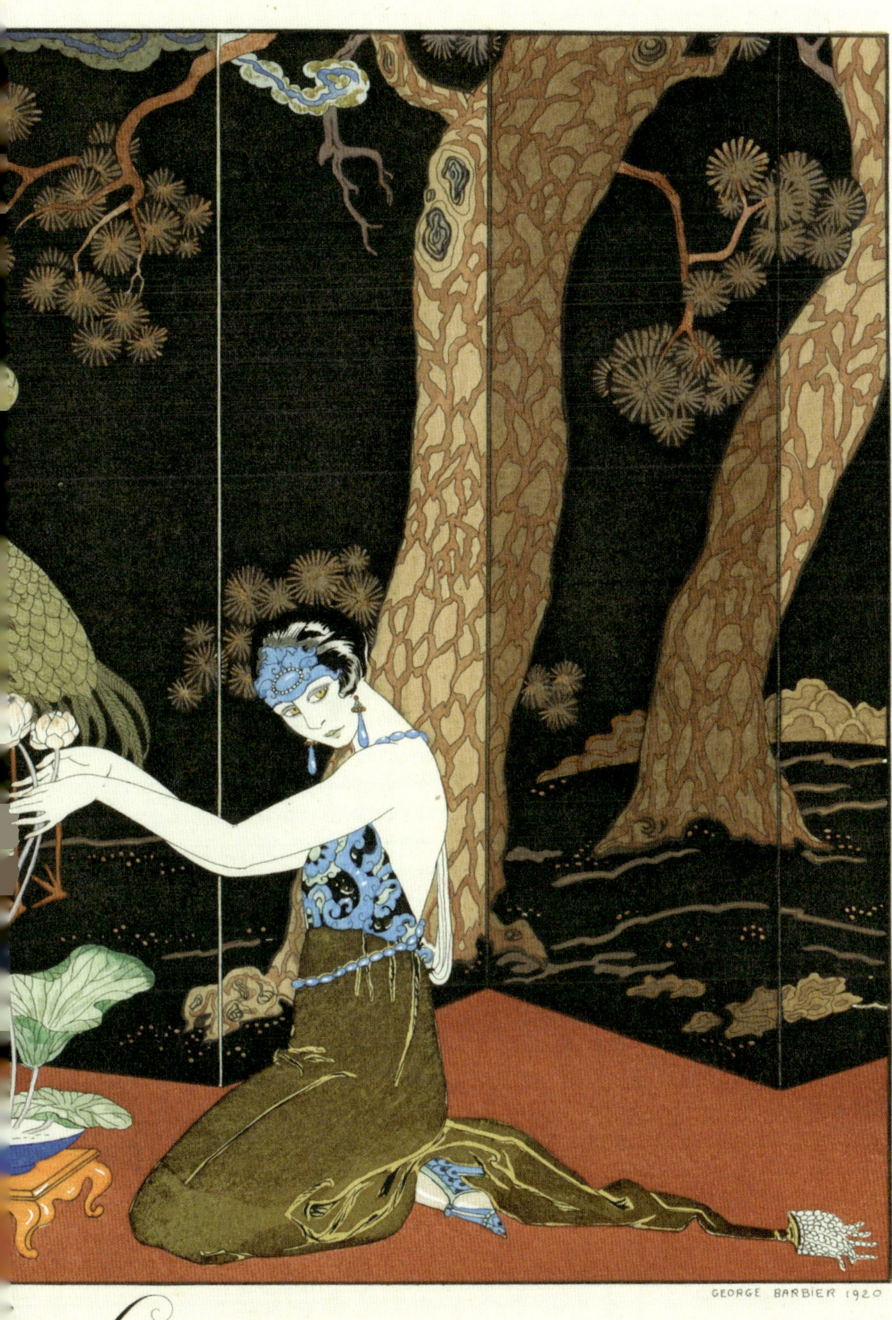

es Laques.

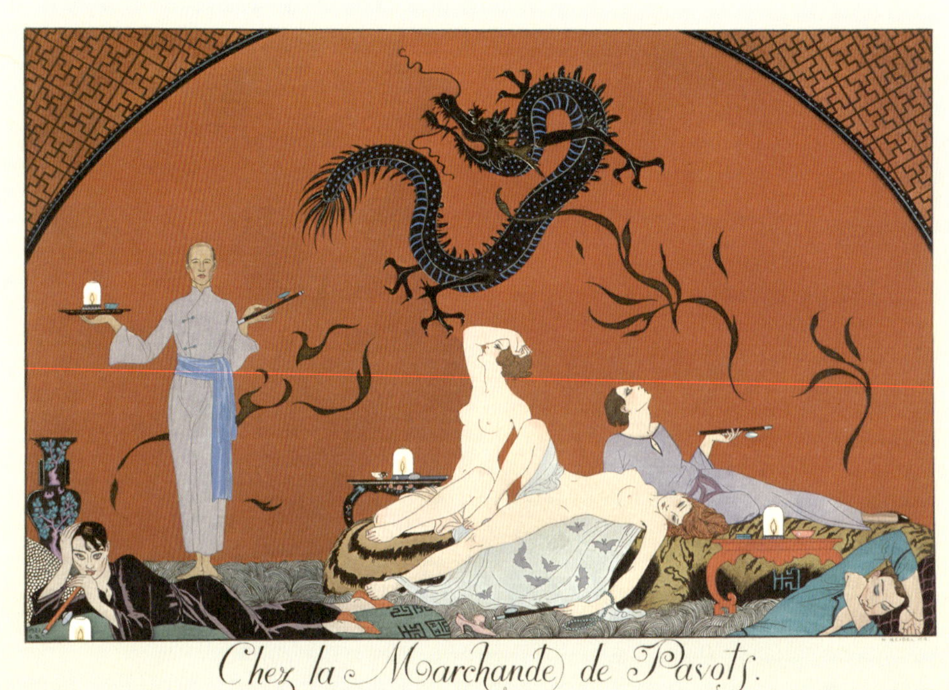

Chez la Marchande de Pavots.

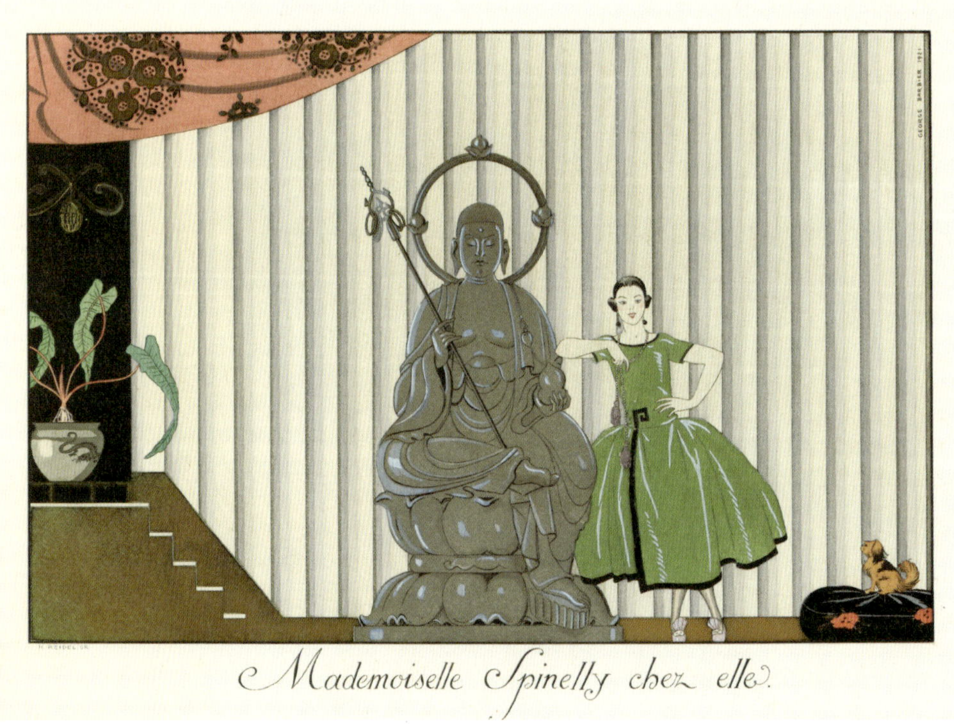

Mademoiselle Spinelly chez elle.

上：「阿片商人宅にて」　下：「家にいるスピネリ嬢」

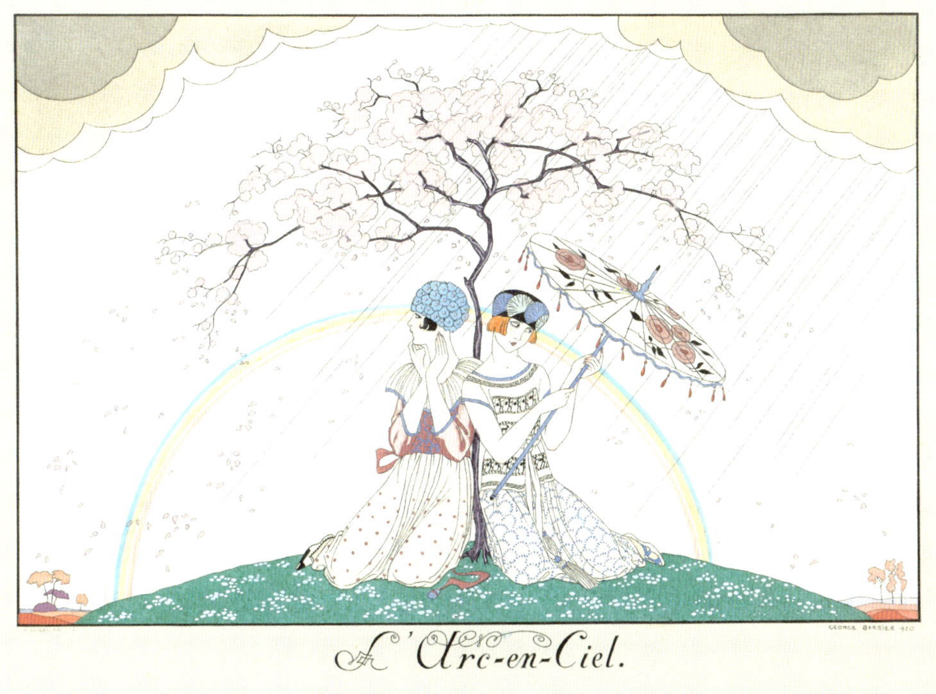

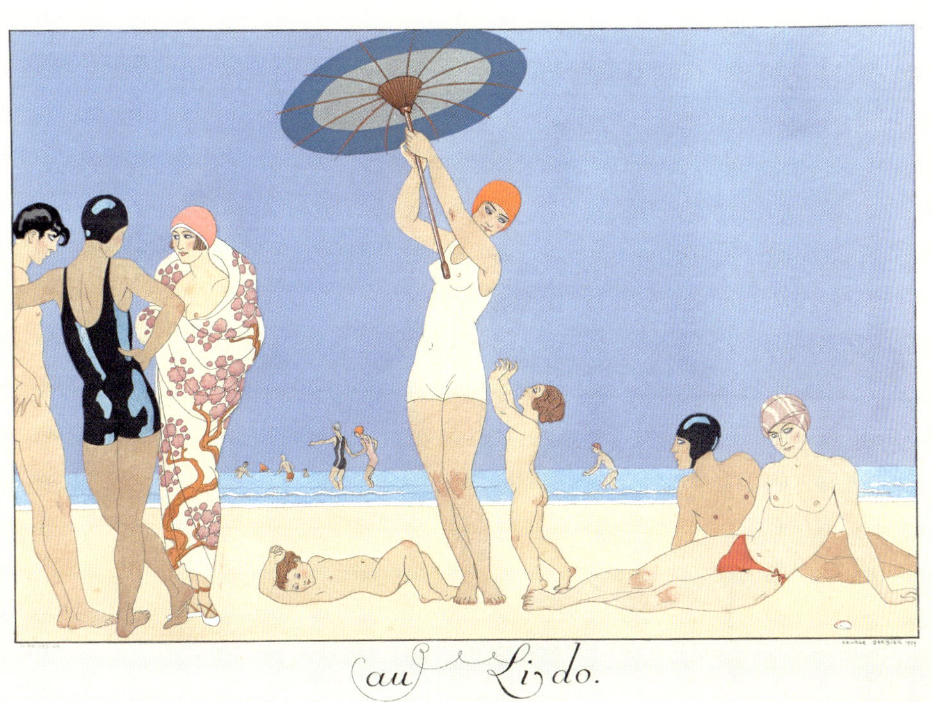

上：「虹」　下：「砂浜（リド）にて」

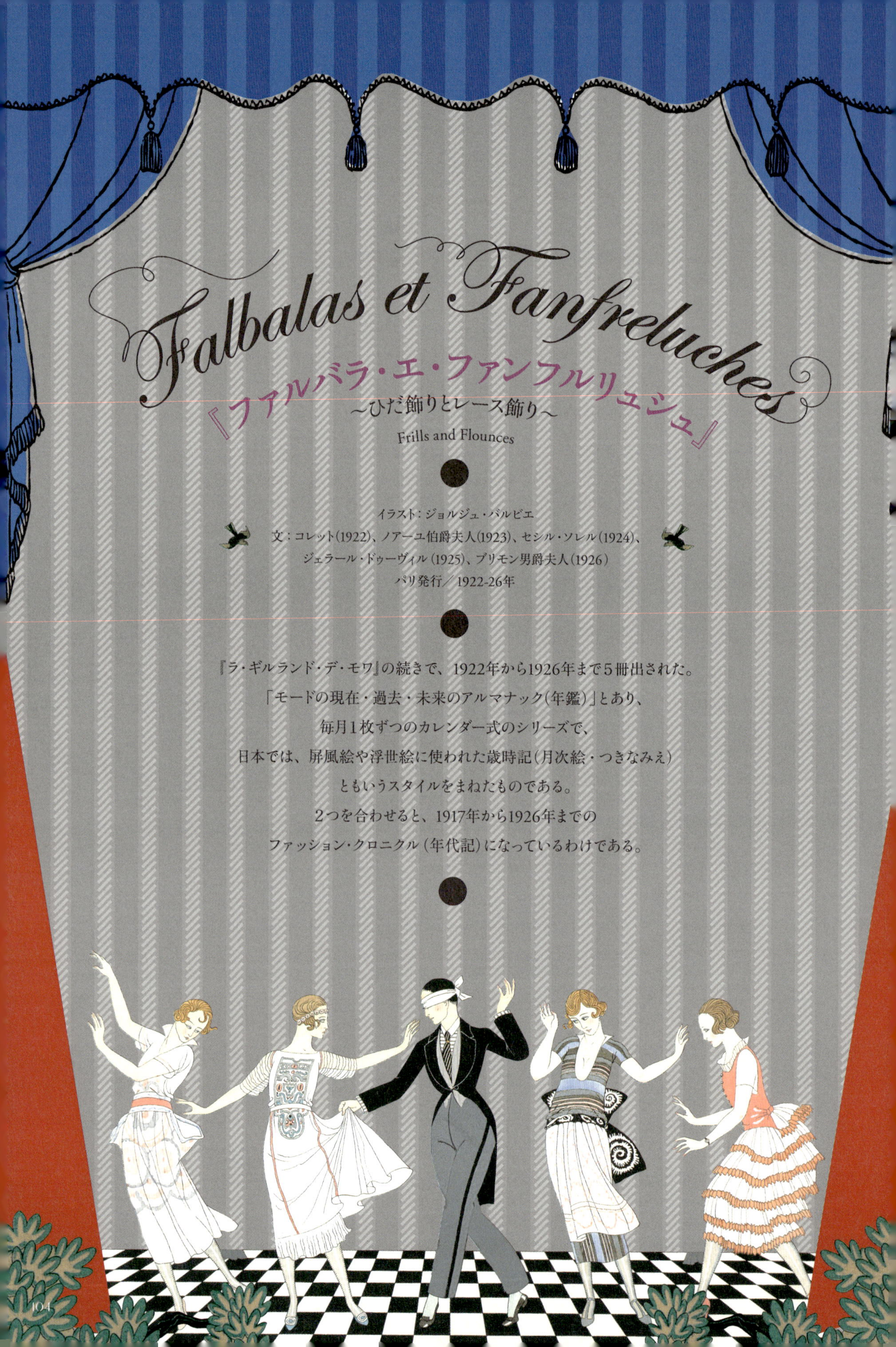

Falbalas et Fanfreluches

『ファルバラ・エ・ファンフルリュシュ』
~ひだ飾りとレース飾り~

Frills and Flounces

イラスト：ジョルジュ・バルビエ
文：コレット（1922）、ノアーユ伯爵夫人（1923）、セシル・ソレル（1924）、
ジェラール・ドゥーヴィル（1925）、プリモン男爵夫人（1926）
パリ発行／1922-26年

『ラ・ギルランド・デ・モワ』の続きで、1922年から1926年まで5冊出された。
「モードの現在・過去・未来のアルマナック（年鑑）」とあり、
毎月1枚ずつのカレンダー式のシリーズで、
日本では、屏風絵や浮世絵に使われた歳時記（月次絵・つきなみえ）
ともいうスタイルをまねたものである。
2つを合わせると、1917年から1926年までの
ファッション・クロニクル（年代記）になっているわけである。

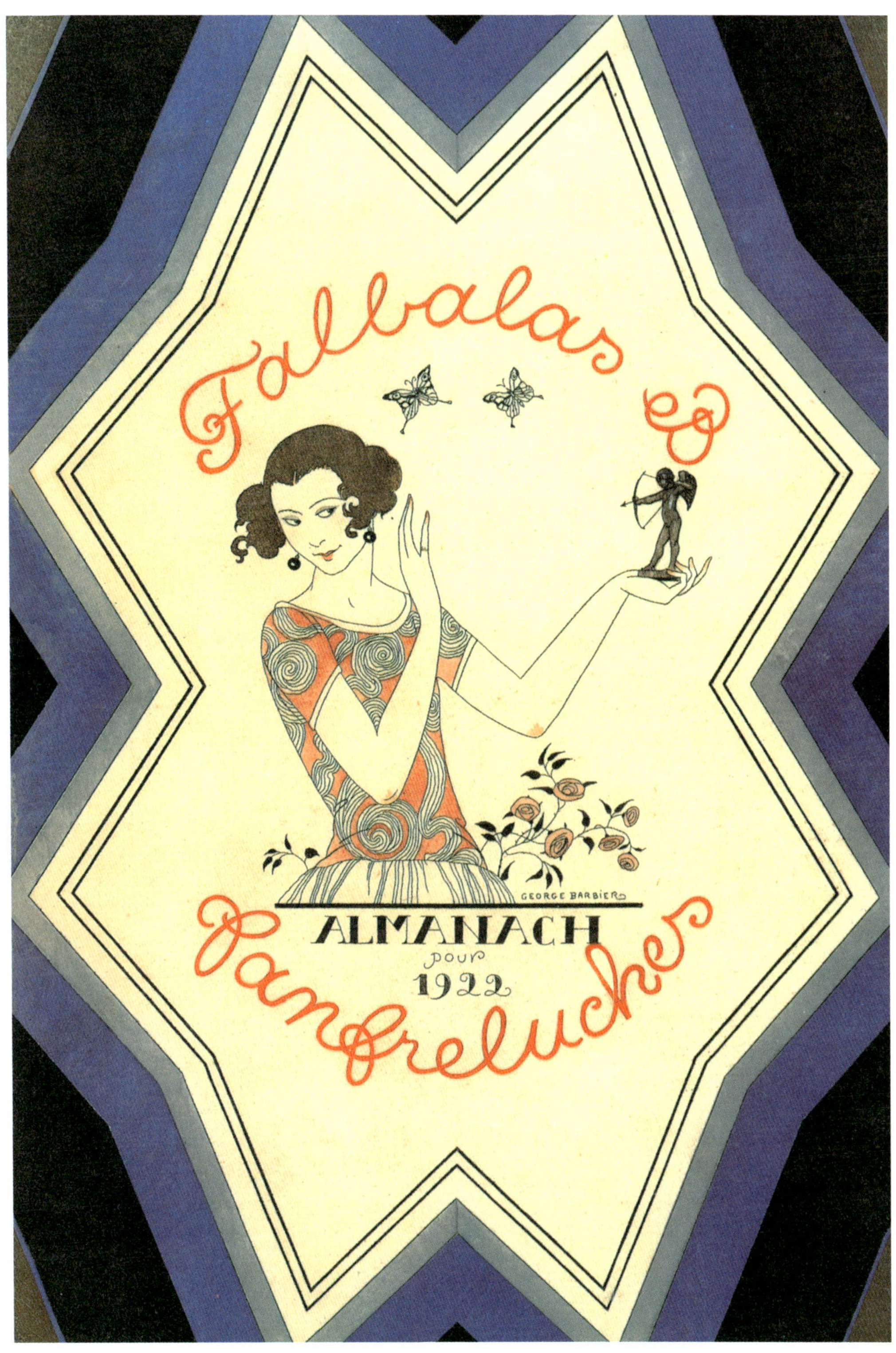

『ファルバラ・エ・ファンフルリュシュ』1922年表紙

「輪投げ遊び」

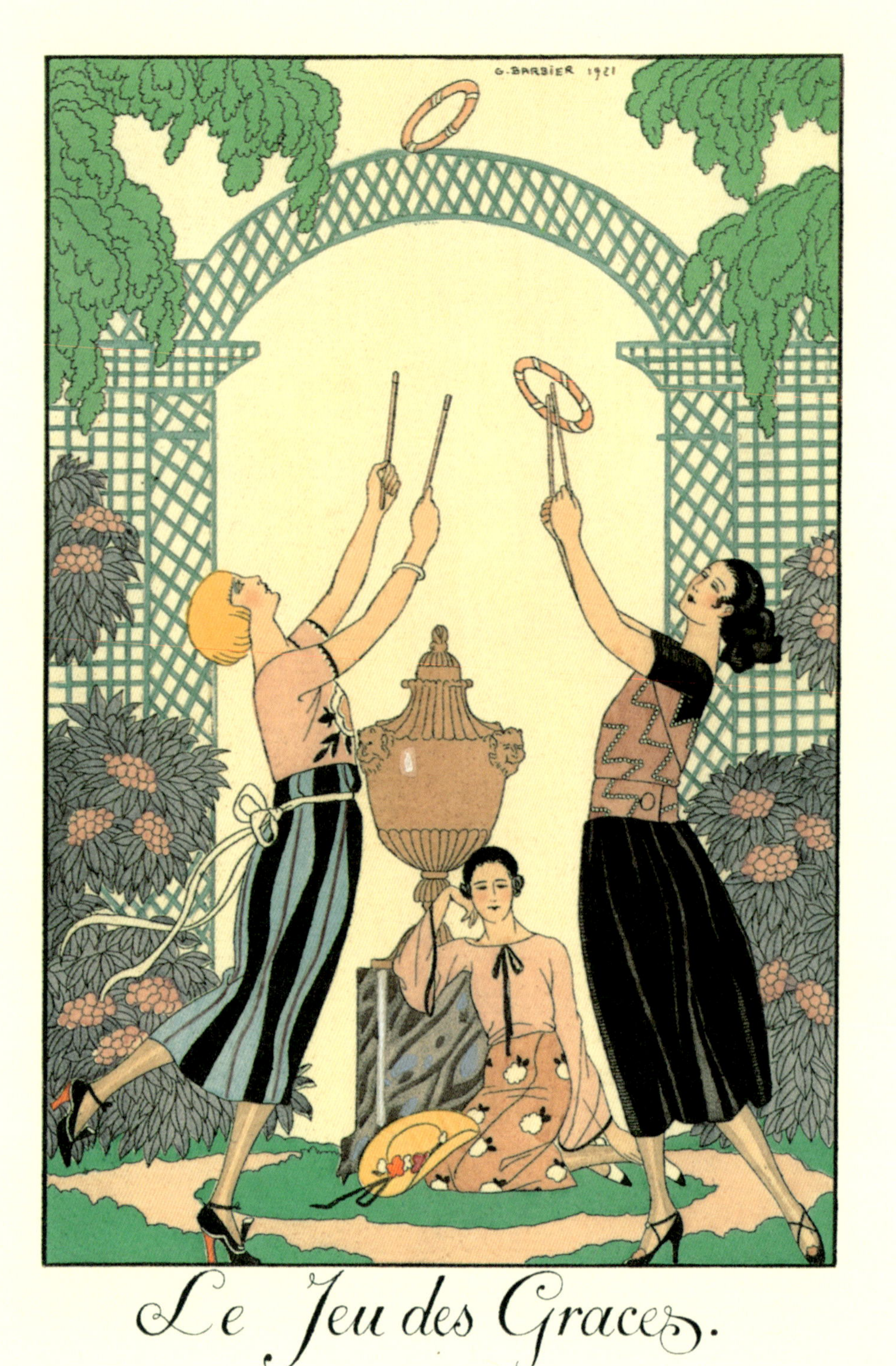

「輪投げ遊び」

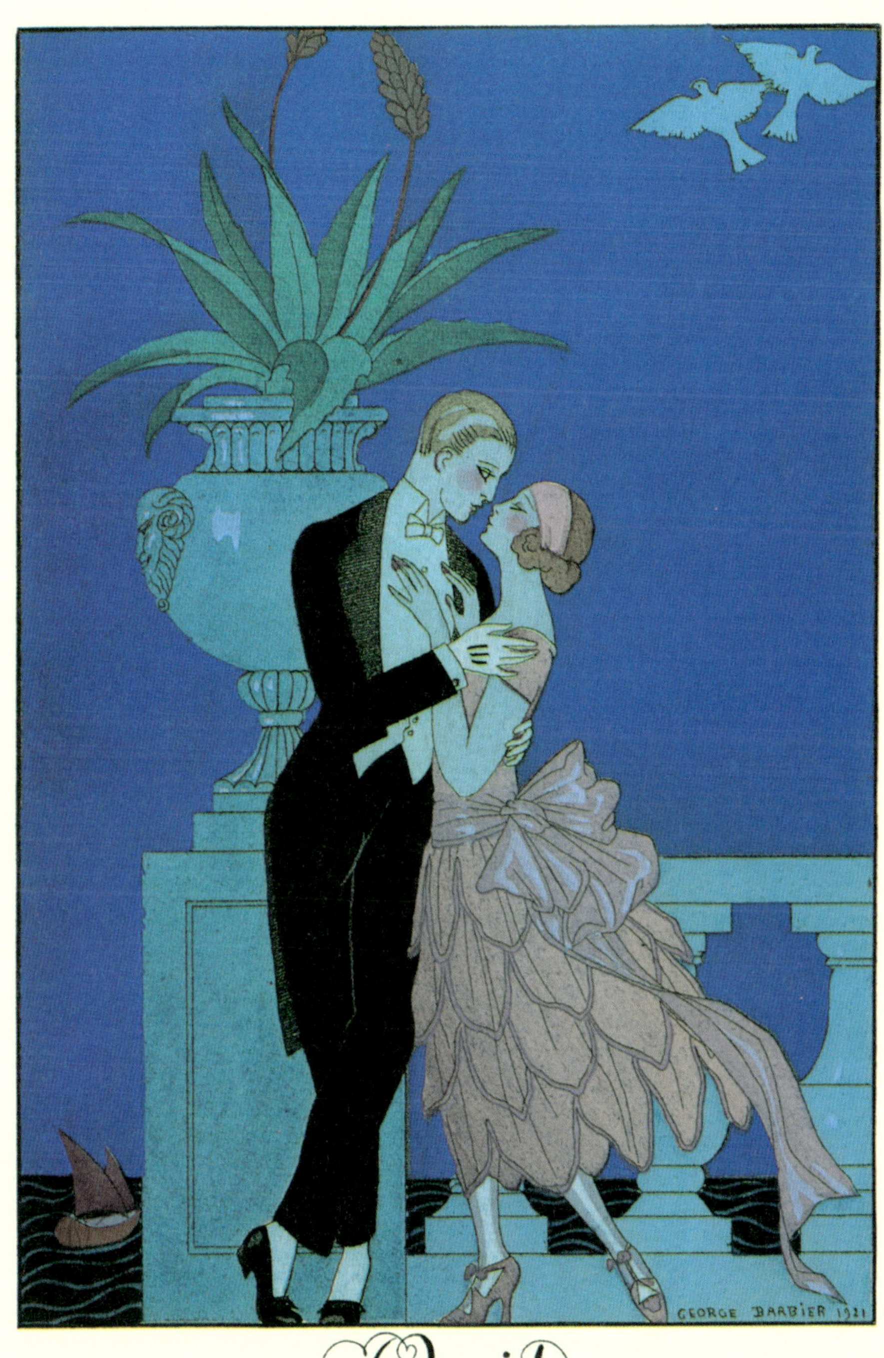

Oui!

「いいわよ!」

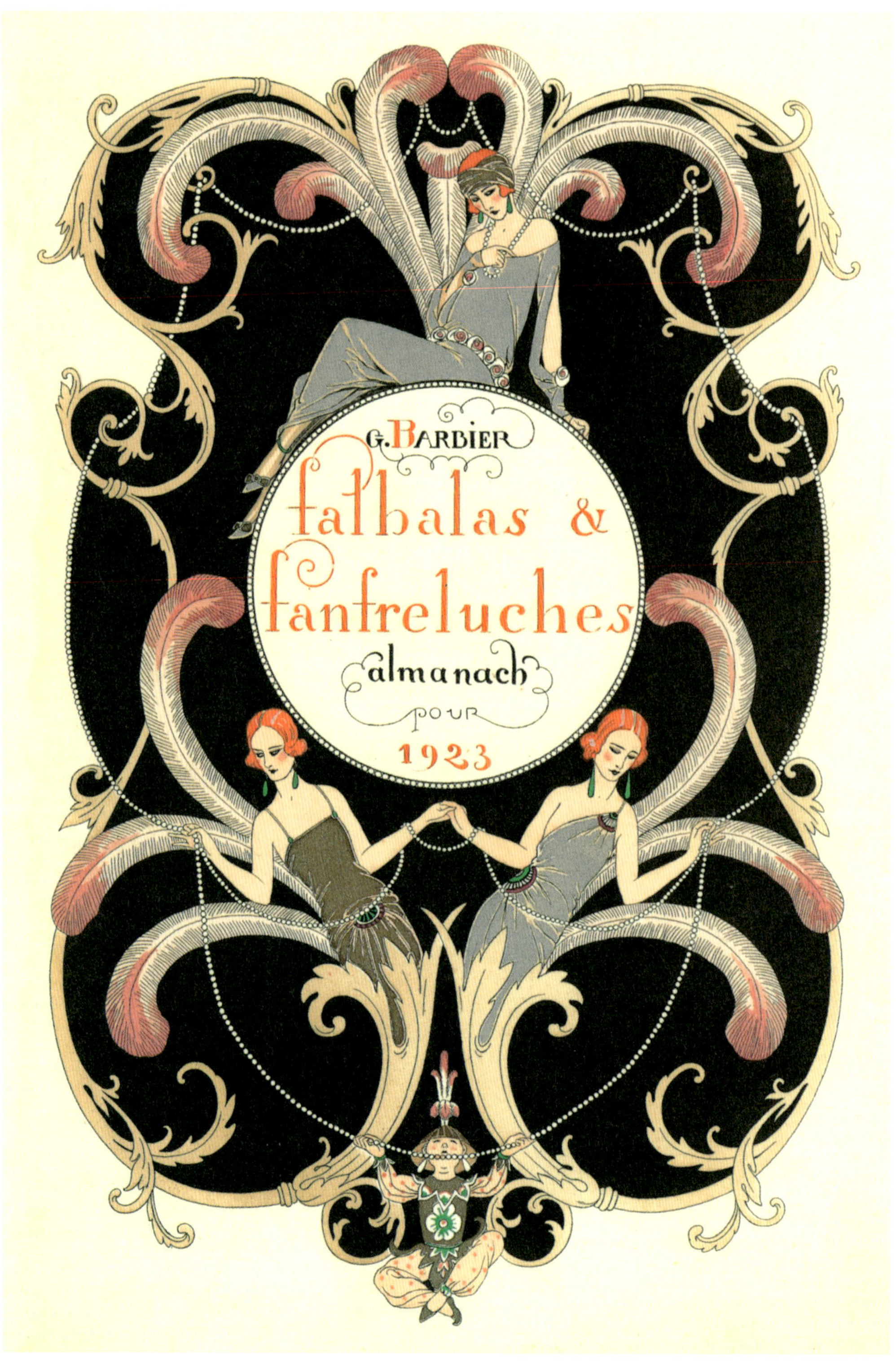

『ファルバラ・エ・ファンフルリュシュ』1923年表紙

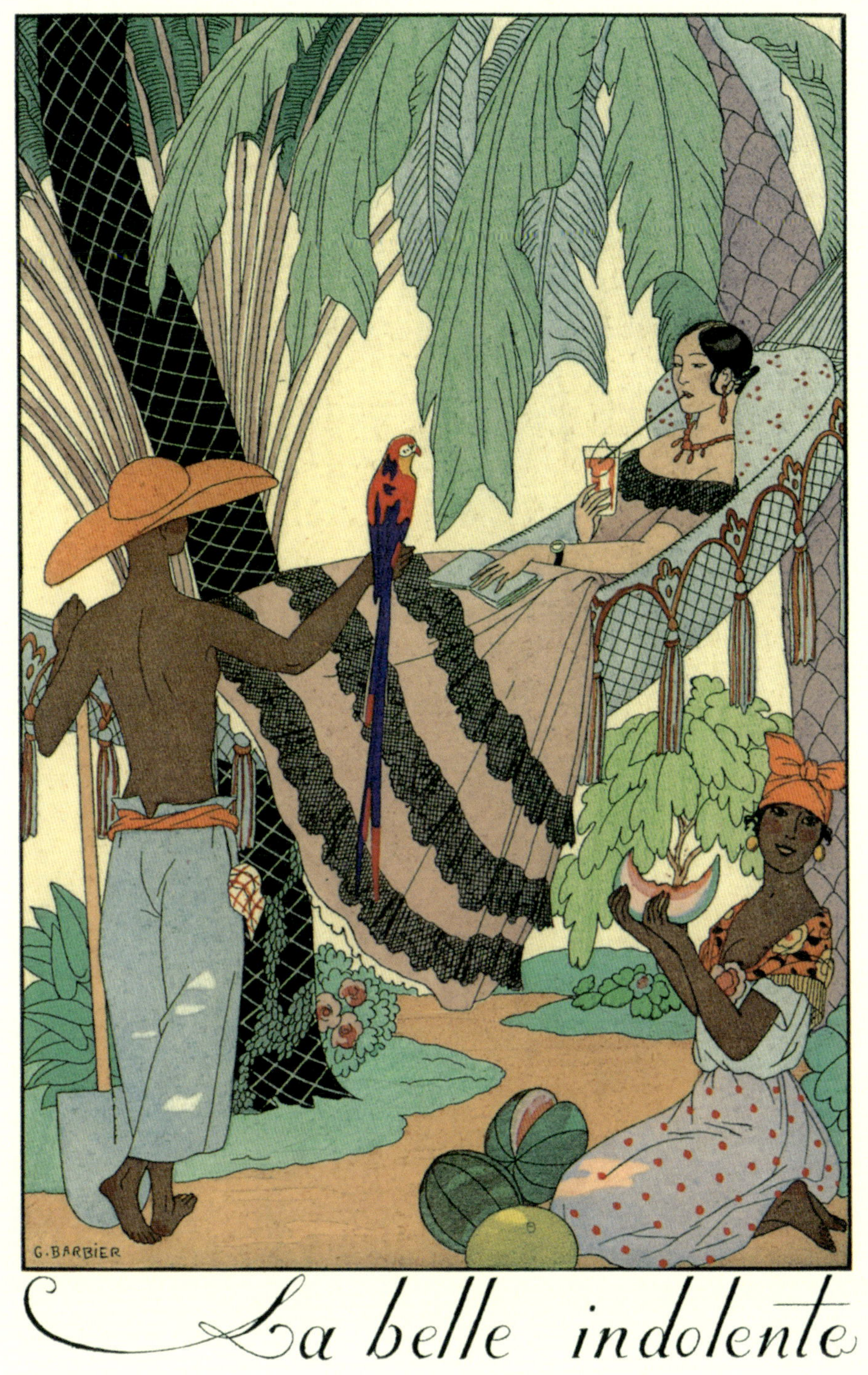

La belle indolente

「うるわしき怠惰」

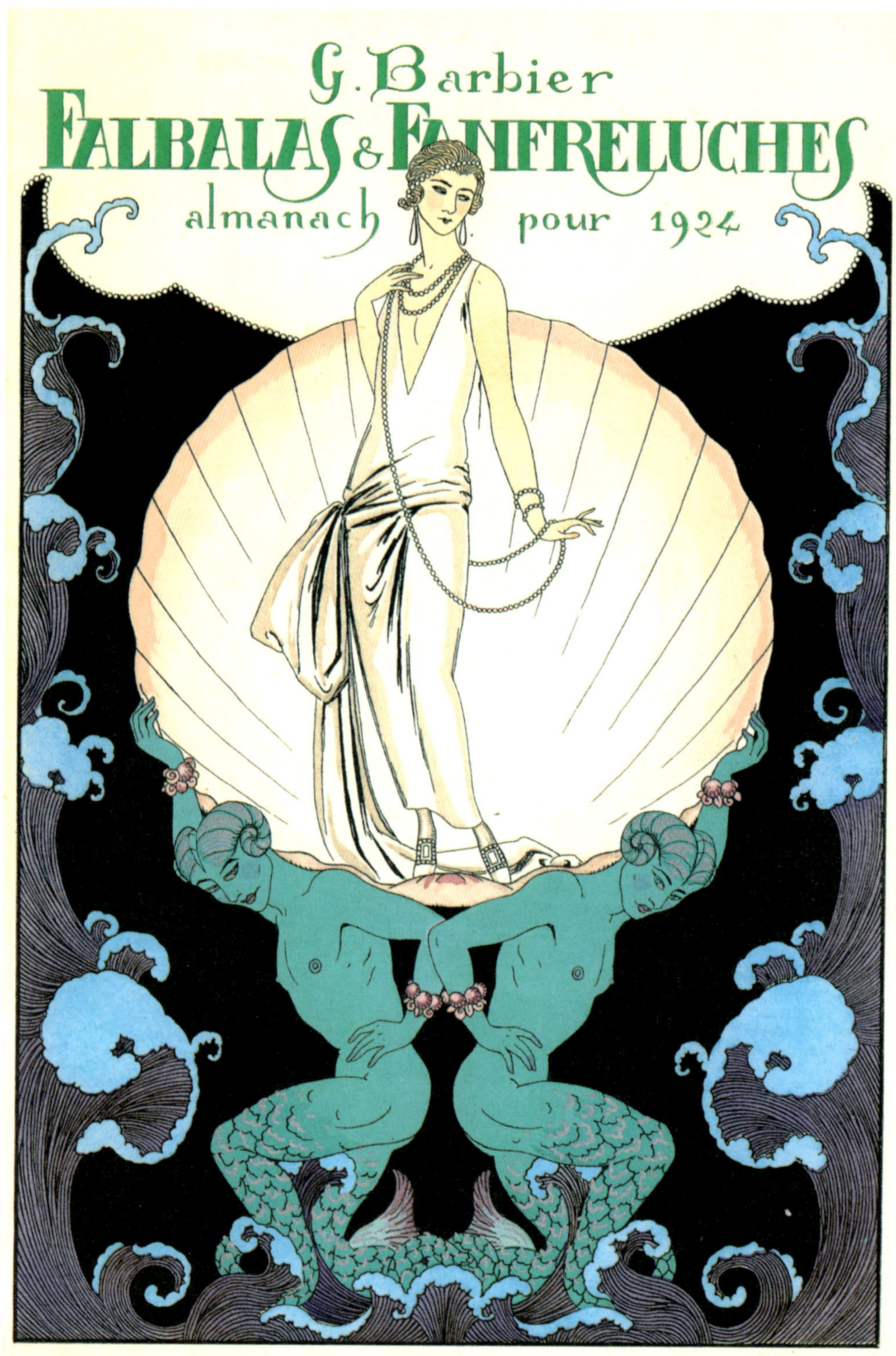

『ファルバラ・エ・ファンフルリュシュ』1924年表紙

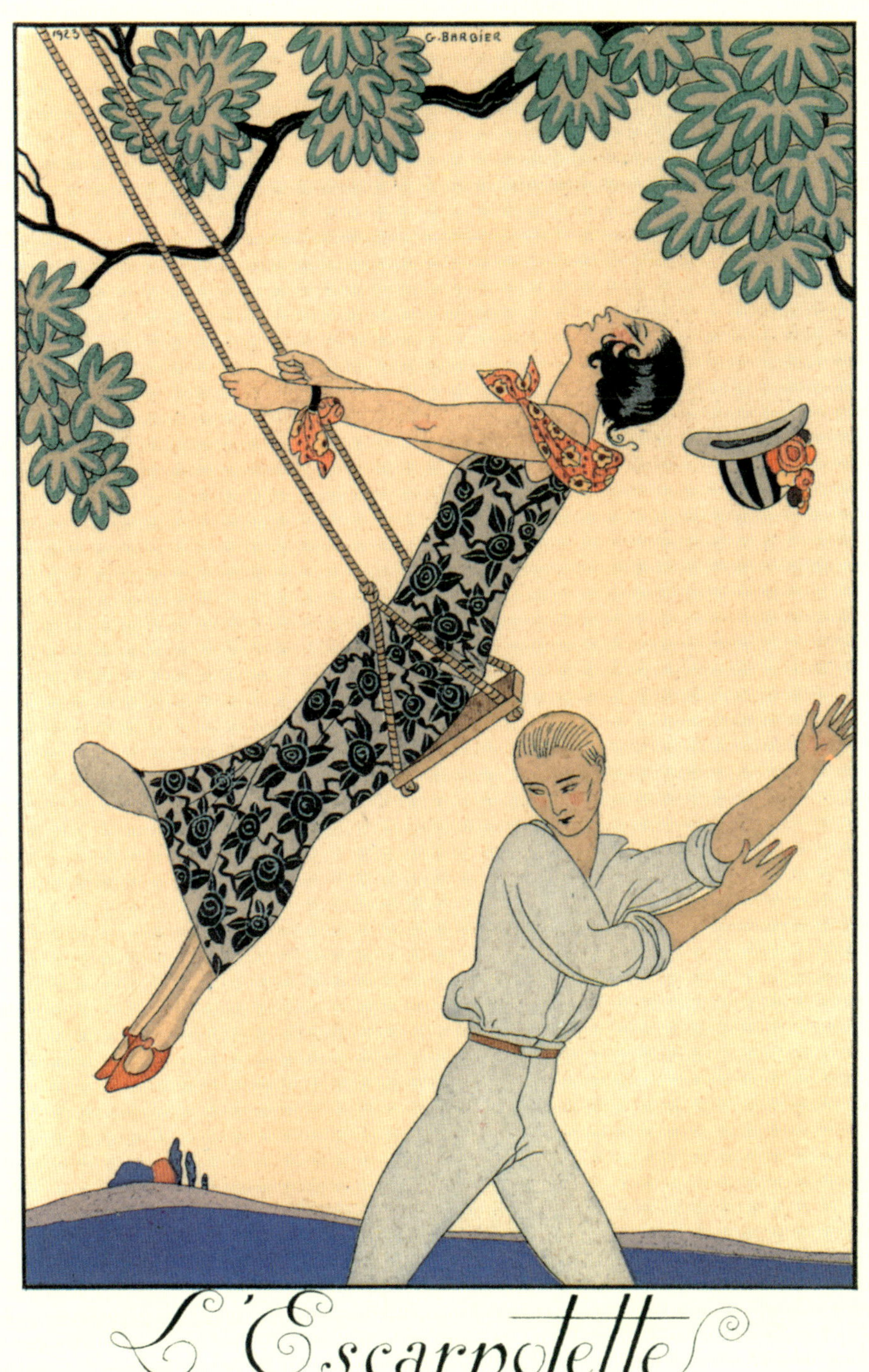

L'Escarpolette

「ブランコ」

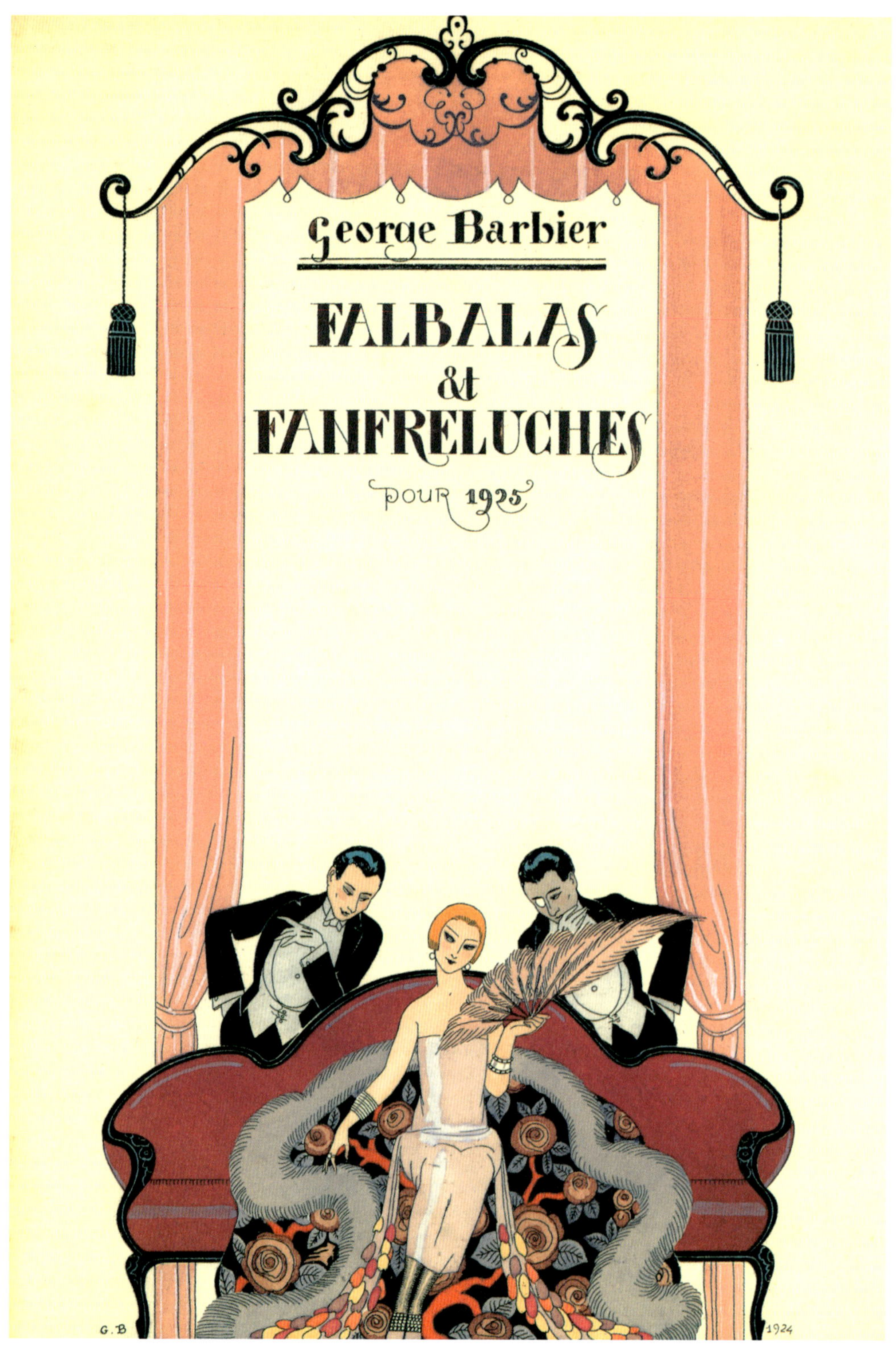

『ファルバラ・エ・ファンフルリュシュ』1925年表紙

「怠惰」

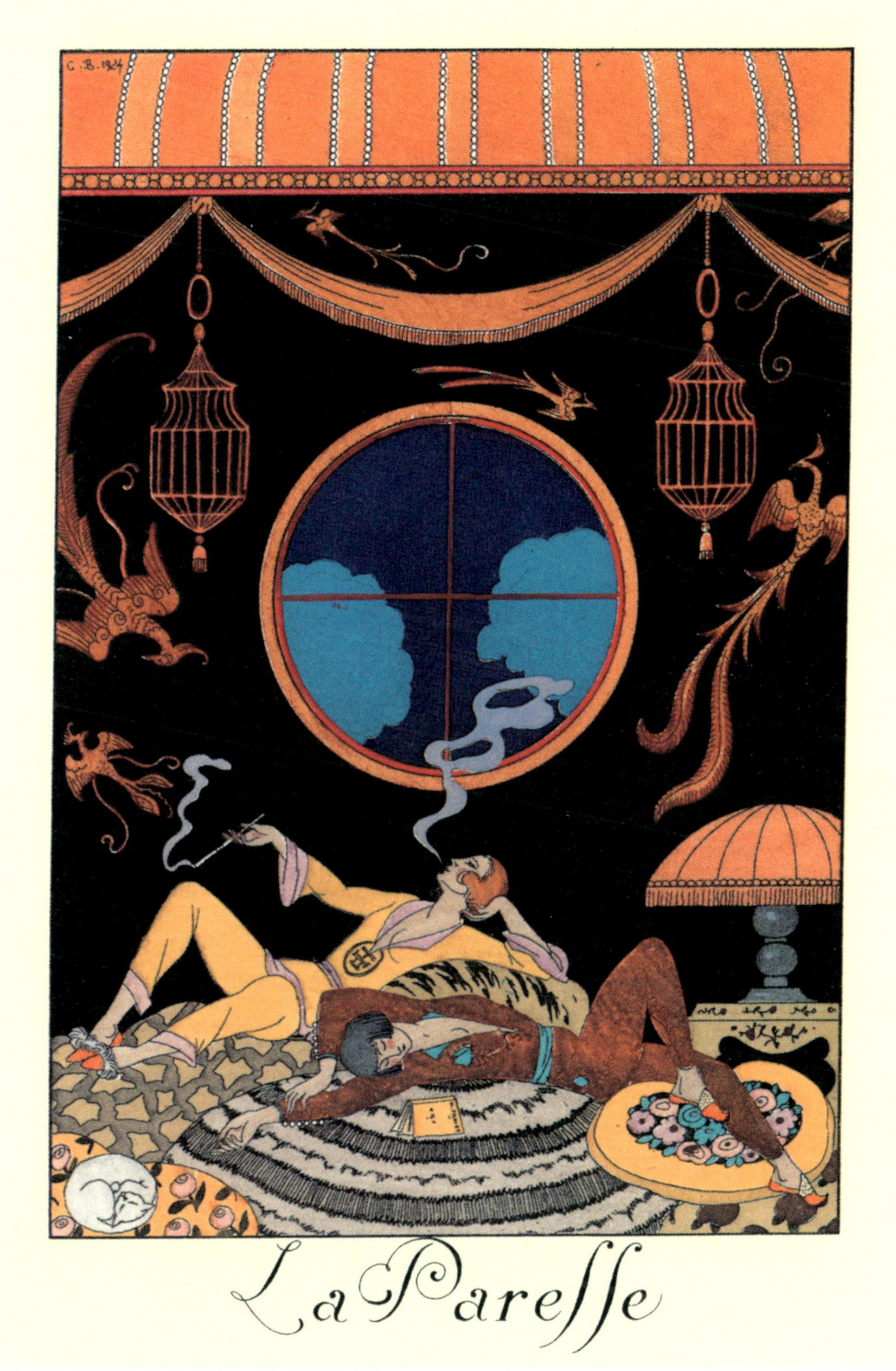

La Paresse

「怠惰」

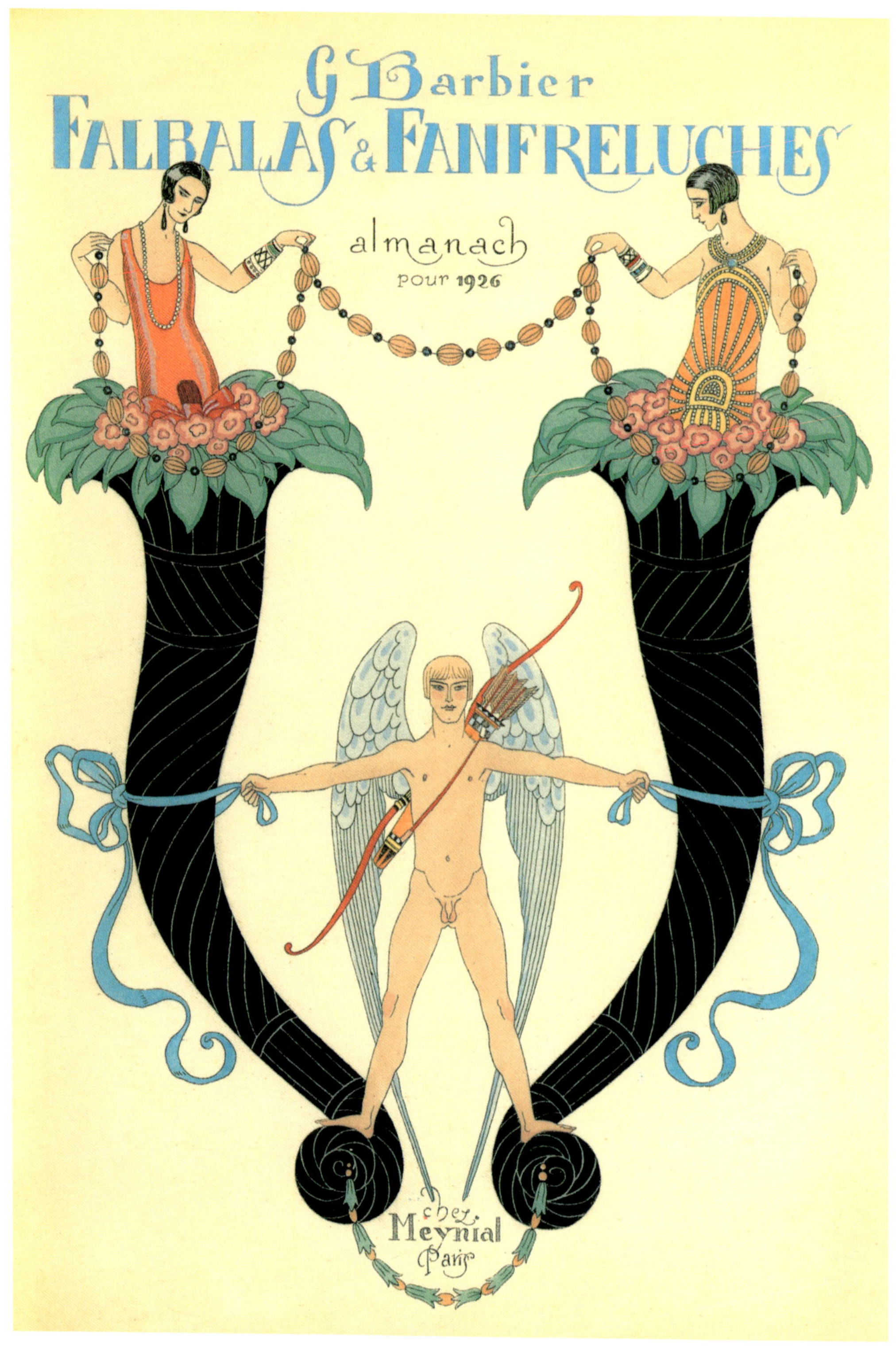

『ファルバラ・エ・ファンフルリュシュ』1926年表紙

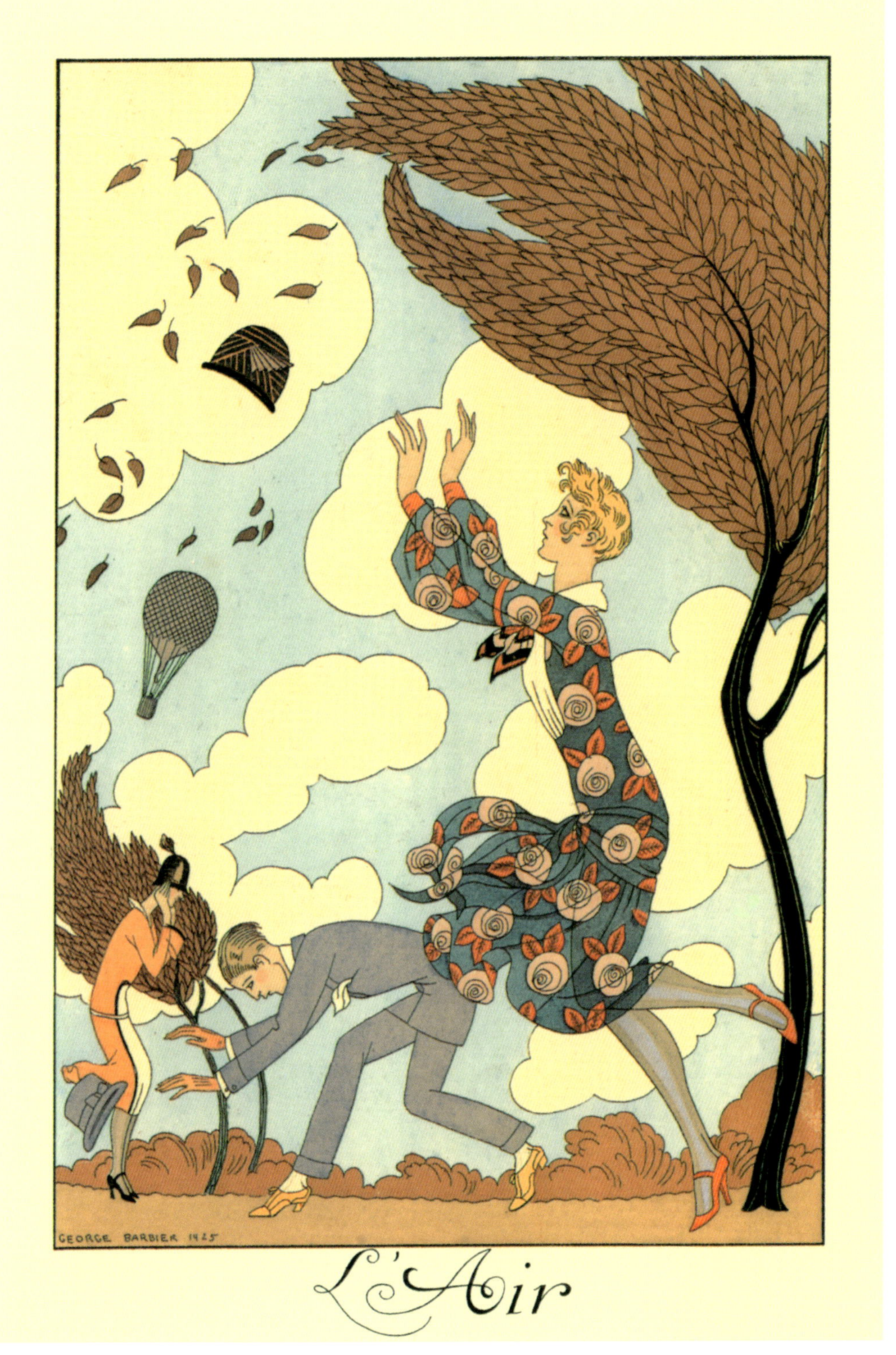

L'Air

「風」

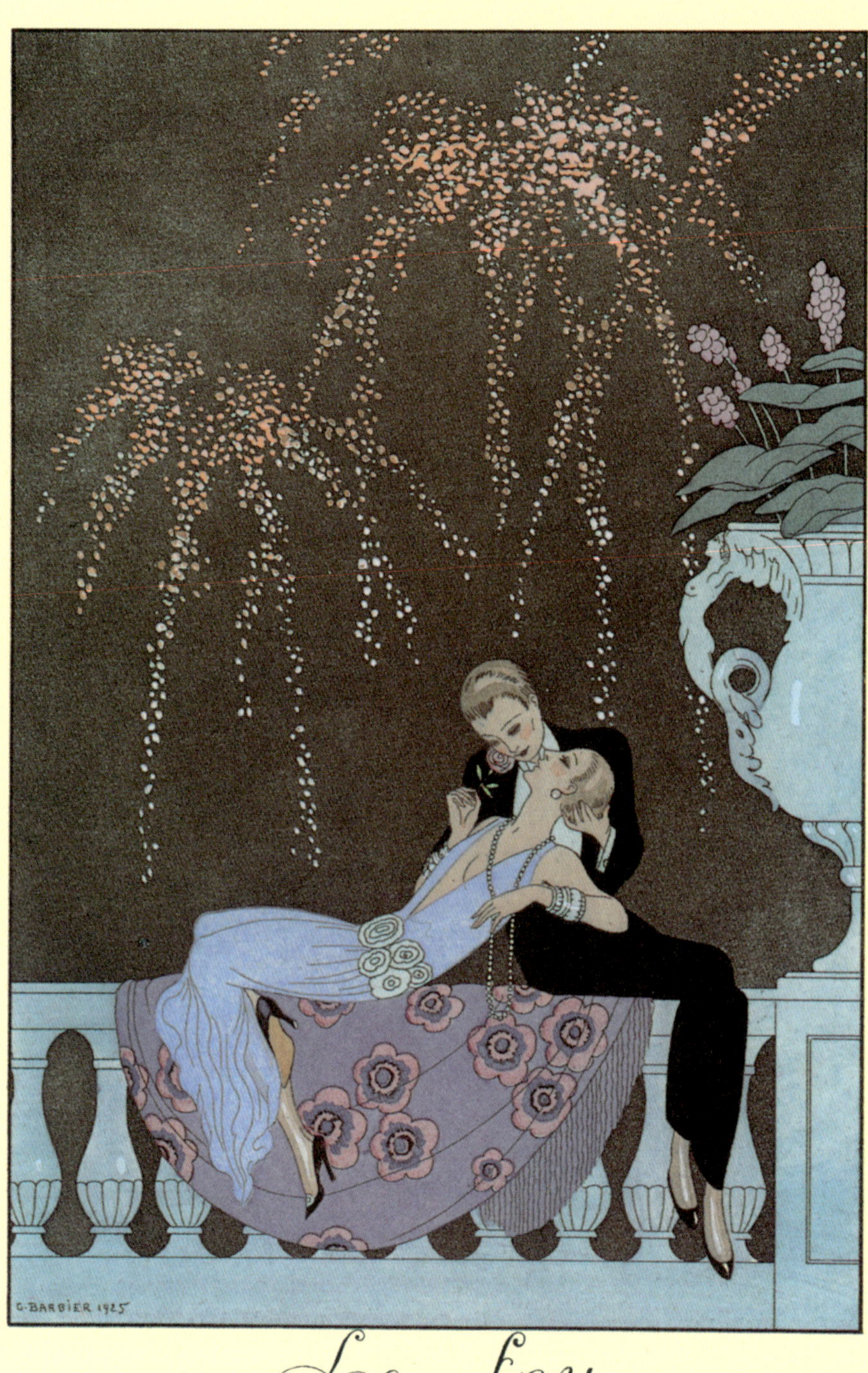

Le feu

「花火」

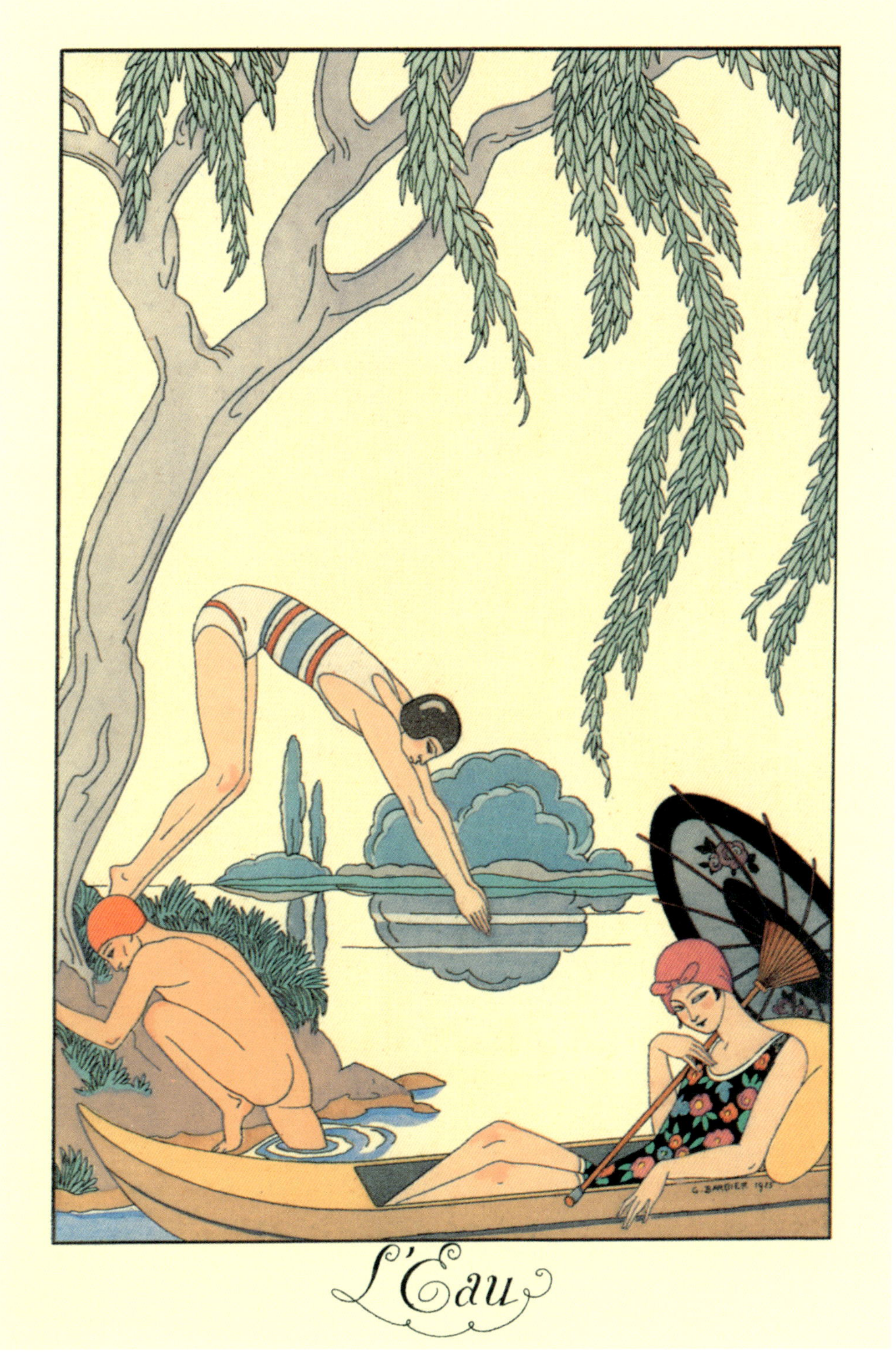

L'Eau

「水」

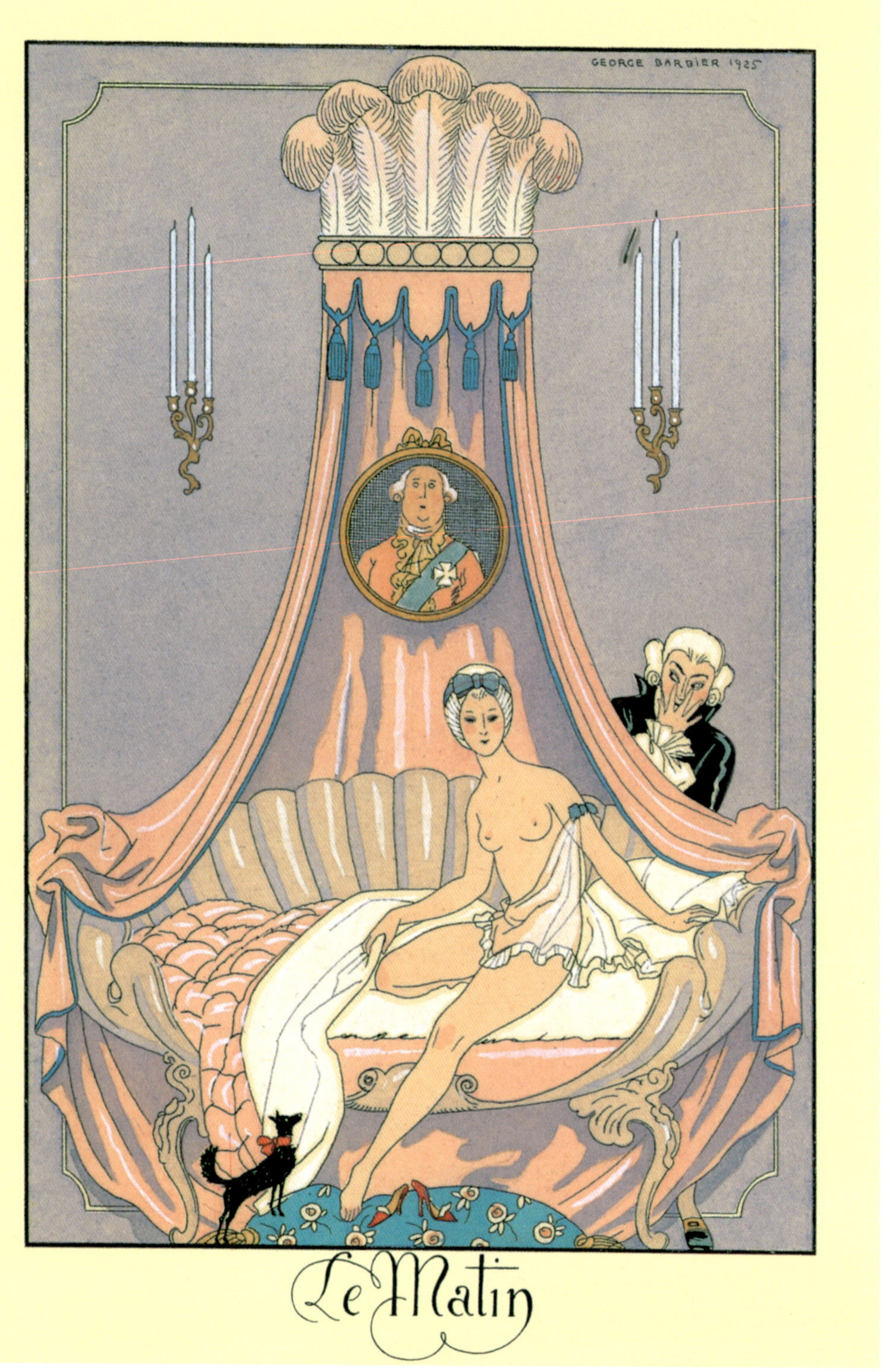

「朝」

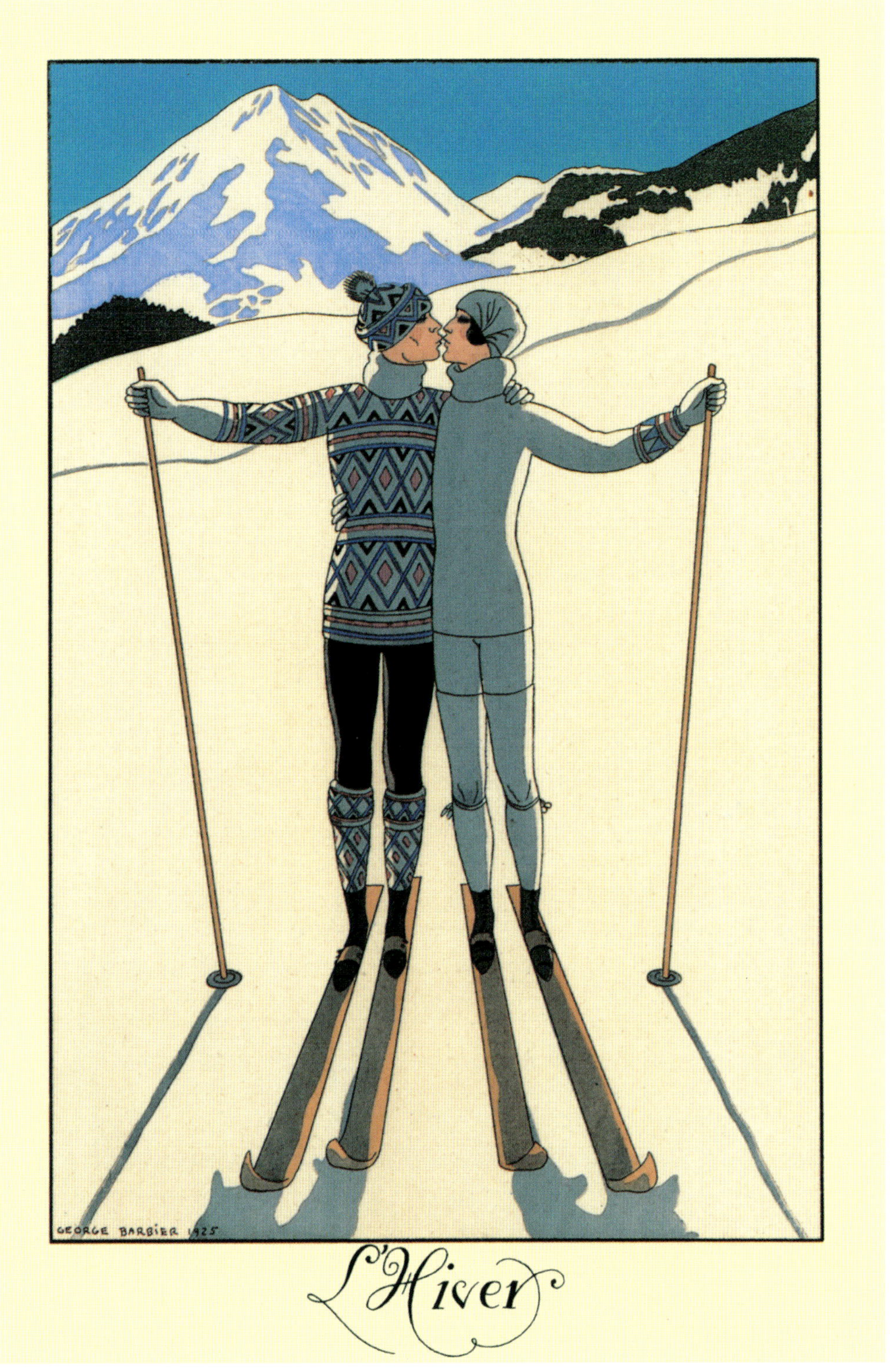

「冬」

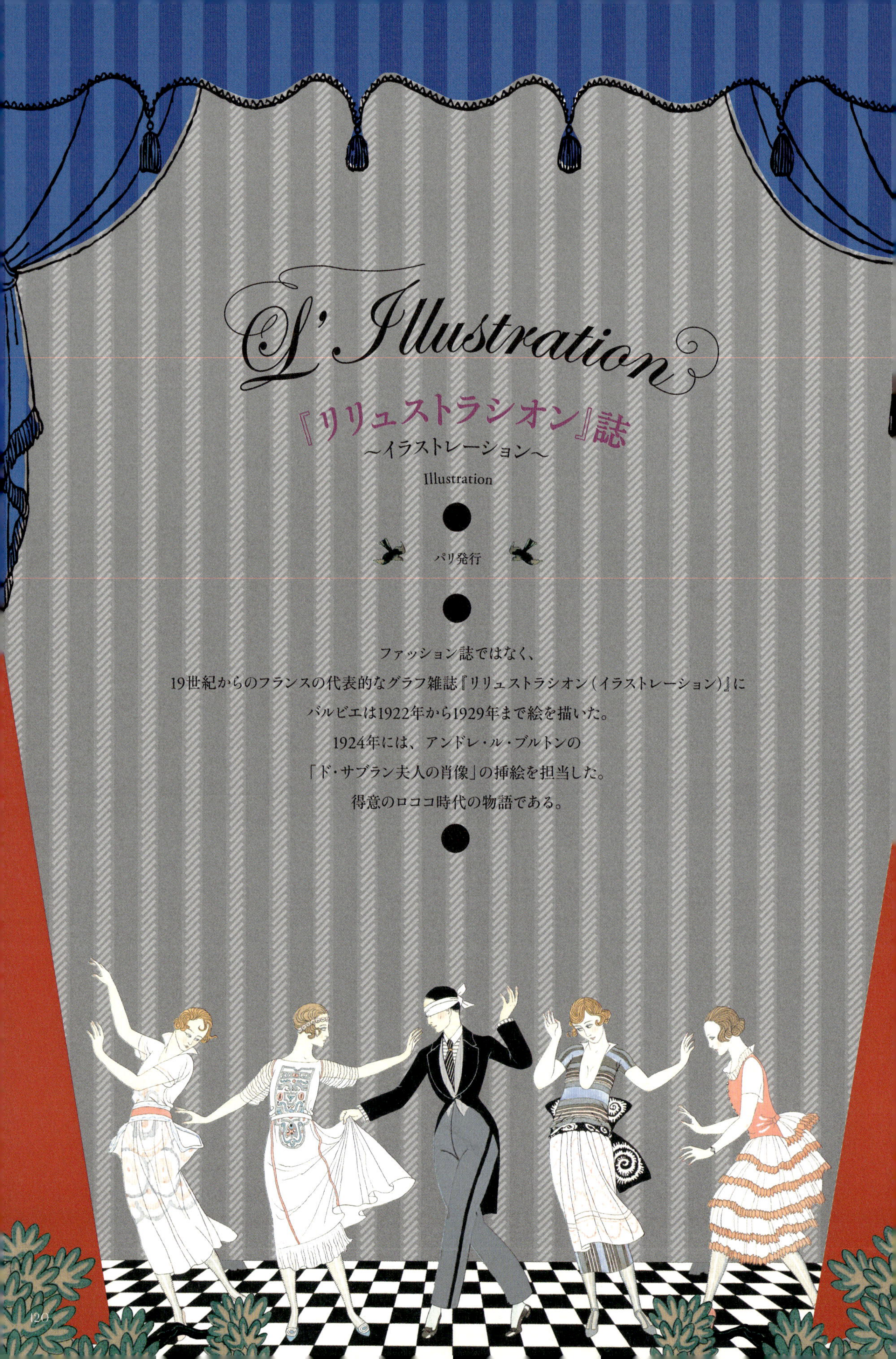

L'Illustration

『リリュストラシオン』誌

~イラストレーション~

Illustration

●

●

ファッション誌ではなく、
19世紀からのフランスの代表的なグラフ雑誌『リリュストラシオン（イラストレーション）』に
バルビエは1922年から1929年まで絵を描いた。
1924年には、アンドレ・ル・ブルトンの
「ド・サブラン夫人の肖像」の挿絵を担当した。
得意のロココ時代の物語である。

●

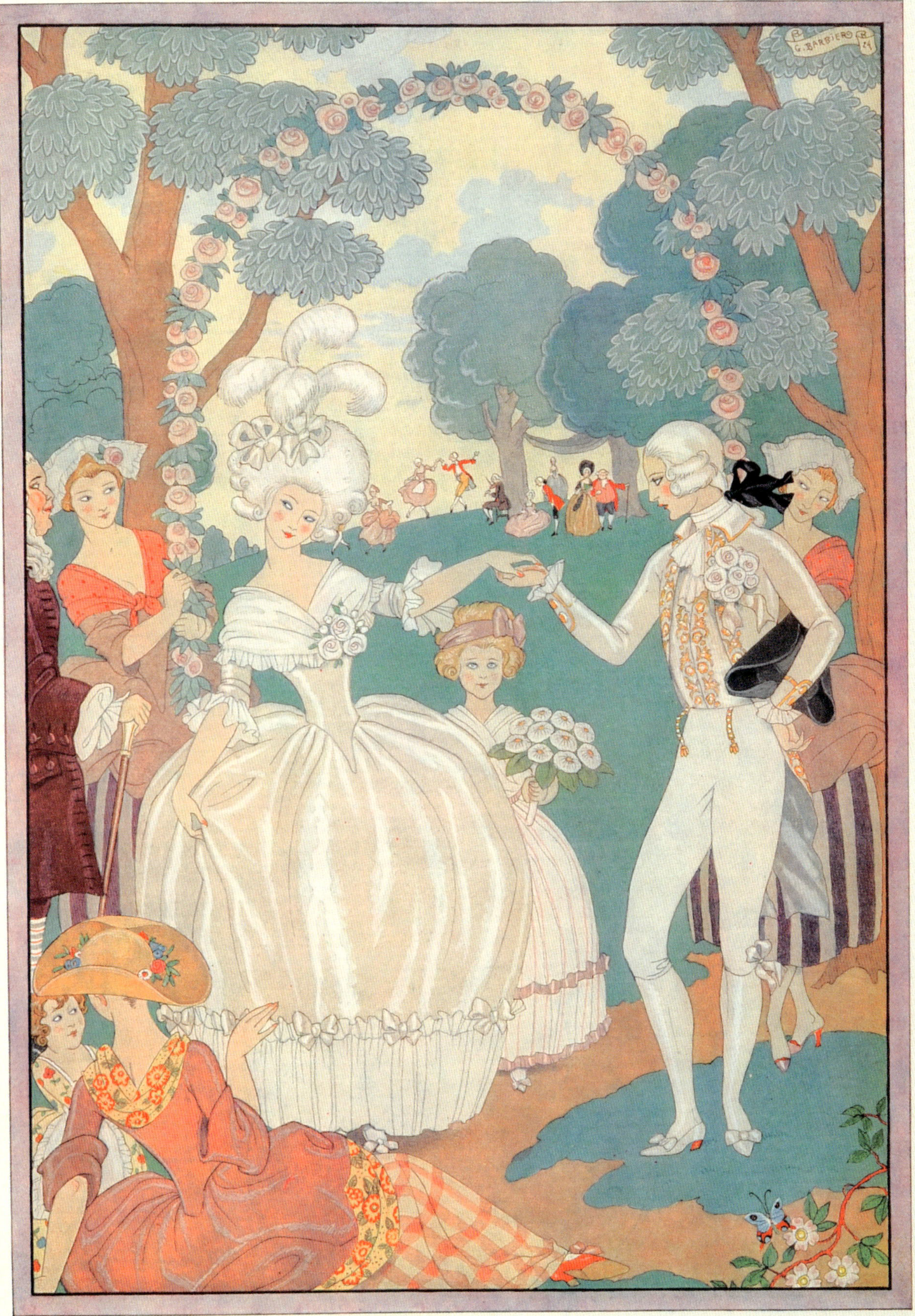

Le mariage de Delphine.

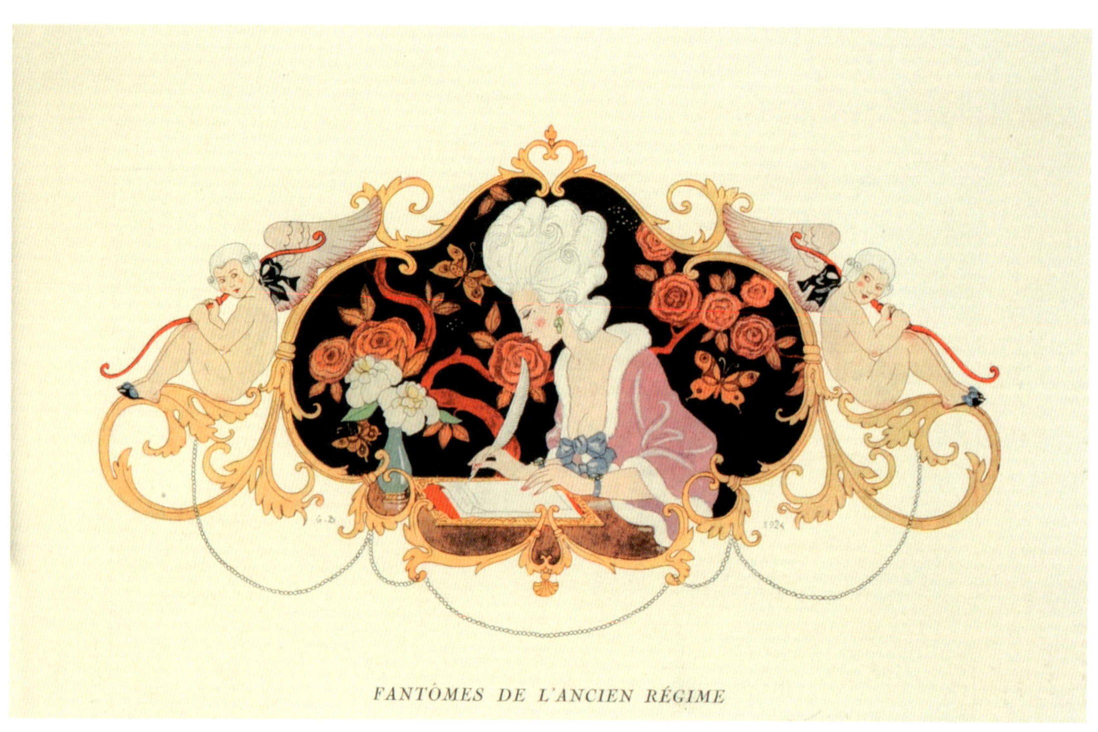

FANTÔMES DE L'ANCIEN RÉGIME

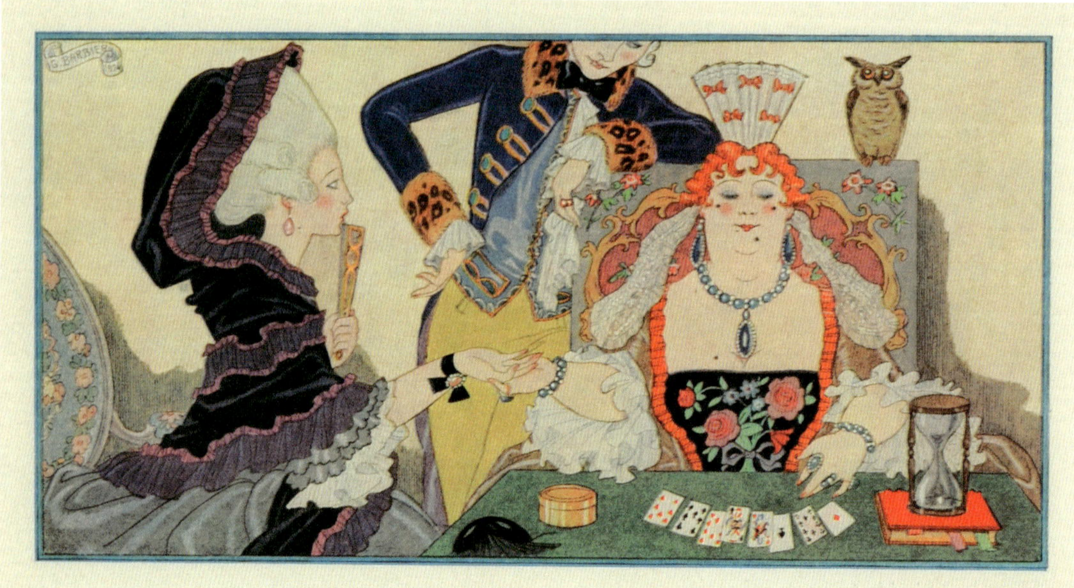

P121：「デルフィーヌの結婚」　P122：『リリュストラシオン』誌1924年クリスマス号挿絵

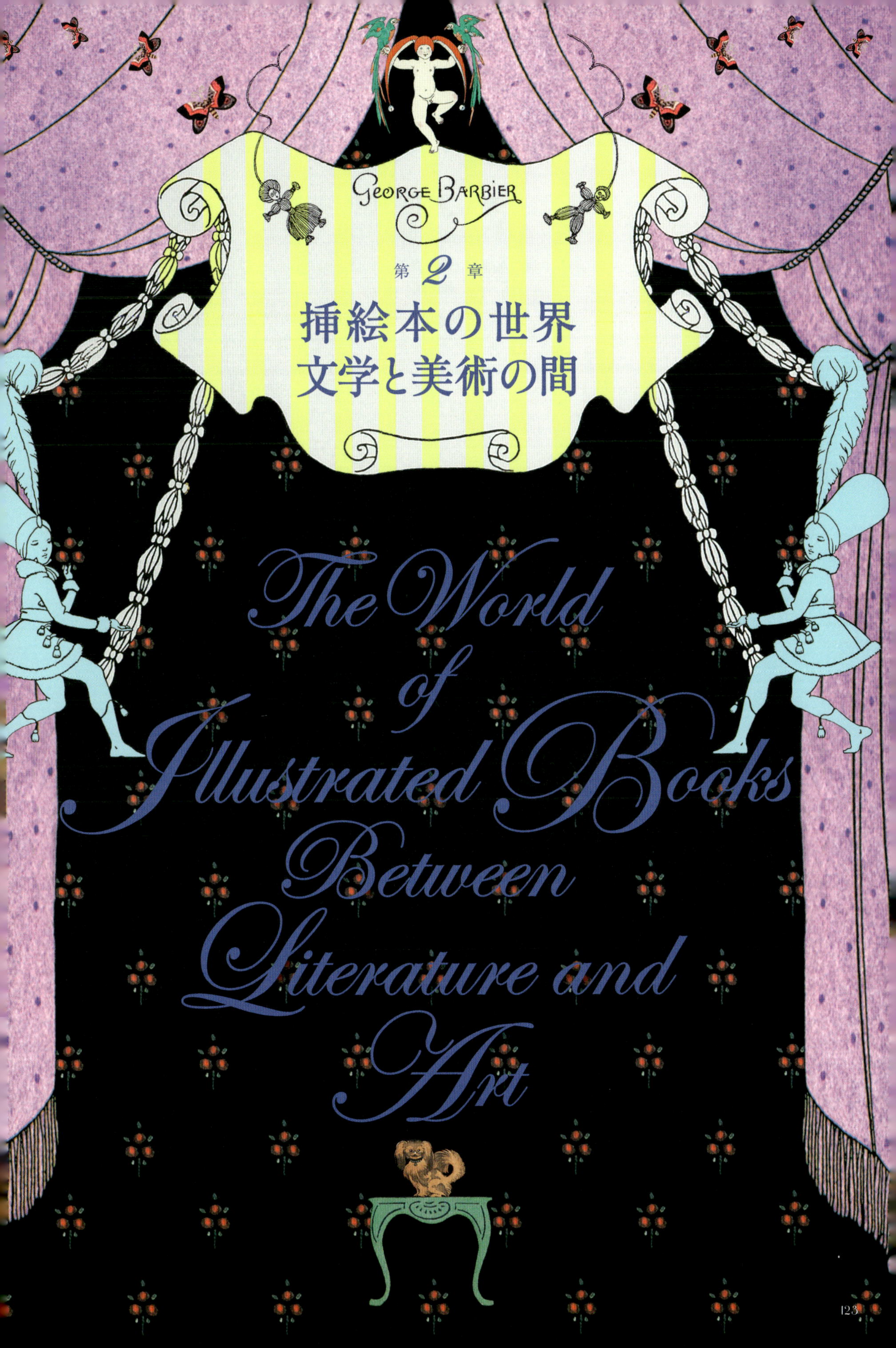

GEORGE BARBIER
第 2 章
挿絵本の世界
文学と美術の間
The World
of
Illustrated Books
Between
Literature and
Art

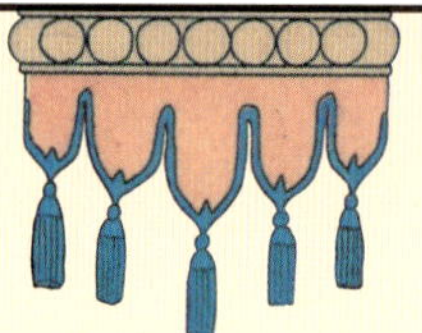

　バルビエは、約30冊の本の挿絵を描いた。ファッション・ブックと、小説・詩の挿絵本の2つに大きく分けられる。そしてファッション・ブックにはポショワールを、絵本には木版を使った。

　豪華本のコレクターの中には、ポショワールを嫌う人もいる。ポショワール（ステンシル）は手軽な方法で、豪華本にはふさわしくない、というのである。それに対してバルビエは、ポショワールが優れた表現法である、と弁護している。＜アール・デコ＞がリヴァイヴァルされるようになって、ポショワールも再評価され、バルビエのすばらしさも発見された。

　一方、バルビエの『ビリチスの歌』などの挿絵は木口木版で色刷りされている。フランソワ＝ルイ・シュミートという版画家との出会いがそこにはあった。バルビエとシュミートとの友情については、もっと研究が必要である。水彩画家であったバルビエに対し、シュミートは、版画家であるが、自ら挿絵も描いている。版画について知らないバルビエにアドヴァイスし、また原画についても意見を述べたろう。一時は、シュミート以外の版画家を使わなかったほどバルビエは親しかったが、ある時から距離を置くようになる。

　ポショワールと木版を、バルビエはどう区別していたろう。ポショワールの、色が混じらない、明るい、軽やかなカラーは、重厚さや奥行きはないとしても、ファッション画の透明で、影のない世界には向いていると思ったのではないだろうか。アール・デコ・スタイルにはポショワールの色調がふさわしかったのである。

　木版画の深みある微妙な色合いは、時のかげりを映す物語に向いているかもしれない。バルビエの挿絵では、2つの印刷スタイルを楽しむことができる。

　彼の物語や詩の挿絵本には、彼の文学趣味を反映するいくつかのテーマを見つけることができる。ここでは、＜ギリシア＞＜異国＞＜18世紀＞＜世紀末＞という4つのキーワードを考えてみたい。

ギリシア──オリンポスへの夢

　19世紀の後半、古典ギリシアへのあこがれがヨーロッパをとらえた。ピエール・ルイスの『ビリチスの歌』は、紀元前6世紀のギリシアの女流詩人ビリチスの詩集の翻訳として出され、ビリチスの伝記も添えられていた。しかしすべてルイスの創作であった。

　最初のギリシア・ブームは18世紀後半、ドイツの美術史学者ヨハン・ヴィンケルマ

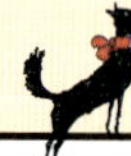

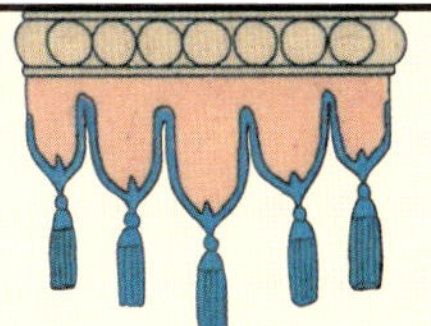

ンなどによって始まった。そしてギリシアのパルテノン神殿の彫刻がエルジン卿によって英国にもたらされ、1816年に大英博物館に入った。ロイヤル・アカデミーの画家たちはそれを模写するようになった。

19世紀後半になると本格的なギリシア・ブームが始まった。この時代に英国で勢いがあったプレラファエル派[1]に対する反動として、第2次のネオクラシシズム（新古典主義）がはやった。ロード・レイトン、ジョージ・フレデリック・ワッツ、ローレンス・アルマ＝タデマ、エドワード・ジョン・ポインターなどが中心であった。ウィリアム・ゴーントは『ヴィクトリアン・オリンポス』(1952)でこのグループをとりあげている。ヴィクトリア期に、古代ギリシアの神々を描き続ける画家のグループがいたのである。

クリストファー・ウッド『オリンピアン・ドリーマー　ヴィクトリア期古典主義の画家たち 1860-1914』(1983)は、夢のギリシアを描いた画家の歴史をたどっている。1900年を過ぎると、彼らの時代は終わったといわれる。

ロイヤル・アカデミーからは＜ギリシア＞の絵は消えていったが、それは大家芸術の中に受け継がれ、短いが、華々しいフィナーレを飾ったのではないだろうか。たとえばバレエ・リュスの「牧神の午後」の舞台のニジンスキー(fig.1)のイメージにおいて、そしてバルビエの挿絵の中の＜ギリシア＞において。

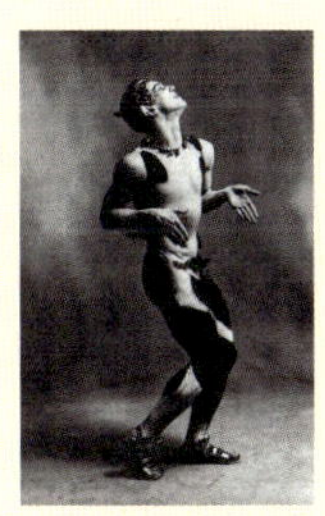

fig.1
バレエ「牧神の午後」の
ワツラフ・ニジンスキー
（1912年）

ピエール・ルイスの『ビリチスの歌』『アフロディット』における＜ギリシア＞はエロスとホモセクシャルの気分に満ちている。古代の神々の、あらゆるタブーから自由な性が謳歌されているのだ。バルビエの挿絵はその世界を開花させる。

『バルビエによる17の作品』や、モーリス・ド・ゲランの『散文詩』の挿絵などもギリシア趣味である。

異国

18世紀から始まっていた異国趣味、オリエンタリズムは、ナポレオンのエジプト遠征などによって一気に盛り上がった。エジプト、中近東、インド、中国、日本などの異国がバルビエの想像力をかきたてた。

『マケダ、シバの女王——エチオピア年代記』、『ミイラ物語』（ゴーチエ）、『香

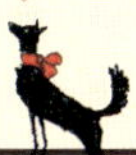

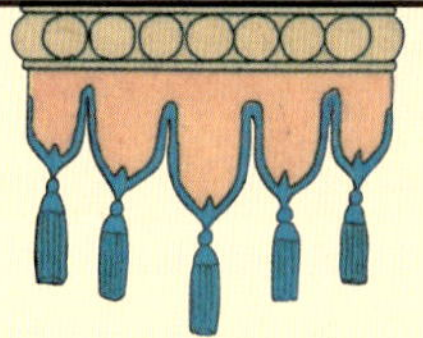

水のロマンス』などはバルビエのオリエント趣味の世界である。そこでは珍物奇物などが集められ、エキゾティックなファッションが繰り広げられる。

　＜ギリシア＞においてもそうであったが、＜異国＞においても、ヨーロッパで禁じられているものが許される。なぜなら、この世、この国ではなく、ファンタジーの国にいるのだから。

　現実と想像が混じり合い、世界を自由に旅していくとともに、古代の神々や妖精たちに出会うことができる。おそらく＜アール・デコ＞というスタイルは、古さと新しさが混じり合って、いつか見たようななつかしさと、驚異の未知の魅力が同時に見えるようなものだったろう。ネオクラシックでモダンという不思議なカクテルをバルビエはグラスに注いでくれるのである。

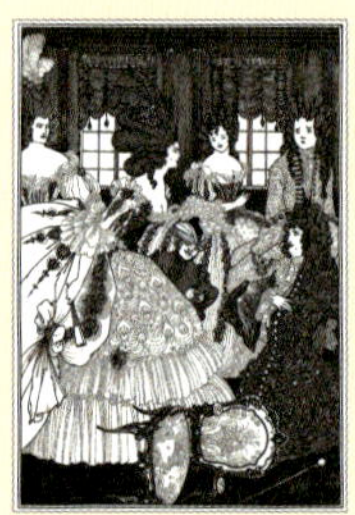

fig.2
オーブリー・ビアズリー画
『髪盗み』
（アレクサンダー・ポープ著
1896年）

18世紀

　18世紀、ロココの世紀もバルビエの世界である。カサノヴァやドン・ファンの時代、ラクロの『危険な関係』、ヴェルレーヌの『艶(えん)なる宴』、『2匹の青とかげの四輪馬車』などがそこに属する。貴族や貴婦人の宮廷生活、大広間の仮面舞踏会、そして、宮廷バレエやオペラ、ページェント、庭園での恋愛遊戯。

　19世紀末の＜18世紀＞回帰、ロココ趣味は、ビアズリーの『髪盗み』（アレクサンダー・ポープ著／fig.2）などに見られるが、20世紀初めのエドマンド・デュラック、カイ・ニールセン、そしてバルビエに受け継がれる。ロココ・スタイルの曲線は、アール・ヌーヴォーの1つの源泉となるが、バルビエはさらに、ロココのエロティックな、女性的、室内的な感性を甦らせ、アール・デコのモダンなデザインへと導いてゆく。アール・ヌーヴォーとアール・デコは曲線と直線というふうに違っているところはあるが、連続的なところもある。どちらにもジャポニズム（日本趣味）の影響があり、また、ロココ・スタイルは両方に共通している。

　アール・ヌーヴォーからアール・デコへの過渡期にいたバルビエは、ロココ・スタイルによって両者をつないでいたのだろう。ロココ的な感性は、ファッション世界へのスムーズな順応にも役立った。20世紀初頭の

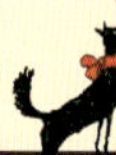

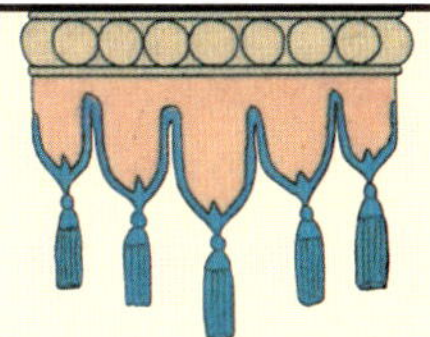

ファッション革命、パリ・ファッションの世界化は、ロココのファッション・ライフのリヴァイヴァルという形で行われたのである。

すでに宮廷はなくなっていたが、社交界、美術界、演劇界、文学界、ファッション界が協力して、パリを世界の中心、ファッションの宮廷とするシステムをつくり上げたのであった。パリ・ファッションは、ロココからの自在の引用によって織り上げられた。バルビエをはじめとするファッション画家にとって、ロココは、豊かなデザイン・ソースであった。

世紀末

ギリシア、異国、18世紀などのモチーフは19世紀末に＜世紀末デカダンス＞の湖に流れ込んだ。そこで想像力の源泉として蓄えられ、アーティストがそこからイメージを汲み上げるものとなったのであった。たとえばピエール・ルイスは、『ビリチスの歌』や『アフロディット』など彼自身の＜ギリシア＞を創作できるようになった。

ピエール・ルイス、アンリ・ド・レニエ、そしてバルビエなどの間で語られ、幻視された＜ギリシア＞は、古代ギリシアそのものではなく、あくまで＜世紀末としてのギリシア＞だったのである。

＜世紀末＞では、イタリアのルネサンスが大きな要素となった。ウォルター・ペーター(2)やレニエたちは、ヴェネチアやフィレンツェに遊び、ルネサンスへの新しい興味を呼びさました。ところでルネサンスは、古代ギリシア・ローマの再発見であるから、19世紀末は、15世紀のルネサンスを再発見したわけで、ルネサンスのルネサンスであり、二重のルネサンスによって、＜ギリシア＞を呼び出したのである。

20世紀の初めに、失われつつあった＜世紀末＞をバルビエは限りなく惜しみ、もう一度、その時を取り戻そうとする。

彼の絵の中で、人々はいつまでも若い。すでに失われたはずの時がまた戻ってくる。バルビエの挿絵本は、第一次世界大戦を挟む時代につくられた。時代の変化が特に激しく、多くのものが失われてしまった。それだからこそ、彼は変わらない、いつまでも若々しい時代をその最後の時まで描き続けたのであったろう。

註1　プレラファエル派…ラファエル前派。ラファエル以降のアカデミックな芸術規範を退け、すなおな目で改めて自然に向かい、科学的な正確さと顕微鏡的な細密さを追求した。

註2　ウォルター・ペーター（1839-94）…英国ヴィクトリア朝時代の評論家・批評家・小説家。著書『ルネサンス』で、オスカー・ワイルドをはじめ、芸術を愛する若者に大きな影響を与えた。

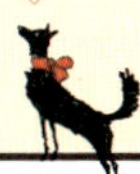

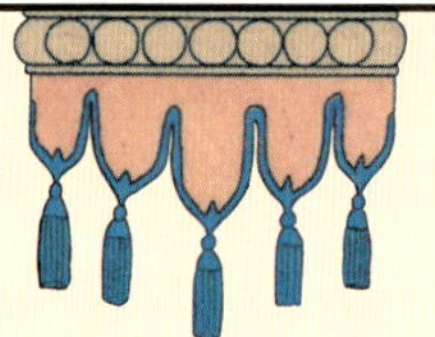

Barbier illustrated nearly 30 books in two broad categories: fashion and literature, including both fiction and poetry. For the fashion books he used pochoir, for other books woodblock prints.

Some collectors of limited edition books dislike *pochoir*, asserting that this stencil technique is too easy to be suitable for truly deluxe books. The superb quality of Barbier's *pochoir* rebuts that assertion. The revival of interest in Art Deco has led to a reassessment of *pochoir* and the rediscovery of Barbier's superb work.

Barbier's illustrations for *Les Chansons de Bilitis* and other literary projects were produced using color woodblock prints, bringing together Barbier and the printmaker Francois Louis Schmied. Barbier and Schmied's friendship deserves closer attention. Barbier was a watercolorist, Schmied a printmaker, and each produced his own illustrations. Schmied advised Barbier, who knew nothing about printmaking, and directed the production of the printing blocks. At one point, Barbier would work with no other printmaker. Later, however, they went their separate ways.

How did Barbier differentiate *pochoir* from woodblock prints? In *pochoir*, blending colors is impossible. Colors are flat and lack weight and depth, suitable for the shadowless, translucent world of fashion. *Pochoir* was ideal for Art Deco. The depth and subtlety of color in woodblock prints was more suitable for stories involving the passage of time.

In Barbier's illustrations for stories and poems, we discover themes that reflect his personal interests in literature: Greece, the exotic, the eighteenth century, and the end of the century.

Greece—Dreaming of Olympus

In the second half of the nineteenth century, Europe aspired to be like ancient Greece. Pierre Louÿs's *Les Chansons de Bilitis* purported to be a translation of poems by a sixth century b.c. female Greek poet, complete with a biography of the poetess, Bilitis. It was, in fact, completely Louÿs'own work.

The first "Greek boom" had occurred in the second half of the eighteenth century, sparked by the work of the German art historian Johann Winckelman. Then, in 1816, Lord Elgin carried home the "Elgin Marbles" from the Parthenon to England, where they were painted by artists from the Royal Academy.

The late nineteenth century saw another peak in interest in ancient Greece. In England, Neoclassicism revived in reaction to the Pre-Raphaelites. According to William Gaunt's *Victorian Olympus* (1952), its leaders were Frederick, Lord Leighton, George Frederic Watts, Lawrence Alma-Tadema, and Sir Edward John Poynter, who painted deities in the ancient Greek pantheon. Christopher Wood's *Olympian Dreamers: Victorian Classical Painters 1860-1914* (1983) is a history of artists who painted the Greece of their dreams. By 1900 their era was ending.

Paintings with ancient Greek motifs disappeared from the Royal Academy, but continued to be produced by major artists, in what became a brilliant finale. Examples include the image of Nijinsky performing *Afternoon of a Faun* with the Ballets Russes and the illustrated books for which Barbier produced illustrations. The Greece depicted in Pierre Louÿs's *Les Chansons de Bilitis* and *Aphrodite* are permeated with eroticism and homosexuality. They are celebrations of the ancient gods and their freedom from taboo. Barbier's illustrations reveal this world in full flower.

The Exotic

Orientalism and interest in the exotic started in the eighteenth century and blossomed during Napoleon's expedition to Egypt. Barbier's imagination was stimulated by Egypt, the Near East, China and Japan.

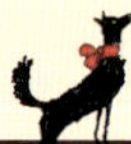

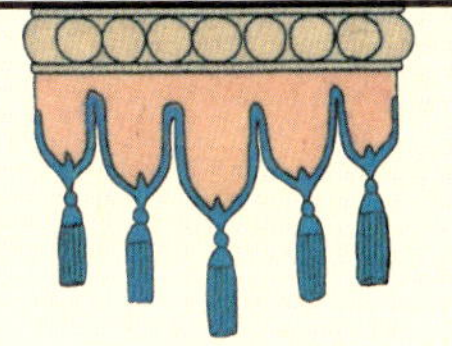

Barbier's interest in the Orient is evident in his illustrations for *Makeda, Reine de Saba* (The queen of Sheba—The chronicle of Ethiopia), *La Roman de la Momie* (The mummy's tale), and *The Romance of Perfume*. The rarities they depict helped promote the spread of exotic fashions.

Both "Greek" and "exotic" were synonymous with acceptance of things forbidden in Europe. Why? They represented fantasies, not of this world or this country.

When reality and imagination fused, not only was it possible to travel freely wherever you liked, it was also possible to encounter ancient gods and fairies. Art Deco mixed old and new in previously unseen ways, at the same time rendering visible things with the thrill of the unknown. In his glass, Barbier mixed an uncanny cocktail of neoclassic and modern.

The Eighteenth Century

The eighteenth century Rococo—the world of Casanova and Don Juan, Laclos' *Les Liaisons dangereuses* and Verlaines' poetry, aristocrats and courtiers, masked balls, the royal ballet, opera, pageants, and amour in the garden—was another of Barbier's worlds.

The end of the nineteenth century saw a revival of interest in the eighteenth century and Rococo. Unmistakable in Aubrey Beardsley's illustrations for *The Rape of the Lock* (a poem by Alexander Pope), the Rococo theme continued in the early twentieth century in the work of Edmund Dulac, Kay Nielsen, and George Barbier. Rococo styles had been a source for Art Nouveau, but Barbier pushed them in new erotic, feminine, and private directions, pulling Art Deco toward modern design. Art Nouveau is to Art Deco as curve is to line, but there are also continuities. Both were influenced by Rococo as well as Japonisme.

Living through the transition between Art Nouveau and Art Deco, Barbier found in Rococo a way to tie them together. A Rococo sensibility also fit smoothly into the fashion world. The fashion revolution and spread of Paris fashion at the start of the twentieth century thus took on Rococo forms.

While the royal court had disappeared, the high society, arts, theater, literature and fashion worlds collaborated to make Paris the global capital of a new aristocracy. Paris fashion freely quoted from the Rococo, making it a rich source of inspiration for Barbier and other fashion illustrators.

Fin de Siècle

Greek, exotic and eighteenth century influences converged in fin de siècle decadence at the end of the nineteenth century, as an era seemed to be ending. All those influences provided sources that fed artists' imaginations. Barbier's illustrations for *Les Chansons de Bilitis* and *Aphrodite* are good examples.

The Greece of which Pierre Louÿs, Henri de Regnier, and Barbier spoke to each other was an illusion, not the real ancient Greece but the Greece imagined by fin de siècle Europe.

The Italian Renaissance was another major element in this fin de siècle mood. Writers such as Walter Pater and Regnier traveled to Venice and Florence and stimulated fresh interest in the Renaissance. But, in rediscovering the Renaissance of the fifteenth century, they also rediscovered the Renaissance's interest in ancient Greece and Rome: a Renaissance of the Renaissance.

Barbier, working in a new century, was nostalgic for that fin de siècle world. In his images, people are forever young. They live in a moment of eternal return to a lost past. Barbier's illustrated books appeared, however, on the eve of World War I. Dramatic change was in the air. Much would be lost. But for that very reason, Barbier refused to change. To the end he continued to depict that world of eternal youth.

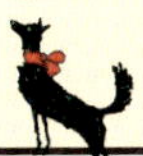

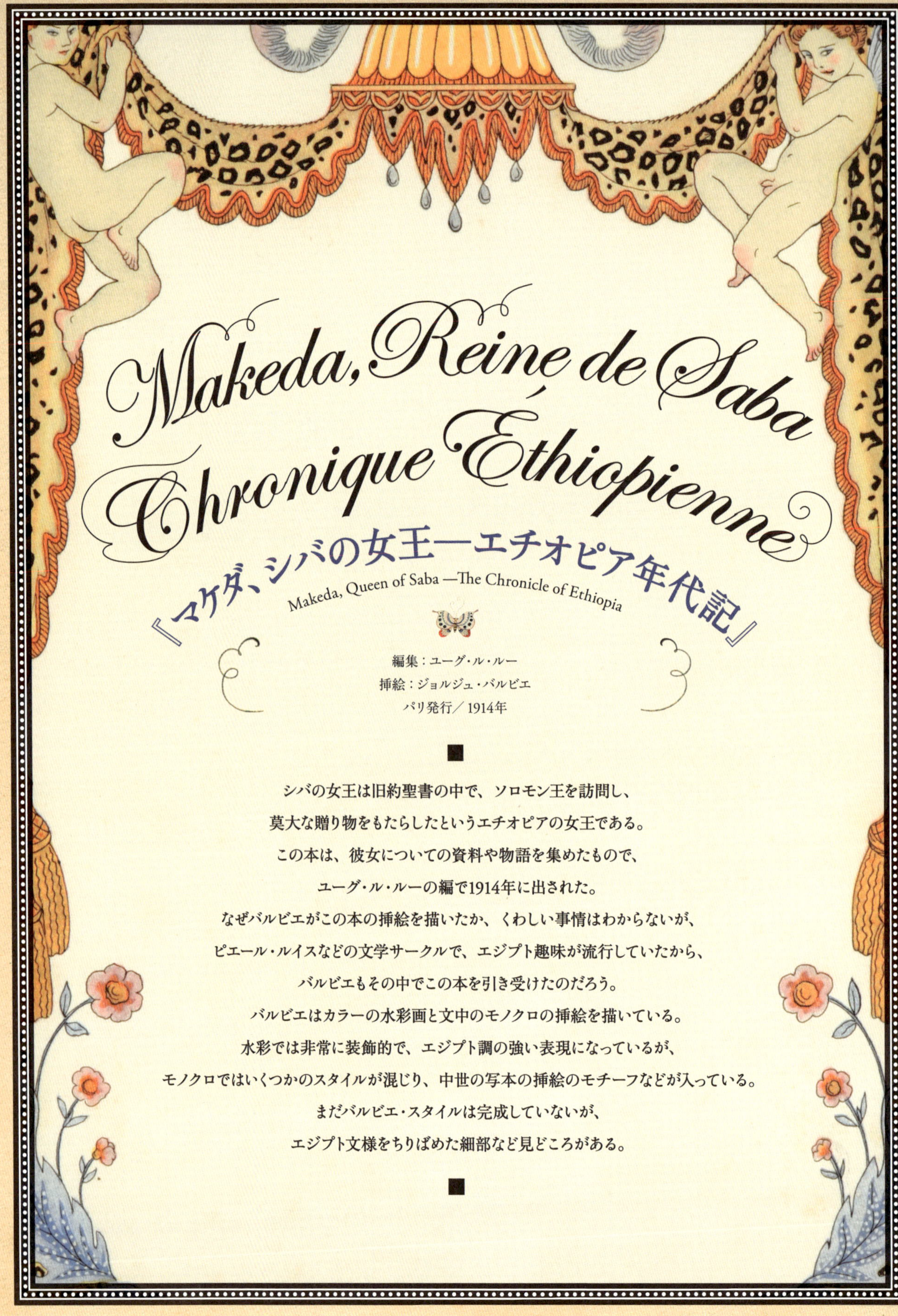

『マケダ、シバの女王─エチオピア年代記』

Makeda, Queen of Saba ─The Chronicle of Ethiopia

編集：ユーグ・ル・ルー
挿絵：ジョルジュ・バルビエ
パリ発行／1914年

■

シバの女王は旧約聖書の中で、ソロモン王を訪問し、
莫大な贈り物をもたらしたというエチオピアの女王である。
この本は、彼女についての資料や物語を集めたもので、
ユーグ・ル・ルーの編で1914年に出された。
なぜバルビエがこの本の挿絵を描いたか、くわしい事情はわからないが、
ピエール・ルイスなどの文学サークルで、エジプト趣味が流行していたから、
バルビエもその中でこの本を引き受けたのだろう。
バルビエはカラーの水彩画と文中のモノクロの挿絵を描いている。
水彩では非常に装飾的で、エジプト調の強い表現になっているが、
モノクロではいくつかのスタイルが混じり、中世の写本の挿絵のモチーフなどが入っている。
まだバルビエ・スタイルは完成していないが、
エジプト文様をちりばめた細部など見どころがある。

■

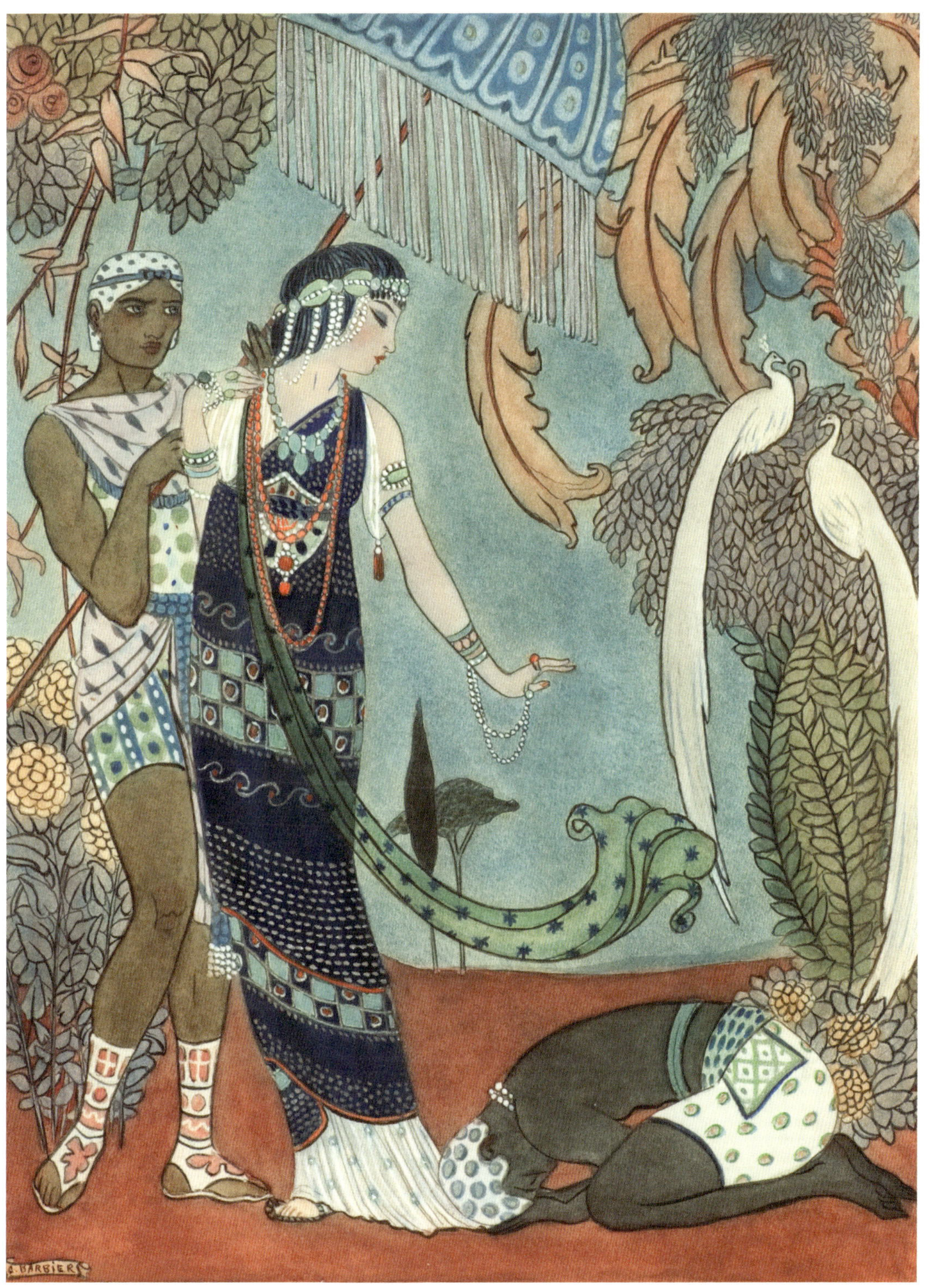

『マケダ、シバの女王——エチオピア年代記』挿絵

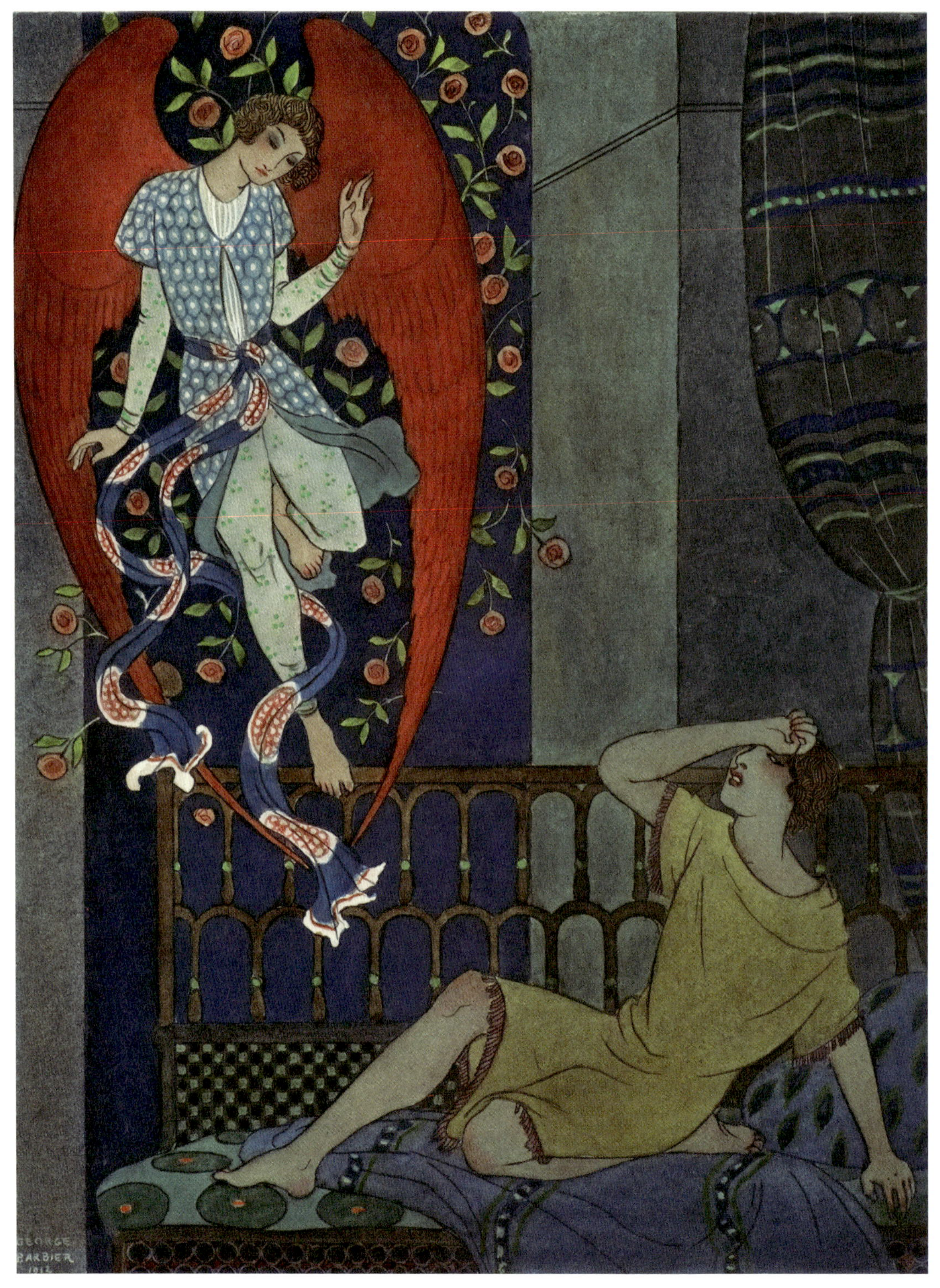

P132：『マケダ、シバの女王──エチオピア年代記』挿絵
P133：『マケダ、シバの女王──エチオピア年代記』序文

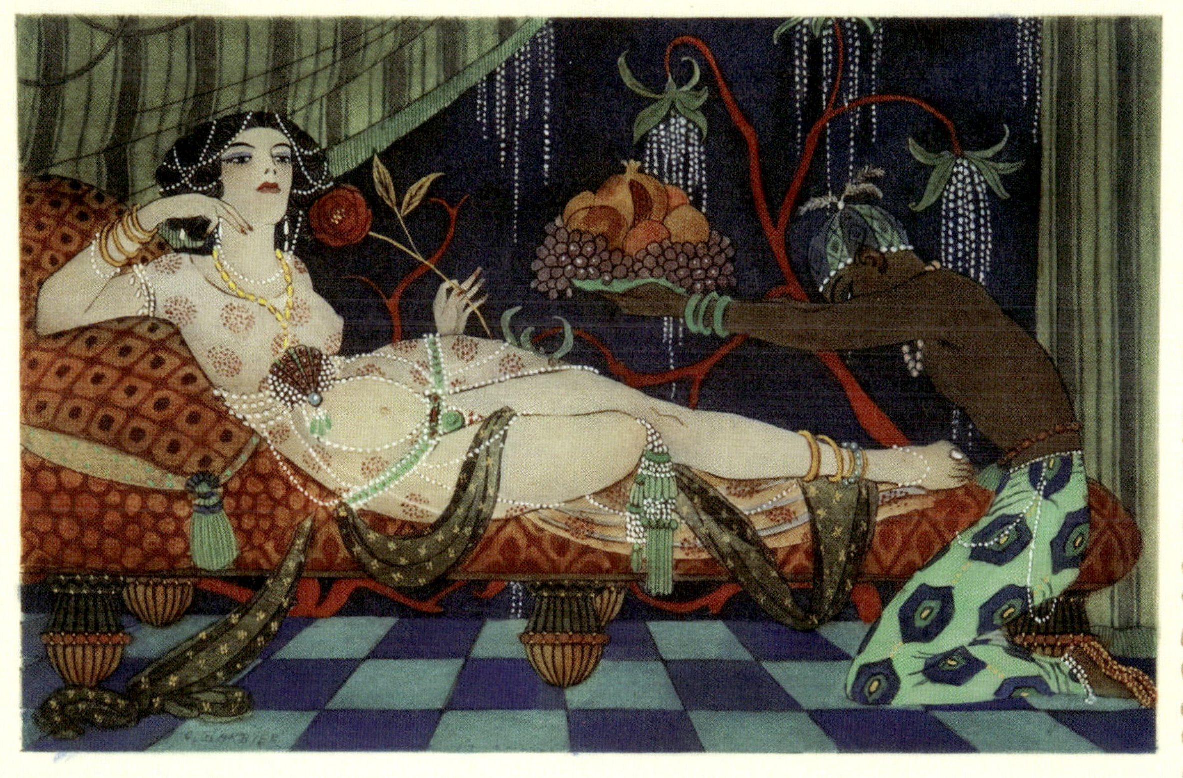

PRÉFACE

L suffit de vivre la durée d'une existence très moyenne pour assister à la correction des partis pris dont on a souffert, ou triomphé, soi-même, avec excès. C'est ainsi que la génération qui, aux environs de 1870, fréquenta les Universités, a vu s'effondrer, et puis ressusciter la Tradition que l'Histoire, dite « scientifique », avait cru mettre au tombeau.

Lorsque les exploiteurs d'or sentent que la richesse du filon vient à manquer sous leurs pics, ils ne jettent plus, comme autrefois, le manche après la cognée. Ils recueillent les terres remuées, les précieuses poussières tombées au cours du travail. Ils les tamisent, ils les « traitent ». De ces rebuts, ils tirent, souvent, plus de profit que de l'exploitation capricieuse de la veine. De même les érudits contemporains n'accordent plus une confiance exclusive aux documents écrits, sous prétexte que ce sont là des faits dont on

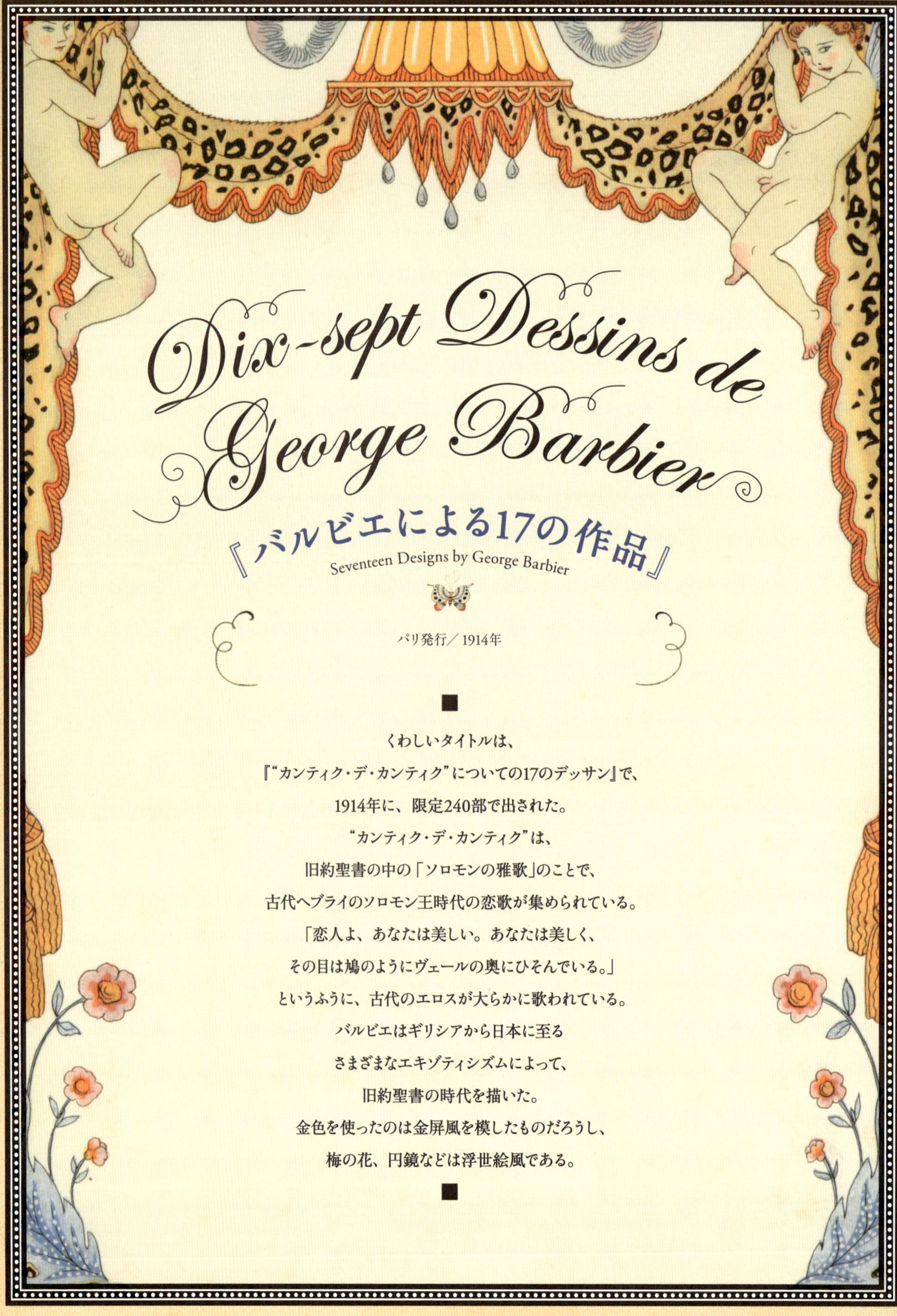

Dix-sept Dessins de George Barbier

『バルビエによる17の作品』

Seventeen Designs by George Barbier

パリ発行／1914年

■

くわしいタイトルは、
『"カンティク・デ・カンティク"についての17のデッサン』で、
1914年に、限定240部で出された。
"カンティク・デ・カンティク"は、
旧約聖書の中の「ソロモンの雅歌」のことで、
古代ヘブライのソロモン王時代の恋歌が集められている。
「恋人よ、あなたは美しい。あなたは美しく、
その目は鳩のようにヴェールの奥にひそんでいる。」
というふうに、古代のエロスが大らかに歌われている。
バルビエはギリシアから日本に至る
さまざまなエキゾティシズムによって、
旧約聖書の時代を描いた。
金色を使ったのは金屏風を模したものだろうし、
梅の花、円鏡などは浮世絵風である。

■

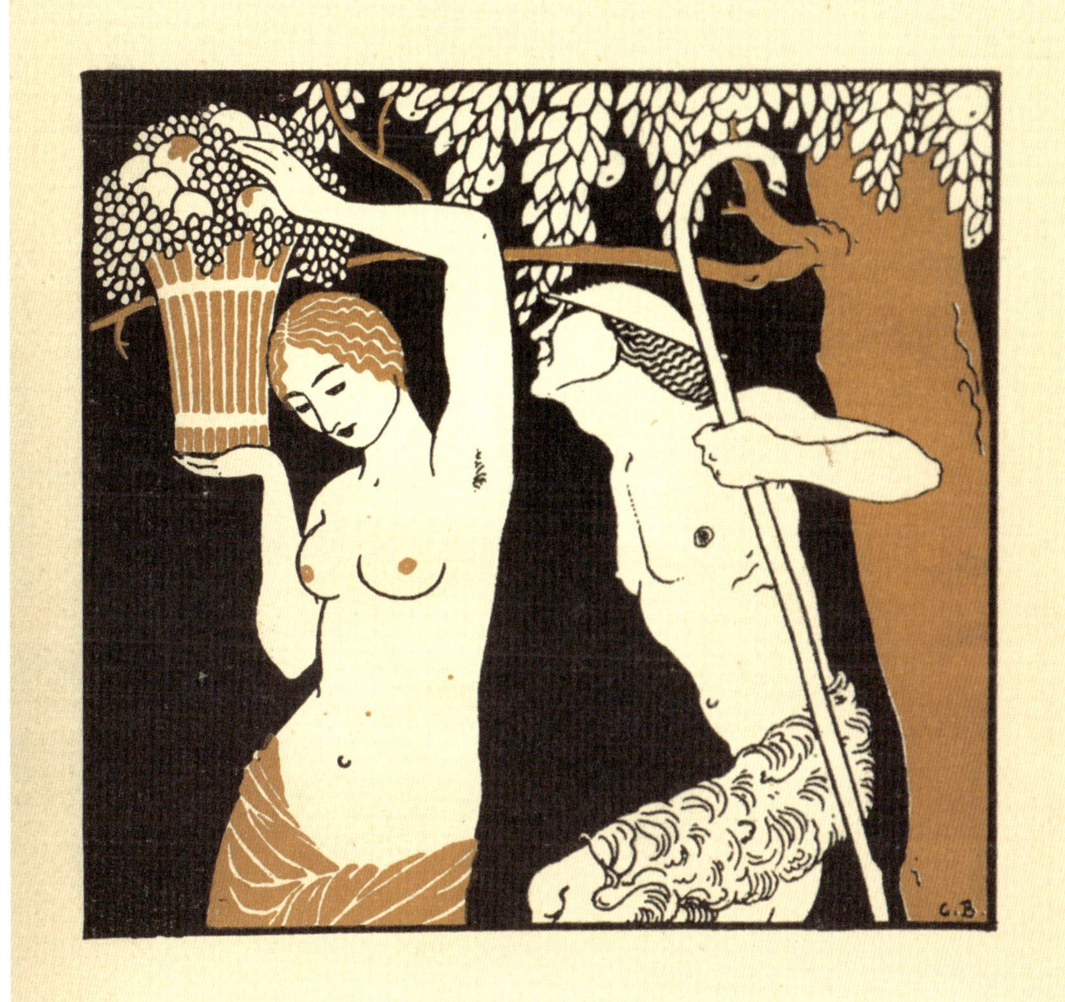

『バルビエによる17の作品』挿絵

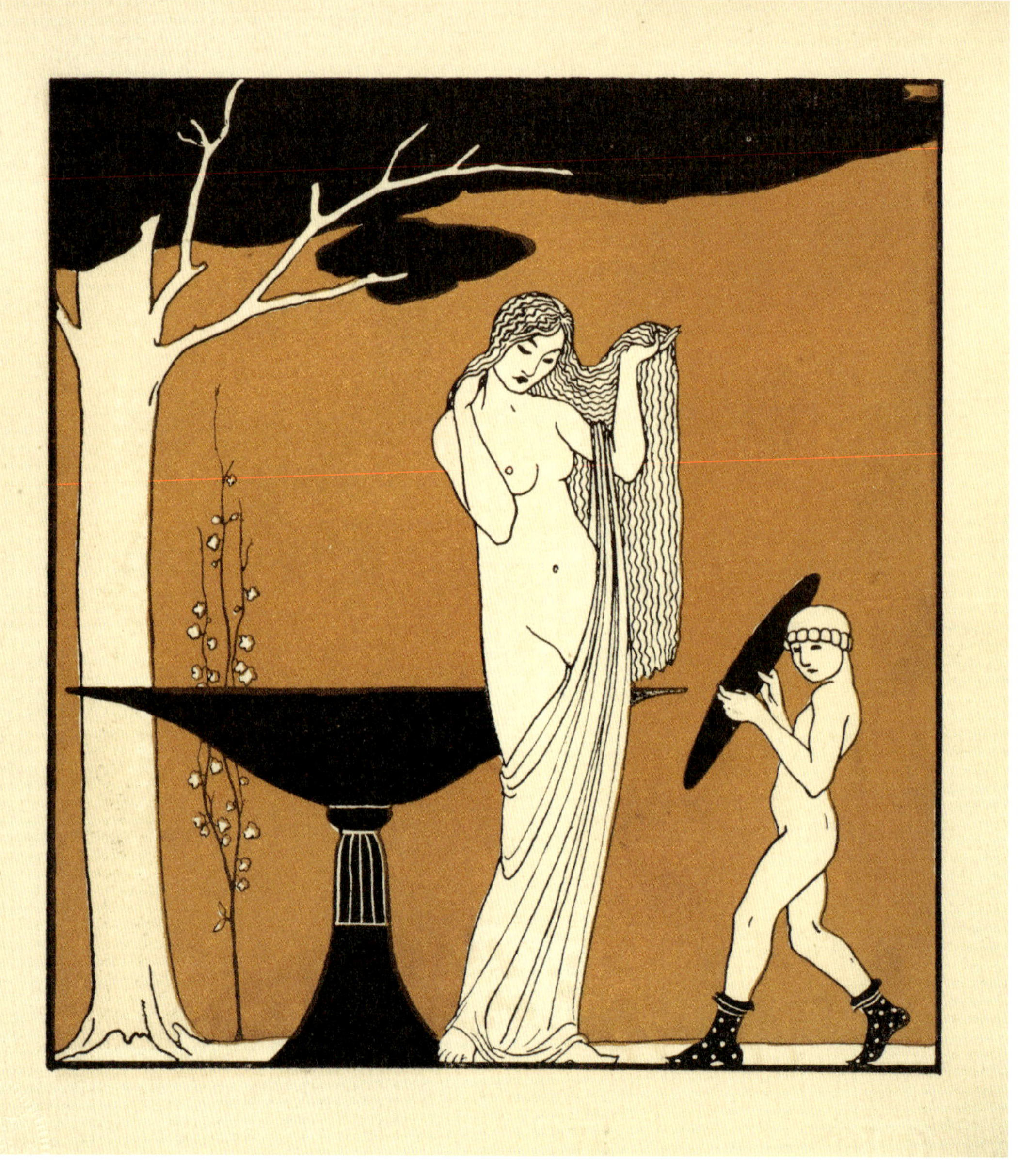

『バルビエによる17の作品』挿絵

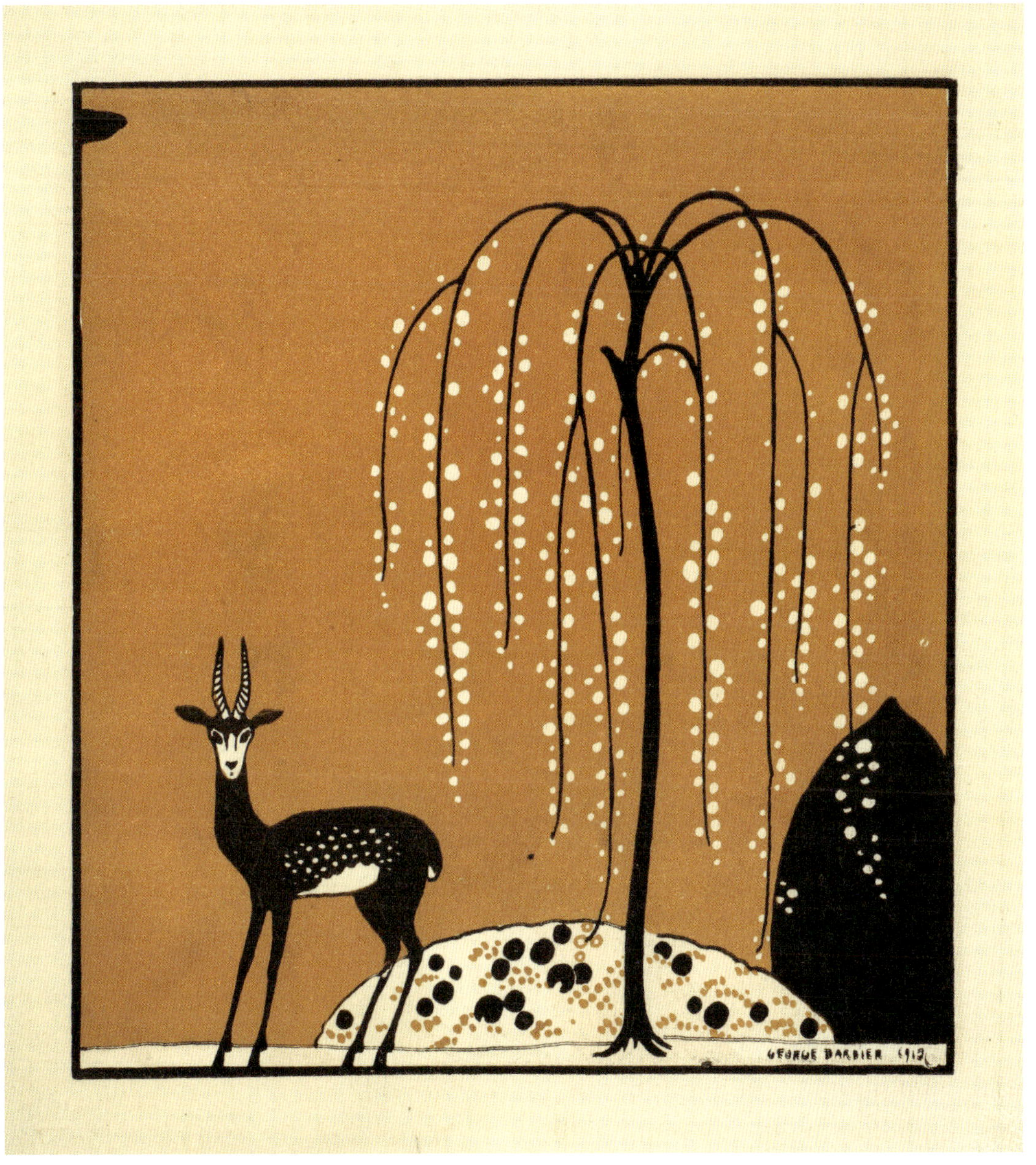

『バルビエによる17の作品』挿絵

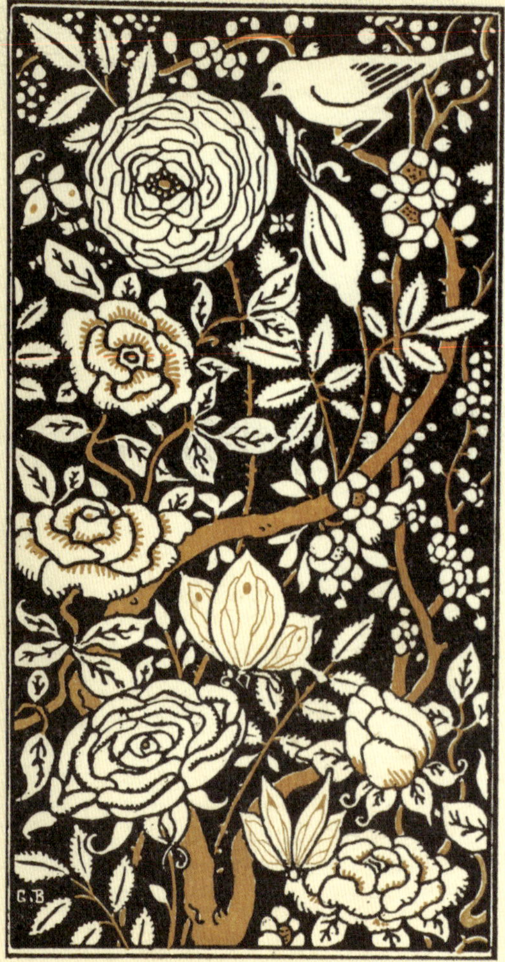

I. *Combien tu es belle la miene amie: combien tu es belle! Tes yeux ſont comme ceux des colôbes ſans ce qu'eſt caché par dedans.*

Tes cheueux ſont comme les troupeaux de chèures, leſquels ſont montés de la montagne de Golaad.

II. *Tes dents ſont comme les troupeaux de celles qui ſont tondües, qui ſont montées du lauoir; chacune a fruits gémeaux & n'y a aucune ſlérile en icelles.*

III. *Tes lèures ſont come vne bande de couleur de graine & ta parole eſt douce. Tes ioües ſont comme une pièce de pomme de grenade ſans ce qui eſt caché par dedans.*

IV. *Ton col eſt comme la tour de David, laquelle eſt édifiée avec baſtillons. Mille boucliers pendent en icelle & toute armure des hommes forts.*

『バルビエによる17の作品』挿絵

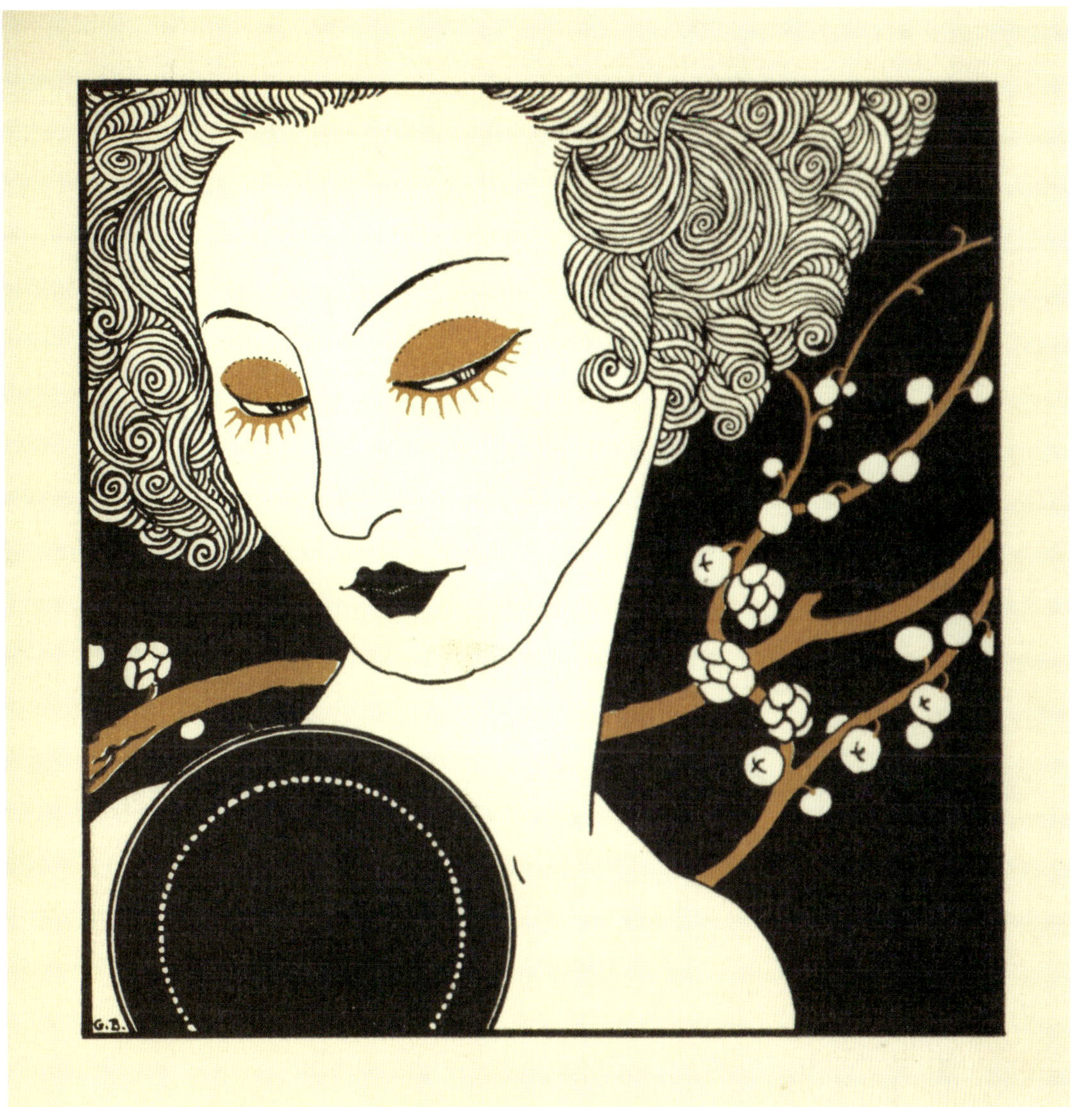

『バルビエによる17の作品』挿絵

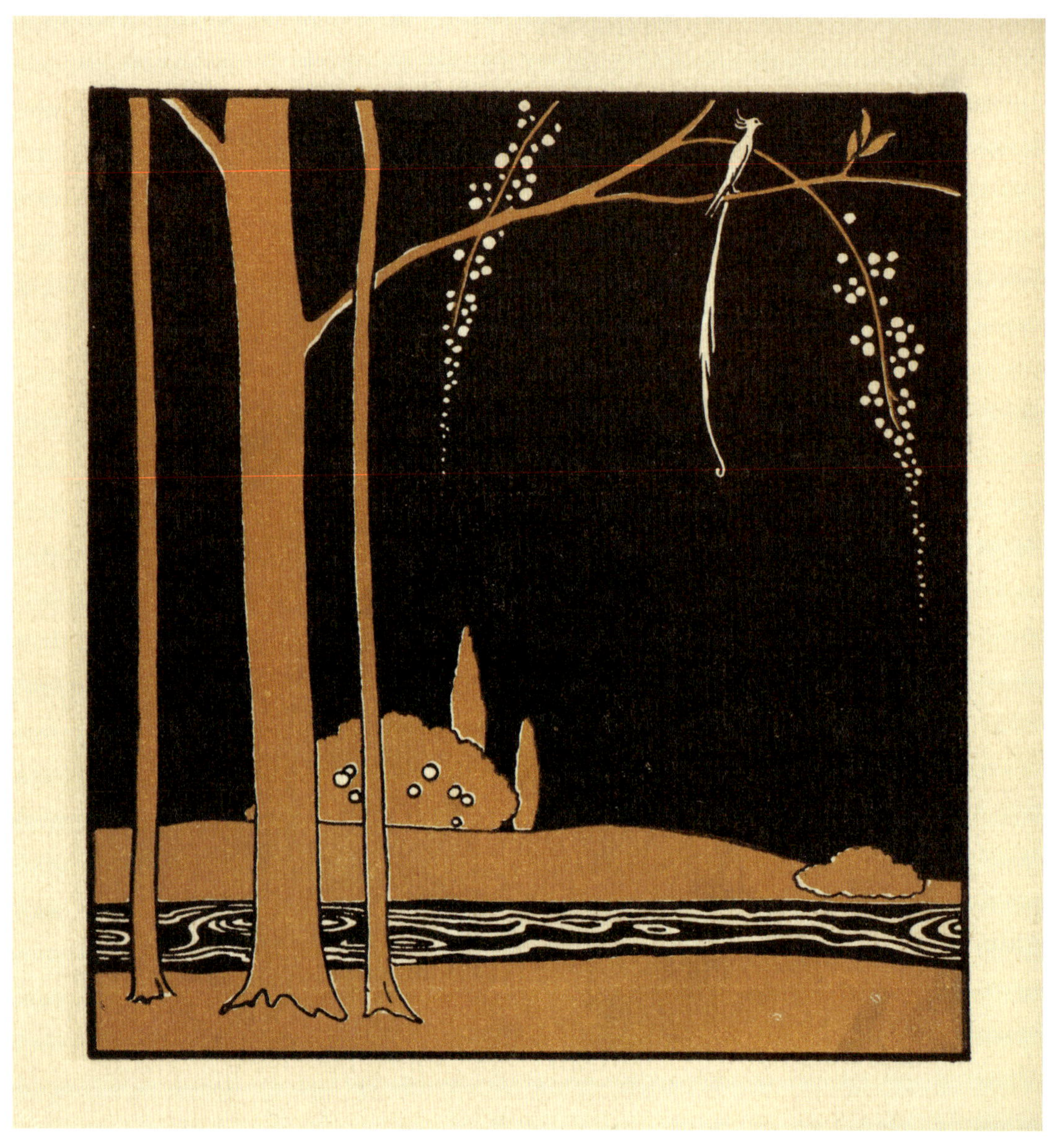

『バルビエによる17の作品』挿絵

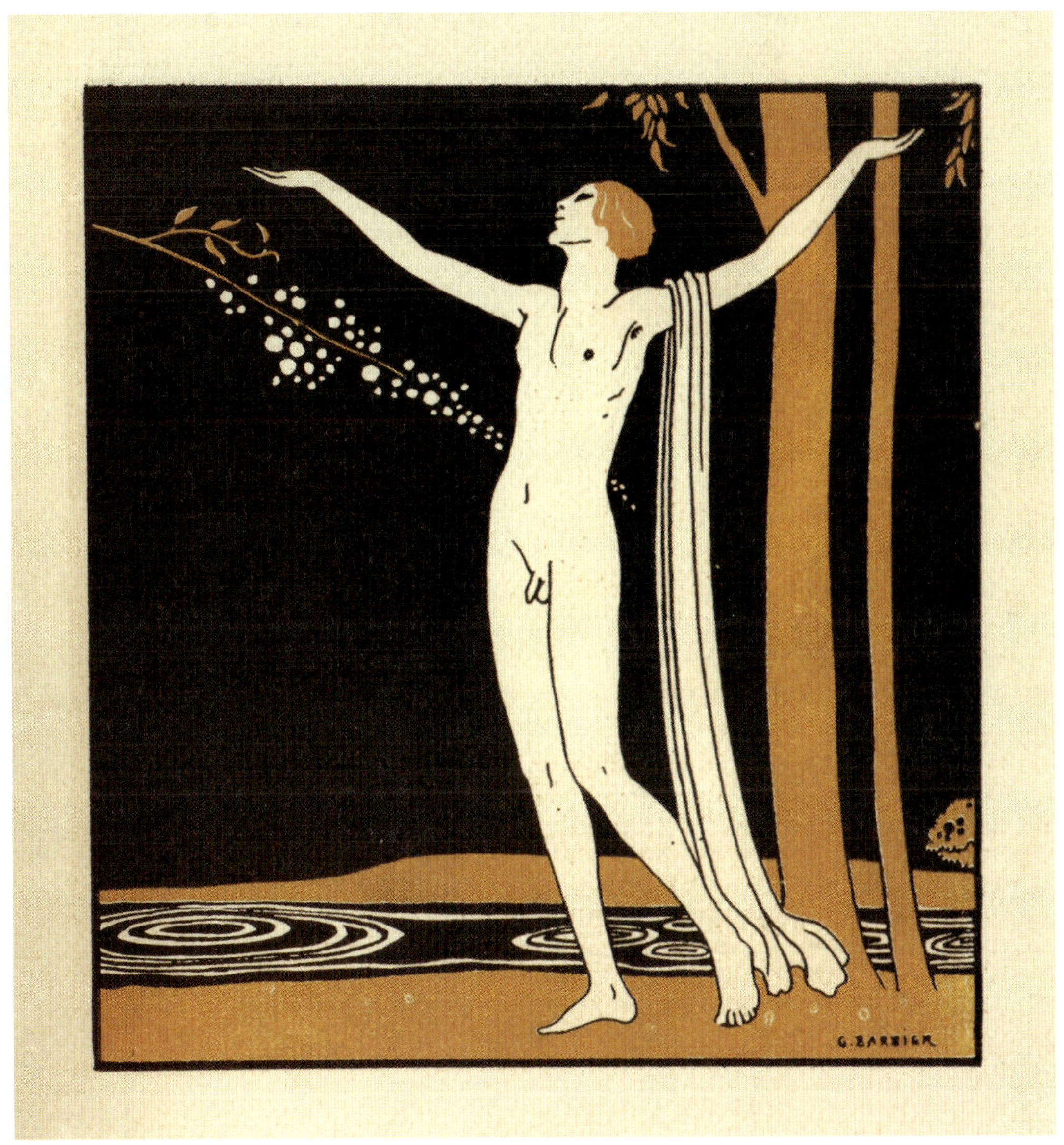

『バルビエによる17の作品』挿絵

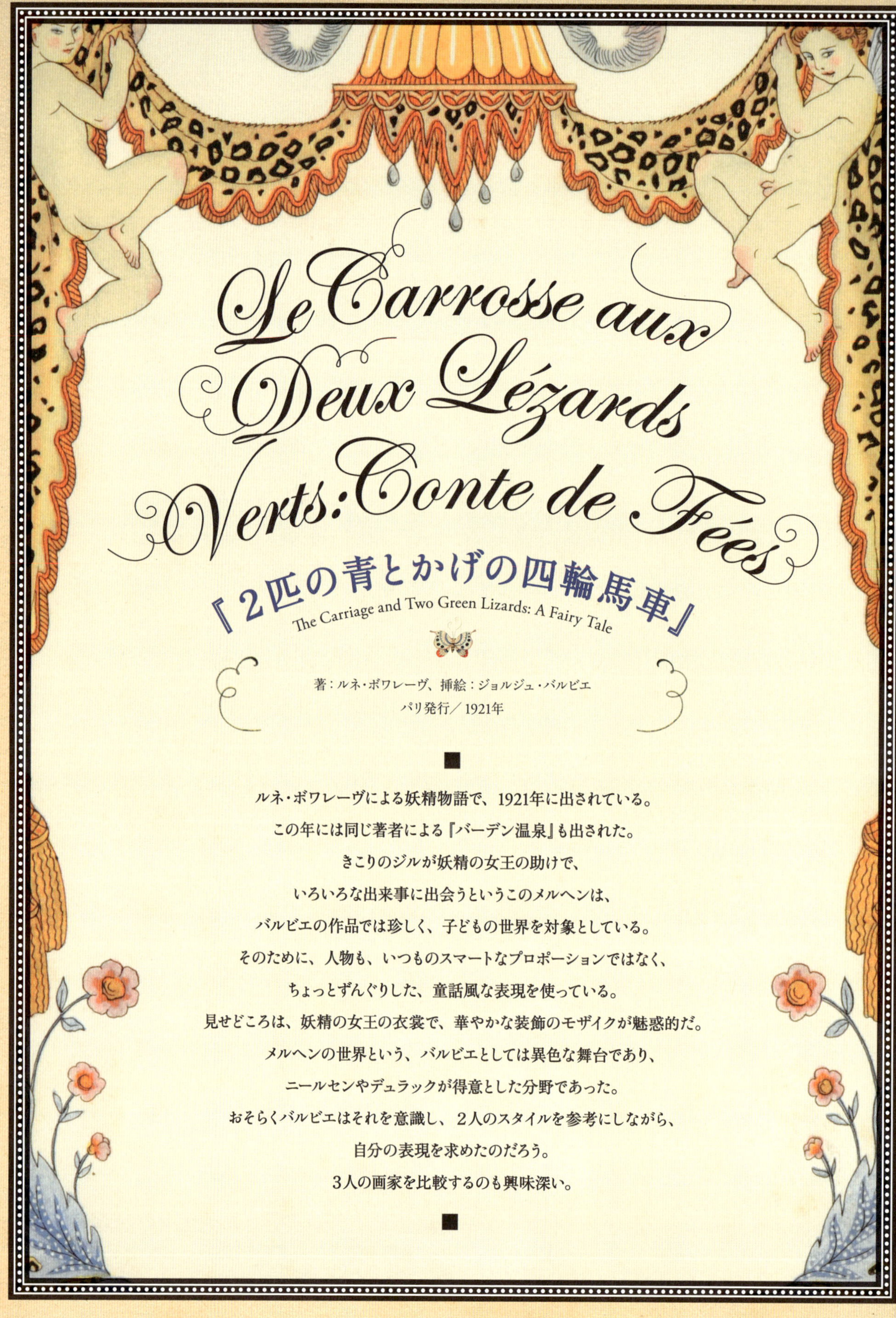

Le Carrosse aux Deux Lézards Verts: Conte de Fées

『2匹の青とかげの四輪馬車』

The Carriage and Two Green Lizards: A Fairy Tale

著：ルネ・ボワレーヴ、挿絵：ジョルジュ・バルビエ
パリ発行／1921年

■

ルネ・ボワレーヴによる妖精物語で、1921年に出されている。
この年には同じ著者による『バーデン温泉』も出された。
きこりのジルが妖精の女王の助けで、
いろいろな出来事に出会うというこのメルヘンは、
バルビエの作品では珍しく、子どもの世界を対象としている。
そのために、人物も、いつものスマートなプロポーションではなく、
ちょっとずんぐりした、童話風な表現を使っている。
見せどころは、妖精の女王の衣裳で、華やかな装飾のモザイクが魅惑的だ。
メルヘンの世界という、バルビエとしては異色な舞台であり、
ニールセンやデュラックが得意とした分野であった。
おそらくバルビエはそれを意識し、2人のスタイルを参考にしながら、
自分の表現を求めたのだろう。
3人の画家を比較するのも興味深い。

■

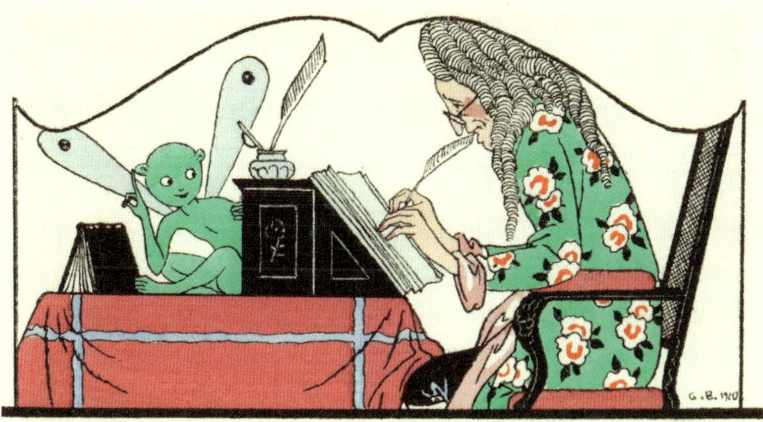

Le carrosse aux deux lézards Verts

I

Une espèce de dissertation littéraire sur la meilleure manière de traiter le sujet

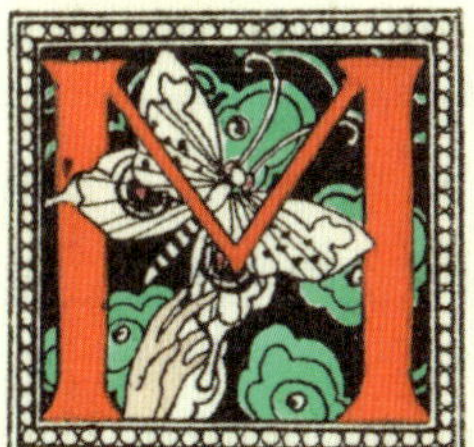

> « La Nature a attaché sa malédiction à l'immobilité. »
> GŒTHE (*Conversations*).
>
> « Ils n'ont pas Virgile, et on les dit heureux parce qu'ils ont des ascenseurs. »
> Anatole FRANCE (*Le Jardin d'Épicure*).

ES lecteurs, j'aimerais mieux bavarder avec vous sans faire d'embarras, que de vous laisser tomber, comme la manne du haut des cieux, un récit qui n'aura peut-être aucun goût, mais se donnera des airs d'avoir été composé par un être sans âge, sans sexe, insoumis aux lois de la pesanteur et de la vie, et

「第1部　2匹の青とかげの四輪馬車」

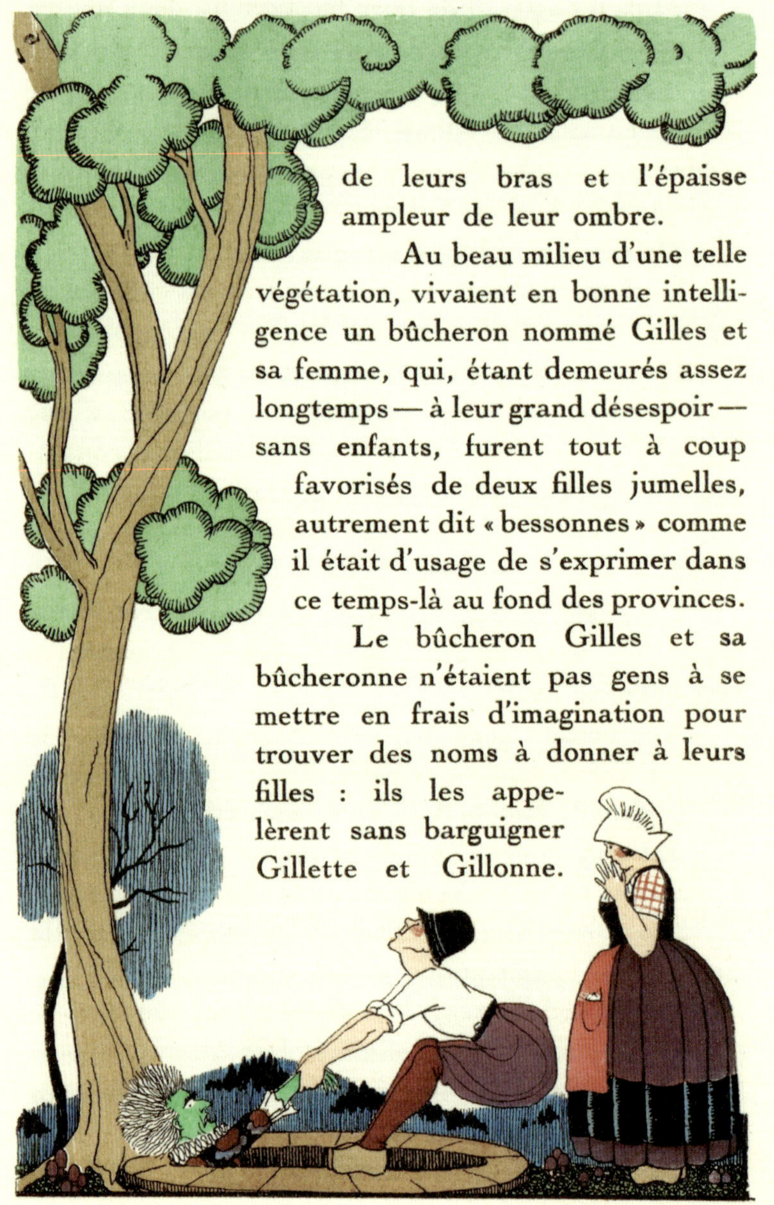

de leurs bras et l'épaisse ampleur de leur ombre.

Au beau milieu d'une telle végétation, vivaient en bonne intelligence un bûcheron nommé Gilles et sa femme, qui, étant demeurés assez longtemps — à leur grand désespoir — sans enfants, furent tout à coup favorisés de deux filles jumelles, autrement dit « bessonnes » comme il était d'usage de s'exprimer dans ce temps-là au fond des provinces.

Le bûcheron Gilles et sa bûcheronne n'étaient pas gens à se mettre en frais d'imagination pour trouver des noms à donner à leurs filles : ils les appelèrent sans barguigner Gillette et Gillonne.

「第1話　2匹の青とかげの四輪馬車」

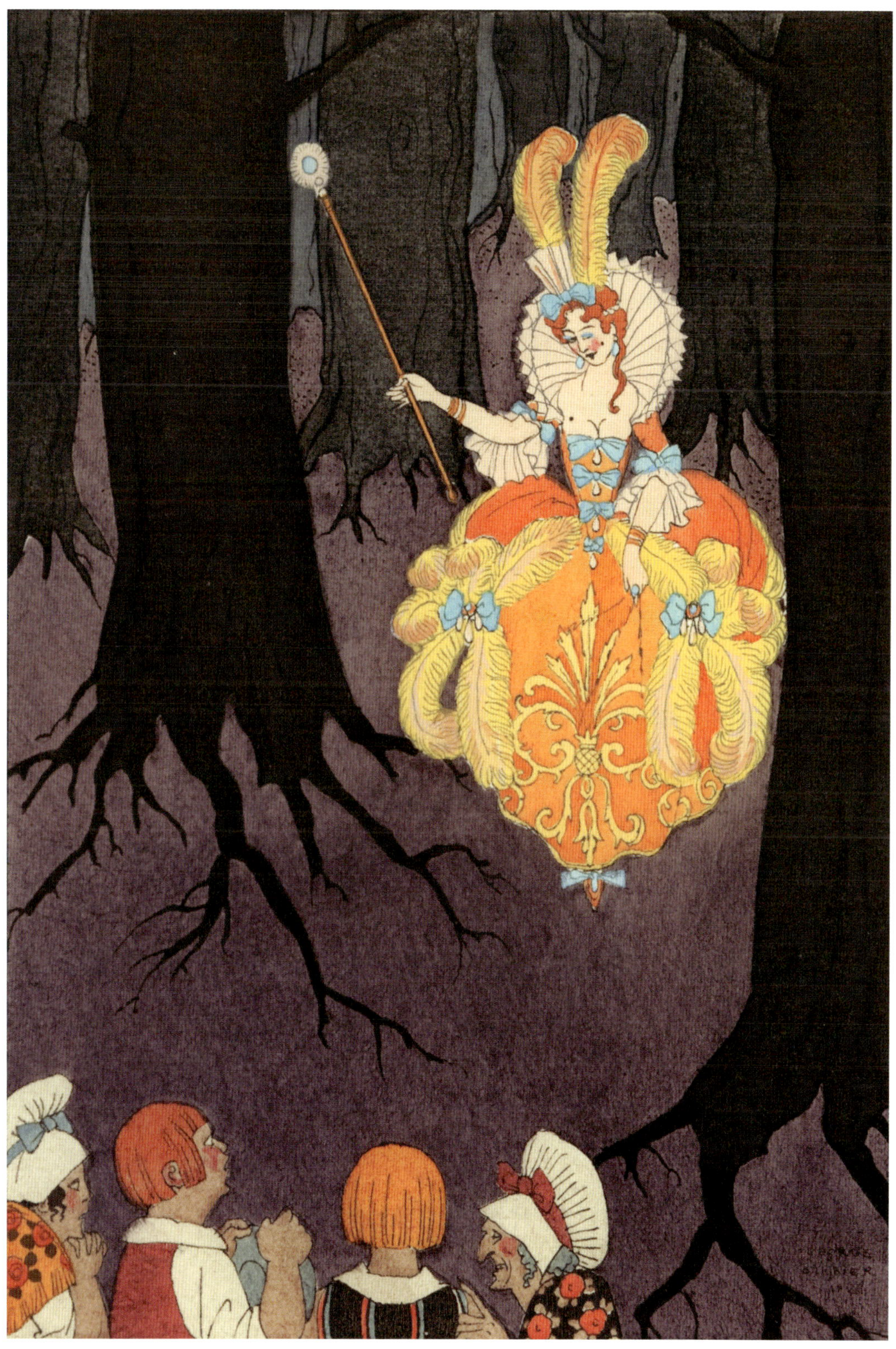

「第2話 思いがけない出来事」

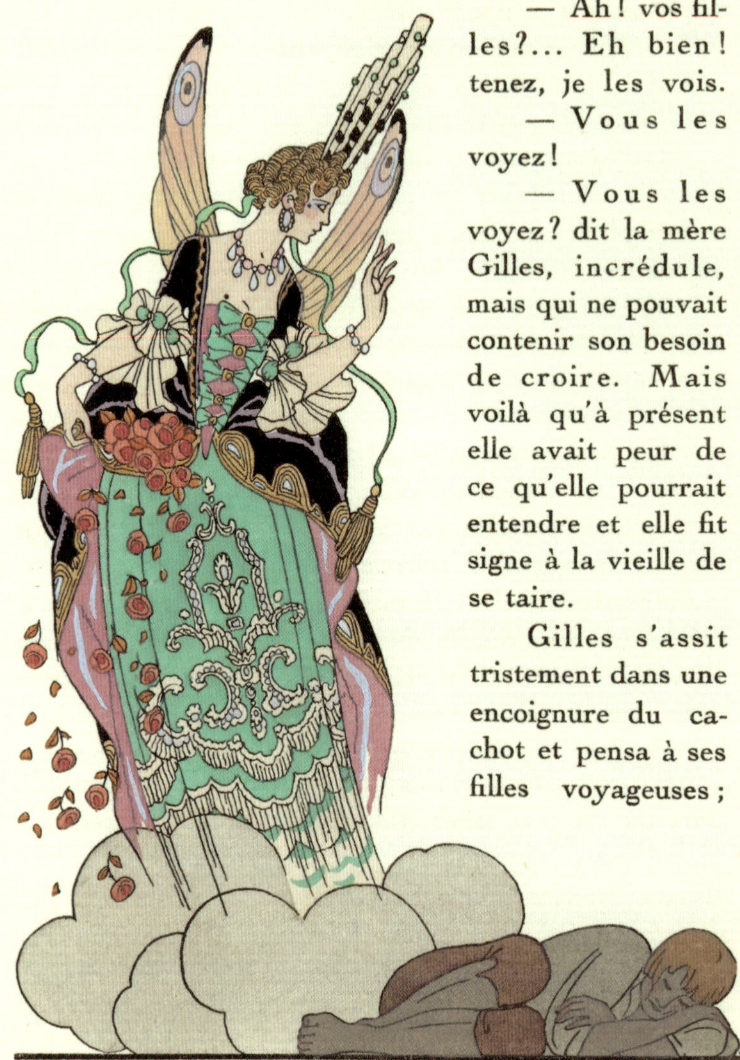

— Le monde est petit, se contenta-t-elle de répondre.

— Et mes filles? reprit Gilles.

— Ah! vos filles?... Eh bien! tenez, je les vois.

— Vous les voyez!

— Vous les voyez? dit la mère Gilles, incrédule, mais qui ne pouvait contenir son besoin de croire. Mais voilà qu'à présent elle avait peur de ce qu'elle pourrait entendre et elle fit signe à la vieille de se taire.

Gilles s'assit tristement dans une encoignure du cachot et pensa à ses filles voyageuses;

「第6話 秘密」

deux récits pa-
rallèles fussent
encombrés de
détails avant
qu'on arrivât
à un moment
qui semblait
hors de tout
conteste, et
c'était celui de
la séparation,
attendu que l'une était passée du premier
pavillon dans le second, tandis que l'autre
sœur n'avait pas fait ce voyage. La diffi-
culté, qui s'expliqua par la suite, venait de
ce qu'on ne l'avait point prise par la main

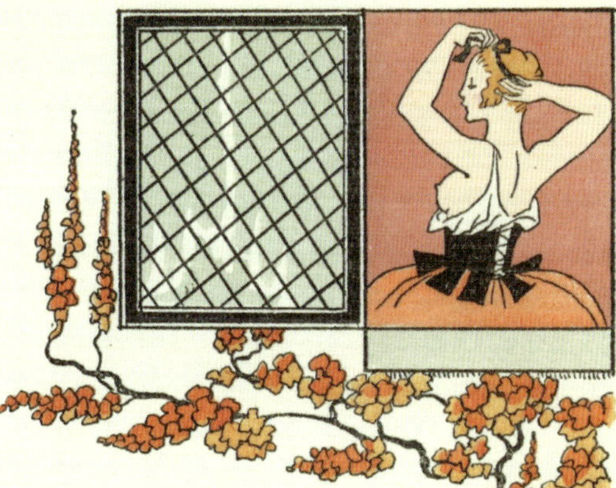

pour la faire
sortir du pre-
mier pavillon et
la conduire au
second, mais qu'on
l'avait priée de s'en-
gager en des escaliers
et des couloirs. Il
en résultait que les
pavillons communi-
quaient entre eux par
quelque galerie sou-
terraine.

Une fois séparées,
par les soins d'une

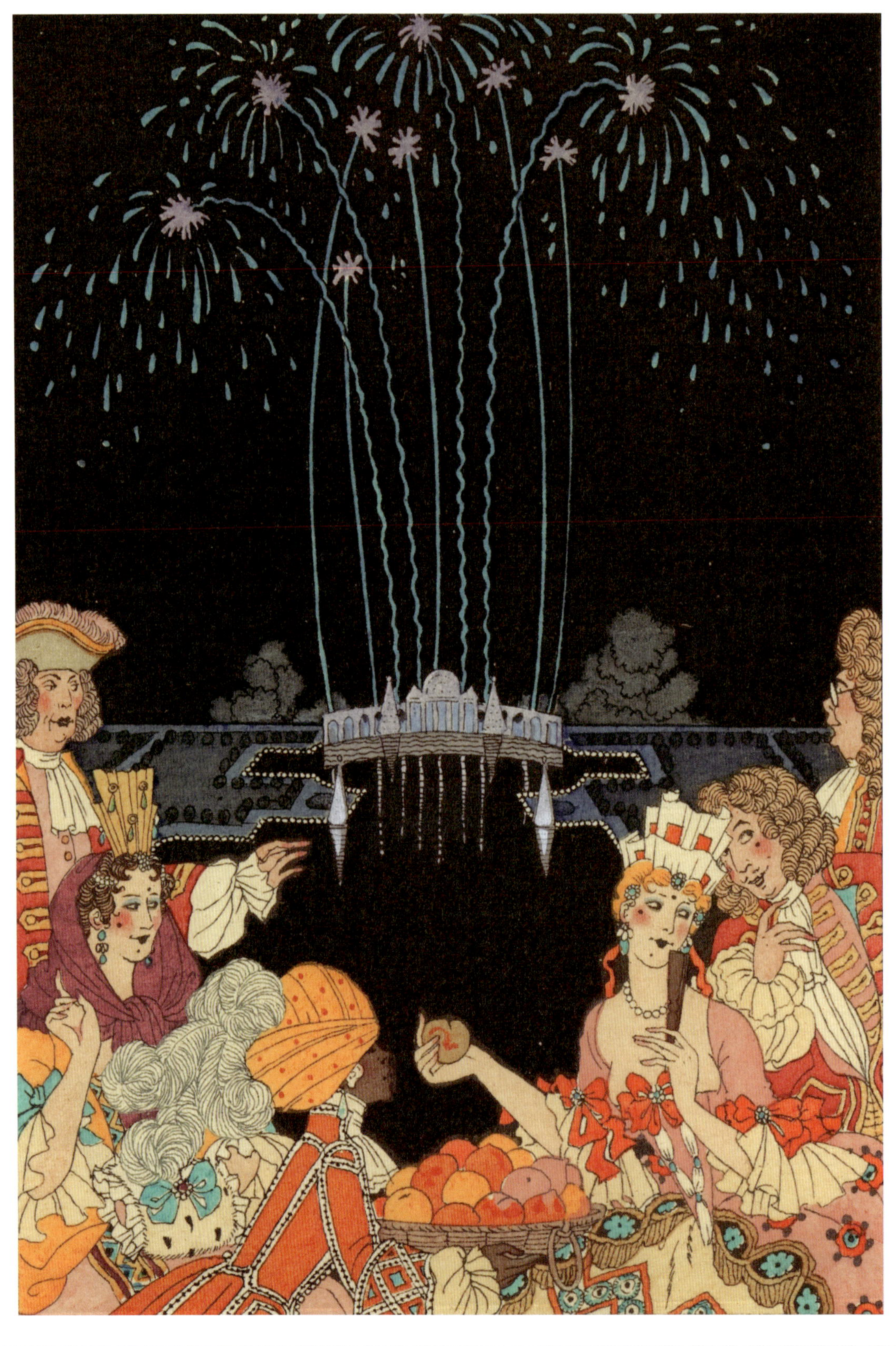

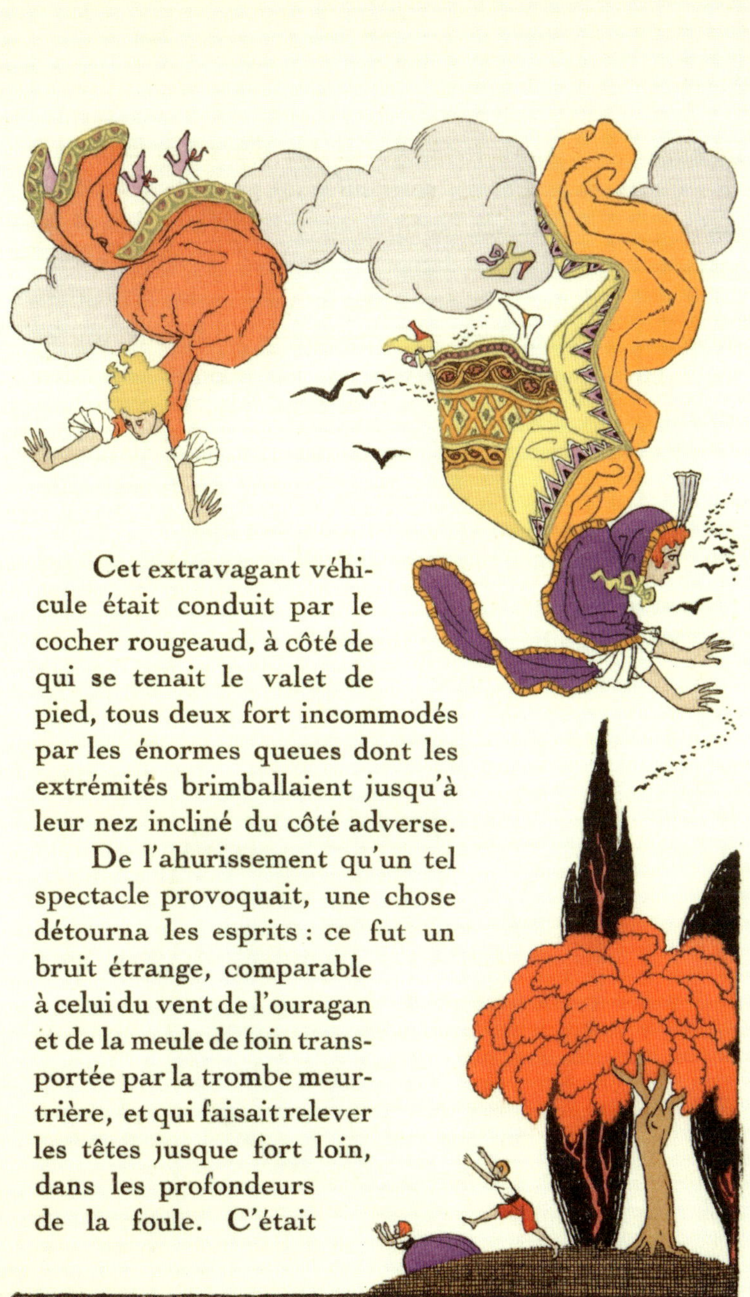

Cet extravagant véhi-
cule était conduit par le
cocher rougeaud, à côté de
qui se tenait le valet de
pied, tous deux fort incommodés
par les énormes queues dont les
extrémités brimballaient jusqu'à
leur nez incliné du côté adverse.

De l'ahurissement qu'un tel
spectacle provoquait, une chose
détourna les esprits : ce fut un
bruit étrange, comparable
à celui du vent de l'ouragan
et de la meule de foin trans-
portée par la trombe meur-
trière, et qui faisait relever
les têtes jusque fort loin,
dans les profondeurs
de la foule. C'était

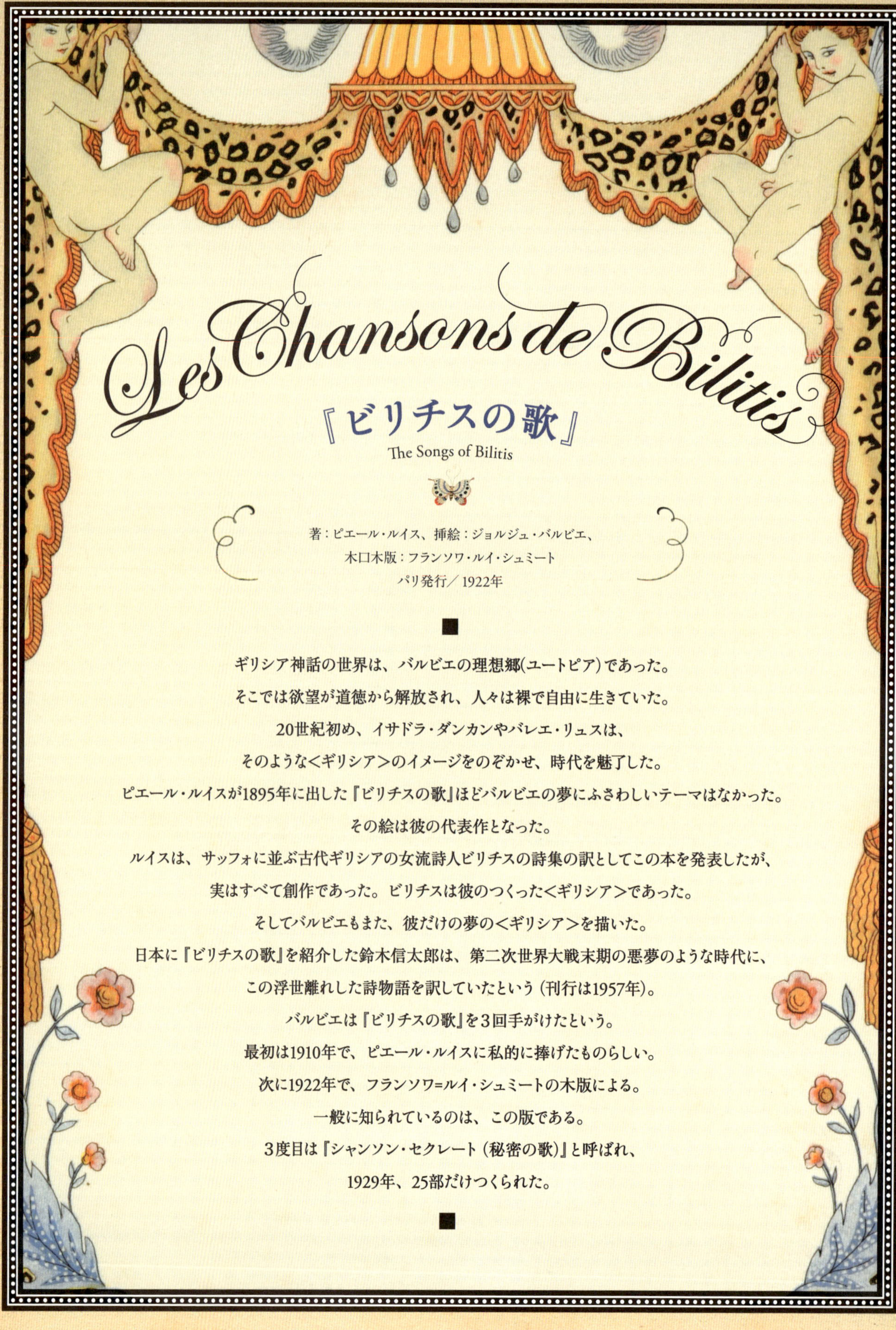

Les Chansons de Bilitis

『ビリチスの歌』

The Songs of Bilitis

著：ピエール・ルイス、挿絵：ジョルジュ・バルビエ、
木口木版：フランソワ・ルイ・シュミート
パリ発行／1922年

■

ギリシア神話の世界は、バルビエの理想郷（ユートピア）であった。

そこでは欲望が道徳から解放され、人々は裸で自由に生きていた。

20世紀初め、イサドラ・ダンカンやバレエ・リュスは、

そのような＜ギリシア＞のイメージをのぞかせ、時代を魅了した。

ピエール・ルイスが1895年に出した『ビリチスの歌』ほどバルビエの夢にふさわしいテーマはなかった。

その絵は彼の代表作となった。

ルイスは、サッフォに並ぶ古代ギリシアの女流詩人ビリチスの詩集の訳としてこの本を発表したが、

実はすべて創作であった。ビリチスは彼のつくった＜ギリシア＞であった。

そしてバルビエもまた、彼だけの夢の＜ギリシア＞を描いた。

日本に『ビリチスの歌』を紹介した鈴木信太郎は、第二次世界大戦末期の悪夢のような時代に、

この浮世離れした詩物語を訳していたという（刊行は1957年）。

バルビエは『ビリチスの歌』を3回手がけたという。

最初は1910年で、ピエール・ルイスに私的に捧げたものらしい。

次に1922年で、フランソワ＝ルイ・シュミートの木版による。

一般に知られているのは、この版である。

3度目は『シャンソン・セクレート（秘密の歌）』と呼ばれ、

1929年、25部だけつくられた。

■

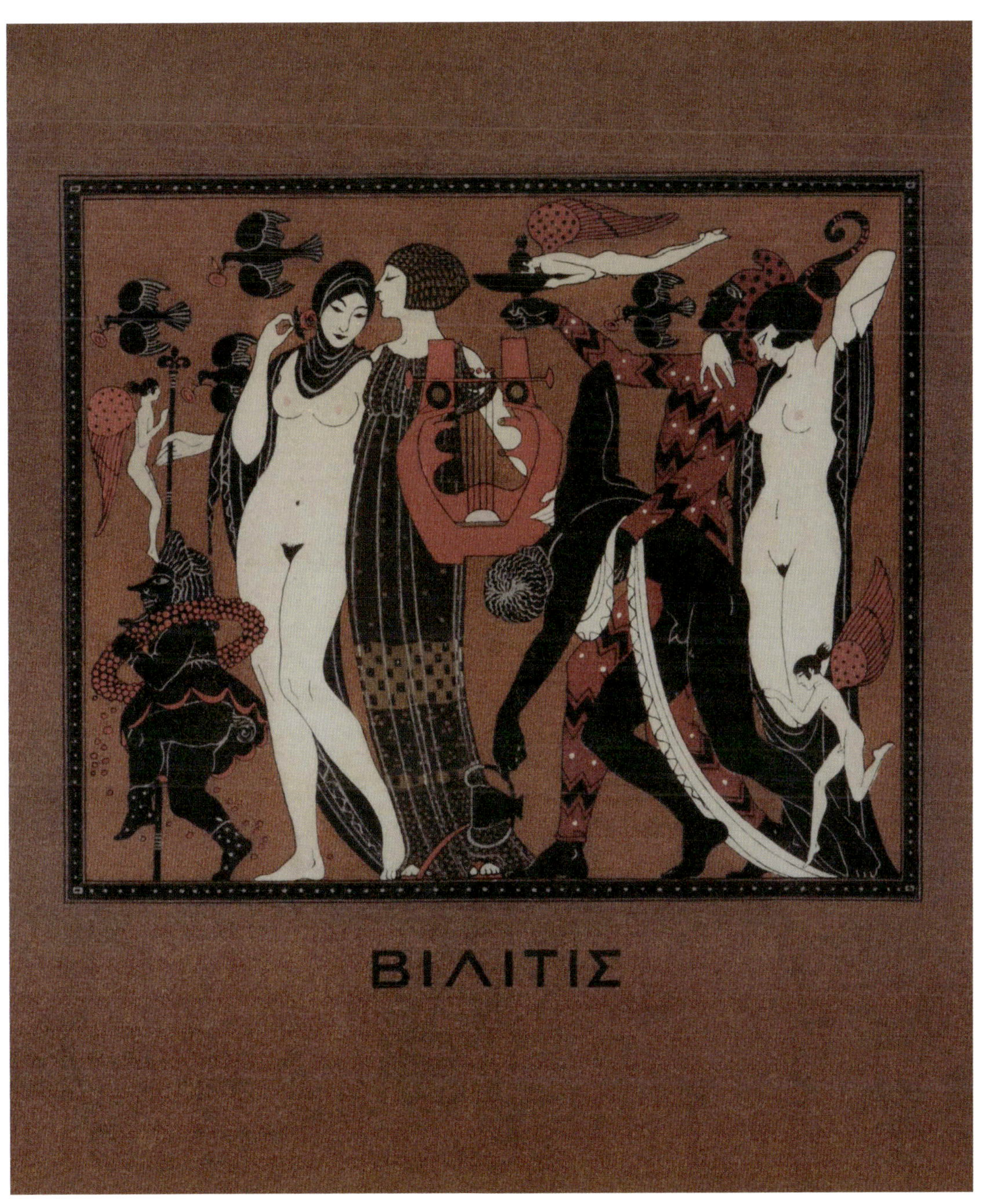

『ビリチスの歌』表紙

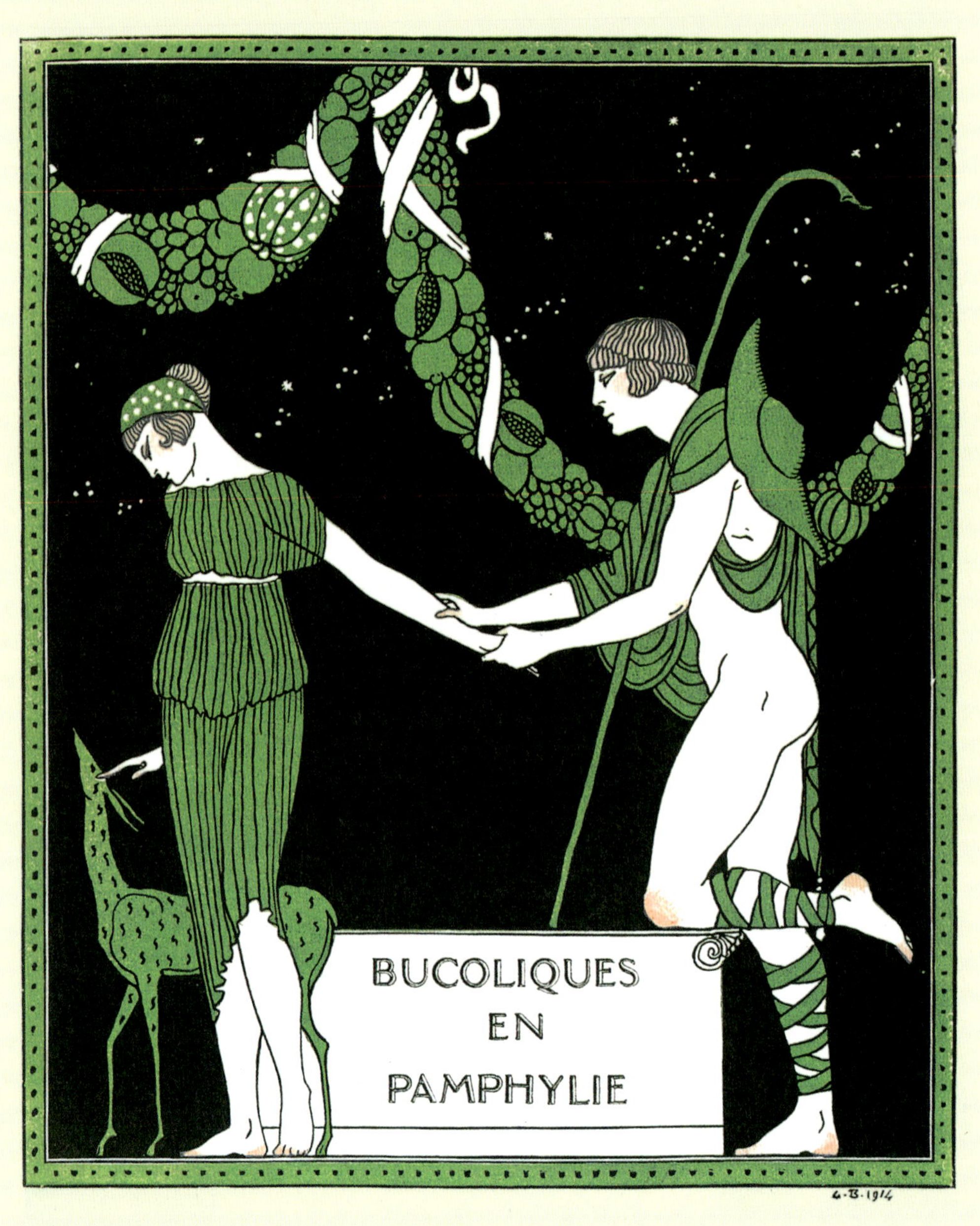

「第1部 パムピュリアの牧歌」

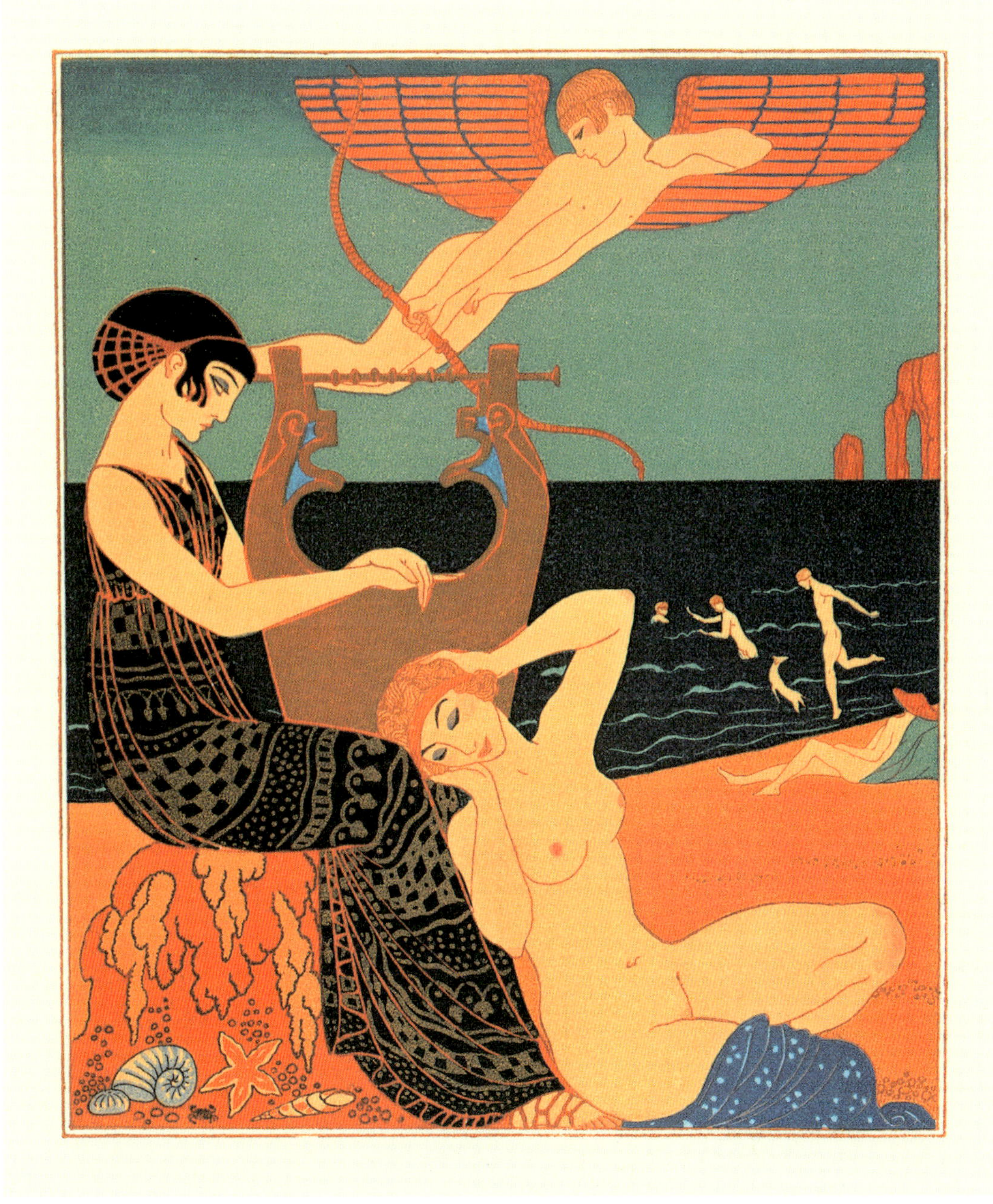

『ビリチスの歌』口絵

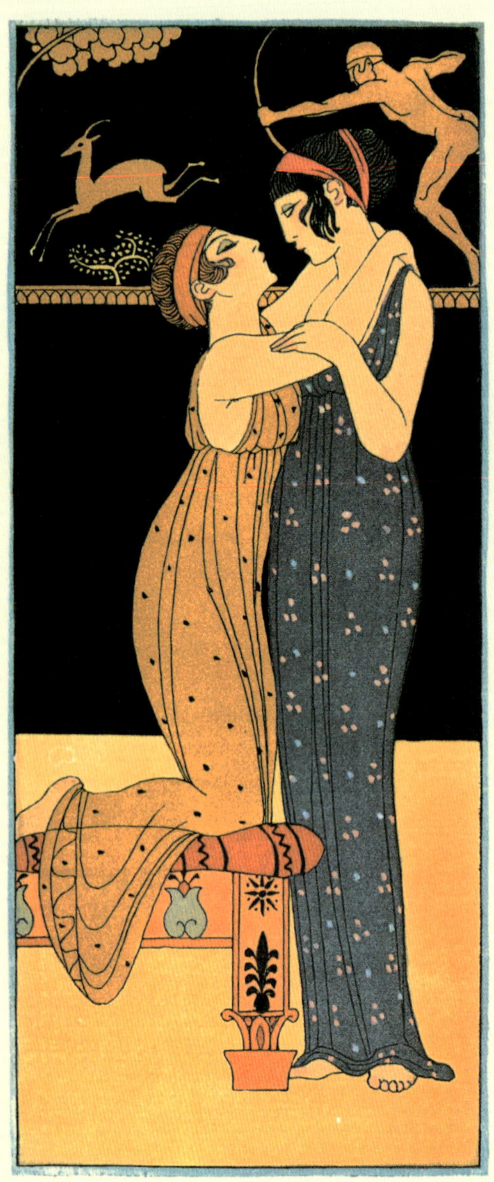

LE DÉSIR

ELLE ENTRA, ET PAS-
SIONNÉMENT, LES YEUX
FERMÉS A DEMI, ELLE
UNIT SES LÈVRES AUX
MIENNES ET NOS LAN-
GUES SE CONNURENT...
JAMAIS IL N'Y EUT DANS
MA VIE UN BAISER COMME
CELUI-LA —

ELLE ÉTAIT DEBOUT
CONTRE MOI, TOUTE EN
AMOUR ET CONSEN-
TANTE. UN DE MES GE-
NOUX, PEU A PEU, MON-
TAIT ENTRE SES CUISSES
CHAUDES QUI CÉDAIENT
COMME POUR UN AMANT.

「第2部 ミュティレーネ島の哀歌（エレジー）」より「欲望」

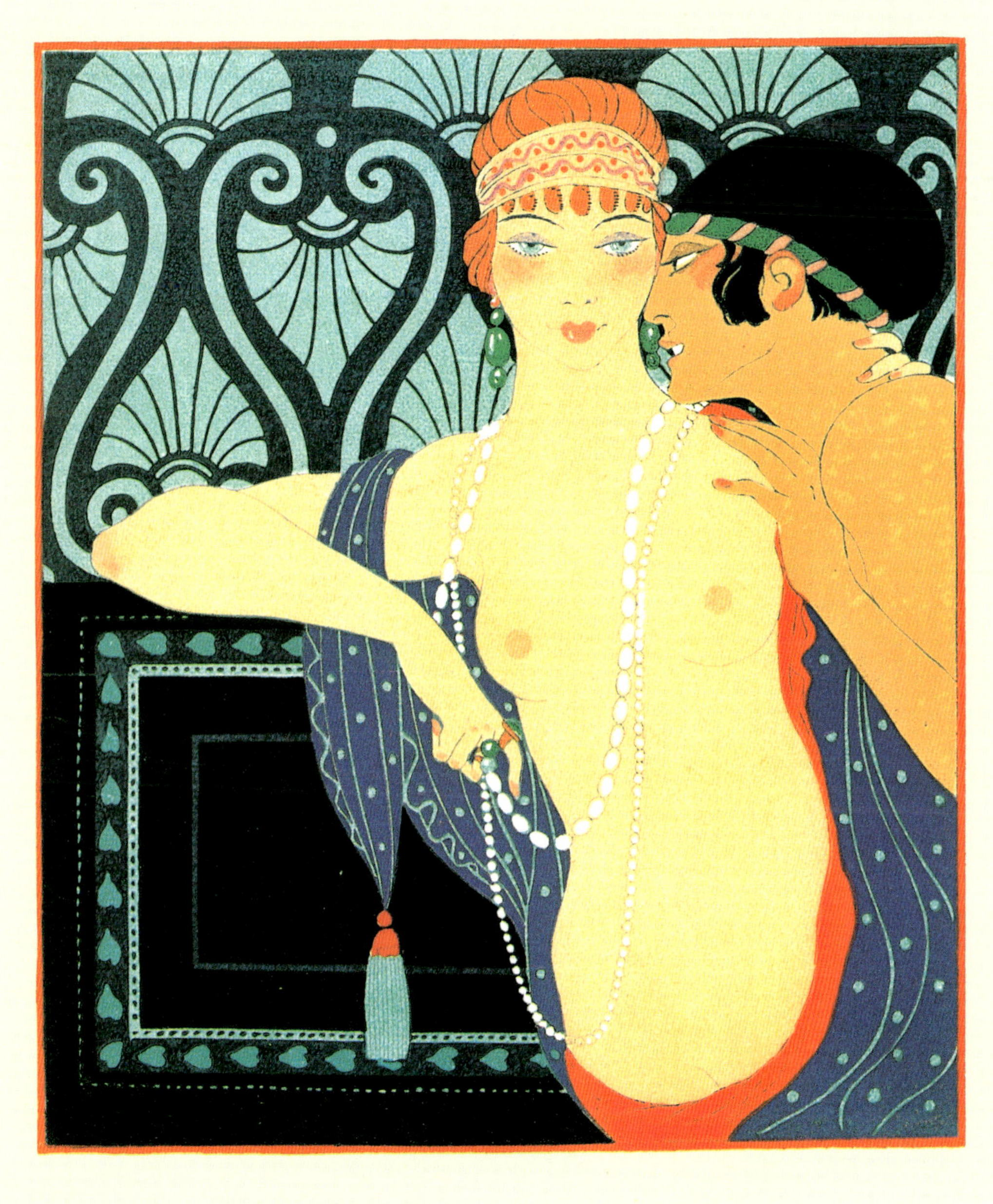

「第2部 ミュティレーネ島の哀歌（エレジー）」より「ニンフ（妖精）たちの洞窟」

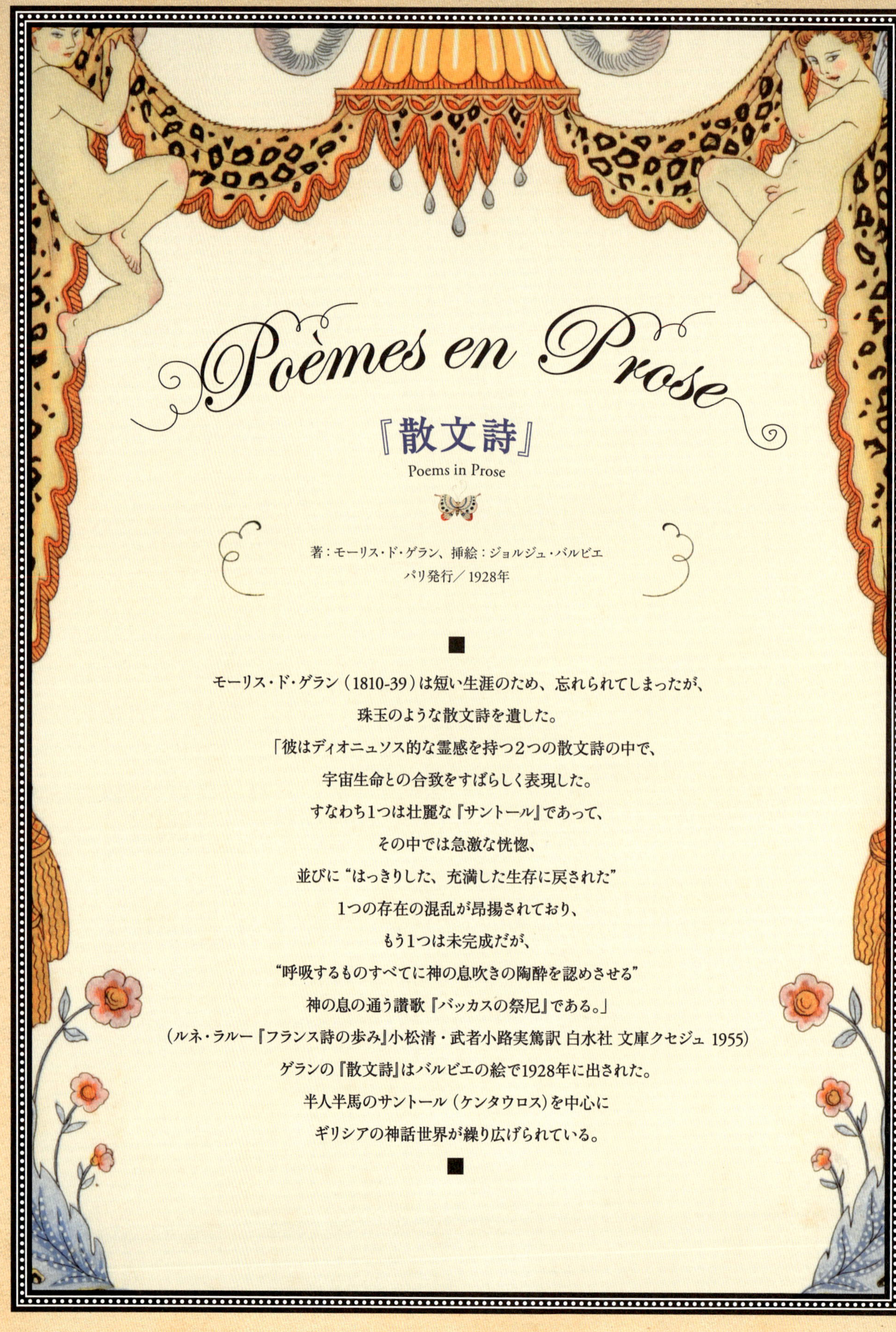

Poèmes en Prose

『散文詩』

Poems in Prose

著：モーリス・ド・ゲラン、挿絵：ジョルジュ・バルビエ
パリ発行／1928年

■

モーリス・ド・ゲラン（1810-39）は短い生涯のため、忘れられてしまったが、
珠玉のような散文詩を遺した。
「彼はディオニュソス的な霊感を持つ2つの散文詩の中で、
宇宙生命との合致をすばらしく表現した。
すなわち1つは壮麗な『サントール』であって、
その中では急激な恍惚、
並びに“はっきりした、充満した生存に戻された”
1つの存在の混乱が昂揚されており、
もう1つは未完成だが、
“呼吸するものすべてに神の息吹きの陶酔を認めさせる”
神の息の通う讃歌『バッカスの祭尼』である。」
（ルネ・ラルー『フランス詩の歩み』小松清・武者小路実篤訳 白水社 文庫クセジュ 1955）
グランの『散文詩』はバルビエの絵で1928年に出された。
半人半馬のサントール（ケンタウロス）を中心に
ギリシアの神話世界が繰り広げられている。

■

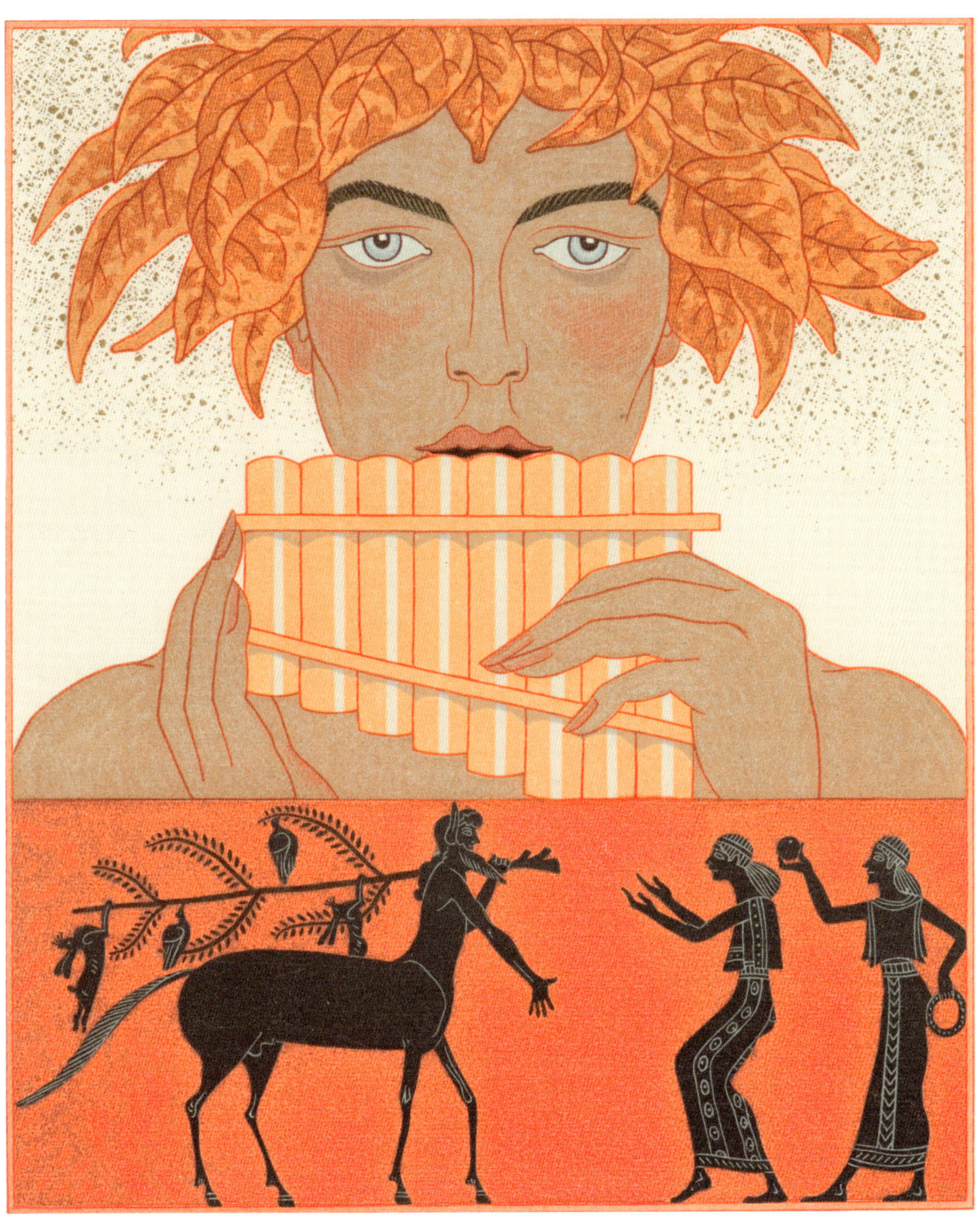

『散文詩』口絵

『散文詩』挿絵

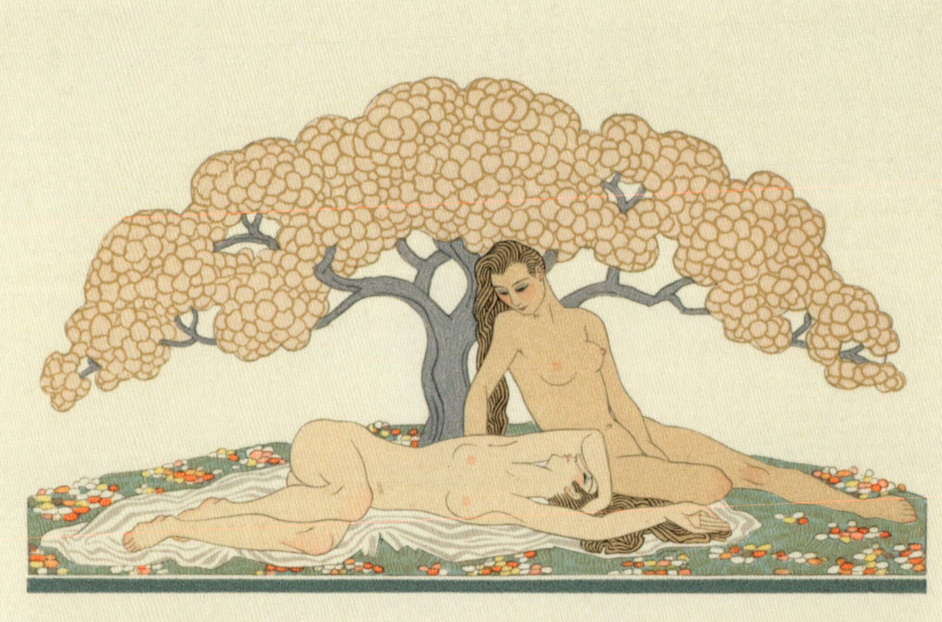

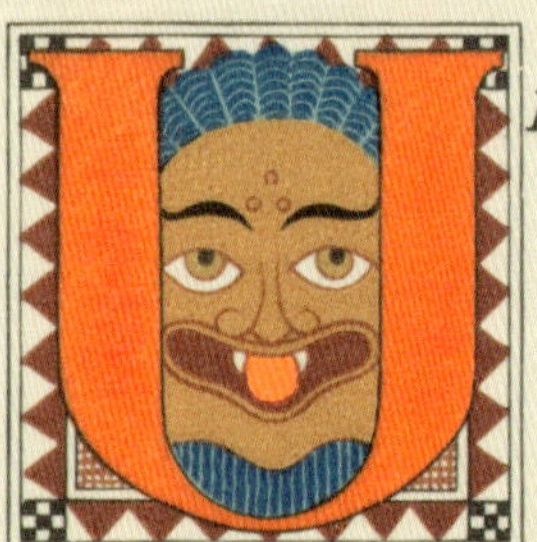

UNE DAME, MA CHÈRE AMIE, UNE DAME TOUT INCONNUE, M'ÉCRIT ET M'INTERROGE DANS UNE LETTRE FORT LONGUE ET PASSABLEMENT CARESSANTE, SUR QUANTITÉ DE POINTS DIFFICILES DONT ELLE

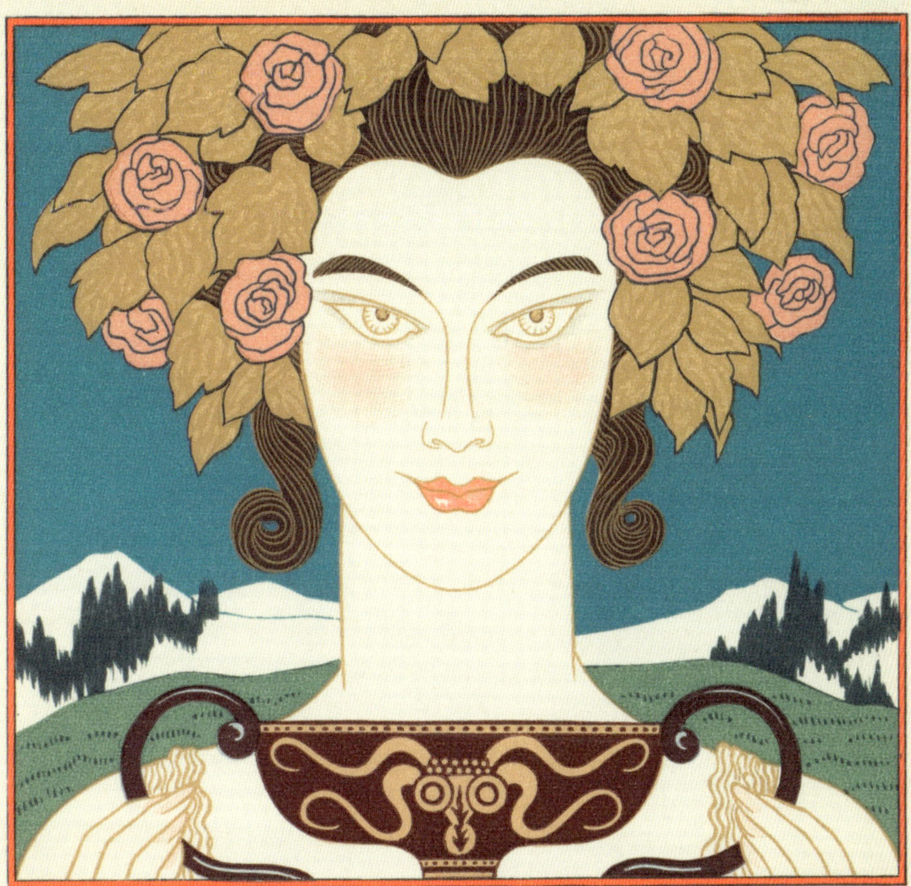

IX
AVEC LES FILLES DES ÉLÉMENTS OU DES MORTELS.
AELLO DESCENDAIT DE LA SCYTHIE, OU ELLE S'ÉTAIT
ÉLEVÉE JUSQU'AUX SOMMETS DES MONTS RIPHÉES, ET
SE RÉPANDAIT DANS LA GRÈCE, AGITANT DE TOUTES
PARTS LES MYSTÈRES ET PORTANT SES CLAMEURS SUR

『散文詩』挿絵

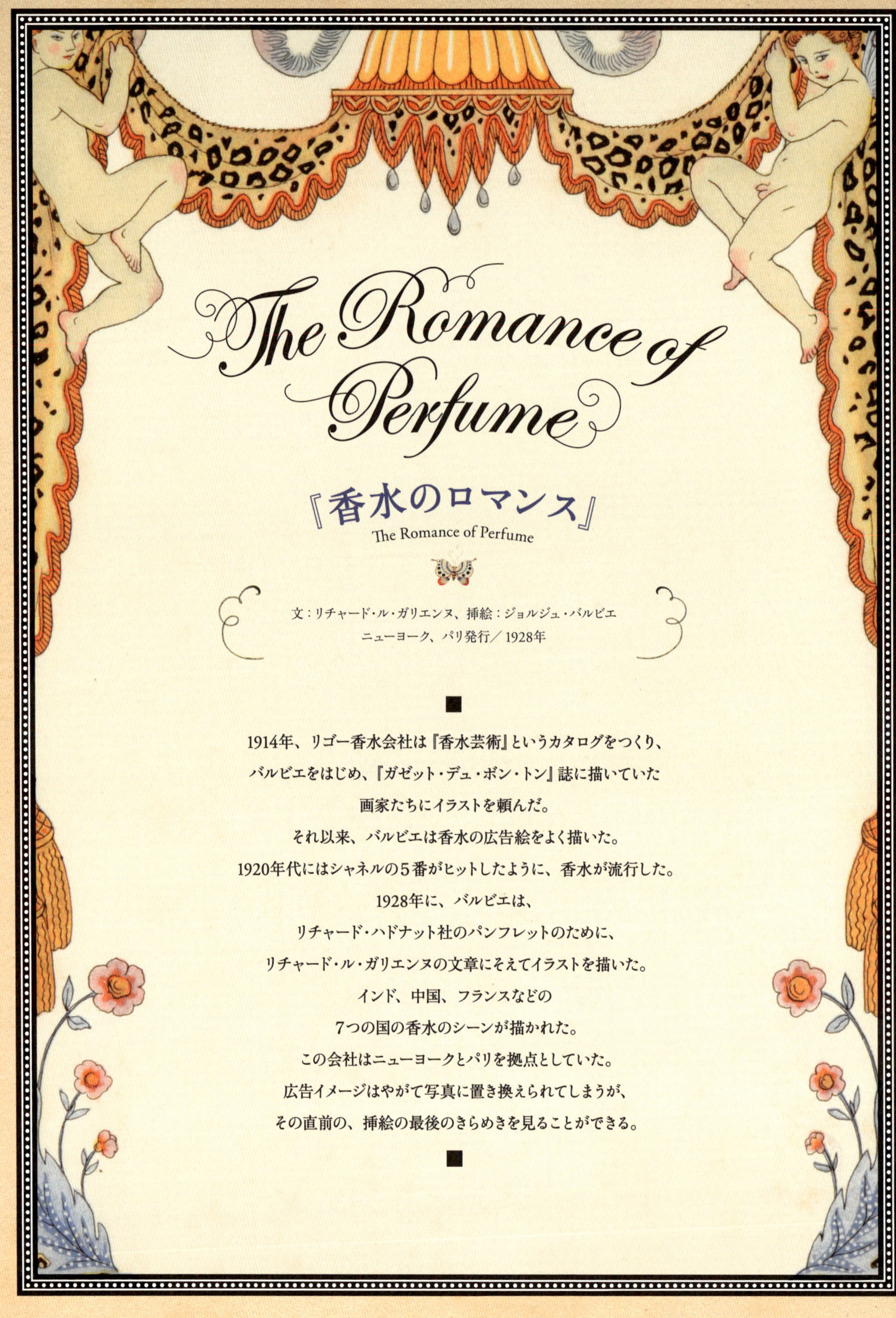

The Romance of Perfume

『香水のロマンス』

The Romance of Perfume

文：リチャード・ル・ガリエンヌ、挿絵：ジョルジュ・バルビエ
ニューヨーク、パリ発行／1928年

■

1914年、リゴー香水会社は『香水芸術』というカタログをつくり、
バルビエをはじめ、『ガゼット・デュ・ボン・トン』誌に描いていた
画家たちにイラストを頼んだ。
それ以来、バルビエは香水の広告絵をよく描いた。
1920年代にはシャネルの5番がヒットしたように、香水が流行した。
1928年に、バルビエは、
リチャード・ハドナット社のパンフレットのために、
リチャード・ル・ガリエンヌの文章にそえてイラストを描いた。
インド、中国、フランスなどの
7つの国の香水のシーンが描かれた。
この会社はニューヨークとパリを拠点としていた。
広告イメージはやがて写真に置き換えられてしまうが、
その直前の、挿絵の最後のきらめきを見ることができる。

■

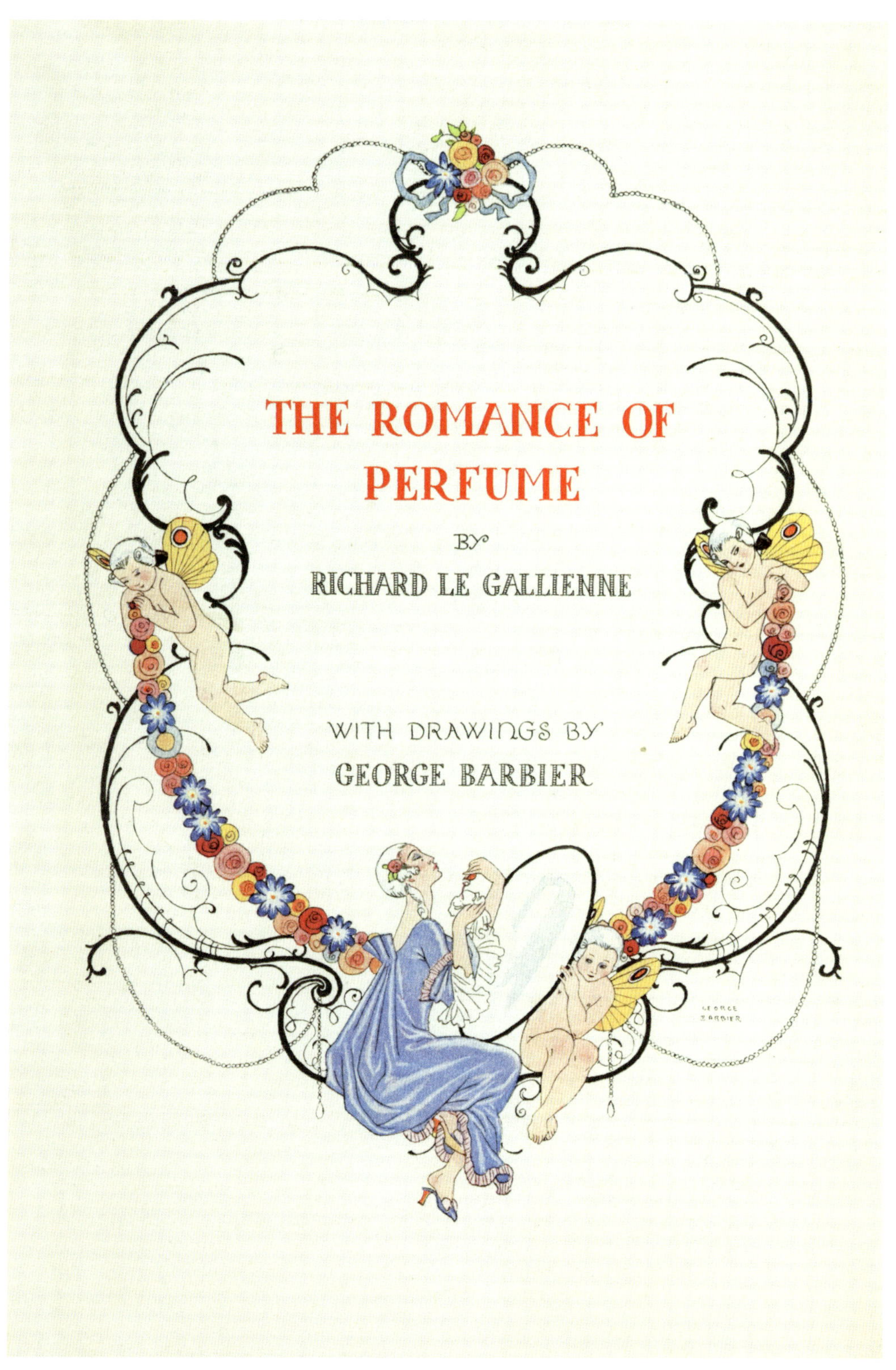
THE ROMANCE OF
PERFUME
BY
RICHARD LE GALLIENNE

WITH DRAWINGS BY
GEORGE BARBIER

『香水のロマンス』表紙

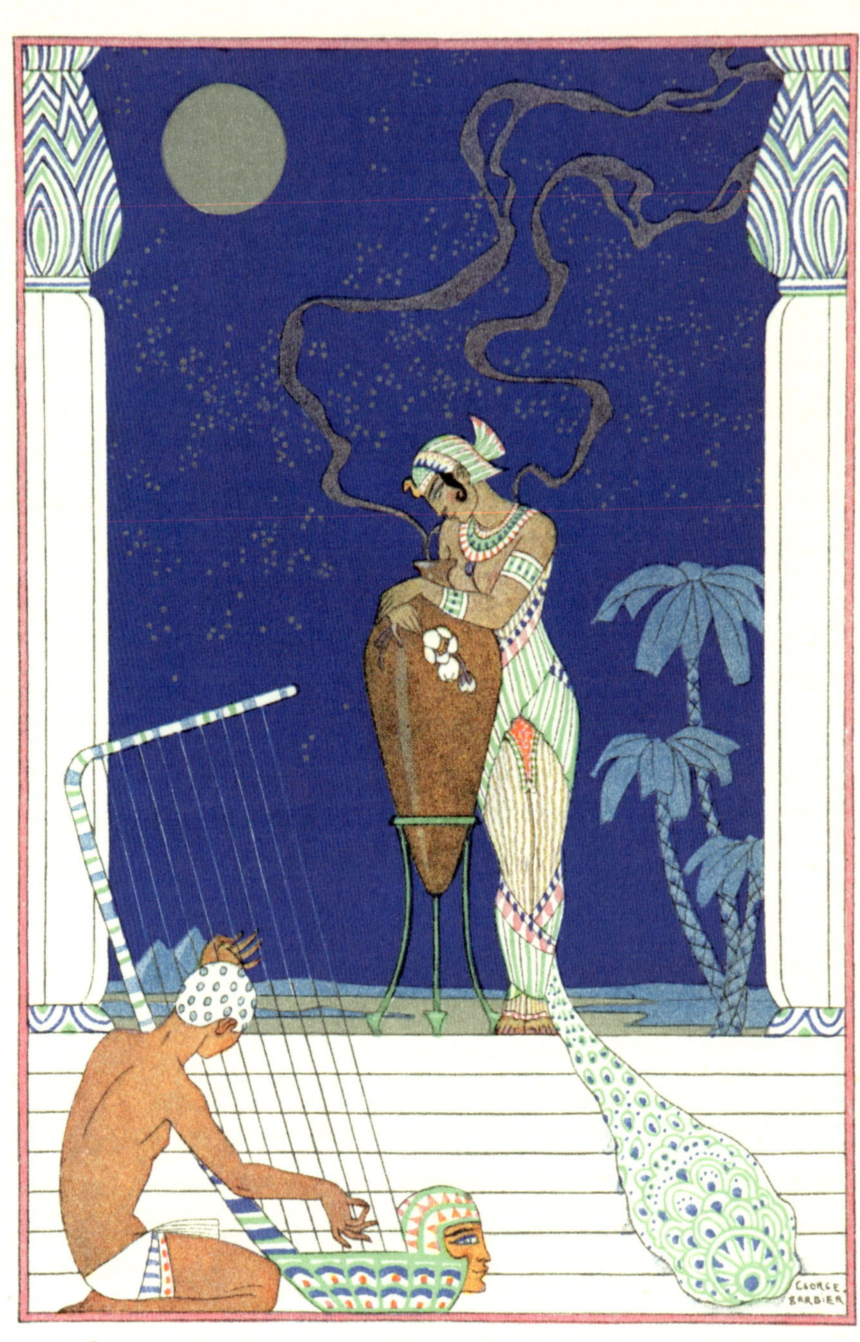

Egypt

「エジプト」

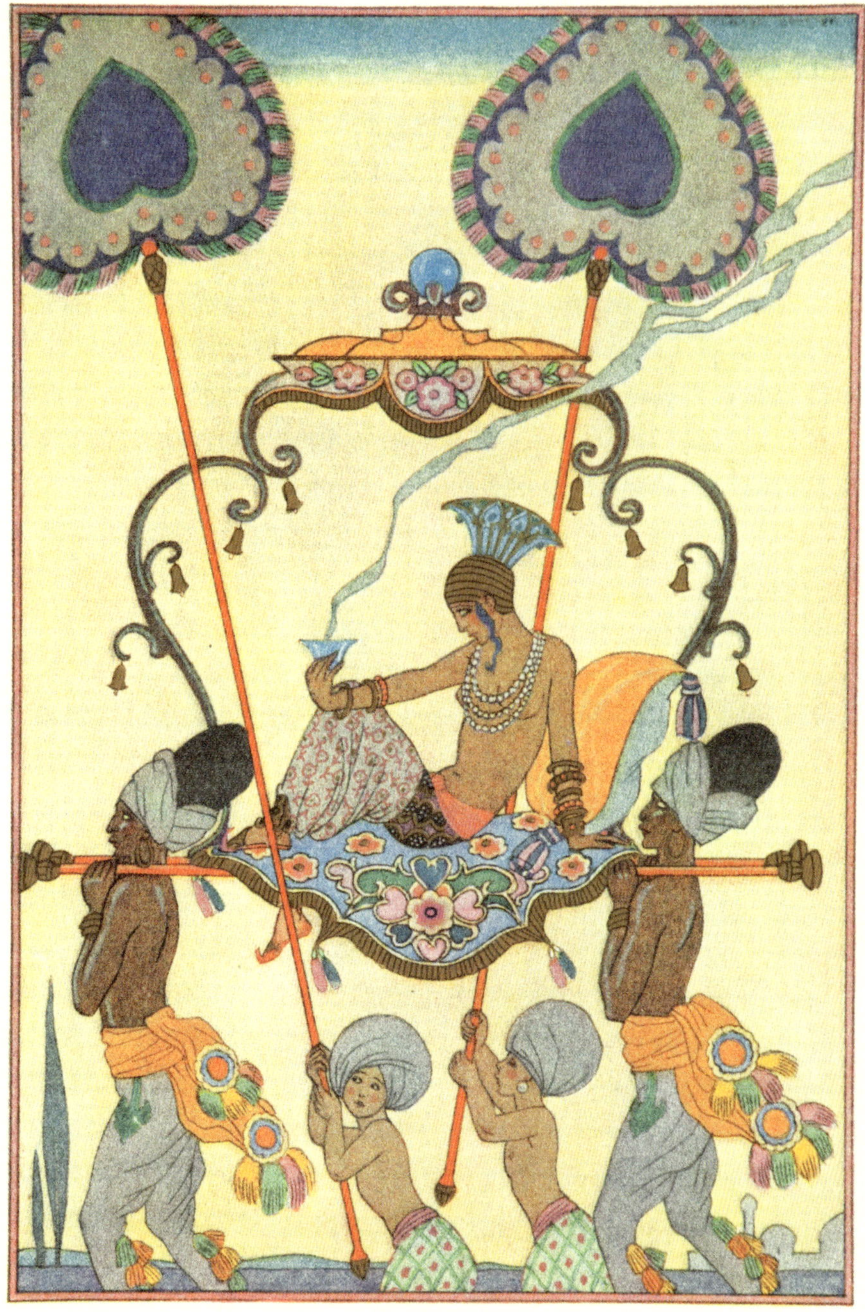

India

「インド」

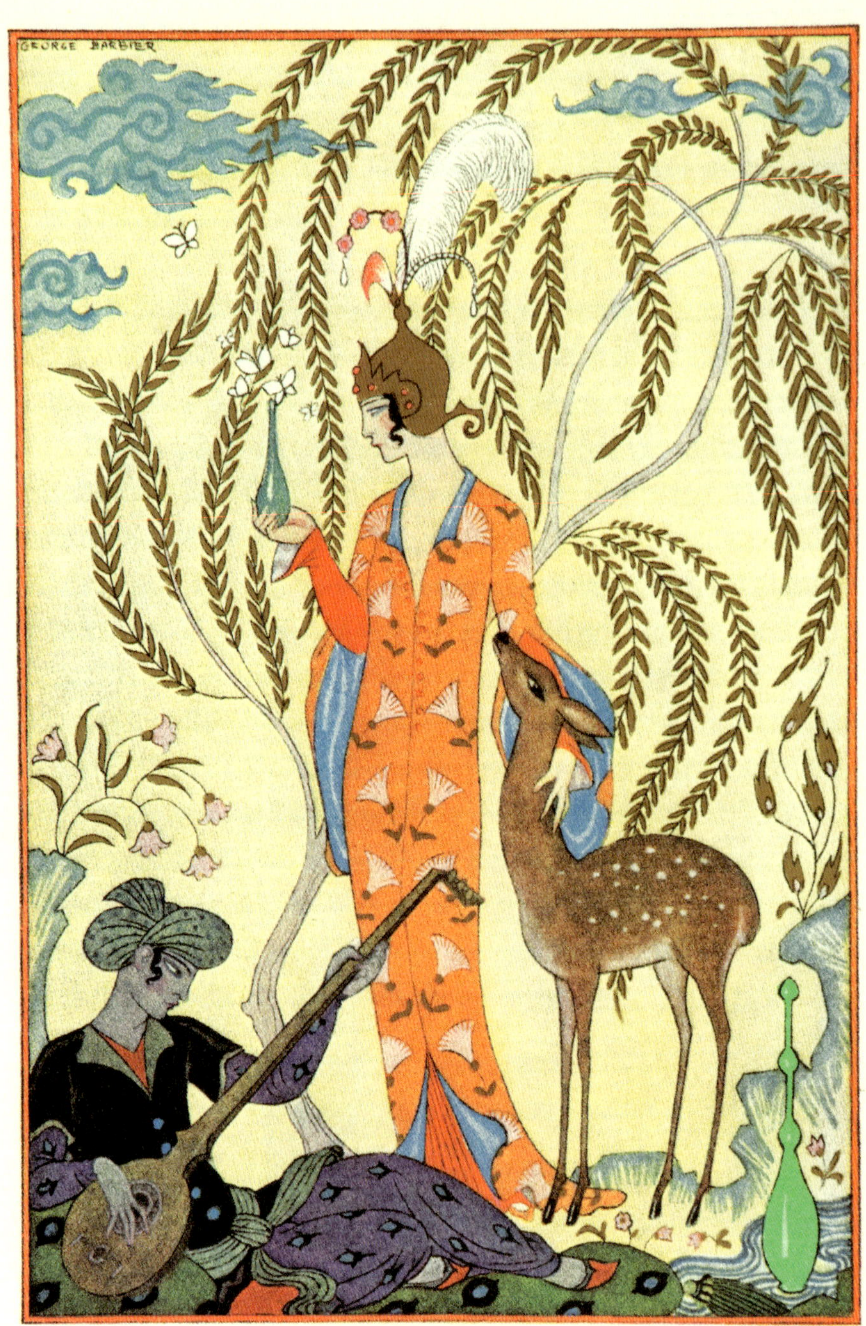

Persia

「ペルシア」

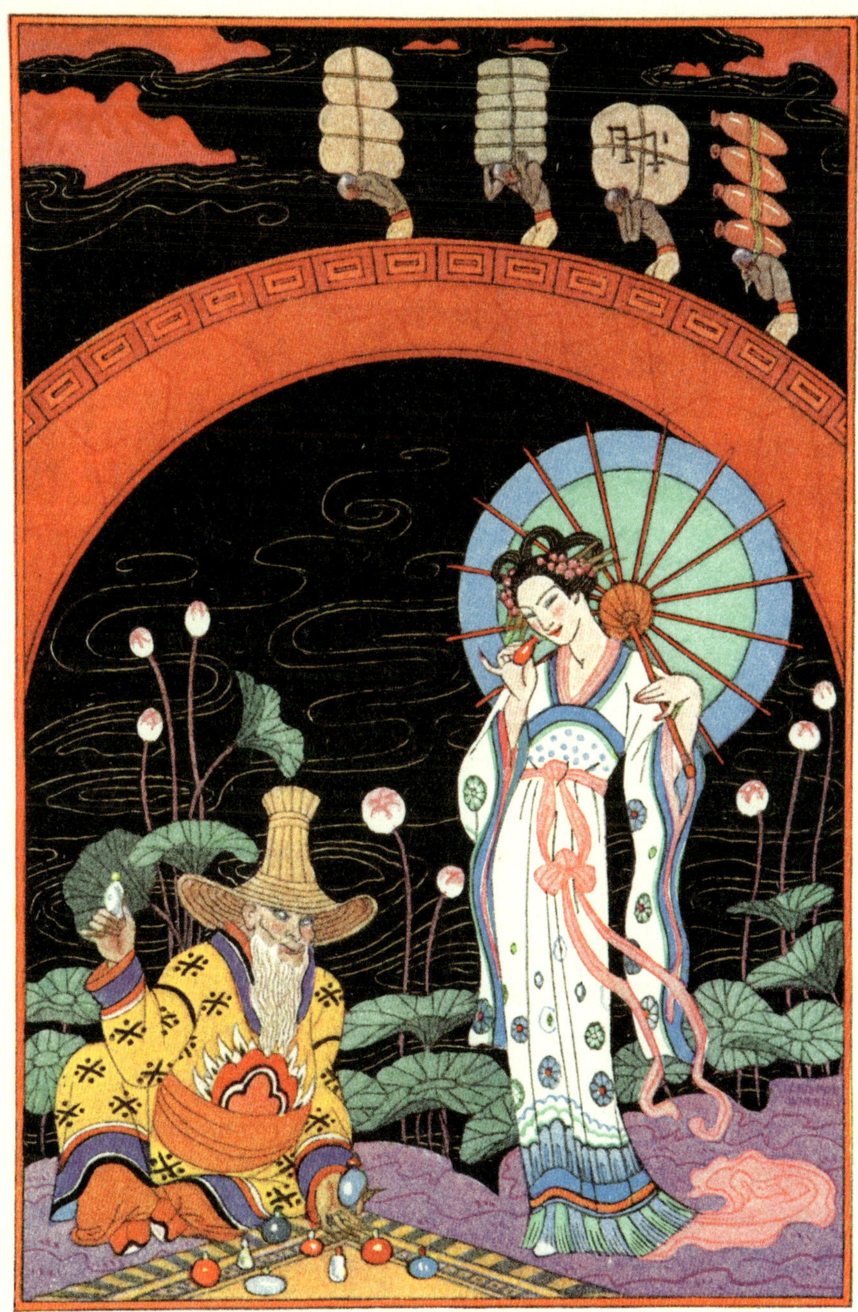

China

「中国」

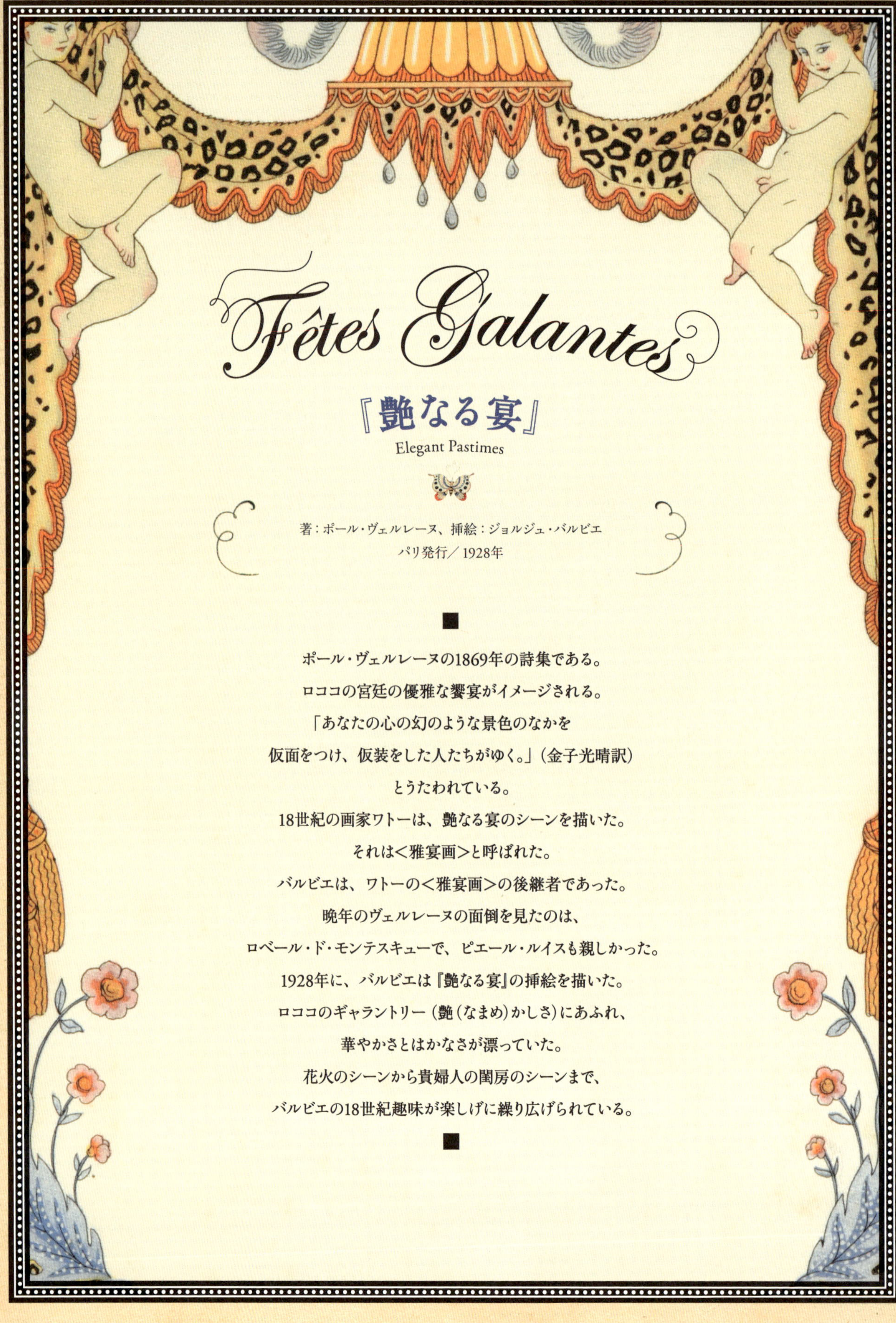

Fêtes Galantes

『艶なる宴』

Elegant Pastimes

著：ポール・ヴェルレーヌ、挿絵：ジョルジュ・バルビエ

パリ発行／1928年

ポール・ヴェルレーヌの1869年の詩集である。

ロココの宮廷の優雅な饗宴がイメージされる。

「あなたの心の幻のような景色のなかを

仮面をつけ、仮装をした人たちがゆく。」（金子光晴訳）

とうたわれている。

18世紀の画家ワトーは、艶なる宴のシーンを描いた。

それは＜雅宴画＞と呼ばれた。

バルビエは、ワトーの＜雅宴画＞の後継者であった。

晩年のヴェルレーヌの面倒を見たのは、

ロベール・ド・モンテスキューで、ピエール・ルイスも親しかった。

1928年に、バルビエは『艶なる宴』の挿絵を描いた。

ロココのギャラントリー（艶（なまめ）かしさ）にあふれ、

華やかさとはかなさが漂っていた。

花火のシーンから貴婦人の閨房のシーンまで、

バルビエの18世紀趣味が楽しげに繰り広げられている。

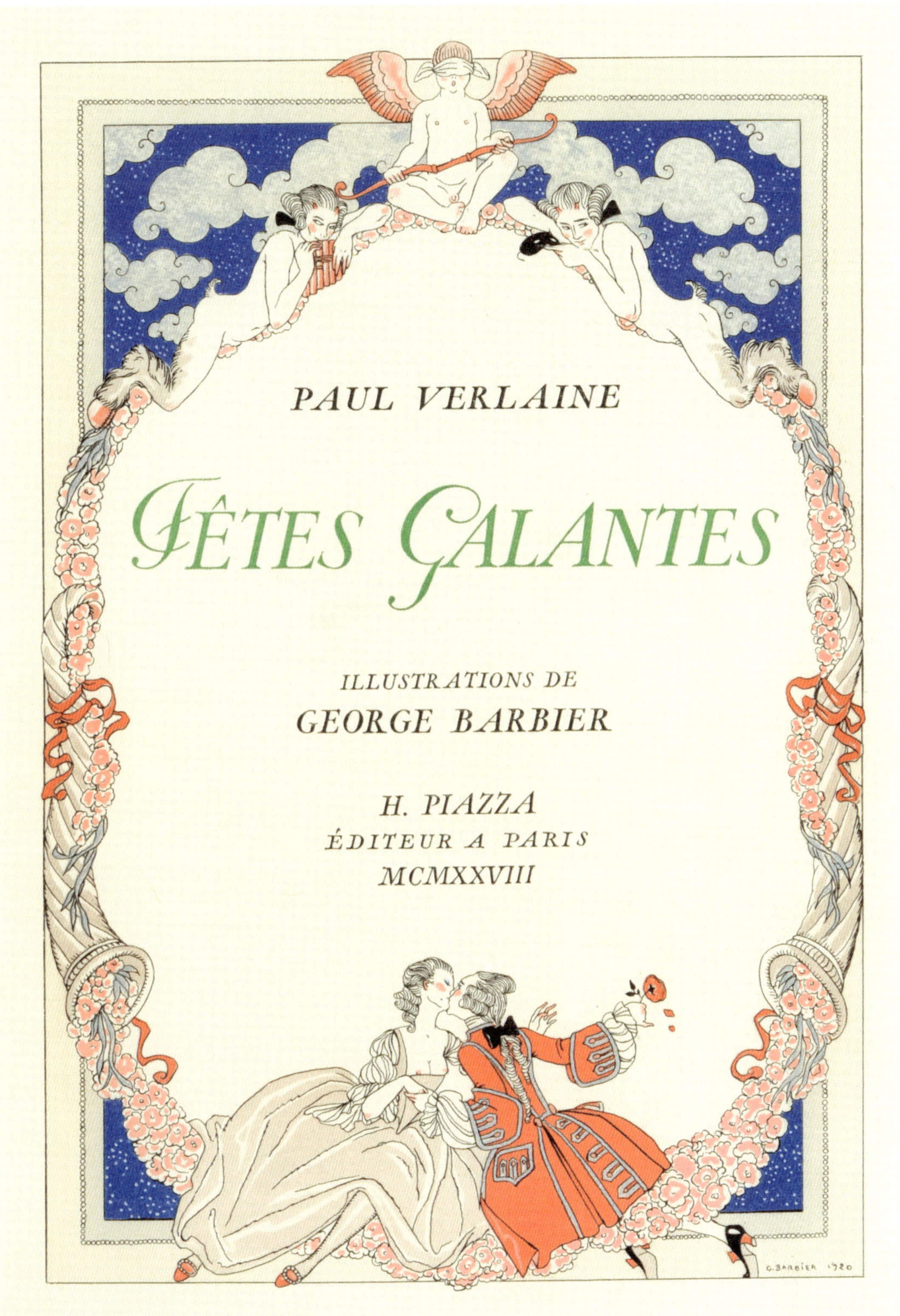

PAUL VERLAINE

FÊTES GALANTES

ILLUSTRATIONS DE
GEORGE BARBIER

H. PIAZZA
ÉDITEUR A PARIS
MCMXXVIII

G.BARBIER 1920

『艶なる宴』扉

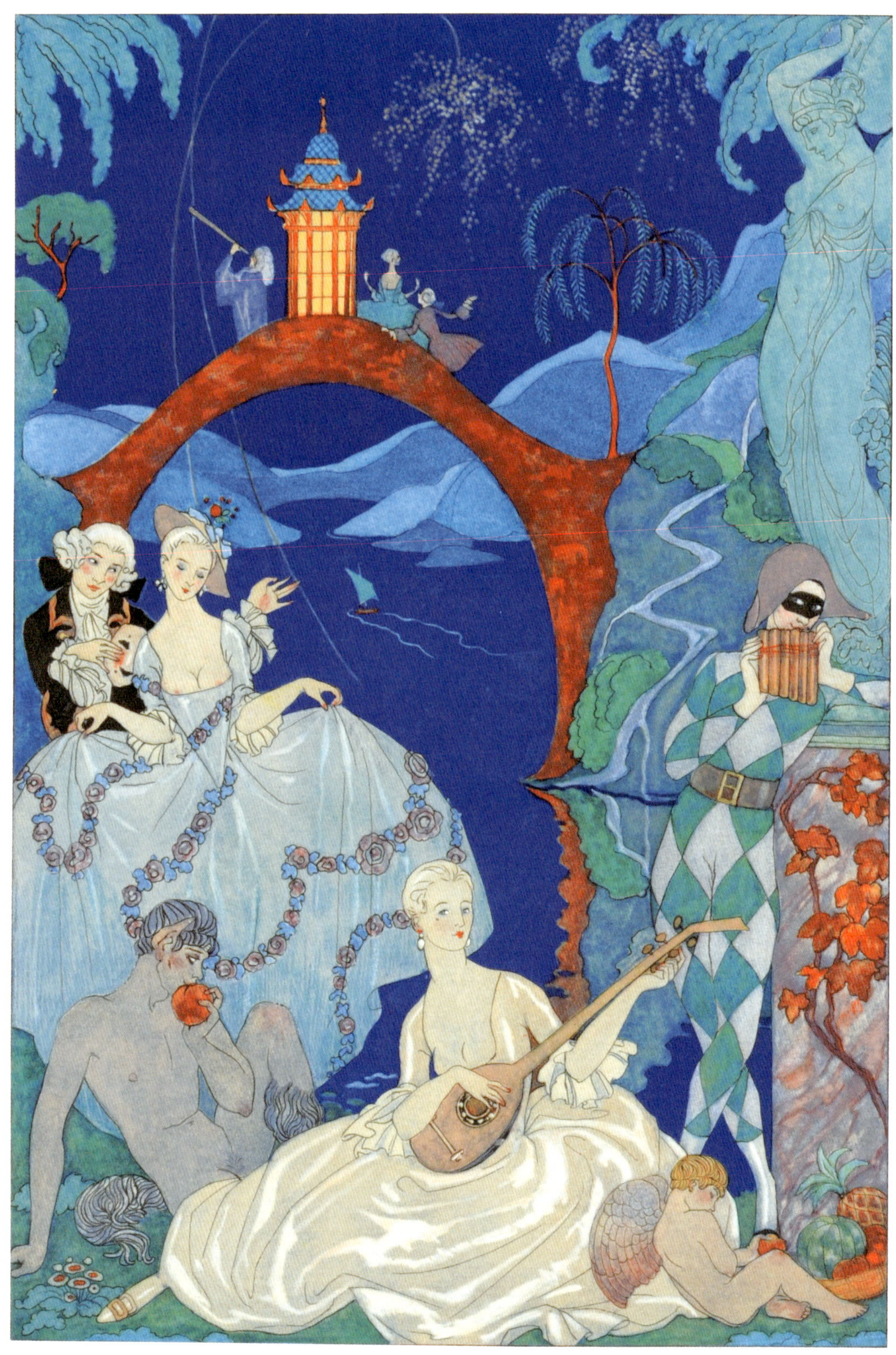

「月あかり」

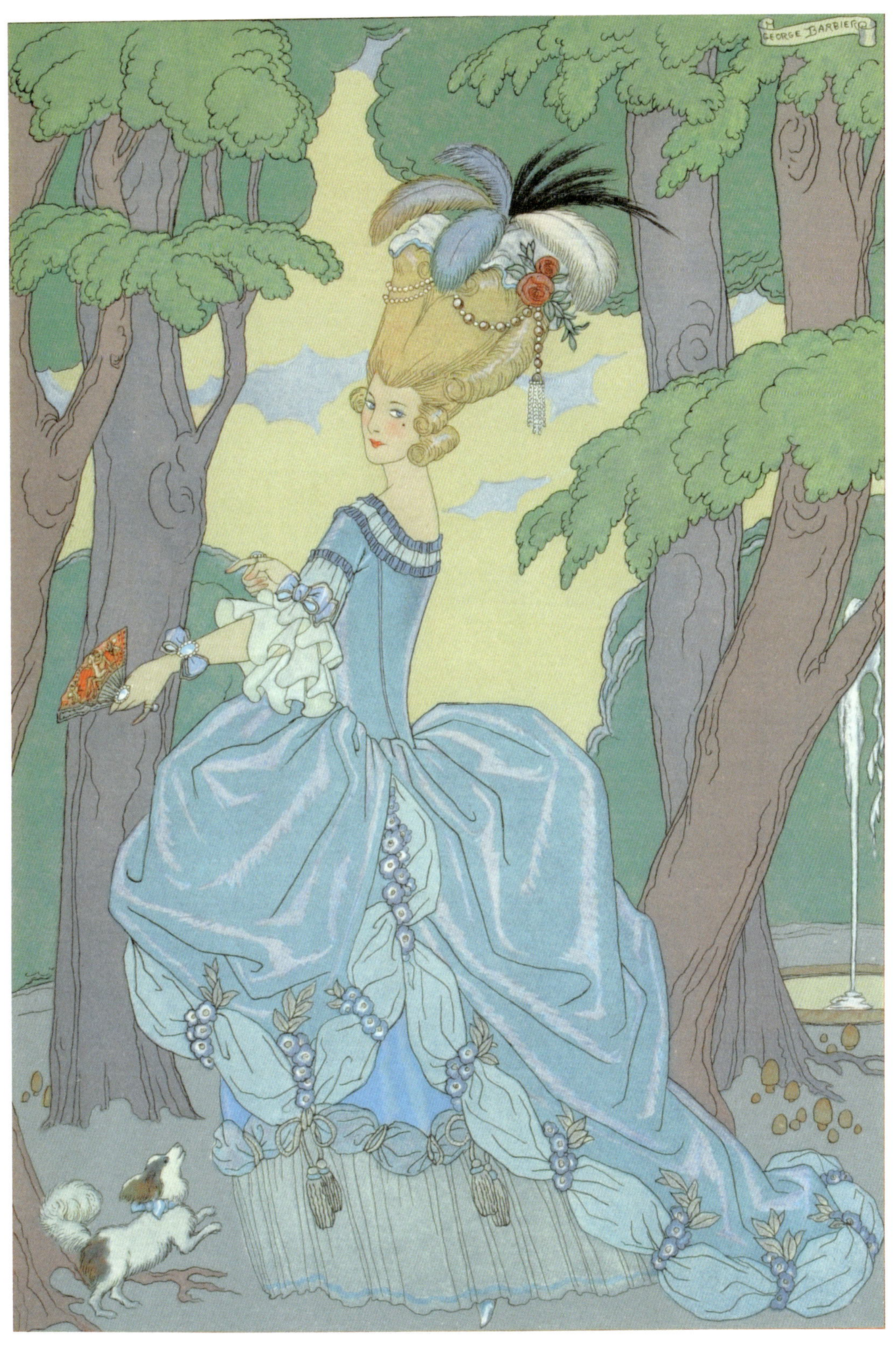

「小道」

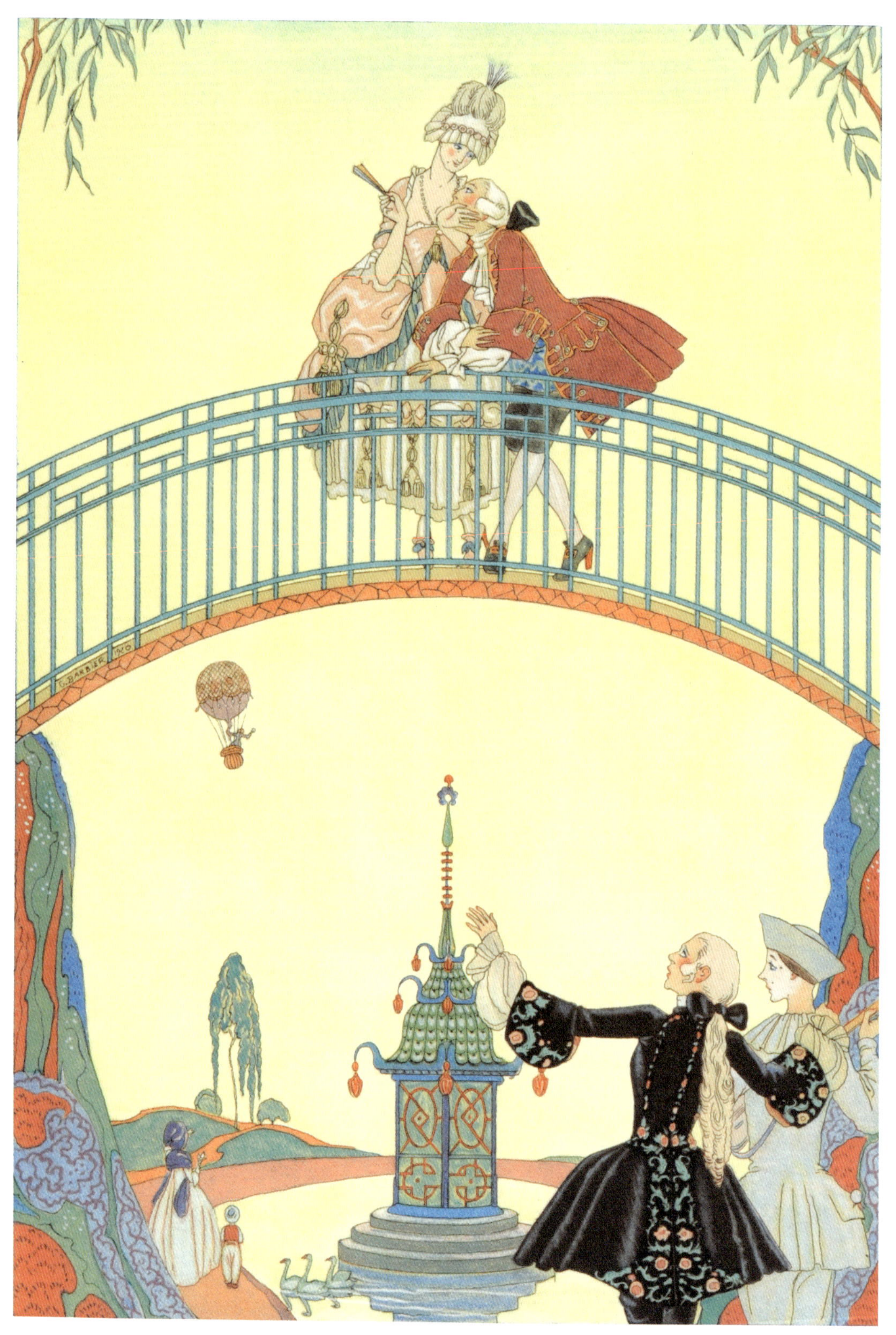

P170：「散歩へ」　P171：「洞穴で」

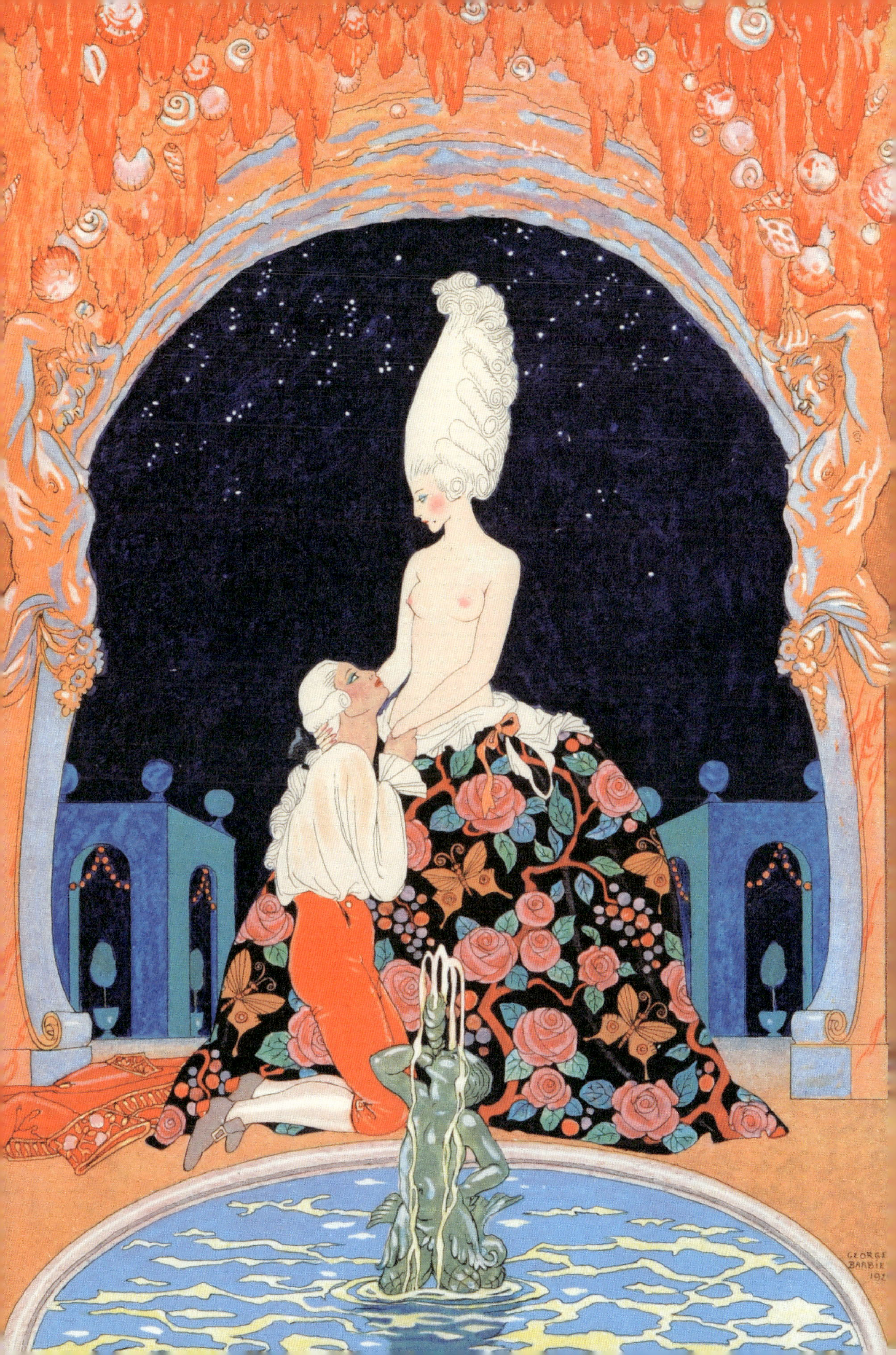

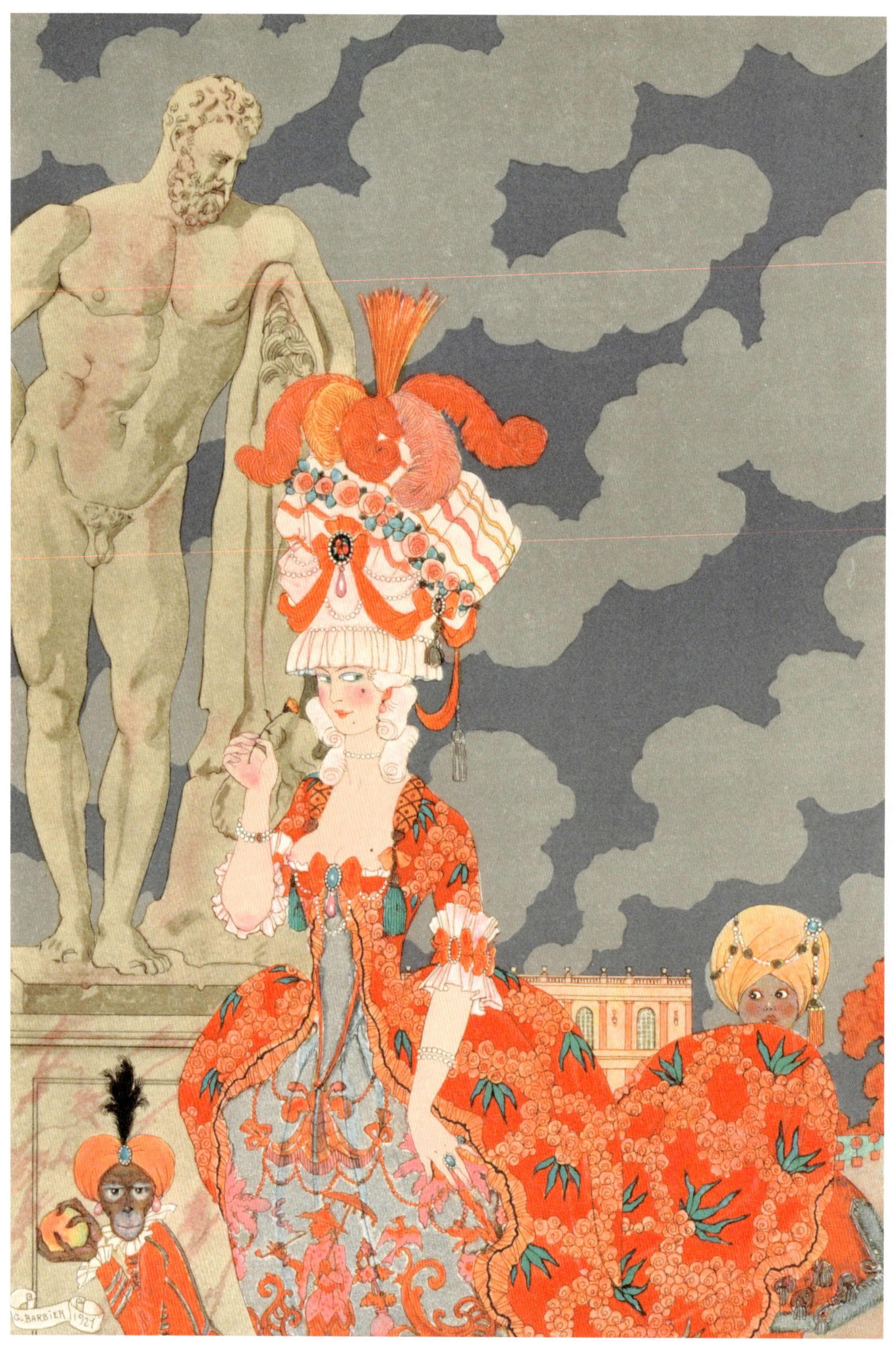

「お供」

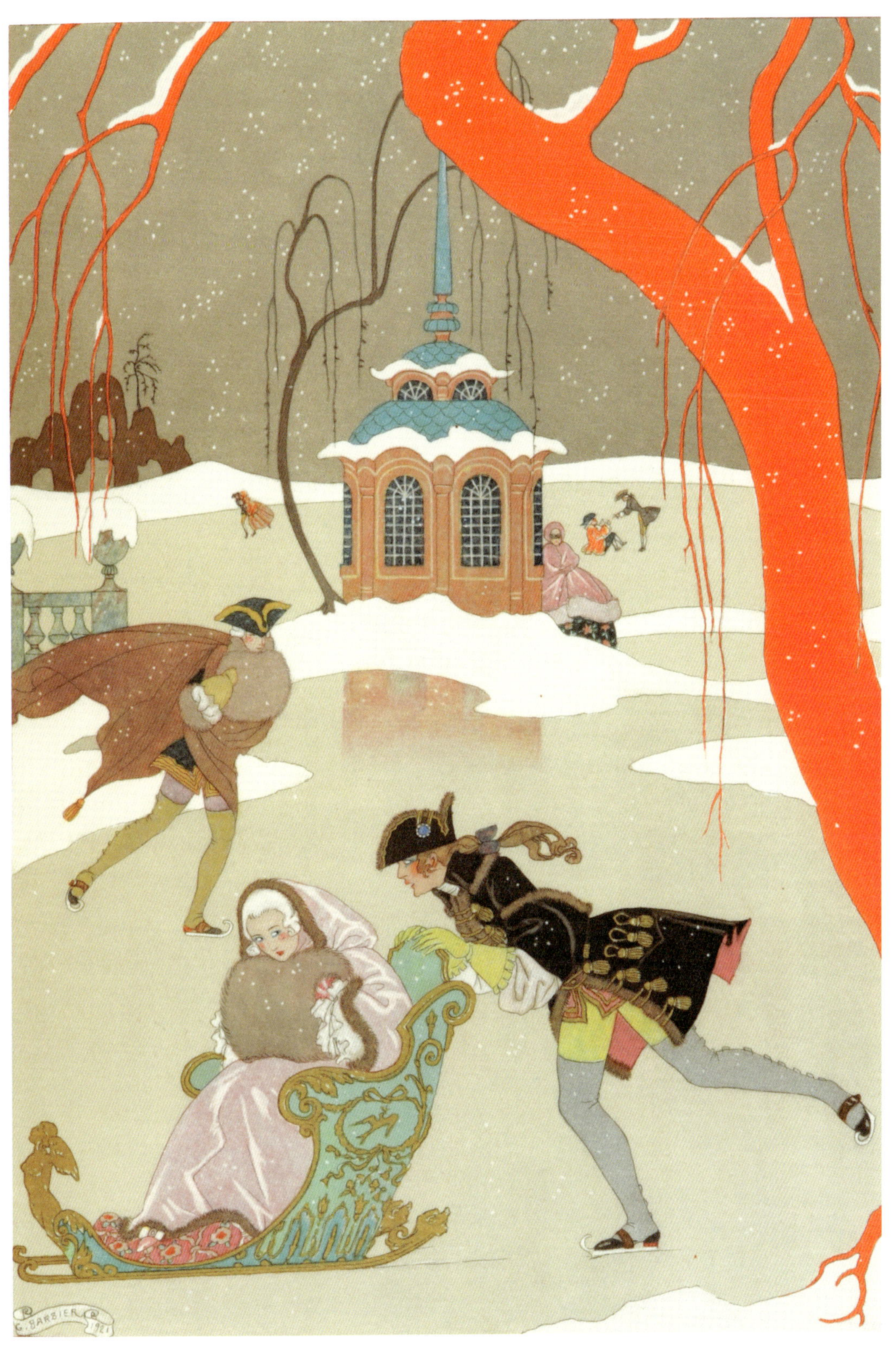

「スケートの間」

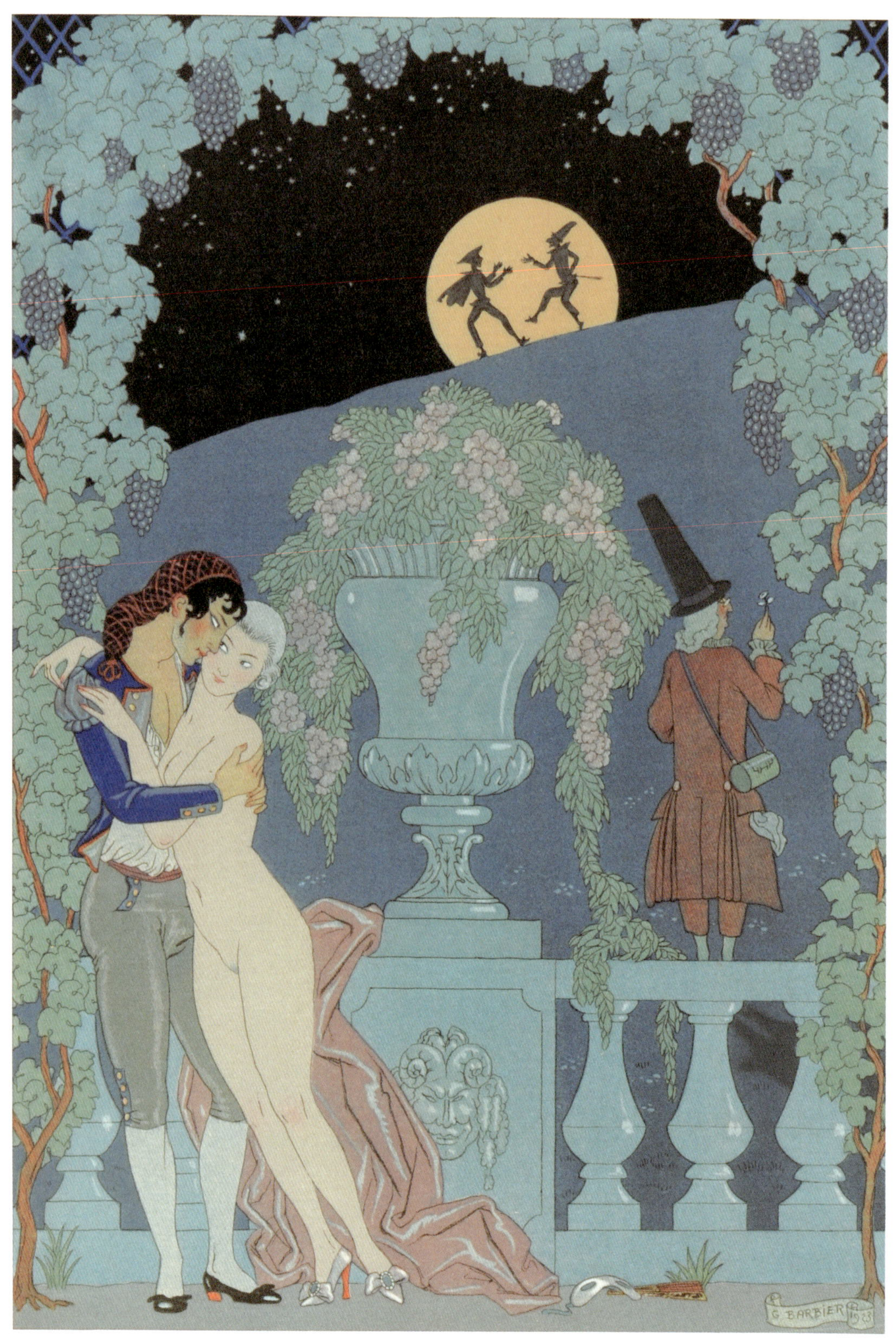

P174 :「操り人形」　P175 :「シテール島」

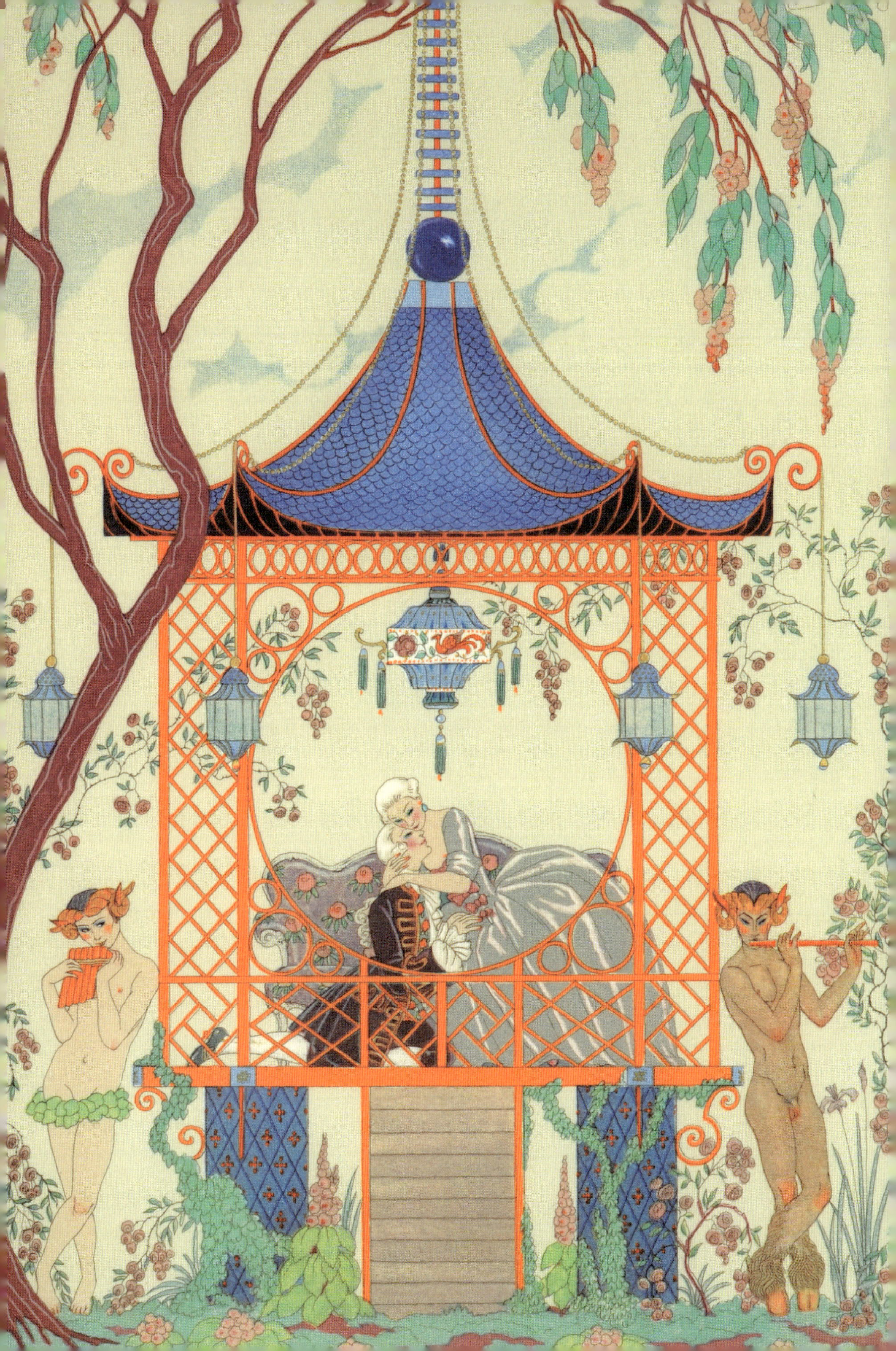

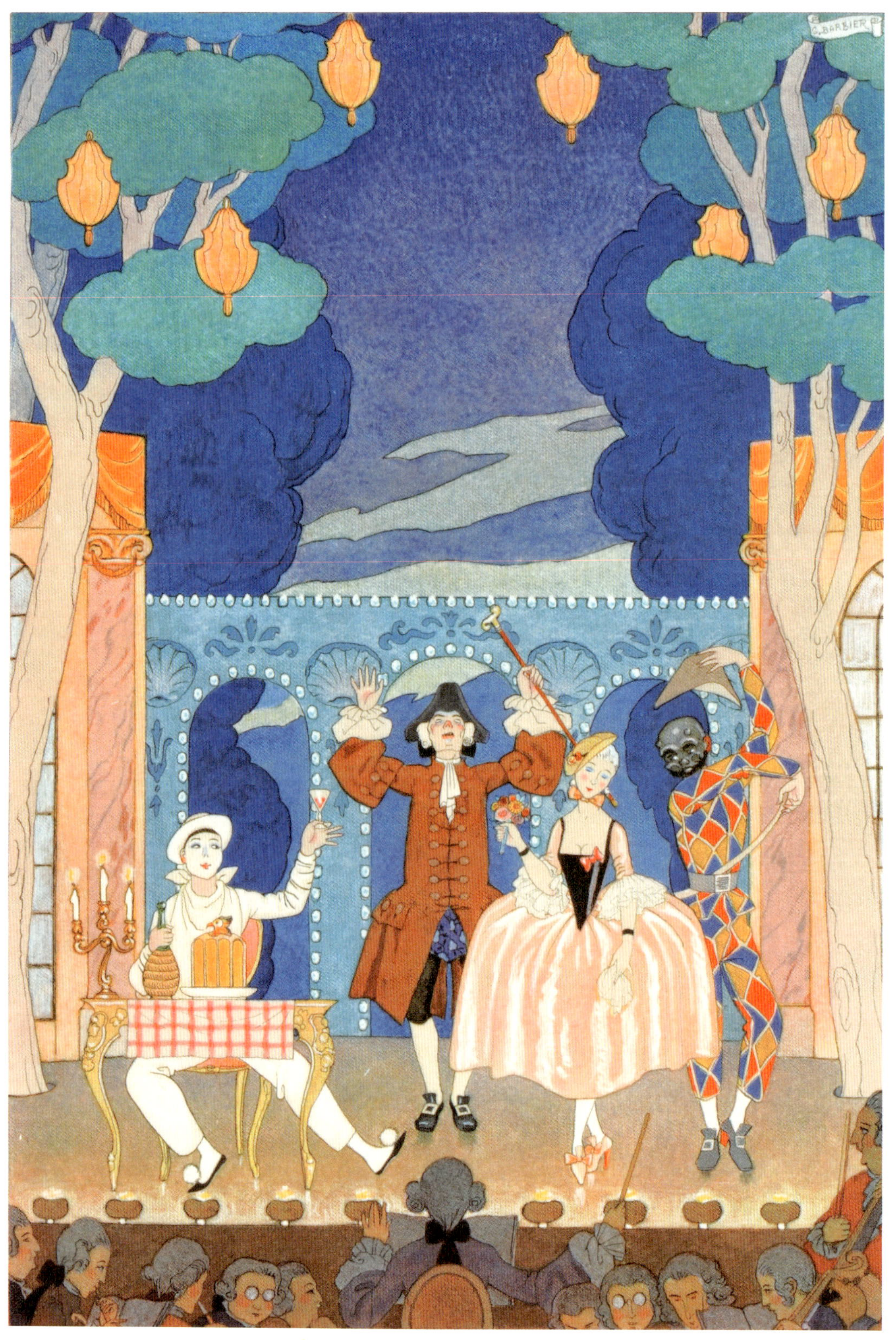

「黙劇」

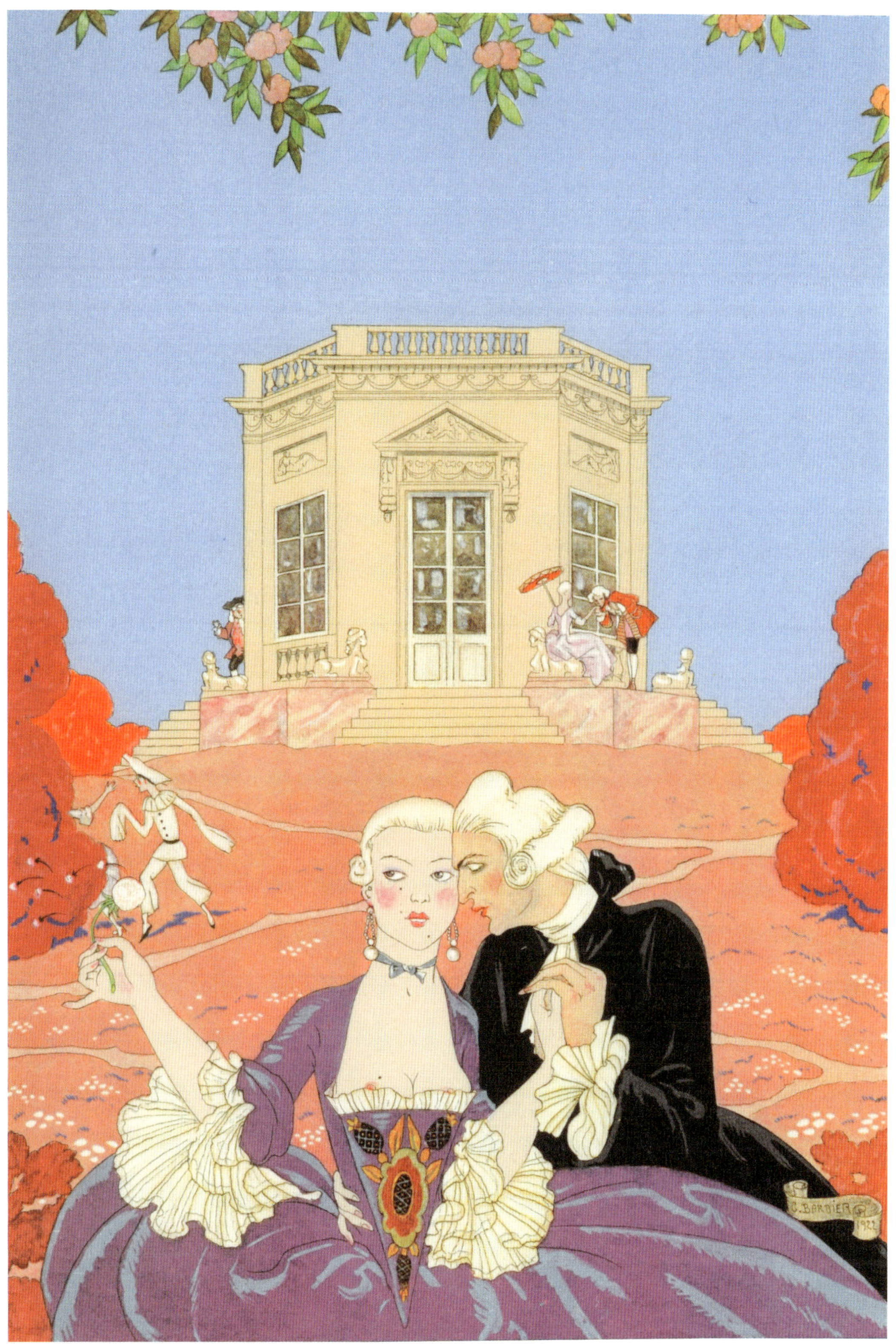

「たいくつ」

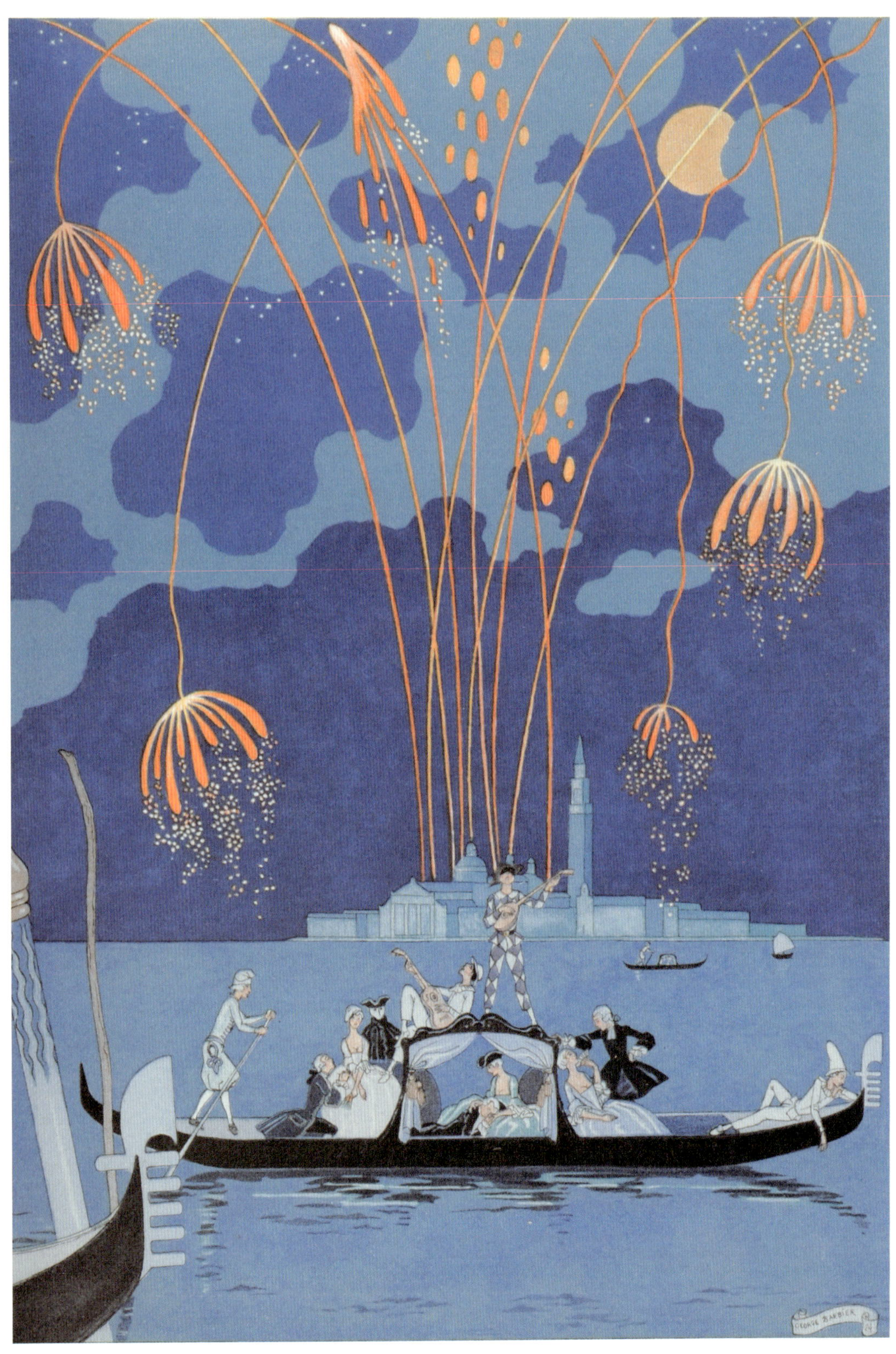

「ボートで」

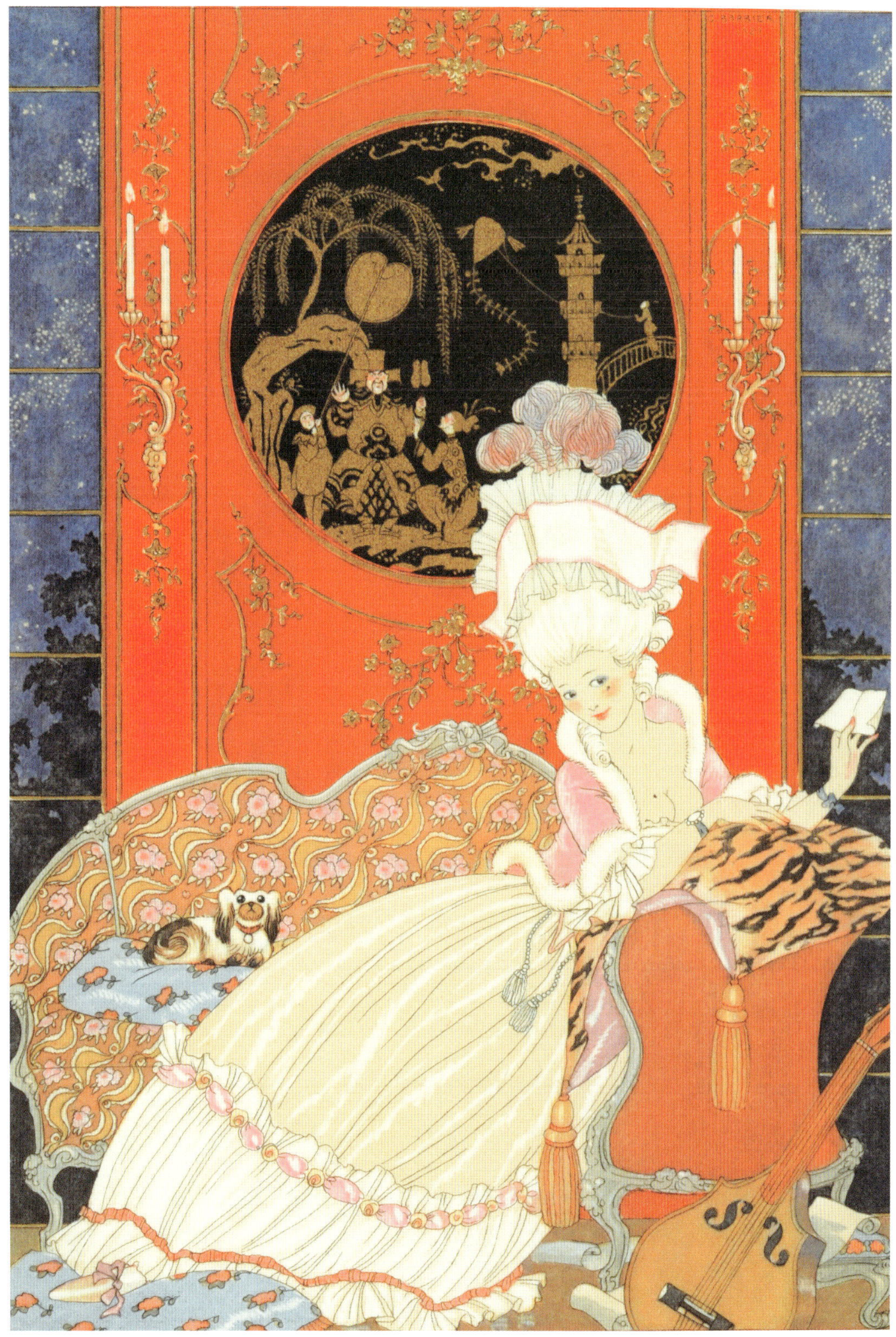

「手紙」

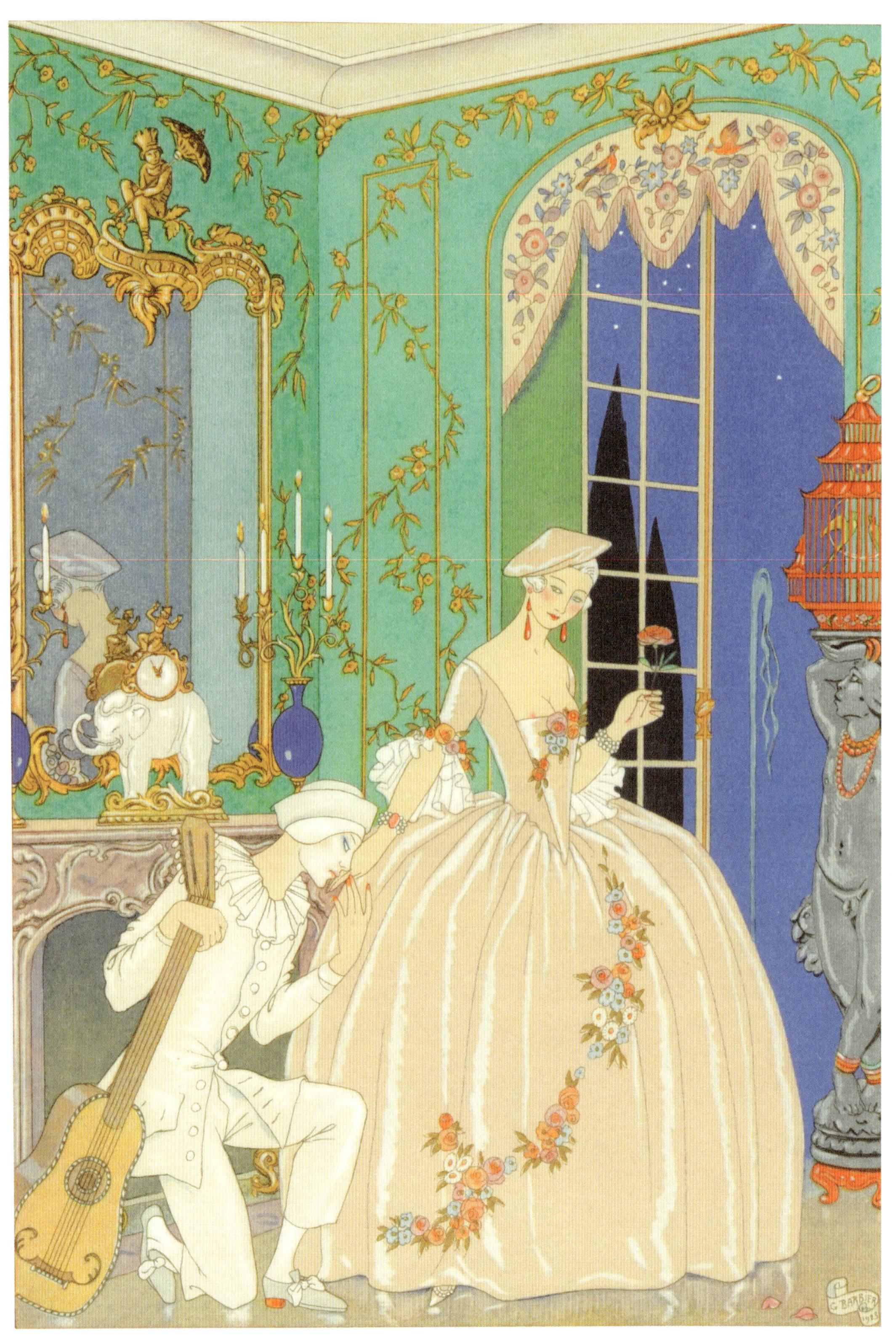

P180 :「クリメーヌに」　P181 :「ひそやかに」

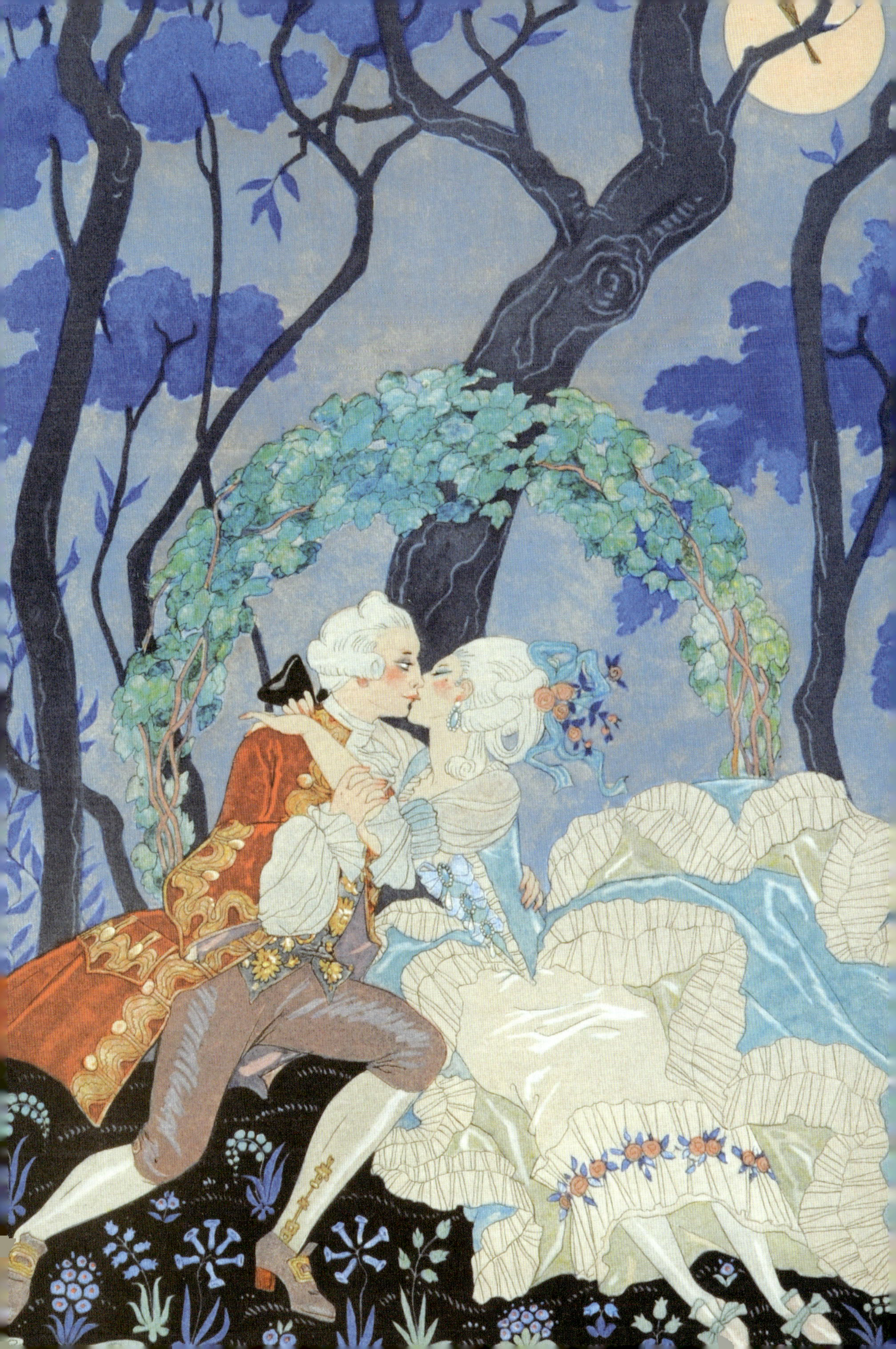

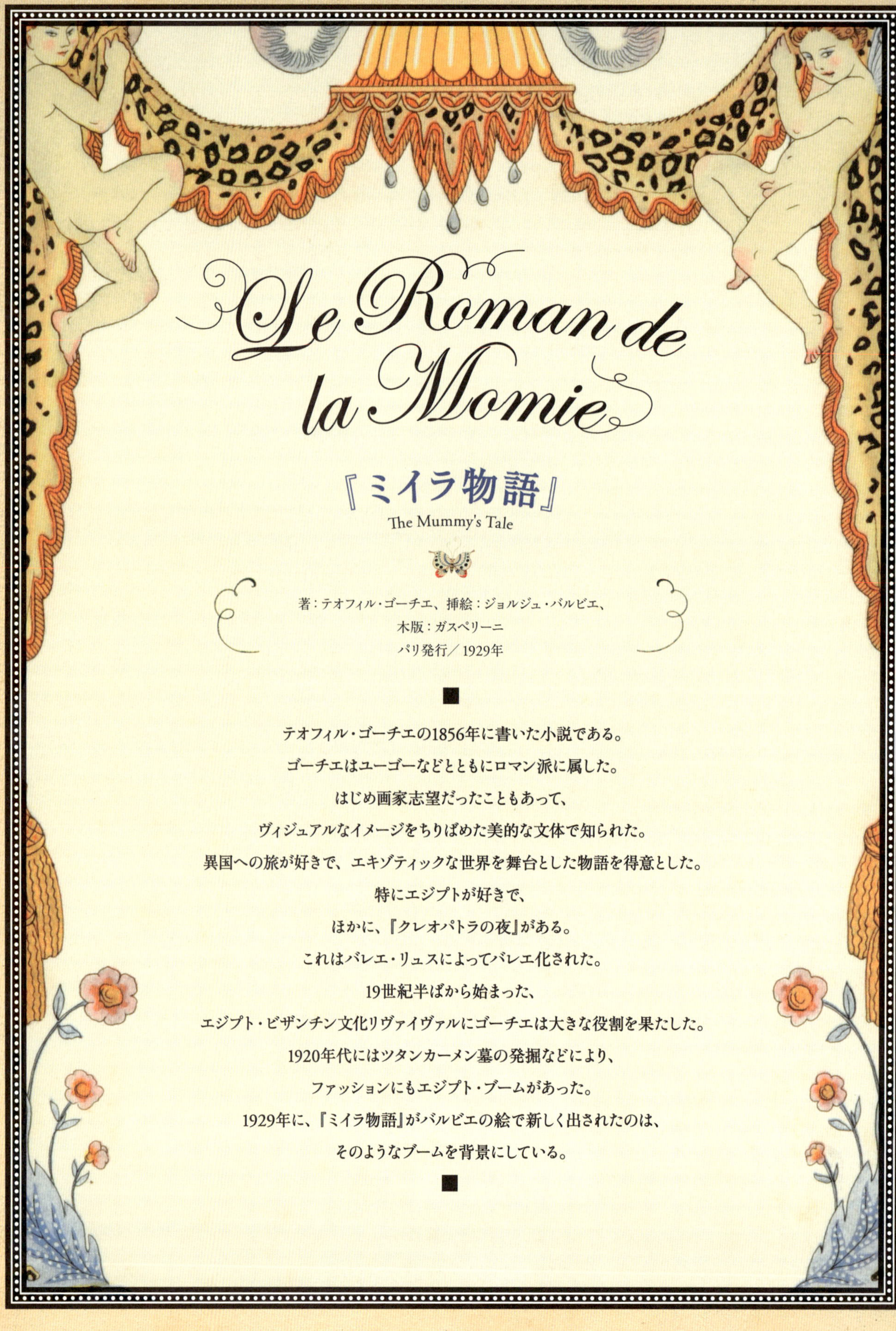

Le Roman de la Momie

『ミイラ物語』

The Mummy's Tale

著：テオフィル・ゴーチエ、挿絵：ジョルジュ・バルビエ、
木版：ガスペリーニ
パリ発行／1929年

■

テオフィル・ゴーチエの1856年に書いた小説である。
ゴーチエはユーゴーなどとともにロマン派に属した。
はじめ画家志望だったこともあって、
ヴィジュアルなイメージをちりばめた美的な文体で知られた。
異国への旅が好きで、エキゾティックな世界を舞台とした物語を得意とした。
特にエジプトが好きで、
ほかに、『クレオパトラの夜』がある。
これはバレエ・リュスによってバレエ化された。
19世紀半ばから始まった、
エジプト・ビザンチン文化リヴァイヴァルにゴーチエは大きな役割を果たした。
1920年代にはツタンカーメン墓の発掘などにより、
ファッションにもエジプト・ブームがあった。
1929年に、『ミイラ物語』がバルビエの絵で新しく出されたのは、
そのようなブームを背景にしている。

■

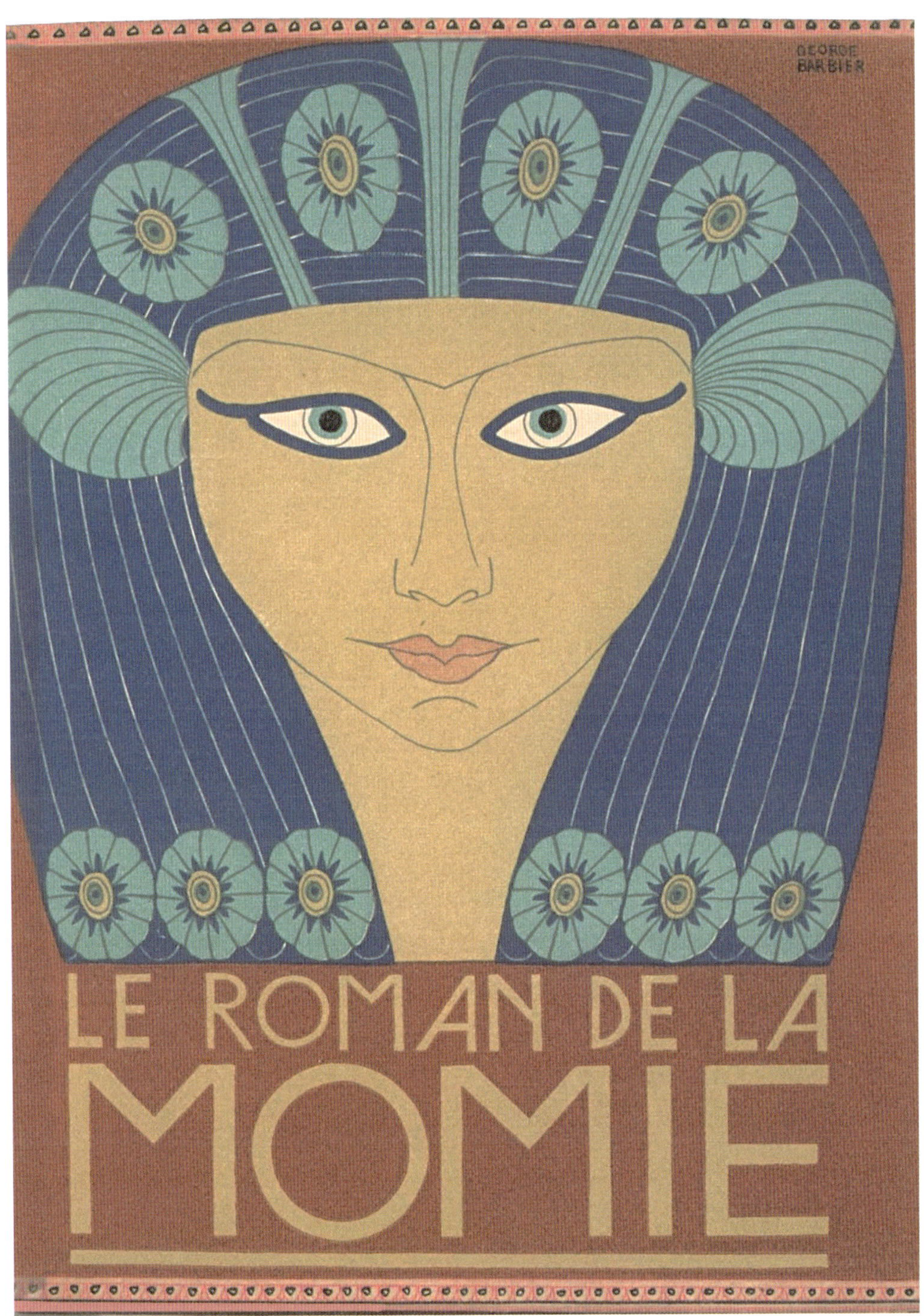

『ミイラ物語』表紙

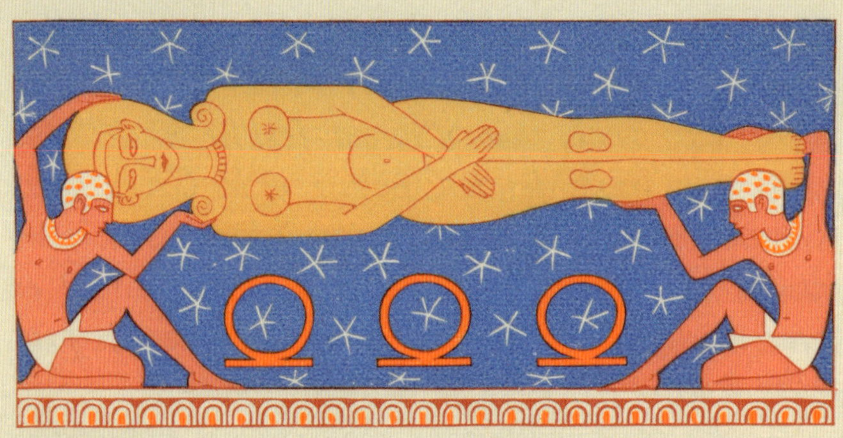

PROLOGUE

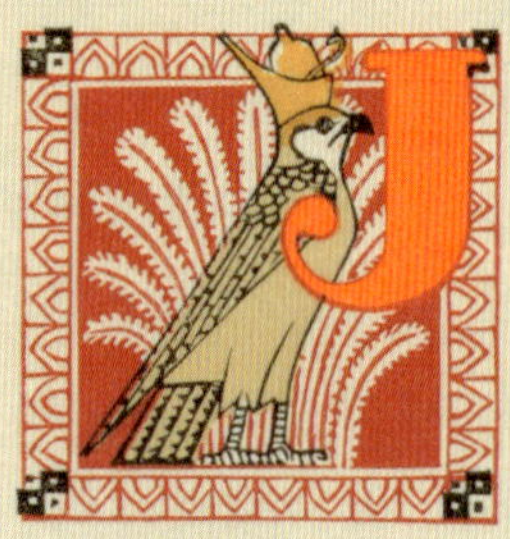'AI *un pressentiment que nous trouve-rons dans la vallée de Biban-el-Molouk une tombe inviolée, disait à un jeune Anglais de haute mine un personnage beaucoup plus humble,* en essuyant d'un gros mouchoir à carreaux bleus son front chauve, où perlaient des gouttes de sueur, comme s'il eût été modelé en argile poreuse & rempli d'eau ainsi qu'une gargoulette de Thèbes.

— *Qu'Osiris vous entende,* répondit au docteur allemand le jeune lord : *c'est une invocation qu'on peut se permettre en face de l'ancienne Diospolis magna;*

I

『ミイラ物語』序文

『ミイラ物語』挿絵

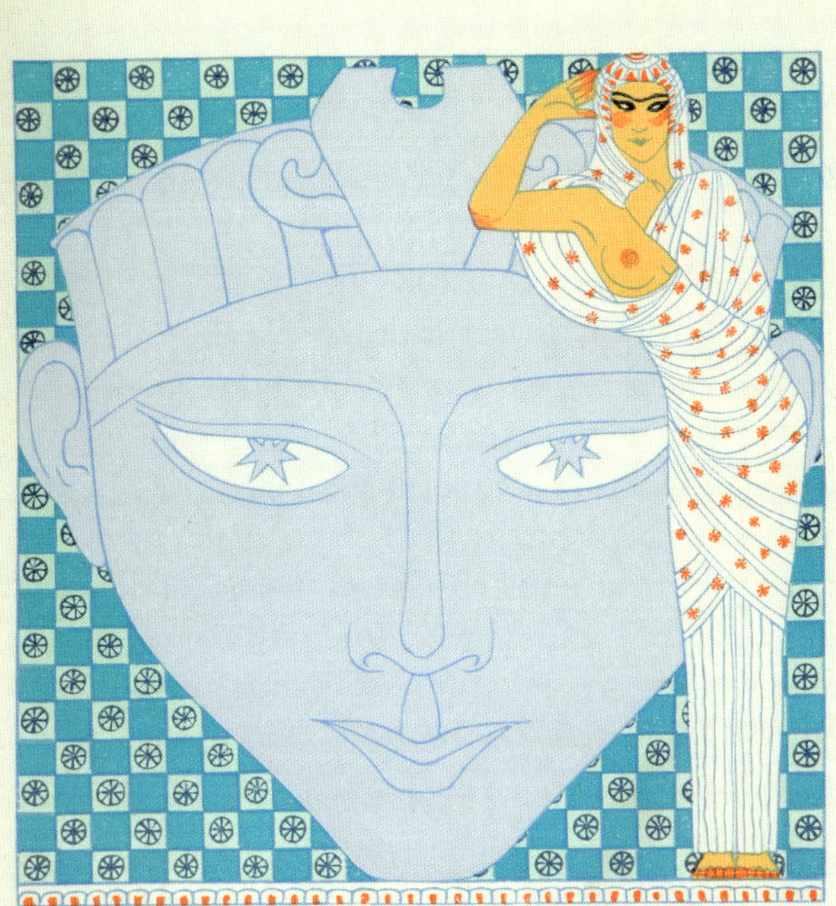

prennent des masques de bête comme s'ils
étaient gênés par la face humaine où brille le
reflet de Jéhovah. Il est dit : « Tu n'adoreras ni
la pierre, ni le bois, ni le métal. » Au fond de
ces temples énormes cimentés avec le sang des
races opprimées, ricanent hideusement accrou-
pis d'impurs démons qui usurpent les libations,

247

『ミイラ物語』挿絵

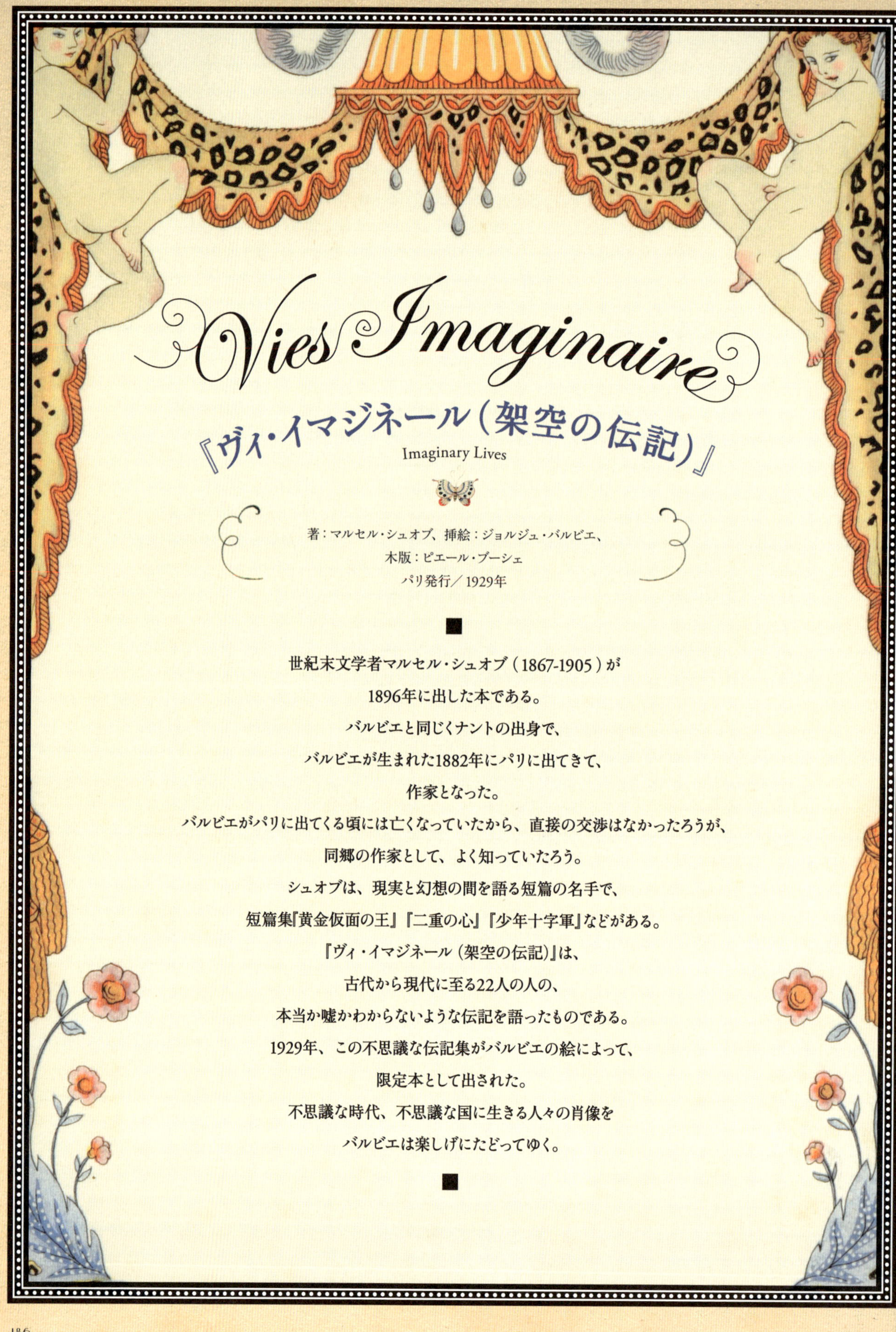

Vies Imaginaire

『ヴィ・イマジネール（架空の伝記）』

Imaginary Lives

著：マルセル・シュオブ、挿絵：ジョルジュ・バルビエ、
木版：ピエール・ブーシェ
パリ発行／1929年

■

世紀末文学者マルセル・シュオブ（1867-1905）が
1896年に出した本である。
バルビエと同じくナントの出身で、
バルビエが生まれた1882年にパリに出てきて、
作家となった。
バルビエがパリに出てくる頃には亡くなっていたから、直接の交渉はなかったろうが、
同郷の作家として、よく知っていたろう。
シュオブは、現実と幻想の間を語る短篇の名手で、
短篇集『黄金仮面の王』『二重の心』『少年十字軍』などがある。
『ヴィ・イマジネール（架空の伝記）』は、
古代から現代に至る22人の人の、
本当か嘘かわからないような伝記を語ったものである。
1929年、この不思議な伝記集がバルビエの絵によって、
限定本として出された。
不思議な時代、不思議な国に生きる人々の肖像を
バルビエは楽しげにたどってゆく。

■

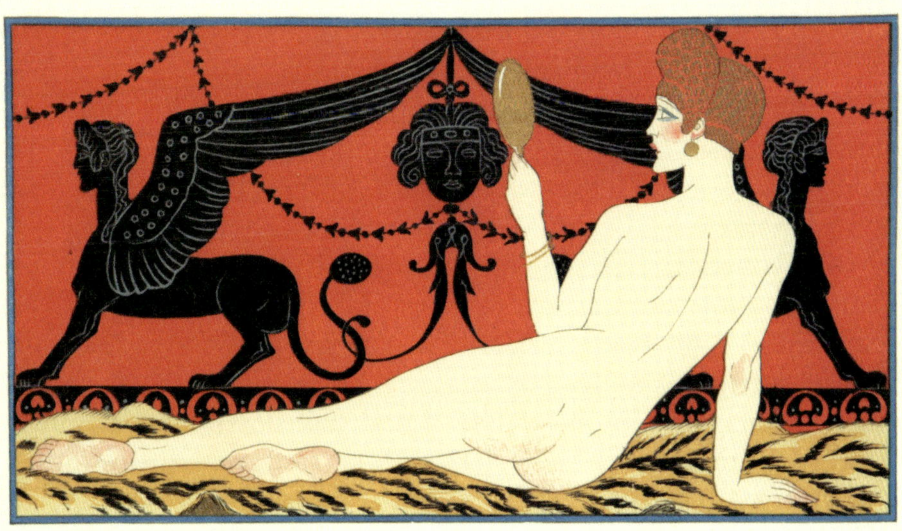

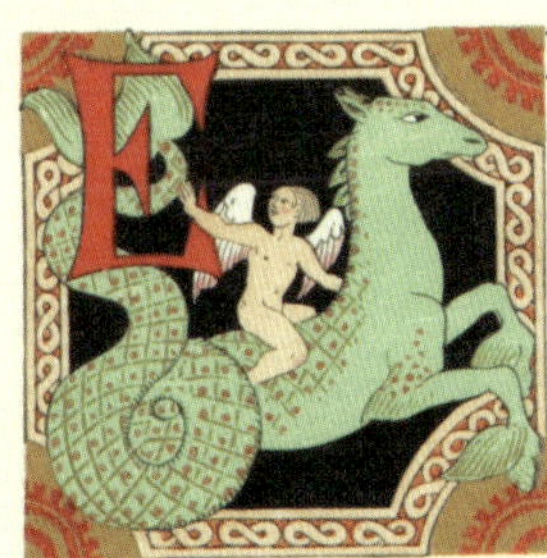
LLE était fille d'Appius Claudius Pulcher, consul. A peine eut-elle quelques années, elle se distingua de ses frères et de ses sœurs par l'éclat flagrant de ses yeux. Tertia, son aînée, se maria de bonne heure ; la plus jeune céda entièrement à tous ses caprices. Ses frères, Appius et Caïus, étaient déjà avares des grenouilles en cuir et des chariots de noix qu'on leur faisait ; plus tard, ils furent avides de sesterces. Mais Clodius, beau et féminin, fut compagnon de ses sœurs. Clodia leur persuadait avec des regards ardents, de l'habiller avec

『ヴィ・イマジネール（架空の伝記）』挿絵

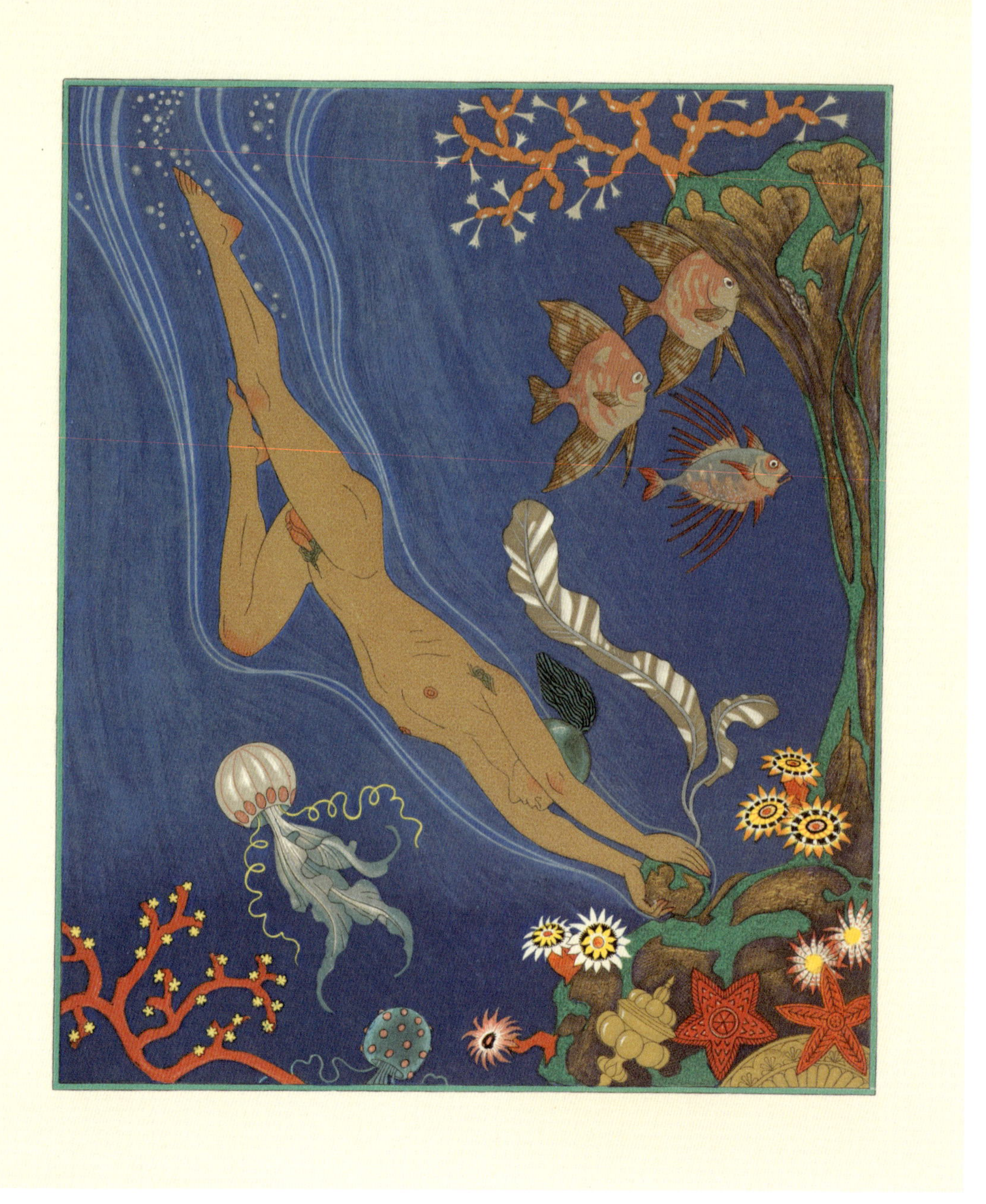

『ヴィ・イマジネール（架空の伝記）』挿絵

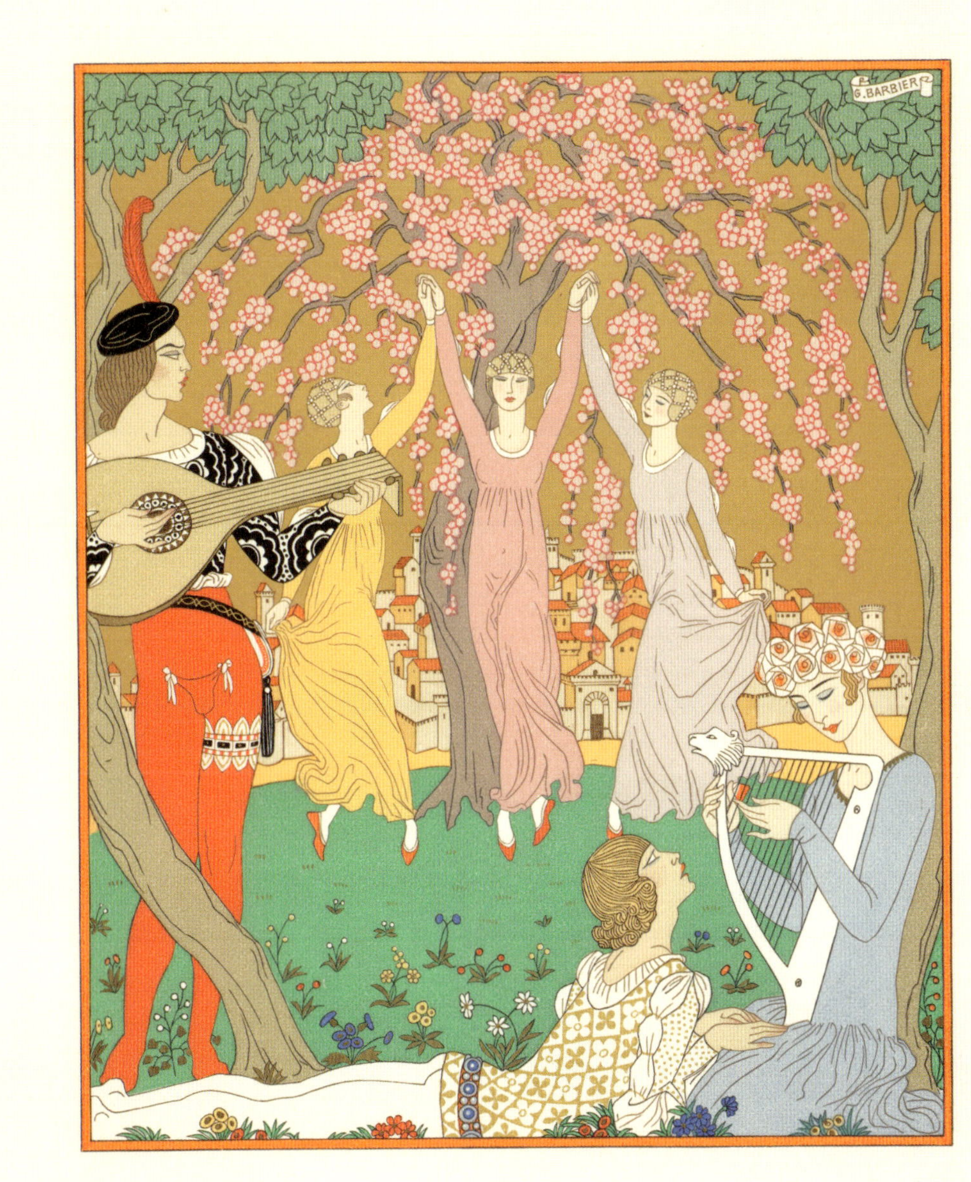

『ヴィ・イマジネール（架空の伝記）』挿絵

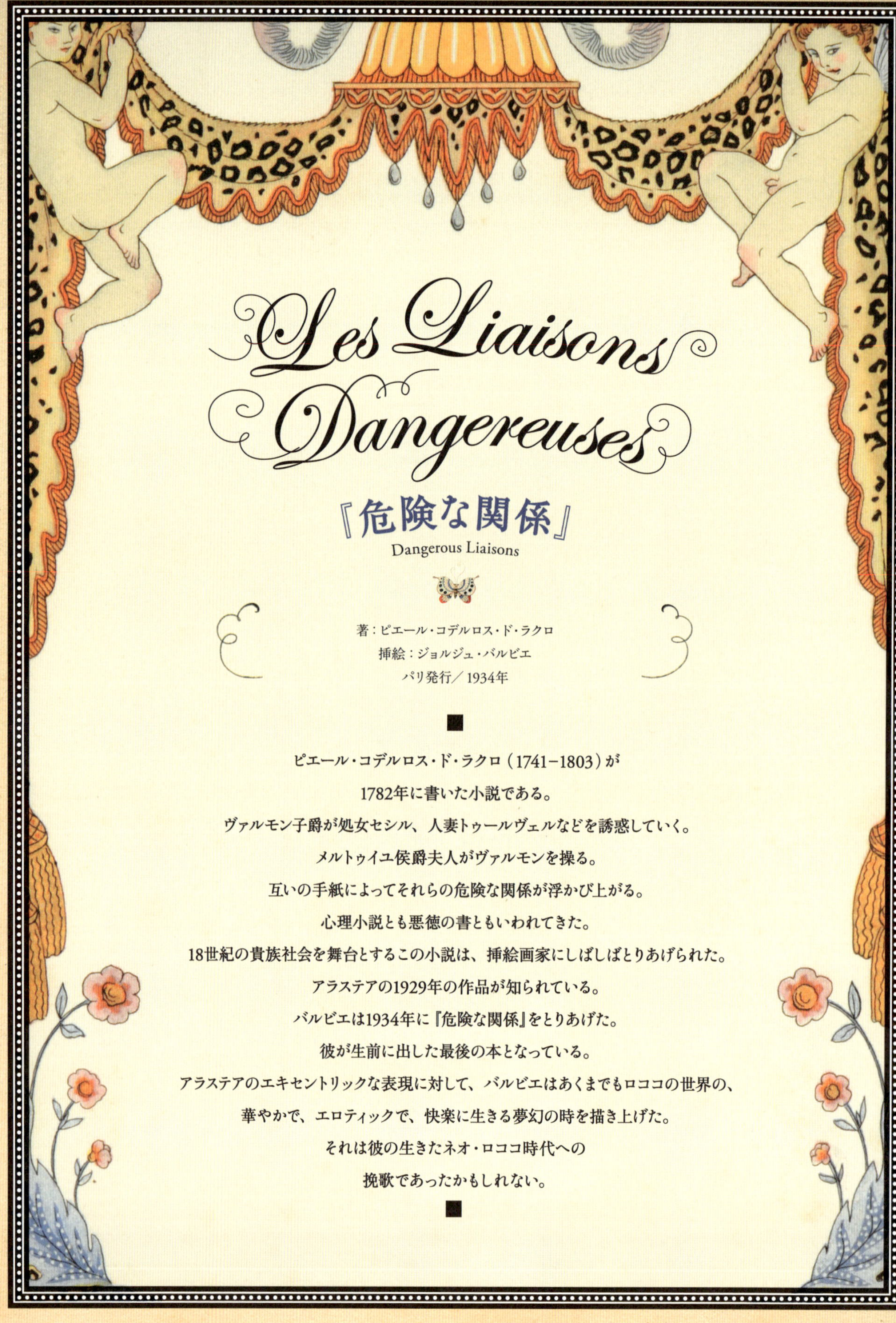

Les Liaisons Dangereuses

『危険な関係』

Dangerous Liaisons

著：ピエール・コデルロス・ド・ラクロ

挿絵：ジョルジュ・バルビエ

パリ発行／1934年

■

ピエール・コデルロス・ド・ラクロ（1741-1803）が

1782年に書いた小説である。

ヴァルモン子爵が処女セシル、人妻トゥールヴェルなどを誘惑していく。

メルトゥイユ侯爵夫人がヴァルモンを操る。

互いの手紙によってそれらの危険な関係が浮かび上がる。

心理小説とも悪徳の書ともいわれてきた。

18世紀の貴族社会を舞台とするこの小説は、挿絵画家にしばしばとりあげられた。

アラステアの1929年の作品が知られている。

バルビエは1934年に『危険な関係』をとりあげた。

彼が生前に出した最後の本となっている。

アラステアのエキセントリックな表現に対して、バルビエはあくまでもロココの世界の、

華やかで、エロティックで、快楽に生きる夢幻の時を描き上げた。

それは彼の生きたネオ・ロココ時代への

挽歌であったかもしれない。

■

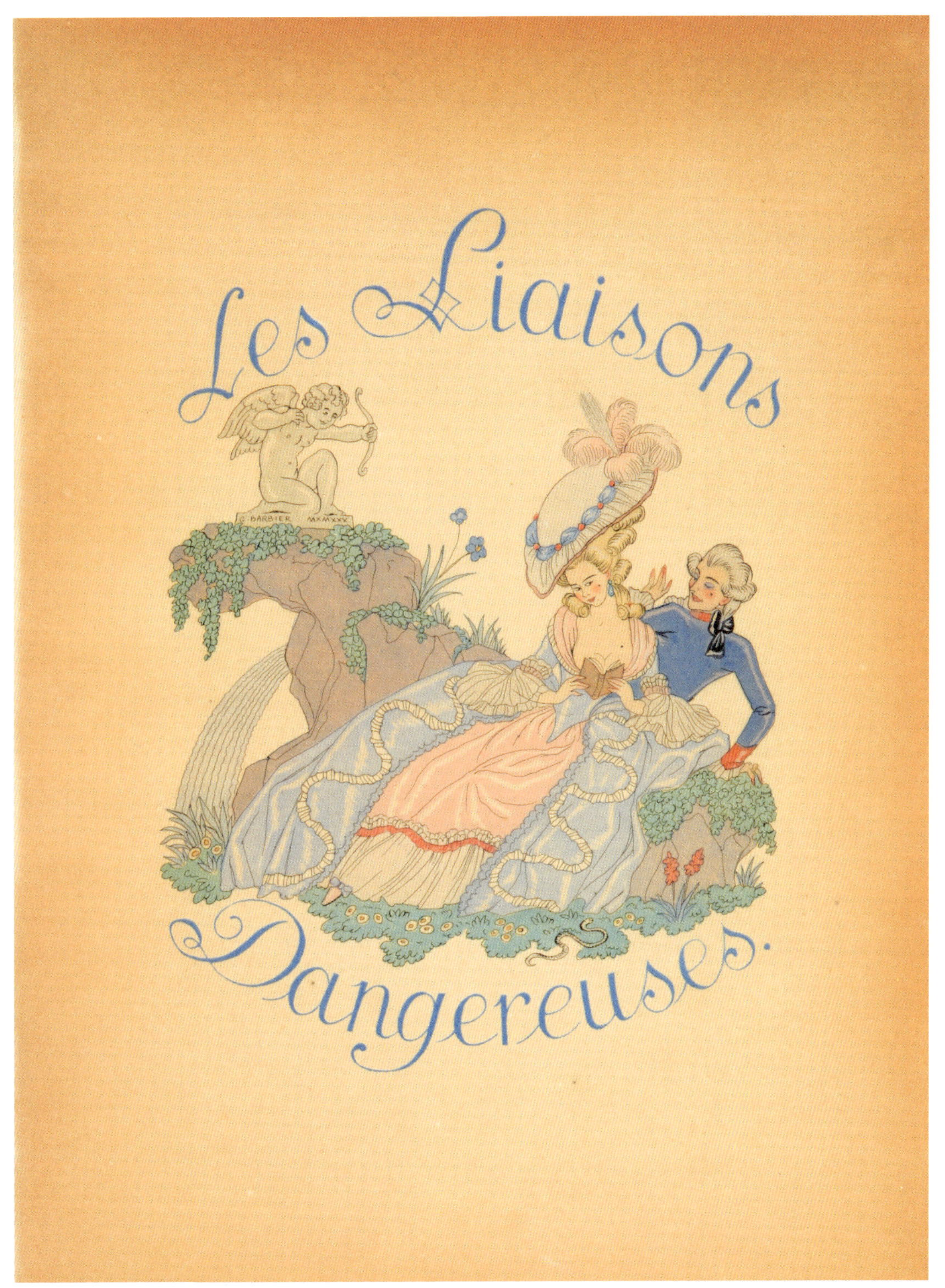

『危険な関係』表紙

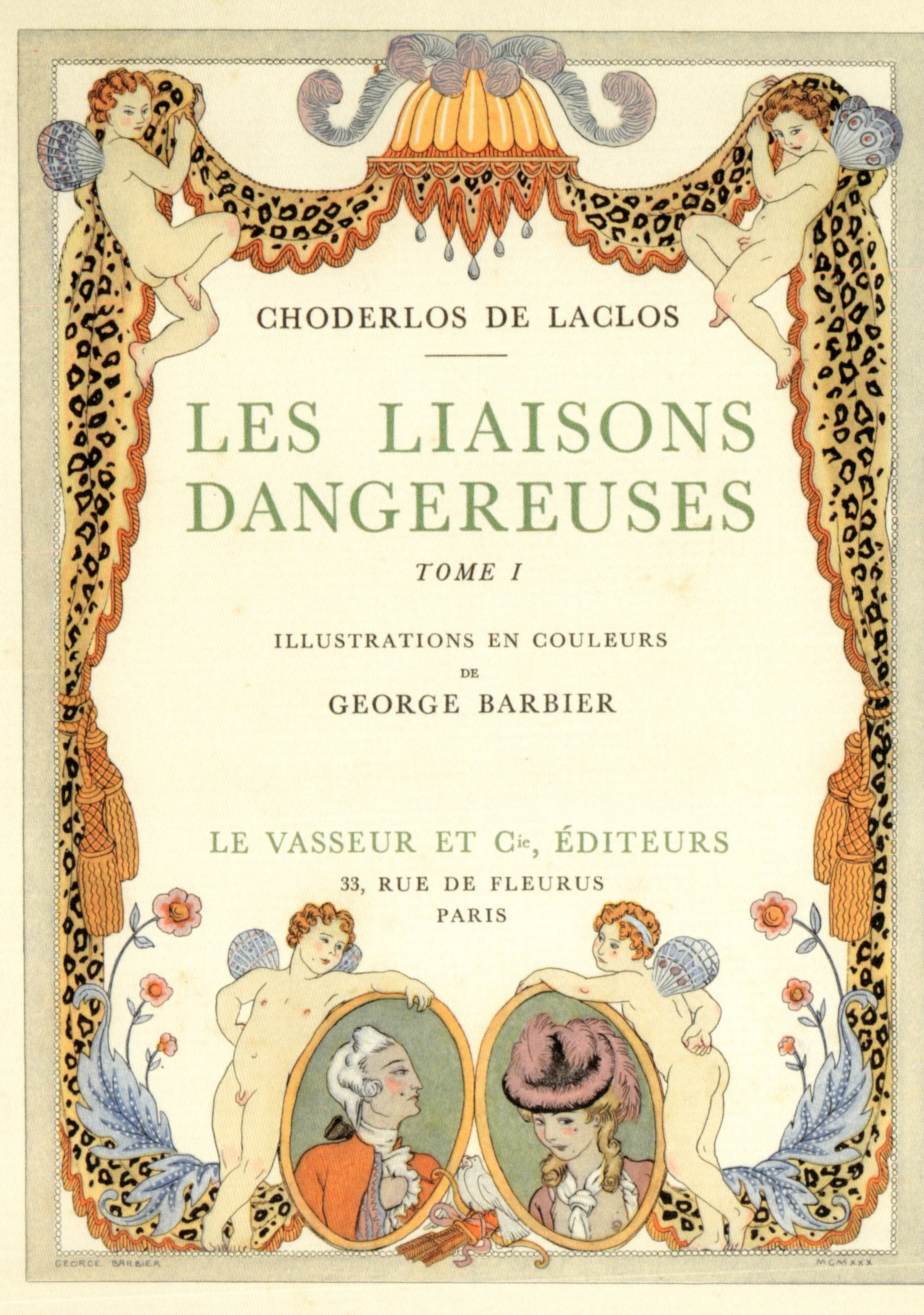

CHODERLOS DE LACLOS

LES LIAISONS
DANGEREUSES

TOME I

ILLUSTRATIONS EN COULEURS
DE
GEORGE BARBIER

LE VASSEUR ET Cie, ÉDITEURS
33, RUE DE FLEURUS
PARIS

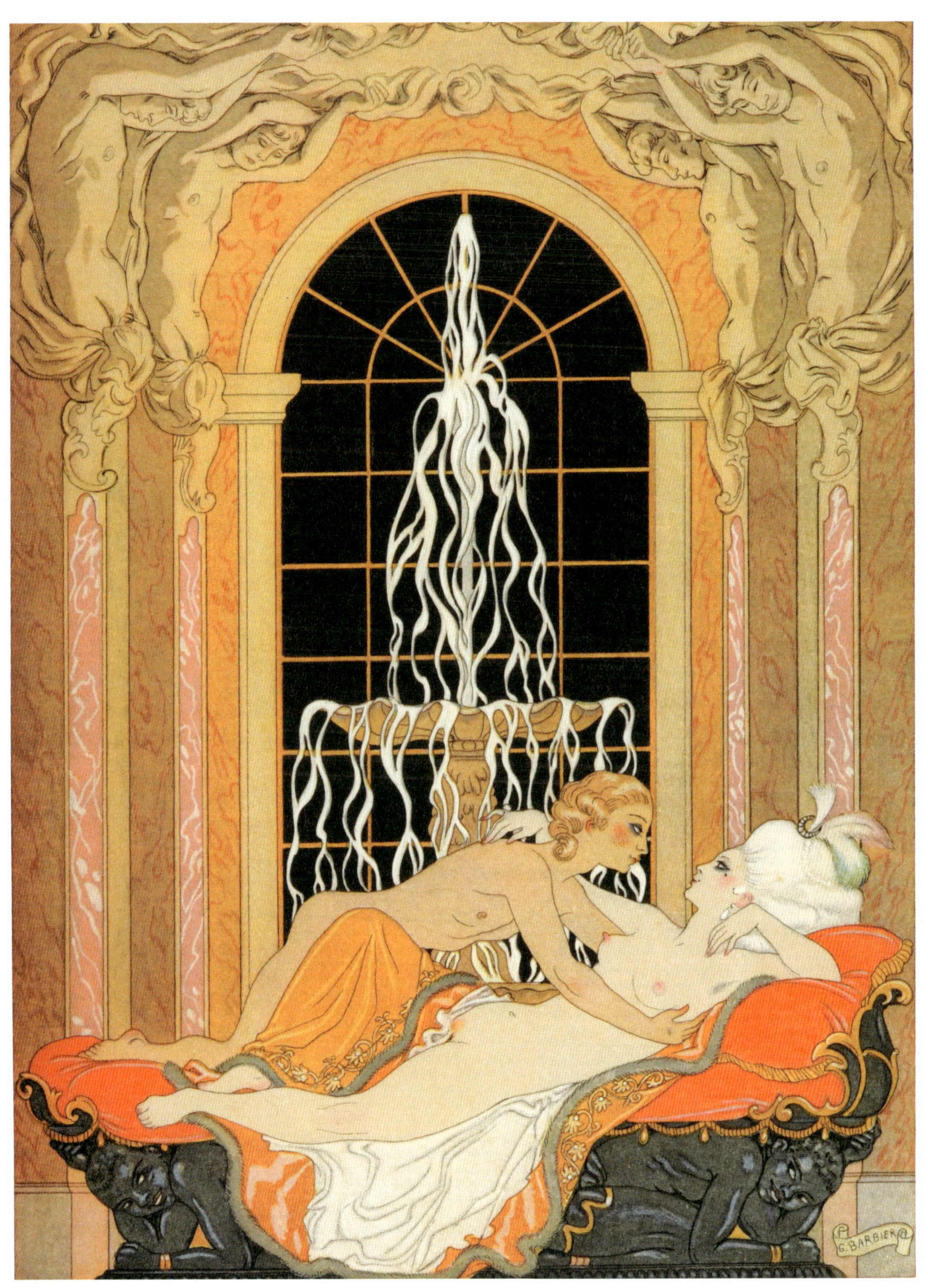

P192：『危険な関係』扉　P193：快楽にふける2人

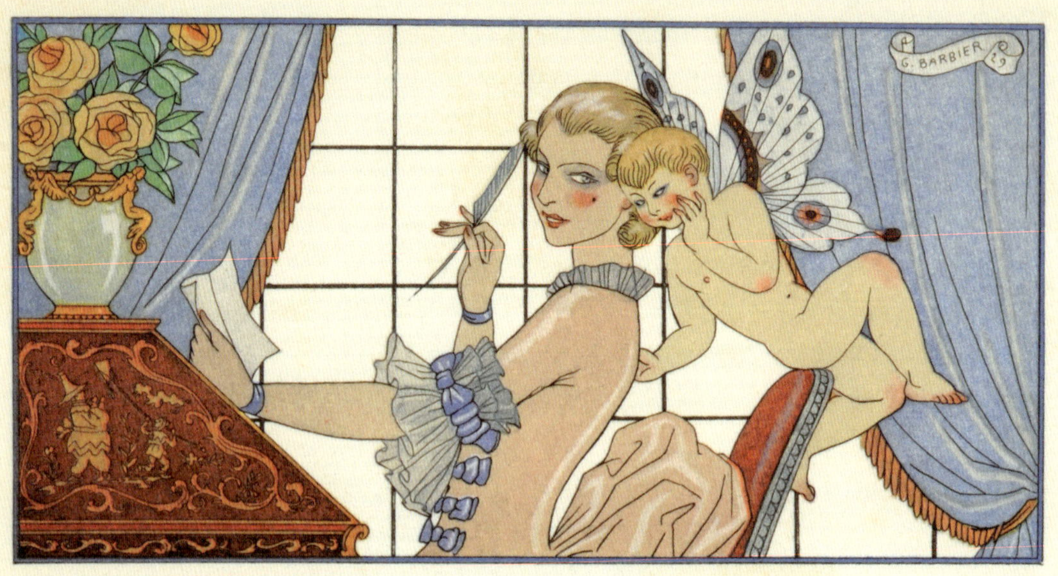

LETTRE PREMIÈRE

CÉCILE VOLANGES A SOPHIE CARNAY

aux Ursulines de...

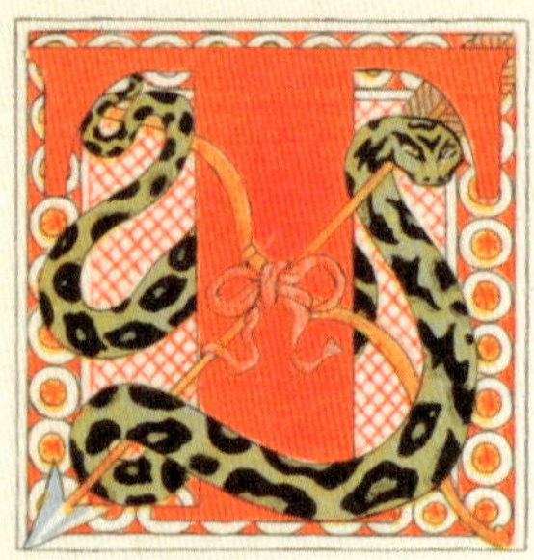

U vois, ma bonne amie, que je te tiens parole, et que les bonnets et les pompons ne prennent pas tout mon temps ; il m'en restera toujours pour toi. J'ai pourtant vu plus de parures dans cette seule journée que dans les quatre ans que nous avons passés ensemble ; et je crois que la superbe Tanville* aura plus de chagrin à ma première visite, où je compte bien la demander, qu'elle n'a cru nous en faire toutes les fois qu'elle est venue nous voir *in fiocchi*. Maman m'a consultée sur tout ; elle me traite beaucoup moins en pensionnaire que par le passé. J'ai une Femme de chambre à moi ; j'ai une chambre et un cabinet dont je dispose, et je t'écris à un Secrétaire

I

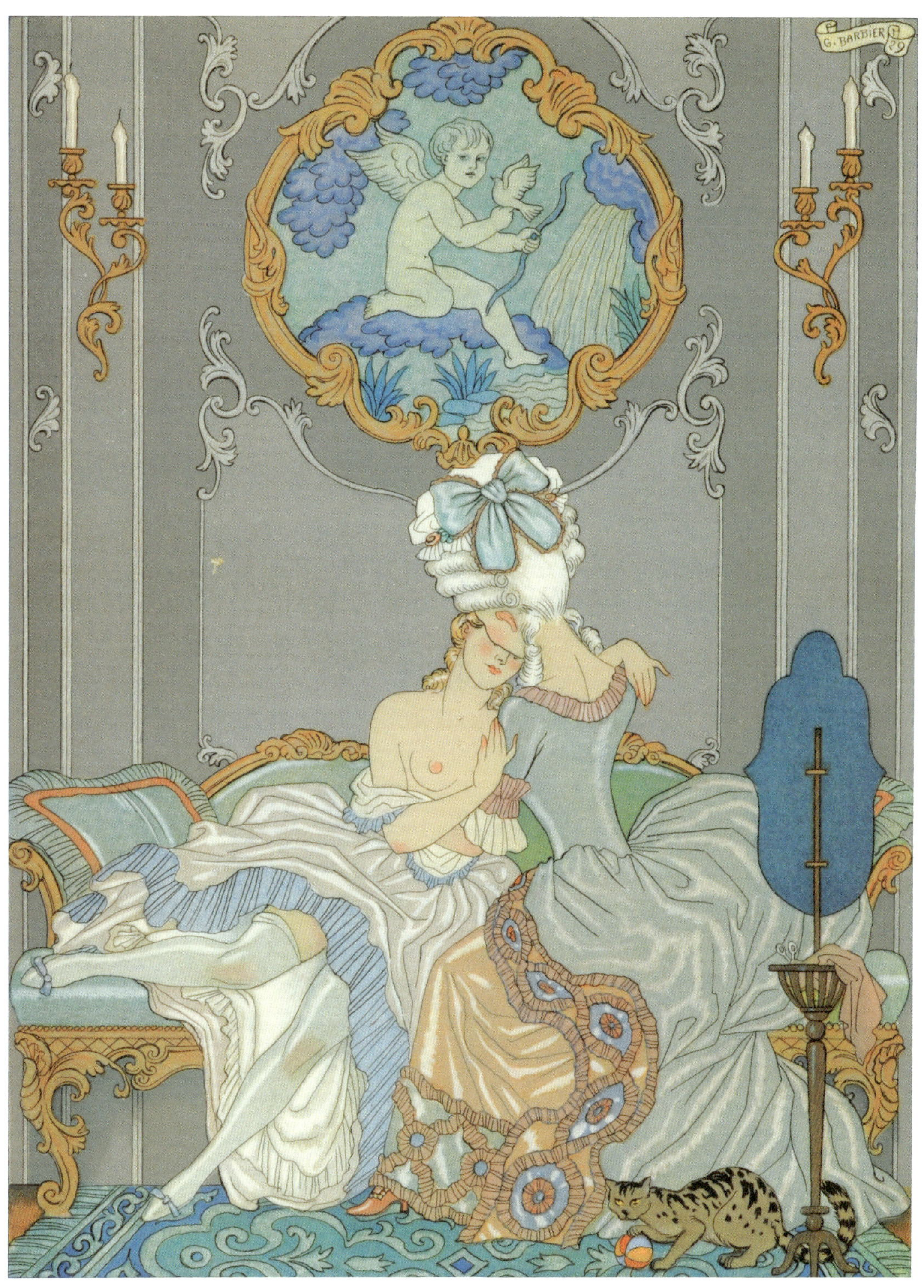

P194：「最初の手紙」　P195：セシルを励ますメルトゥイユ夫人

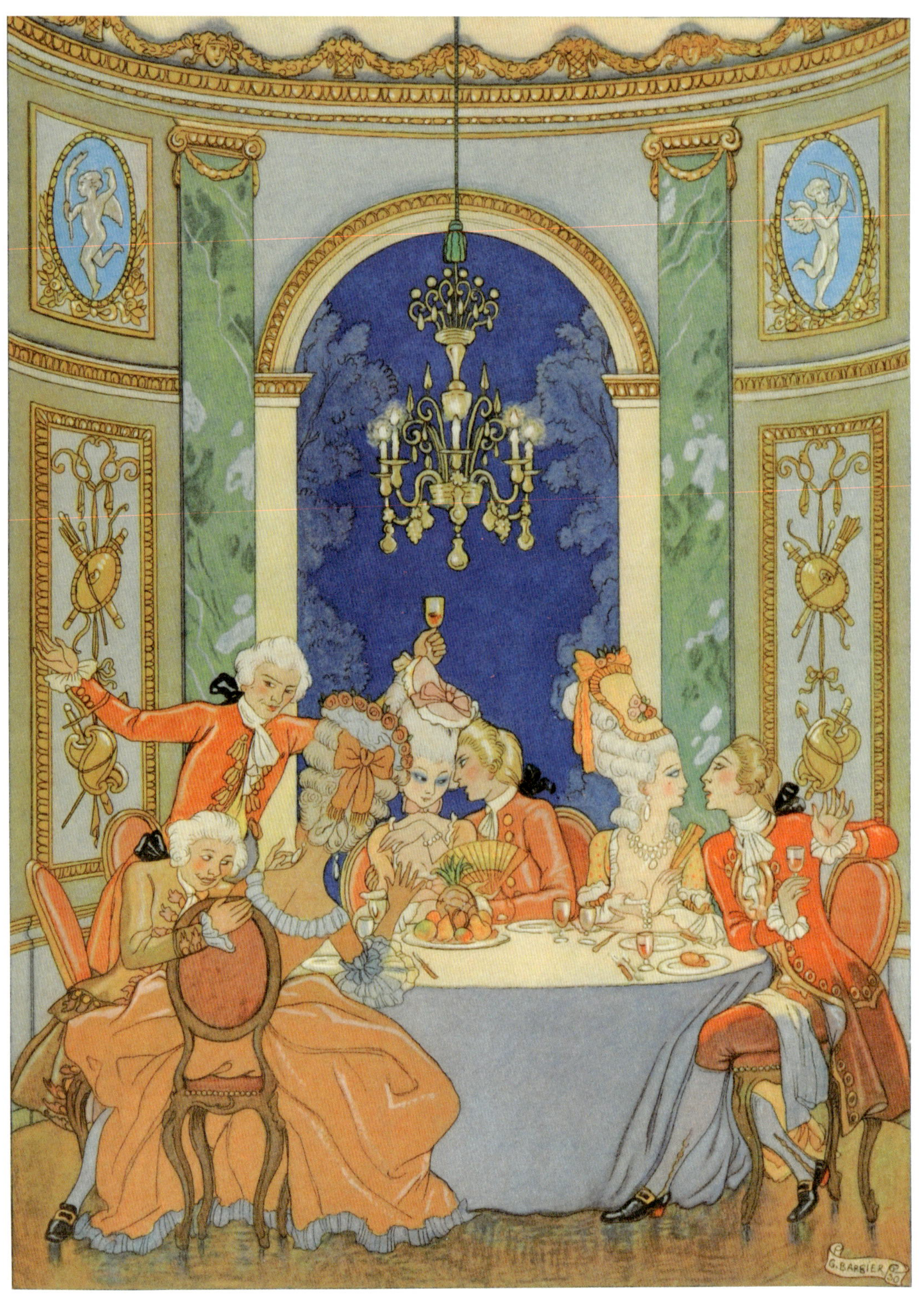

P196：宴の席　P197：思索にふけるヴァルモン

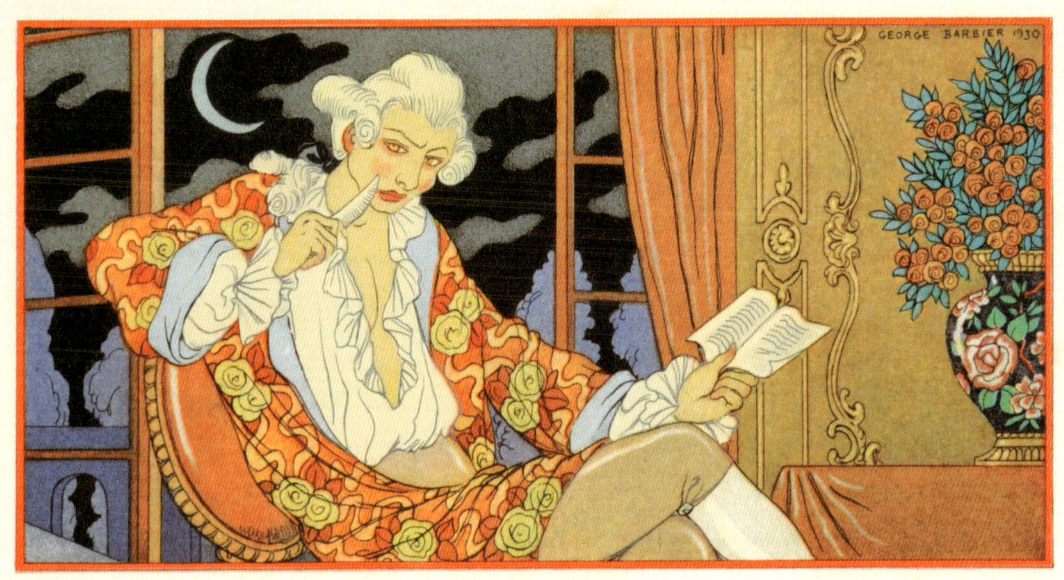

LETTRE LXXXVIII

CÉCILE VOLANGES AU VICOMTE DE VALMONT

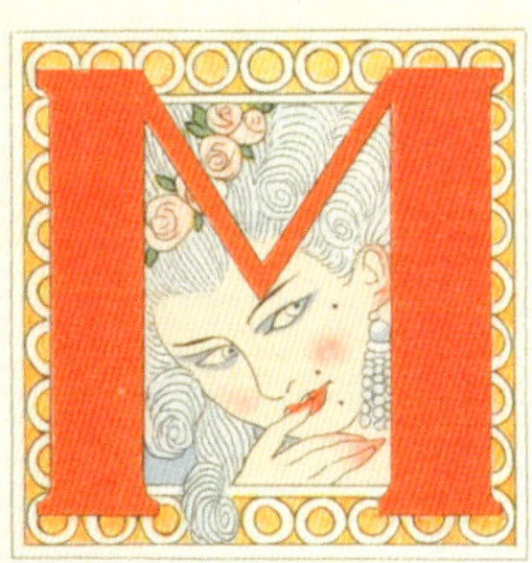

MALGRÉ tout le plaisir que j'ai, Monsieur, à rece-
voir les Lettres de M. le Chevalier Danceny, et
quoique je ne désire pas moins que lui, que nous
puissions nous voir encore, sans qu'on puisse
nous en empêcher, je n'ai pas osé cependant
faire ce que vous me proposez. Premièrement,
c'est trop dangereux ; cette clef que vous voulez
que je mette à la place de l'autre lui ressemble bien assez à la vérité :
mais pourtant, il ne laisse pas d'y avoir encore de la différence, et
Maman regarde à tout, et s'aperçoit de tout. De plus, quoiqu'on ne
s'en soit pas encore servi depuis que nous sommes ici, il ne faut qu'un
malheur ; et si on s'en apercevait, je serais perdue pour toujours. Et

I

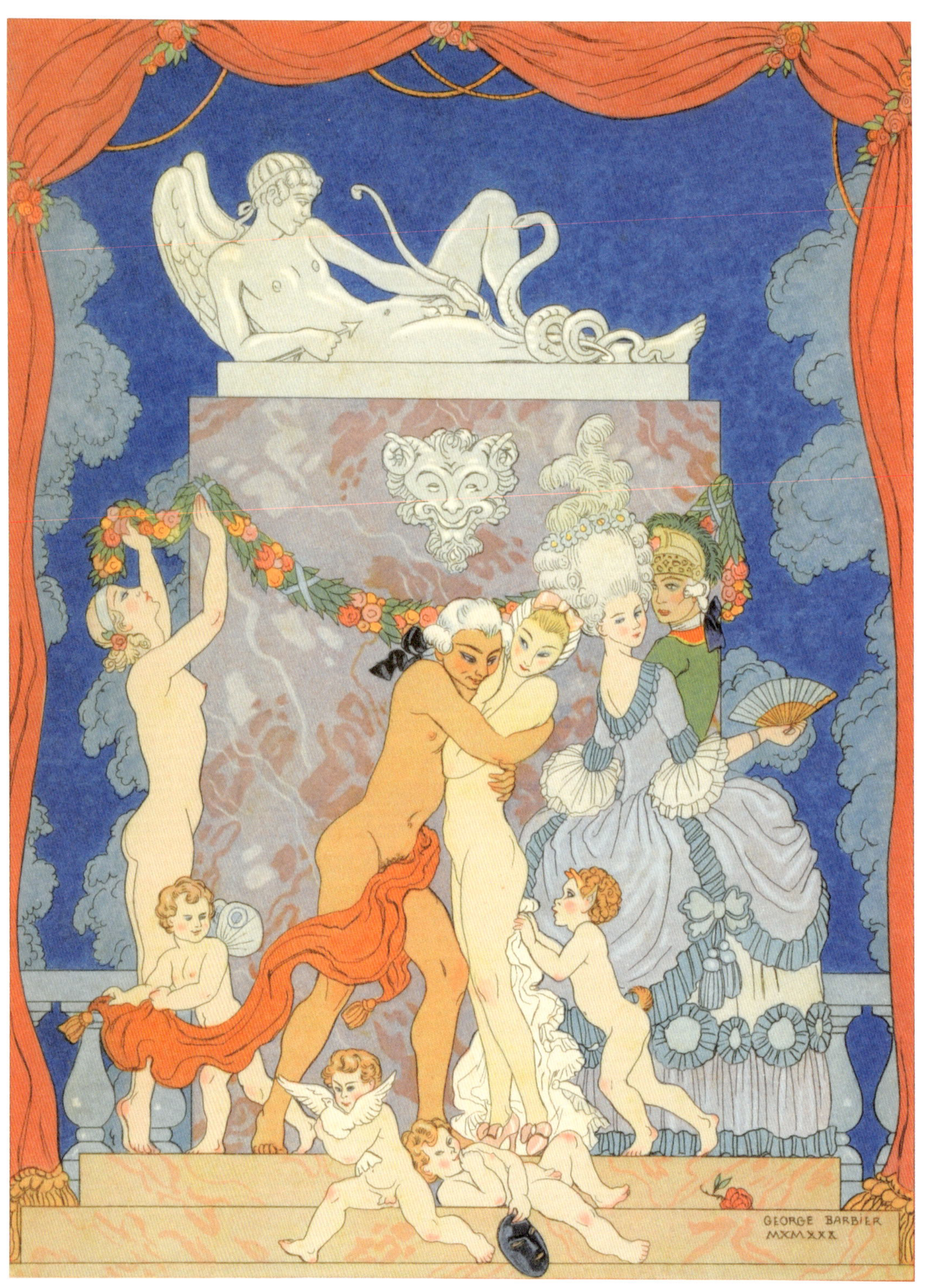

艶やかな宴

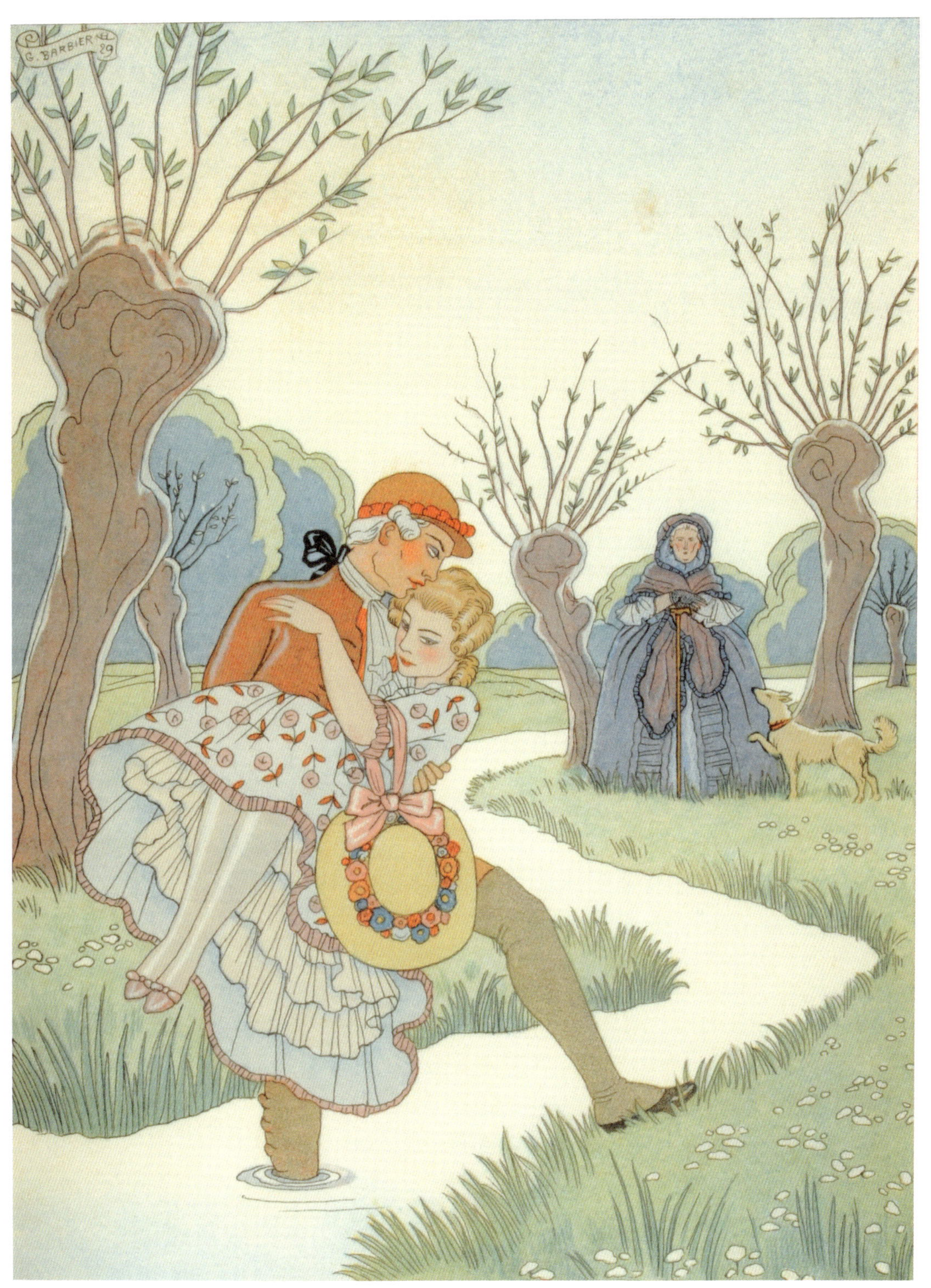

トゥールヴェル夫人を抱きかかえて小川を渡るヴァルモン

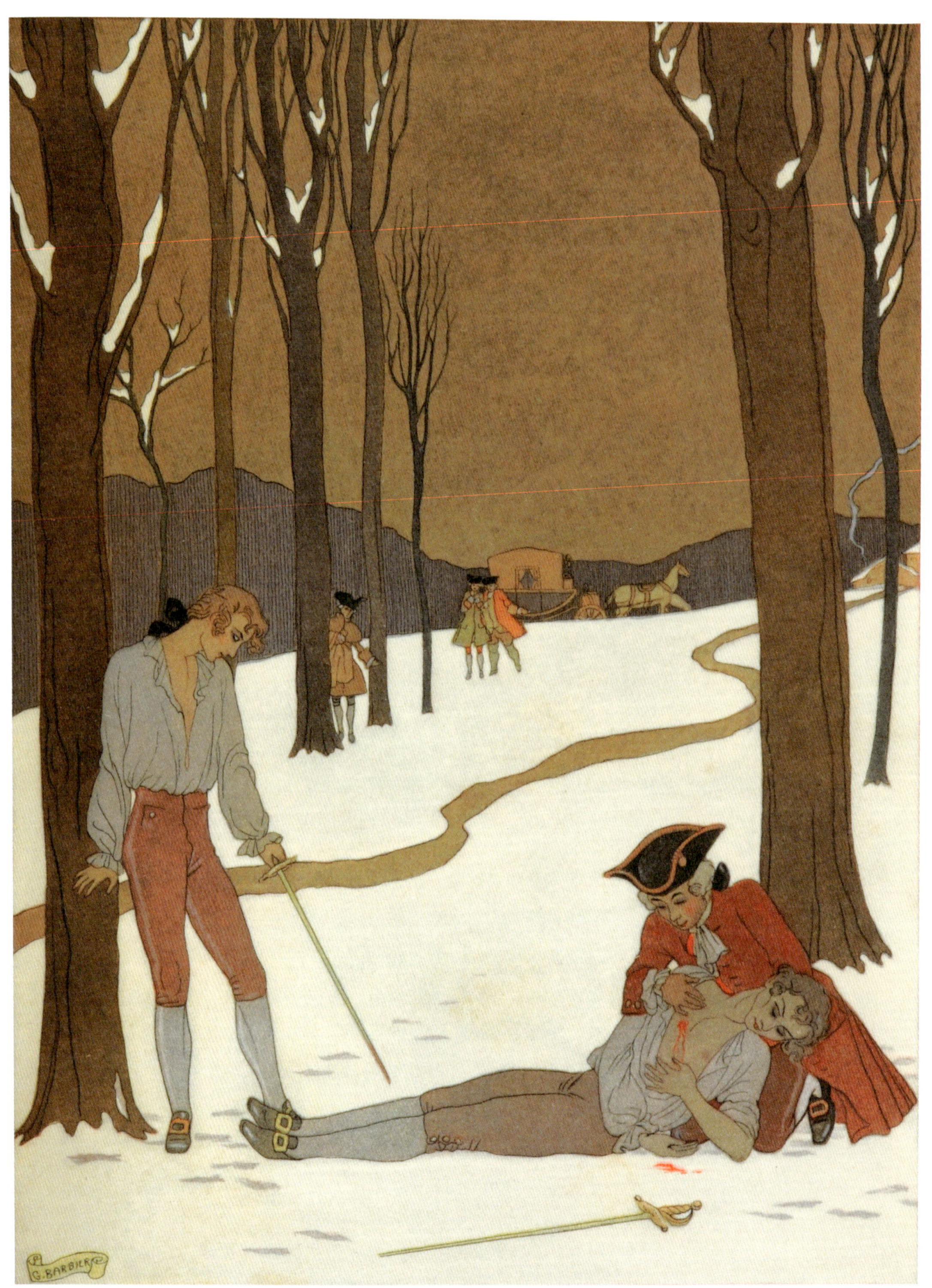

ダンスニーとの決闘の末、息絶えるヴァルモン

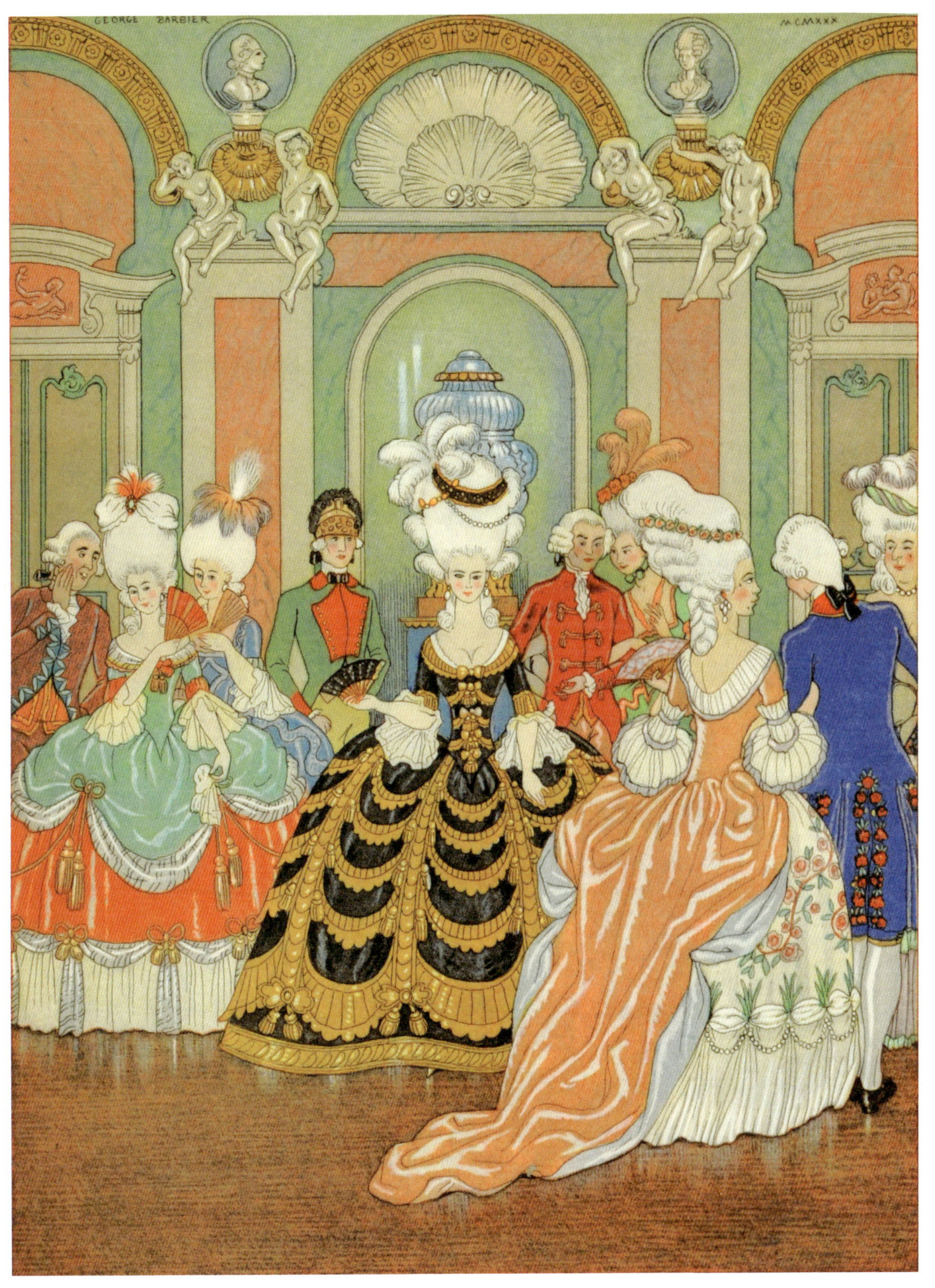

社交界に現れたメルトゥイユ夫人

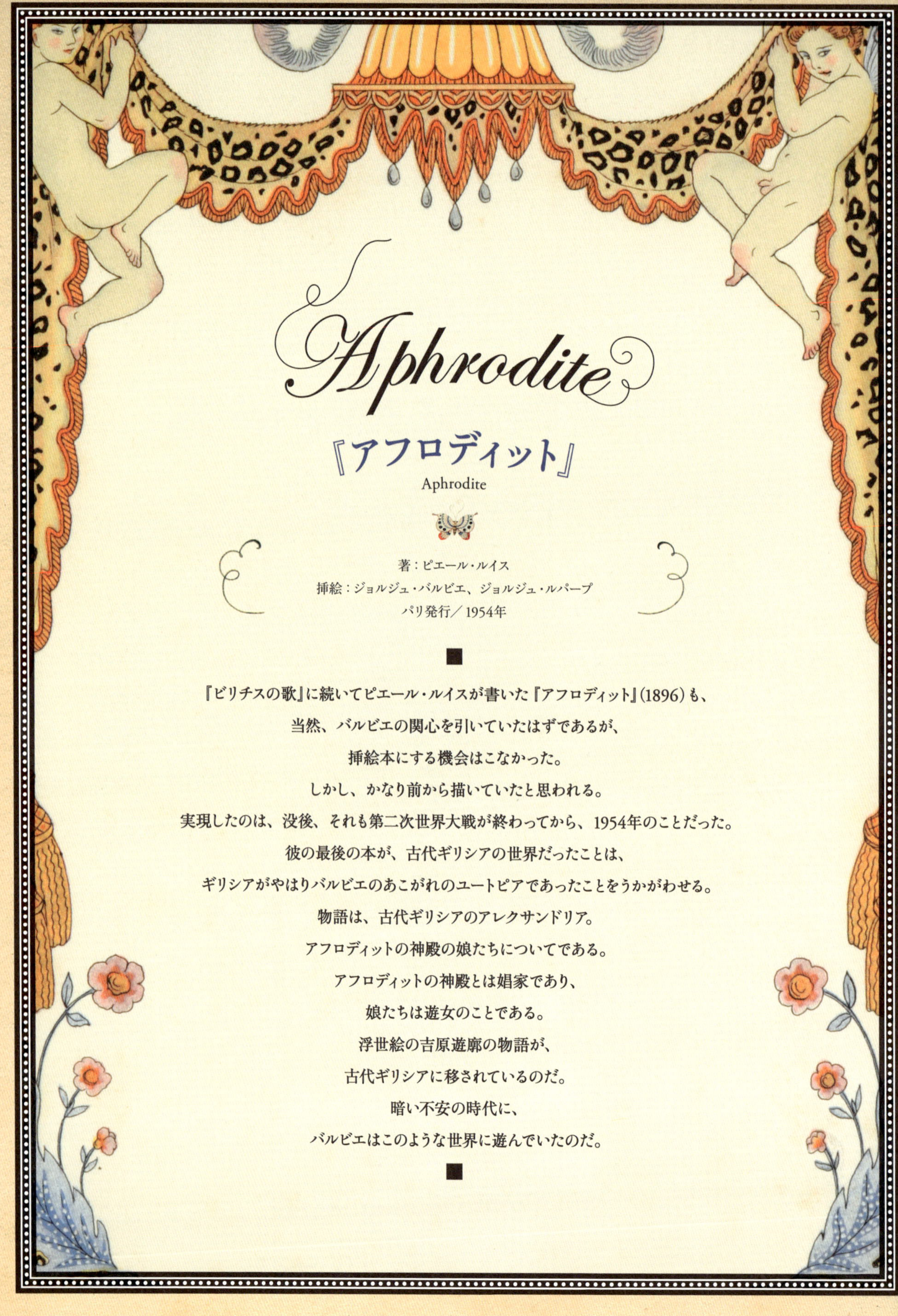

Aphrodite

『アフロディット』

Aphrodite

著：ピエール・ルイス

挿絵：ジョルジュ・バルビエ、ジョルジュ・ルパープ

パリ発行／1954年

■

『ビリチスの歌』に続いてピエール・ルイスが書いた『アフロディット』（1896）も、

当然、バルビエの関心を引いていたはずであるが、

挿絵本にする機会はこなかった。

しかし、かなり前から描いていたと思われる。

実現したのは、没後、それも第二次世界大戦が終わってから、1954年のことだった。

彼の最後の本が、古代ギリシアの世界だったことは、

ギリシアがやはりバルビエのあこがれのユートピアであったことをうかがわせる。

物語は、古代ギリシアのアレクサンドリア。

アフロディットの神殿の娘たちについてである。

アフロディットの神殿とは娼家であり、

娘たちは遊女のことである。

浮世絵の吉原遊廓の物語が、

古代ギリシアに移されているのだ。

暗い不安の時代に、

バルビエはこのような世界に遊んでいたのだ。

■

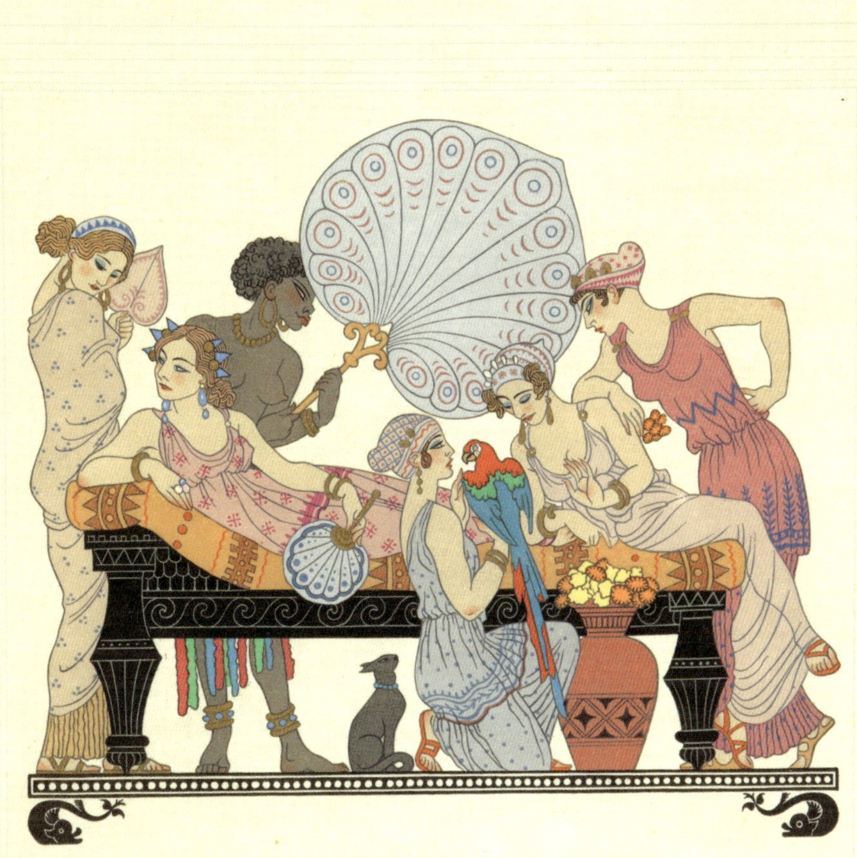

I

L'ARRIVÉE

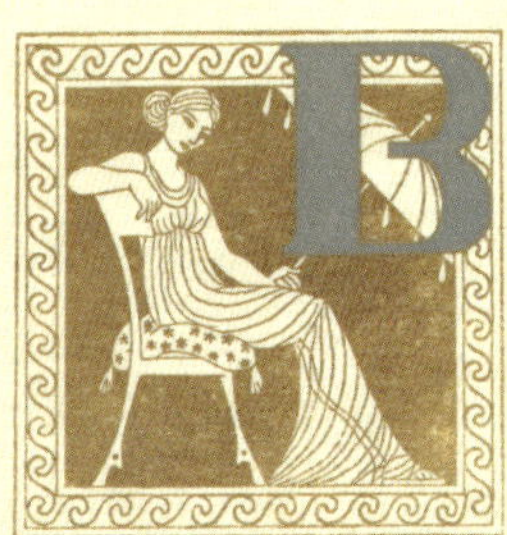

ACCHIS était courtisane depuis plus de vingt-cinq ans. C'est dire qu'elle approchait de la quarantaine et que sa beauté avait changé plusieurs fois de caractère. Sa mère, qui pendant longtemps avait été la directrice de

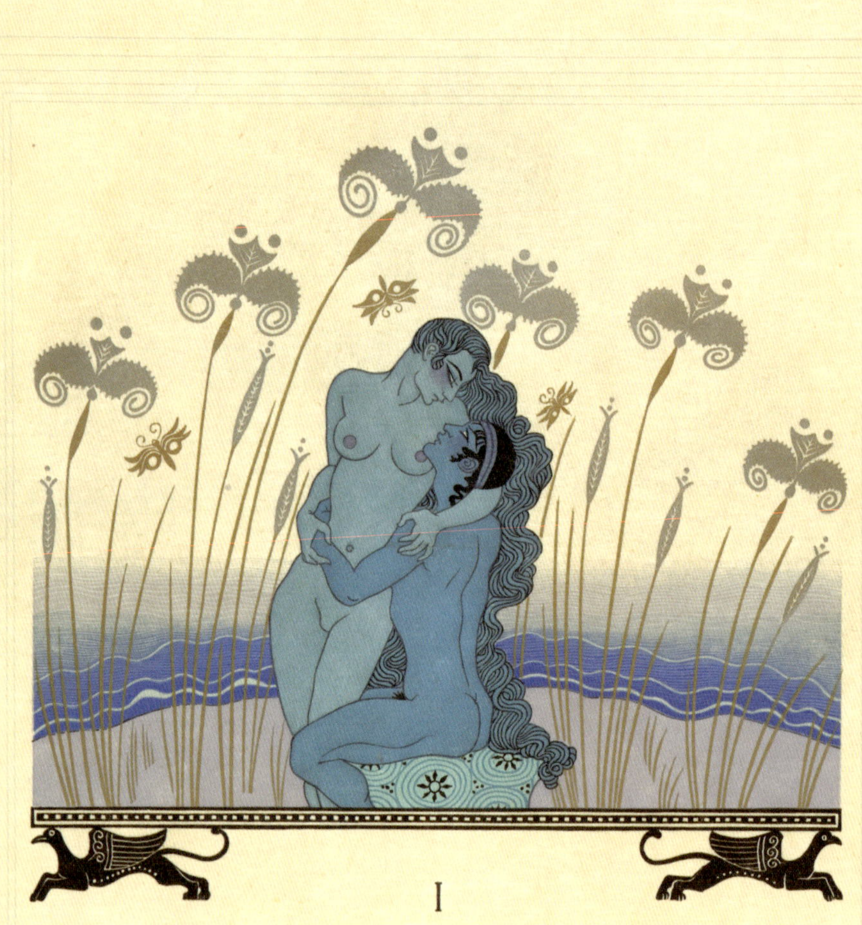

I

LE SONGE DE DÉMÉTRIOS

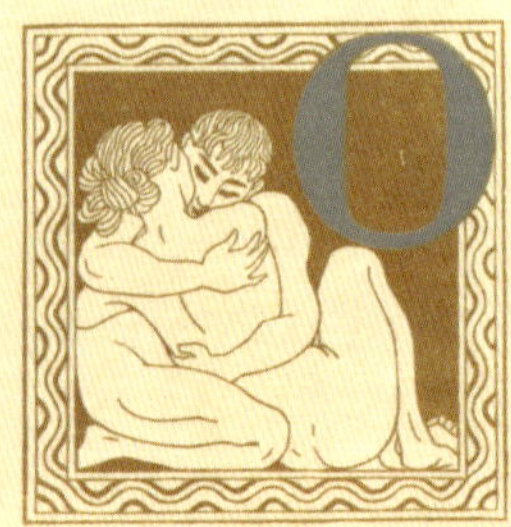

O R, avec le miroir, le peigne et le collier, Démétrios étant rentré chez lui, un rêve le visita pendant son sommeil, et tel fut son rêve :

Il va vers la jetée, mêlé à la foule, par une étrange nuit sans lune, sans

「ディミトリオスの夢」

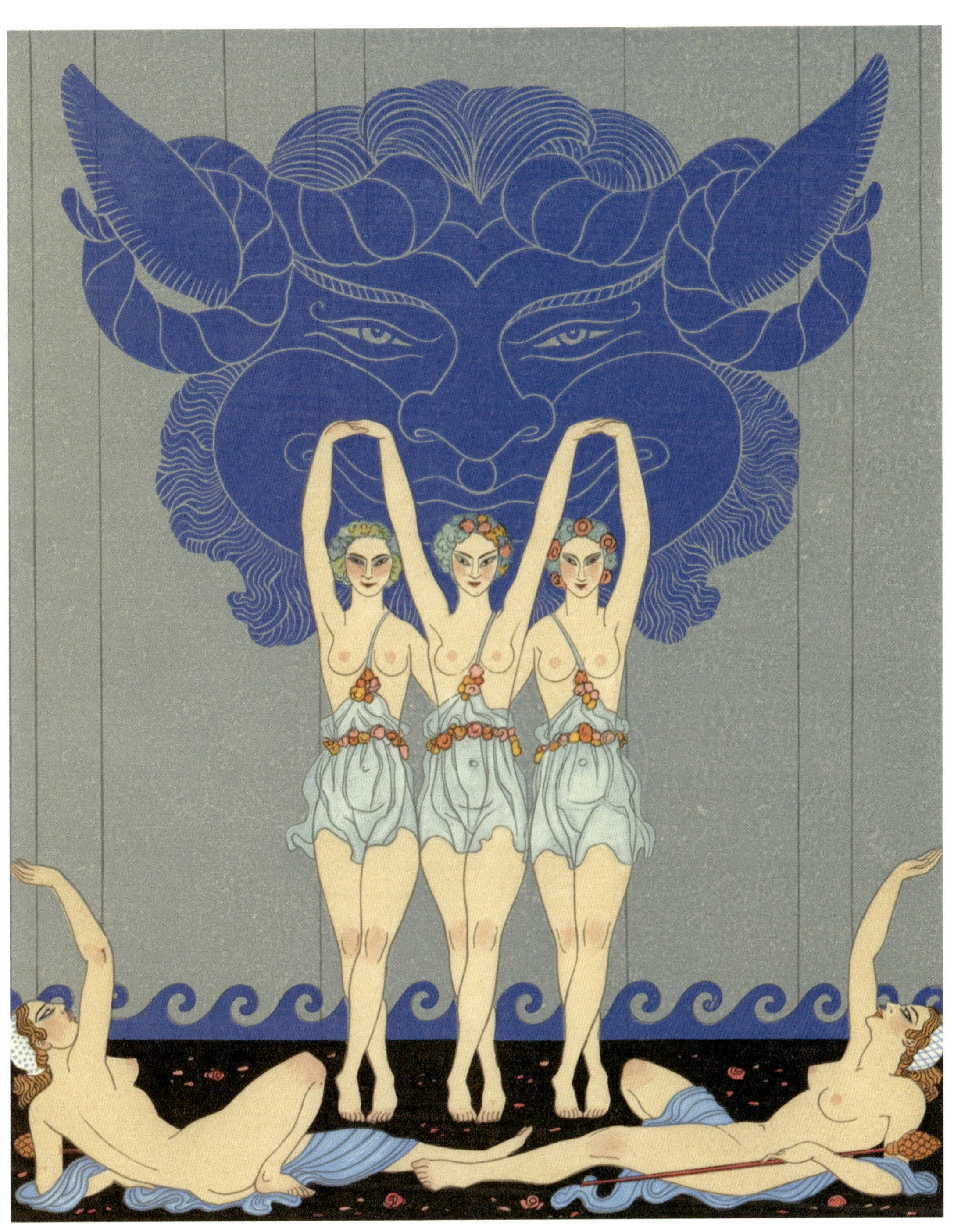

『アフロディット』挿絵

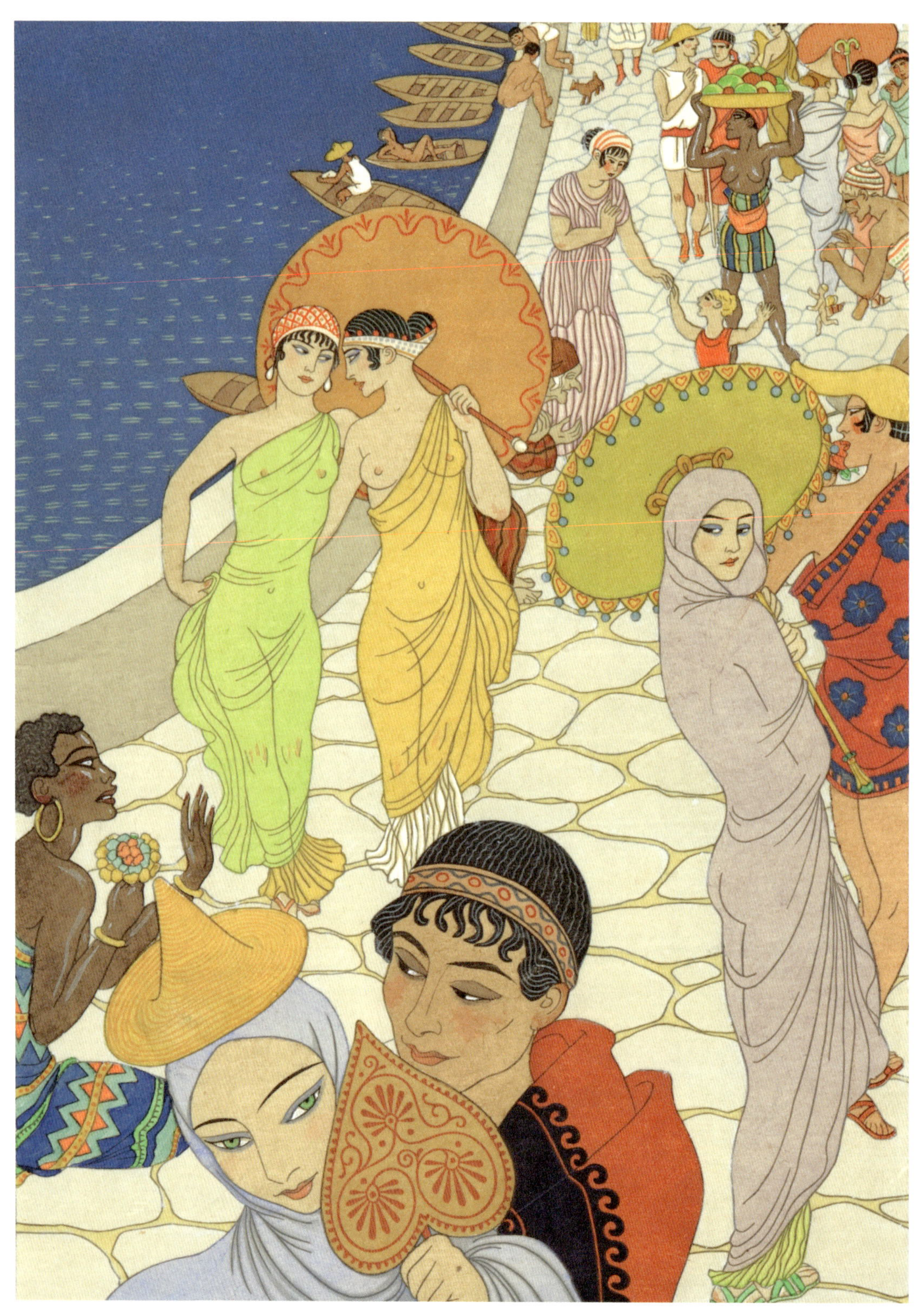

『アフロディット』挿絵

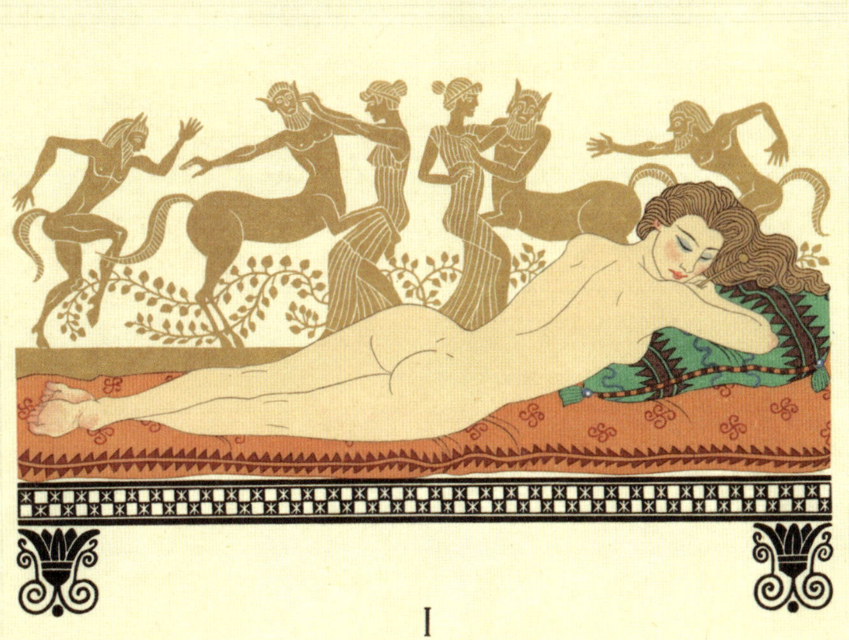

I

CHRYSIS

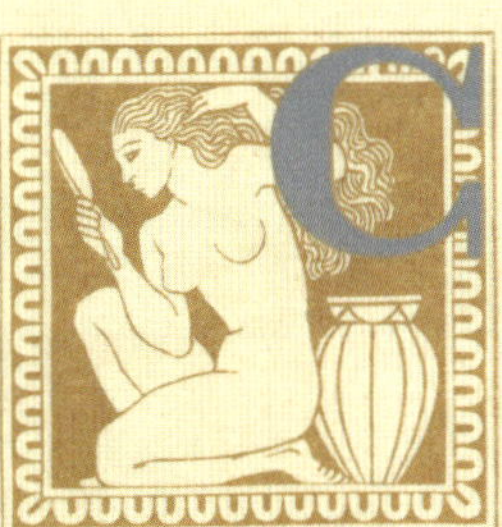OUCHÉE sur la poitrine, les coudes en avant, les jambes écartées et la joue dans la main, elle piquait de petits trous symétriques dans un oreiller de lin vert, avec une longue épingle d'or. Depuis qu'elle s'était éveillée, deux heures après le milieu du jour, et toute lasse d'avoir trop dormi, elle était restée seule sur le lit en désordre, couverte seulement d'un côté par un vaste flot de cheveux.

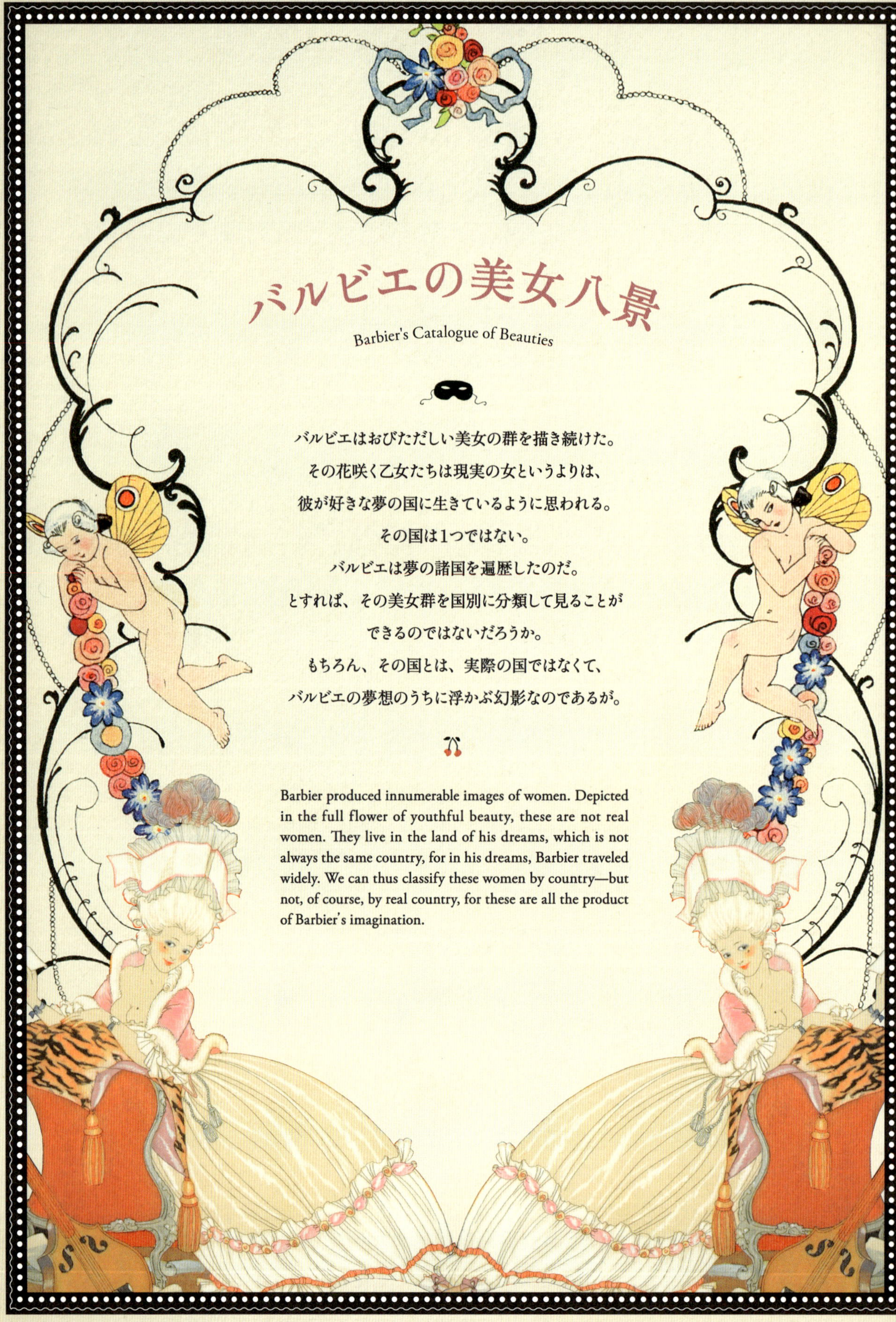

バルビエの美女八景

Barbier's Catalogue of Beauties

バルビエはおびただしい美女の群を描き続けた。
その花咲く乙女たちは現実の女というよりは、
彼が好きな夢の国に生きているように思われる。
その国は1つではない。
バルビエは夢の諸国を遍歴したのだ。
とすれば、その美女群を国別に分類して見ることが
できるのではないだろうか。
もちろん、その国とは、実際の国ではなくて、
バルビエの夢想のうちに浮かぶ幻影なのであるが。

Barbier produced innumerable images of women. Depicted in the full flower of youthful beauty, these are not real women. They live in the land of his dreams, which is not always the same country, for in his dreams, Barbier traveled widely. We can thus classify these women by country—but not, of course, by real country, for these are all the product of Barbier's imagination.

ギリシア
裸の女神たち

Greece——Nude Goddesses

近代の様々な汚れに染まっていない無垢の世界。美しい裸身を恥じることなくさらしていた古代ギリシアは19世紀のあこがれであった。モーリス・ド・ゲランやピエール・ルイスなどのギリシア憧憬の系譜を受けて20世紀に躍り出たのは、イサドラ・ダンカンであり、バレエ・リュスであった。バルビエもまた、＜ギリシア＞にあこがれ、＜ギリシア＞の女たちを描き続けた。彼女たちは晴れ晴れとその肉体を誇示し、私たちを見とれさせる。自由と生命がそこにあふれ、私たちをのびやかしに、人生の黄金の時を思い出させるのだ。その自由さの中では、同性の間の愛も自然であり、男と女の区別さえも忘れさせ、生きる喜びの大いなる流れの中に混じりあってゆく。＜ギリシア＞の女たち、アフロディットの娘たちに、バルビエは真昼の光を注いでいる。

A spotless world, uncontaminated by modern filth, where there was no shame in revealing beautiful human bodies—that was the ancient Greece for which the nineteenth century longed. In the early twentieth century, Maurice de Guérin and Pierre Louÿs continued this lineage of desire, which included the dancers Isadora Duncan and the Ballets Russes. Barbier longed for this idealized Greece and produced images of women that evoked it, women who proudly, freely display their bodies. To us they feel carefree, symbols of a golden age. In this atmosphere of perfect freedom, homoerotic love is natural, male and female are forgotten; all live and mingle joyously. Barbier captures the daughters of Aphrodite bathed in bright, midday light.

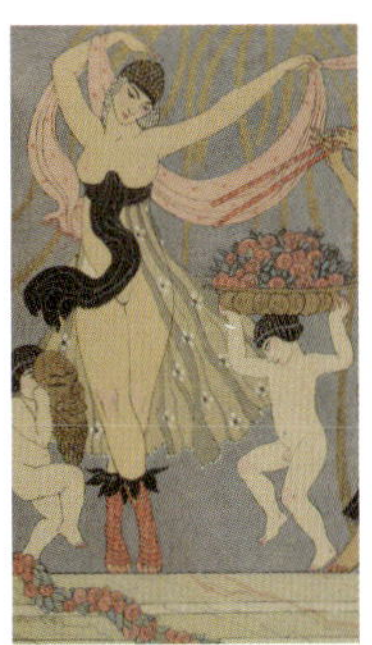
1

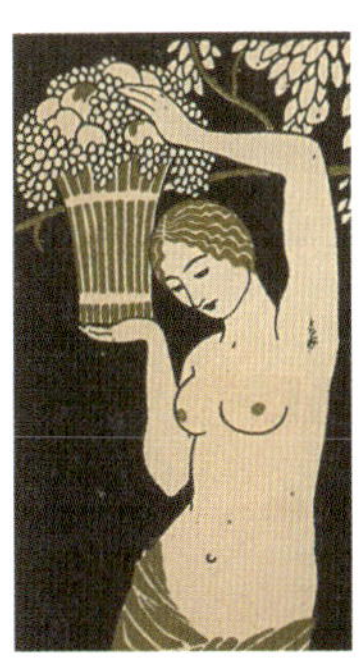
2

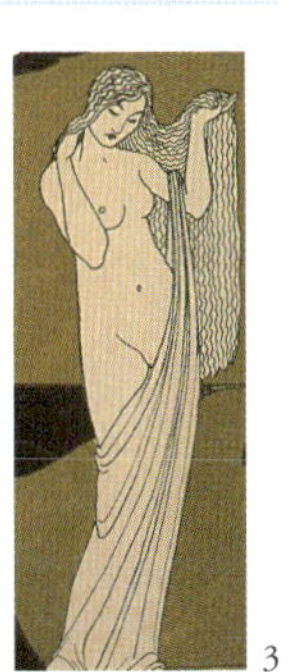
3

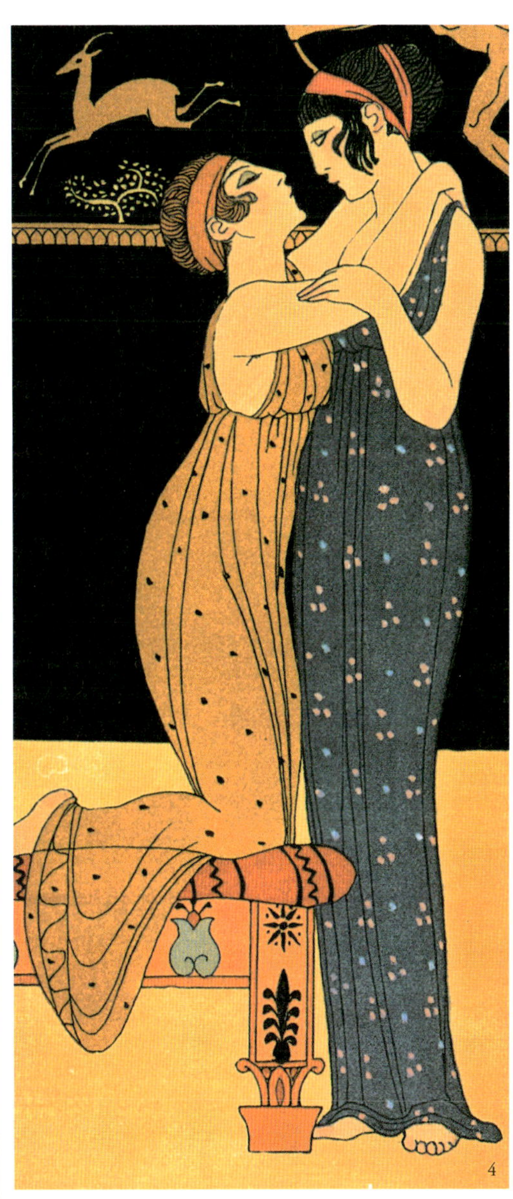
4

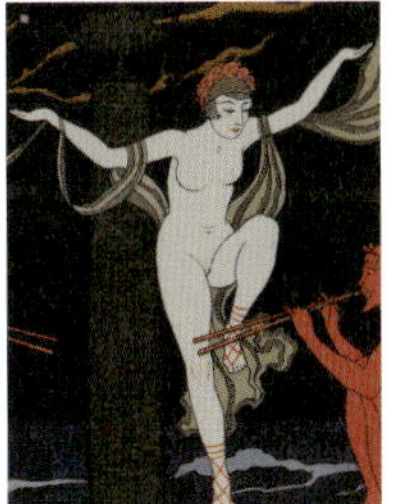
5

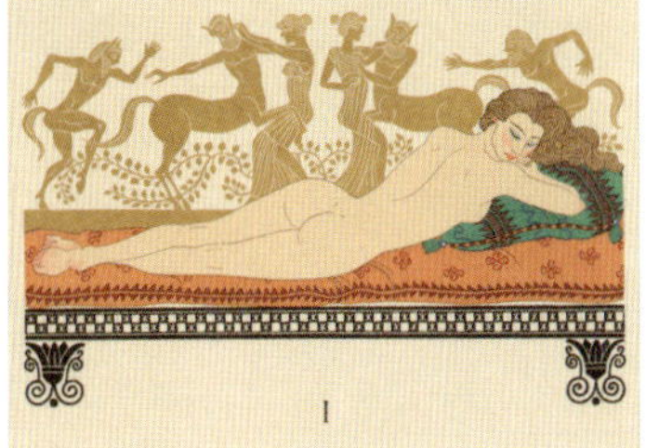
6

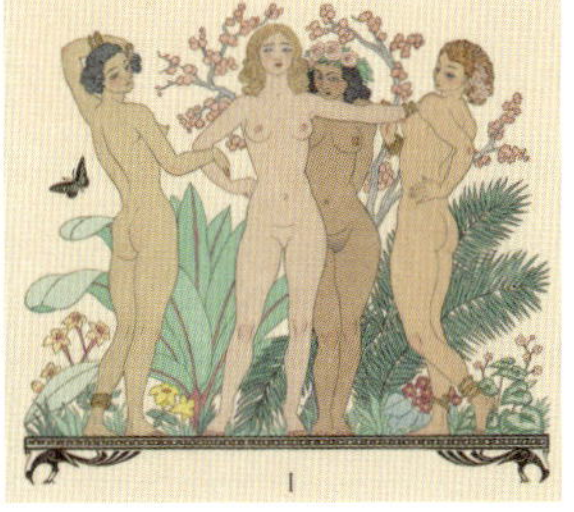
7

1・4・5
『ビリチスの歌』より
2・3
『バルビエによる17の作品』より
6・7
『アフロディット』より

エジプト
スフィンクスの神秘

Egypt——The Riddle of the Sphinx

ナポレオンの遠征以来、＜エジプト＞は不思議の国として、世紀末の幻想世界の地図にあらわれた。ピラミッド、スフィンクス、ミイラ。画家たちはスフィンクスを、女の顔と乳房を持つ怪物として描いた。地下の死者の国を描いた壁画には、横向きの、目のまわりを隈で彩った女たちが描かれていた。フランスの世紀末文学は＜エジプト＞に魅せられていた。ゴーチエの『ミイラ物語』もその1つである。この世の彼方にあるもう一つの生はどんなものだろうか。死の世界の女王オシリスに導かれて、褐色の肌の女たちのいる＜エジプト＞へバルビエは旅してゆく。そこでは女たちはいつまでも若々しい。仮面のような隈どりの神秘的な女たちは、生と死の秘密を語ってくれるかもしれない。

After Napoleon's expedition to Egypt, that strange and mysterious country also found its place on the fin de siècle map of a hallucinated world. The pyramids, the Sphinx, mummies, the wall paintings of the underground kingdom of the dead, where women were depicted in profile, with boldly outlined eyes: These were the images of Egypt that fascinated fin de siècle literary circles in France. For Theophile Gautier's *Le Roman de la momie* (The Mummy's Tale), for example, Barbier follows the mummy as he is led to this world of brown skinned women by Osiris, the ruler of the dead. These women are forever young. Their mask-like profiles speak of the mysteries of life and death.

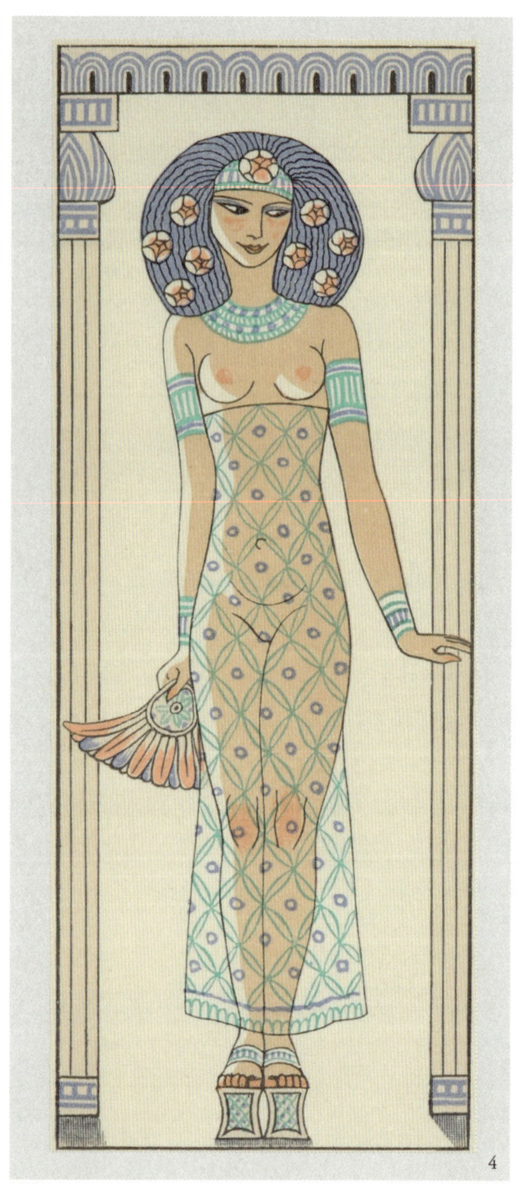

4

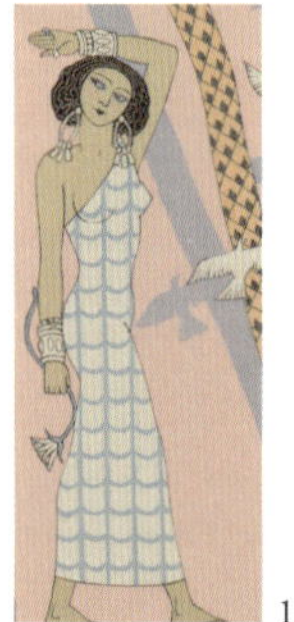

1

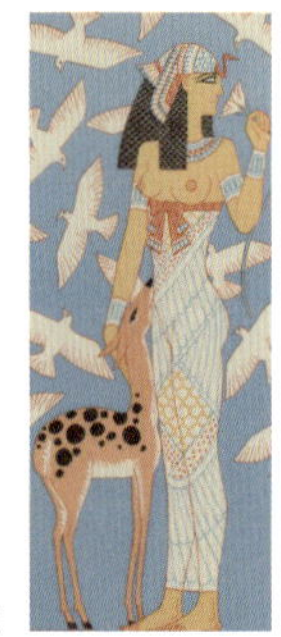

2

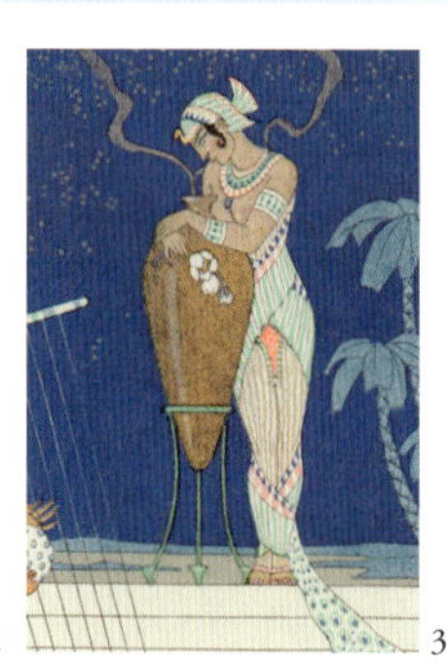

3

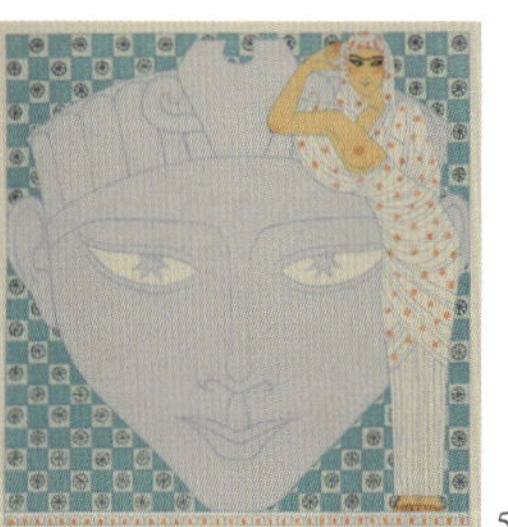

5

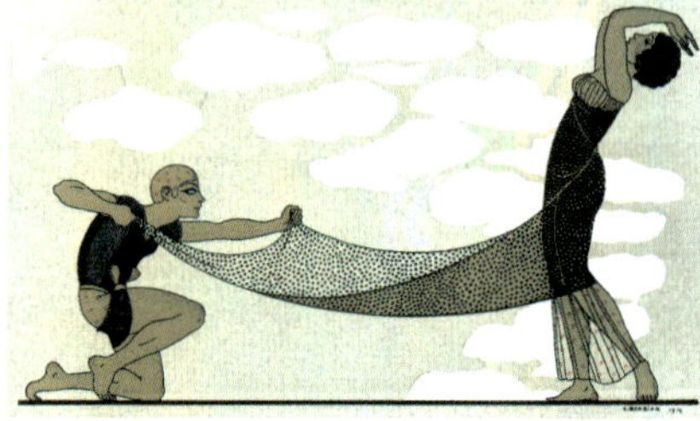

6

1・2・4・5　『ミイラ物語』より
3　『香水のロマンス』より
6　『カルサーヴィナ』より

インド
琥珀の誘惑

India——Amber Seduction

エキゾティックな香り、象牙や宝石などの豊かな財宝の国として＜インド＞はヨーロッパを魅了してきた。浅黒い肌のエキゾティックな美女たちは、性愛術の名手だといわれてきた。インドのラジャ（王）たちの目もくらむような豪勢な生活は、人々の夢であった。それを伝えるのはインドの細密画（ミニアチュール）であった。世紀末の画家ギュスターヴ・モローも＜インド＞のイメージに憑かれていた。バルビエも作家や画家の＜インド＞をそっくり受け継ぎ、香り高きインド風美女を描いた。裸身と宝石と薄いヴェールが幻影のように踊っていた。巨象や南の不思議な植物がうごめいていた。ターバンやパンタロンなどのインドの民族衣裳が、色鮮やかにちりばめられていた。にぎやかな行列の音楽が絵から響いてきそうであった。

Europe was fascinated by India, a treasure house of exotic fragrances, ivory and jewels. Its exotic, swarthy beauties were renowned for their expertise in the arts of love. People dreamed of living the luxurious lives of the Rajahs depicted in finely drawn miniatures. The Symbolist Gustave Moreau was among the artists and authors obsessed by India, as was Barbier, in both his writing and his art, where we also find pages permeated by the perfume of Indian beauties. There we find them dancing, their nude bodies barely concealed by jewels and thin veils, surrounded by huge images and exotic tropical plants. The turbans and pantaloons are Indian ethnic costume, but rendered here in vivid colors.

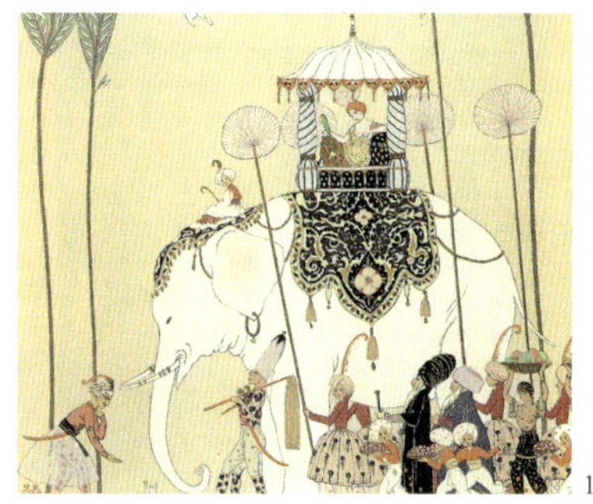

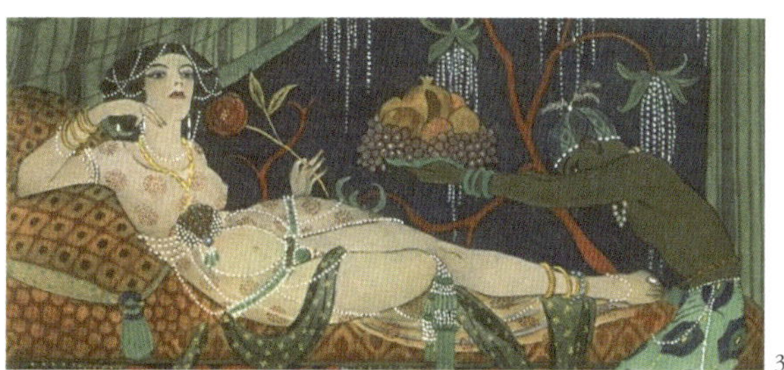

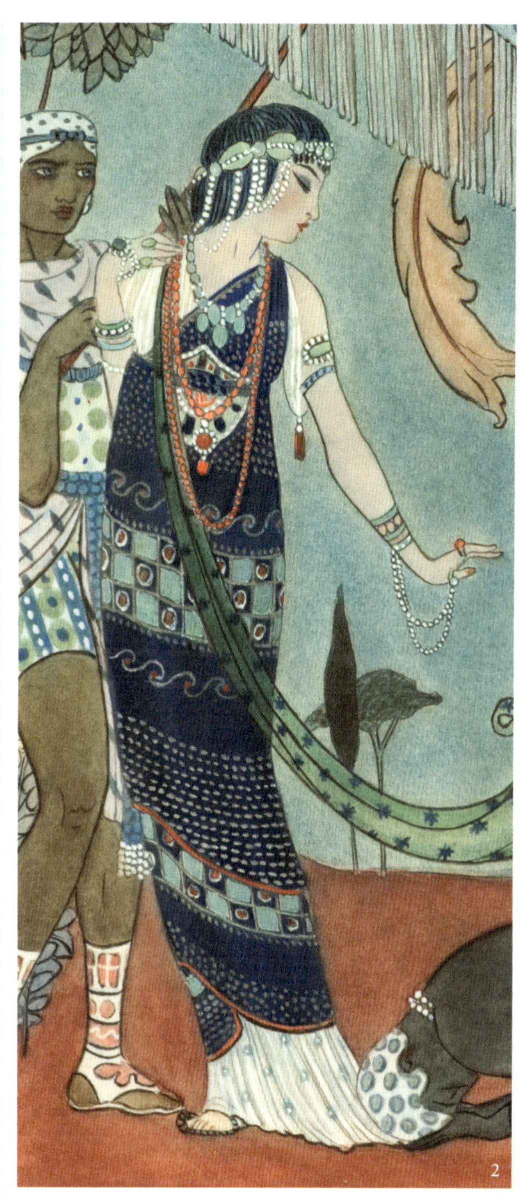

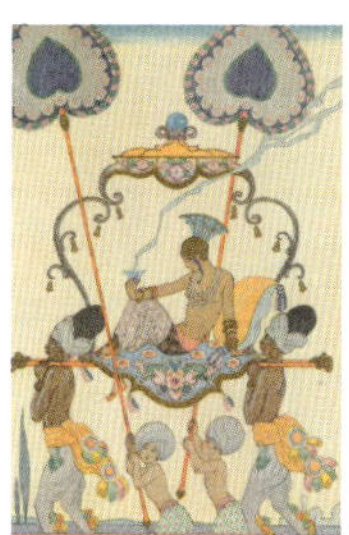

1　『コメディの登場人物』より
2・3　『マケダ、シバの女王
　　　　——エチオピア年代記』より
4　『香水のロマンス』より

ペルシア
アラビアン・ナイト

Persia——Arabian Nights

ペルシア、アラビア、トルコといった中近東のイスラム世界が19世紀のヨーロッパには魔法の国のように思われた。イスタンブールに向かうオリエント・エクスプレス、また、白いターバンを巻いた「アラビアのロレンス」や、ルドルフ・ヴァレンチノがアラビアの王子を演じる映画「シーク」まで、世紀末から20世紀初頭まで、＜ペルシア＞のイメージがあふれた。「アラビアン・ナイト」ブームもその表れだった。バレエ・リュスの舞台から、豪華なギフト・ブックに至るまで、「アラビアン・ナイト」がテーマとなった。バレエ・リュスに魅せられたバルビエは、もちろん、「シェエラザード」に始まり、アラビアの美女たちを描いた。彼女たちをひきたてるたくましい黒人奴隷の姿もそこには欠かせなかった。

Nineteenth-century Europe saw the Middle East as a land of magical kingdoms. From the Orient Express bound for Istanbul to *Lawrence of Arabia* in his white turban and Rudolph Valentino in *Sheik*, oriental images were everywhere. The Arabian Nights were a particularly popular theme, from the Ballets Russes to editions de luxe books. Entranced by the Ballets Russes' *Scheherazade*, Barbier produced many images of Arabian beauties and their muscular black slaves.

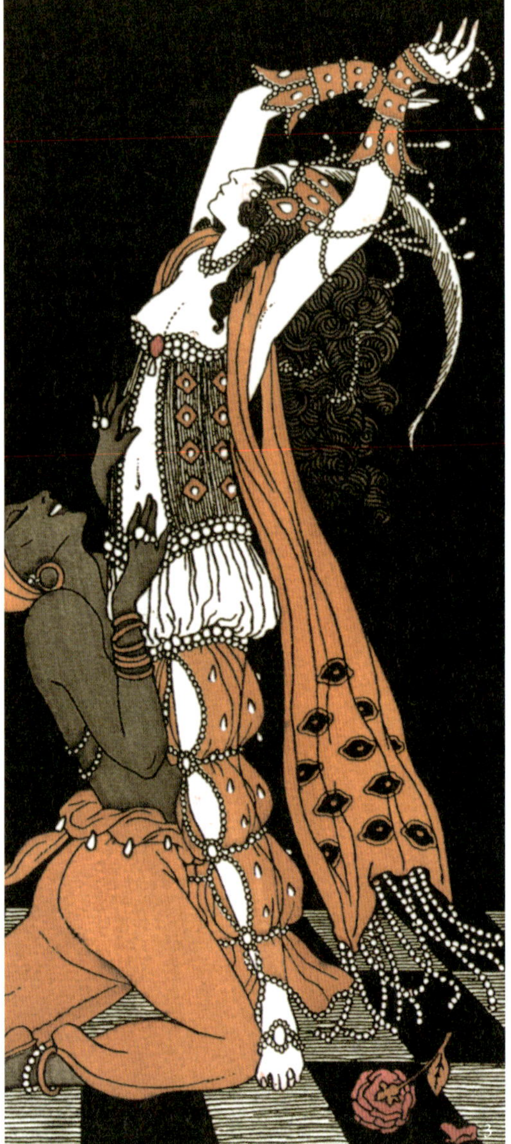

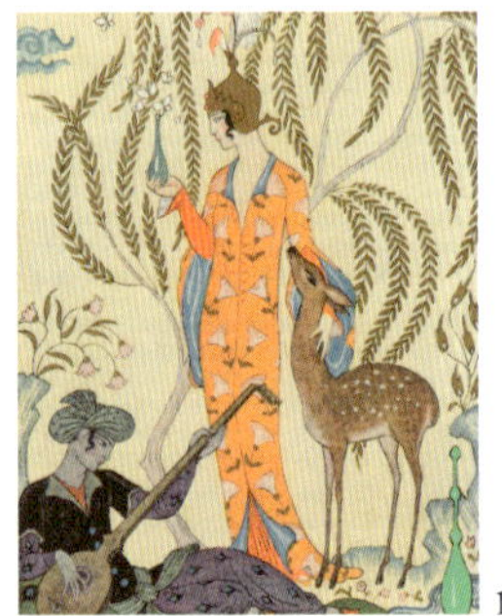

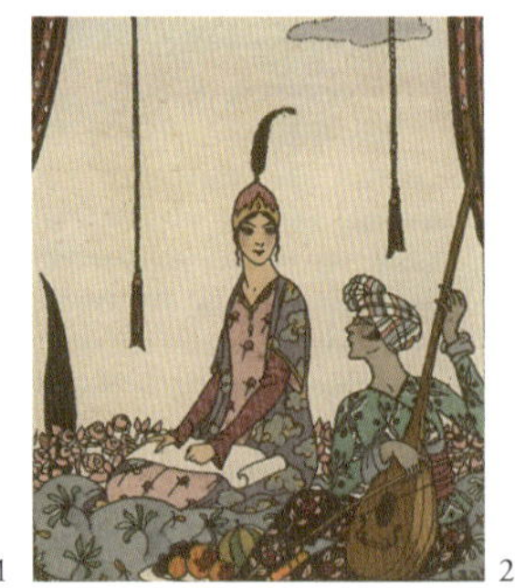

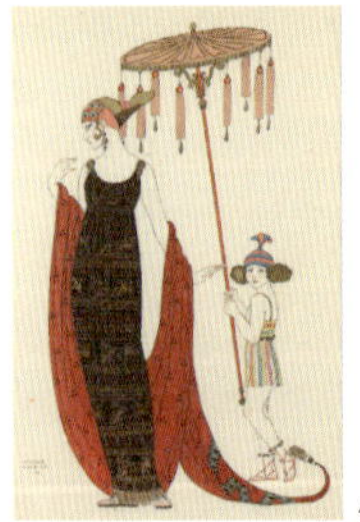

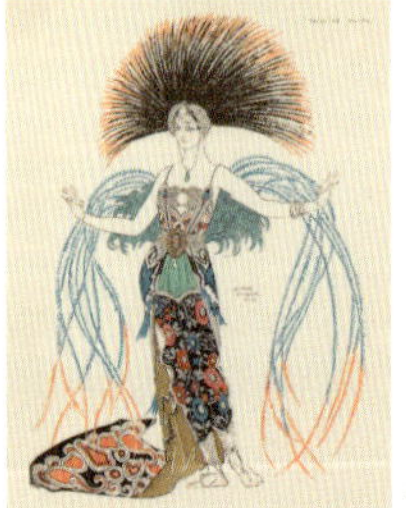

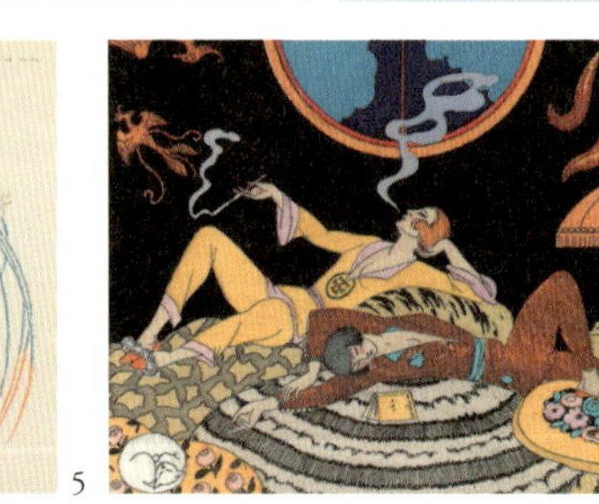

1　『香水のロマンス』より
2　『ラ・ギルランド・デ・モワ』より
3　『ニジンスキー』より
4・5　『演劇のための25の衣裳』より
6　『ファルバラ・エ・ファンフルリュシュ』より

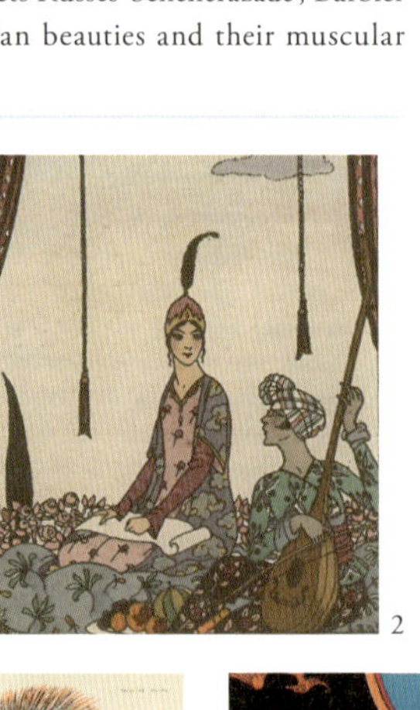

中国
陶器の国の姫君

シノワズリー（中国趣味）は18世紀からヨーロッパをとらえていた。19世紀からそれにジャポニズム（日本趣味）が加わった。中国と日本は混じり合っていた。プッチーニはオペラ「蝶々夫人」を大ヒットさせ、次にオペラ「トゥーランドット」をつくった。東方の果ての美女たちは、20世紀に入ってもまだ未知の魅力を放っていた。浮世絵のコレクターであったバルビエは、その構図やテーマを巧みにファッション画に翻案して、現代版浮世絵をつくり出した。シノワズリーやジャポニズムの意匠をふんだんにちりばめ、目の釣り上がった、陶磁器のようにキメこまかい肌をした東洋の美女を描いた。それらの＜中国＞や＜日本＞はどこにもない世界ではあったが、それだからこそ、今もなお、みずみずしい輝きを失っていない。

The eighteenth-century passion for Chinoiserie in Europe was followed by Japonisme in the nineteenth, with China and Japan often confused. Puccini's opera *Madame Butterfly* was a hit, as was his next, *Turandot*. The beautiful women of the Far East had unprecedented allure in the early twentieth century. Barbier, a collector of ukiyo-e prints, translated their layouts and themes for use in fashion magazines. Chinoiserie and Japonisme influenced designs in which the porcelain-skinned beauties of the Far East were the eye-catching center of attention.

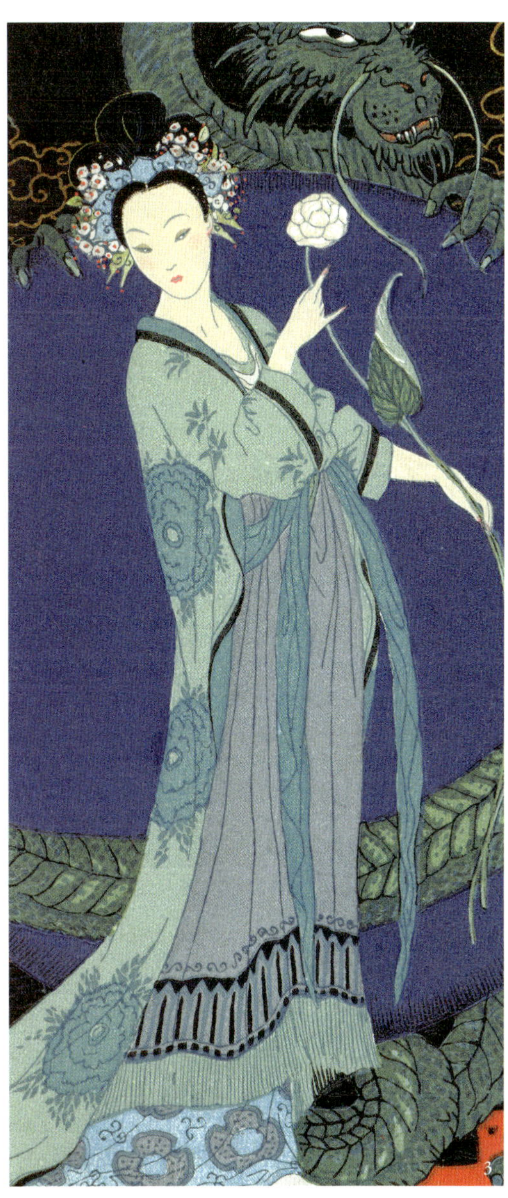

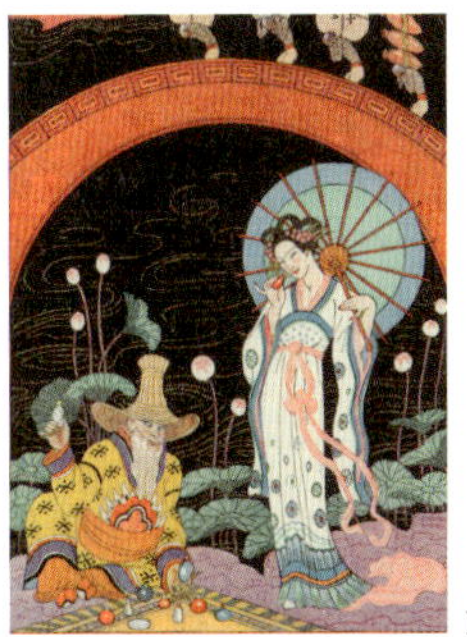

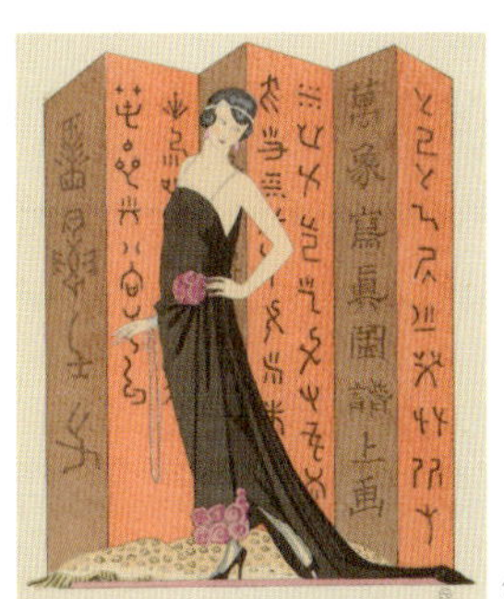

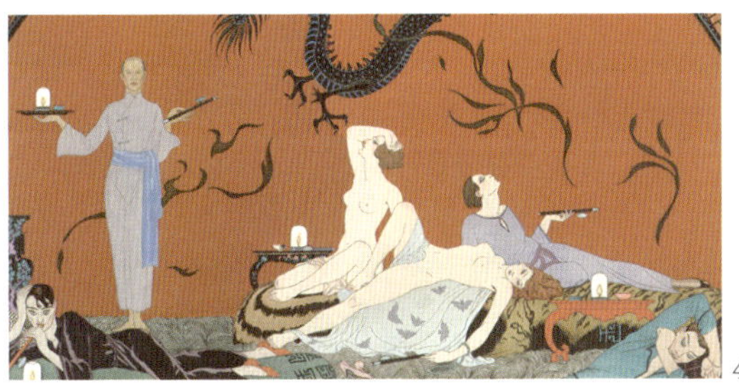

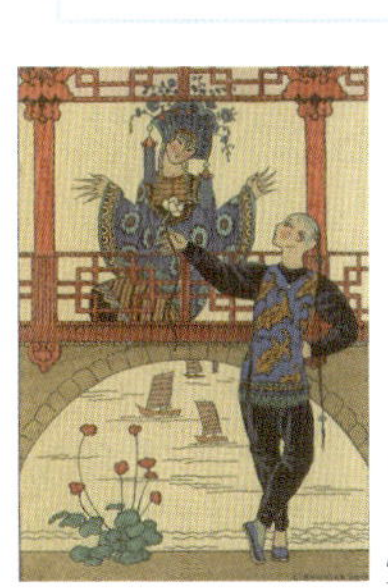

1 『香水のロマンス』より
2 『ガゼット・デュ・ボン・トン』誌より
3 『コメディの登場人物』より
4 『ボヌール・デュ・ジュール・ウ・レ・グラース・ア・ラ・モード』より
5 『ラ・ギルランド・デ・モワ』より

イタリア
ヴェネチアのカーニヴァル

Italy——The Venetian Carnival

イタリア、特に＜ヴェネチア＞がヨーロッパ世紀末のデカダンスの都となった。トオマス・マンの『ヴェニスに死す』（1913）で主人公は近代ヨーロッパを逃れてヴェネチアに行く。「彼の求めていたものは、異国風で関連がない、それでいてすぐ手に入れ得るものだった。そこで彼は、アドリア海の数年来有名になったある島に、足をとどめた」（実吉捷郎訳 岩波文庫）。ヴェネチアは、一番近い、ヨーロッパ内部にある異国だったのである。バルビエは『ヴェネチア風物誌』などを書いたアンリ・ド・レニエなどに導かれて＜ヴェネチア＞を描いた。コメディア・デラルテ（イタリア喜劇）やカーニヴァルなどのシーンの中に小粋なヴェネチア女を登場させた。彼の喜劇的センスが女性像に投影されている。

Italy, and especially Venice, epitomized fin de siècle Europe's decadence. The protagonist of Thomas Mann's *Death in Venice* moves there to escape modern Europe. "What he sought was a fresh scene, without associations, which should yet be not too out-of-the-way; and accordingly he chose an island in the Adriatic, not far off the Istrian coast" (translated by H.T. Lowe-Porter, 1936, p. 15). Venice was close, exotic, but still part of Europe. Barbier was directly inspired by Henri de Régnier, the author of *Esquisses Venetiennes* (Venetian Sketches), to produce images of Venice. His theatrical sensibility is reflected in the small figures of Venetian women he includes in scenes from the Commedia dell'arte and Carnevale di Venezia.

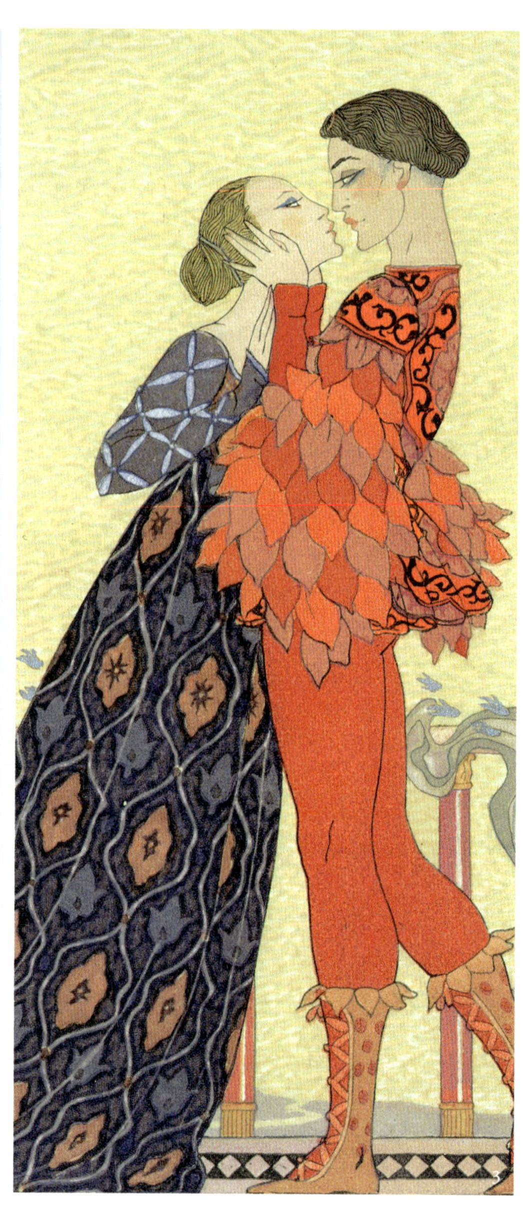

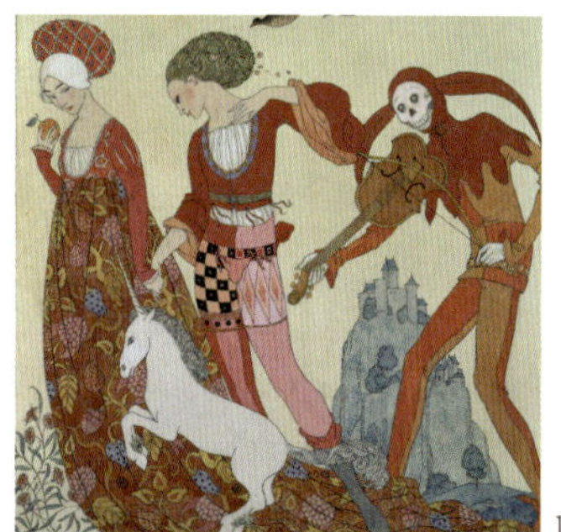

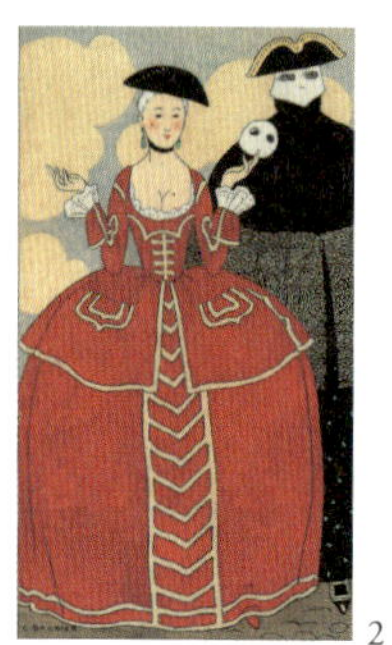

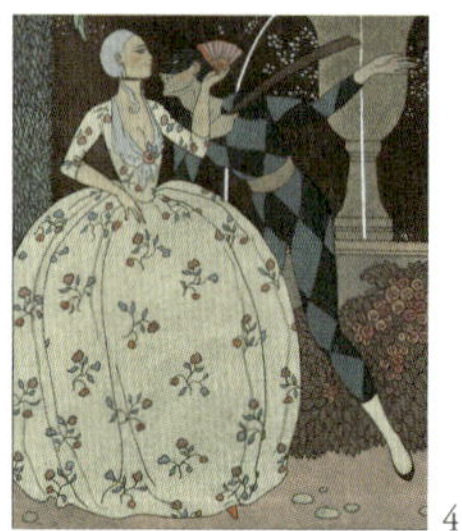

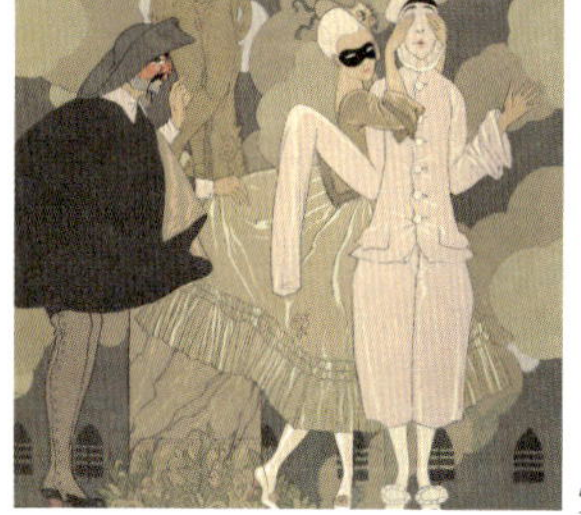

1・3・5　『コメディの登場人物』より
2　『ジュルナール・デ・ダーム・エ・デ・モード』誌より
4　『モード・エ・マニエール・ドージュルデュイ』誌より

フランス
ロココの宴

France——Rococo Feast

世紀末から20世紀初頭、18世紀ロココ・スタイルが復活した。フランス革命によって失われてしまった時代が甦ってきた。産業革命による近代化、都市化、工業化の重苦しさにあきて、日々の軽やかな遊びが求められたのだろうか。ラクロの『危険な関係』などがまた読まれるようになった。ロココの雅文体が甦ってきた。デザインでは、アラベスク、グロテスクなどの曲線模様がはやった。バルビエにとって、18世紀の風俗は彼の趣味を満足させるものであった。大広間での饗宴、大舞踏会。庭園での園遊会。華やかな衣装のスペクタクルなど、すべての細部を楽しんで描いている。そこでは女たちは美しく、男たちは優雅で、女性的とさえ言えるほどだ。宴は深夜まで続く。いつまでも終わるな、とバルビエは魔法をかけているかのようだ。

The late nineteenth and early twentieth centuries saw a Rococo revival, a return to a style lost with the French Revolution. The burdens of modernization, urbanization, and industrialization left people looking for something more playful. Interest in books such as Laclos' *Les Laisions Dangereuse* revived with a taste for the refinement of Rococo literary style. Designers returned to the elaborate curves of the arabesque and grotesque. Barbier was delighted by eighteenth-century styles and enjoyed imagining every bewitching detail of banquets and balls in great halls, lawn parties, and the spectacle of gorgeous costumes. The women were beautiful and the men elegant, almost feminine, at parties that seemed as if they would never end.

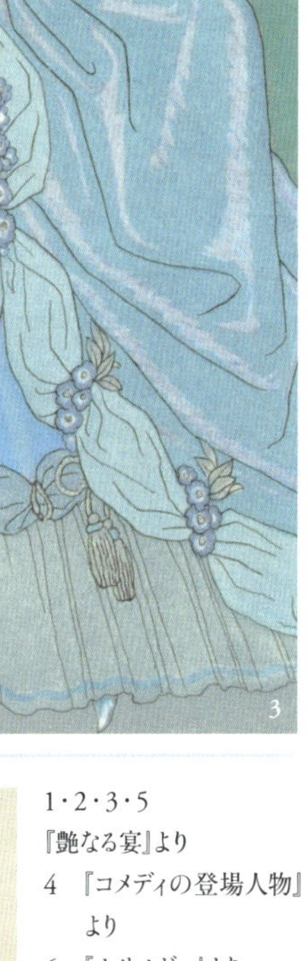

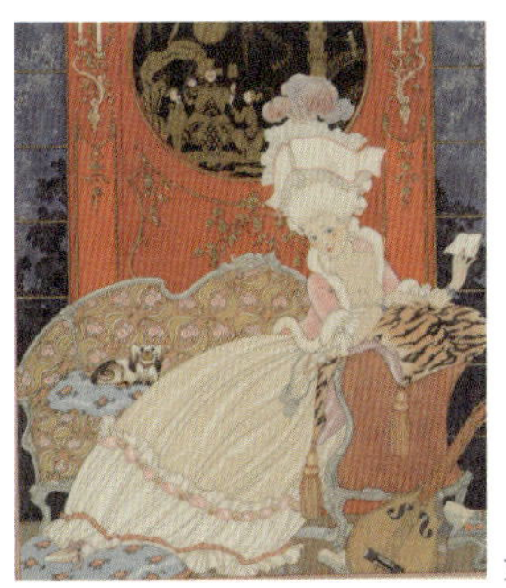

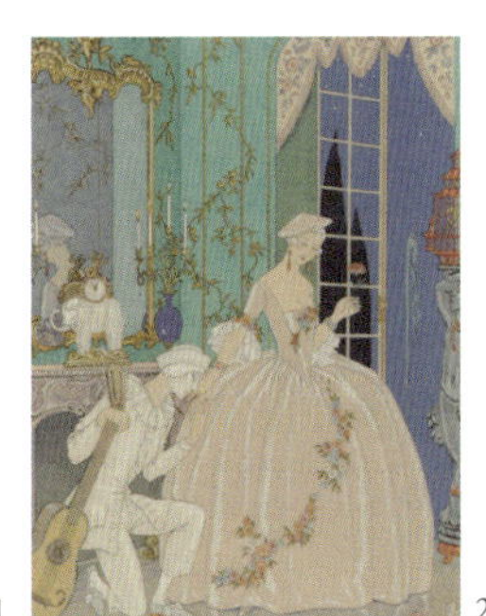
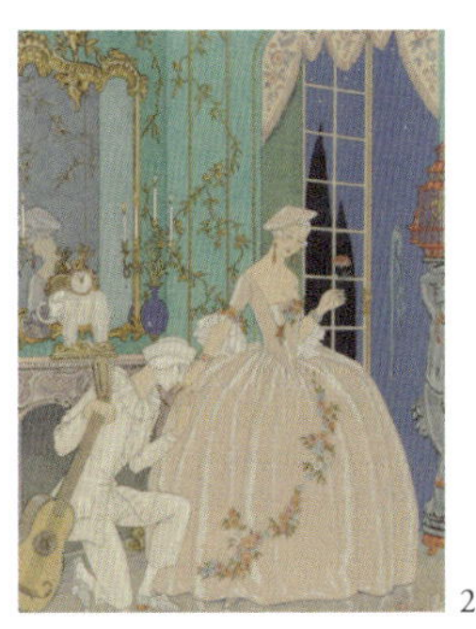

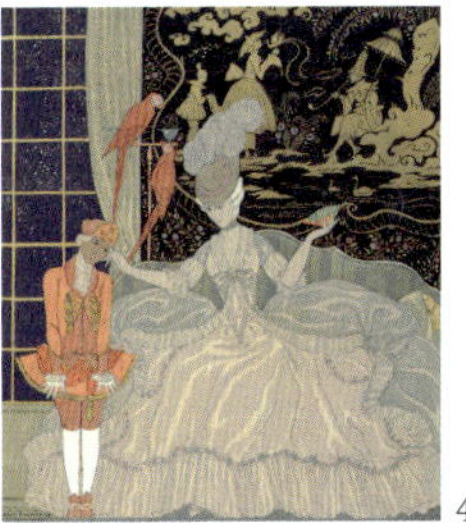

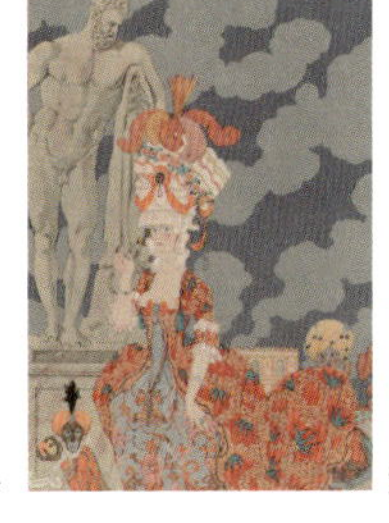

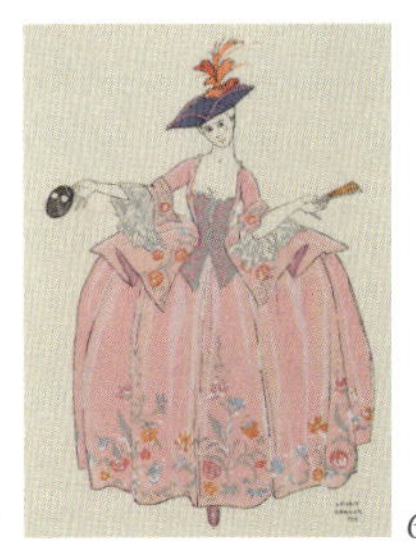

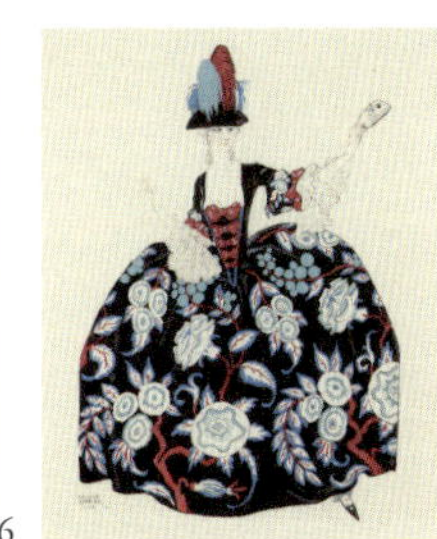

1・2・3・5
『艶なる宴』より
4　『コメディの登場人物』より
6　『カサノヴァ』より
7　『演劇のための25の衣裳』より

モダン・ガール

The Modern Girl

バルビエにとって、＜現代＞もまた、現実とは違う異国だっ
たのではないか。モダン・ガールという新しい人種が登場して、
常識的な人々を驚かせる。19世紀の女性となんと違っている
ことだろう。外に出て、スポーツをし、自転車に乗り、自動
車を運転し、旅行をする。自立した、たのもしいが、それま
で保護者だった男たちをおびやかし、恐れさせる女でもある
のだ。彼女たちはモダン・ファッションを着こなす。女性の
服装がこれほど変化し、新しい魅力を次々に生み出したこと
はあったろうか。バルビエはこの異人類たちに見とれ、彼女
たちの年代記作者となる。華やかに着飾れ、新しい女たち
よ、そして花のように咲き乱れよ。私は君たちを不滅のもの
として記録し、時代に捧げよう、と彼はいっているかのようだ。

To Barbier the "modern" was yet another exotic world, removed
from reality. A new type of woman, the modern girl, was startling
people with conventional tastes. These new women went out,
played sports, rode bicycles, drove cars, and took trips. They were
independent, self-confident, and terrified men who had seen
themselves as women's protectors. They wore modern fashions
with élan, perhaps because women's clothing had changed so
much and fascinating new styles had appeared. Barbier's eye was
drawn to this new breed of woman, whose chronicler he became.
These gorgeous new women blossomed around him like a chaos of
flowers. He had to capture and preserve them forever.

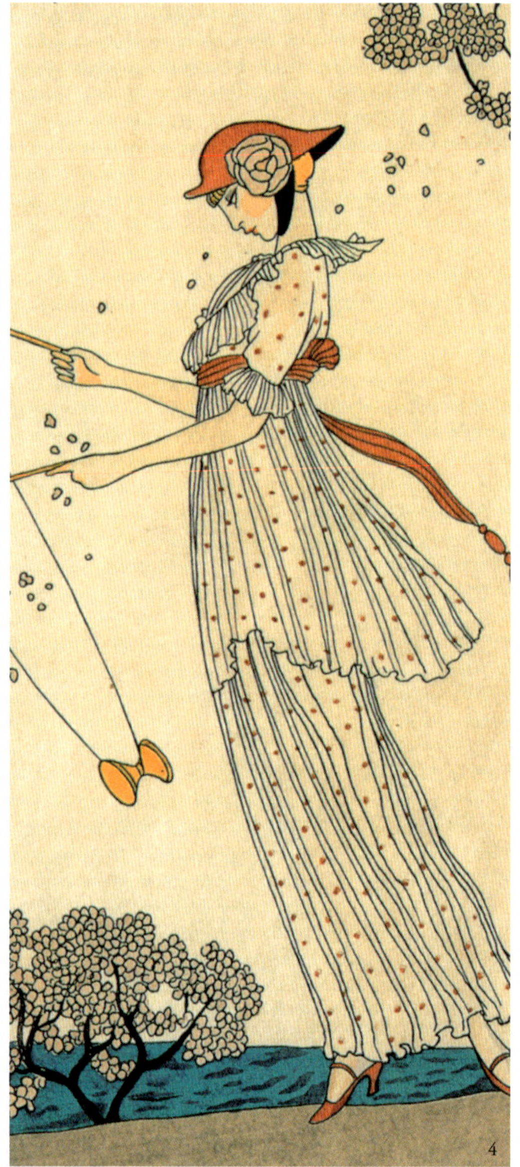

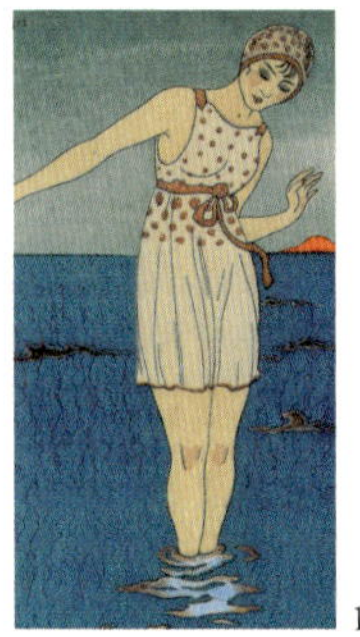

1

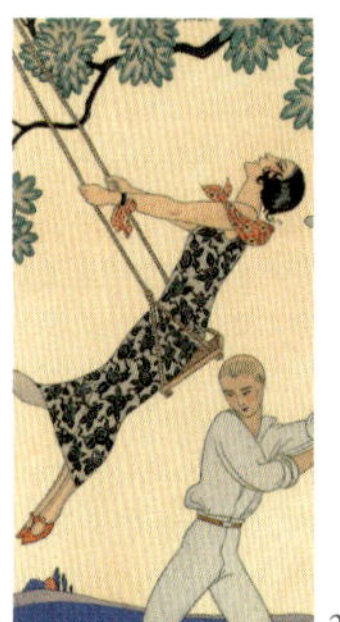

2

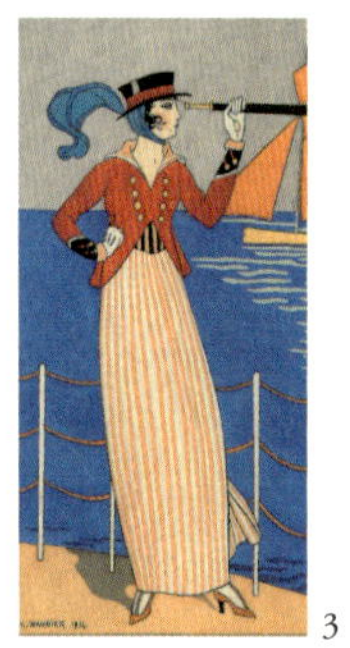

3

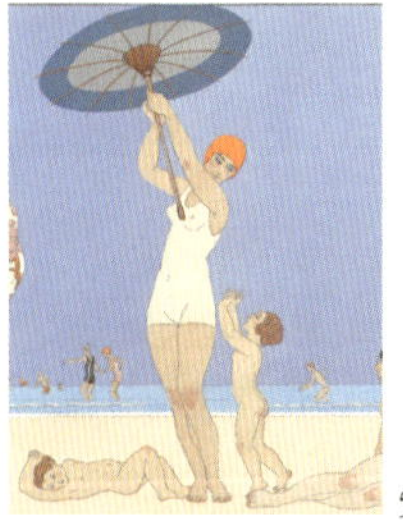

5

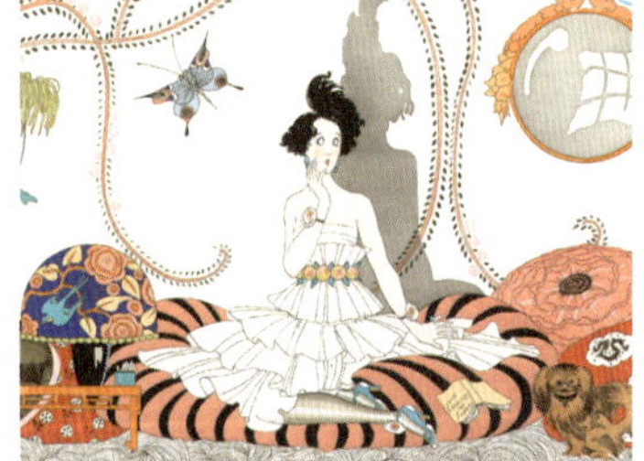

6

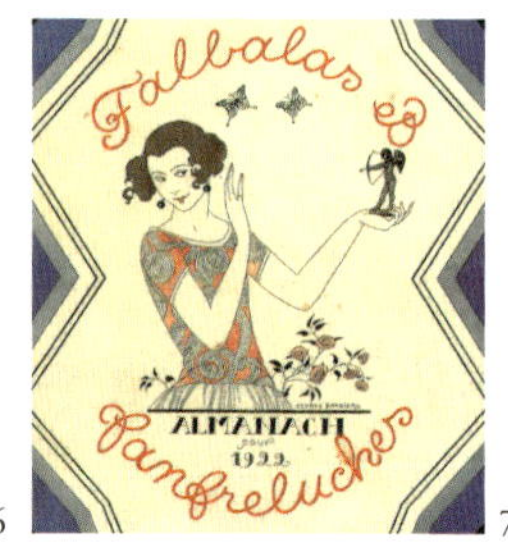

7

1・3・4
『ジュルナール・デ・ダーム・エ・
デ・モード』誌より
2・7
『ファルバラ・エ・ファンフルリュ
シュ』より
5・6
『ボヌール・デュ・ジュール・ウ・レ・
グラース・ア・ラ・モード』より

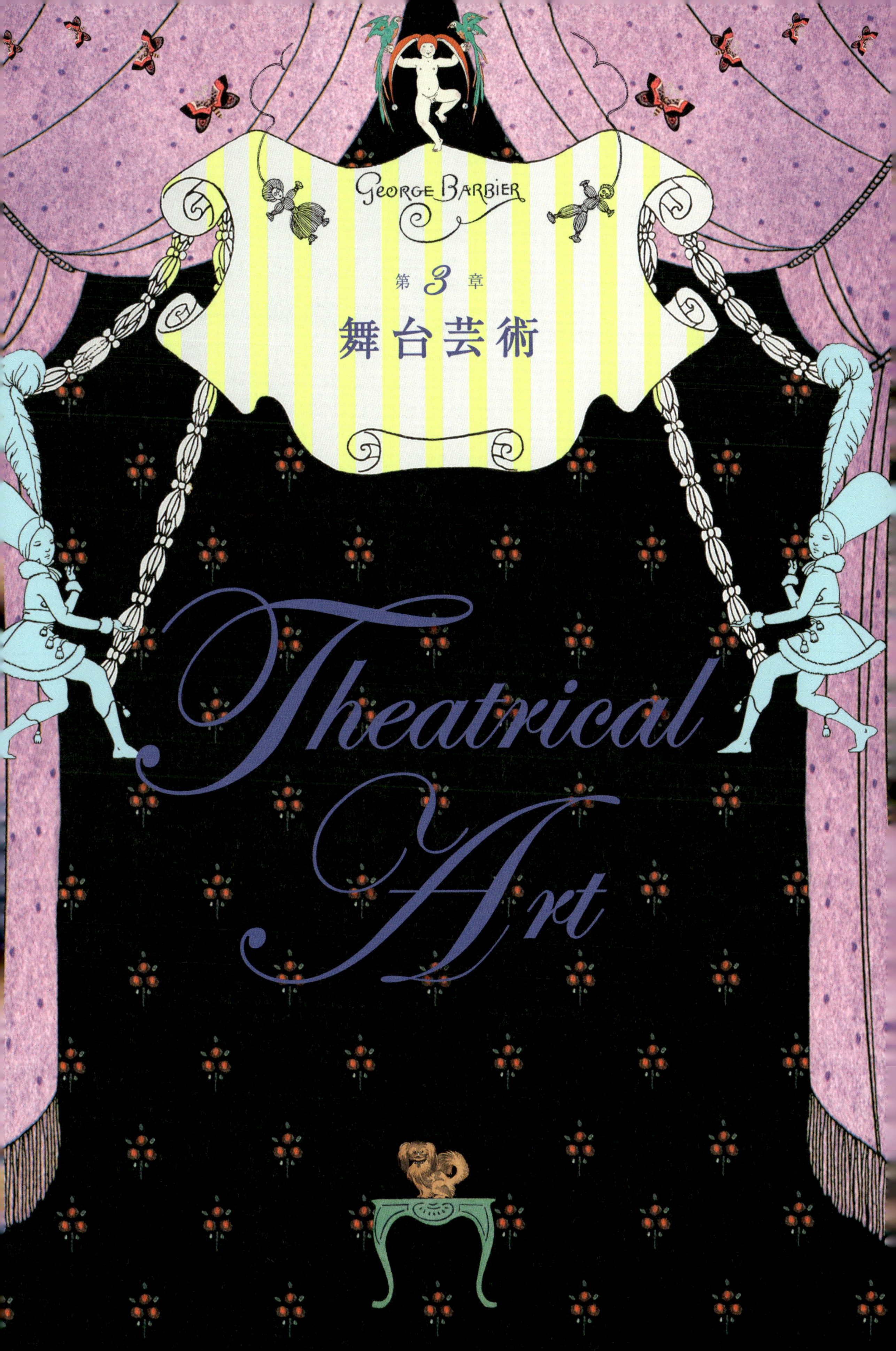
GEORGE BARBIER
第 3 章
舞台芸術
Theatrical Art

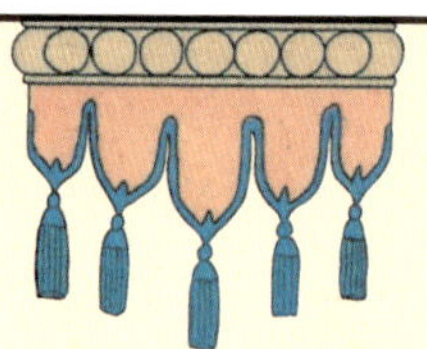

バレエ・リュス

　舞台への熱愛はバルビエの多様な趣味の中でも、最も強力なものであった。1908年にパリに出てくると、彼の劇場通いは激しくなった。19世紀末からパリの舞台芸術は花盛りであった。サラ・ベルナールの舞台姿を描いたアルフォンス・ミュシャのポスター（fig.1）はアール・ヌーヴォーの代表的な作品となった。

　そして20世紀の初め、新しい舞台芸術のセンセーションがパリに登場した。1909年、シャトレ劇場で開幕したバレエ・リュス（ロシア・バレエ団）である。ディアギレフに率いられてロシアからやってきたこのバレエ団は、エキゾティックで野性的な魅力でパリの芸術ファンを圧倒した。その荒々しい原色の乱舞する舞台装置は、ちょうどパリに現れたフォーヴィズム（野獣派）と呼ばれた絵画の原色を思わせた。

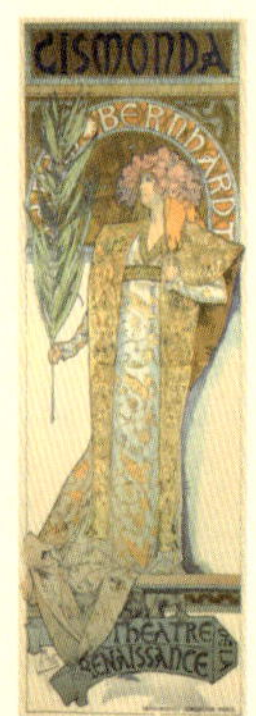

fig.1
アルフォンス・ミュシャ画
ポスター「ジスモンダ」
（1895年）

　ダンサーたちのダイナミックな踊りも、それまでの優雅な宮廷バレエでは見られないものであった。特に男のダンサーが目立った。それまでバレエの中心はプリマ・バレリーナであり、男のダンサーはそれを持ち上げる台であり、脇役にすぎなかった。しかしバレエ・リュスでは、「イーゴリ公」の≪ダッタン人の踊り≫を豪快に踊ったアドルフ・ボルムや「シェエラザード」の黒人奴隷に扮したニジンスキーが輝いていた。

　バルビエもまた、バレエ・リュス・ブームの中にまっしぐらに飛び込んでいった。なぜなら、彼が出入りをしていた文学界、美術界、ファッション界の人々がそこに巻き込まれていたからである。その中心にいたのが、＜1900年のプリンス＞といわれたロベール・ド・モンテスキューであった。世紀末の文化のトレンド・セッターであった彼は、ディアギレフとも知り合いであったから、バレエ・リュスのパリ公演の相談を受けた。彼はパリ社交界の女王であるグレフュール伯爵夫人に紹介する。マルセル・プルーストが『失われた時を求めて』に登場させたゲルマント公爵夫人のモデルである。

　グレフュール夫人は社交界を総動員して、バレエ・リュス公演を歓迎する。モ

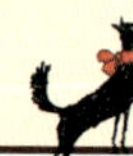

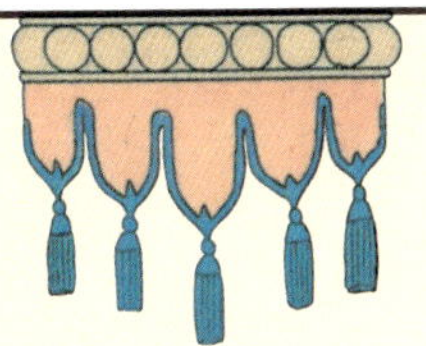

ンテスキューのまわりには若い芸術家のグループが集まっていて、バレエ・リュスのファン・クラブになったのである。

「バルビエ、ドリアン、マルティ、ブーテ・ド・モンヴェルはロシア・バレエ団の舞台裏で新しいダンディズムを創っていた。ポワレのオート・クチュールを着る女たちは男にも自分らのエレガンスに比肩するものを求めていたこともあり、これらのデザイナーたちも同年代の作家たちジャン゠ルイ・ヴォドワイエ、エドモン・ジャルー、マルセル・ブーランジェらの励ましを受けていた。」（フィリップ・ジュリアン『1900年のプリンス——伯爵ロベール・ド・モンテスキュー伝』志村信英訳 国書刊行会 1987）

バルビエは、バレエ・リュスのニジンスキーとカルサーヴィナにまず魅せられた。さらに師のモンテスキュー伯爵の強い影響を受けてイダ・ルービンシュタインに注目した。イダはモンテスキューにとって、＜シバの女王＞であり＜クレオパトラ＞であった。その細身の、少年のような身体は、両性具有のアンドロギュヌスとして、モンテスキューをとらえていたのである。

バルビエは舞台のどこに一番興味があっただろうか。彼はシーンよりもコスチュームに惹かれていたようである。舞台装置よりも衣裳デザインに彼は力を入れている。バルビエの舞台絵の多くは、登場人物のコスチュームの描写が中心で、背景は簡略化されるか、空白のままである。

そのことは彼の挿絵全体にもいえるだろう。絵の中心は、あくまで人間であり、そのポーズ、ジェスチャーであって、背景はシンプルである。アーサー・ラッカム、デュラック、ニールセンなどと比較すると、違いがわかる。バルビエはあくまで人間の姿に興味があった。

バレエに魅せられただけあって、バルビエは踊ったり跳んだりする人間の動きを表現するのが得意である。ラッカム、デュラック、ニールセンに比べて、スピーディな動きをする現代生活の感覚をとらえているのだ。背景がシンプルなのも、動く人間が主であるためかもしれない。その点で、バルビエは、アール・デコ・スタイルの先駆者と見ることができる。

ニジンスキーとカルサーヴィナ

1909年のパリでの最初のシーズンで、バレエ・リュスのプリマ・バレリーナはアンナ・パヴロワであった。しかしニジンスキーやカルサーヴィナといった若いダン

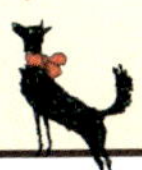

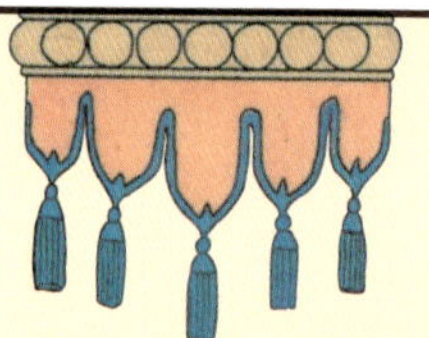

サーが人気を集めた。異色なのはイダ・ルービンシュタインだ。イタリアに住む大金持ちの女性で、あまり踊れなかったが、そのスタイルを買われて＜クレオパトラ＞に扮し、舞台にいるだけで人気を集めた。

1910年のシーズンの目玉は「シェエラザード」であった。「アラビアン・ナイト」の世界が花開いた。イダは王妃ゾベイダに扮し、寝そべっているだけでよかった。そしてディヴェルティスマン（余興シーン）で黒人奴隷のニジンスキーが躍動した。「カルナヴァル」ではヴェネチアのカーニヴァル・シーンが繰り広げられ、仮面をつけ、チェックの道化衣裳を着たニジンスキーがコロンビーナに扮したカルサーヴィナとデュエットした。

そして1911年に、テオフィル・ゴーチエの詩をもとにしたジャン＝ルイ・ヴォドワイエの台本による「薔薇の精」、1912年にはクロード・ドビュッシーの音楽で、ステファーヌ・マラルメの詩をもとにした、ニジンスキー自身の台本と振付による「牧神の午後」が発表される。

ニジンスキーはバルビエのアイドルとなり、1913年、バルビエによるアルバム『ニジンスキー』が出版される。フランソワ・ド・ミオマンドルの文章がつけられていた。1914年にはアルバム『カルサーヴィナ』がジャン＝ルイ・ヴォドワイエの文章で出された。

ミオマンドルもヴォドワイエも、モンテスキュー、ピエール・ルイス、アンリ・ド・レニエなどの文学サークルにいた作家で、1911年から1913年にかけて、ニジンスキーはロシア的バレエから、フランス世紀末の世界に近づいていることがわかる。もちろんそれは、バルビエのいた世界でもあった。

ちなみにヴォドワイエは、プルーストを「シェエラザード」の公演に連れていった人である。

しかし、バルビエが『ニジンスキー』を出した1913年は、ニジンスキーのバレエ・リュスにおける最後の年なのである。ディアギレフの反対を押し切ってハンガリー人バレリーナのロモラと結婚したために、ニジンスキーはバレエ団を追われる。それから独自の活動を試みるが、しだいに精神を病んで引退しなければならなかった。

ニジンスキーが去った後、ディアギレフはレオニード・マーシン、セルジュ・リファールなどの若い才能を補って、バレエ・リュスを続けるが、かつての栄光は取り戻せなかった。

そしてバルビエは、新しいバレエ・リュ

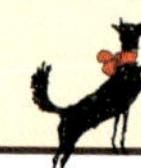

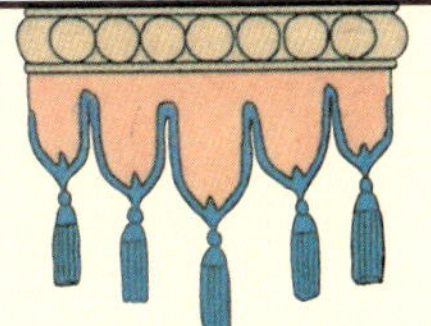

スになじめなかったようだ。ディアギレフはジャン・コクトーなどに台本を依頼し、キュビズム調のバレエ「パラード」などを上演した。それらのアヴァンギャルド・バレエはバルビエの好みではなく、ネオ・クラシックにこだわり続けた。彼にとってはバレエ・リュスはあくまでニジンスキーのイメージのうちに生きていたのである。

舞台のミラージュ

舞台の魅力はその＜ミラージュ（幻影）＞にある、とバルビエはいっていた。この世にあり得ない光景を一瞬のぞかせるところに私たちは見とれるのだ。私たちはそこに、自分の見たいものを映すのだ。したがってバルビエの舞台絵は、現実の舞台の写しではなく、彼の想像力が見た舞台である。だから部分は好きなように描き直している。舞台の写真ではないのだ。

その描き変えが思わず笑いを誘うのが「遊戯」（P246）である。ドビュッシーの音楽、レオン・バクストの舞台美術によるこのバレエは、1913年に初演されたが、ニジンスキーがイギリスに行った時に見たテニスをする若い男女の風俗を写している。ところがなんと、バルビエはテニス・ボールの代わりにラグビー・ボールを描き入れている。

バルビエはやがて、舞台を描くだけでなく、実際の舞台装置やコスチュームのデザインを手がけている。しかし、彼の原画を現実化すると、いろいろ不満であったらしい。彼の舞台絵はミラージュであり、実際の舞台とは違っていたのだろう。

バレエ・リュスを離れ、スイスで療養していたニジンスキーは、気分のいい時に、またバレエをつくりたくなる時があった。ある時彼は、『ビリチスの歌』のあるシーンを振り付けたバレエをつくったという。

残念ながらそれを見ることはできないが、バルビエが描いた『ビリチスの歌』を見ていると、そこにニジンスキーやカルサーヴィナがいたバレエ・リュスの舞台を想像してみたくなる。ニジンスキーの上演されることのなかったバレエへのオマージュを、バルビエは絵の中で見せてくれているのではないだろうか。私たちも＜ミラージュ＞をのぞいているのだ。

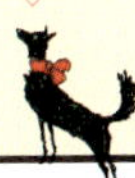

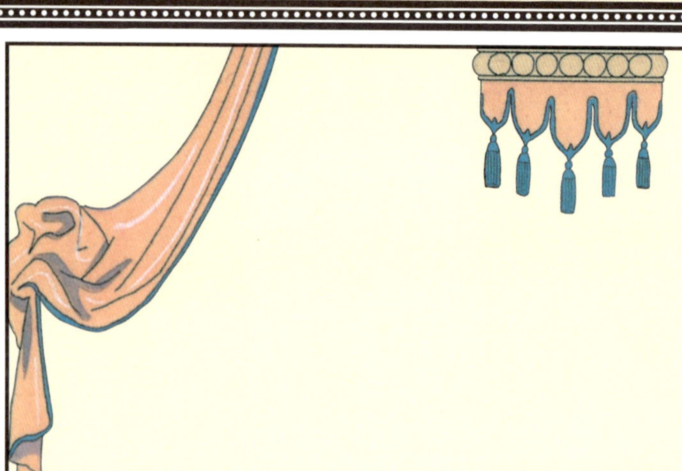

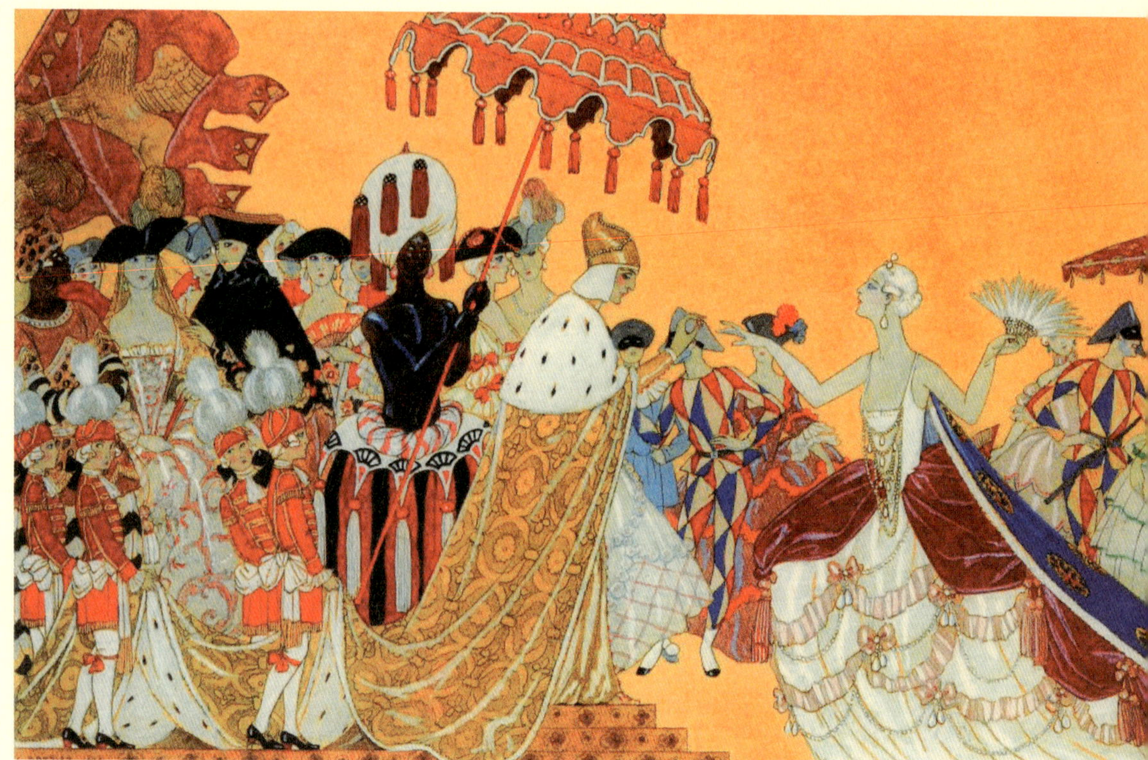

「ヴェネチアの祝祭」

「ヴェネチアの祝祭」(1922)のシーンを描いたものである。
「オペラのグランプリ舞踏会」で演じられたもので、最初のシーンは「ヴェネチア総督(ドージュ)と
アドリア海の結婚」であった。ヴェネチア共和国がアドリア海と結婚するという記念行事が再現される。
中央がイダ・ルービンシュタイン扮する≪アドリア海≫、彼女に指輪を差し出しているのが総督である。
左にいるのが≪ヴェネチア≫を象徴するプリンセスで、セシル・ソレルが演じた。
彼女は「マリオン・ドロルム」のマリオンも演じている。
そして、イダのコスチュームはレオン・バクスト、セシルのコスチュームはバルビエのデザインである。

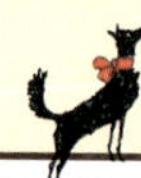

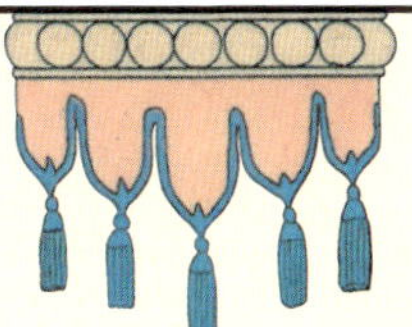
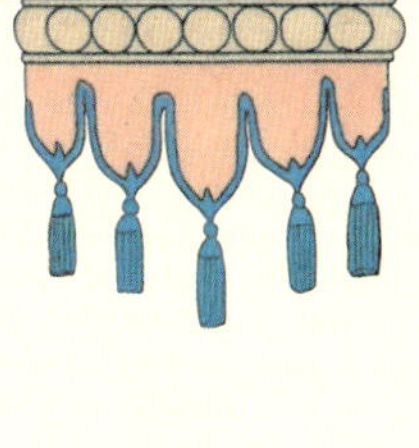

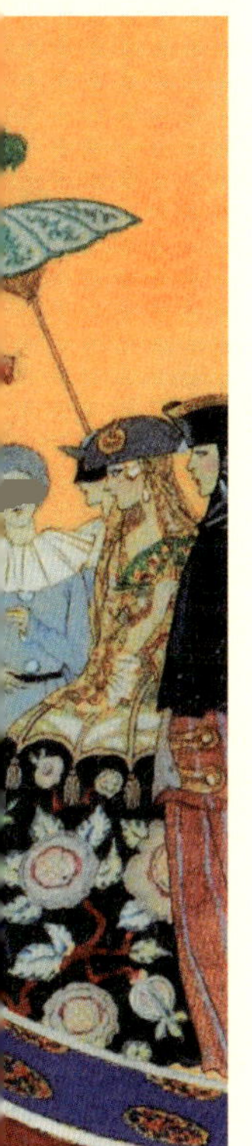

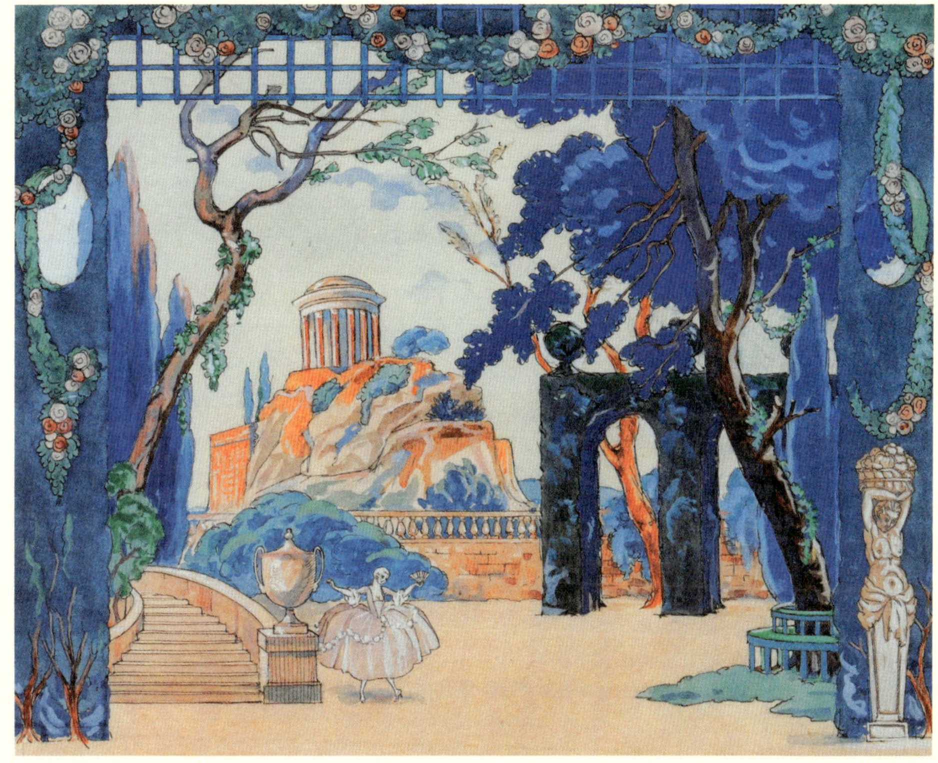

バレエ「アマリヤ」の装置デザイン (1919)

典型的なロココ庭園のシーンである。
後景の丘の上の、ギリシアのパルテノン神殿のミニチュア。
前方の大階段、柱廊そして自然の木々。
人工と自然、建築と森と人の調和が構成されている。

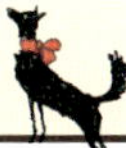

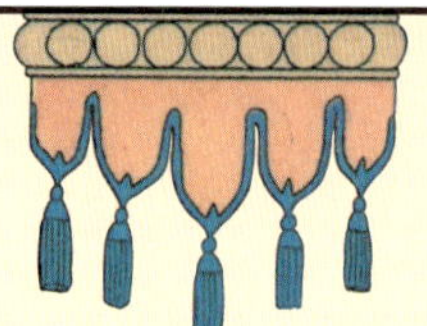

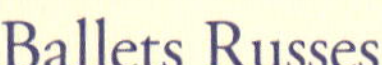

Ballets Russes

Of Barbier's many interests, his greatest passion was for the theater. After moving to Paris in 1908, he became an avid theatergoer in a city where theater was flourishing. Alphonse Maria Mucha's images of Sarah Bernhardt performing on stage are, for example, among the most famous examples of Art Nouveau.

The early twentieth century brought a new sensation to the Parisian stage, when, in 1909, the Ballets Russes began performing at the Theatre du Chatelet. This Russian ballet troupe, brought to Paris by Serge Diaghilev, had an exotic, masculine appeal that took Paris by storm. The vivid colors of the costumes and sets and the wildness of the dancing were a perfect fit with the Fauves, an art movement that had also just appeared in Paris.

The dynamism of the dancers had no precedent in the refined world of court ballet. The male dancers were especially eye-catching. In conventional ballets, the prima ballerina was the star, with male dancers relegated literally to supporting roles, as the supporter for the ballerina in lifts and pirouettes. In the Ballets Russes, however, Adolph Bolm, in the *Polovestian Dances*, and Nijinsky, in the role of the black slave in *Scheherazade*, stole the show.

Barbier and other members of the literary, art, and fashion worlds plunged wholeheartedly into the Ballets Russes boom. Among the others was Robert de Montesquiou, the "prince of 1900." A fin de siècle trendsetter, he was an acquaintance of Serge Diaghilev and was consulted by him about bringing the Ballets Russes to Paris. He introduced Diaghilev to the Countess Greffulhe, the queen of Paris society, who was the model for the Duchess de Guermantes in Proust's *Remembrance of Things Past*.

Countess Greffulhe became the prime mover in welcoming the Ballets Russes to Paris, while the young artists who had formed a group around Montesquiou became its fan club.

According to Phillipe Julien, author of *Un Prince 1900 Robert de Montesquiou*, Barbier, Dorian, Marti, and Boutet de Monvel created a new dandyism backstage at the Ballets Russes. Their aim was a masculine elegance on a par with Poiret's haute couture for women. They were inspired by Jean-Louis Vaudoyer, Edmund Jaloux, and Marcel Boulenger, young authors of the same generation.

Barbier was entranced by the Ballets Russes's Nijinsky and Karsavina. Then, influenced by Montesquiou, his eye turned to Ida Rubenstein. To Montesquiou, she was both the "Queen of Sheba" and "Cleopatra." He was captivated by her slim, youthful, androgynous form.

Barbier, while fascinated by the theater, preferred to work on costumes rather than sets. More than set design, he poured his energy into costume design. In Barbier's theatrical drawings, the costumed actors are the focus, with the background only roughly sketched in or left entirely blank.

This same tendency can be seen in all of his illustrations. The focus is always on the people, their poses and gestures; the backgrounds are simple. Comparing his work to that of Arthur Rackham, Dulac, or Nielsen, the difference is clear. Barbier's primary interest was the human form.

Barbier was as skilled as he was fascinated in depicting the human form in motion, leaping or jumping, with a distinctively modern, swift tempo. Keeping the backgrounds simple keeps the focus on the dynamic subjects. In this respect, Barbier is again a pioneer of the Art Deco style.

Nijinsky and Karsavina

For the Ballets Russes's first season in 1909, the prima ballerina was Anna Pavlova, but it was the young dancers, Nijinsky and Karsavina who became popular favorites. Novelty was

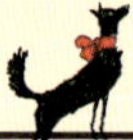

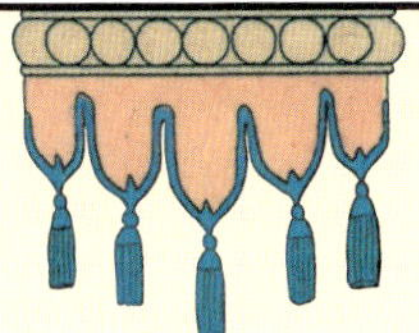

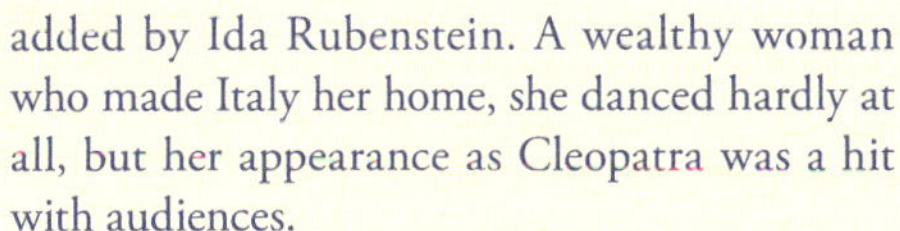

added by Ida Rubenstein. A wealthy woman who made Italy her home, she danced hardly at all, but her appearance as Cleopatra was a hit with audiences.

Scheherazade was the great success of the 1910 season. It was set in the world of the Arabian Nights. Rubenstein appeared as the sleeping princess Zobéide. In the divertissement, Nijinsky danced the role of the black slave. In *Carnaval*, a ballet modeled on the Carnival in Venice, a masked Nijinsky wearing a checkered costume danced a duet with Tamara Karsavina.

In 1911, he appeared in *Le Spectre de la Rose* (The Spectre of the Rose), based on a poem by Théophile Gautier, followed in 1912 by *L'après-midi d'un faune* (The Afternoon of the Fawn), based on a poem by Stéphane Mallarmé, with music composed by Claude Debussy and choreography by Nijinsky himself.

Nijinsky became Barbier's idol. In 1913, he published the album *Nijinsky*, with text by Francis de Miomandre. It was followed in 1914 by the album *Karsavina*, with text by Jean-Louis Vaudoyer.

In the writings of the literary circle that included Miomandre, Vaudoyer, Montesquiou, Pierre Louÿs and Henri de Regnier, we can see how, from 1911 to 1913, Nijinsky was moving from the world of Russian ballet to become part of the fin de siècle French world to which Barbier also belonged.

It was Vaudoyer who brought Proust to a performance of *Scheherazade*. 1913 was, however, the last year that Nijinsky performed with the Ballets Russes. Over Diaghilev's objections, Nijinsky married the Hungarian ballerina Romola de Pulszky and was fired from the troupe. He then attempted to pursue an independent career, but mental illness forced him to retire.

After losing Nijinsky, Diaghilev employed other talented young dancers, including Léonide Massine and Serge Lifar. The Ballets Russes continued to perform, but never regained its earlier brilliance.

Barbier seems not to have liked the new Ballets Russes, which was moving in modernist directions. Diaghilev asked Jean Cocteau, for example, to write the scenario for *Parade*, which he staged using Cubist-inspired sets and costumes. Ballet in this avant-garde style was not to Barbier's taste. To him, ballet and Nijinsky were synonymous.

The Stage as Mirage

The appeal of the theater is the mirage, the illusion it creates. It renders visible impossible worlds in which we can see what we want to see. Illustrations that depict ballet do not, therefore, attempt to show us the actual stage. They evoke the stage as we imagine it. The artist depicts the parts he likes. An illustration is not a photograph.

We find ourselves smiling at the playfulness with which Barbier's illustration transforms *Jeux* (P246). The score for this ballet, first performed in 1913, was composed by Claude Debussy and the sets designed by Leon Bakst. Barbier's rendering of it shows young men and women playing tennis, which Nijinsky had seen on a trip to England, except that Barbier has substituted a rugby ball for the tennis racquet.

Barbier was not only designing settings for the stage. He produced sets and designed costumes as well. He was, however, disappointed by how his plans were executed. His drawings of the page depict a mirage, not the actual stage itself.

When Nijinsky left the Ballets Russes and moved to Switzerland for treatment, there was a period in which he wanted to produce a new ballet. It is said that he choreographed a ballet based on *Les chansons de Bilitis*, but it was apparently never staged. Imagine Nijinsky and Karsavina performing in it. Barbier's images can be seen as a homage to the ballets that Nijinsky never performed, bringing that mirage to us.

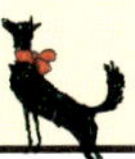

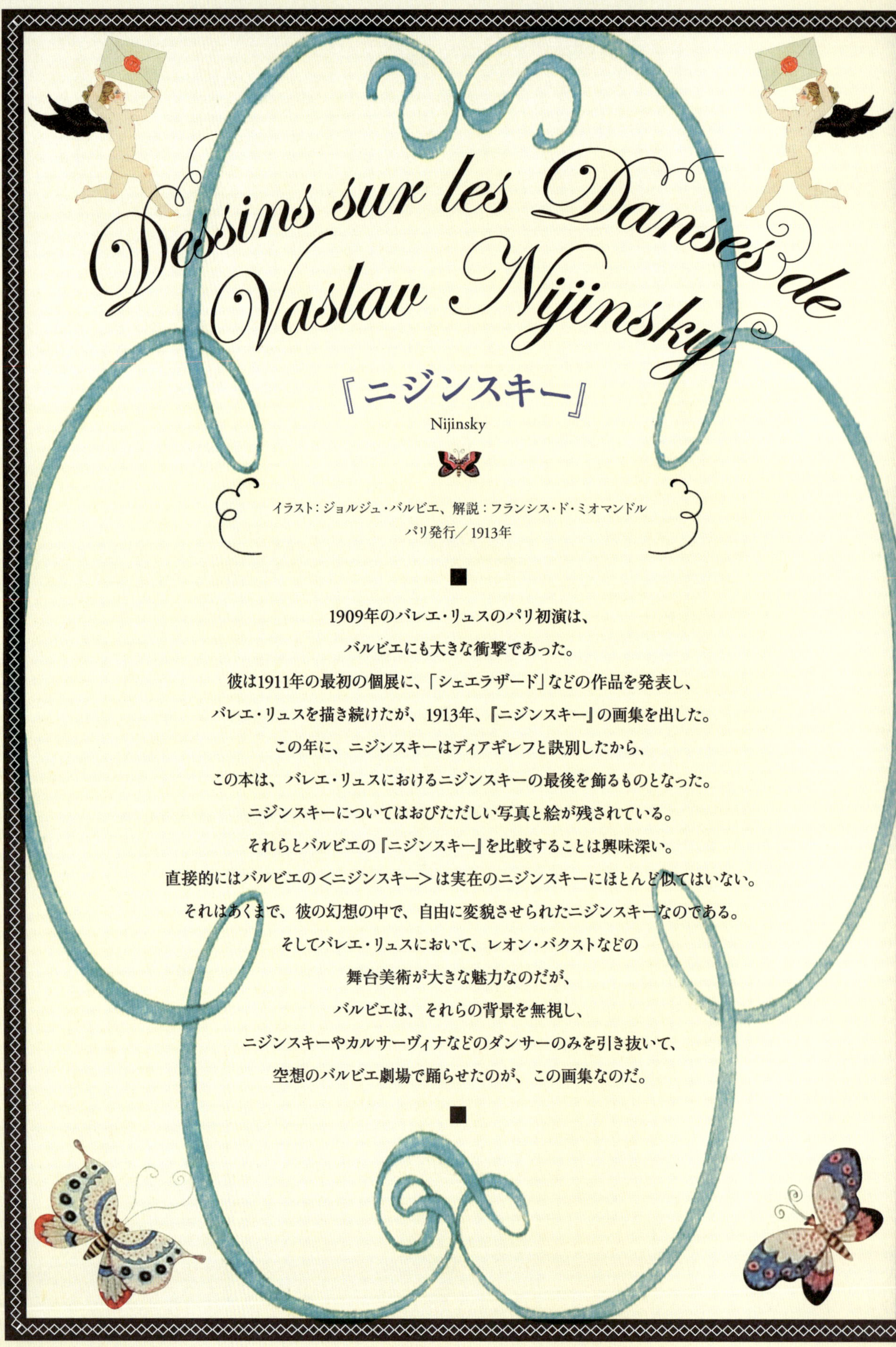

Dessins sur les Danses de Vaslav Nijinsky

『ニジンスキー』

Nijinsky

イラスト：ジョルジュ・バルビエ、解説：フランシス・ド・ミオマンドル
パリ発行／1913年

■

1909年のバレエ・リュスのパリ初演は、
バルビエにも大きな衝撃であった。
彼は1911年の最初の個展に、「シェエラザード」などの作品を発表し、
バレエ・リュスを描き続けたが、1913年、『ニジンスキー』の画集を出した。
この年に、ニジンスキーはディアギレフと訣別したから、
この本は、バレエ・リュスにおけるニジンスキーの最後を飾るものとなった。
ニジンスキーについてはおびただしい写真と絵が残されている。
それらとバルビエの『ニジンスキー』を比較することは興味深い。
直接的にはバルビエの＜ニジンスキー＞は実在のニジンスキーにほとんど似てはいない。
それはあくまで、彼の幻想の中で、自由に変貌させられたニジンスキーなのである。
そしてバレエ・リュスにおいて、レオン・バクストなどの
舞台美術が大きな魅力なのだが、
バルビエは、それらの背景を無視し、
ニジンスキーやカルサーヴィナなどのダンサーのみを引き抜いて、
空想のバルビエ劇場で踊らせたのが、この画集なのだ。

■

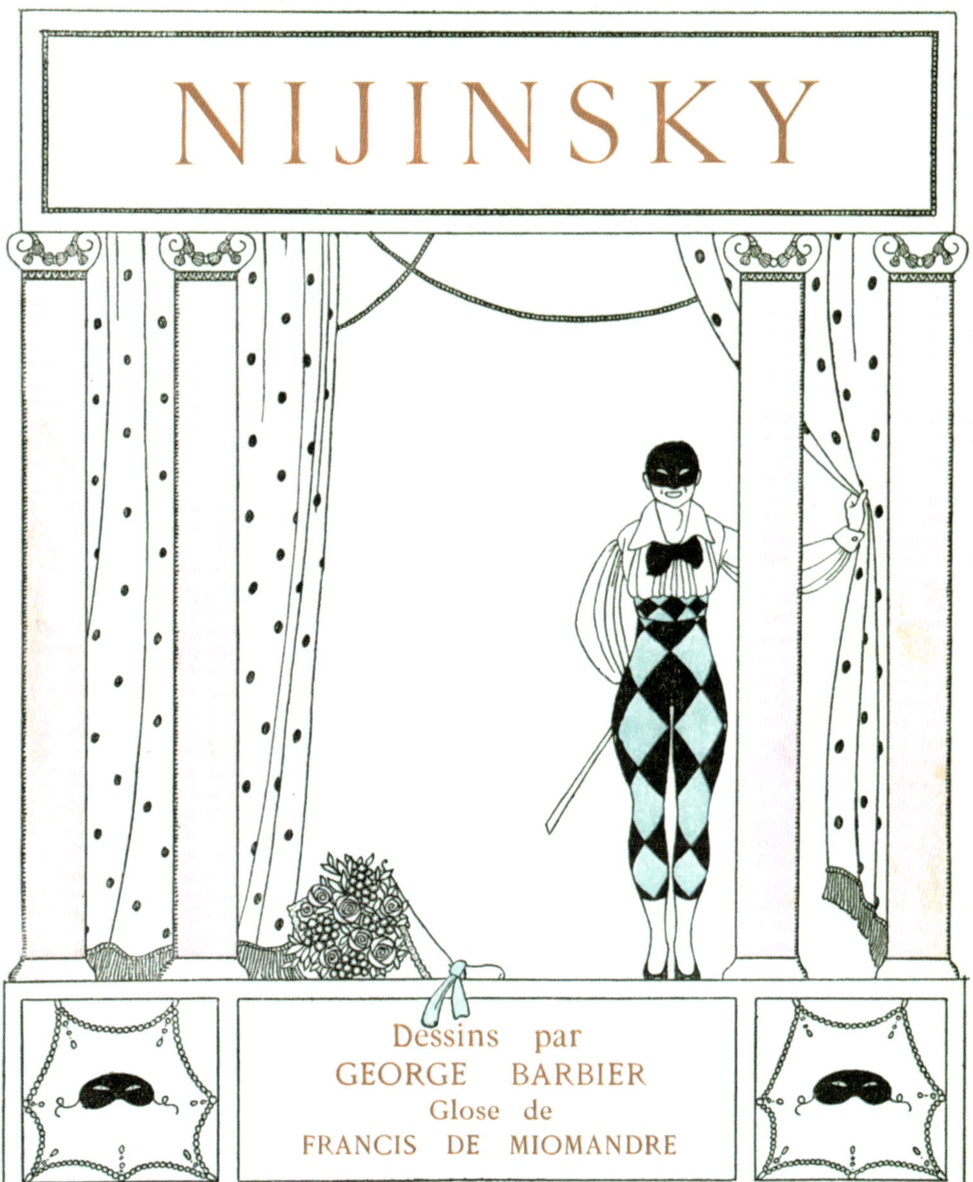

『ニジンスキー』扉

「ル・カルナヴァル」のドミノ衣裳（仮面つきの衣裳）のニジンスキーが開幕を告げている。
文章をつけているフランシス・ド・ミオマンドルは、ピエール・ルイスなどの周辺にいた若手の作家で、
バレエからファッションに至るモダン趣味の批評家であった。

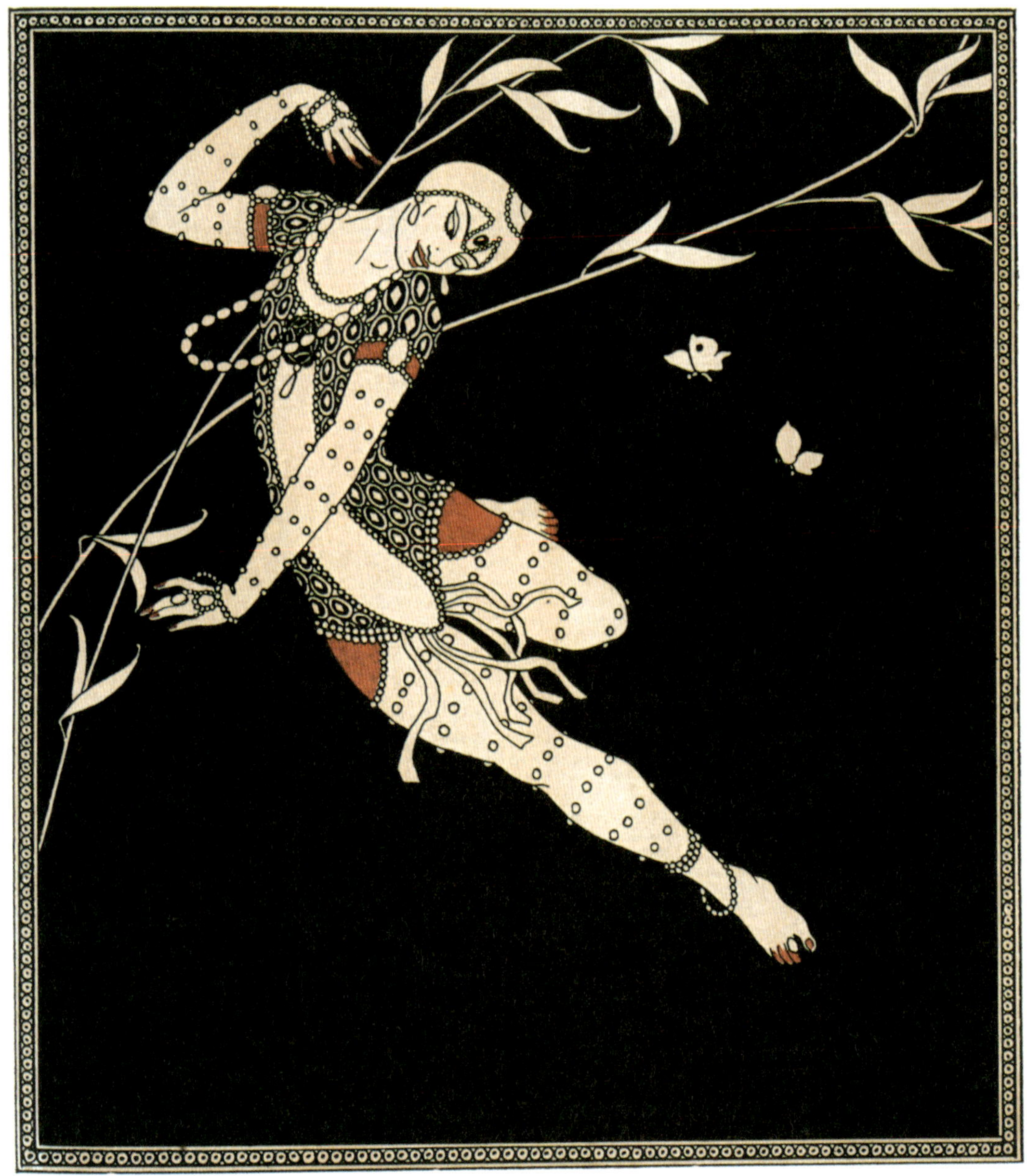

「饗宴」の《火の鳥》

1909年のバレエ・リュス初登場の時に上演された「饗宴」は、
ロシア・バレエのさわりを集めたサラダ風のバレエであり、ニジンスキーの跳躍を見せるための作品であった。
その中の《火の鳥》は、チャイコフスキー作曲の「眠れる森の美女」の《青い鳥のパ・ド・ドゥ（2人が組んだダンス）》で、
振付はプティパ、美術はレオン・バクスト、ニジンスキーの相手役はカルサーヴィナであった。
バルビエはニジンスキーの跳躍の瞬間をとらえている。背景は省略され、体の動きだけを描こうとしている。
ニジンスキーは赤いマニキュアやルージュなどによって、両性的に表現されている。

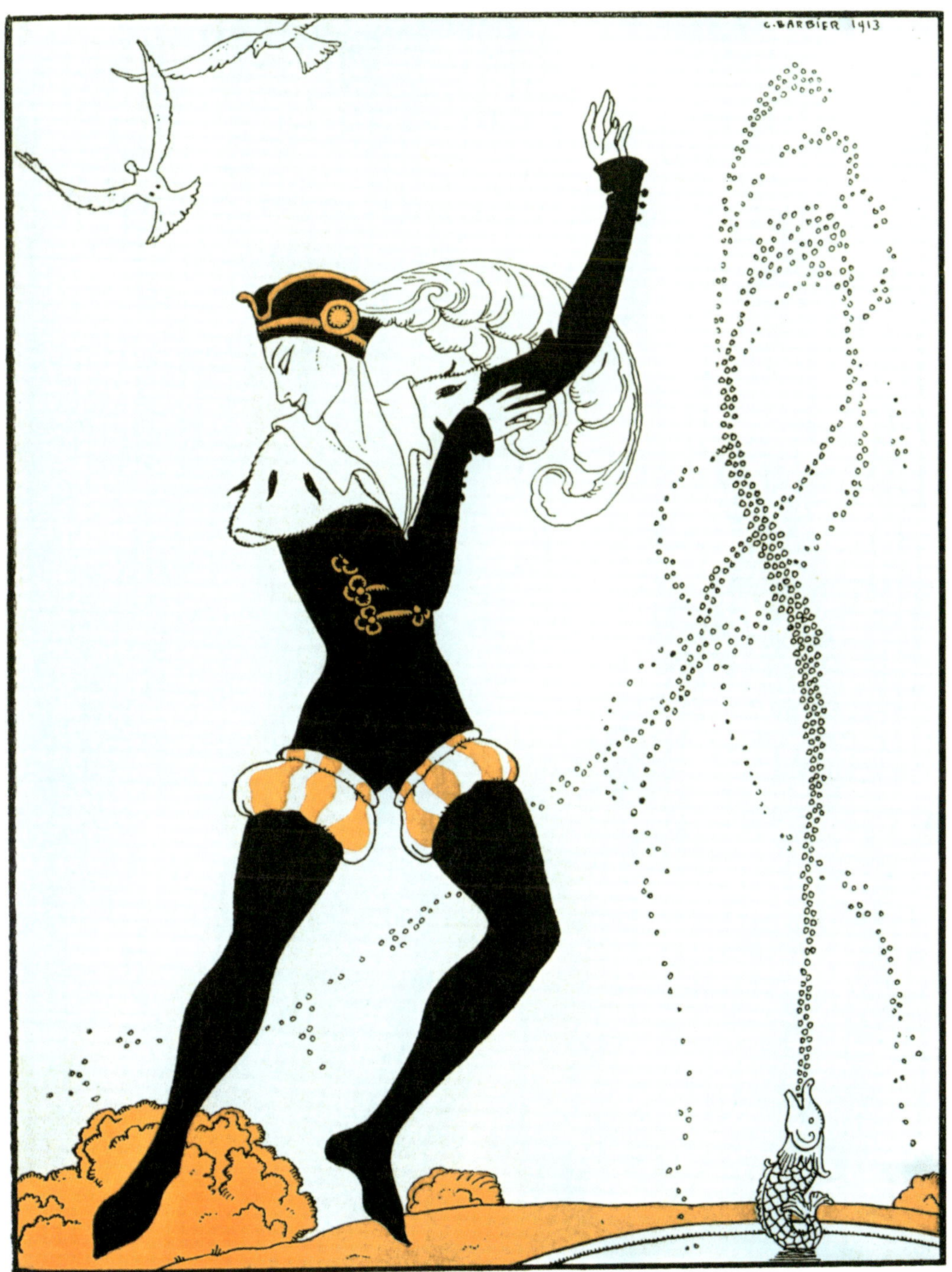

「アルミードの館」

テオフィル・ゴーチエの『オンファール』をもとに、アレクサンドル・ブノワが台本と美術を手がけた。
「動き出したゴブラン織り」と最初題されたように、ゴブラン織りの中の美女が抜け出してきて、ロココ庭園で恋をするという物語。
主役の美女アルミードはアンナ・パヴロワ、その友人がカルサーヴィナである。ニジンスキーはアルミードの奴隷役である。
ニジンスキーは脇役なのだが、目立ったらしい。バルビエはブノワのオリジナルのコスチューム・デザインを無視して、
自分の好きなコスチュームを着せている。ロココ調はバルビエの得意である。魚形の噴水の水の曲線も楽しい。

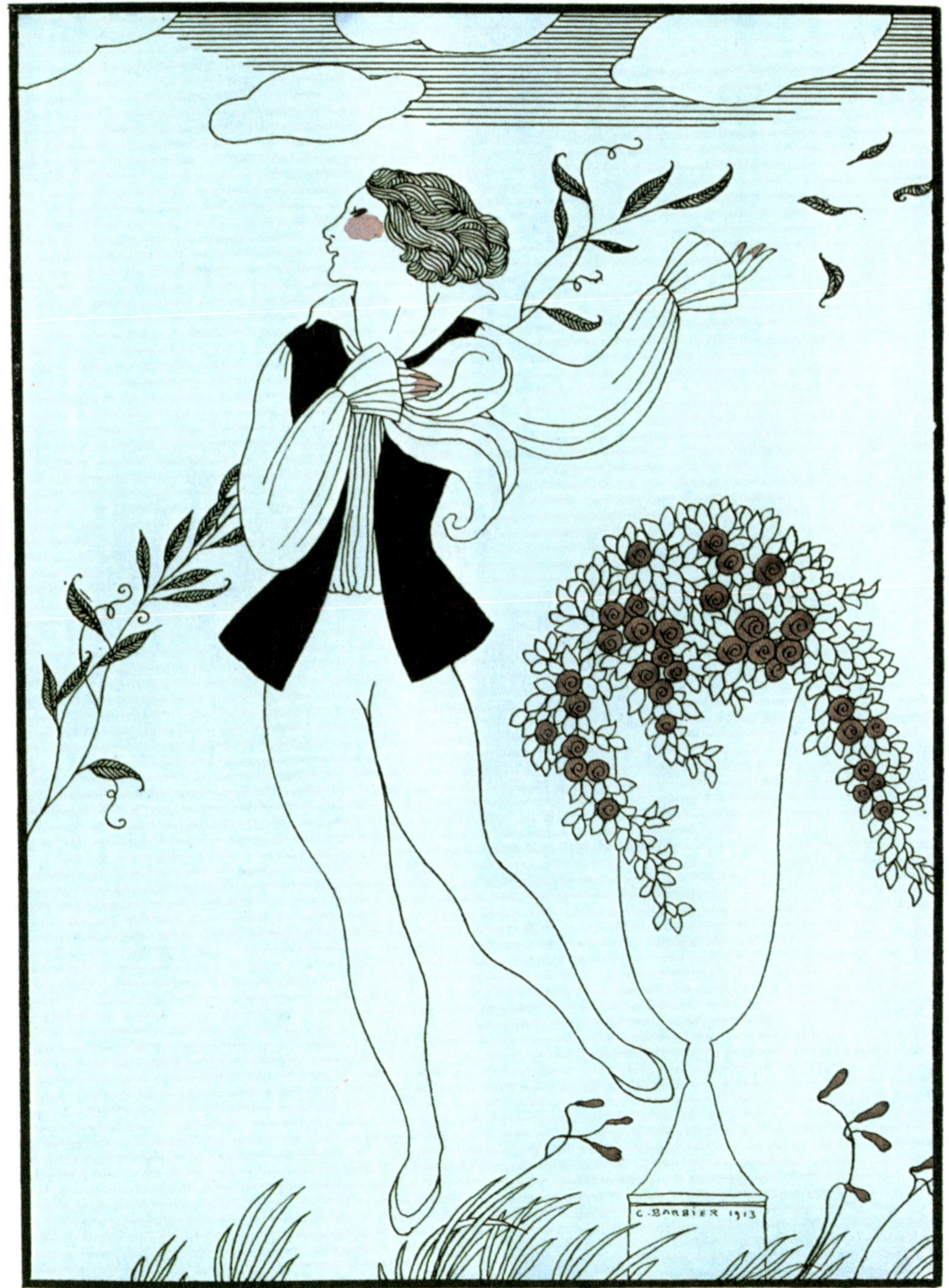

「レ・シルフィード」

ショパンの曲に基づき、1907年に「ショピニアーナ」の題でペテルブルグで初演された。
ストーリーはなく、白いロマンティック・チュチュを着たシルフィード（風の妖精）たちと詩人（ニジンスキー）が戯れるように踊る。
詩人は白いシルクのシャツに黒いチョッキ、白いタイツ。シルフィード（アンナ・パヴロワ、カルサーヴィナ）は背中に羽がついた、肩が出るチュチュ。
振付のフォーキンは、イサドラ・ダンカンに影響を受けて、新しい動きを試みたといわれる。
バルビエは風と戯れている詩人を描いている。ここでも詩人は両性的に見える。

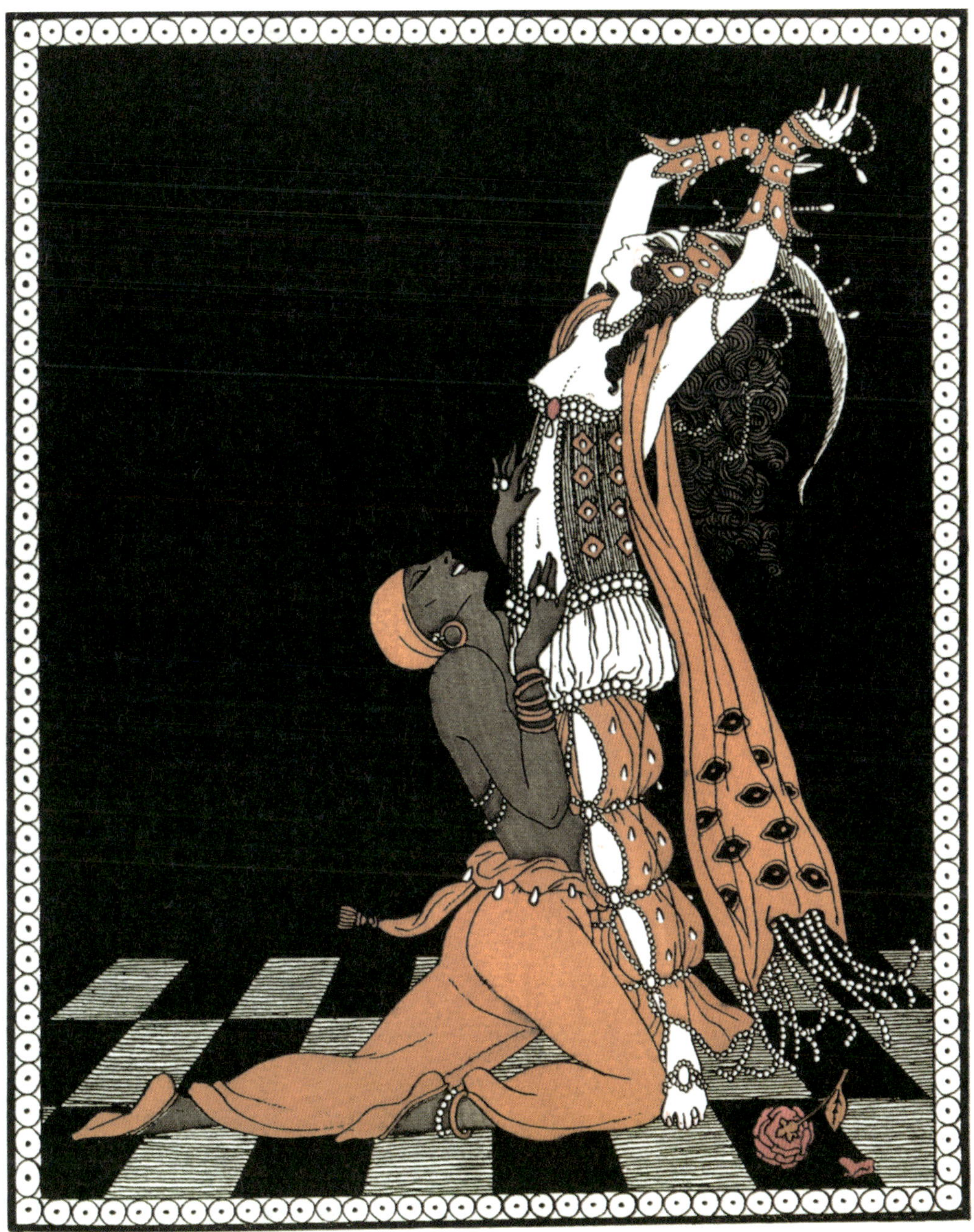

「シェエラザード」

「クレオパトラ」に続いて美しく、残酷な女（ベル・ダーム・サン・メルシ、ファム・ファタールともいう）を演じた
イダ・ルービンシュタインは熱狂的な支持を受けた。エジプトやアラビアのエキゾティックなコスチュームやアクセサリーが
そのイメージをさらにかき立てた。バレエとファッションの世界の間に回路が開けた。
バルビエにおいてもバレエ・リュスへの関心は、ファッション・デザインへとつながっていた。
ニジンスキーの《金の奴隷》は彼の人気を不動なものとした。バクストのエキゾティックなデザインはこのバレエをバレエ・リュス前半期の代表作とした。
バルビエは寵妃ゾベイダにすがりつく金の奴隷を描いているが、妃は男のようにそそり立ち、奴隷は女のように悩ましげで、性が逆転して見える。

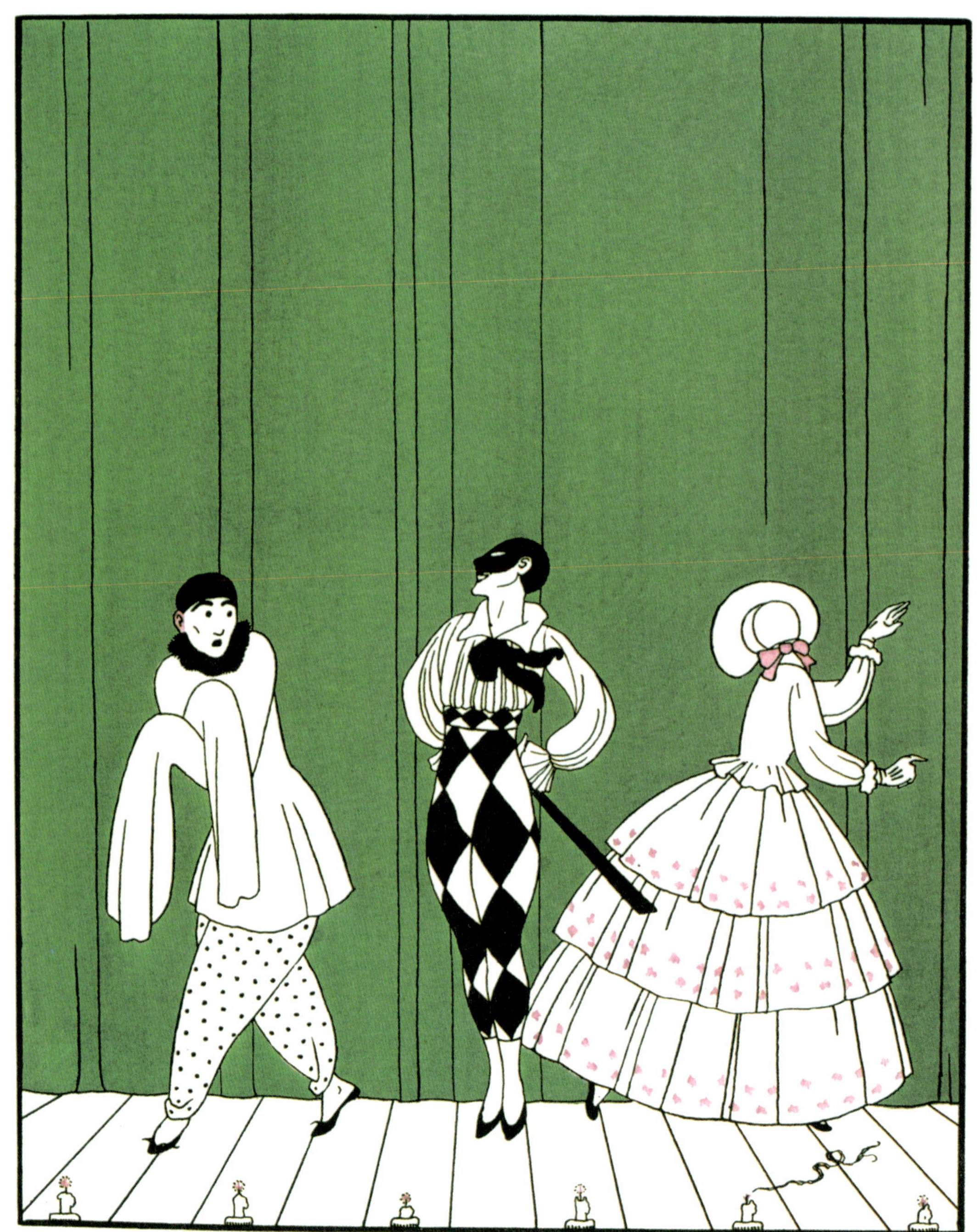

「ル・カルナヴァル」

シューマンの曲による、ストーリーのない、踊りやマイムを楽しむバレエで、コメディア・デラルテ（イタリア即興喜劇）おなじみの登場人物が出てくる。
このバレエはフォーキンが雑誌『サテュリコン』による舞踏会のためにつくったもので、
その時はアルルカンは、後に前衛的な演出家となるメイエルホリドが演じたという。
それを1910年、パリ公演に持ってきたのである。ディアギレフとメイエルホリドの間に交友関係があった。
バルビエはコロンビーヌ、アルルカン、ピエロの三役を描いている。アルルカンだけはアイマスクをつけている。

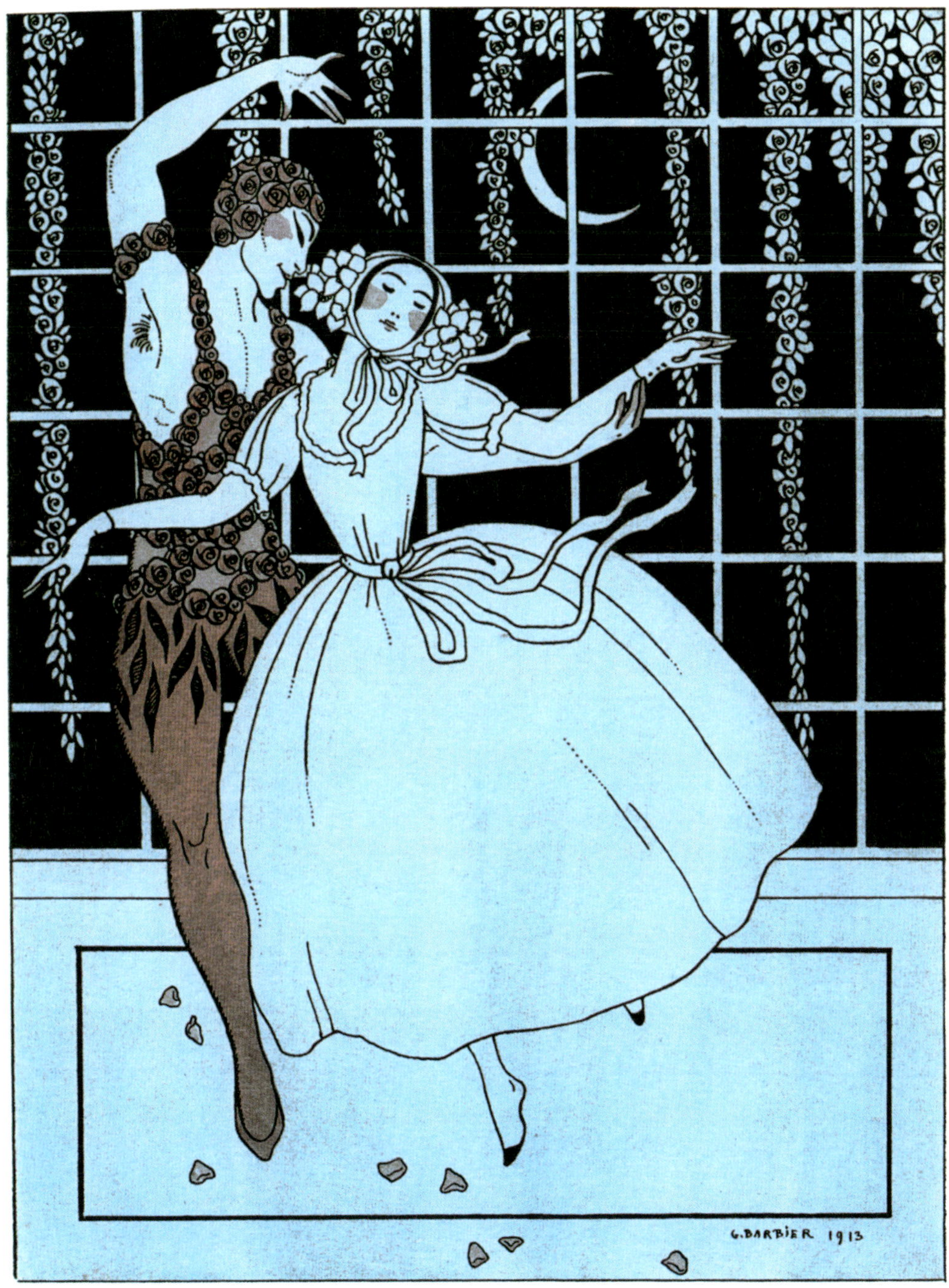

「薔薇の精」

1911年のパリ公演で最も評判となった。ニジンスキーの代表作である。

ゴーチエの詩『薔薇の精』からヒントを得たバレエで、ジャン=ルイ・ヴォドワイエのアイデアによる。

ヴォドワイエはミオマンドルとともにバレエ・リュスに出入りした若い作家で、バルビエと親しかった。

舞踏会から帰った娘（カルサーヴィナ）が眠っていると、彼女がもらった薔薇の花の精（ニジンスキー）が現れて踊る。

ニジンスキーは窓から飛び込んできて、窓から飛び去る。その跳躍が伝説となった。

薔薇の精を男性であるニジンスキーが踊る。その両性的なエロティシズムが不思議な魅力を与えた。バルビエもまた、引きつけられている。

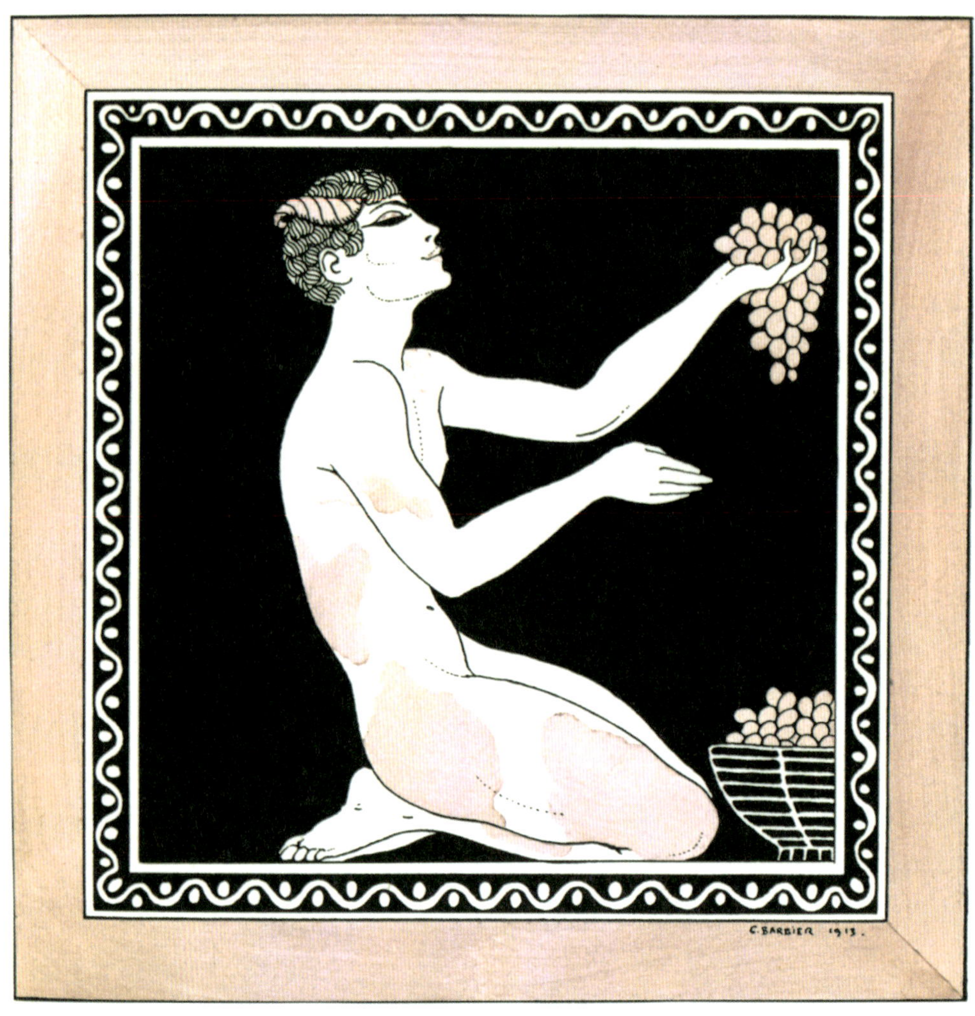

「牧神の午後」

マラルメの詩、ドビュッシーの音楽がもとになっている。ニジンスキーが自分で振り付けた最初のバレエである。
ギリシアの壺絵という、顔は真横、体は正面、両手を前に出したポーズが話題になった。
牧神が水浴するニンフを追い、逃げられてしまう。残していったヴェールでオナニーをするといったシーンがスキャンダルとなった。
下半身が獣という野性的な牧神はニジンスキーの代表的イメージとなった。
レオン・バクストはニジンスキーの野獣的牧神を見事に描いた。
バルビエはそれとはまったく違う、ギリシア的で端正な牧神を表現した。
バクストの牧神は下半身に獰猛な斑点を持つが、バルビエの牧神は
少年のようなういういしい裸身にほんのりとピンクの斑点が浮かんでいるだけだった。

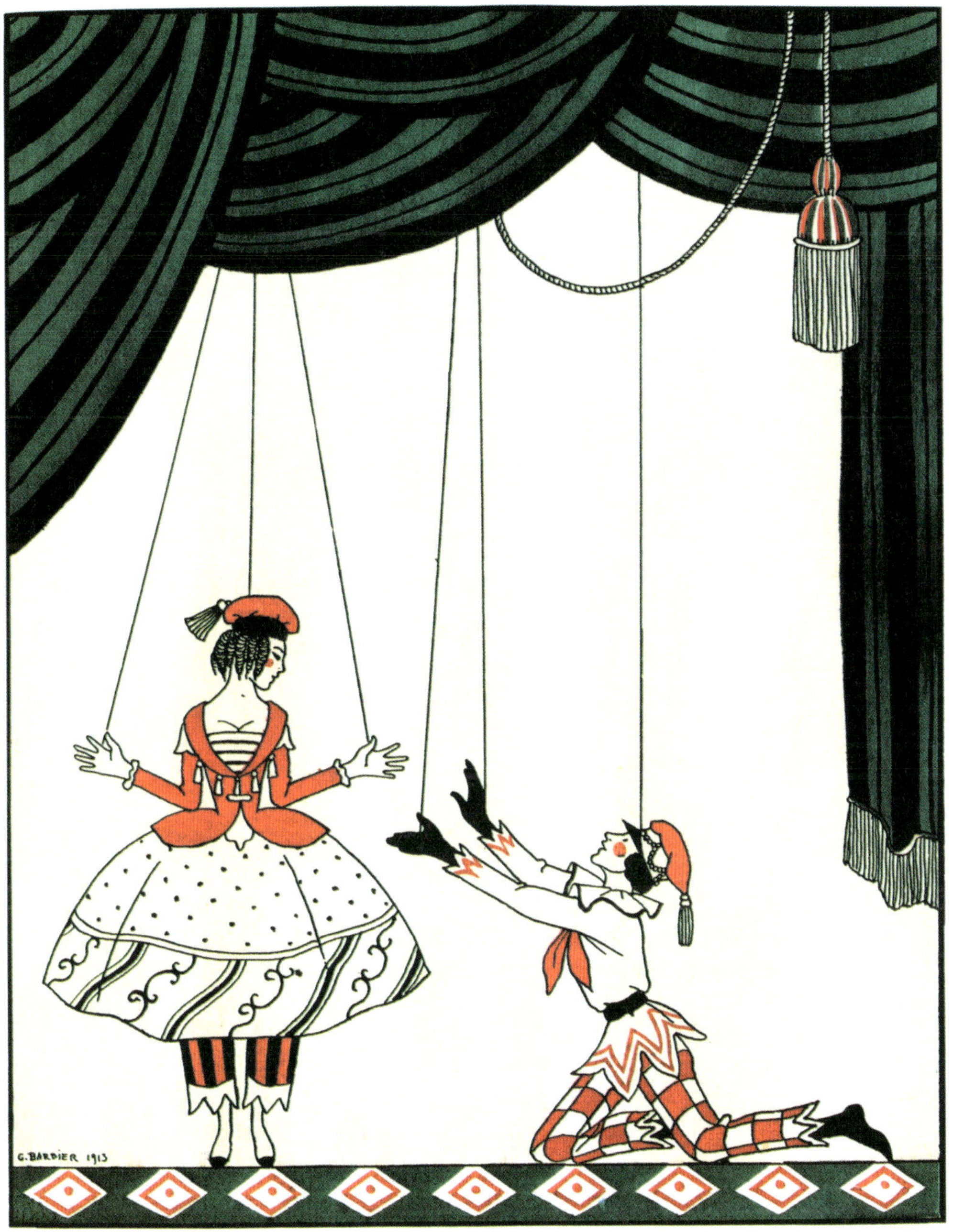

「ペトルーシュカ」

ロシアの広場の人形芝居が舞台である。
ロシアの道化であるペトルーシュカ（ニジンスキー）はバレリーナ（カルサーヴィナ）に恋しているが見向きもされない。
バレリーナは金持ちのムーア人と仲よくしている。ムーア人はペトルーシュカを殺す。
しかし人形であるペトルーシュカは死なず、屋根の上で復活する。人形と人間がぐるぐると入れ代わる。
バルビエは、ペトルーシュカとバレリーナを操り人形として描いている。
様式化、人形化された人物像、赤と白のシンプルなコスチュームが新鮮である。

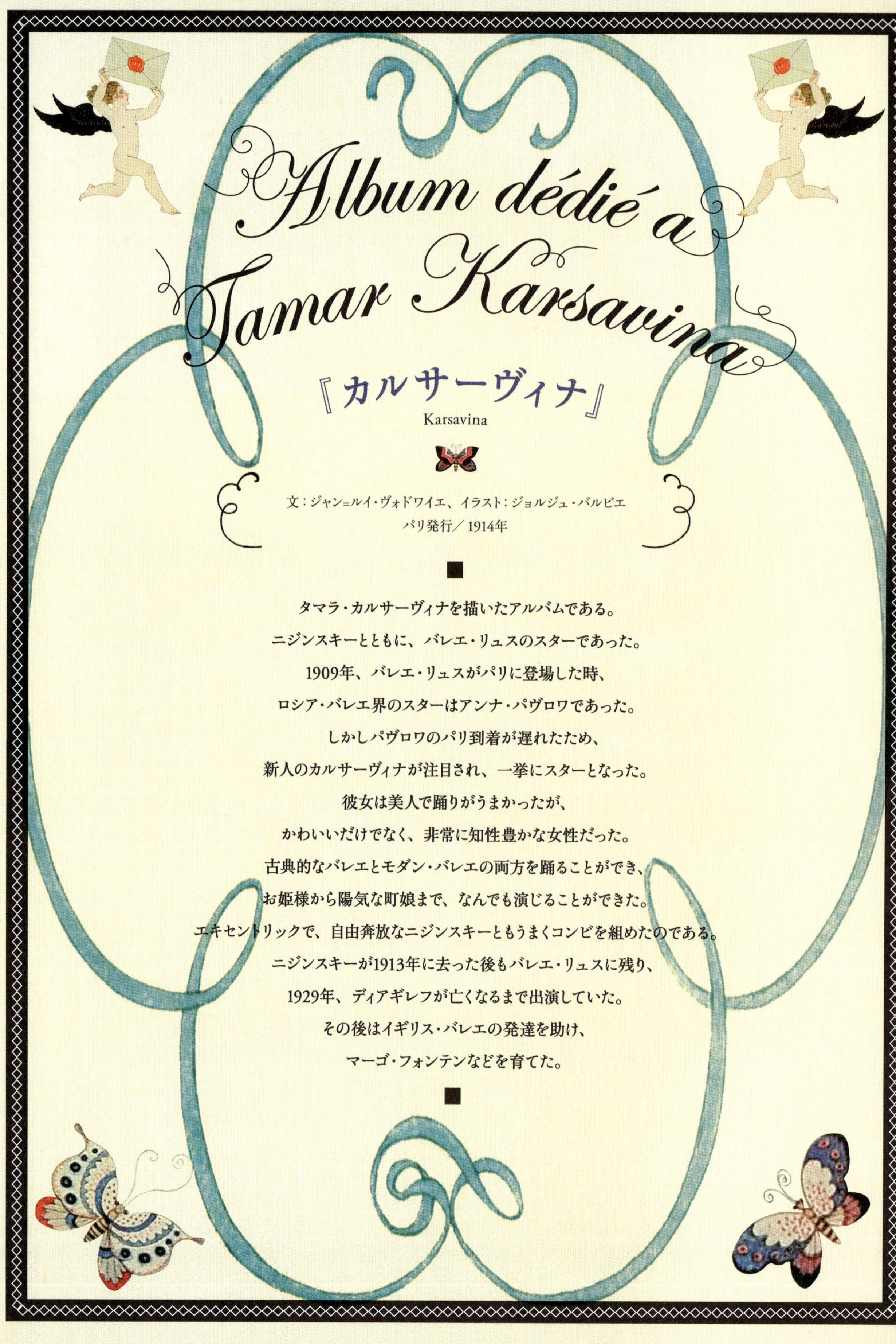

Album dédié a Tamar Karsavina

『カルサーヴィナ』

Karsavina

文：ジャン＝ルイ・ヴォドワイエ、イラスト：ジョルジュ・バルビエ
パリ発行／1914年

タマラ・カルサーヴィナを描いたアルバムである。
ニジンスキーとともに、バレエ・リュスのスターであった。
1909年、バレエ・リュスがパリに登場した時、
ロシア・バレエ界のスターはアンナ・パヴロワであった。
しかしパヴロワのパリ到着が遅れたため、
新人のカルサーヴィナが注目され、一挙にスターとなった。
彼女は美人で踊りがうまかったが、
かわいいだけでなく、非常に知性豊かな女性だった。
古典的なバレエとモダン・バレエの両方を踊ることができ、
お姫様から陽気な町娘まで、なんでも演じることができた。
エキセントリックで、自由奔放なニジンスキーとももうまくコンビを組めたのである。
ニジンスキーが1913年に去った後もバレエ・リュスに残り、
1929年、ディアギレフが亡くなるまで出演していた。
その後はイギリス・バレエの発達を助け、
マーゴ・フォンテンなどを育てた。

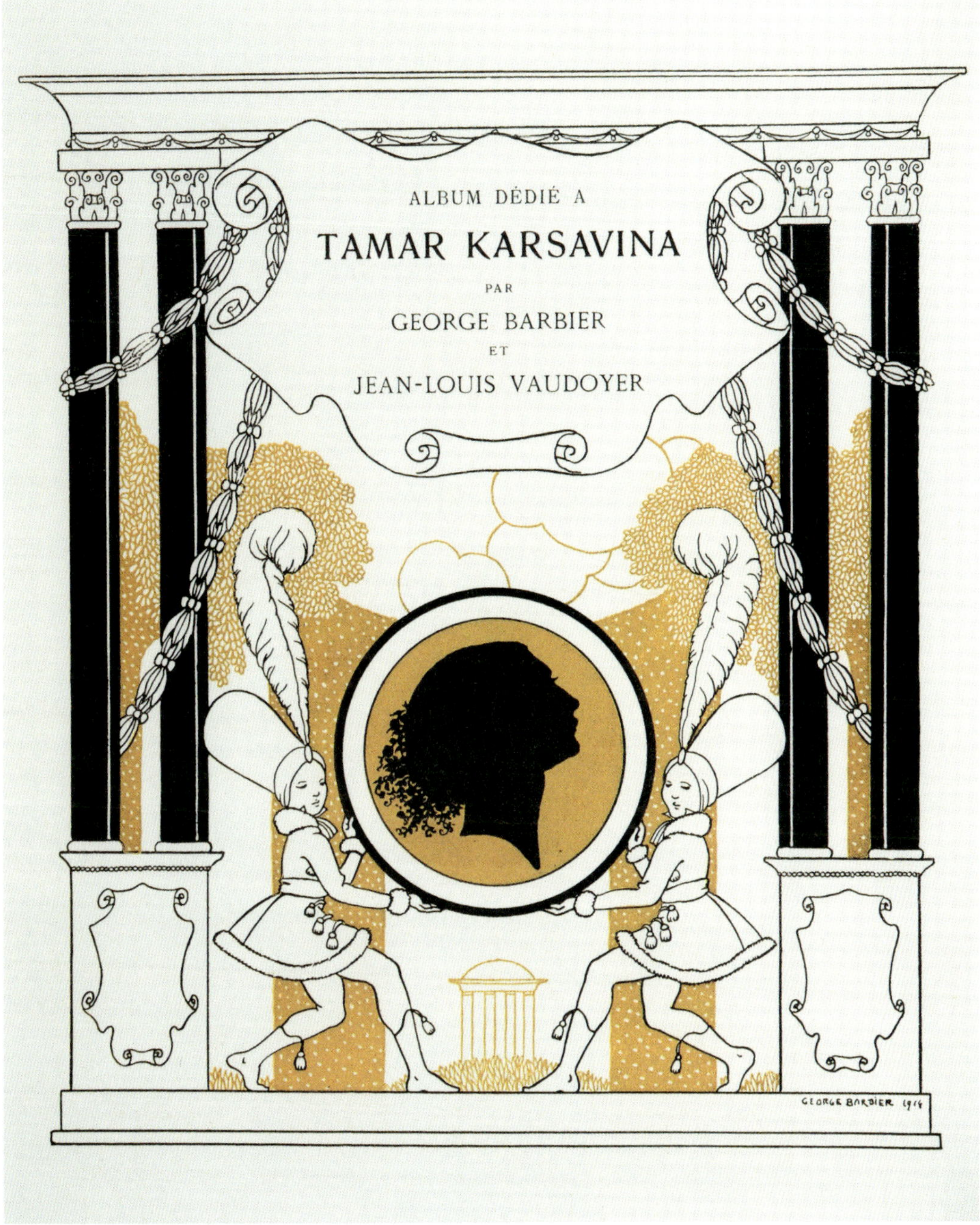

『カルサーヴィナ』扉

ロココ調の扉である。
このアルバムにジャン＝ルイ・ヴォドワイエが文章を捧げている。
バレエ・リュスを取り巻く若い文人グループがバルビエを支えていたことがわかる。

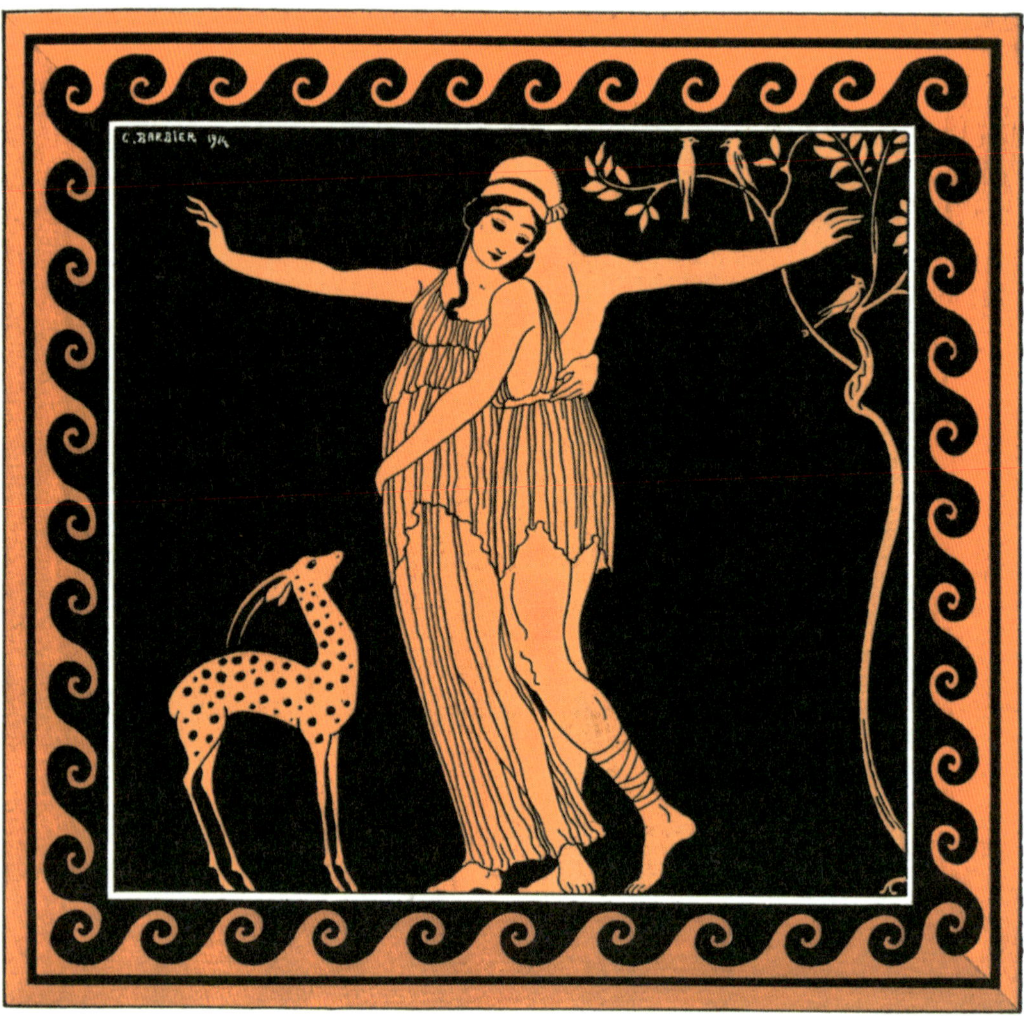

「ナルシス」

エコー（こだま・森の妖精）はナルシスに恋をするが、失恋して
声だけになってしまったという。
バルビエは2人がまるで合体して1人になったかのようなポーズを描いている。
男女が1つになった両性的な姿ともいえるだろう。
エコーというのは、鏡のことでもあるという。ナルシスはエコーという鏡に自分を映しているのだ。
黒地に赤（赤褐色）という、ギリシアの壺絵の色調が使われている。

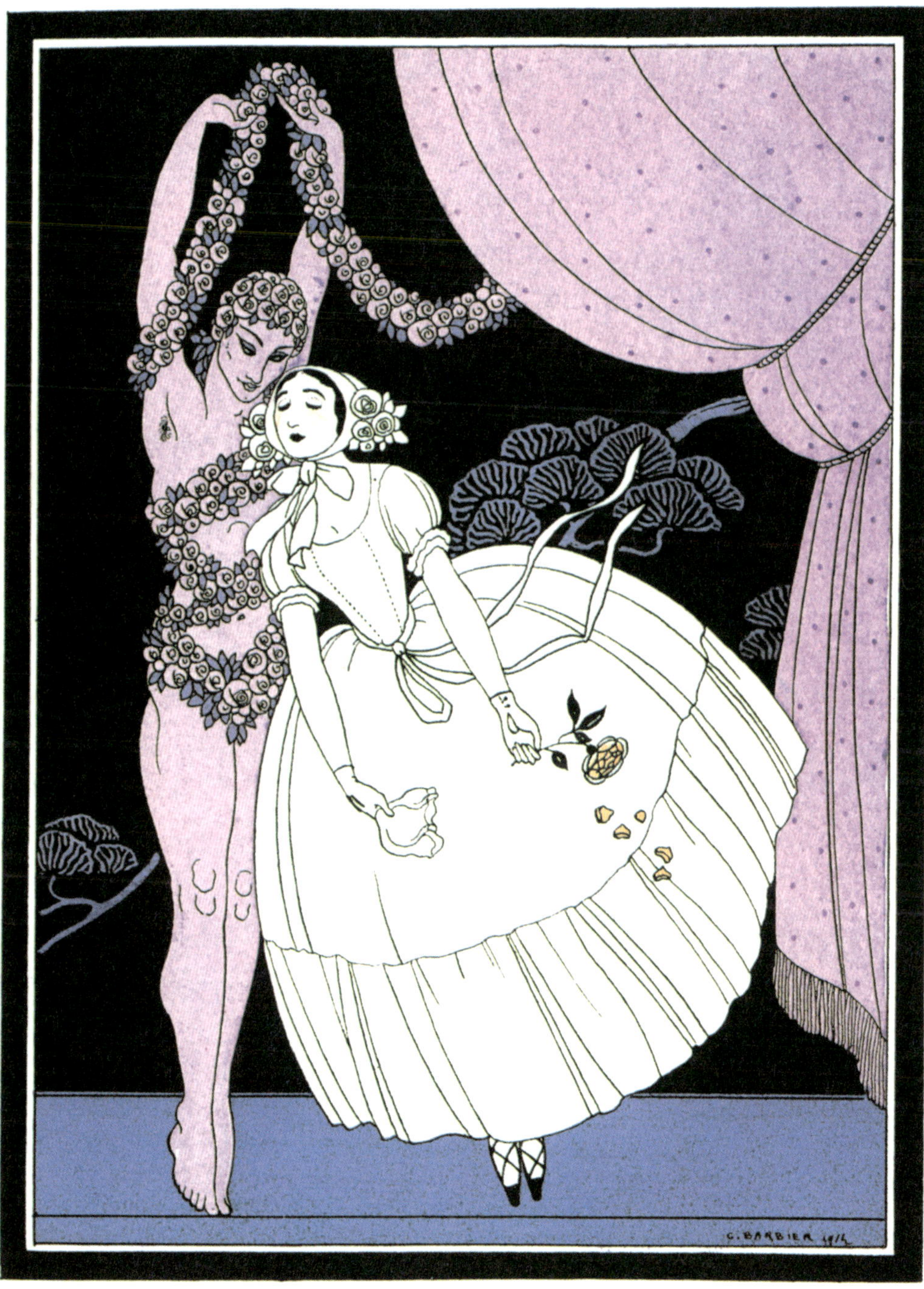

「薔薇の精」

一見すると『ニジンスキー』の中の同じバレエのシーンと同じようだが、微妙な違いが面白い。
ニジンスキーとカーテンがピンクで、その前に、白いカルサーヴィナが浮かんでいるという色彩の対比が見事である。
カルサーヴィナのコスチュームの細部も少しずつ変えられているが、大きな違いはニジンスキーである。
『ニジンスキー』ではバラの花をあしらったコスチュームをつけ、タイツをはいているが、
ここではバラの花網を巻きつけただけの全裸であり、よりエロティックで、カルサーヴィナはその魅力に陶然と酔っている。

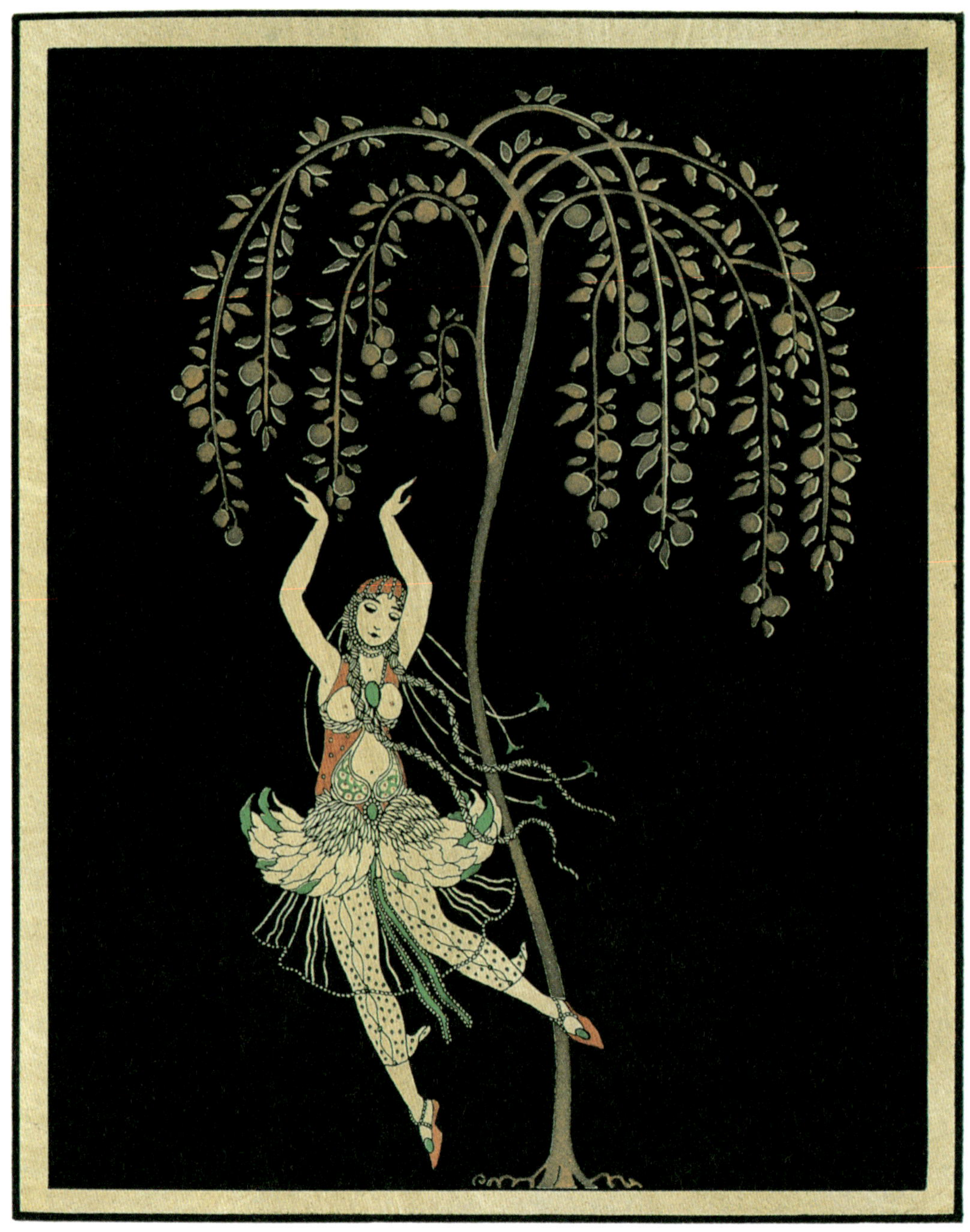

「火の鳥」

ロシアの民話をもとにし、イーゴリ・ストラヴィンスキーの音楽、アレクサンドル・ゴロヴィンの美術であった。
イワン王子をミハイル・フォーキン、火の鳥をカルサーヴィナが踊った。
夜の庭に金の果物をつけた木が立っている。火の鳥が現れて金の果物をとろうとするがイワン王子につかまってしまう。
1909年のパリ公演の時、火の鳥はパヴロワのはずだったが、彼女はストラヴィンスキーの新しい音楽が気に入らず降りたので、
カルサーヴィナに回ってきた。コスチュームはバクストのデザインであった。
バルビエはバクストのコスチュームを無視し、胸乳を出したコスチュームで描いている。

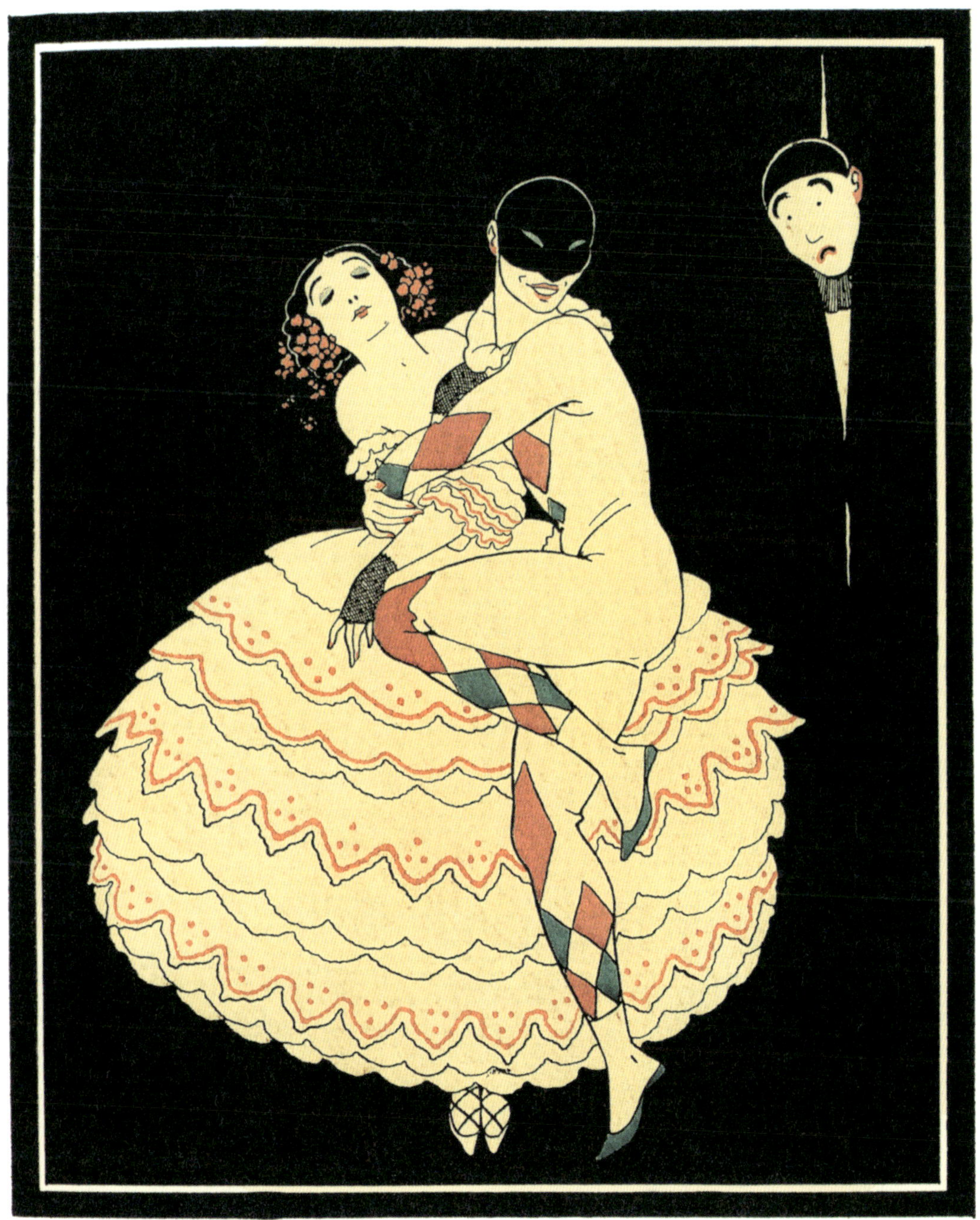

「ル・カルナヴァル」

アルルカンとコロンビーヌが踊る。
2人の体は1つになっているかのようだ。
『ニジンスキー』と比較すると『カルサーヴィナ』では、パ・ド・ドゥ（2人が組んだダンス）の描き方がうまくなっている。
2人の体の動きが息が合って一体化しているのである。

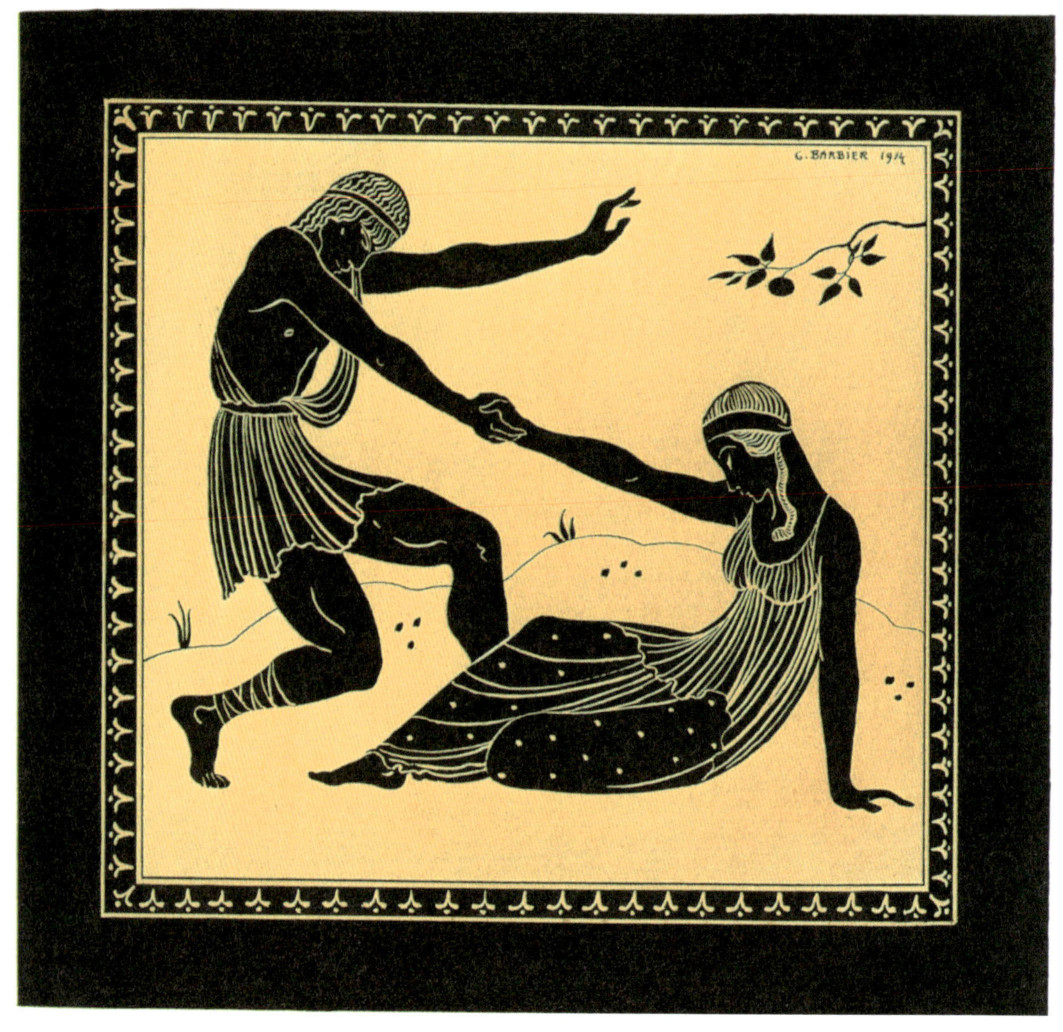

「ナルシス」

ギリシアの壷絵の方法を使い、体を黒、輪郭線を白ヌキという、
ネガとポジを反転させた表現をしている。
ナルシスとエコー、動と静の対比と、両者の一体化した動きが洗練されてきている。

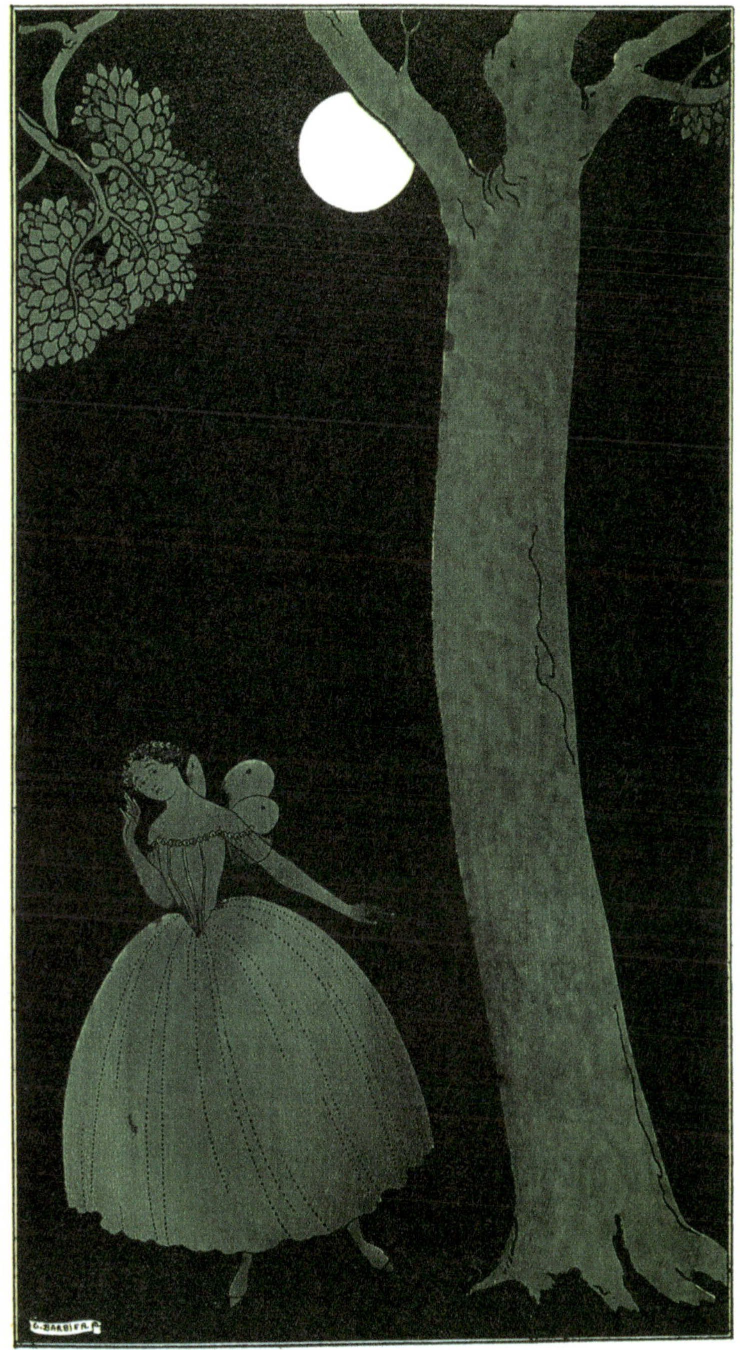

「ジゼル」

ロマンティック・バレエの古典で、不実な男をいつまでも愛し続ける町娘ジゼルの物語だ。
これもパヴロワの代役としてカルサーヴィナが踊って、人気を博したバレエであった。
アレクサンドル・ブノワの美術は、城、森、月といった典型的なロマンティック・シーンを見せた。
そしてクラシックな白いドレスをカルサーヴィナは着た。
若い娘のはかない美しさというカルサーヴィナの魅力の一面がよく発揮されたバレエになった。

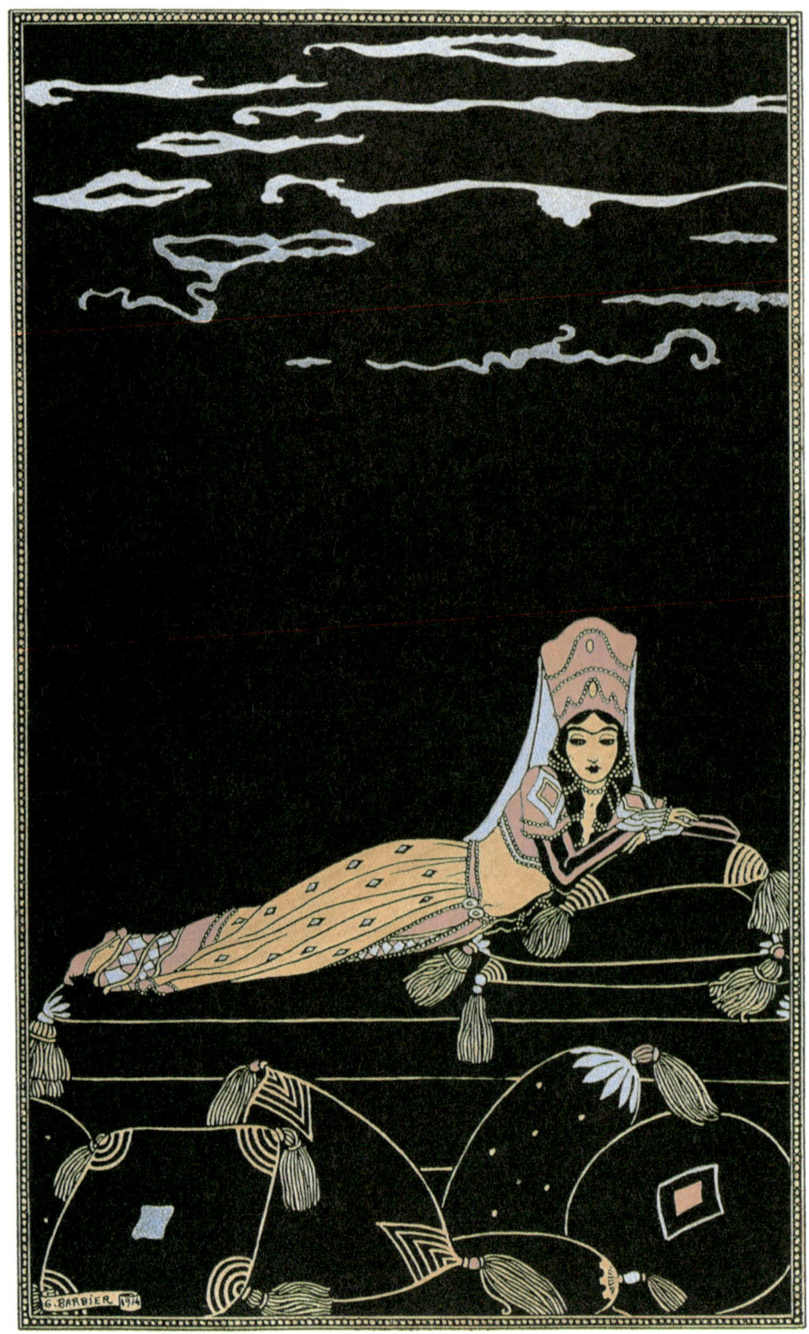

「タマール」

グルジア（ロシア帝国南部）の女王タマールの伝説をミリー・バラキレフが交響詩にした。
タマールは美しい男を誘って一夜をともにして、翌朝殺す、という残酷な女王である。
クレオパトラなどとともに、世紀末にはやったファム・ファタール（男を滅ぼす美女、ベル・ダーム・サン・メルシともいう）のイメージは、
バレエ・リュスが好きなテーマであった。かわいい町娘、清らかな乙女を演じることが得意のカルサーヴィナは、このような残酷な女もできたのである。
カーテンとクッションというのが東洋のハーレムの決まりのインテリアであった。タマールはそこに物憂げに横たわっている。
左右の眉をつなげてしまう、というのがディアギレフがカルサーヴィナに命じたメイクであった。悪女カルサーヴィナ登場である。

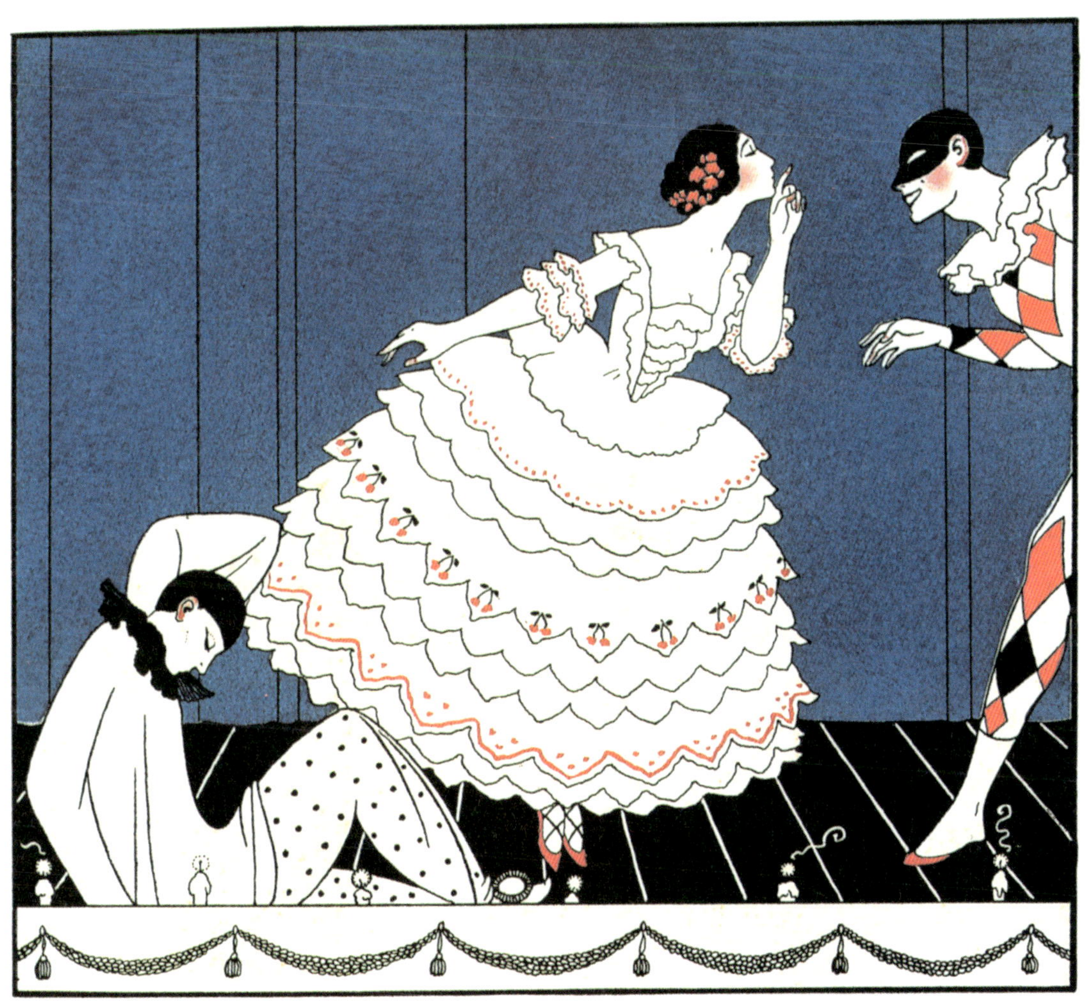

「ル・カルナヴァル」

バルビエはこのバレエがお気に入りだったようで、何度も描いている。
浮気な町娘という軽快な役もカルサーヴィナは得意としていた。
イタリアのコメディア・デラルテ（即興喜劇）の、アルルカン、コロンビーヌ、ピエロといった名前で役柄がはっきり分かれている道化芝居、
ヴェネチアのカーニヴァル、仮面舞踏会といったものにバルビエは魅せられていたようだ。
『コメディの登場人物』などもそのような好みから生まれた作品である。

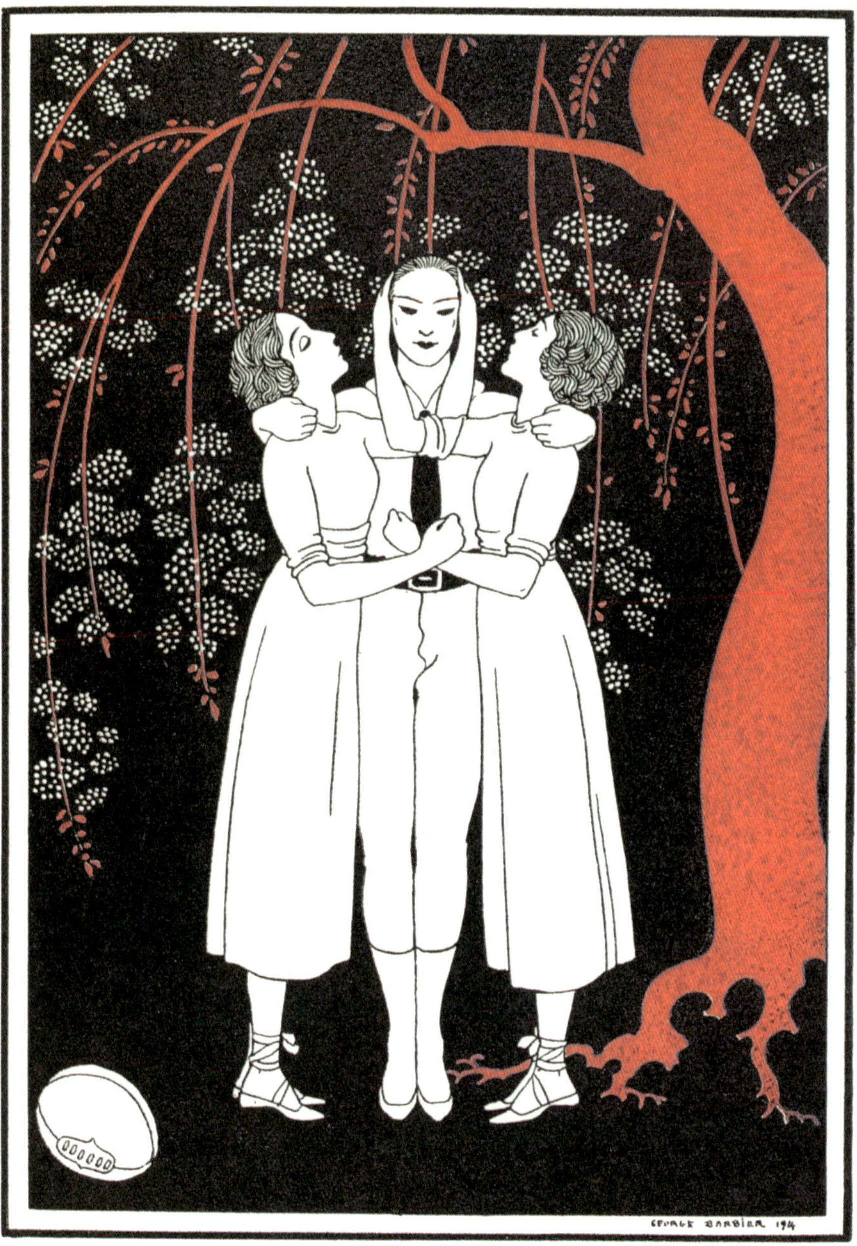

「遊戯」

現代生活のシーンをバレエ化したものだ。1912年、ロンドンでオットライン・モレル夫人(1)が催したパーティで、
画家のダンカン・グラントなどブルームスベリー・グループ (2)の人々がテニスをしていたのを見て、
ニジンスキーが思いついたという。ドビュッシーの音楽、バクストの美術、ニジンスキーの振付であった。
ニジンスキーと2人の女性（カルサーヴィナとリュドミラ・ショラー）の3人の白いテニス・ルックが話題となった。バクストのデザインでパキャンが制作した。
ニジンスキーははじめ、男3人で踊るつもりであったが、ディアギレフの反対で、2人の女性と組んだ。
この絵の3人は組んで、噴水の形をつくっているのである。テニス・ボールの代わりにラグビー・ボールがあるのは、バルビエのいたずらである。

註1　下院議員フィリップ・モレルの夫人で、哲学者バートランド・ラッセルと一時恋人関係にあったことで知られる。
註2　ケンブリッジのブルームスベリー地区を拠点に、ラッセルや経済学者のケインズ、作家のヴァージニア・ウルフをはじめ、多彩な学者、芸術家らが集まった。

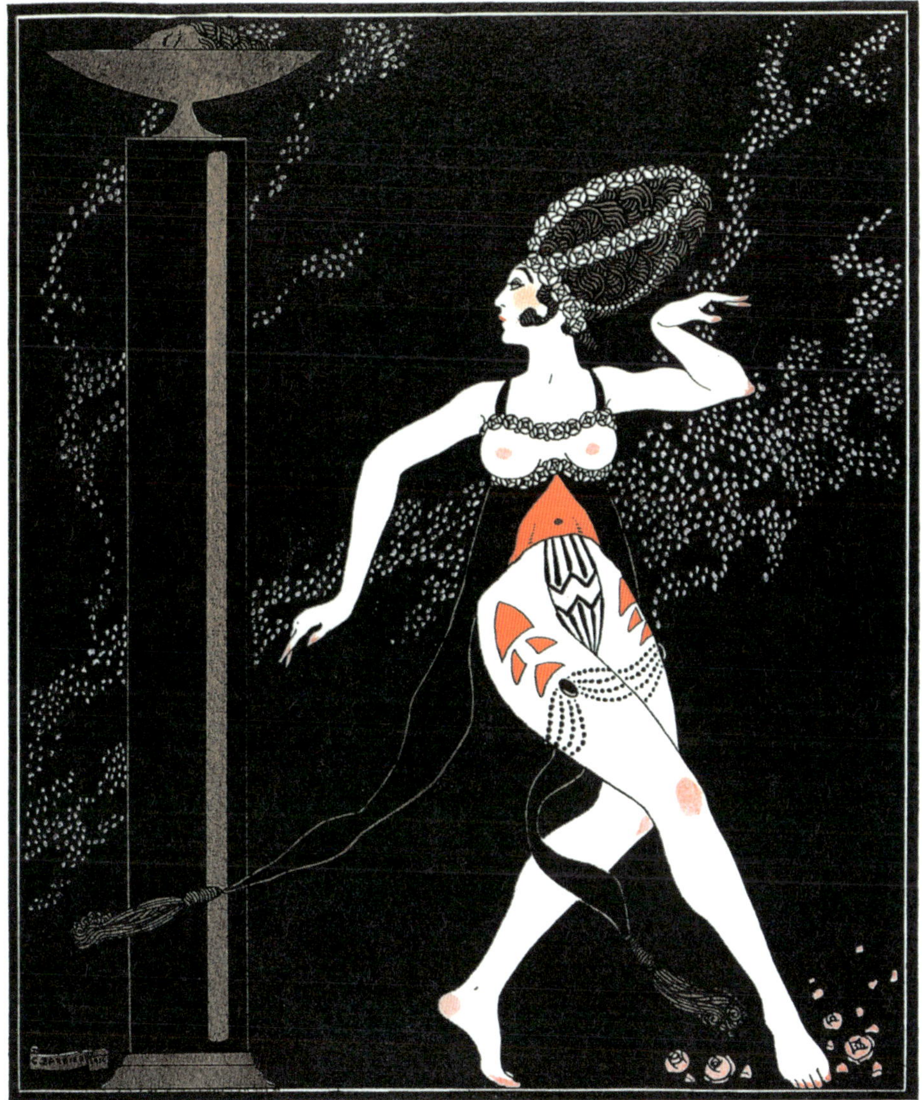

「サロメの悲劇」

サロメは＜世紀末＞の典型的なイメージであった。オスカー・ワイルドが戯曲にし、オーブリー・ビアズリーが描いた。
このバレエはワイルドの原作ではなく、ロベール・ドゥミエールの詩をもとにつくられた。
ほとんどカルサーヴィナ1人のためにつくられたバレエといわれ、彼女の踊りがすべてであった。
セルゲイ・スデイキンの美術はビアズリーそっくりであった。しかしバルビエは自分の世界でサロメを描いている。
この絵では柱の上の大盃にヨハネの首が置かれ、その前でサロメが踊っている。太腿にはバラの入れ墨が描かれている。
バルビエはカルサーヴィナの豊満な肉体を見せようとしている。

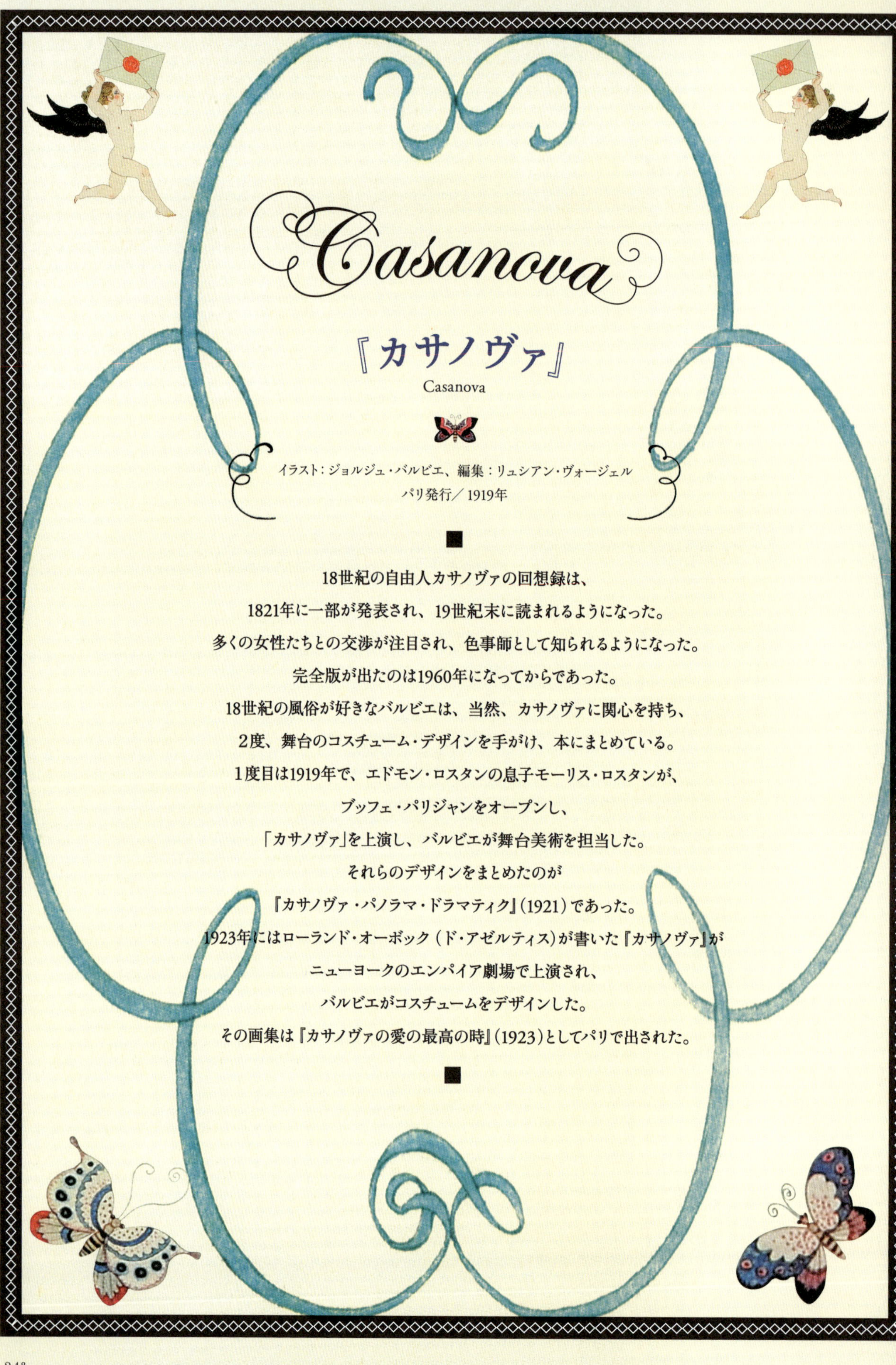

Casanova

『カサノヴァ』
Casanova

イラスト：ジョルジュ・バルビエ、編集：リュシアン・ヴォージェル
パリ発行／1919年

18世紀の自由人カサノヴァの回想録は、
1821年に一部が発表され、19世紀末に読まれるようになった。
多くの女性たちとの交渉が注目され、色事師として知られるようになった。
完全版が出たのは1960年になってからであった。
18世紀の風俗が好きなバルビエは、当然、カサノヴァに関心を持ち、
2度、舞台のコスチューム・デザインを手がけ、本にまとめている。
1度目は1919年で、エドモン・ロスタンの息子モーリス・ロスタンが、
ブッフェ・パリジャンをオープンし、
「カサノヴァ」を上演し、バルビエが舞台美術を担当した。
それらのデザインをまとめたのが
『カサノヴァ・パノラマ・ドラマティク』（1921）であった。
1923年にはローランド・オーボック（ド・アゼルティス）が書いた『カサノヴァ』が
ニューヨークのエンパイア劇場で上演され、
バルビエがコスチュームをデザインした。
その画集は『カサノヴァの愛の最高の時』（1923）としてパリで出された。

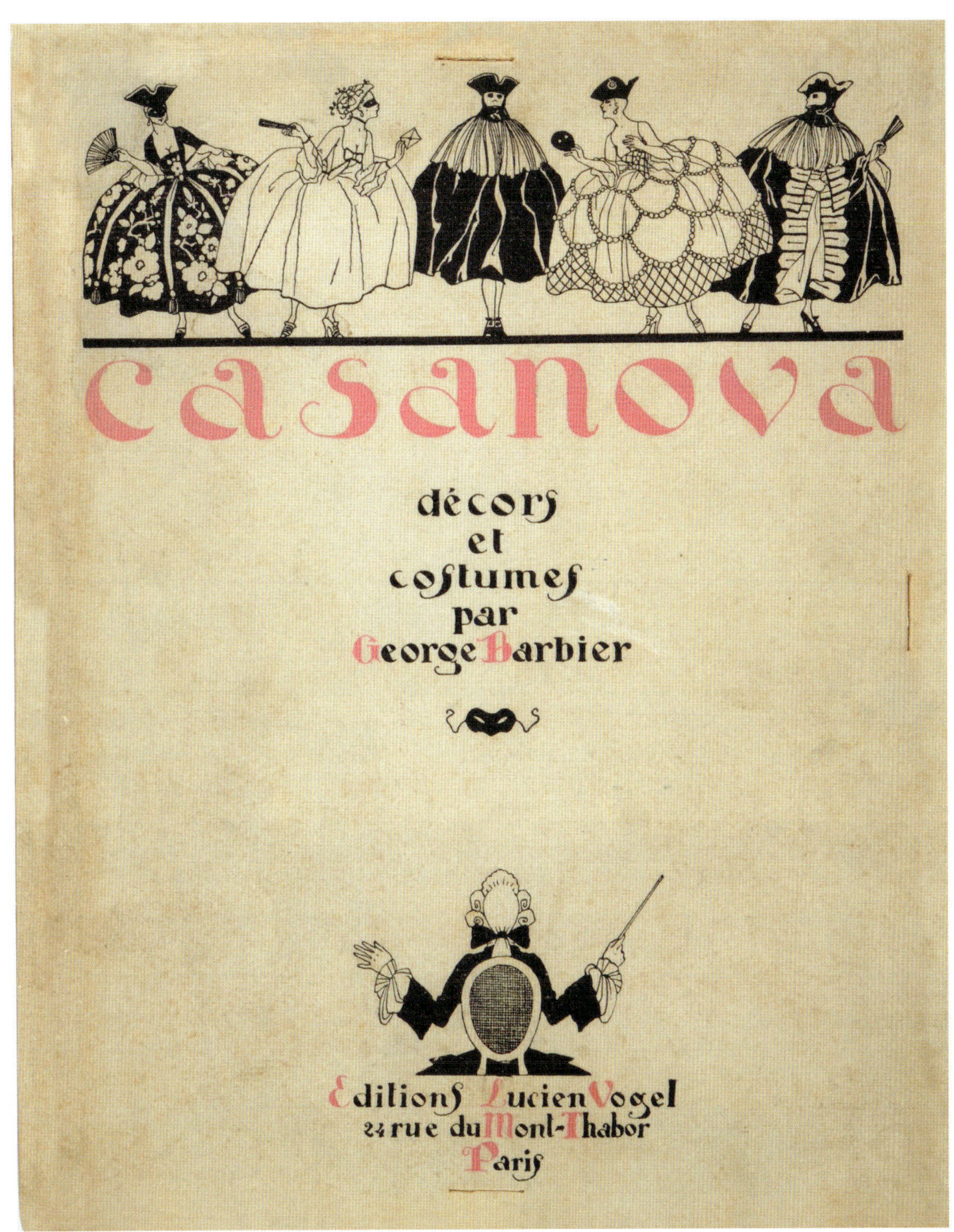
CASANOVA
décors
et
costumes
par
George Barbier
Editions Lucien Vogel
24 rue du Mont-Thabor
Paris

『カサノヴァ』表紙

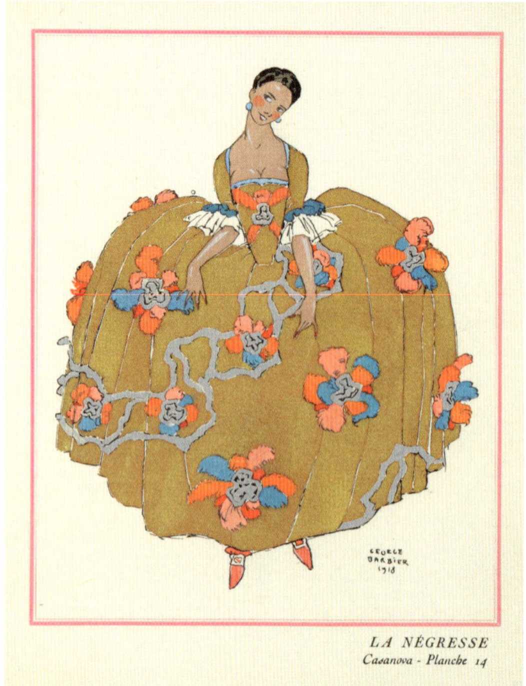

LA NÉGRESSE
Casanova - Planche 14

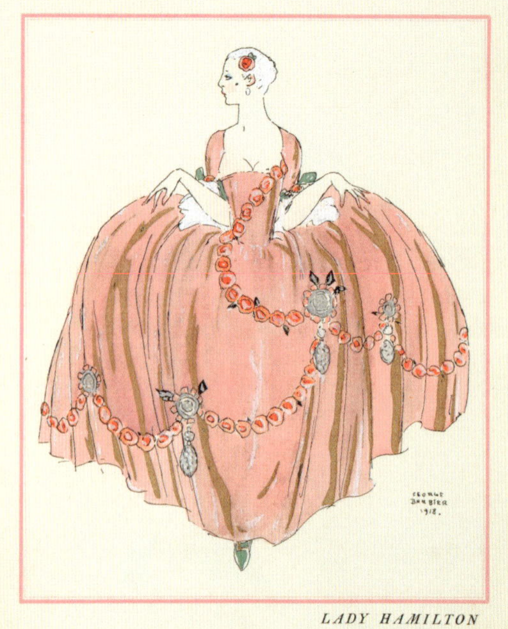

LADY HAMILTON
Casanova - Planche 15

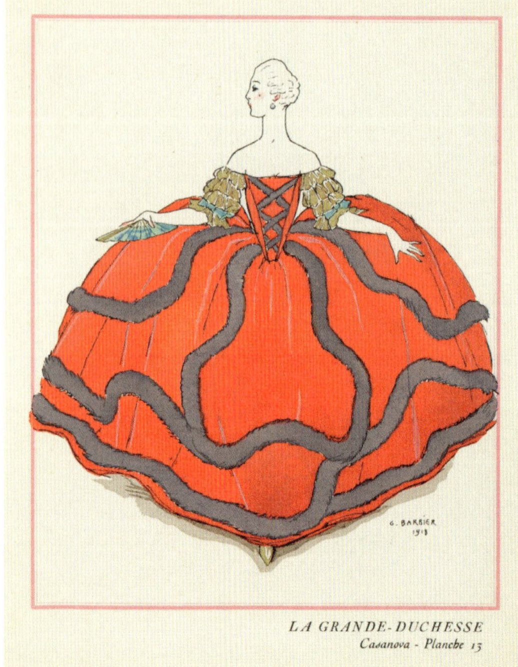

LA GRANDE-DUCHESSE
Casanova - Planche 13

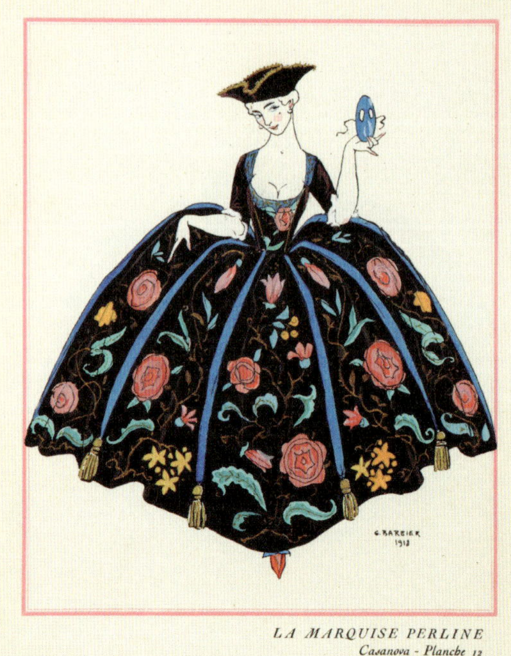

LA MARQUISE PERLINE
Casanova - Planche 12

上左：黒人女性　上右：レディ・ハミルトン　下左：大公爵夫人　下右：ペルリーネ侯爵夫人

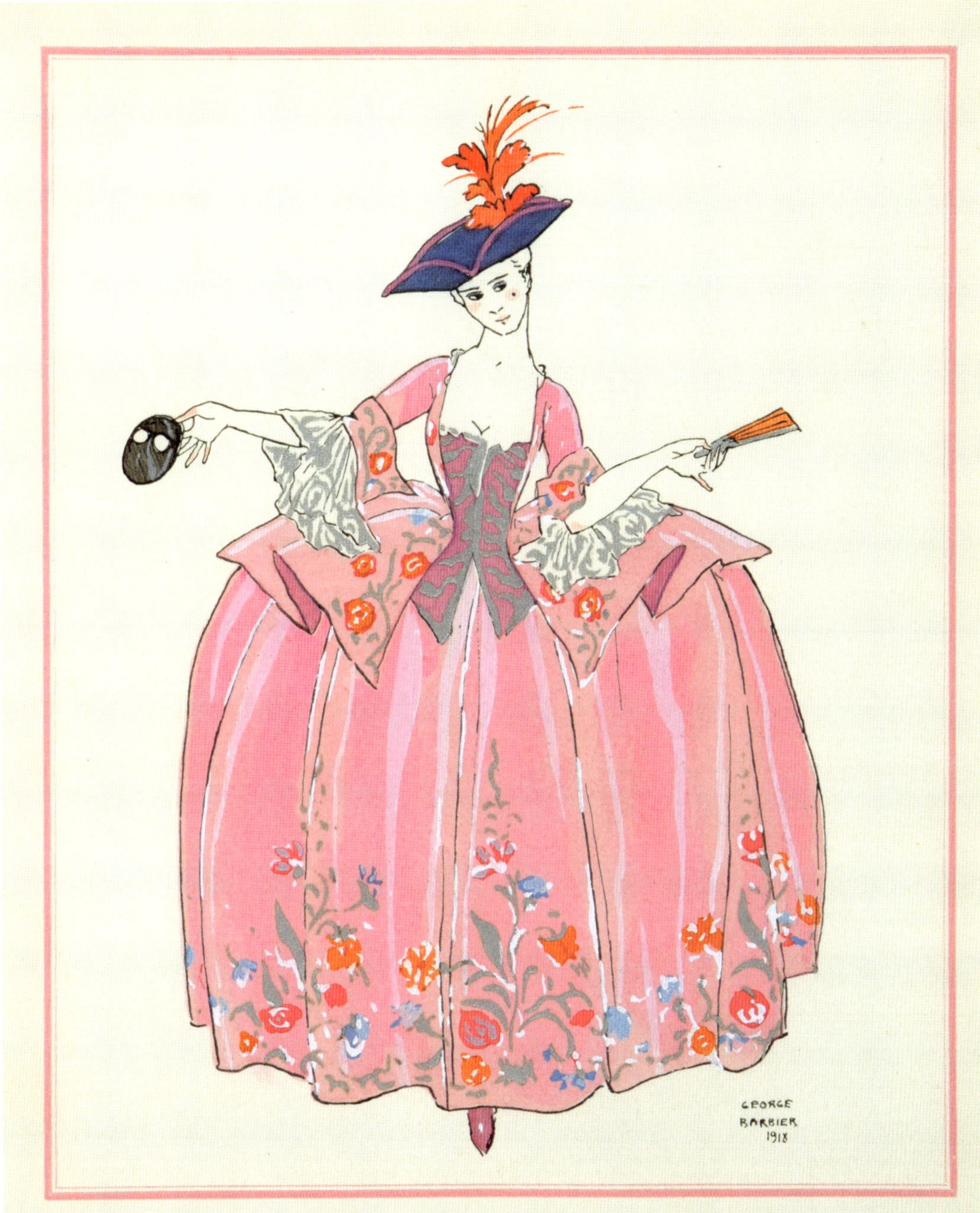

E L V I R E
Casanova - Planche 19

エルヴィール

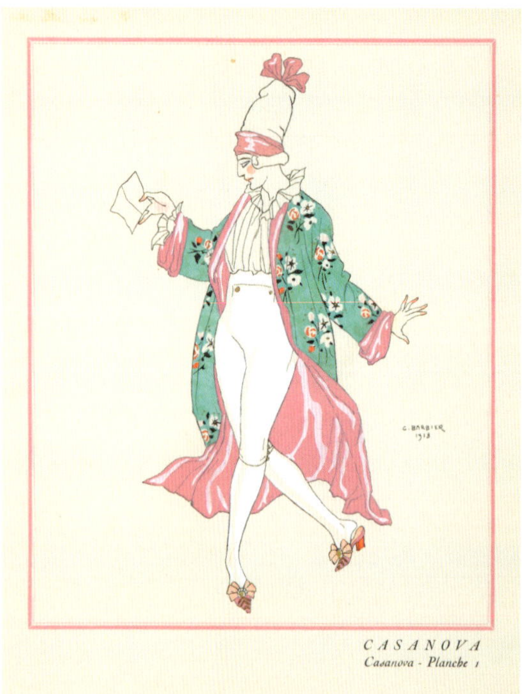

CASANOVA
Casanova - Planche 1

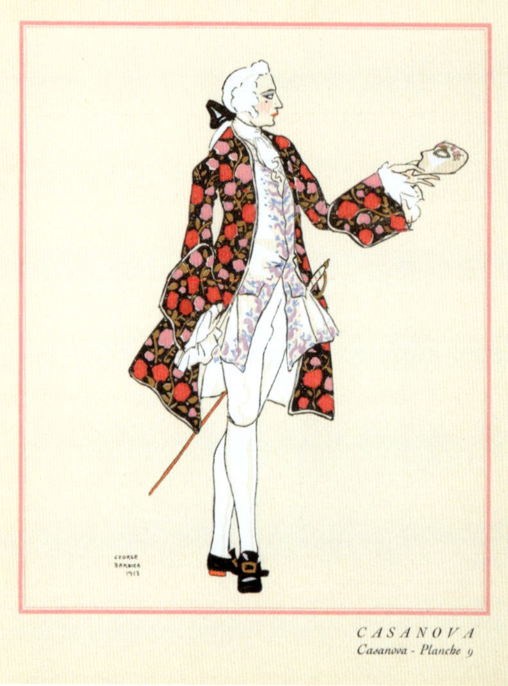

CASANOVA
Casanova - Planche 9

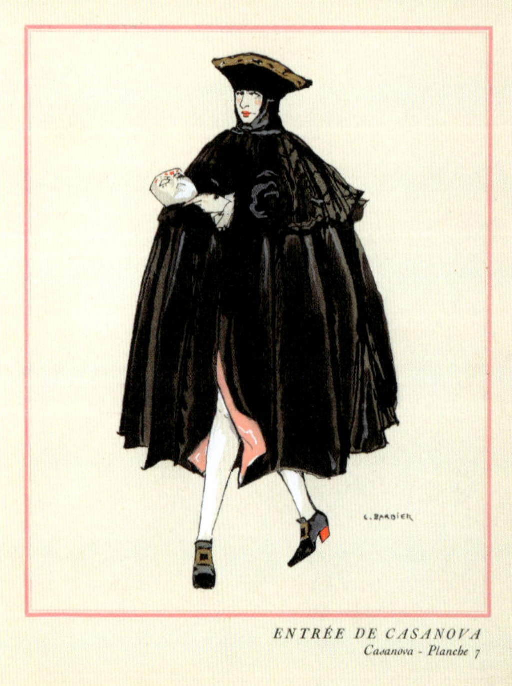

ENTRÉE DE CASANOVA
Casanova - Planche 7

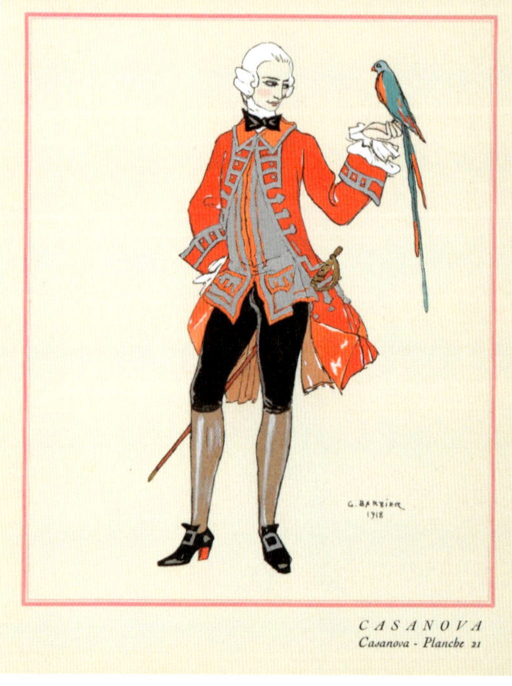

CASANOVA
Casanova - Planche 21

上左右・下右：カサノヴァ　下左：カサノヴァの登場

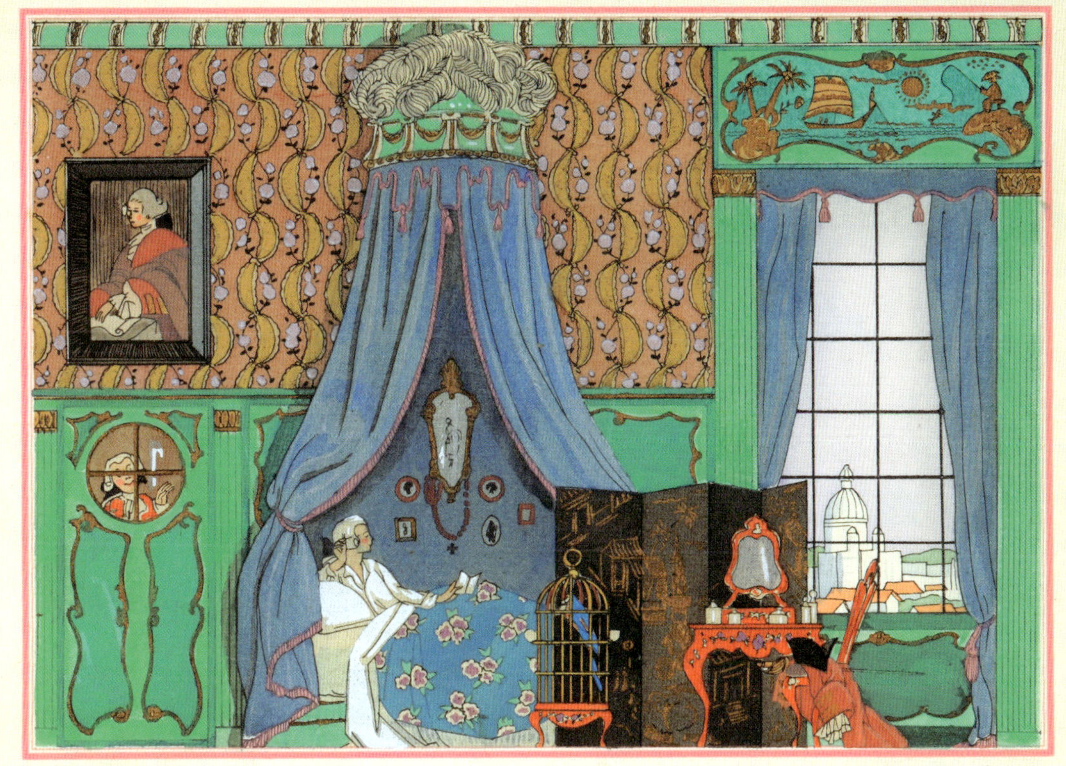

Acte 1ᵃ - La chambre à coucher d'un libertin

Casanova - Planche 20

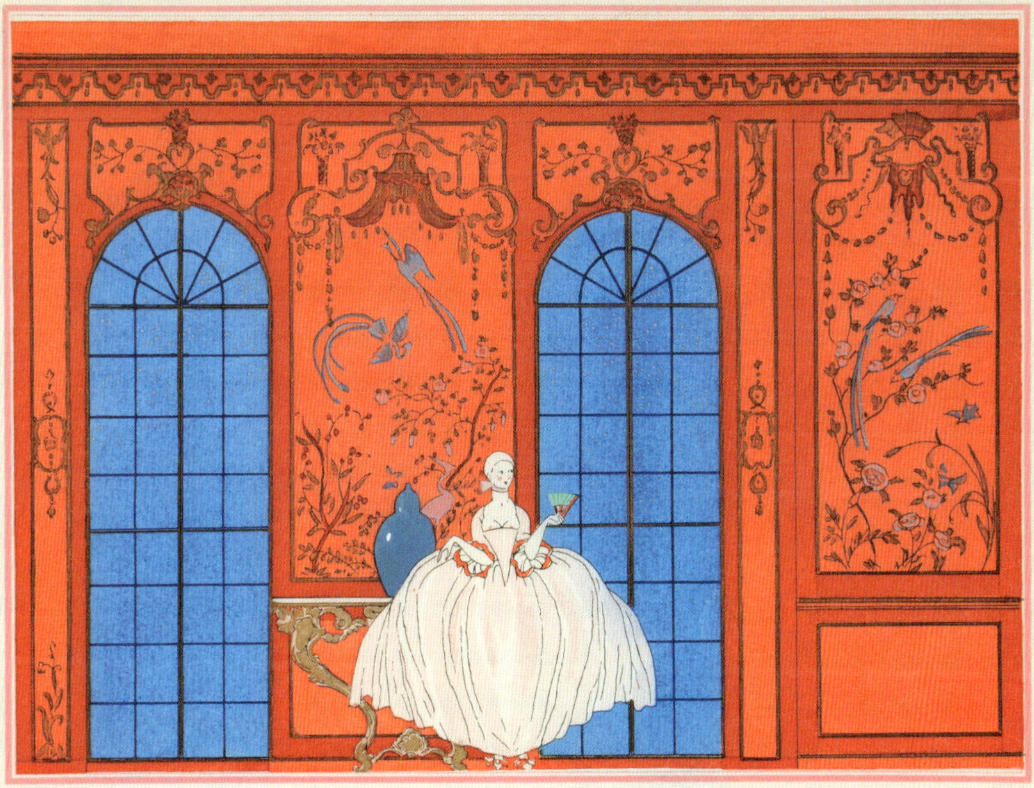

Acte 2ᵐᵉ - Un salon dans une hôtellerie à Venise

上：第1幕 放蕩者がくつろぐ部屋　下：第2幕 ヴェネチアのホテルのラウンジ

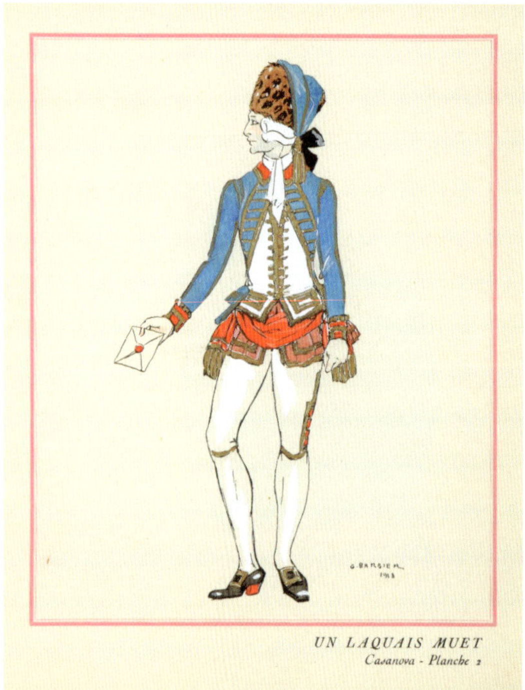

UN LAQUAIS MUET
Casanova - Planche 2

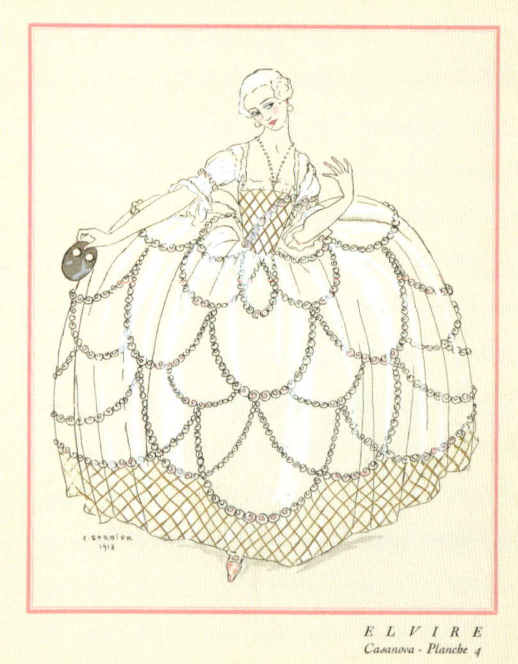

ELVIRE
Casanova - Planche 4

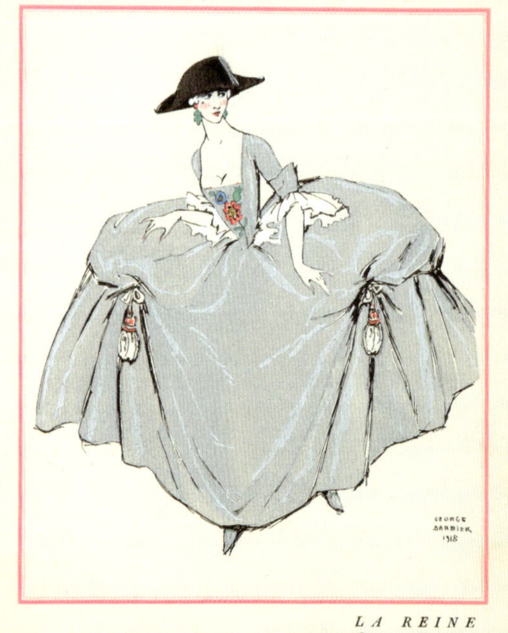

LA REINE
Casanova - Planche 24

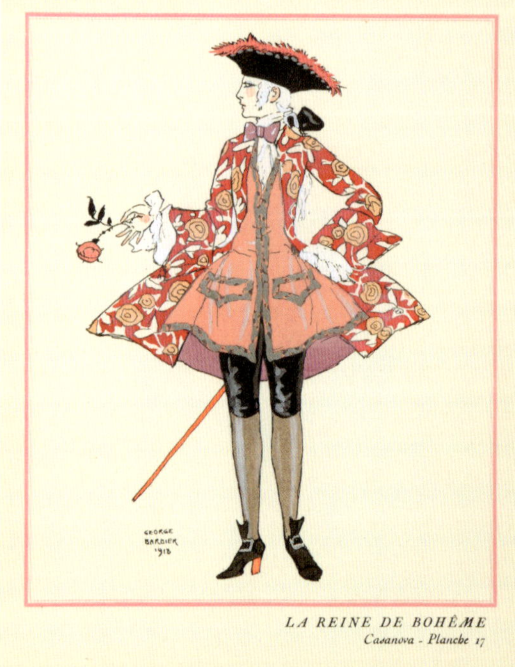

LA REINE DE BOHÊME
Casanova - Planche 17

上左：従者　上右：エルヴィール　下左：王妃　下右：自由奔放な王妃

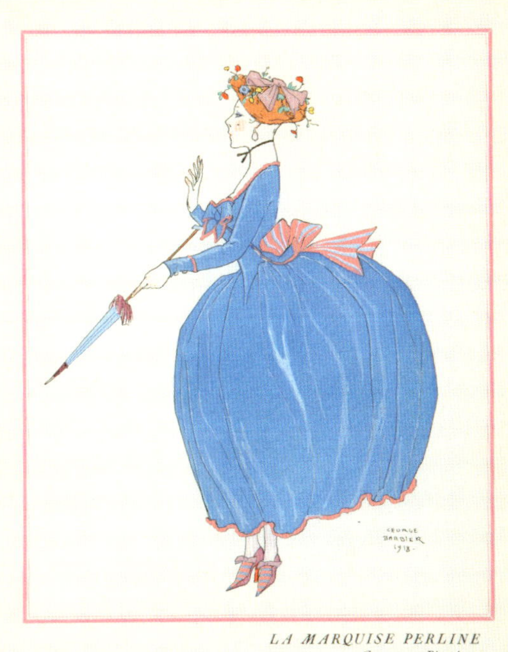

LA MARQUISE PERLINE
Casanova - Planche 3

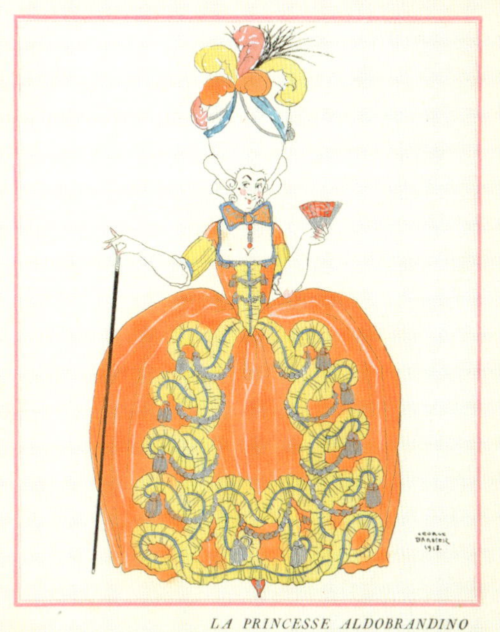

LA PRINCESSE ALDOBRANDINO
Casanova - Planche 5

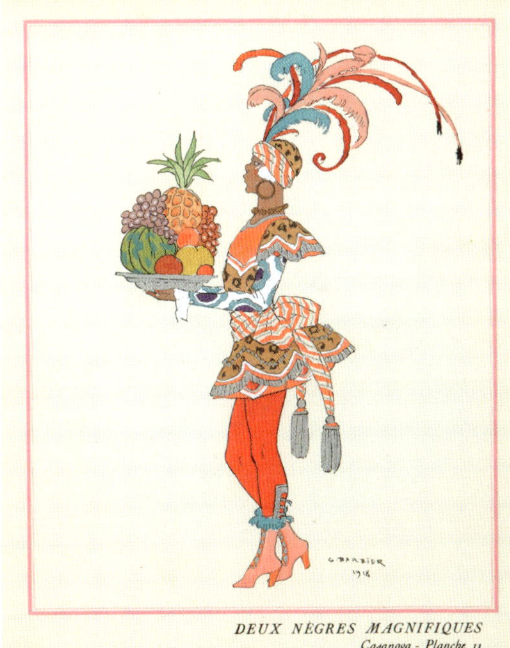

DEUX NÈGRES MAGNIFIQUES
Casanova - Planche 11

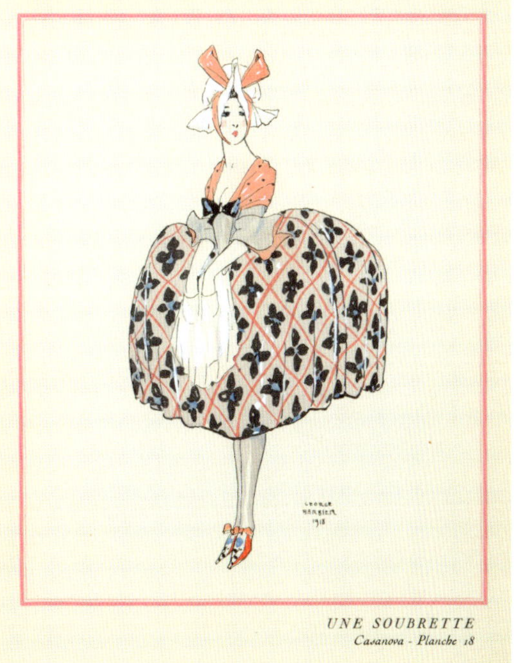

UNE SOUBRETTE
Casanova - Planche 18

上左：ペルリーネ侯爵夫人　上右：アルドブランディーノ侯爵夫人　下左：豪華に着飾った黒人　下右：メイド

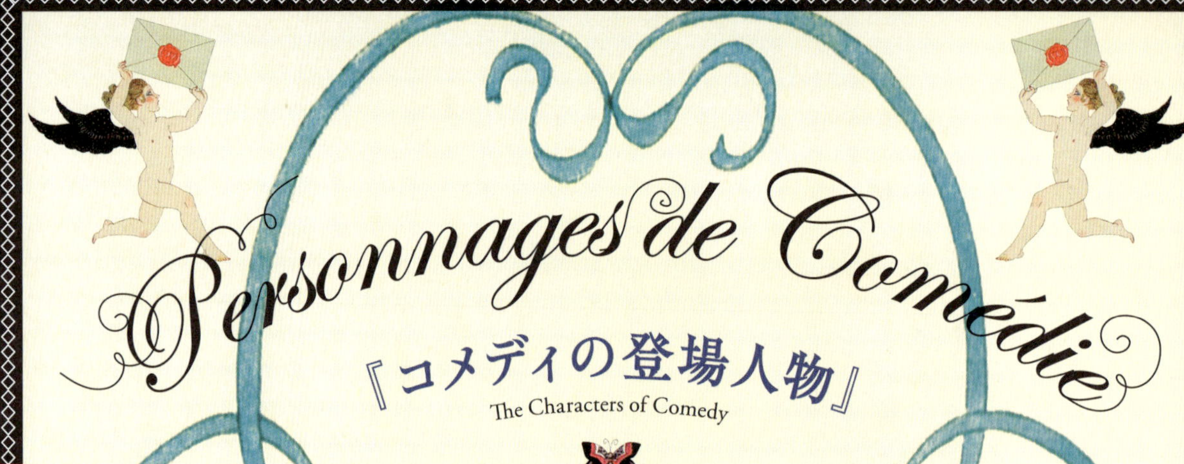

Personnages de Comédie

『コメディの登場人物』

The Characters of Comedy

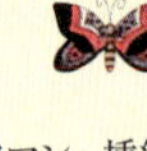

著：アラベール・ラフマン、挿絵：ジョルジュ・バルビエ
木版：フランソワ＝ルイ・シュミート
パリ発行／1922年

バレエ・リュスによって開眼したバルビエの演劇への情熱は、さらに演劇一般へと広がり、

1922年、『コメディの登場人物』としてまとまった。

この本の特徴は、フランソワ＝ルイ・シュミートという若い木版画家による

木口（こぐち）木版により、150部の限定版として出されたことである。

バルビエより10歳若いシュミートはピエール・ルイスの周辺にいたアーティストの1人で、

ルイスのサークルでバルビエと知り合ったと思われる。

1922年にはルイス、バルビエ、シュミートのトリオによって『ビリチスの歌』がつくられた。

バルビエとシュミートの間には特別な友情が生まれたようである。しかし芸術家としての対立があった。

バルビエは、ポショワールと木版という2つの印刷法を使った。

大衆的なポショワールを使うことに批判的な見方もあったが、

彼は、フラットで軽快なポショワールの色調を評価した。

一方で、深みがあり、デリケートな表現が可能な木版も気に入っていた。

バルビエがポショワールを好んだのは、自分のイメージを直接的に見せられると思ったからかもしれない。

木版では、版画家の技術や個性によって、原画とは違ってくる可能性がある。

バルビエは木版を使うと、シュミートの線になってしまうことが気になったようだ。

2人のアーティストの共同作業は、私的、芸術的葛藤に満ちたものであったらしい。

やがてそれぞれの道へ分かれていくが、1922年は、2人の共同が最もうまくいった年であった。

この画集は、様々な演劇シーンを集めたものだが、

1922年までのバルビエの演劇界との関わりをのぞかせてくれる。

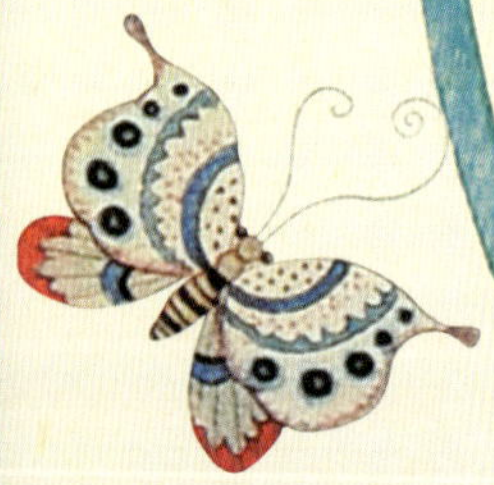

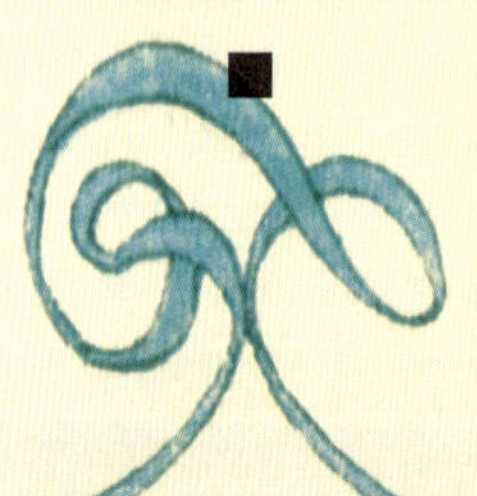

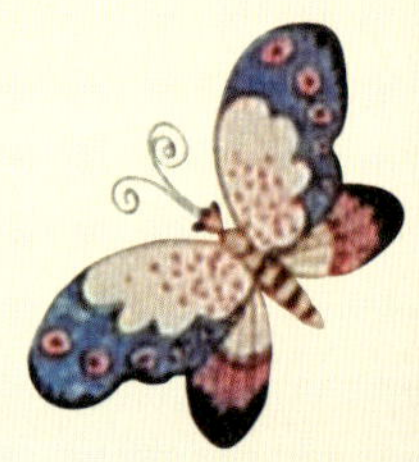

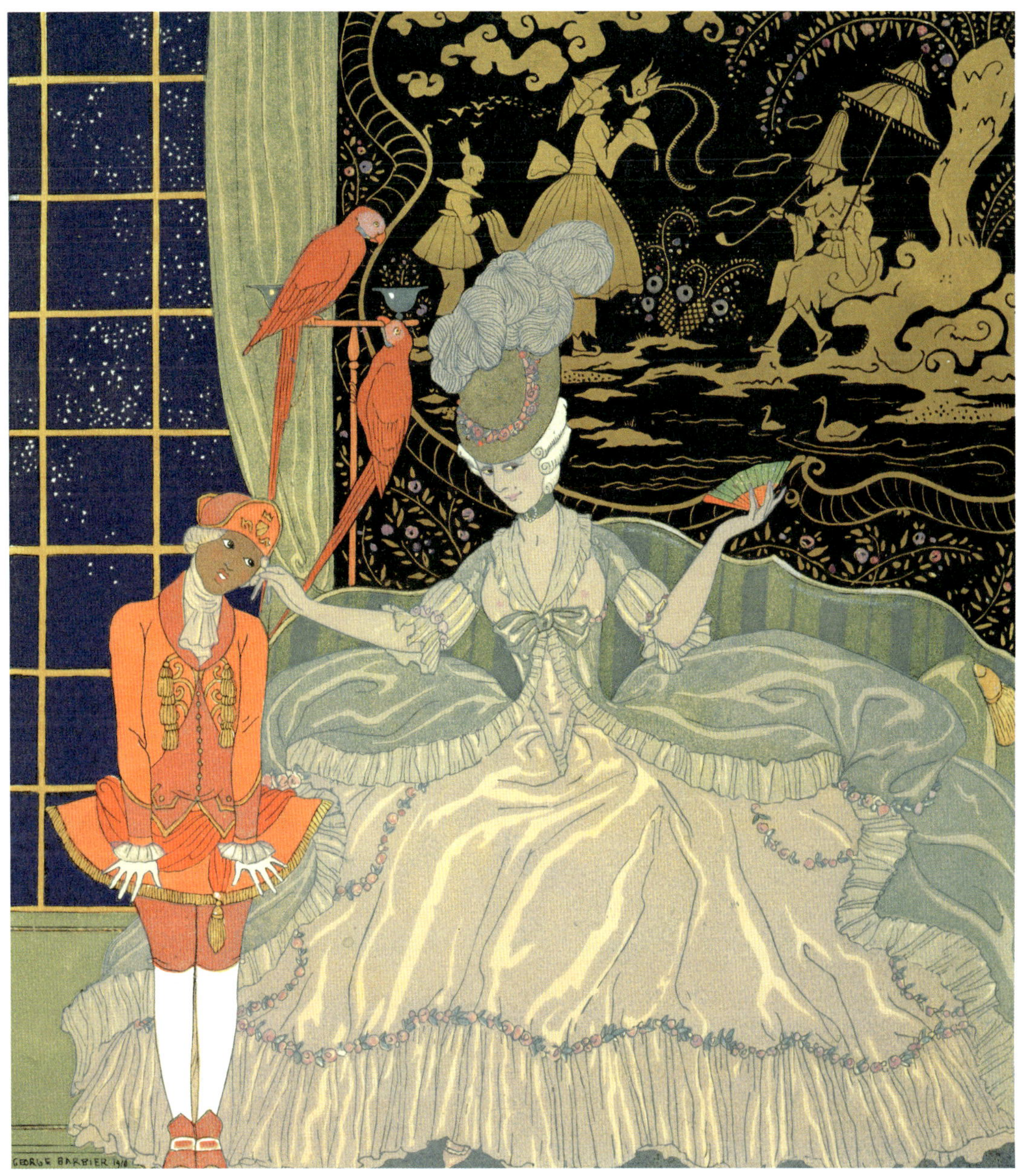

伯爵夫人が黒人の小姓の耳をつねっている。オペレッタの1シーンだろうか。
注目すべきなのは、背後の中国風景を描いた漆絵のパネルで、
シノワズリ（中国趣味）が示されている。

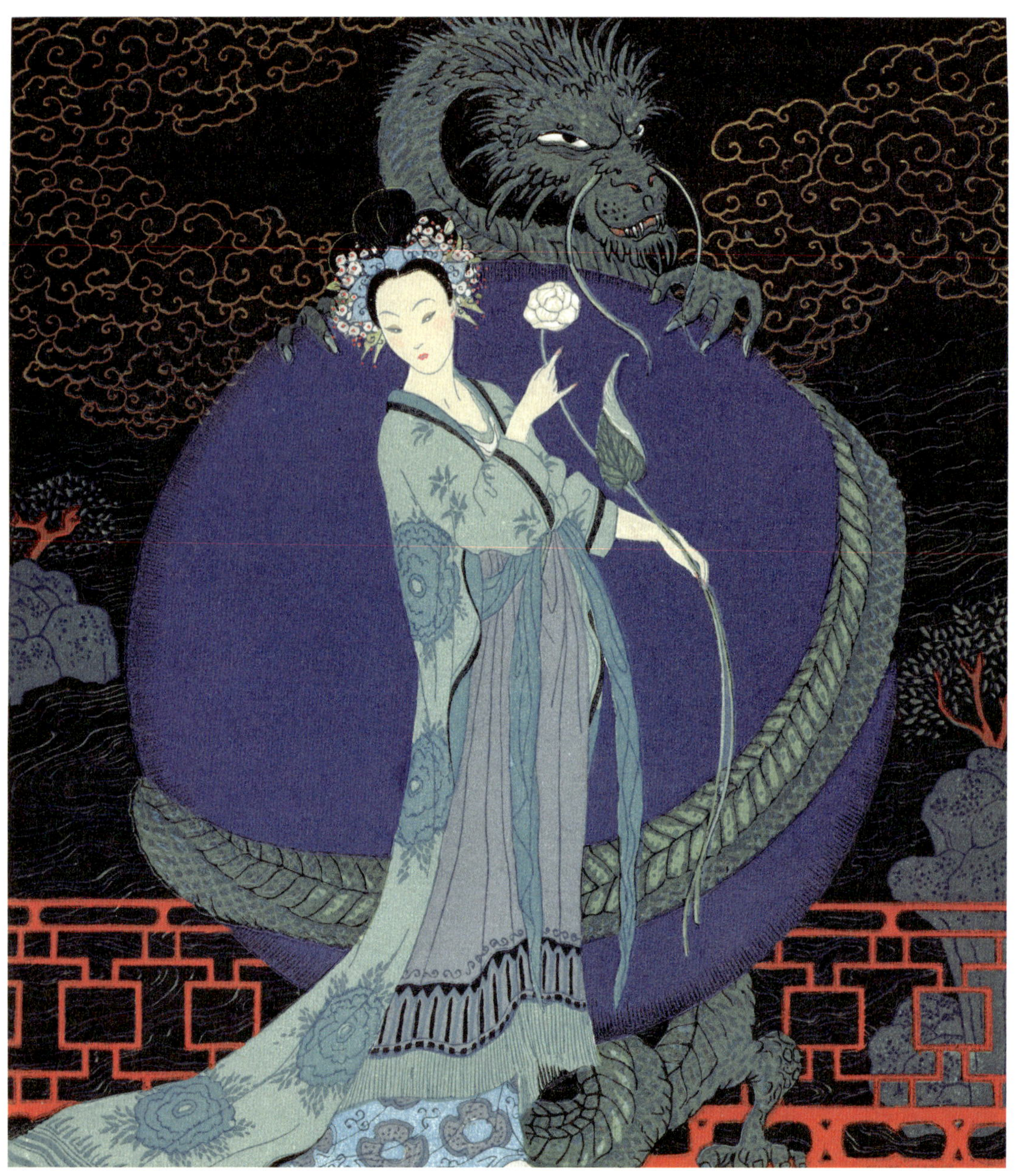

中国の姫君トゥーランドットである。18世紀にカルロ・ゴッツィが書いた劇で、
トゥーランドットは、求婚者に3つの謎を出し、解いた者と結婚するが、解けなければ処刑すると告げる。
世紀末のファム・ファタールのブームで復活し、20世紀初めに「トゥーランドット」はしばしば上演された。
1924年、プッチーニがオペラ化している。バルビエはその前に描いている。

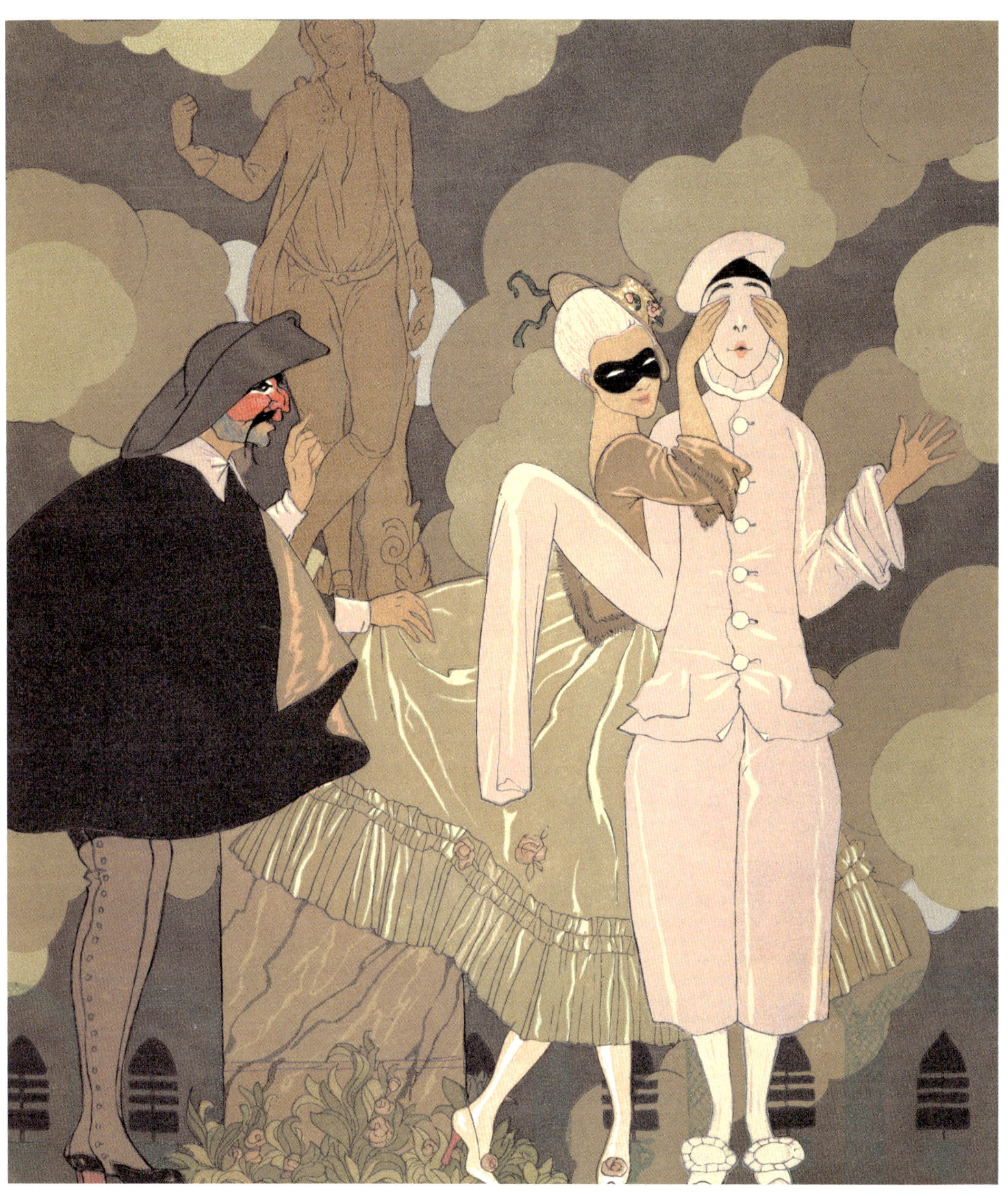

バルビエの好きなコメディア・デラルテの世界である。
浮気なコロンビーヌは金持ちの男とつきあいながらピエロをたぶらかしている。

アイマスクに奇妙な帽子、つぎはぎ文様のタイツをはいたアルルカンと、

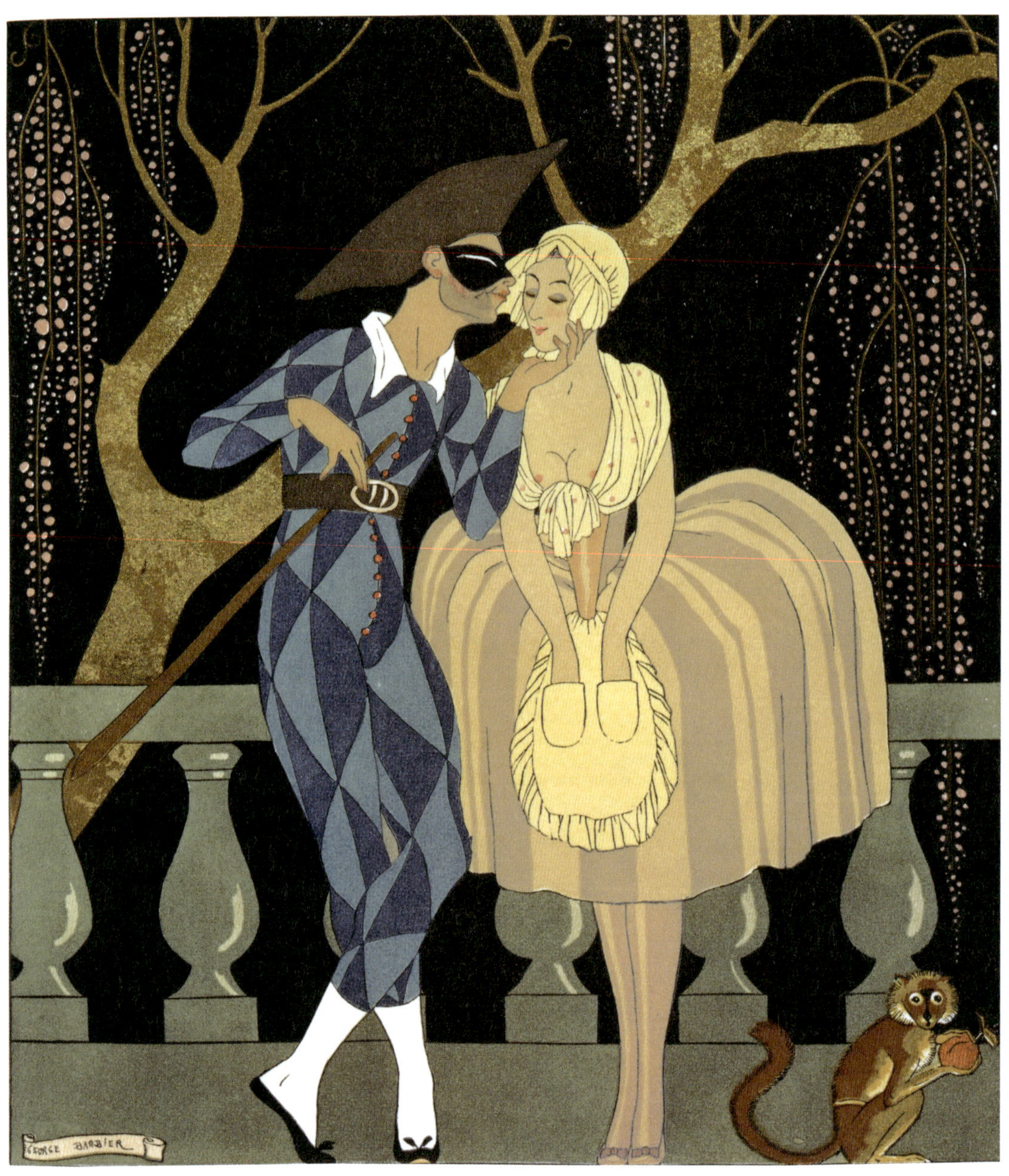

やはりコメディア・デラルテの世界から。
アイマスクに奇妙な帽子、つぎはぎ文様のタイツをはいたアルルカンと、
男たちを操る浮気な町娘。右下の猿は＜猿マネ＞で喜劇の象徴である。

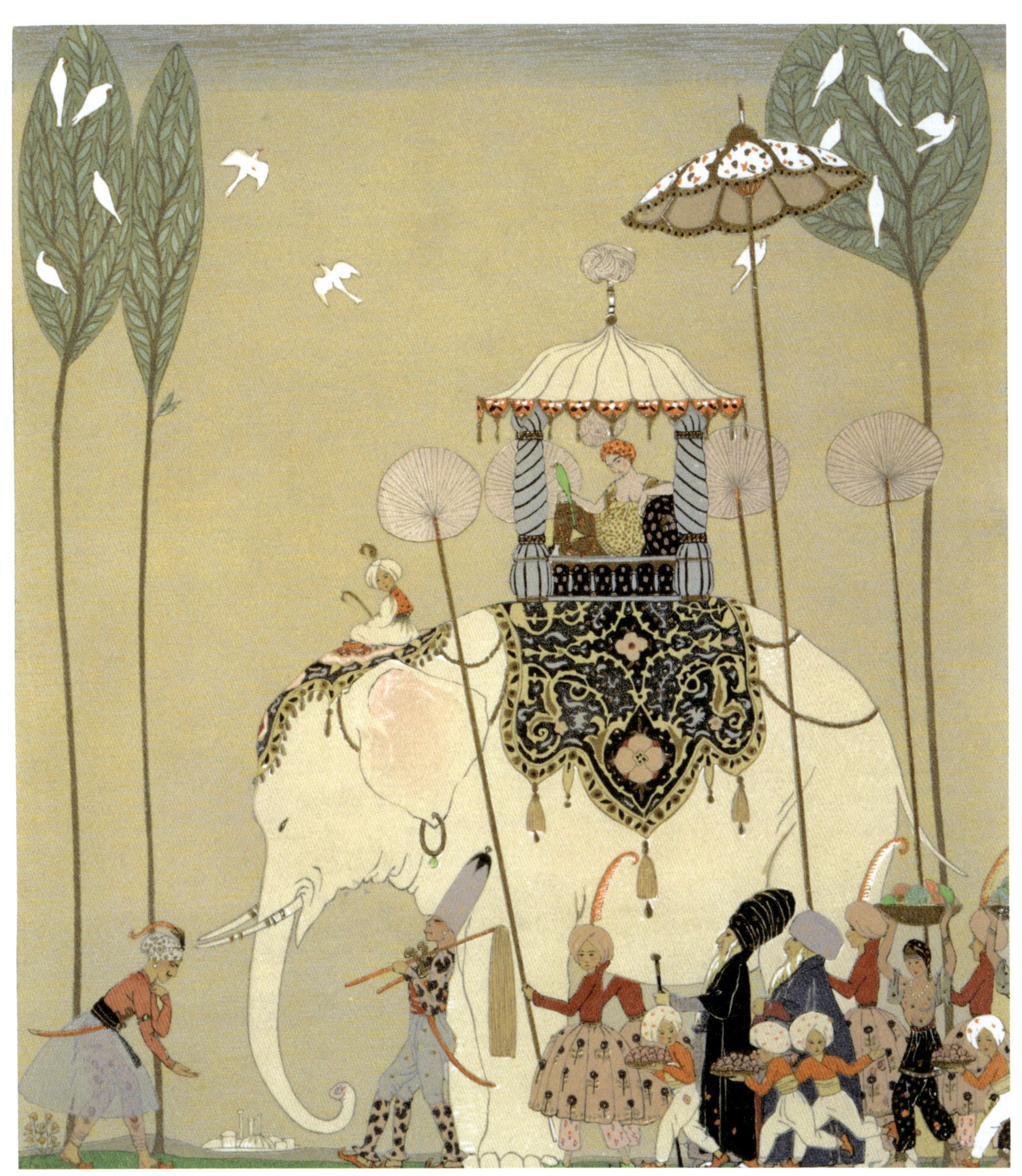

「ベル（美しき）・ミスー」

今は忘れられてしまったオペレッタかレヴューの１シーン。
インドとアラビアが入り混じった風俗である。巨大な像の足元を行く、雑多な人々の行列が楽しい。

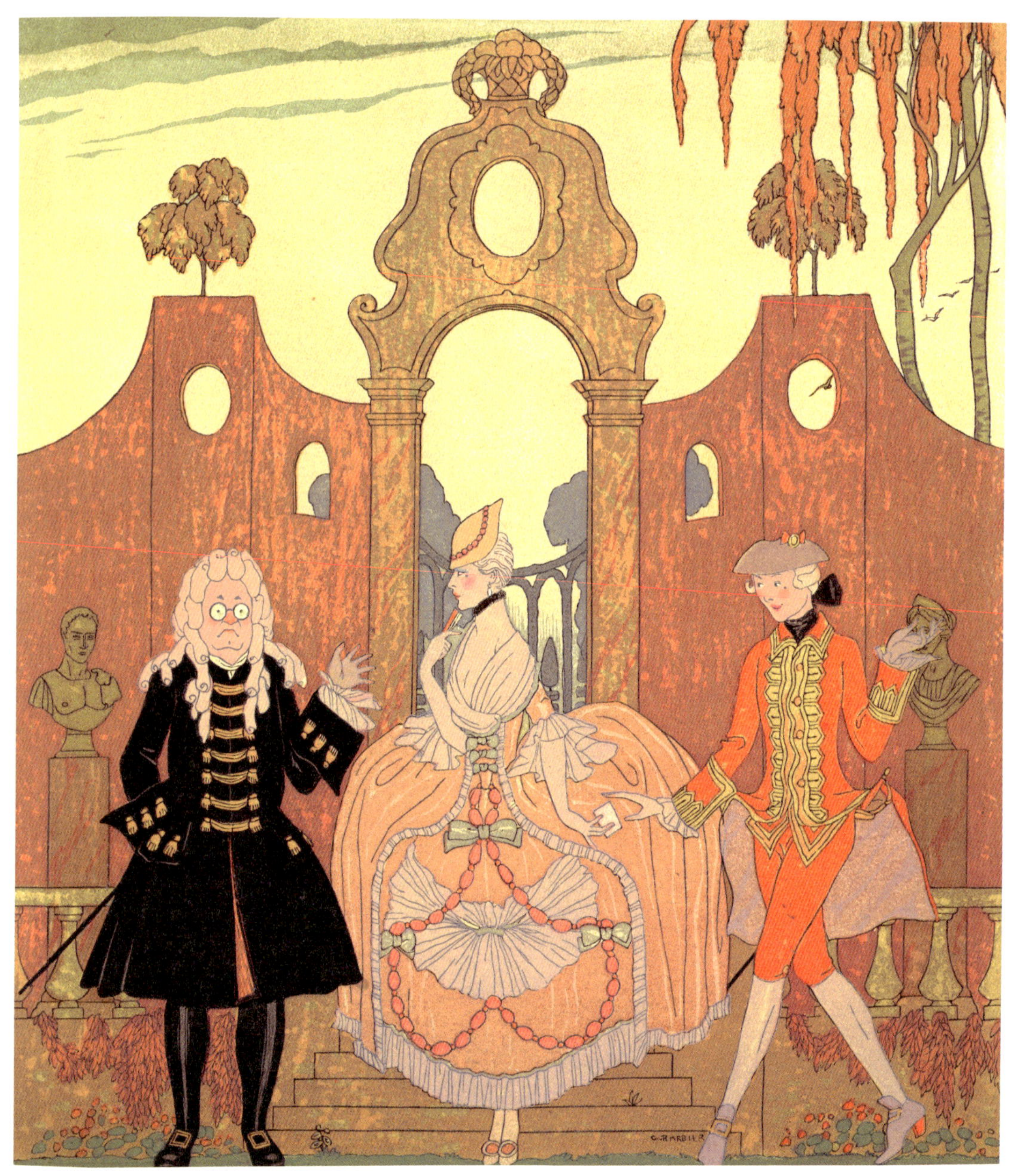

ロココの庭園シーンである。
バルビエやカイ・ニールセンなど20世紀初頭の挿絵画家たちは
飽きもせずロココの宮廷や宮廷人を描き続けた。
バルビエは「カサノヴァ」、「マリオン・ドロルム」（ヴィクトル・ユーゴー作）などの
18世紀を扱った芝居のデッサンをしている。

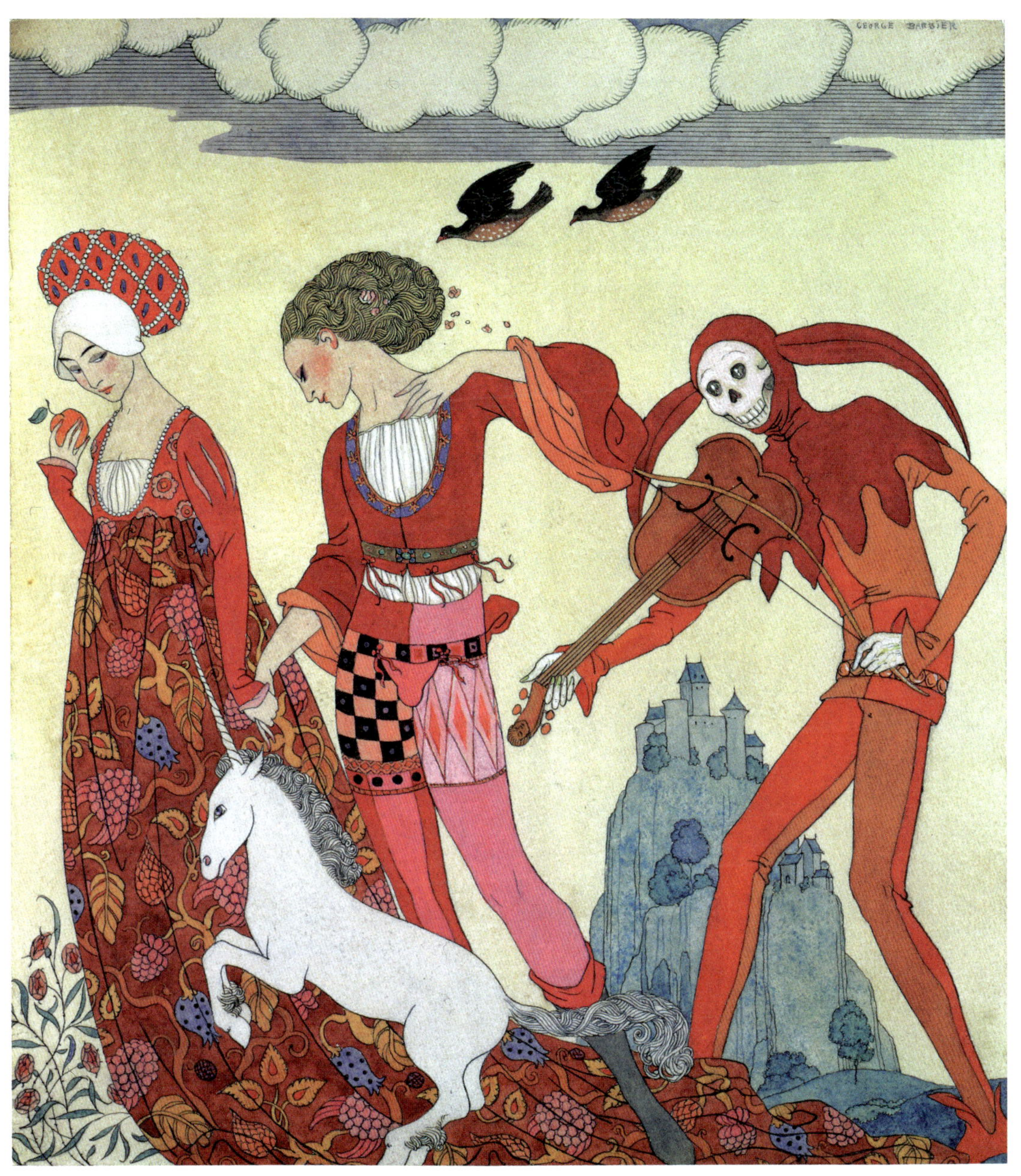

恋人たちの背後に死神が迫っている。左下に白い一角獣（ユニコーン）がいる。
幻想的な一角獣は、純愛の象徴で、決して人に近づかないが、清らかな処女にだけは馴れるとされた。
そのため中世では、恋人たちのマスコットであった。
中世では処女は聖母マリア、一角獣は殺されるイエス・キリストとされた。

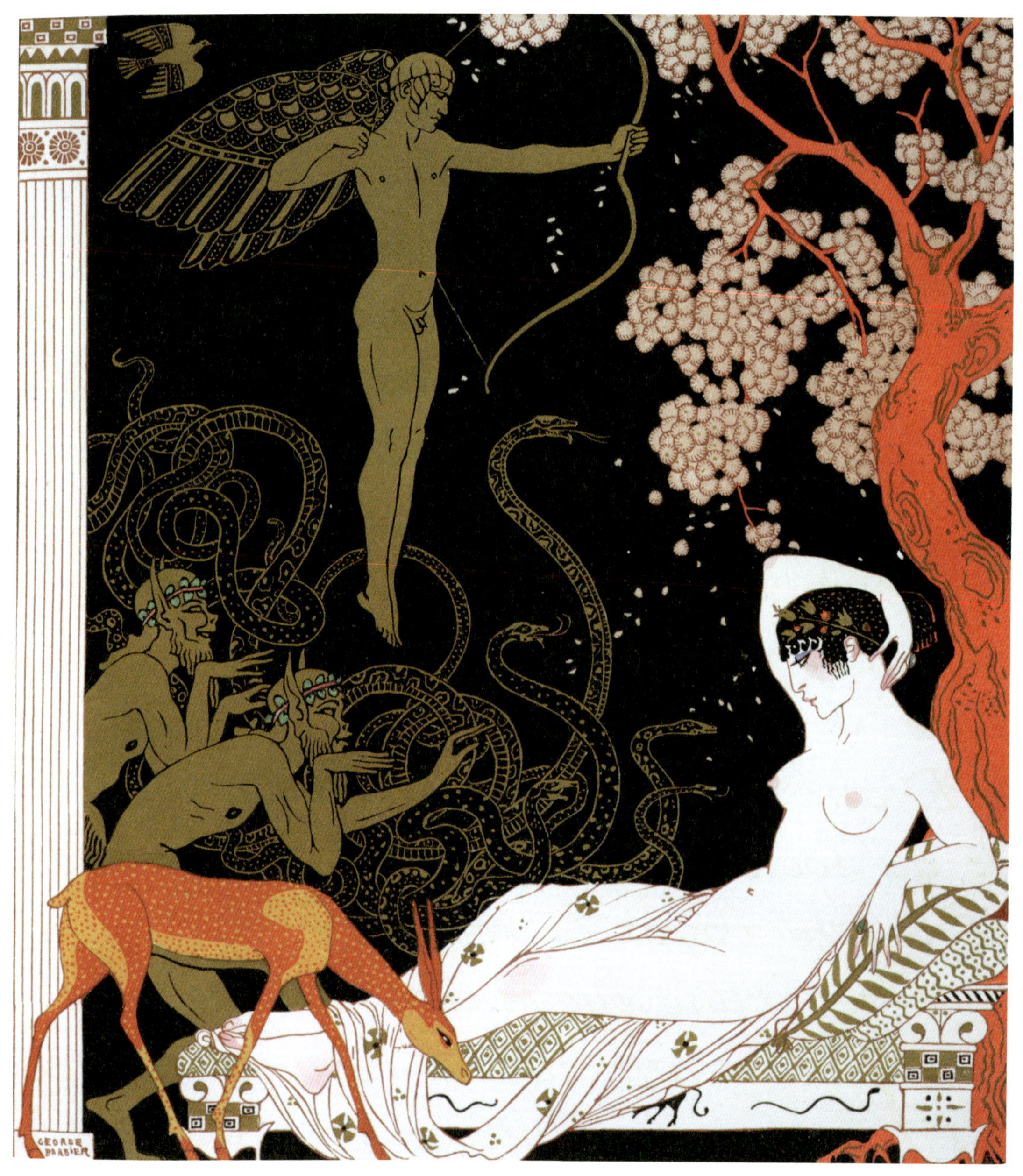

「ベル（美しき）・エレーヌ」

アンリ・メイヤック作、オッフェンバック音楽のオペレッタ「美しきエレーヌ」（1864）によるものである。
メイヤックは「フルフル」など、パリ軽演劇の作家であった。

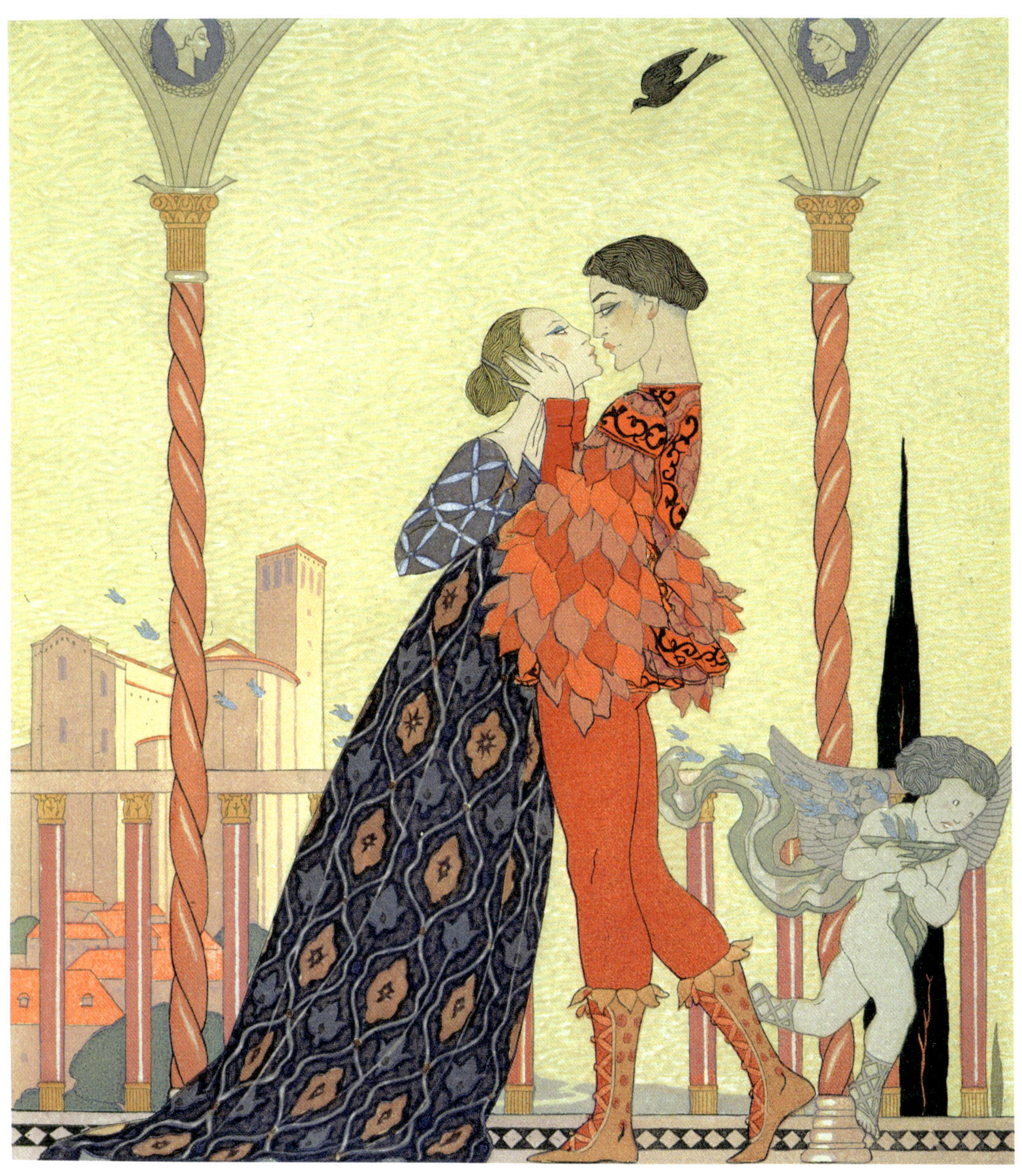

イタリアの街を背景とした「ロミオとジュリエット」の舞台と思われる。
アンナ・パヴロワのバレエ「ロミオとジュリエット」などによるものだろうか。
愛の天使キューピッドはあわてたように逃げ去ろうとしている。

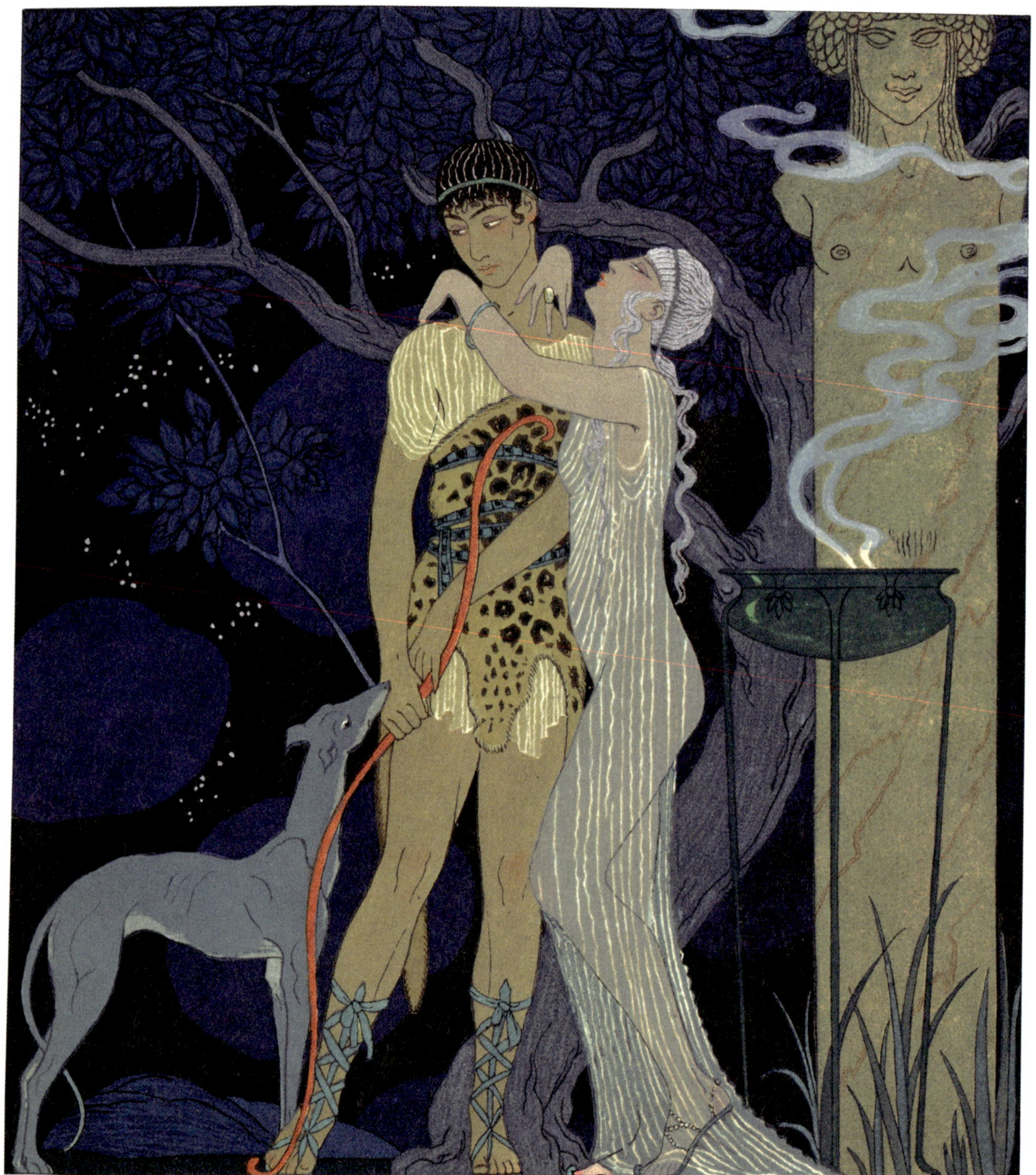

「フェードルとイポリート」

ラシーヌ（1）の芝居。王妃フェードルが義理の息子イポリートに恋をし、2人とも破滅してゆく。
ギリシアのエウリピデスの悲劇をもとにしている。右手のヘルメス像は男根を象徴している。

註1　ジャン・バティスト・ラシーヌ…17世紀のフランス古典主義を代表する悲劇作家。

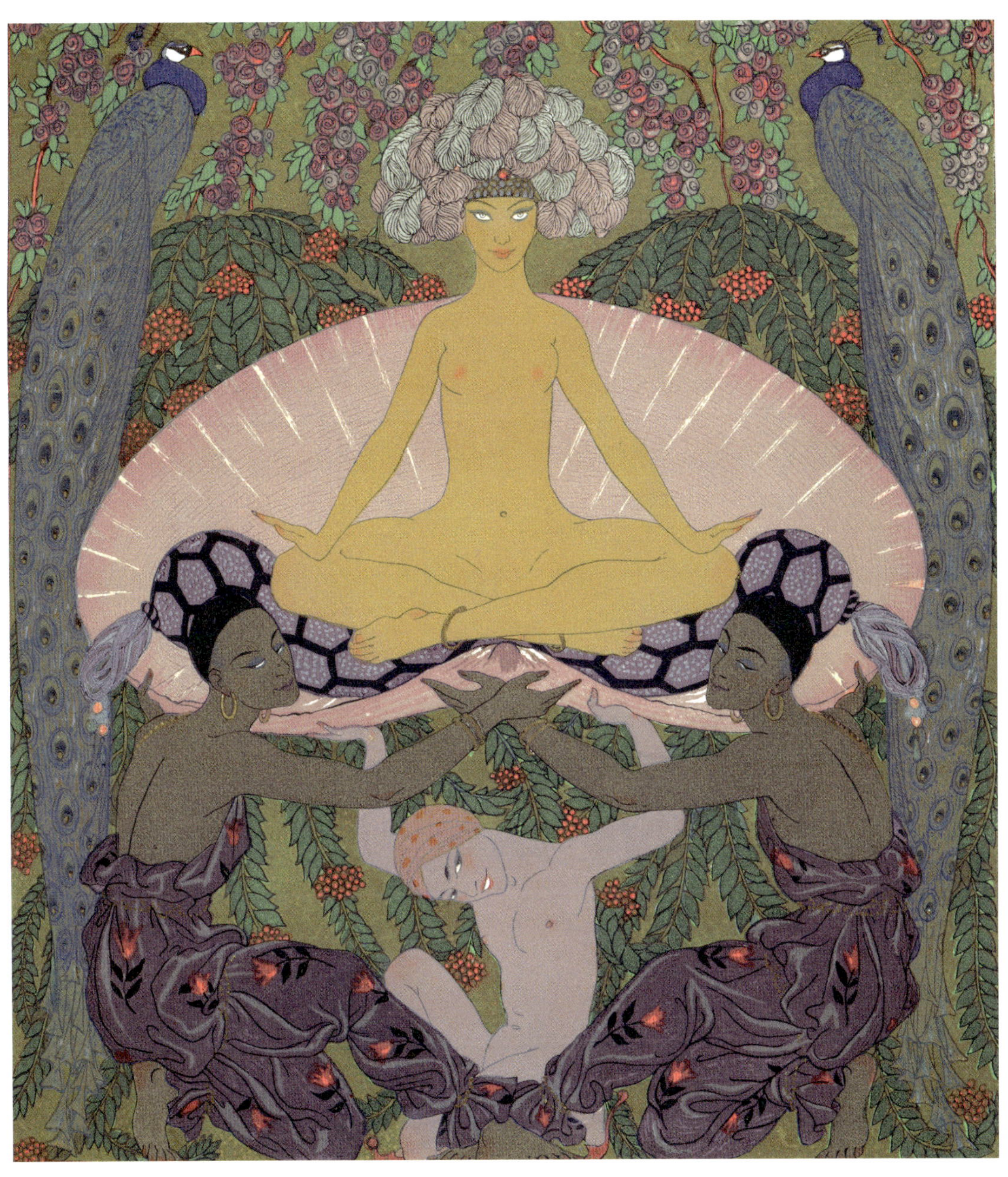

エキゾティックなオリエンタル世界である。金色の若い仏が王座に座っている。
このシーンのもとになった舞台はわからないが、
フォリー・ベルジェール（パリのミュージック・ホール）などのレビューのイメージではないだろうか。

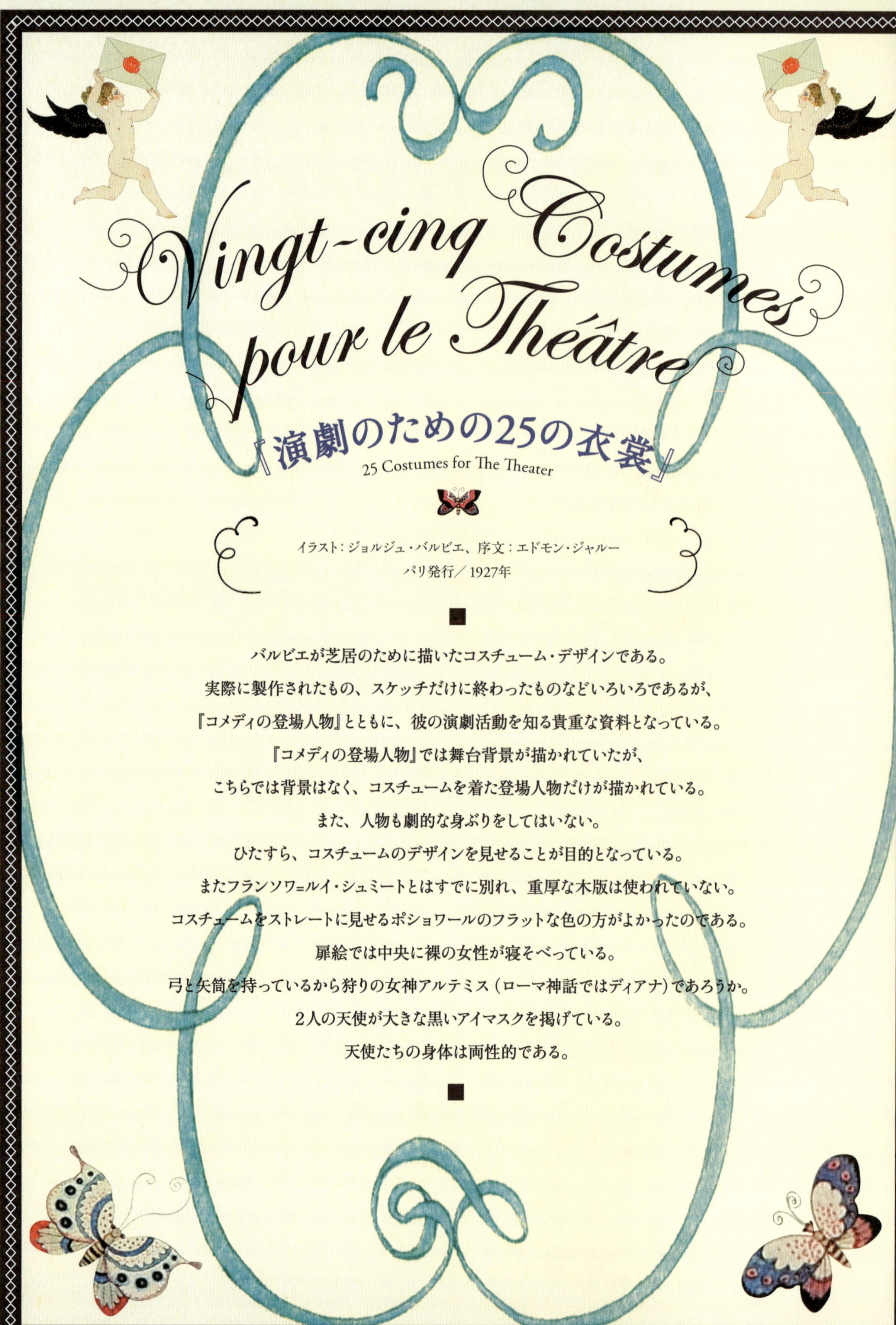

Vingt-cinq Costumes pour le Théâtre

『演劇のための25の衣裳』
25 Costumes for The Theater

イラスト：ジョルジュ・バルビエ、序文：エドモン・ジャルー
パリ発行／1927年

バルビエが芝居のために描いたコスチューム・デザインである。
実際に製作されたもの、スケッチだけに終わったものなどいろいろであるが、
『コメディの登場人物』とともに、彼の演劇活動を知る貴重な資料となっている。
『コメディの登場人物』では舞台背景が描かれていたが、
こちらでは背景はなく、コスチュームを着た登場人物だけが描かれている。
また、人物も劇的な身ぶりをしてはいない。
ひたすら、コスチュームのデザインを見せることが目的となっている。
またフランソワ＝ルイ・シュミートとはすでに別れ、重厚な木版は使われていない。
コスチュームをストレートに見せるポショワールのフラットな色の方がよかったのである。
扉絵では中央に裸の女性が寝そべっている。
弓と矢筒を持っているから狩りの女神アルテミス（ローマ神話ではディアナ）であろうか。
2人の天使が大きな黒いアイマスクを掲げている。
天使たちの身体は両性的である。

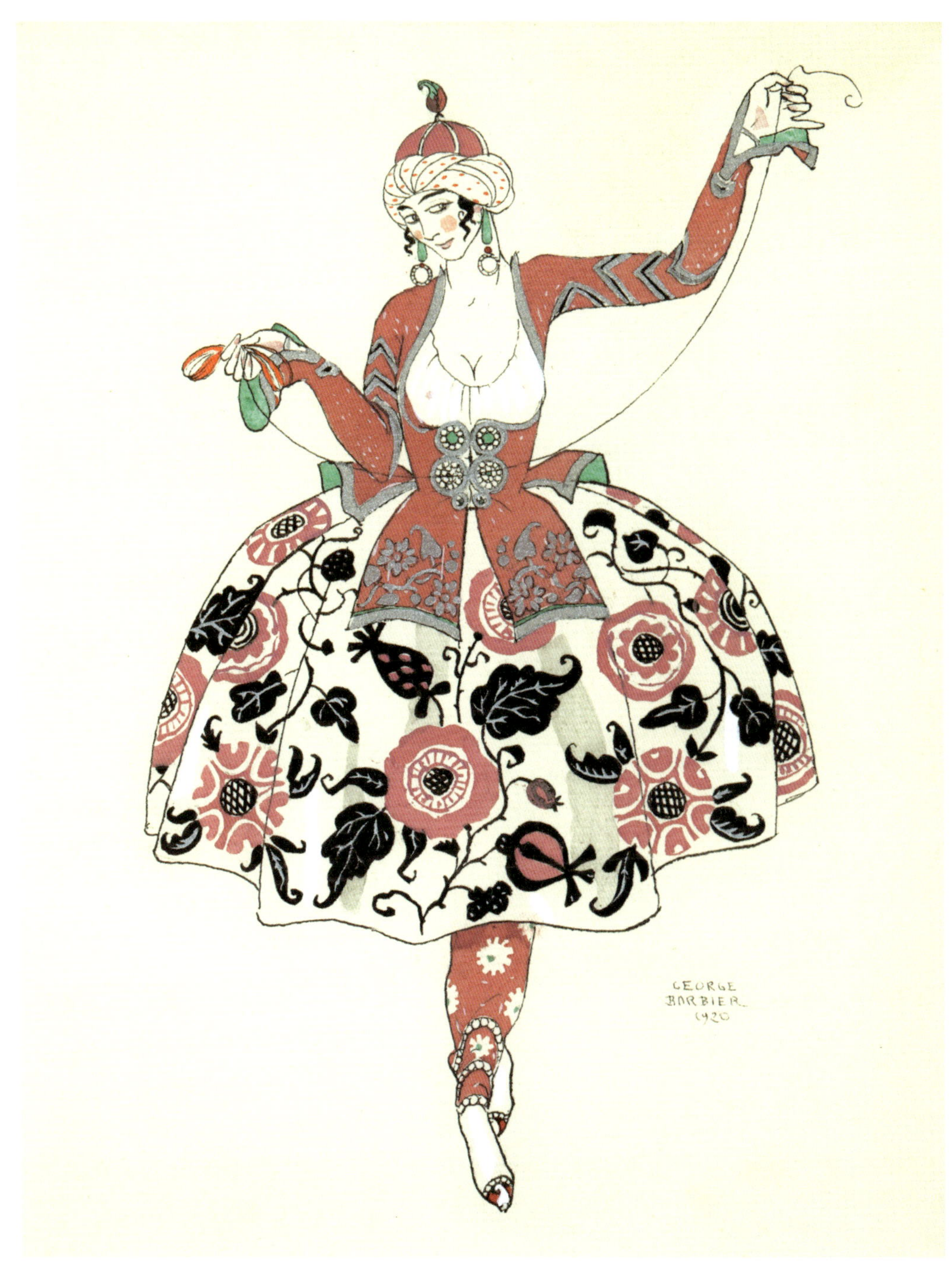

1920年、カジノ・ド・パリで上演したバレエ「ペルシア絨毯」のためのコスチュームと思われる。
華やかなペルシア風のコスチュームはレオン・バクストを思わせるが、より洗練されている。

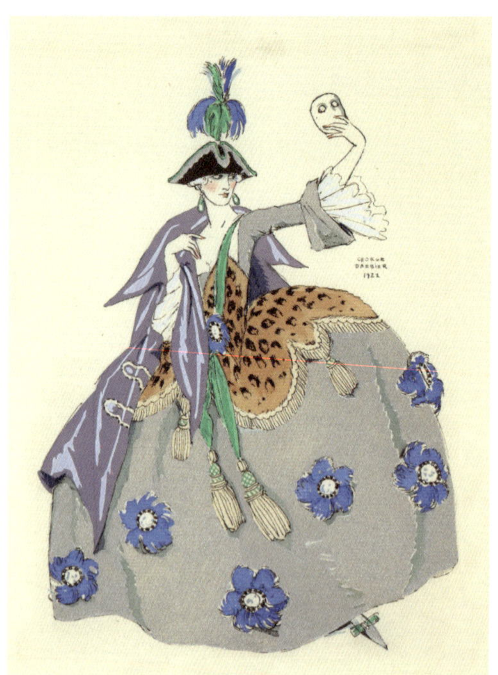

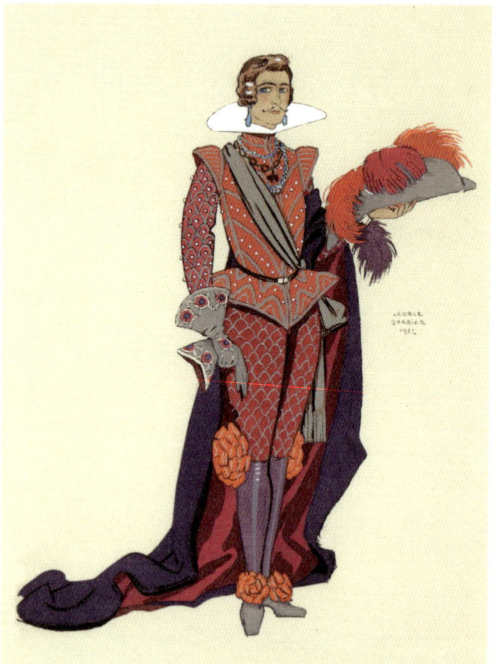

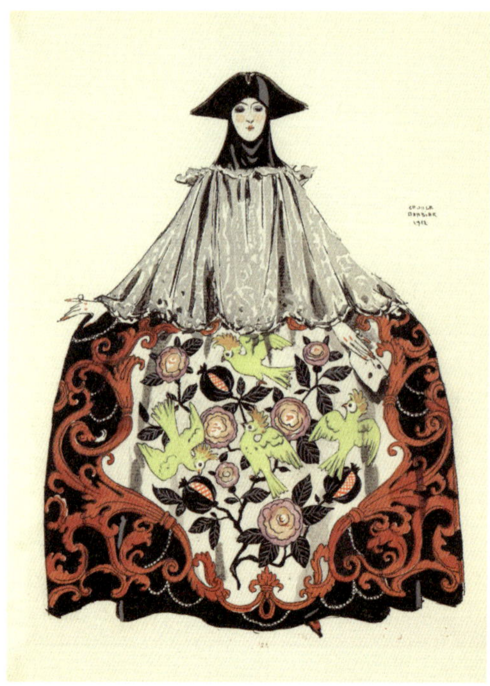

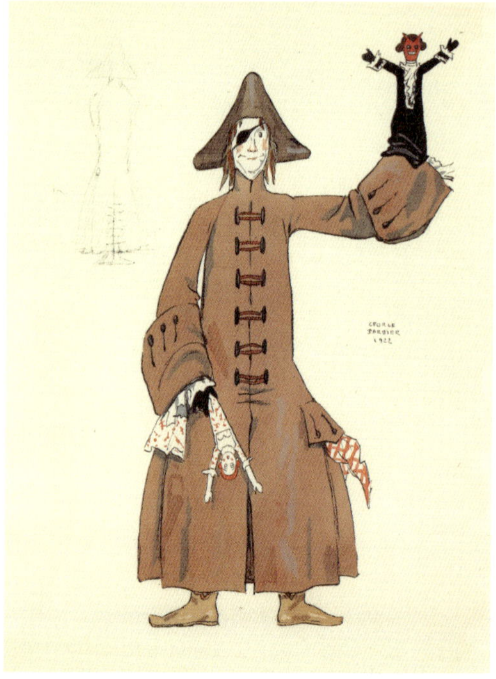

「ドン・ジュアンの最後の夜」

上左・下左：『シラノ・ド・ベルジュラック』の作家エドモン・ロスタンの晩年の作。
1921年に上演され、バルビエはそのコスチュームをスケッチした。下左はクリノリン・スカートをはき、三角帽子をかぶり、マスクを手にしている。
上右・下右：この2枚も「ドン・ジュアンの最後の夜」からのものらしい。下右は両手で人形を使う芸人である。その奇妙な衣裳が面白い。
上右は軍人であろうか。衣服の文様などが精密に描かれ、陰影はつけれられていない。

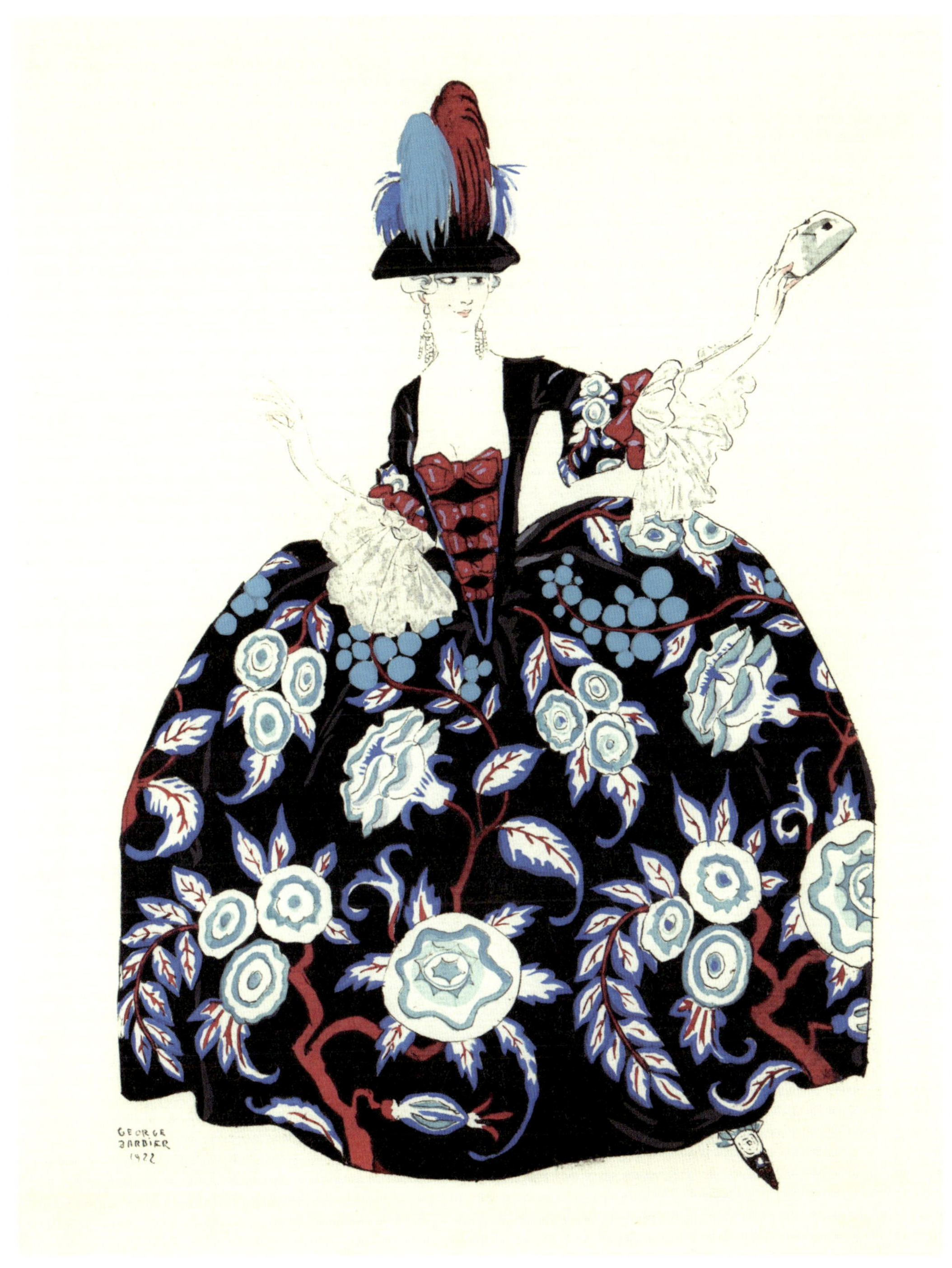

1920年、カジノ・ド・パリで上演したバレエ「ペルシア絨毯」のためのコスチュームと思われる。
ポーレット・デュヴァルが主役であった。
バルビエは美術とコスチュームを任され、バレエ・リュスに対抗するオリエンタル趣味をふんだんに盛りこんだ。

独自に活動したパヴロワはその後、バルビエと親しくなり、
ニジンスキー以後のバレエ・リュスに共感できなかったバルビエはパヴロワのバレエ団を手伝った。
1920年、パヴロワはニューヨークで「アマリヤ」を新しく上演することになり、バルビエはその舞台を描いた。
上の原画には名前が入っていない。古代ローマ風のコスチュームである。

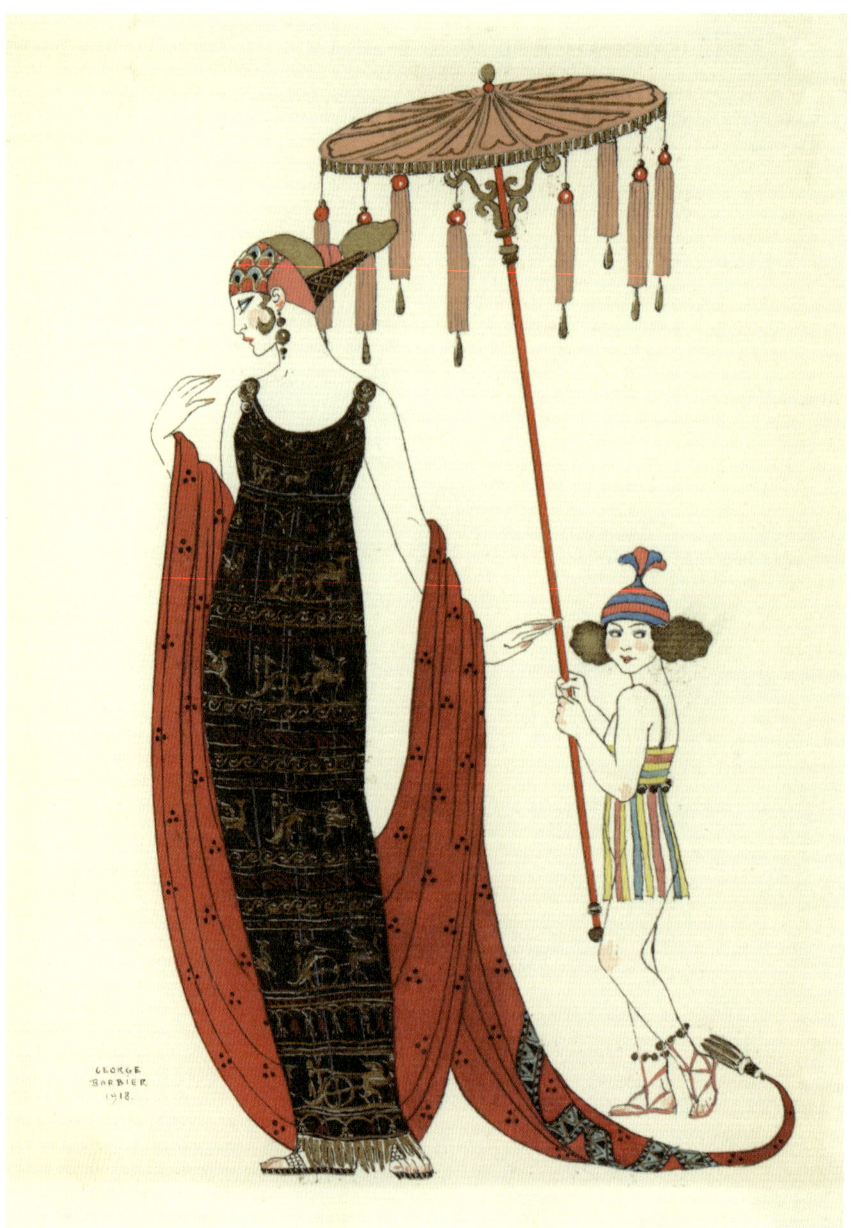

バレエ「アマリヤ」

グラズーノフの音楽によるバレエで、1912年、アンナ・パヴロワがロンドンで初演した。バレエ・リュスの専属とならず、
独自に活動したパヴロワはその後、バルビエと親しくなり、
ニジンスキー以後のバレエ・リュスに共感できなかったバルビエはパヴロワのバレエ団を手伝った。
1920年、パヴロワはニューヨークで「アマリヤ」を新しく上演することになり、バルビエはその舞台を描いた。
上の原画には名前が入っていない。古代ローマ風のコスチュームである。

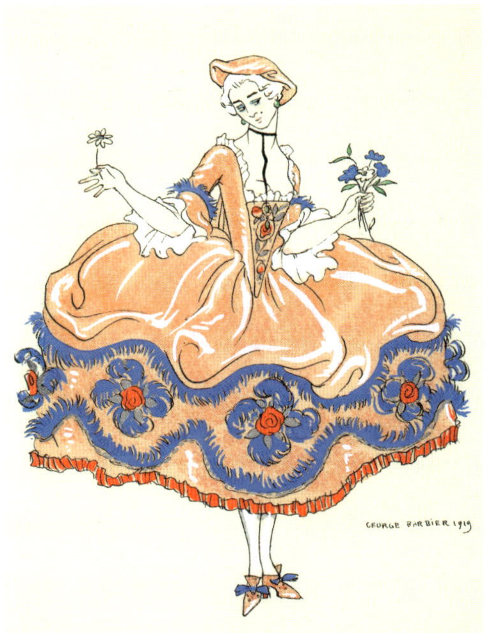

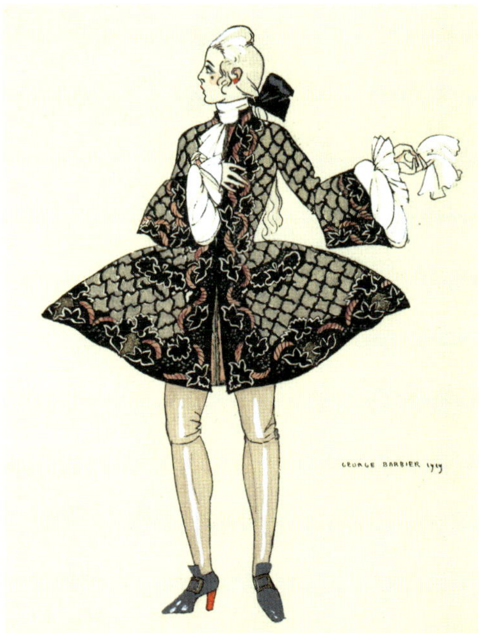

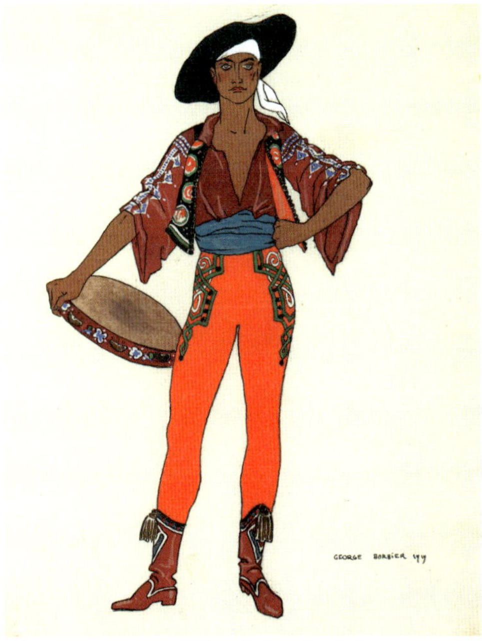

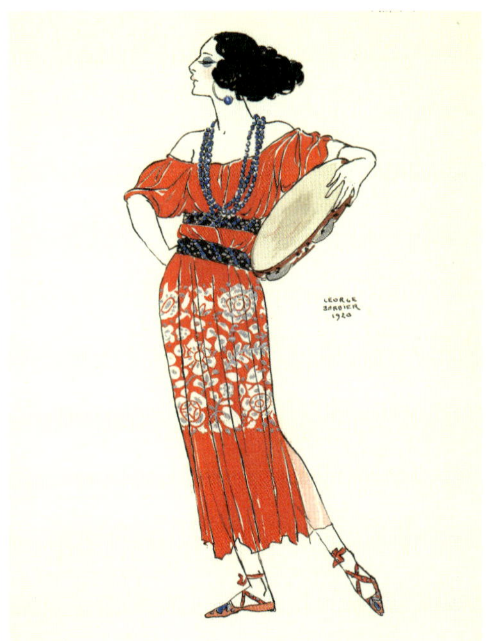

バレエ「アマリヤ」

上左はマドモワゼル・リンドウスカ、上右はムッシュー・ストウィッツで、2人はフィアンセであった。若々しいカップルで、姫と若者の姿である。

下右：パヴロワである。そのコスチュームはモダンで、今でも着られそうだ。

下左：アレクサンドル・ドリーニンである。パヴロワと彼はバレエ・リュスから一緒に独立した。「アマリヤ」の中には、

ロココのパーティにジプシー（ロマ）の一団が登場して踊るという見せ場があるが、

2人はそのジプシー・ダンサーの姿をしている。

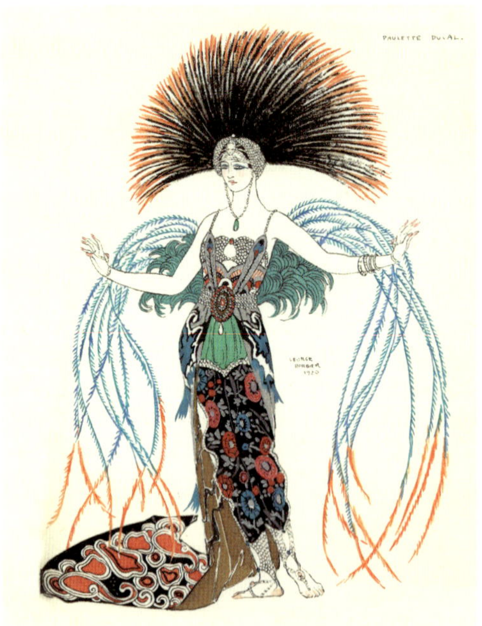

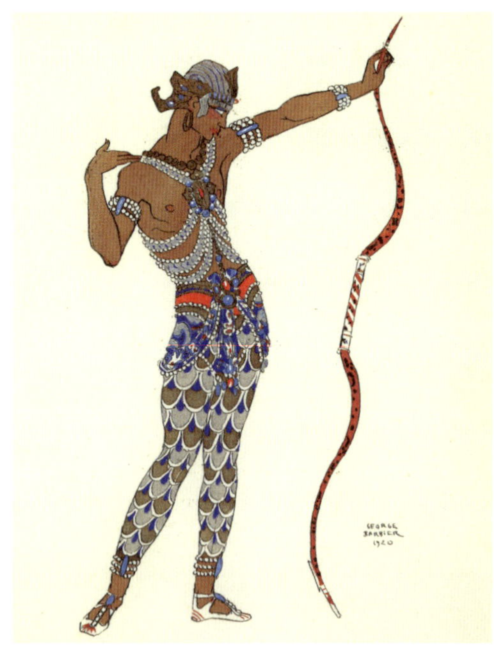

バレエ「ペルシア絨毯」のためのコスチュームと思われる。
右はデュヴァルの相手役で、ニジンスキーを思わせるワツラフ・スヴォボダである。
左はデュヴァルが扮する鳥の妖精で、バルビエは羽根と宝石で華やかに彼女を飾りつけた。

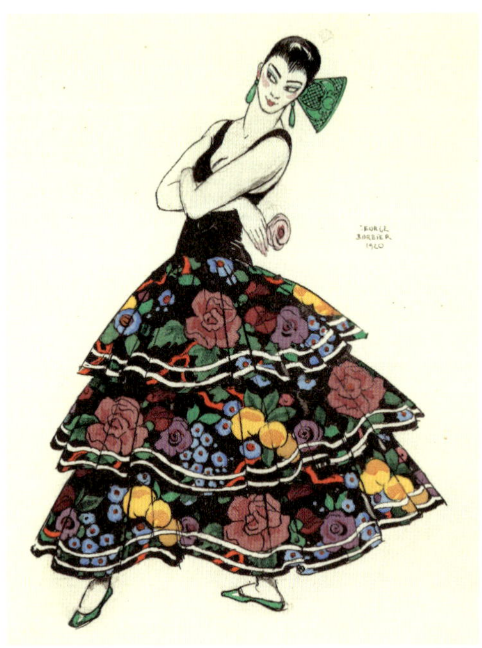

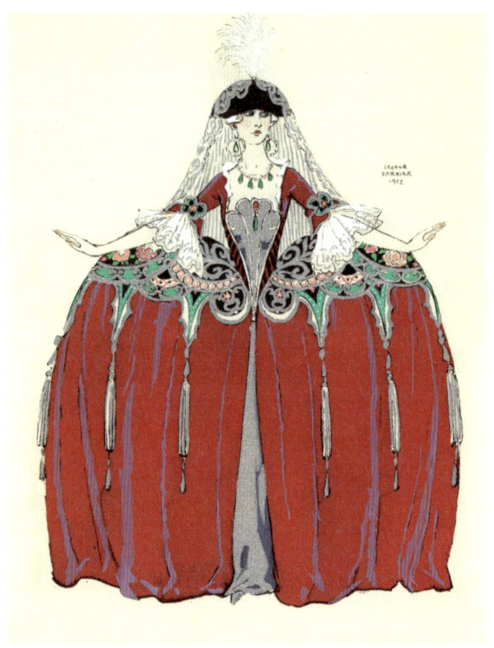

1920年、パリのアンヴァサドゥール劇場でのレヴューで
人気を集めたスパニッシュ・ダンサー、ポーレット・デュヴァルを
描いたもの。花柄のスカート、緑の髪飾りがすてきである。

「ドン・ジュアンの最後の夜」のためのコスチュームの1つと思われる。
両手を広げた女性のポーズが同じだからである。
赤いスカートが鮮やかだ。

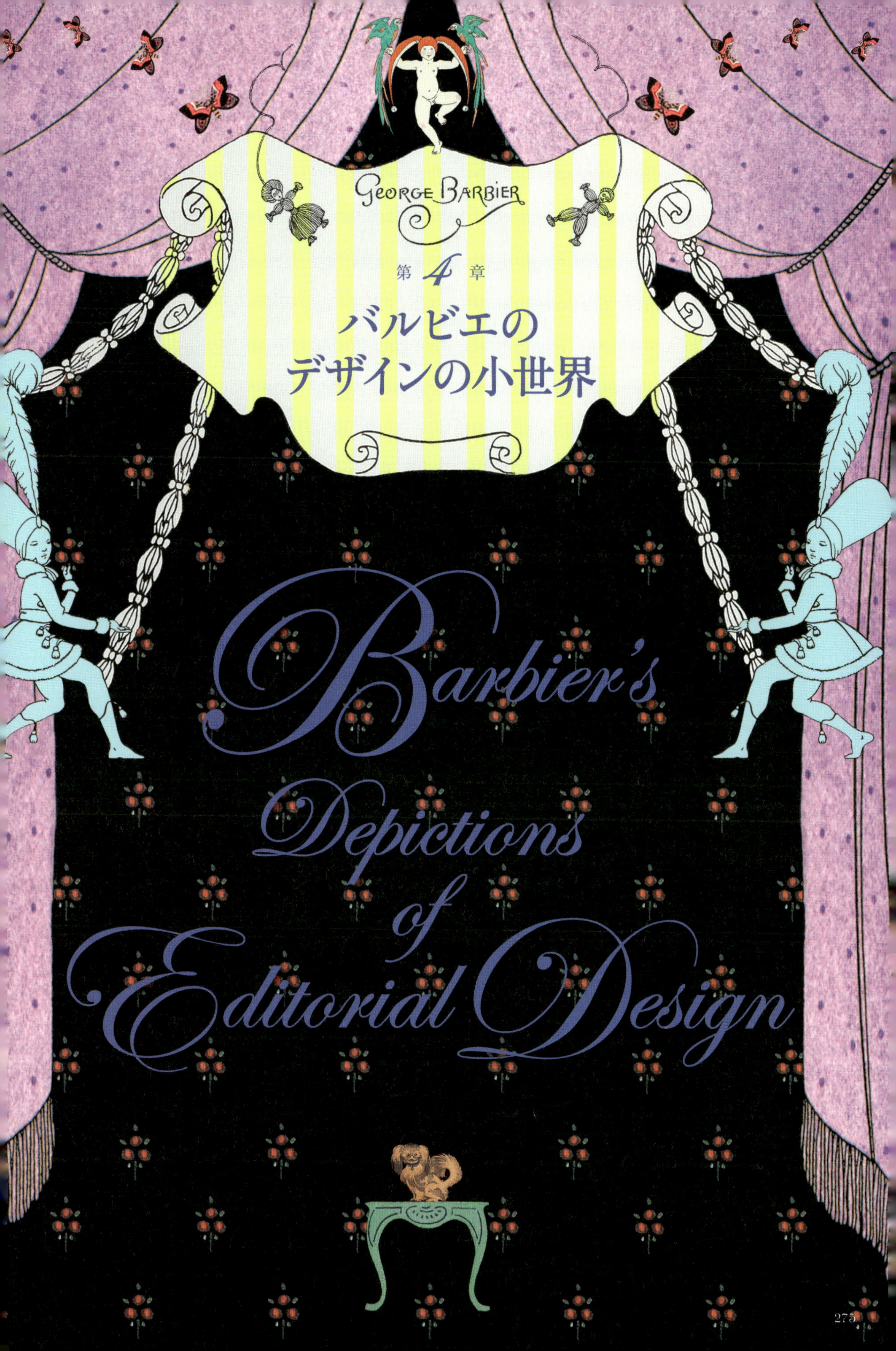

GEORGE BARBIER
第4章
バルビエの
デザインの小世界
Barbier's
Depictions
of
Editorial Design

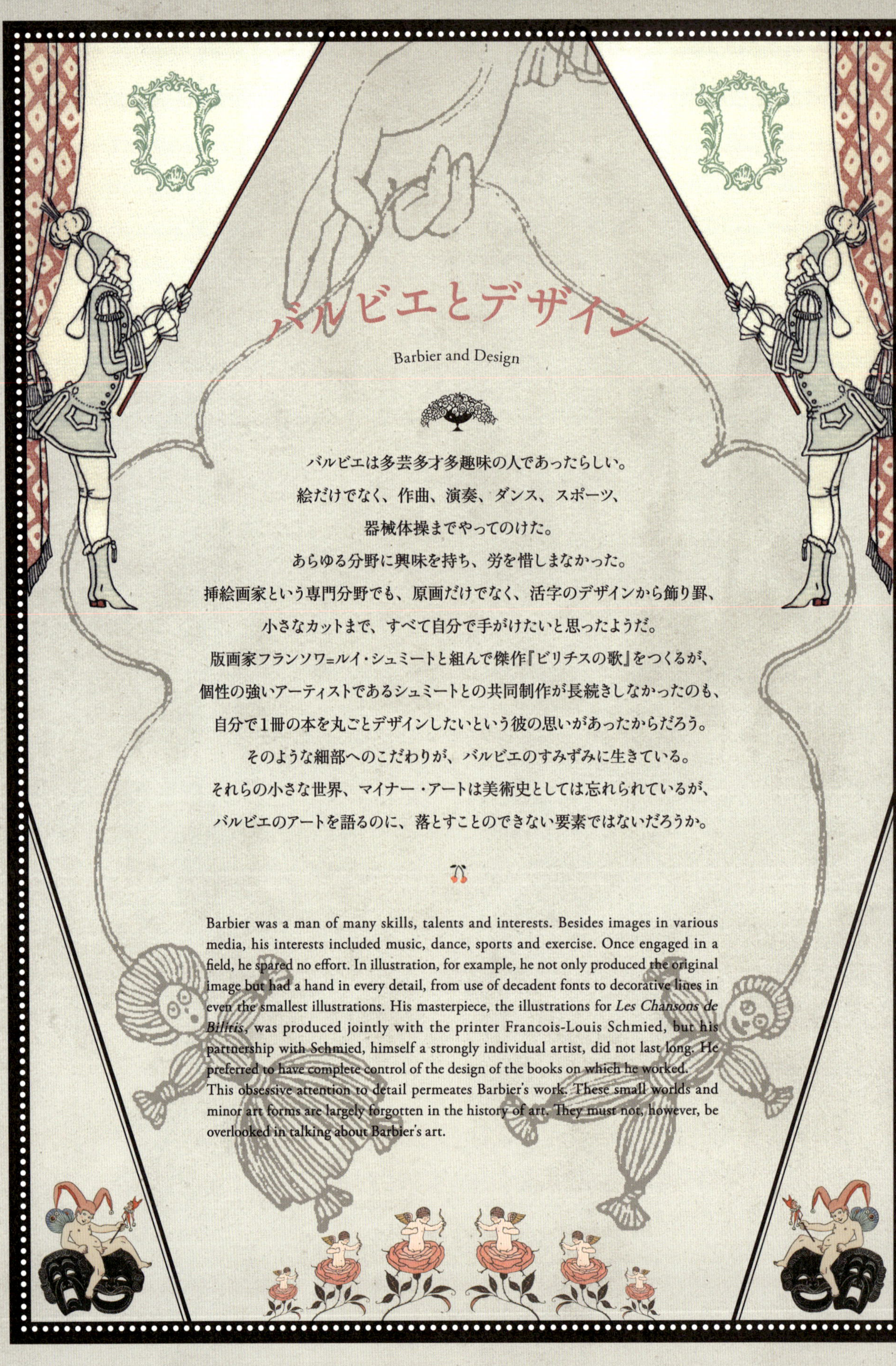

バルビエとデザイン

Barbier and Design

バルビエは多芸多才多趣味の人であったらしい。

絵だけでなく、作曲、演奏、ダンス、スポーツ、

器械体操までやってのけた。

あらゆる分野に興味を持ち、労を惜しまなかった。

挿絵画家という専門分野でも、原画だけでなく、活字のデザインから飾り罫、

小さなカットまで、すべて自分で手がけたいと思ったようだ。

版画家フランソワ＝ルイ・シュミートと組んで傑作『ビリチスの歌』をつくるが、

個性の強いアーティストであるシュミートとの共同制作が長続きしなかったのも、

自分で1冊の本を丸ごとデザインしたいという彼の思いがあったからだろう。

そのような細部へのこだわりが、バルビエのすみずみに生きている。

それらの小さな世界、マイナー・アートは美術史としては忘れられているが、

バルビエのアートを語るのに、落とすことのできない要素ではないだろうか。

Barbier was a man of many skills, talents and interests. Besides images in various media, his interests included music, dance, sports and exercise. Once engaged in a field, he spared no effort. In illustration, for example, he not only produced the original image but had a hand in every detail, from use of decadent fonts to decorative lines in even the smallest illustrations. His masterpiece, the illustrations for *Les Chansons de Bilitis*, was produced jointly with the printer Francois-Louis Schmied, but his partnership with Schmied, himself a strongly individual artist, did not last long. He preferred to have complete control of the design of the books on which he worked. This obsessive attention to detail permeates Barbier's work. These small worlds and minor art forms are largely forgotten in the history of art. They must not, however, be overlooked in talking about Barbier's art.

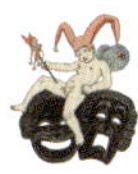

装飾アルファベット

中世の彩色写本のイニシャル（頭文字）には楽しいデザインがほどこされていた。

19世紀のウィリアム・モリスなどの私家版（営業的な出版ではなく、

少部数をつくって身近に配ったもの）でもその伝統が受け継がれていた。

小さなスペースにおける遊びをバルビエも楽しんでいる。

物語の内容によって、色彩のとりあわせが変わっていて、想像力をかきたてる。

タイポグラフィにおいても、挿絵画家としての特徴が強く感じられる。

『ヴィ・イマジネール（架空の伝記）』より

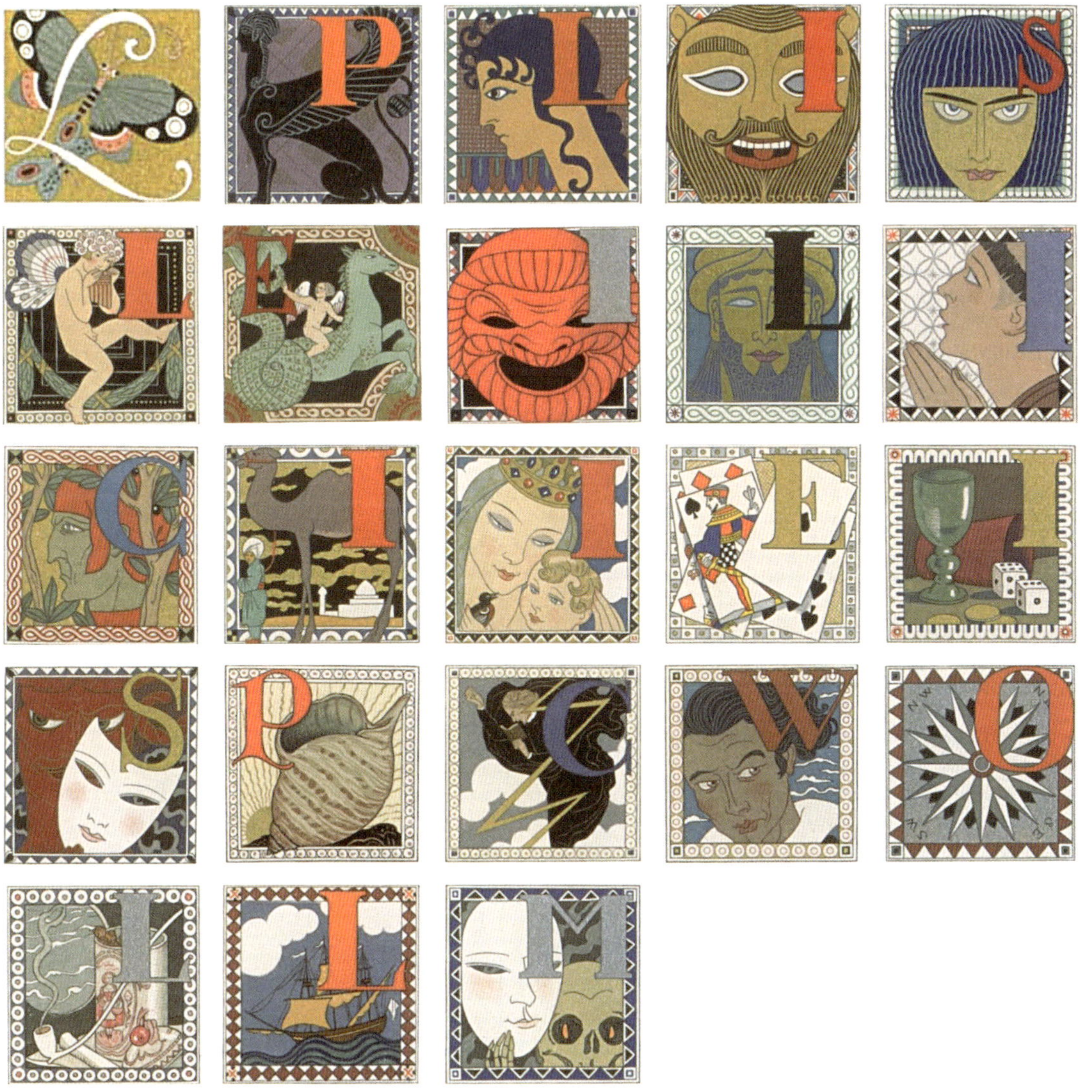

『マケダ、シバの女王——エチオピア年代記』より

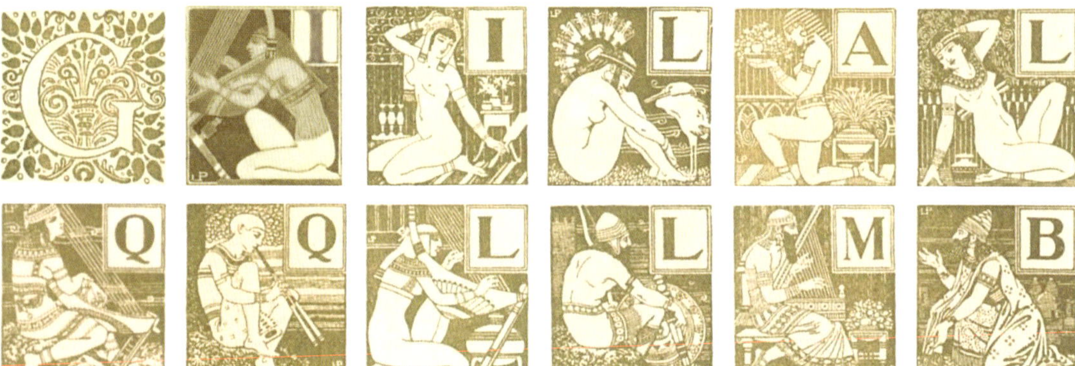

『アフロディット』より　　　　　　　　　　　　　　　　　　　　　　『ミイラ物語』より

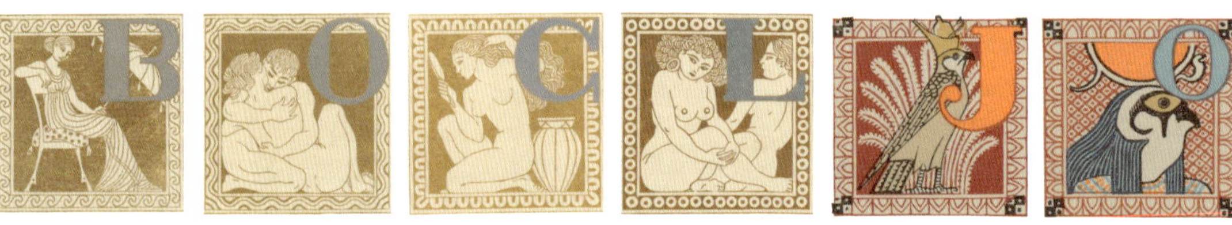

『散文詩』より　　　　　　　　　　　　　　　『リリュストラシオン』誌より　　『カサノヴァ』より

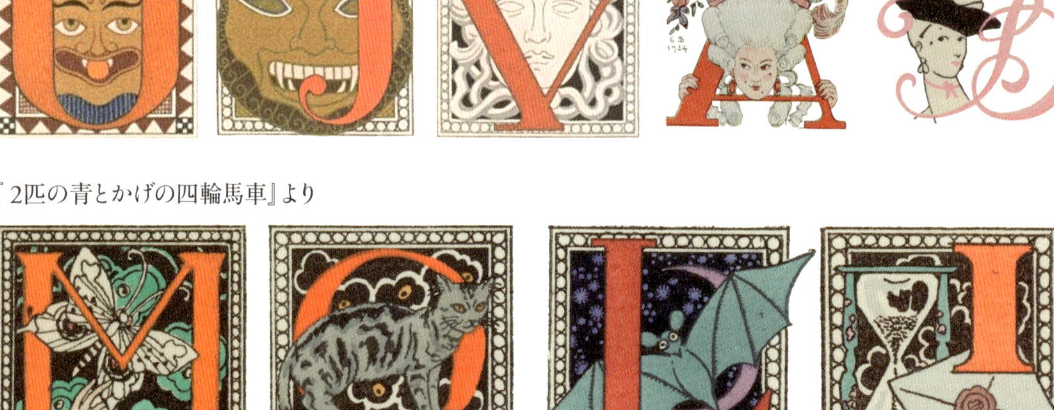

『2匹の青とかげの四輪馬車』より

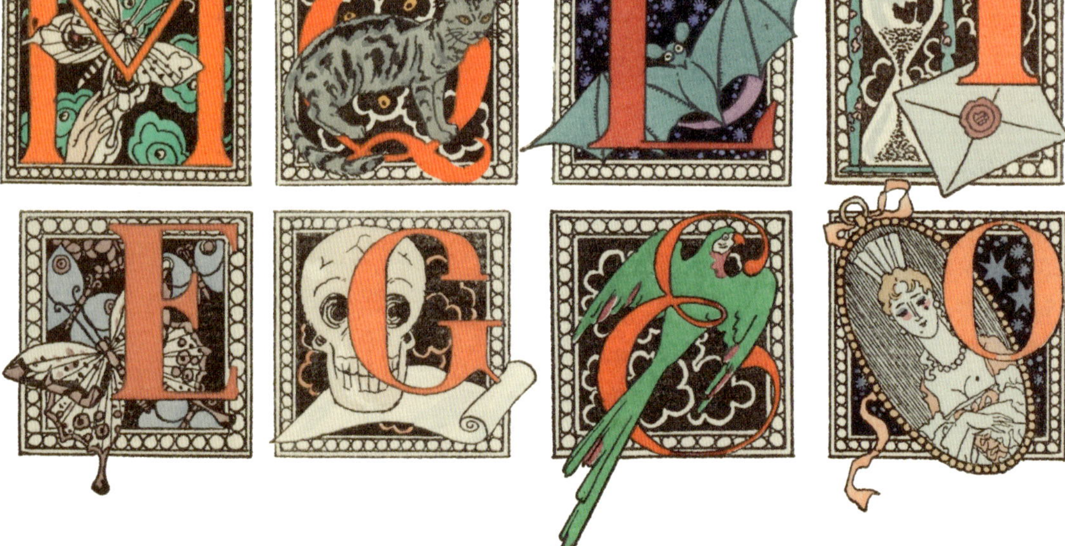

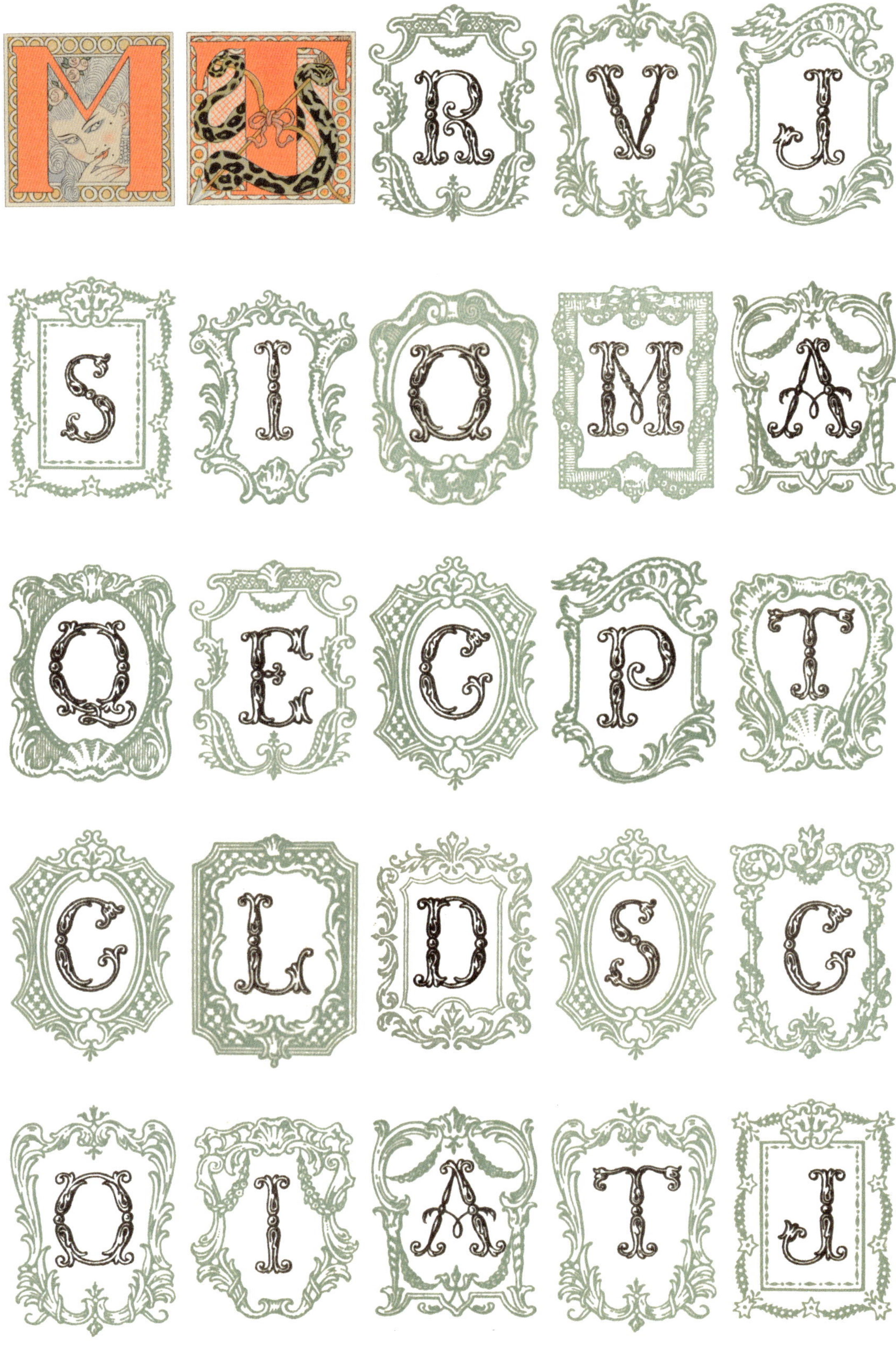

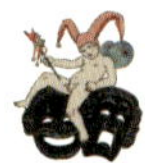

組版（ページレイアウト）

Page Layout

ウィリアム・モリスは、本のページ全体のレイアウトに気を配るようになった。
モリスたちによるブック・デザインの革命は、
印刷技術の発達とともに、20世紀の新しい本の時代を開いた。
バルビエはその流れの中に現れた人であり、
レイアウトにもさまざまな試みをした。
絵と本文が一緒に刷れるようになった
時代の特性を存分に生かしたデザインとなっている。

『ガゼット・デュ・ボン・トン』誌より

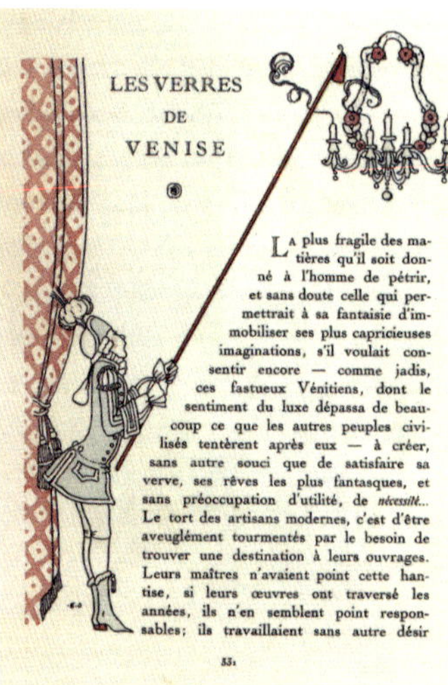

LES VERRES DE VENISE

La plus fragile des matières qu'il soit donné à l'homme de pétrir, et sans doute celle qui permettrait à sa fantaisie d'immobiliser ses plus capricieuses imaginations, s'il voulait consentir encore — comme jadis, ces fastueux Vénitiens, dont le sentiment du luxe dépassa de beaucoup ce que les autres peuples civilisés tentèrent après eux — à créer, sans autre souci que de satisfaire sa verve, ses rêves les plus fantasques, et sans préoccupation d'utilité, de *nécessité...* Le tort des artisans modernes, c'est d'être aveuglément tourmentés par le besoin de trouver une destination à leurs ouvrages. Leurs maîtres n'avaient point cette hantise, si leurs œuvres ont traversé les années, ils n'en semblent point responsables; ils travaillaient sans autre désir

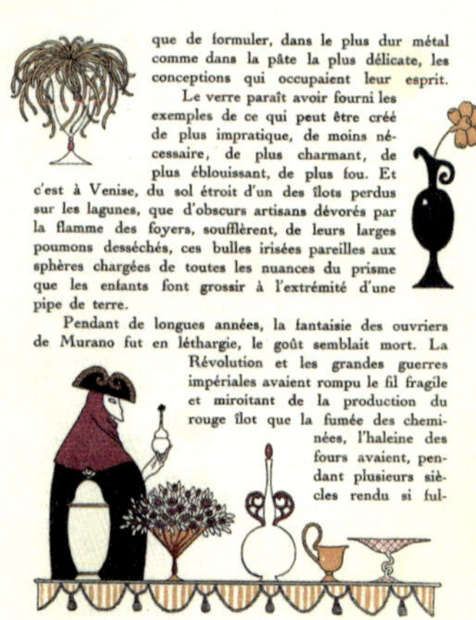

que de formuler, dans le plus dur métal comme dans la pâte la plus délicate, les conceptions qui occupaient leur esprit.

Le verre paraît avoir fourni les exemples de ce qui peut être créé de plus impratique, de moins nécessaire, de plus charmant, de plus éblouissant, de plus fou. Et c'est à Venise, du sol étroit d'un des îlots perdus sur les lagunes, que d'obscurs artisans dévorés par la flamme des foyers, soufflèrent, de leurs larges poumons desséchés, ces bulles irisées pareilles aux sphères chargées de toutes les nuances du prisme que les enfants font grossir à l'extrémité d'une pipe de terre.

Pendant de longues années, la fantaisie des ouvriers de Murano fut en léthargie, le goût semblait mort. La Révolution et les grandes guerres impériales avaient rompu le fil fragile et miroitant de la production du rouge îlot que la fumée des cheminées, l'haleine des fours avaient, pendant plusieurs siècles rendu si ful-

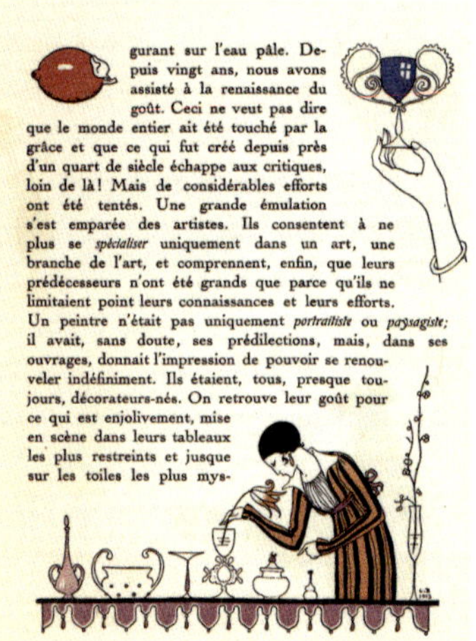

gurant sur l'eau pâle. Depuis vingt ans, nous avons assisté à la renaissance du goût. Ceci ne veut pas dire que le monde entier ait été touché par la grâce et que ce qui fut créé depuis près d'un quart de siècle échappe aux critiques, loin de là! Mais de considérables efforts ont été tentés. Une grande émulation s'est emparée des artistes. Ils consentent à ne plus se *spécialiser* uniquement dans un art, une branche de l'art, et comprennent, enfin, que leurs prédécesseurs n'ont été grands que parce qu'ils ne limitaient point leurs connaissances et leurs efforts. Un peintre n'était pas uniquement *portraitiste* ou *paysagiste;* il avait, sans doute, ses prédilections, mais, dans ses ouvrages, donnait l'impression de pouvoir se renouveler indéfiniment. Ils étaient, tous, presque toujours, décorateurs-nés. On retrouve leur goût pour ce qui est enjolivement, mise en scène dans leurs tableaux les plus restreints et jusque sur les toiles les plus mys-

『ジョルジュ・バルビエ』より

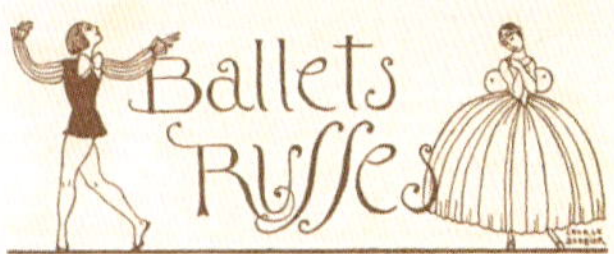

sont que muscles, efforts souples, nerfs, courts repos entre deux violents plaisirs...

" ... Oui ces adolescentes nues comme des urnes, ces faunes aux ceintures de fruits, ont retrouvé, comme autrefois Keats, le chemin perdu de la Grèce antique. La pureté de leurs lignes, la grâce imprévue et nette de leurs mouvements en témoignent mieux que leurs chlamydes et que leurs chitons dénoués.

" Pourtant cette mélodieuse musique ne suffit point à retenir uniquement M. Barbier. De nouvelles ressources lui furent révélées par ces ballets russes dont on ne saurait assez dire l'étrange pouvoir et la fascination qu'ils exercent sur les jeunes artistes. M. Jean-Louis Vaudoyer, le subtil truchement de leurs spectacles enchanteurs, doit aimer dans l'œuvre de M. Barbier ces

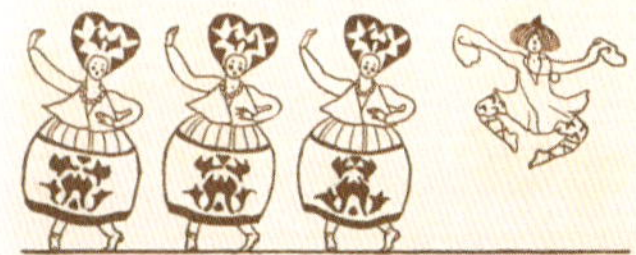

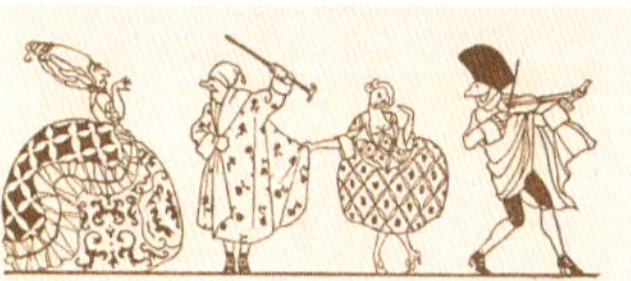

pages pleines du rappel et du souvenir des fêtes que nous dansèrent Zobéide, Cléopâtre, Shéhérazade et l'Oiseau d'or. Quel amateur d'estampes ne se divertirait d'ailleurs infiniment à cet imbroglio d'arabesques et de couleurs qui nous montre tour à tour Nijinski, Fokine et Mlle Rubinstein dans leur perpétuelle nouveauté. Ah! Rubinstein surtout, prisonnière de ses perles! Rubinstein parmi ses colliers, plus blanche que la chair des mangues, avec ce sourire sur la bouche, pareil au parfum du musc!

" Ici et là, on remarque encore, entre *une danseuse à la guirlande bleue* et *Rubinstein sur un coussin orange,* des formes plus modernes, ou la silhouette dégingandée du frêle Arlequin. C'est la part de la Fantaisie, le portrait de quelques naturelles

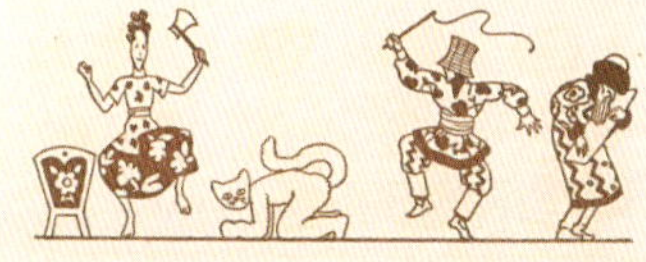

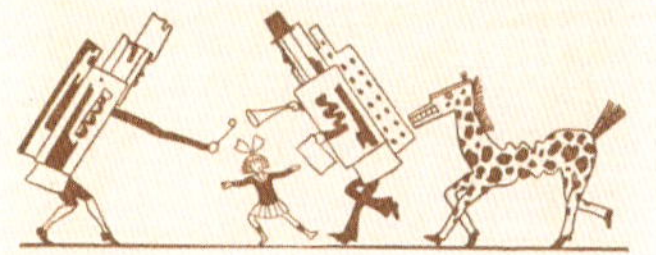

Vous qui voyez encore Armide et Colombine,
La Sylphide alanguie, et Thamar, qui combine
Dans son palais sanglant l'amour et le forfait,

Nous vous prions, pour nous donner de l'assurance
Pendant que nous traçons notre double portrait,
D'avoir peu de mémoire & beaucoup d'indulgence.

Cet album, je le considère maintenant comme un reliquaire. Il contient la cendre non refroidie de chers plaisirs défunts. Nous le publiâmes quelques mois avant la guerre, poussés sans

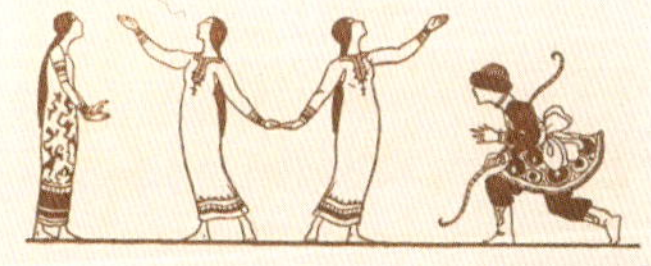

『ラ・ギルランド・デ・モワ』より

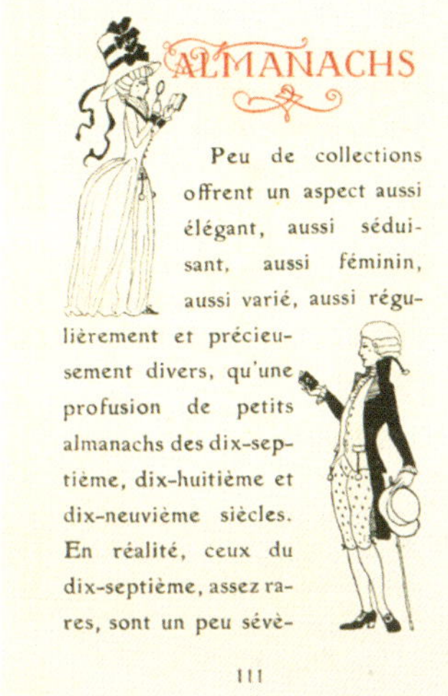

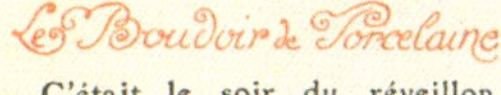
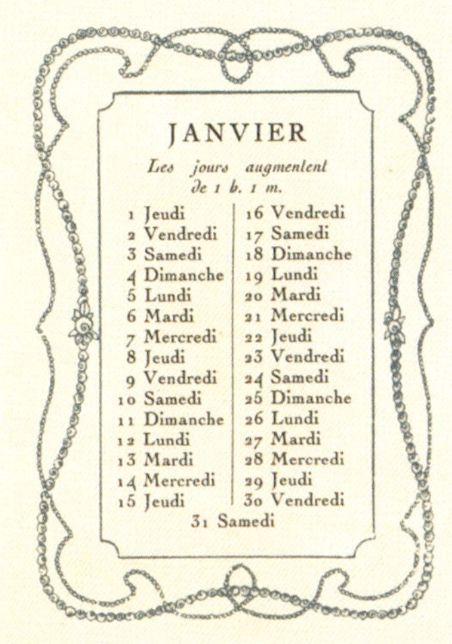

『2匹の青とかげの四輪馬車』より

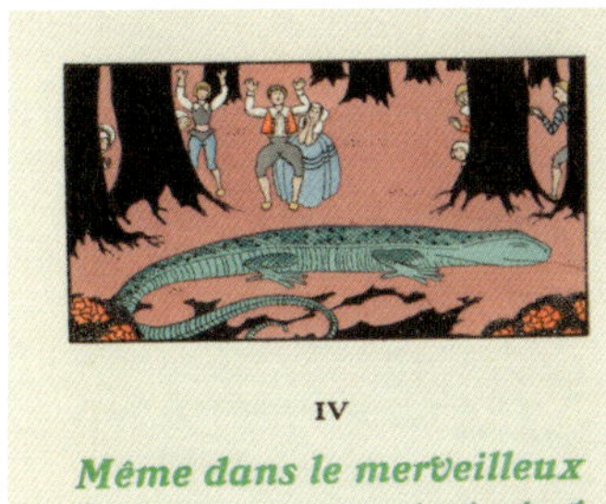
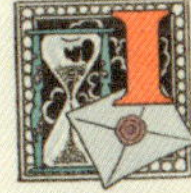

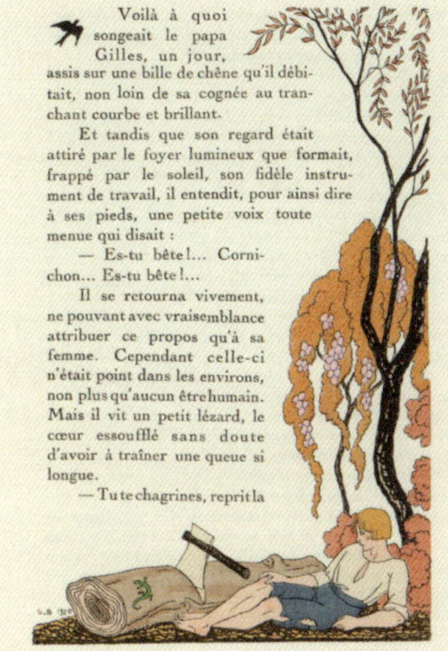

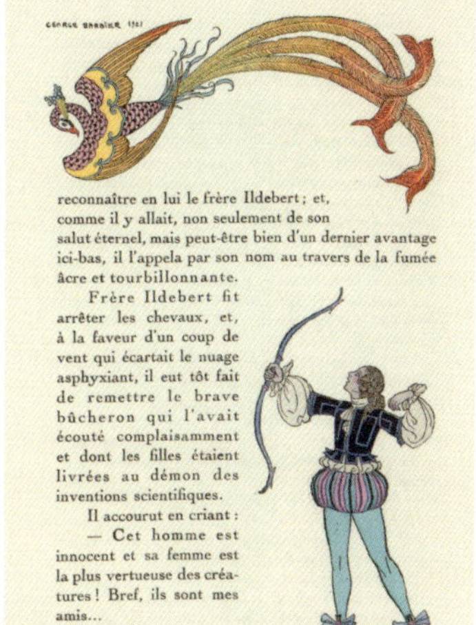

『マケダ、シバの女王──エチオピア年代記』より　　『ミイラ物語』より　　　　　　『ヴィ・イマジネール（架空の伝記）』より

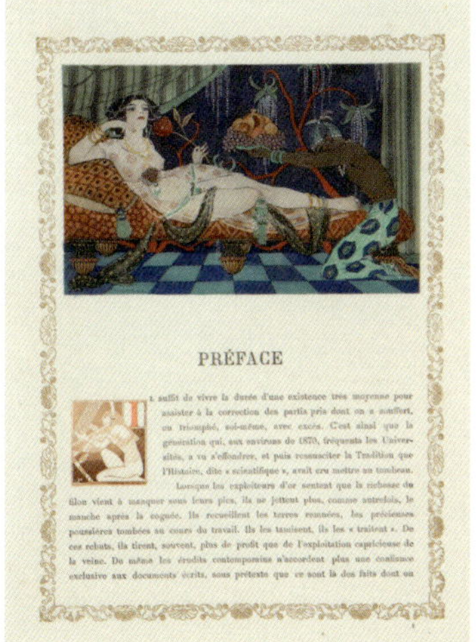

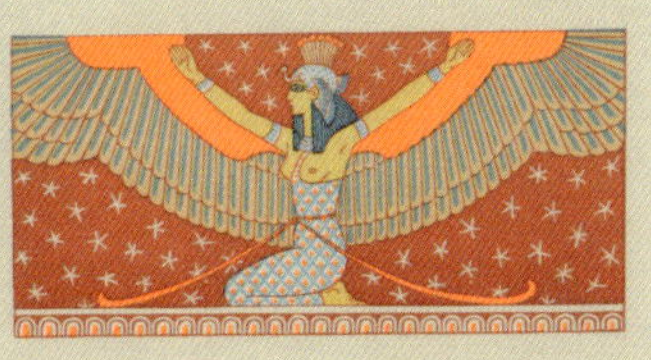

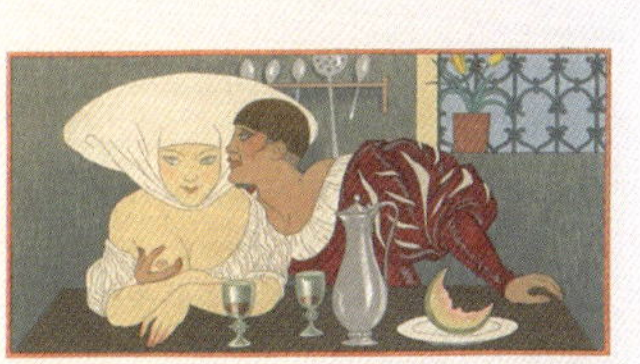
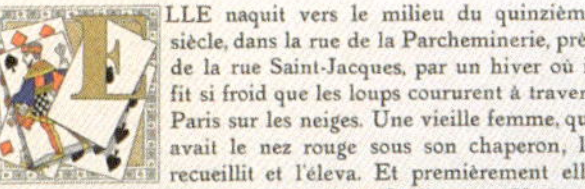

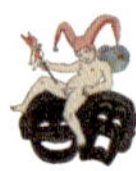

線画イラスト＆タイポグラフィ

Line Illustration and Typography

バルビエは色彩画家として知られているが、線画も巧みであり、
イギリス世紀末のオーブリー・ビアズリーやチャールズ・リケッツなどの
線の時代の挿絵を学んでいることがわかる。
その線は複雑な曲線を描き、軽快で浮遊するように揺らいで、私たちの視線を迷わせる。
女性、花、果物、房飾りなどロココのイメージがまき散らされている。

『ラ・ギルランド・デ・モワ』より

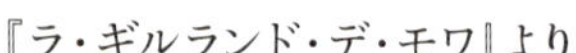

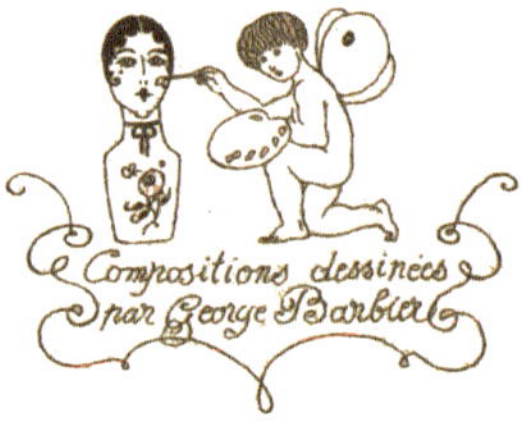

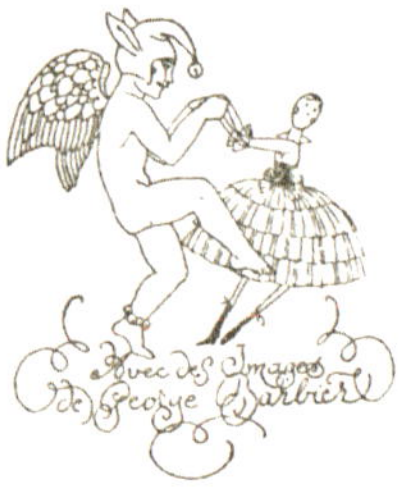

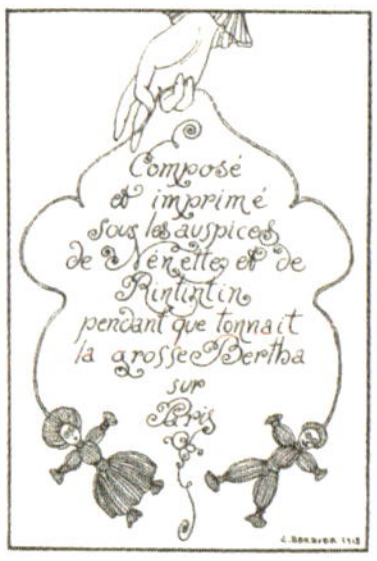

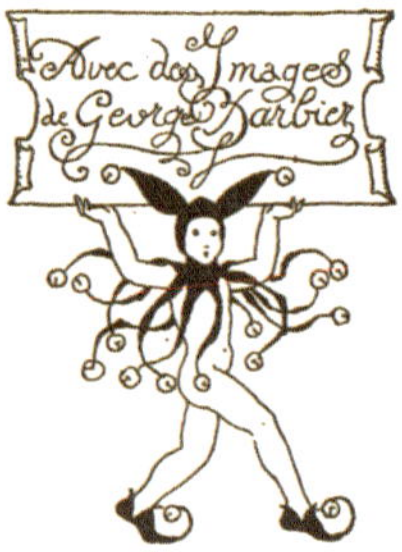

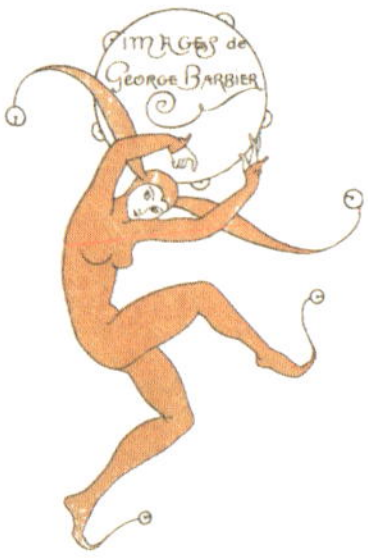

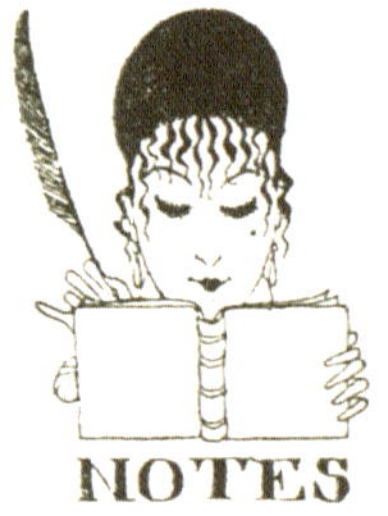

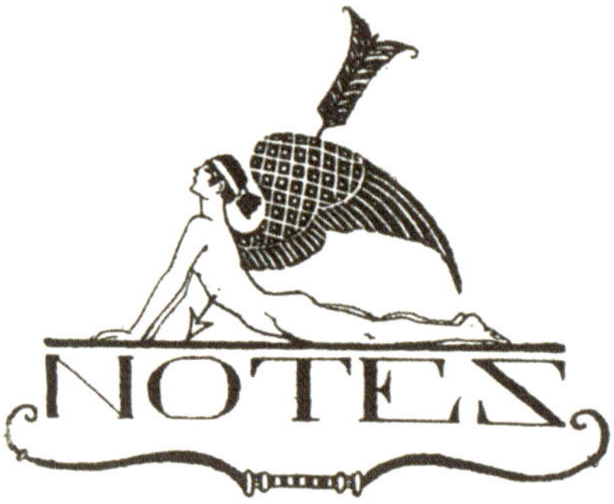

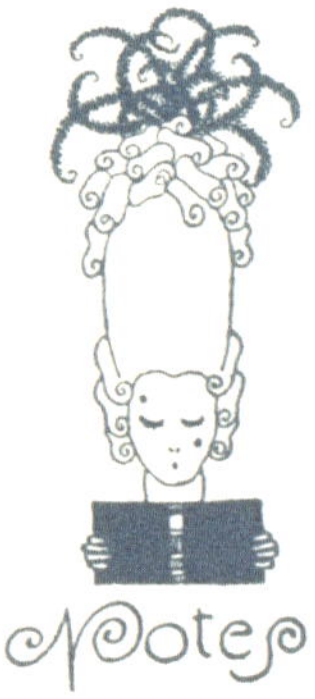

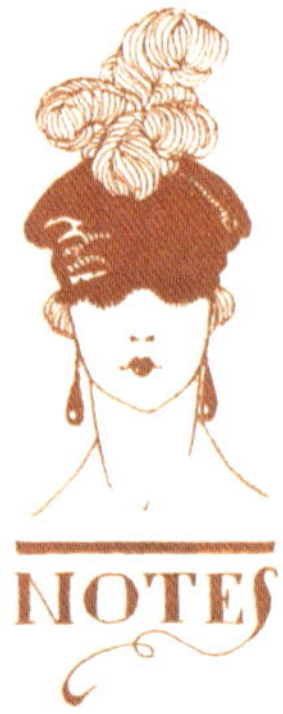

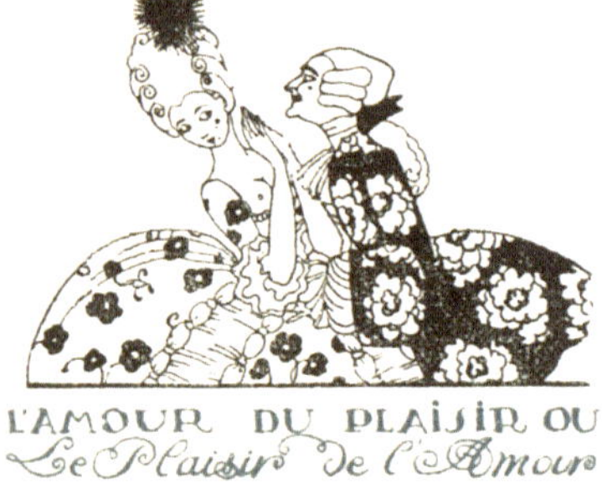

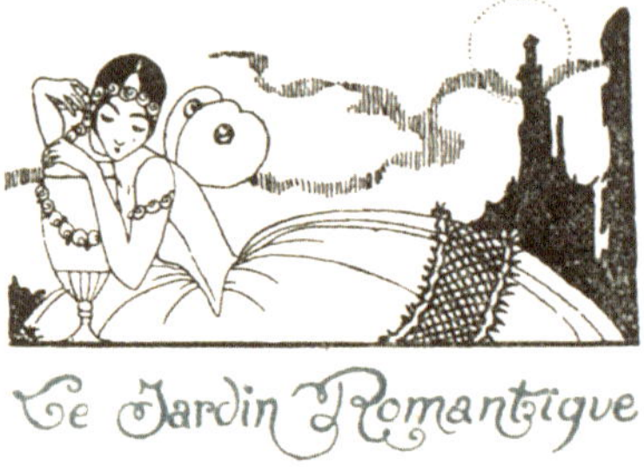

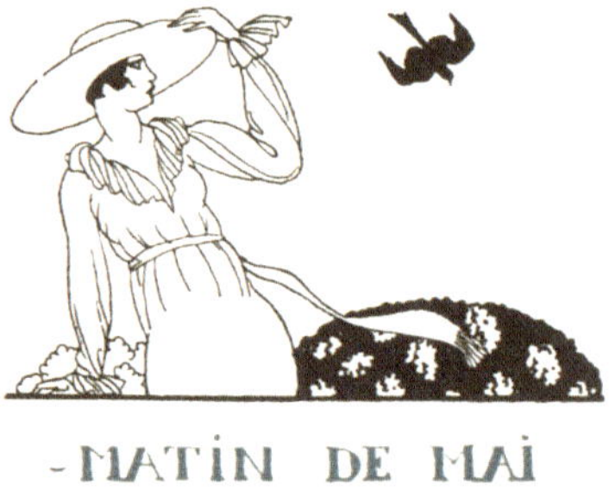

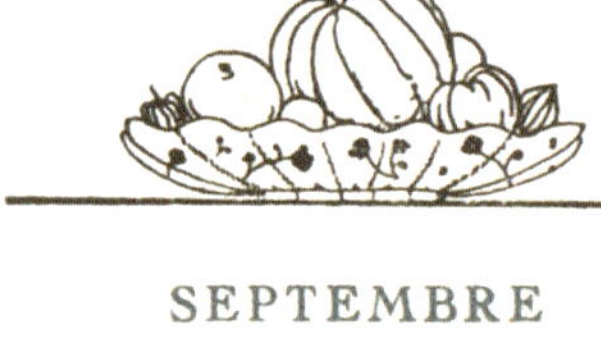

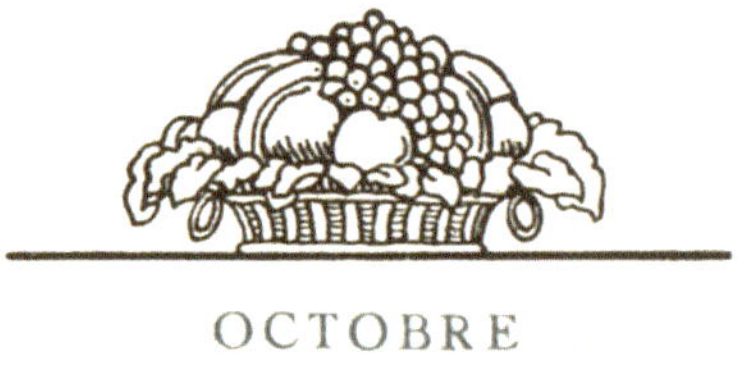

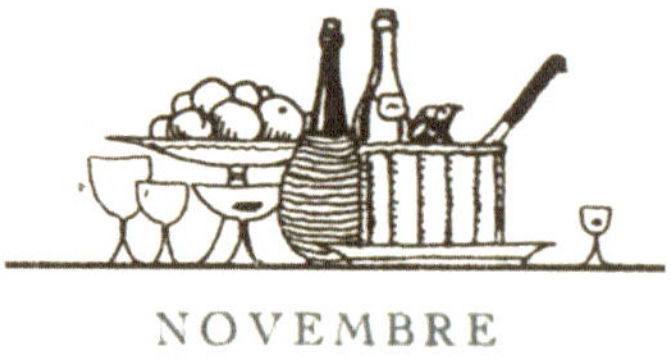

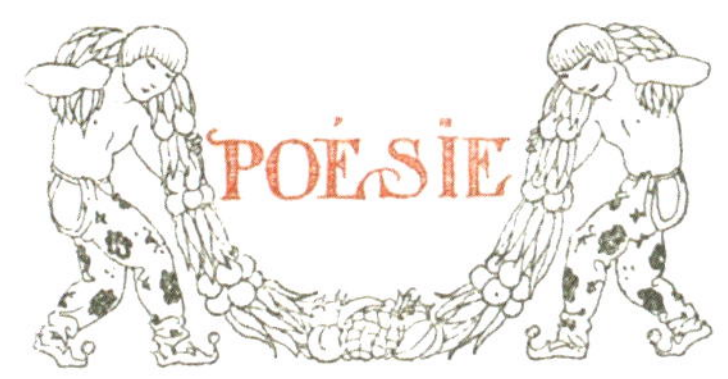

POÉSIE

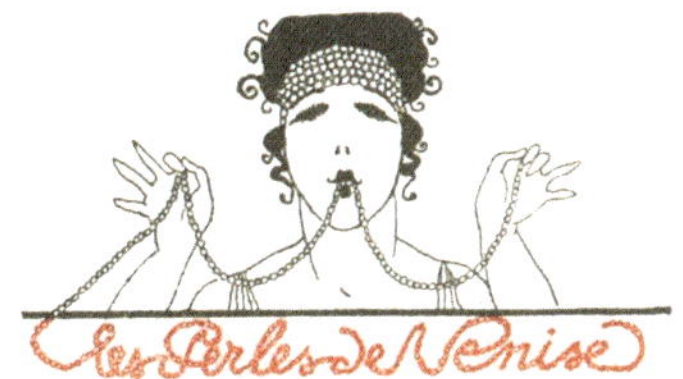

Les Perles de Venise

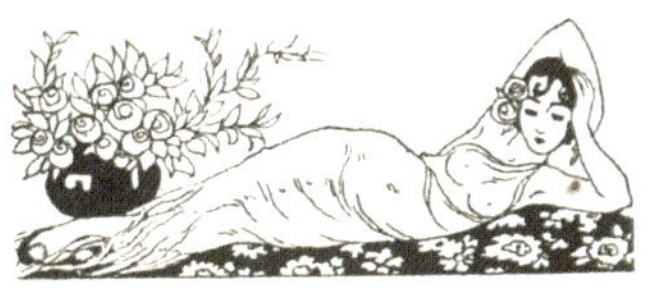

LE MIRACLE D'UTRILLO.

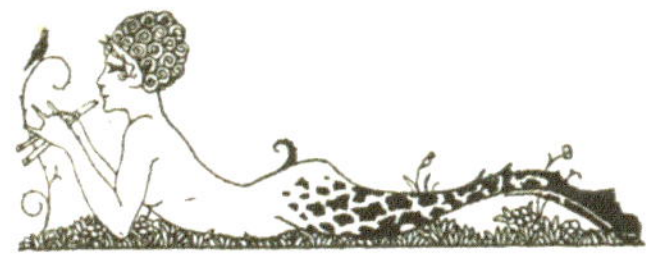

FLUTES DANS LE SOIR.

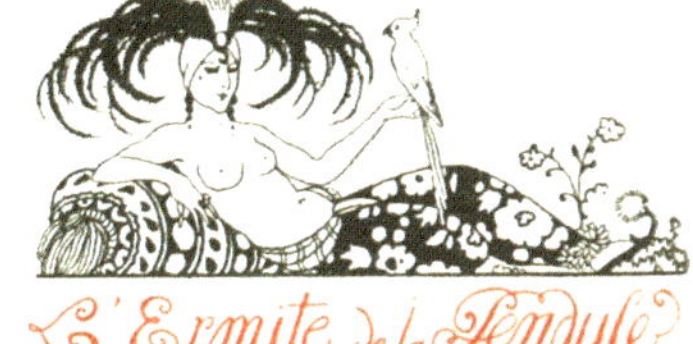

L'Ermite de la Pendule

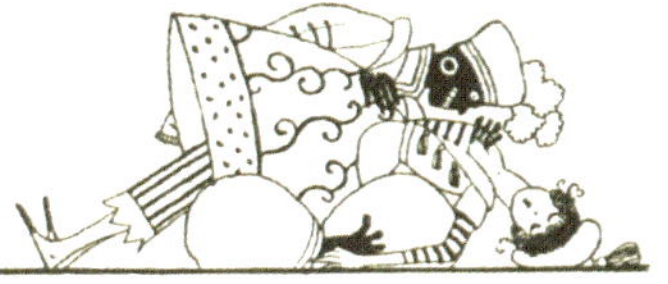

BALLETS RUSSES.

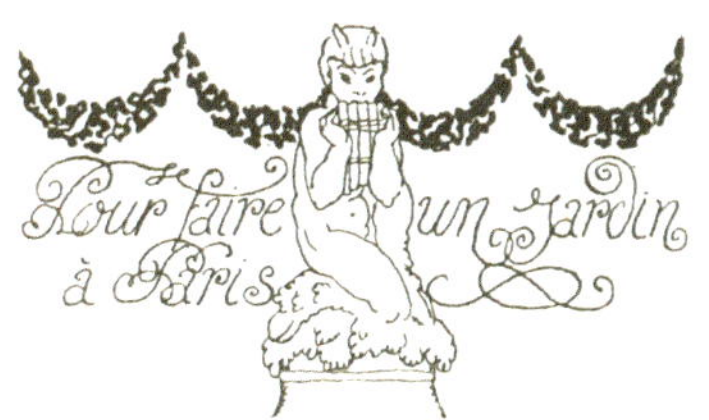

Pour faire un jardin à Paris

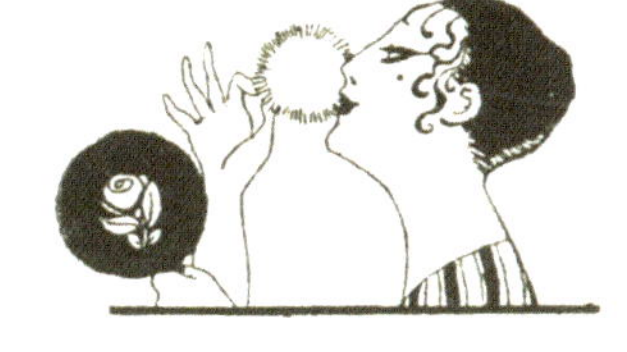

CONSEILS POUR LA BEAUTÉ

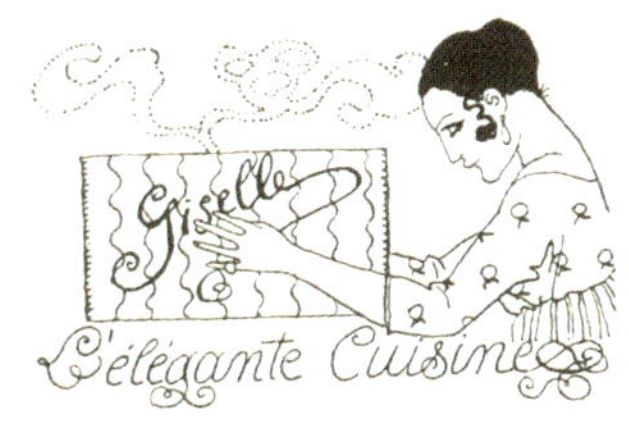

L'élégante Cuisine

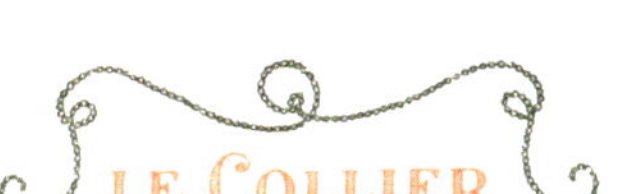

LE COLLIER,

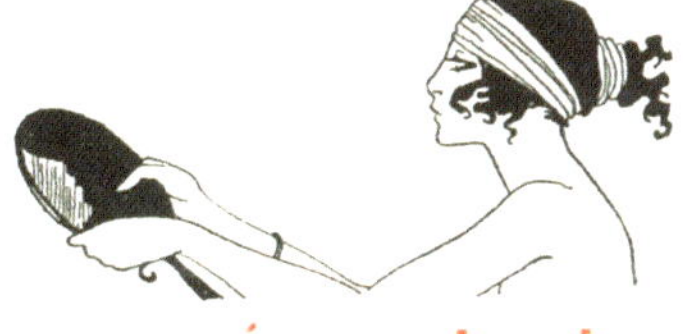

PSYCHÉ AU MIROIR.

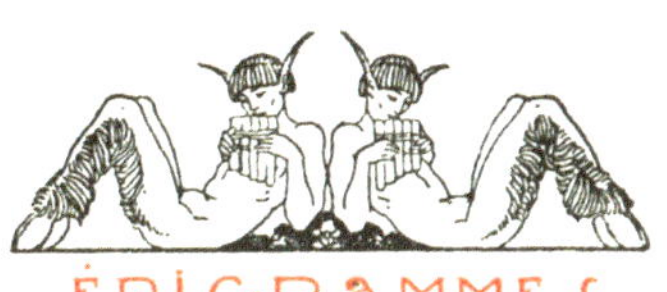

ÉPIGRAMMES.

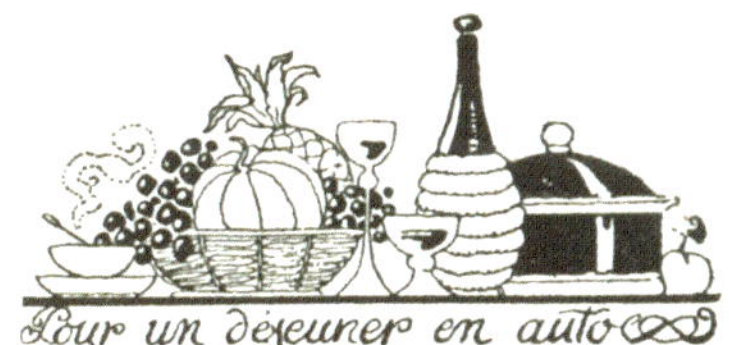

Pour un déjeuner en auto

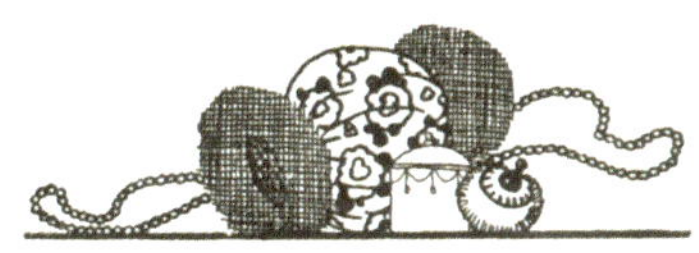

JANVIER

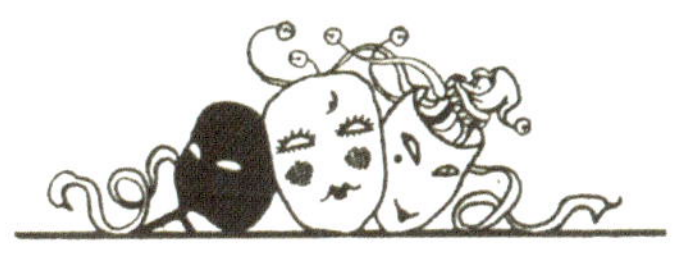

FÉVRIER

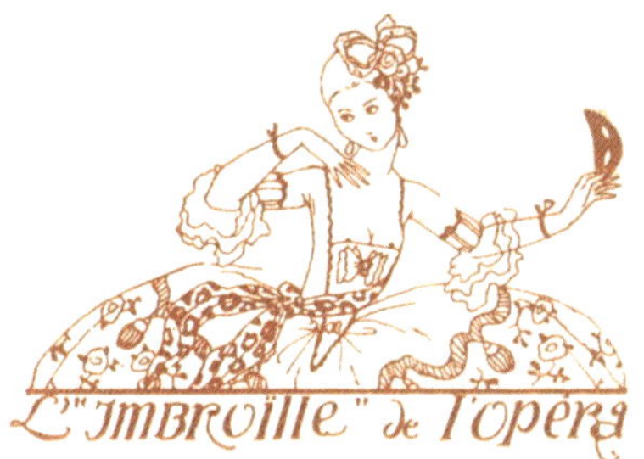

L'"Imbroille" de l'Opéra

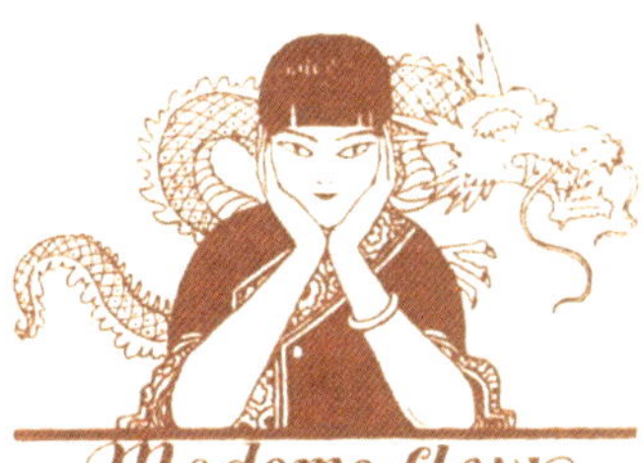

Madame fleur.

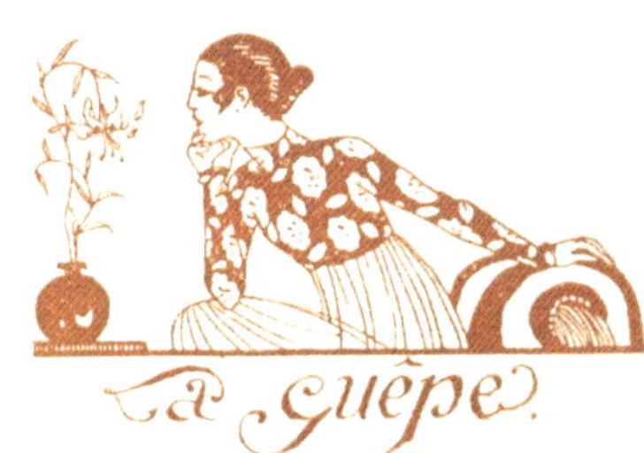

La Guêpe.

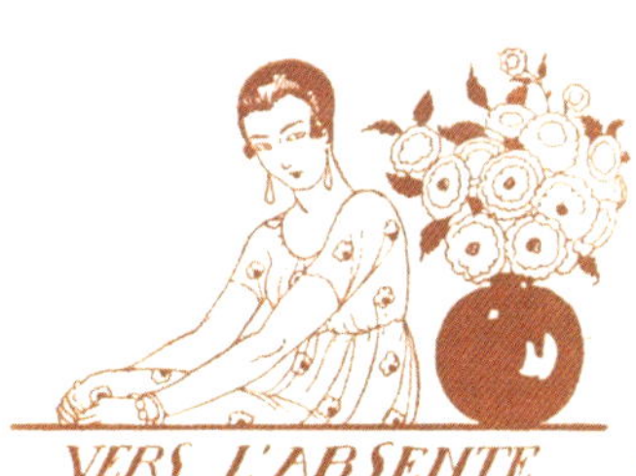

VERS L'ABSENTE.

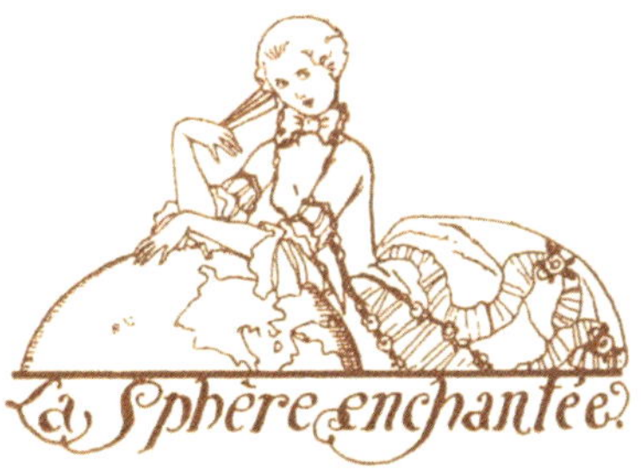

La Sphère enchantée.

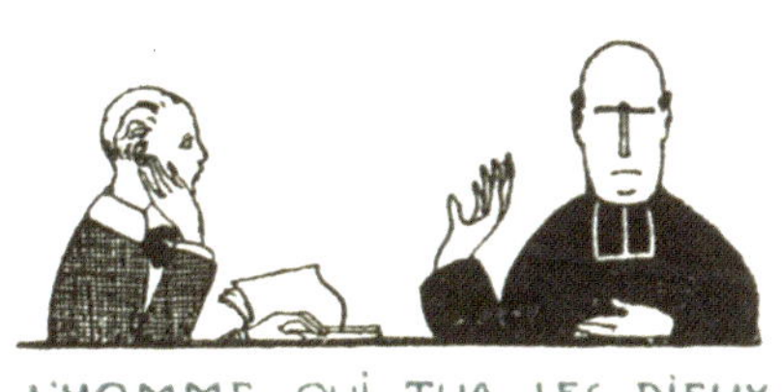

L'HOMME QUI TUA LES DIEUX

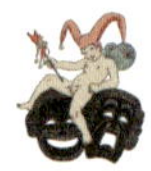

小さいイラスト

絵と文が一緒に刷れるようになったことで、
カットといわれる小さなイラストが使いやすくなった。
竹久夢二などもカットから出発している。
バルビエは、カットにおいて、むしろのびのびと想像力を羽ばたかせているところがある。
即興的で気楽なところが、イメージを面白くさせるのだろう。
エクスリブリス（蔵書票）といったカットによるマイナー・アートなども再評価されなければならない。

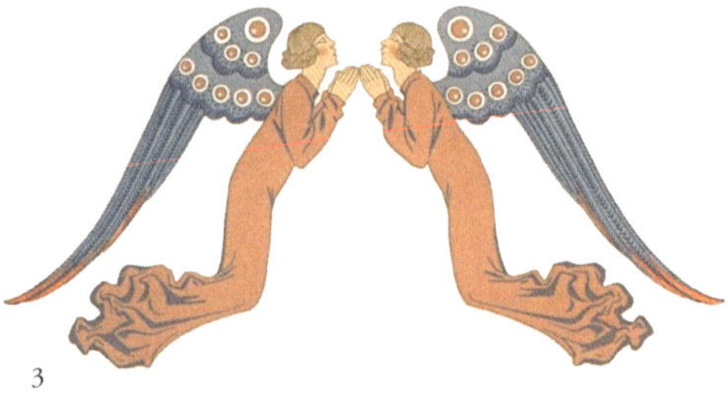

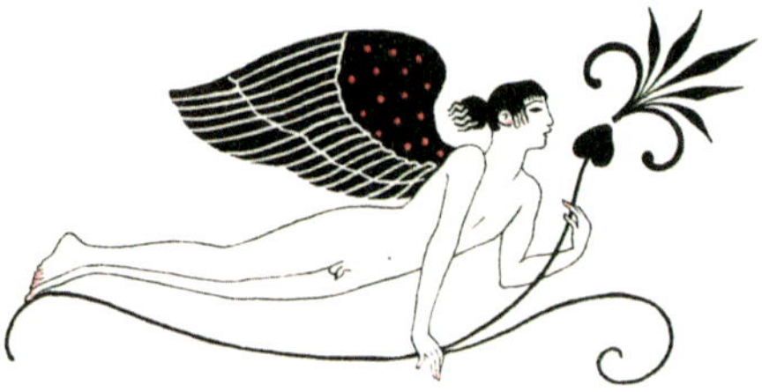

天使

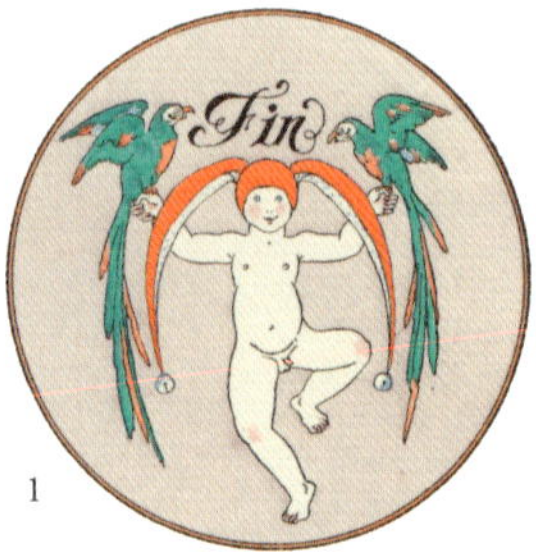

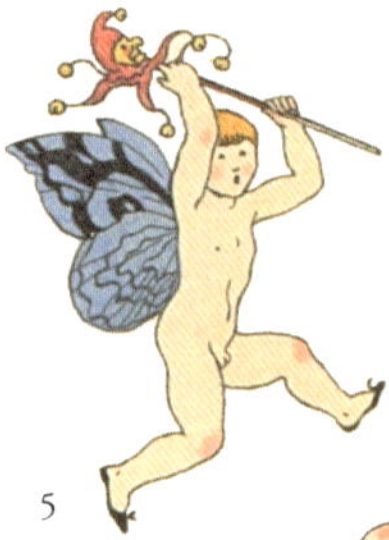

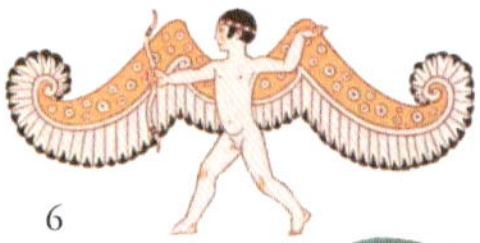

1・12　『2匹の青とかげの四輪馬車』より　　2・5・8・9・11　『ラ・ギルランド・デ・モワ』より　　3・6　『ヴィ・イマジネール（架空の伝記）』より
4・7　『ビリチスの歌』より　　10　『リリュストラシオン』誌より　　13　『艶なる宴』より

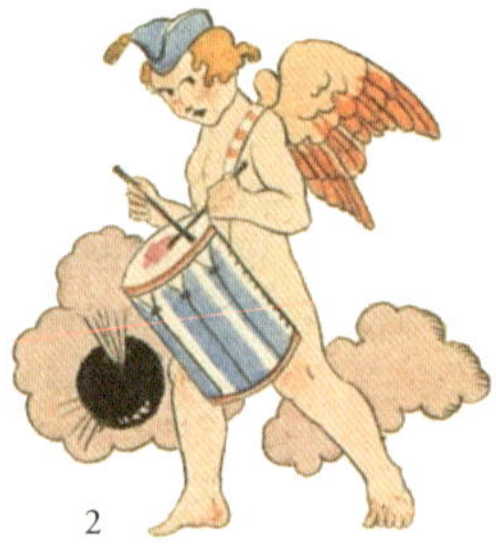

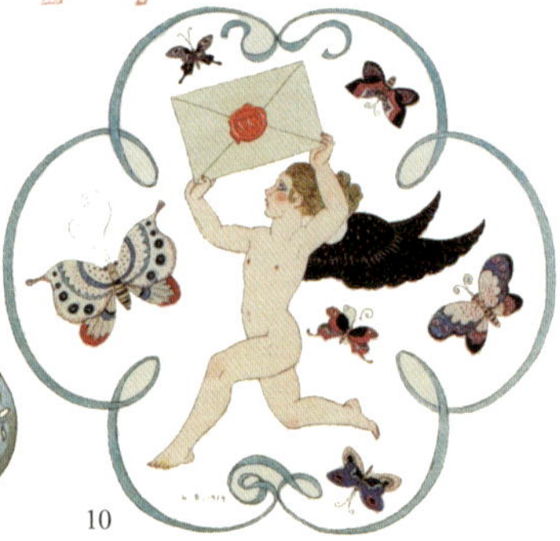

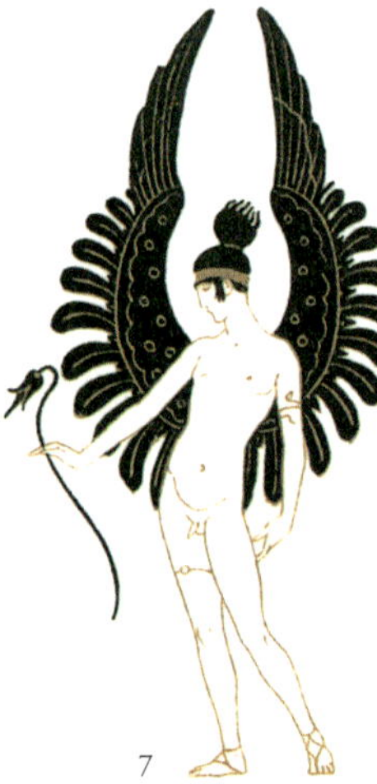

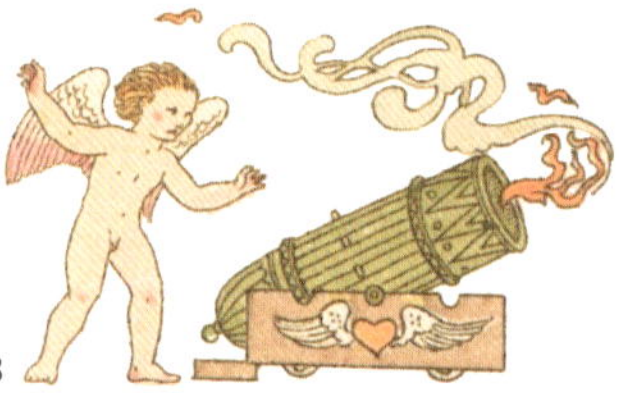

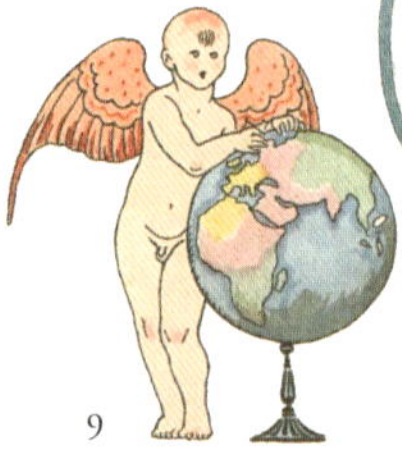

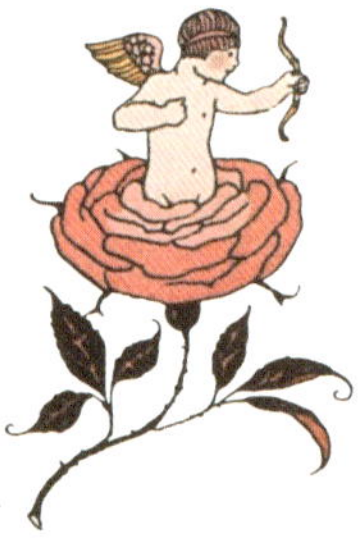

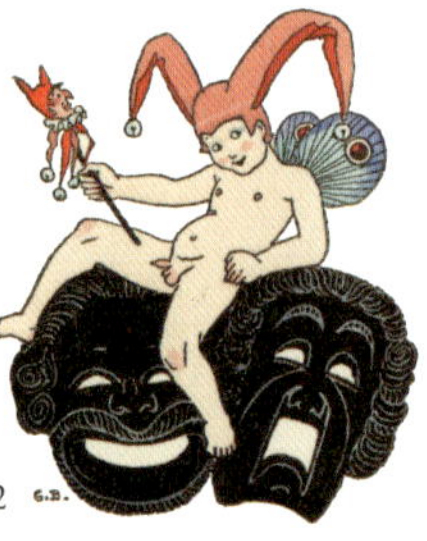

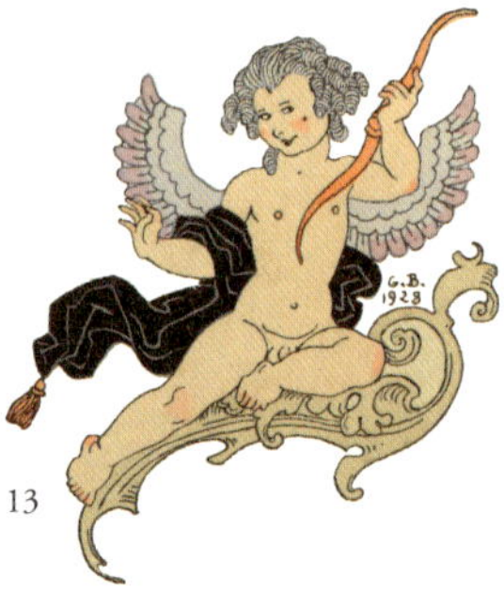

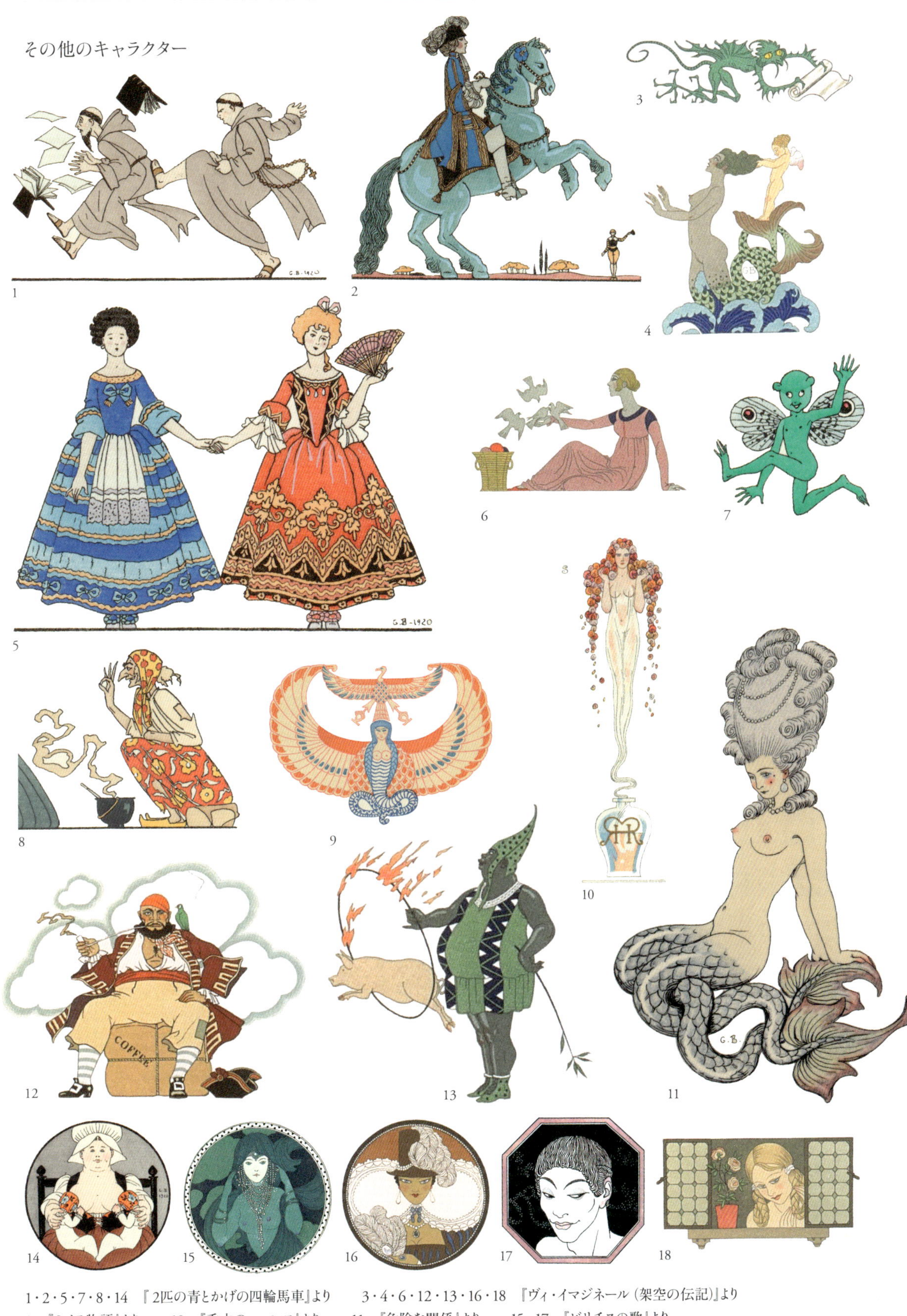

1・2・5・7・8・14　『2匹の青とかげの四輪馬車』より　　　3・4・6・12・13・16・18　『ヴィ・イマジネール（架空の伝記）』より
9　『ミイラ物語』より　　10　『香水のロマンス』より　　11　『危険な関係』より　　15・17　『ビリチスの歌』より

ジョルジュ・バルビエ年表

George Barbier's Biography

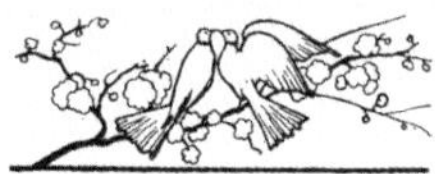

1882年	ブルターニュの港町、ナントに生まれる。 Born to a prosperous merchant family in Nantes.
1902年	ナントの美術学校に入学。 Entered the Ecole régionale du Dessin et des Beaux-Arts.
1908-10年	パリのジャン=ポール・ローランスの アカデミー・ジュリアンで学ぶ。 Enrolled in Jean-Paul Laurens' studio at the Académie Julien in Paris.
1909年	ディアギレフ率いるバレエ・リュスがパリに現れ、センセーションを巻き起こす。 Sergei Diaghilev's Ballets Russes came to Paris and caused a sensation.
1911年	クチュリエのポール・ポワレによるファッション革命が始まる。 パリのギャラリー・ブテ・モンヴェルにおいて、個展を開く。 カルティエでの最初の仕事となるディアデム（頭飾り）をデザインする。 The couturier Paul Poiret launched a revolution in fashion. Had a solo exhibition at galerie Boutet de Monvel in Paris. Experimented with the first design of a diadem (head accessary) for Louis Cartier.
1912年	『ジュルナール・デ・ダーム・エ・デ・モード』誌、『ガゼット・デュ・ボン・トン』誌創刊。バルビエもファッション・プレート（ファッション画、モード画）を描くようになる。 The fashion magazines *Journal des Dames et des Modes* and *Gazette du Bon Ton* were first issued. They featured illustrations by Barbier.
1913年	『ニジンスキー』刊行。 *Nijinsky* was published.
1913-27年	マルセル・プルーストによる長編小説『失われた時を求めて』が刊行される。 Marcel Proust's *Remembrance of Things Past* was published.
1914年	『マケダ、シバの女王』『バルビエによる17の作品』『カルサーヴィナ』刊行。 『モード・エ・マニエール・ドージュルデュイ』誌のモード・イラストを担当する。 『ビリチスの歌』の挿絵に着手するも、7月に第一次世界大戦が始まり、中断。 *Makeda, Queen of Saba, Seventeen Designs by George Barbier* and *Karsavina* was published. Took charged of the illustrations for a magazine *Modes et Manières d'Aujord'Hui*. Started to draw illustrations for *The Song of Bilitis*, but suspended the work due to the breakout of the WWI in July.
1917-21年	カレンダー形式のミニ本『ラ・ギルランド・デ・モワ』刊行。文と挿絵を担当した。 A monthly miniature book, *La Guirlande des Mois* was published each year. Took charged of their text and illustrations.
1919年	『カサノヴァ』刊行。 *Casanova* was published.
1920年	バルビエ自選のファッション画集『ボヌール・デュ・ジュール・ウ・レ・グラース・ア・ラ・モード』刊行。 Barbier's self-chosen fashion illustration book, *Le bonheur du jour ou les grâces à la mode* was published.
1921年	ルネ・ボワールによる妖精物語『2匹の青とかげの四輪馬車』の挿絵を担当。 Took charge of illustrations of *the Carriage and Two Green Lizards: A Fairy Tale* by René Voyleve.
1922年	『ビリチスの歌』『コメディの登場人物』刊行。 *The Songs of Bilitis* and *The Characters of Comedy* were published.
1922-26年	『ラ・ギルランド・デ・モワ』の続編として、カレンダー式の『ファルバラ・エ・ファンフルリュシュ』を刊行。 *Frills and Flouncesas* was published as a sequel of *La Guirlande des Mois*.
1927年	『演劇のための25の衣裳』刊行。 *25 Costumes for the Theater* were published.
1928年	『散文詩』『香水のロマンス』『艶なる宴』刊行。 *Poems in Prose, The Romance of Perfume* and *Elegant Pastimes* were published.
1929年	『ミイラ物語』『ヴィ・イマジネール（架空の伝記）』刊行。 *The Mummy's Tale* and *Vies Imaginaire (Imaginary Lives)* were published.
1932年	バルビエ没。 Barbier died.
1934年	すでに原画が完成していた『危険な関係』が刊行される。 *Dangerous Liaisons* was published. Barbier had already finished its original pictures before he died.
1954年	バルビエが途中まで描いた原画の残りをジョルジュ・ルパープが完成させ、『アフロディット』が刊行される。 George Lepape completed the rest of Barbier's works and then *Aphrodite* was published.

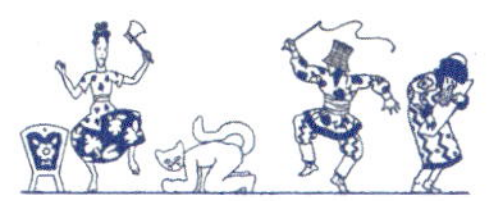

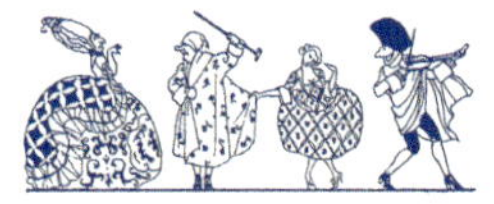

P037
『ガゼット・デュボン・トン』誌1913年9号 プレート6
1913年
ポショワール
和洋女子大学メディアセンター所蔵

P037
Magazine: *Gazette du Bon Ton*, 1913, No. 9, plate 6
1913
Pochoir
Wayo Women's University Media Center

P038-039
『ガゼット・デュボン・トン』誌1915年8-9号 プレート2
1915年
ポショワール
松岡悦央コレクション所蔵

P038-039
Magazine: *Gazette du Bon Ton*, 1915, No. 8-9, plate 2
1915
Pochoir
Collection of Mr. Etsuo Matsuoka

P040
『ガゼット・デュボン・トン』誌1914年2号 プレート18
1914年
ポショワール
和洋女子大学メディアセンター所蔵

P040
Magazine: *Gazette du Bon Ton*, 1914, No. 2, plate 18
1914
Pochoir
Wayo Women's University Media Center

P041
『ガゼット・デュボン・トン』誌1914年5号 プレート44
1914年
ポショワール
和洋女子大学メディアセンター所蔵

P041
Magazine: *Gazette du Bon Ton*, 1914, No. 5, plate 44
1914
Pochoir
Wayo Women's University Media Center

P042
『ガゼット・デュボン・トン』誌1921年9号 プレート68
1921年
ポショワール
和洋女子大学メディアセンター所蔵

P042
Magazine: *Gazette du Bon Ton*, 1921, No. 9, plate 68
1921
Pochoir
Wayo Women's University Media Center

P043
『ガゼット・デュボン・トン』誌1924-25年8号 プレート61
1924-25年
ポショワール
和洋女子大学メディアセンター所蔵

P043
Magazine: *Gazette du Bon Ton*, 1924-25, No. 8, plate 61
1924-25
Pochoir
Wayo Women's University Media Center

P044-045
『ガゼット・デュボン・トン』誌1914年6号 プレート57
1914年
ポショワール
松岡悦央コレクション所蔵

P044-045
Magazine: *Gazette du Bon Ton*, 1914, No. 6, plate 57
1914
Pochoir
Collection of Mr. Etsuo Matsuoka

P046上左
『ガゼット・デュボン・トン』誌1924年6号 プレート30
1924年
ポショワール
和洋女子大学メディアセンター所蔵

P046 Upper left
Magazine: *Gazette du Bon Ton*, 1924, No. 6, plate 30
1924
Pochoir
Wayo Women's University Media Center

P046上右
『ガゼット・デュボン・トン』誌1924年10号 プレート54
1924年
ポショワール
和洋女子大学メディアセンター所蔵

P046 Upper right
Magazine: *Gazette du Bon Ton*, 1924, No. 10, plate 54
1924
Pochoir
Wayo Women's University Media Center

P046下左
『ガゼット・デュボン・トン』誌1922年3号 プレート21
1922年
ポショワール
和洋女子大学メディアセンター所蔵

P046 Lower left
Magazine: *Gazette du Bon Ton*, 1922, No. 3, plate 21
1922
Pochoir
Wayo Women's University Media Center

P046下右
『ガゼット・デュボン・トン』誌1921年10号 プレート80
1921年
ポショワール
和洋女子大学メディアセンター所蔵

P046 Lower right
Magazine: *Gazette du Bon Ton*, 1921, No. 10, plate 80
1921
Pochoir
Wayo Women's University Media Center

P047
『ガゼット・デュボン・トン』誌1914年3号 プレート27
1914年
ポショワール
和洋女子大学メディアセンター所蔵

P047
Magazine: *Gazette du Bon Ton*, 1914, No. 3, plate 27
1914
Pochoir
Wayo Women's University Media Center

P048
『ガゼット・デュボン・トン』誌1921年1号 プレート8
1921年
ポショワール
和洋女子大学メディアセンター所蔵

P048
Magazine: *Gazette du Bon Ton*, 1921, No. 1, plate 8
1921
Pochoir
Wayo Women's University Media Center

P049
『ガゼット・デュボン・トン』誌1922年5号 プレート35
1922年
ポショワール
和洋女子大学メディアセンター所蔵

P049
Magazine: *Gazette du Bon Ton*, 1922, No. 5, plate 35
1922
Pochoir
Wayo Women's University Media Center

P050
『ガゼット・デュポン・トン』誌1924-25年7号 プレート56
1924-25年
ポショワール
島根県立石見美術館所蔵

P050
Magazine: *Gazette du Bon Ton*, 1924-25, No. 7, plate 56
1924-25年
Pochoir
SHIMANE ART MUSEUM

P051
『ガゼット・デュポン・トン』誌1921年7号 プレート54
1921年
ポショワール
和洋女子大学メディアセンター所蔵

P051
Magazine: *Gazette du Bon Ton*, 1921, No. 7, plate 54
1921
Pochoir
Wayo Women's University Media Center

P052
『ガゼット・デュポン・トン』誌1922年10号 プレート75
1922年
ポショワール
和洋女子大学メディアセンター所蔵

P052
Magazine: *Gazette du Bon Ton*, 1922, No. 10, plate 75
1922
Pochoir
Wayo Women's University Media Center

P053
『ガゼット・デュポン・トン』誌1922年9号 プレート66
1922年
ポショワール
島根県立石見美術館所蔵

P053
Magazine: *Gazette du Bon Ton*, 1922, No. 9, plate 66
1922
Pochoir
SHIMANE Art Museum

P054
『ガゼット・デュポン・トン』誌1922年2号
1922年
ポショワール
和洋女子大学メディアセンター所蔵

P054
Magazine: *Gazette du Bon Ton*, 1922, No. 2
1922
Pochoir
Wayo Women's University Media Center

P055
『ガゼット・デュポン・トン』誌1921年3号 プレート22
1921年
ポショワール
和洋女子大学メディアセンター所蔵

P055
Magazine: *Gazette du Bon Ton*, 1921, No. 3, plate 22
1921
Pochoir
Wayo Women's University Media Center

P056
『ガゼット・デュポン・トン』誌1924年8号 プレート42
1924年
ポショワール
和洋女子大学メディアセンター所蔵

P056
Magazine: *Gazette du Bon Ton*, 1924, No. 8, plate 42
1924
Pochoir
Wayo Women's University Media Center

P057
『ガゼット・デュポン・トン』誌1925年5号 プレート19
1925年
ポショワール
和洋女子大学メディアセンター所蔵

P057
Magazine: *Gazette du Bon Ton*, 1925, No. 5, plate 19
1925
Pochoir
Wayo Women's University Media Center

P059
『モード・エ・マニエール・ドージュルデュイ』誌3号 プレート1
1914年
ポショワール
島根県立石見美術館所蔵

P059
Magazine: *Modes et Manières d'Aujord'Hui*, vol. 3, plate 1
1914
Pochoir
SHIMANE ART MUSEUM

P060上左
『モード・エ・マニエール・ドージュルデュイ』誌3号 プレート3
1914年
ポショワール
島根県立石見美術館所蔵

P060 Upper left
Magazine: *Modes et Manières d'Aujord'Hui*, vol. 3, plate 3
1914
Pochoir
SHIMANE ART MUSEUM

P060上右
『モード・エ・マニエール・ドージュルデュイ』誌3号 プレート5
1914年
ポショワール
島根県立石見美術館所蔵

P060 Upper right
Magazine: *Modes et Manières d'Aujord'Hui*, vol. 3, plate 5
1914
Pochoir
SHIMANE ART MUSEUM

P060下左
『モード・エ・マニエール・ドージュルデュイ』誌3号 プレート7
1914年
ポショワール
島根県立石見美術館所蔵

P060 Lower left
Magazine: *Modes et Manières d'Aujord'Hui*, vol. 3, plate 7
1914
Pochoir
SHIMANE ART MUSEUM

P060下右
『モード・エ・マニエール・ドージュルデュイ』誌3号 プレート6
1914年
ポショワール
島根県立石見美術館所蔵

P060 Lower right
Magazine: *Modes et Manières d'Aujord'Hui*, vol. 3, plate 6
1914
Pochoir
SHIMANE ART MUSEUM

P061
『モード・エ・マニエール・ドージュルデュイ』誌3号 プレート4
1914年
ポショワール
島根県立石見美術館所蔵

P061
Magazine: *Modes et Manières d'Aujord'Hui*, vol. 3, plate 4
1914
Pochoir
SHIMANE ART MUSEUM

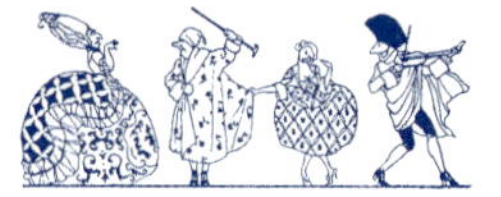

P062上左
『モード・エ・マニエール・ドージュルデュイ』誌3号 プレート2
1914年
ポショワール
島根県立石見美術館所蔵

P062 Upper left
Magazine: *Modes et Manières d'Aujord'Hui*, vol. 3, plate 2
1914
Pochoir
SHIMANE ART MUSEUM

P062上右
『モード・エ・マニエール・ドージュルデュイ』誌3号 プレート9
1914年
ポショワール
島根県立石見美術館所蔵

P062 Upper right
Magazine: *Modes et Manières d'Aujord'Hui*, vol. 3, plate 9
1914
Pochoir
SHIMANE ART MUSEUM

P062下左
『モード・エ・マニエール・ドージュルデュイ』誌3号 プレート8
1914年
ポショワール
島根県立石見美術館所蔵

P062 Lower left
Magazine: *Modes et Manières d'Aujord'Hui*, vol. 3, plate 8
1914
Pochoir
SHIMANE ART MUSEUM

P062下右
『モード・エ・マニエール・ドージュルデュイ』誌3号 プレート11
1914年
ポショワール
島根県立石見美術館所蔵

P062 Lower right
Magazine: *Modes et Manières d'Aujord'Hui* , vol. 3, plate 11
1914
Pochoir
SHIMANE ART MUSEUM

P063
『モード・エ・マニエール・ドージュルデュイ』誌3号 プレート12
1914年
ポショワール
島根県立石見美術館所蔵

P063
Magazine: *Modes et Manières d'Aujord'Hui*, vol. 3, plate 12
1914
Pochoir
SHIMANE ART MUSEUM

P065
『ラ・ヴィ・パリジェンヌ』誌
1918年
ガッシュ
個人所蔵

P065
Magazine: *La Vie Parisienne*
1918
Gouache on paper
Private collection

P066-067
『ラ・ヴィ・パリジェンヌ』誌
1915年
ガッシュ
Mary Evans/アフロ

P066-067
Magazine: *La Vie Parisienne*
1915
Gouache on paper
Mary Evans/Aflo

P068
『ラ・ヴィ・パリジェンヌ』誌
1915年
ガッシュ
個人所蔵

P068
Magazine: *La Vie Parisienne*
1915
Gouache on paper
Private collection

P069
『ラ・ヴィ・パリジェンヌ』誌
1921年
ガッシュ
The Bridgeman Art Library/アフロ

P069
Magazine: *La Vie Parisienne*
1921
Gouache on paper
The Bridgeman Art Library/ Aflo

P070
『ラ・ヴィ・パリジェンヌ』誌
ガッシュ
The Bridgeman Art Library/アフロ

P070
Magazine: *La Vie Parisienne*
Gouache on paper
The Bridgeman Art Library/Aflo

P071
『ラ・ヴィ・パリジェンヌ』誌
ガッシュ
The Bridgeman Art Library/アフロ

P071
Magazine: *La Vie Parisienne*
Gouache on paper
The Bridgeman Art Library/Aflo

P072上
『ラ・ヴィ・パリジェンヌ』誌
1915年
ガッシュ
The Bridgeman Art Library/アフロ

P072 Above
Magazine: *La Vie Parisienne*
1915
Gouache on paper
The Bridgeman Art Library/Aflo

P072下
『ラ・ヴィ・パリジェンヌ』誌
1918年
ガッシュ
個人所蔵

P072 Below
Magazine: *La Vie Parisienne*
1918
Gouache on paper
Private collection

P073
『ラ・ヴィ・パリジェンヌ』誌
1916年
ガッシュ
Mary Evans /アフロ

P073
Magazine: *La Vie Parisienne*
1916
Gouache on paper
Mary Evans /Aflo

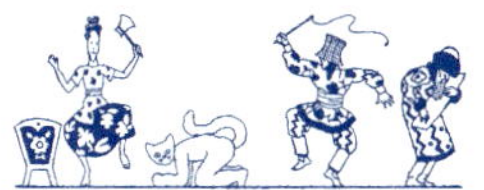

P075
『ファンタジオ』誌
1910年
オランジェリー・コレクション所蔵

P075
Magazine: *Fantasio*
1910
Orangerie Collection

P076
『ファンタジオ』誌
1915年
The Bridgeman Art Library/アフロ

P076
Magazine: *Fantasio*
1915
The Bridgeman Art Library/Aflo

P077
『ファンタジオ』誌
1915年
個人所蔵

P077
Magazine: *Fantasio*
1915
Private collection

P079
『ラ・ギルランド・デ・モワ』 1917-18年
1917-18年
ポショワール
文化学園大学図書館所蔵

P079
La Guirlande des Mois, 1917-18
1917-18
Pochoir
Bunka Gakuen University Library

P080
『ラ・ギルランド・デ・モワ』 1919-21年
1919-21年
ポショワール
文化学園大学図書館所蔵

P080
La Guirlande des Mois, 1919-21
1919-21
Pochoir
Bunka Gakuen University Library

P081上左
『ラ・ギルランド・デ・モワ』 1918年
1918年
ポショワール
個人所蔵

P081 Upper left
La Guirlande des Mois, 1918
1918
Pochoir
Private collection

P081上右・下
『ラ・ギルランド・デ・モワ』 1917年
1917年
ポショワール
個人所蔵

P081 Upper right / Below
La Guirlande des Mois, 1917
1917
Pochoir
Private collection

P082
『ラ・ギルランド・デ・モワ』 1918年
1918年
ポショワール
個人所蔵

P082
La Guirlande des Mois, 1918
1918
Pochoir
Private collection

P083
『ラ・ギルランド・デ・モワ』 1919年
1919年
ポショワール
個人所蔵

P083
La Guirlande des Mois, 1919
1919
Pochoir
Private collection

P084
『ラ・ギルランド・デ・モワ』 1920年
1920年
ポショワール
個人所蔵

P084
La Guirlande des Mois, 1920
1920
Pochoir
Private collection

P085
『ラ・ギルランド・デ・モワ』 1921年
1921年
ポショワール
個人所蔵

P085
La Guirlande des Mois, 1921
1921
Pochoir
Private collection

P087
『レ・フィエ・ダール』誌
1919年
ポショワール
松岡悦央コレクション所蔵

P087
Magazine: *Les Feuillets d'Art*
1919
Pochoir
Collection of Mr. Etsuo Matsuoka

P089
『フェミナ』誌1922年5月号
1922年
The Bridgeman Art Library/アフロ

P089
Magazine: *Femina*, May 1922
1922
The Bridgeman Art Library/Aflo

P090
『フェミナ』誌1924年12月号
1924年
オランジェリー・コレクション所蔵

P090
Magazine: *Femina*, December 1924
1924
Orangerie Collection

P091
『フェミナ』誌1922年11月号
1922年
松岡悦央コレクション所蔵

P091
Magazine: *Femina*, November 1922
1922
Collection of Mr. Etsuo Matsuoka

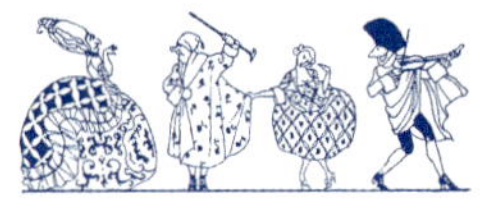

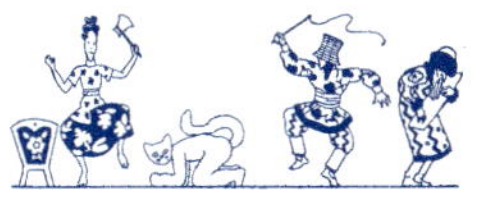

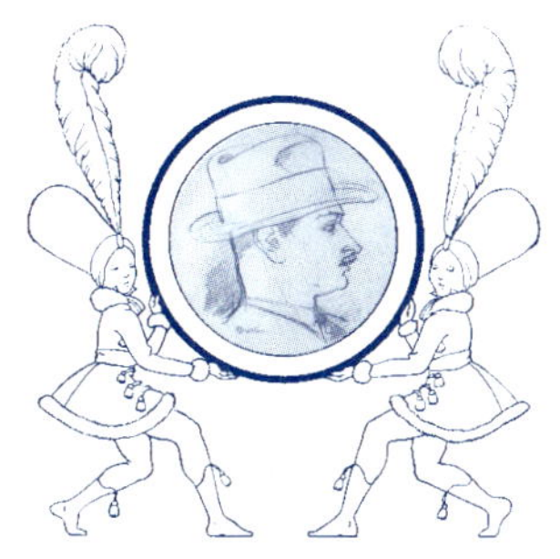

参考文献

Bibliography

雑誌『美術手帖 1981年4月号』美術出版社　1981年

海野 弘著『アール・デコの時代』美術公論社　1985年

「ポール・ポワレ衣裳展」カタログ　財団法人ファッション振興財団 1985年

「ジャン＝エミール・ラブルール展」カタログ　ギャラリー アバンギャルド　1989年

『アール・デコ・コスチューム』千趣社　1990年

「アール・デコ ポスターに見る、1920年代展」カタログ　読売新聞社　1991年

ジュリアーノ・エルコリ著『アール・デコのポショワール』同朋舎出版　1992年

鹿島 茂編集『バルビエ・コレクション I - III』リブロポート　1992-1994年

「アール・デコの世界展」カタログ　毎日新聞社　1993年

荒俣 宏編著『WONDER BOOKS(2) 不思議のアール・デコ』みき書房　1994年

伊藤紀之監修『アール・デコのファッション・ブック』岩崎美術社　1996年

「ディアギレフのバレエ・リュス」展カタログ　セゾン美術館　1998年

荒俣 宏編集『二十世紀イリュストレ大全 1-3』長崎出版　2004年

『あそぶかたち20世紀の香水瓶』ポーラ文化研究所　2005年

「舞台芸術の世界展」カタログ　東京都庭園美術館　2007年

鹿島 茂著『ジョルジュ・バルビエ画集 永遠のエレガンスを求めて』六耀社　2008年

大石 尚著『大石 尚コレクション アール・デコ・ファッション』繊研新聞社　2010年

Barbara Martorelli, *George Barbier: The Birth of Art Deco*, Venice, 2009

協力（敬称略）

Special thanks to:

アートハーベスト

オランジェリー・コレクション

株式会社アフロ

株式会社アマナイメージズ

島根県立石見美術館

広島市立大学芸術資料館

文化学園大学図書館

松岡悦央コレクション

和洋女子大学メディアセンター

海野 弘　Hiroshi Unno

1939年東京生まれ。早稲田大学文学部ロシア文学科卒業。
出版社勤務を経て、幅広い分野で執筆を行う。
『アルフォンス・ミュシャの世界 2つのおとぎの国への旅』
『グスタフ・クリムトの世界 女たちの黄金迷宮』『おとぎ話のモノクロームイラスト傑作選』
『ロシア・バレエとモダン・アート 華麗なる「バレエ・リュス」と舞台芸術の世界』（パイ インターナショナル）など著作多数。

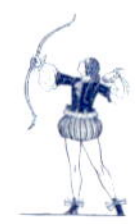

優美と幻想のイラストレーター
ジョルジュ・バルビエ

Fashion, Illustration and Graphic Design
George Barbier: Master of Art Deco

2011年10月23日　初版第1刷発行
2021年 7月15日　　第6刷発行

解説・監修　海野 弘

アートディレクション　原条令子

DTP 制作　伊藤えりか
　　　　　石田 崇（株式会社ライラック）

撮影　藤本邦治
　　　北郷 仁

翻訳　マクレリー・ルシー（ザ・ワード・ワークス）
　　　音土知花（アールアイシー出版）

校閲　酒井清一

編集　荒川佳織

Text by Hiroshi Unno
Art Director　Reiko Harajo
Designer　Erika Ito, Takashi Ishii (Lilac Co., Ltd.)
Photographers　Kuniharu Fujimoto
　　　　　　　　Jin Hongo
Translators　Ruth S. McCreery (The Word Works Ltd.)
　　　　　　　Tomoka Ozuchi (R.I.C. Publications)
Proofreader　Seiichi Sakai
Editor　Kaoru Arakawa

発行人　三芳寛要

発行元　株式会社パイ インターナショナル

〒170-0005　東京都豊島区南大塚 2-32-4

TEL 03-3944-3981　FAX 03-5395-4830　sales@pie.co.jp

PIE International Inc.

2-32-4 Minami-Otsuka, Toshima-ku, Tokyo 170-0005 JAPAN

Tel: +81-3-3944-3981　Fax: +81-3-5395-4830　sales@pie.co.jp

編集・制作　PIE BOOKS
印刷・製本　図書印刷株式会社